서울대 경쟁법센터 경제법총서 06 (특별논문집)

경제법학의 흐름과 과제

특별논문집 준비위원회

박영사

머 리 말

서울대학교 경쟁법센터의 경제법총서 제6권은 센터장이신 이봉의 선생님의 화갑 기념 특별논문집으로 발간하게 되었습니다. 선생님의 가르침을 받은 제자들이 선생님의 화갑을 어떻게 기념하고 축하할 것인지를 고민한 끝에 제자들의 글을 모은 논문집 발간에 관해 상의드렸고, 선생님께서 조촐하고 소박할 것을 전제로 이를 허락해 주셨습니다. 이에 2025년 2월, 선생님께 박사학위를 받은 제자들이 먼저 모여 특별논문집 준비위원회를 조직하였습니다. 준비위원회는 박사·석사학위를 지도받은 제자들의 학위논문 요약글을 먼저 모으고, 추가로 소논문을 싣고자 하는 제자들의 글을 싣는 쪽으로 방향을 정하였습니다. 2025년 3월부터 8월까지 집필위원을 확정하고 원고를 취합하였으며, 9월부터 12월의 교정작업을 거쳐 특별논문집을 완성하게 되었습니다. 그동안 선생님께 지도를 받은 제자들 모두에게 참여의 기회를 주지 못한 점은 아쉽지만, 이번 특별논문집의 의미와 기본 방향에 비추어 너그럽게 양해해줄 것으로 믿습니다.

이봉의 선생님은 1984년 봄 서울대학교 경영대학에 입학하여 1989년 2월에 졸업하신 뒤, 곧바로 모교 법학과 대학원에 진학하여 경제법을 전공하셨습니다. 1991년 2월에 경제법 석사학위를 받으시고 1994년 2월 박사과정을 수료하셨습니다. 1996년 9월 독일로 유학을 떠나 2000년 12월에 마인츠 대학에서 드레어(Meinrad Dreher) 교수의 지도하에 박사학위를 취득하셨습니다. 귀국 후 2001년 3월 경북대학교 법과대학 교수로 부임하셨고, 2007년 10월부터 모교인 서울대학교 법과대학/법학전문대학원 교수로 재직하시면서 열성을 다하여 제자들을 양성하고 계십니다. 아울러 선생님께서는 일찍이 한국경쟁법학회장(2017~2018)을 역임하셨고, 서울대학교 경쟁법센터장(2011~현재), 아시아태평양경쟁커뮤니티(APCC) 공동회장(2020~현재), 플랫폼법정책학회장(2024~현재), 한국인터넷광고재단 이사장(2022~현재)을 맡아 경제법의 발전에 열정을 바치고 계십니다. 특히, 일본 및 중국의 경쟁법 학계와 활발히 교류하시면서 후배 교수들과 제자들에게 새로운 연구와 국제협력의 기회를 제공하고 계십니다. 또한 선생님께서는 독일에서 귀국하신 직후부터 공정거래위원회의 경쟁정책평가위원회 위원, 카르텔자문위원회 자문위원 등 각종 위원회에 참여하셨고, 최근에는 법개정특별위원회 경쟁법제분과 위원장(2018), 경쟁정책자문단 위원(2023~현재)으로 활동하면서 경쟁정책의 발전에도 기여하고 계십니다.

이처럼 이봉의 선생님은 오랜 세월 동안 경제법 분야의 지평을 넓혀오셨고, 제자들에게 탁월한 식견과 통찰력, 그리고 사유의 깊이를 통하여 연구자가 지녀야 할 자세를 일깨워 주셨습니다. 저희 제자들은 이봉의 선생님의 학문적 여정에 깊은 감사와 존경의 말씀을 드리고, 앞으로도 항상 건강하시어 우리나라 경제법의 연구와 교육, 그리고 실무의 발전을 위해 애써주시기를 기원합니다.

끝으로 바쁜 와중에도 이번 특별논문집에 귀한 글을 실어 준 집필위원들께 감사드립니다. 특히 준비위원회에 참여해준 강지원 박사(김·장 법률사무소), 배상원 박사(김·장 법률사무소), 정주미 박사(서울대 경쟁법센터), 조영은 박사(토스), 박준영 박사(경상국립대학교 법과대학)와 간사로 수고해준 오준형 박사(한국공정거래조정원)에게 감사드립니다. 마지막으로 특별논문집 출판을 기꺼이 수락해주신 박영사의 안상준 대표님과 임재무 전무님, 기획과 편집에 정성을 다해주신 최동인 대리님과 전혜민 대리님께도 깊이 감사드립니다.

2026년 1월

경제법총서 특별논문집 준비위원회
백 승 엽 (서울고등법원 고법판사)

차　례

제1편 총론 · 시장지배적 지위남용

제2편 기업결합 · 부당한 공동행위

제3편 불공정거래행위 · 부당지원 · 절차

제4편 거래공정화법

제1편

총론 · 시장지배적 지위남용

제1장

존 스타인벡의 '분노의 포도'에서 평등, 노동, 경쟁*

-손동환-

I. 들어가며

1. 논의대상과 줄거리

존 스타인벡은 1930년대 대공황으로 고통받는 미국 사회의 모습을 사실적으로 묘사한 작품을 남겨 왔는데, 1962년 『분노의 포도』로 노벨문학상을 받는다. 그의 작품은 사회주의 참여문학의 계열로도 인식되기도 하고, 『분노의 포도』는 캘리포니아와 오클라호마, 캔자스 등에서 금서 판정을 받는 우여곡절을 겪는다. 작품뿐 아니라 작가 자체의 이미지도 대중에게 강하게 남아 있다. 그의 작품 『에덴의 동쪽』은 제임스 딘 주연의 영화로 더 알려졌고, 존 스타인벡의 이미지도 제임스 딘의 반항적 이미지와 오버랩되곤 한다. 『분노의 포도』 역시 영화화되었는데 당시 최고 감독이던 존 포드가 헨리 폰다를 주연으로 내세워 아카데미 감독상을 받았고, 가장 위대한 미국영화 톱10에 들기도 하였다.[1)]

소설은 톰 조드가 동네 사람을 죽인 혐의로 4년간 수형생활을 하다 가석방되어 오클라호마 본가로 돌아오면서 시작된다. 그의 가족들은 오랜 가뭄에 더 이상

* 이 글은 문화기술의 융합 제10권 제3호에 게재한 글을 이번 특별논문집 성격에 맞게 수정·보완한 것임을 밝힙니다.

1) Roger Ebert, Great Movies2, Translated by Yun Cheolhee, Eulyoo Publishing.

소작농을 할 땅마저 빼앗길 지경이었고, 캘리포니아로 오면 일자리가 있다는 전단지를 믿고, 고향을 등지고 캘리포니아로 떠날 준비를 하고 있었다. 목사였던 짐 케이시와 조드 가족들은 중고 트럭을 타고 캘리포니아로 가는 66번 국도길에 들어서고, 수많은 행렬들에 끼어 캘리포니아로 향한다. 여정을 시작하자마자 할아버지가, 여정의 막바지에 할머니가 죽음을 맞이하고 제대로 된 장례도 없이 그들을 길가나 공동묘지에 묻고 캘리포니아에 들어선다. 톰의 형 노아와 여동생 로자샨과 결혼한 코니도 가족을 떠나버리고, 조드가 사람들은 일자리를 찾으려 하지만, 전단지 내용과 달리 일자리를 구하러 캘리포니아로 온 사람들은 너무 많았고, 터무니 없이 낮은 임금과 단기간의 일자리만 있을 뿐이었다. 게다가 캘리포니아 사람들은 이주민들에 대한 강한 반감을 보였고 보안관보들은 그들을 괴롭혔으며 이주민들은 서로 반목하고 낮은 임금을 두고 경쟁하는 모습을 보이는 등 여러 부조리가 목격되었다. 조드 가족들은 처음에는 후버빌 천막촌, 그 뒤 국영천막촌, 복숭아 농장, 목화농장 옆 유개화차 천막촌을 전전하게 된다. 조드 가족들은 복숭아 농장에서 한 상자의 복숭아를 따는데 5센트를 받고 일하게 되었는데, 뜻밖에 농장 밖에서 시위하는 사람들이 있었고 그들을 잡기 위하여 수색대가 동원되어 경계가 삼엄하였다. 시위대는 자신들도 처음에는 5센트를 받다가 곧 2.5센트 제안을 받았고 이를 거부하자 쫓겨났다면서 당신들도 곧 2.5센트밖에 못받을 터이니 자신들과 연대할 것을 제안하였다. 마침 시위대는, 후버빌 천막촌에서 다른 사람을 대신하여 보안관보들에게 끌려가면서 헤어졌던 짐 케이시가 이끌고 있었다. 농장주에게 고용된 듯한 수색대에게 짐 케이시가 살해당하고, 이를 목격한 톰 조드는 살인범을 우발적으로 죽이고 가족이 머물던 천막촌에서 떨어져 숨어 지내게 된다. 큰 비가 내리던 날 임신 중이던 로자샨은 사산을 하고, 홍수로 조드 가족의 유일한 재산 중고 트럭도 물에 잠기게 되고, 조드 가족들은 홍수를 피해 오래된 헛간으로 피신한다. 그곳에는 굶어 죽어가던 남자와 아들이 있었는데, 로자샨은 그에게 젖을 먹여 살리려 하는 장면을 보여주며 소설은 끝을 맺는다. 소설의 마지막 장면은 다소 그로테스크한 느낌을 주지만, 감옥에 수감된 아버지에게 음식 제공이 중단되자 면회를 간 딸이 몰래 젖을 먹여 아버지를 연명시켰다는 이야기를 그린, 루벤스의 ≪시몬과 페로(로마인의 자비)≫를 연상시킨다.

2. 선행연구와 논의방향

『분노의 포도』를 이해하는 방법론으로, 상징과 은유를 통하여 작가의 의도와 작가에 대한 근원적 이해가 시도된다. 목사 짐 케이시에 관하여, 그의 이니셜 JC에서 시작하여, 자신을 죽이려는 수색대를 향하여 '너희들은 지금 무슨 짓을 하는지 모른다'고 말하며, 플로이드를 대신하여 보안관보에게 체포되고, 복숭아 농장에서 터무니 없는 임금을 거부하며 노조를 통해 그들을 도우려다 희생당하는 짐 케이시를 예수(Jesus Christ)의 상징으로 이해하고, 이를 통하여 주제의식을 찾기도 한다.[2] 이 소설을 끌고 가는 이야기 방식 중 대표적인 것으로 상징을 들면서, 조드 가족의 캘리포니아로의 이동을 출애굽이나 미국민들의 영웅적 서부개척사와 연결시키는 점, 어머니 조드를 모세적 역할을 하는 공동체 유대의식의 상징으로, 짐 케이시를 에머슨식 초월주의에 기초한 범영혼주의 상징으로 이해하고, 이러한 배경에는 존 스타인벡 가문이 부계는 독일, 모계는 아일랜드로부터 이주해 온 개인사가 소설 속 인물들이 가지는 희망의 낙관주의로 연결된다는 설명을 하기도 한다.[3] 『분노의 포도』가 제시하는 문제의식을 단순히 자본가와 노동자, 선점자와 이주민의 갈등에 한정하지 않고 소유 자체에서 문제를 발견하고 존 스타인벡의 해법이 개인을 넘어선 우리로의 연대라고 보고 그 한계를 지적하는 이해도 있다.[4] 작가와 작품의 의도를 보다 한정하여 소득과 부, 의무와 권리를 어떻게 배분하는지에 관한 질문으로 이해하고, 공공선의 실현과 형제애를 해답으로 제시하면서 파업에 대한 회의적 생각, 홍수에 대한 대비를 위한 댐 축조가 실패했을 때 조드 가족에 대한 비난 등을 형제애의 한계로 제시하면서도 로자샨의 행위처럼 포기하지 않는 형제애를 강조한다고 이해하기도 한다.[5]

분노의 포도에 나타난 갈등상황과 문제의식이 반복되고 현재에도 일어날 수 있다는 점에서 이 글에서는 이 소설의 문제상황을 소재로 이를 해결하기 위한 법적·제도적 접근을 시도해 본다. 이는 소설적 상황을 통하여 법률가들에게 소수

2) Hwang CheeBok, Jim Casy in John Steinbeck's The Grapes of Wrath and Christological Tradition in American Folklore, English21, Vol.25, no.3.

3) Kim KilJoong, The Symbolic Imagination as Narrative Strategies: John Steinbeck's The Grapes of Wrath, Studies in Modern Fiction Vol.9 no.1.

4) Shin Hyunwook, The Grapes of Wrath Are Still Growing; The Grapes of Wrath and Its Unfinished Road, In/Outside: English Studies in Korea, Vol 37.

5) Lee ByungTae, "Condition for Authentic Justice represented in John Steinbeck's The Grapes of Wrath." Studies in English Language & Literature. Vol.37 no.3.

자에 대한 공감을, 비법률가들에게는 법과 제도가 가지는 가능성을 제시하기 위함이다. 이 소설에서는 작가의 법에 대한 시각이 드러난다. '가끔은 아무리 해도 법을 지킬 수 없을 때가 있는 법이에요. 남한테 부끄럽지 않게 법을 따르려면 그렇죠. 그럴 수 없을 때가 많아요. 가끔은 법도 가려가며 지켜야 해요.'라는 톰 조드의 이야기나, 아들 톰이 사람을 죽인 범죄에 대하여 '누구나 할 만한 일을 했을 뿐'이라는 아버지의 반응도 그중 하나이다. 이러한 냉소적 대응에 대하여 현재 우리 사회는 얼마나 법과 제도를 통하여 공감을 보여주고 있는지를 살펴볼 것이다.

II. 자유와 평등에 관한 헌법적 관점

1. 소설 속 문제상황

조드 가족은 오클라호마 고향을 떠나게 되었다. 그들은 지주로부터 땅을 빌려 농사를 짓고 수확을 거두어 소작료를 내고 생활해 왔다. 오클라호마를 비롯한 텍사스, 콜로라도, 캔자스 등은 오랜 세월 억센 뿌리로 흙을 얽어매어 가뭄으로부터 토양을 보호해 오던 자연초를 개간하여 농지로 만들었는데, 대공황 무렵의 가뭄은 농토를 더 이상 농사지을 수 없는 황토로 뒤덮이게 하였다. 원래 지주들은 은행 빚을 갚지 못하여 땅을 빼앗겼고, 은행은 종전과 같은 소작농 방식으로는 수익을 올리지 못하자, 트랙터를 이용한 기계식 영농방법을 도입하면서 조드 가족과 같은 소작농들은 더 이상 농사를 지어 생활할 수 없게 된 것이다. 이러한 상황에 대하여 아칸소 농민을 위한 2,500만 불 추가지원 증액 안에 대하여 후버 대통령은 역사상 가장 위험한 발상이라며 거부하였다. 미국식 대응은, 빈곤은 개인의 게으름에서 비롯된 것이고 구제와 사회보험은 노동자의 도덕적 해이만 가져오고 반미국적이라는 것이었다.

2. 헌법적 관점

경제적인 면에서 자유의 실질적 의미는, 개인이 자유롭게 계약을 체결하는 등으로 거래하고 그로 인한 결과를 향유할 수 있다는 것이다. 이는 사적 자치라 할 수 있다. 그런데 자유와 사적자치의 보장은, 사회가 구조적으로 불평등하고 특정 집단이 배제되고 있다면 허상에 불과하다. 헌법은 자유권과 동시에 평등을 보장하고 있고, 사회적 불평등 구조 탓에 생기는 개인의 불이익을 극복하여 자유를 실현할 조건을 보장하는 것은 평등권 실현 과제라 할 수 있다. 이러한 평등 보장은 모든 국민에게 최저생활을 할 기회를 보장하여야 한다는 것으로 이어진다. 최저생활 보장은 단순히 경제적 이익의 향유로서 경제적 기본권뿐 아니라 언론출판의 자유와 같은 정치적 기본권을 행사하기 위한 전제조건이 된다. 만약 어떤 사회에 최저생활을 영위하기 힘든 소수가 존재하고 그들의 경제적 곤란이 고착화되어 개인의 노력만으로 극복하기 어렵다면 사회가 분열된다. 나아가 국가의 의사결정에 참여할 수 있는 기회보장과 자기지배로 요약되는 민주주의가 작동하기도 어렵게 된다. 다수와 소수가 고착되고 소수의 의사는 늘 배제되기만 한다면 소수는 다수의 결정에 승복할 수 없을 것이다. 우리 헌법이 국민경제의 균형성장, 소득분배의 적정성, 경제주체간 조화를 경제질서의 목적으로 하고 있음에도 절대적 빈곤층이 존재하고, 그 빈곤이 개인의 불운만으로 돌리기 어려움에도, 이를 쉽게 극복할 가능성이 없음에도 국가가 사적자치라는 이름으로 이를 방기한다면 이는 헌법의 존재의의를 부정하는 결과로 이어질 것이다. 헌법이 보장하는 자유는 최저생활 보장이라는 평등을 전제로 할 때 의미를 가진다.[6)]

조드 가족을 비롯한 오클라호마 일대 소작농들의 빈곤은 그들의 선택에 의한 농업 실패로 인한 것으로 그들 스스로 선택한 자유로운 의사결정의 결과이니 그들 책임이고 국가가 그들을 원조하거나 그들의 생계수단을 확보해 주는 것은 오히려 지주인 은행들의 자유권을 침해하는 것이고 도덕적 해이만 조장할 뿐이라고 할 것인지의 문제이다. 국가의 정책이 헌법적 정당성을 가지는지를 평가하는 단계를 넘어서 어떠한 정책이 보다 헌법 가치에 부합하는 것인지를 답하는 것이 헌법해석의 과제이므로, 노동과 자본이 분화되고, 자본으로부터 분리된 노동은 고착상태에서 벗어날 수 없음이 분명해진 현대사회에서는 적어도 최저생활 보장 정책이 평등권 실현과 헌법의 규범성을 담보하는 조치로 평가될 수 있을 것이다. 조드 가족과 같이 소작농 상황에서도 생활할 수 없어 고향을 떠나야 할 지경이고, 그와 같은 상황이 대규모 가뭄이라는 자연환경과 자본의 집중화 탓에 비롯되었으며, 노동의지가 있어도 노동할 수 없는 상황이라 자녀양육과 직업교육을 평등하게 보장받을 수 없는 상황임에도 국가가 이를 방기하는 것은 정당화될 수 없다.

---

6) Cheon, KwangSeok, Structure of Social Inequ－ality, Idea and Norm of Equality, Yonsei Law Review 2018.

III. 노동법적 관점

1. 소설 속 문제상황

후버빌 천막촌에 나타난 노무공급업자. 그는 툴레어 과수원에서 과일따기 노무제공사업을 도급받았고 일할 사람을 모집하려고 한다. 플로이드는 일을 하겠다고 하면서 노무공급업자에게 언제부터 어디서 얼마 품삯에 일을 할 수 있는지 확인서를 써주면 가겠다고 한다. 노무공급업자는 이를 거부하고 자기는 사업을 마음대로 운영할 권리가 있다고 한다. 플로이드는 인부가 2,000명이 필요하면서도 5,000명을 모집하고 임금을 시간당 15센트만 줄 것이고, 그러한 열악한 조건에도 배고픈 사람들은 일을 할 수밖에 없을 것이며 자기는 두 번이나 이런 수법에 속아넘어갔다고 소리친다. 그러자 노무공급업자와 동행했던 보안관보는 플로이드를 빨갱이라고 부르며 연행하려고 하고 플로이드는 그의 총격을 피해 도망친다.

2. 노동법적 관점

공사현장에서 이른바 십장이 일정 공사를 도급받은 후 노동자들을 모집하고 고용하여 해당 공사를 완성시키는 구조를 고한제(苦汗制, sweating system)라고 하고, 이는 상당한 역사를 가지고 있다.[7] 이 방식은 원래 노동을 필요로 하는 사람이 직접 나서지 않고 중간에서 노동자를 모집하여 이들을 감시하면서 노동을 시킨다는 면에서 원 사업자가 노동자를 고용하는 것과 비교하여 원사업자에게는 저가로 노동을 이용할 수 있게 하는 반면, 노동자는 중간의 십장으로부터 채용부터 노무제공 시의 감독까지 받으면서 착취당하는 구조가 된다. 이와 같은 사업방식에 대해서도 사적자치를 주장할 수 있지만, ILO는 1933년 제34호 협약인 유료직업소개및근로자공급서비스업체에 관한 협약을 체결하고, 영리목적의 직업소개 및 공급서비스업체는 당국이 승인하는 범위에서만 설립가능하도록 하였다. 우리 근로기준법도 '누구든지 법률에 따르지 아니하고는 영리로 다른 사람의 취업에 개입하거나 중간인으로서 이익을 취득하지 못한다(제9조)고 규정하고 있다. 이 규정은 낮은 임금이라도 노동을 제공할 수밖에 없는 근로자들의 생존을 위협하고 인신의 자유를 박탈하는 결과에 이르게 하는 중간착취를 금지하면서도, 한편

---

7) Chun Yunku, Study on the Origin and Signifi－cance of Section 9 of Labor Standard Act, The Journal of Labor Law 2020.

으로는 노동자와 사용자 사이에 정보교환 불완전성과 근로를 공급받고 공급하려는 자들 사이의 이해관계가 일치하는 부분이 있으므로 전면적 금지가 아닌 근거법률이 있는 경우에는 이를 허용한다는 입장이다. 직업안정법과 파견근로자 보호에 관한 법률이 근거법령으로 역할하고 있다. IMF 이전에 근로자공급사업은 항운노조 외에 인정받지 못하는 엄격금지 상태였고, 허가제로 운영하는 근로자공급사업의 합헌성을 헌재가 인정한 바도 있다. 근로자공급사업은 3명의 당사자가 등장하는데, 근로자는 근로자공급사업자로부터 계약상 지배를 받으면서 근로를 공급받는 자에게 지시·감독을 받는 사실상 사용관계가 이루어지므로 산재, 해고, 임금 지급 등의 문제에 관하여 누가 사용자인지에 관한 문제가 제기될 수밖에 없고 이에 따라 근로자의 지위에 생길 어려움을 고려한 것이다. 노동시장의 유연화를 요구받은 IMF 이후에는 파견사업주와 근로계약을 맺은 파견근로자가 사용사업주에게 노무를 제공하는 근로자파견이 허용되었고, 파견근로자의 보호를 위하여 기간 요건 등을 위반한 사용사업주에게 파견근로자와의 직고용관계를 인정하고, 산재와 임금, 해고 등에 관하여 파견근로자의 보호를 위한 명시적 규정들을 둠으로써 중간착취라는 문제를 극복하려고 하고 있다.

그런데 소설 속 노무공급업자는 조드 가족과 같은 이주민들로서는 정보의 부재 속에 의존할 수밖에 없는 존재이지만 그들의 행위는 노동을 제공하는 이주민들의 보호장치가 없는 한 허용될 수 없는 대표적 중간착취에 해당한다. 노무공급업자는 자기 사업을 마음대로 운영할 수 있다고 하지만 이들의 행위는 엄연히 위법이고 위헌적이다. 이는 당시 미국 법률이 중간착취를 금지하는 법률을 두고 있지 않았더라도 위헌적 조치라는 의미이다. 이외에도 톰 조드와 짐 케이시는 노조의 결성을 도우려고 하는데, 이주민들이 정당한 임금을 받기 위해서 노조를 결성할 권리가 있는지도 살펴볼 필요가 있다. 노동자의 정당한 권리를 주장하는 플로이드를 보안관보는 빨갱이라고 부르며 체포하려 하였고 짐 케이시가 대신 체포된다. 작가는 빨갱이의 의미에 대해 3만 에이커의 땅을 가지고 있는 하인즈의 말을 빌려 '우리가 25센트를 주겠다고 할 때 30센트를 달라고 하는 자식들이 다 빨갱이'라고 전한다. 우리 헌법은 결사의 자유만 규정한 미국과 달리 근로 3권을 헌법상의 기본권으로 규정하고 있다. 이는 근로의 정당한 가격을 사적 자치에 맡기면서 사용자에게 유리하게만 가격이 책정되는 것을 막기 위하여 근로자단체의 창출을 통하여 사회적 세력 균형을 도모하려고 한 것이다. 근로 3권은 단지 근로자들의 단체 결성에 대하여 국가나 사용자의 방해를 막으려는 자유권에 그치는 것이 아니라 국가가 입법을 통하여 근로자의 헌법상 권리인 근로3권을 실제 행사할 수 있는 조건을 마련해야 할 의무를 부과한 사회권적 기본권이라 할 수 있다. 앞서 헌법적 관점에서 살펴 본 평등권 실현의 방법으로서 근로3권 보장을 위한 국가개입의 정당성과 필요성이 이 부분에서 제기되는 것이다. 조드 가족을 포함한 이주민들의 노조 결성은 국가가 보호해야 하는 대상이 되는 것이다.

IV. 경쟁법적 관점

1. 소설 속 문제상황

대지주들은 통조림 공장을 함께 운영하는 것을 고안하였다. 복숭아와 배가 익으면 대지주는 과일값을 재배비용보다 싸게 후려쳤고, 통조림 공장을 함께 운영하는 대지주는 싼 값에 과일을 사들인 후 통조림 가격을 높여서 이윤을 올렸다. 소규모 농부들은 낮은 과일값 탓에 농장을 운영하지 못하게 되었고 그 작은 농장들 역시 대지주의 소유가 되었다. 이들 역시 고속도로로 나섰고 도로는 일자리를 구하기 위해 살인이라도 저지를 사람들로 북적거렸다.

한편 소규모 농장주들은 나름의 기준대로 임금을 지불하려고 하였으나 대출은행으로부터 임금의 시세를 제시받고 그에 따르도록 권유받았다.

2. 경쟁법적 관점

1) 저가경쟁

경쟁법은 경쟁촉진을 목적을 위하여 독점과 담합을 금지하는 것을 주된 내용을 하고, 미국 셔먼법과 EU조약 제101조, 제102조 및 우리 공정거래법으로 대표된다. 독점사업자들의 여러 행위들이 경쟁을 저해하는지 여부를 평가해오면서 특정한 전형적 행위들에 대한 판단이 누적되어 왔고 새로운 경제상황에서 나타나는 행위들도 종래 전형적 행위들에 대한 평가에 기초하여 신유형의 행위들을 판단하여 왔다. 약탈적 가격설정행위(predatory pricing)는 독점사업자가 경쟁자를 배제하기 위하여 가격을 낮추어 판매하고 그 경쟁자가 가격인하 압력을 견디지 못하고 퇴출되면 다시 가격을 올려 손실을 회복하는 방식의 전형적 행위유형이다. 가격을 인하하는 저가경쟁은 경쟁의 가장 일반적 모습으로 소비자 후생을 증대시킨다는 점에서 장려되지만, 가격이 지나치게 낮은 경우라면 오히려 금지대상이 된다는 것이므로 얼마나 낮은 가격이어야 하는지가 논의 초점이 된다. 통상 평균가변비용보다 낮은 가격을 금지대상으로 삼는데 미국에서는 이에 더하여 손실회복가능성(recoupment)을 요건으로 추가한다. 문제된 가격이 비용보다 낮은지 여부는 경제분석이 요구되므로, 손실회복가능성 요건을 먼저 심사하여 이를 통과한 경우에만 경제분석을 하는 방법으로 규제비용을 절감하는 경우가 많다.

소설 속 상황은 과일판매 시장이라는 관련시장에서 대지주들이 높은 점유율에 터잡아 낮은 가격에 과일을 판매하여 소규모 농부들이 과일판매시장에서 경쟁할 수 없어 퇴출되도록 만들고 그 농장을 대신 인수하는 방식이 문제된다. 낮은 가격 수준이 과일 재배비용보다 낮으면 통상적 경쟁방법이라고 하기 어렵고 결과적으로 소규모 농장들을 자신들이 인수하여 시장 독점화가 가속되었으므로 경쟁법이 금지하는 약탈적 가격행위에 해당한다. 더구나 교묘한 것은, 낮은 가격으로 판매한 과일을 활용하여 대지주가 통조림을 생산하여 높은 가격에 판매하는 방식으로 이윤을 창출하여 손실회복가능성을 높였다는 점이다. 소규모 농장들은 대지주들을 상대로 금지청구, 손해배상청구를 하고 법무부 조사를 요청할 수 있을 것이다.

2) 담합

카르텔 또는 담합이라고 불리는 행위는, 오랫동안 행해져 왔던 경쟁법 위반행위이다. 독점자의 단독행위가 일정 부분 경쟁촉진적 효과를 가져오므로 경쟁제한적 효과와 비교형량이 필요한 반면, 담합은 경쟁제한적 효과만을 목적으로 하는 행위이고 담합가담자들에게만 이익이 돌아갈 뿐 소비자후생이나 경쟁촉진의 면에서 기여하는 바는 없다. 담합의 심각한 위법성을 감안하여 경쟁법은 합의만 있고 합의의 실행행위가 없는 단계에서도 이를 금지한다. 그런데 합의는 매우 은밀히 이루어지므로 밝혀내기 어려워서 어느 정도의 간접증거가 있을 때 합의를 인정하느냐가 문제된다.[8] 제3자를 이용한 유형의 간접적 행위에 관하여 합의 성립을 인정하기도 하는데, 대표적인 것이 hub-spoke 유형이다. 1업체가 관련 시장의 여러 경쟁자들과 공동거래를 하고 있으면 그 경쟁자들이 1업체와만 합의를

8) Shon Donghwan, Challenges in Competition Law in Homodeus Era, JCCT vol.7 no.3.

하더라도 경쟁자들에게 합의를 인정하는 것이다. 각각의 수직적 합의를 하더라도 수평적 경쟁자들 사이에 합의가 인정되고 그 모양이 바퀴의 중심축과 바퀴살과 같다고 하여 hub-spoke 유형이라고 한다.

소설 속 상황은 대지주들이 이주민들에게 지급하는 임금 수준을 소규모 농장과 공유하는 과정이 은행을 통해서 이루어졌고, 대지주와 소규모 농장 사이에 직접적인 의사연락이 이루어졌는지는 불분명하다. 더구나 재화가 아닌 노동시장의 행위이므로 경쟁법적 규제가 이루어지는 통상의 시장이라고 하기도 어렵다. 하지만 노동력 수요자들인 농장들끼리 경쟁관계가 성립할 수 있고 경쟁제한행위가 있다면 금지대상이 되는 것이 원칙적이다. 은행과 여러 농장들이 수직거래를 하고 있지만 은행과의 거래는 농장들 사이의 임금수준은 전혀 다른 거래이므로 hub-spoke 유형이라고 하기는 어렵다. 하지만 임금수준에 관한 은밀한 합의가 은행을 매개로 대지주와 소규모 농장 사이에 이루어진다고 할 여지는 충분하고, 합의에 따른 실제 임금 지급이 없더라도 간접적 교섭을 통한 합의로도 담합을 인정할 수 있을 것이다.

3) 노동과 경쟁법

앞서 노동법적 관점에서 조드 가족을 비롯한 이주민들의 노조결성과 근로3권이 보장되어야 한다고 했는데, 이들이 결성한 노동조합과 사용자 사이의 합의가 담합은 아닌지, 노동조합의 단체행동으로서의 파업이 경쟁법상 문제되는 거래거절행위는 아닌지 하는 의문이 제기될 수 있다. 노동시장에 대한 경쟁법 적용 문제이다. 미국에서는 클레이튼법과 노리스-라구아디아법에서 노동조합의 단체행동으로서 거래거절을 적법하다고 규정하였고, 노사합의에 대해서는 판례가 셔먼법 적용면제를 인정하고 있다.[9] 우리 공정거래법은 수범자를 영리성을 가지는 사업자로 한정하고 있으므로 노동자의 행위는 그 적용대상이 되지 않고, 다만 영리성을 가지는 사업자로 볼 여지가 있는 계약노동종사자들의 행위에 대해서는 일단 경쟁법이 적용되고 부당성 판단 단계에서 금지 여부를 판단한다고 할 것이다. 단체협상을 전제로 한 합의는 경쟁법상 금지하기 어려울 것이지만 계약노동종사자들을 상대로 노조가입을 종용하는 피켓팅이나 사용자에게 노조 외 노동공급을 거부할 것을 요구하는 행위는 경쟁법상 금지될 수 있을 것이다.

---

9) Antitrust Law Developments(8th), ABA.

소설 속 상황에서 노조와 사업자들 사이의 임금 합의는 정당한 행위로 부당성이 없어 경쟁법상 담합이라 할 수 없지만, 노조가입을 거부하는 이주민들에 대한 압박행위나 노조를 통해서만 노동력 공급을 강제하는 경우라면 금지될 수 있을 것이다.

V. 맺으며

소설 속 서사는 이러하다. '포도가 비용도 충당할 수 없을 싼 가격에 팔리니 과일을 따지 못하고 썩도록 내버려 둔다. 버려진 과일들을 주워 먹는 사람이 생기면 가격이 싼 과일마저 팔리지 않으니 과일에 휘발유를 뿌리고 강에 버리고 이것들을 주워가는 사람들을 막으려 경비원을 고용한다. 굶주린 사람들의 눈 속에 점점 커져 가는 분노가 있다. 분노의 포도가 사람들의 영혼을 가득 채우며 점점 익어 간다. 수확기를 향해 점점 익어 간다. 소설 전체를 지배하는 분노에 대하여 존 스타인벡의 형제애적 해결책을 살펴보면서, 소설 속 상황을 소재로 법적·제도적 해결책을 헌법, 노동법, 경쟁법의 관점에서 검토하였다. 법령에 대한 해석이 추상적 논의가 아니라 소설 속 상황이나마 처절한 분노를 해결해 주기 위한 노력이 될 수 있음을 보여주고, 현실에 대한 분노 대신 사회에 대한 건강한 희망을 제시하는 가능성을 제시하려는 시도였다. 법학과 소설, 모두의 이해를 높이려는 노력이 의미를 찾기를 희망한다.

제 2 장

플랫폼 경제에서의 무료시장 획정 필요성*

- 오준형 -

I. 서론

우리 산업현장 전반에서 디지털경제로의 전환이 발견되고 있다. 벽돌과 회반죽으로 만들어진 건물(brick and mortar shop)에서 이루어지던 거래와는 전혀 다른 새로운 비즈니스 형태가 등장하였는데, 그것은 바로 온라인 플랫폼이다. 다면에 걸쳐 서비스를 제공하고 있는 온라인 플랫폼 사업자는 한 측면에서는 최종이용자(end users)를 유인하기 위해 한계비용 이하의 가격(주로 무료)으로 서비스를 제공하고, 다른 측면에서는 최종이용자들과 상호작용하려는 이용사업자(business users)에게 요금을 부과하는 비대칭적 가격전략을 취한다.[1] 하지만, 간접네트워크효과, 고착효과, 규모의 경제와 같이 플랫폼 경제에 내재하는 특수성으로 인해 특정 사업자들에게로 쏠림현상이 나타나고 있고, 이들의 반경쟁적 문제가 사회적으로 대두되기 시작하였다.

이러한 문제를 해결하기 위한 전통적인 경쟁법의 접근법은 먼저, 문제가 된 서비스의 가격 인상에 따른 수요 대체가능성을 분석하여 관련시장을 획정하고,

---

* 본고는 서울대학교 법학전문대학원 전문박사 학위 논문(2025.2월) 중 일부를 학술논문 형태로 작성한 것이며, 「경쟁법연구」 제51권(2025)에 게재된 논문임을 밝혀 둡니다.

1) 본 논문에서 플랫폼에서의 이용자 그룹 간 구분이 필요한 경우에는 '최종이용자(end users)'와 '이용사업자(business users)'로 구분하여 표기하고, '이용자'라고 지칭한 경우는 양 측면의 이용자 그룹을 모두 포함하는 의미로 사용한다.

이를 바탕으로 산정된 관련매출액을 통해 시장점유율을 산정하여 시장지배력 보유 여부를 판단한 뒤, 경쟁제한성을 평가하는 방식으로 이루어진다. 그러나 플랫폼 사업자는 최종이용자에게 무료로 서비스를 제공하므로 가격인상을 가정하기 어렵고, 해당 서비스가 판매된 적이 없으므로 관련매출액을 기준으로 시장점유율을 산정하는 것 역시 불가능하다.

그리고 관련시장 획정의 목적은 경쟁상황을 식별하기 위함인데,[2] 무료시장을 획정하지 않을 경우 플랫폼 경제에서 나타나는 핵심적인 경쟁상황을 간과하게 될 위험이 존재한다. 플랫폼 사업자 간에는 이용자 확보를 위한 치열한 경쟁이 전개되고, 이용자에게 무료 또는 음의 가격으로 제공되는 서비스는 경쟁의 존재를 나타내는 중요한 요소로 볼 수 있다. 게다가, 무료서비스를 통해 모집된 최종이용자는 플랫폼의 경쟁우위를 결정짓는 핵심 요소로 기능하므로, 이를 배제한 시장획정은 플랫폼 경제의 현실을 법의 영역으로 적절히 전환하지 못하게 되고, 결국 「독점규제 및 공정거래에 관한 법률」[3](이하 '공정거래법') 집행에 있어 중대한 결함을 초래할 수 있다.

II. 본론

1. 무료시장의 정의 및 필요성

(1) 무료서비스가 가능한 플랫폼 경제의 특징

양면시장을 기반으로 하는 온라인 플랫폼에는 이용자 그룹 간 가격탄력성(price elasticity)의 차이와 간접 네트워크 효과(indirect network effects)가 존재하기 때문에, 플랫폼 사업자는 무료서비스를 제공함에도 불구하고 수익을 창출할 수 있다.[4] 성공적인 플랫폼 운영을 위해서는 양 측면의 이용자를 유인하는 것이 필수적인데, 이는 닭과 달걀의 문제(chicken and egg problem)로도 불린다.[5] 이를 달성하는 방법 중 하나는 양 측면에서의 가격구조를 달리하는 것이다. 플랫폼

---

2) 대법원 2007.11.22. 선고 2002두8626 전원합의체 판결; 공정거래위원회 2021.1.27. 의결 제2021-027호, 128문단.

3) 법률 제20712호, 2025.1.21.

4) EU, Revised Market Definition Notice, 2024, para.97.

5) B. Caillaud & B. Jullien, *Chicken & Egg: Competition among Intermediation Service Providers*, 34(2) RAND J. Econ. 309, 310 (2003).

사업자는 한 측면에서 무료서비스를 제공하여 최종이용자를 플랫폼으로 유입시키고, 다른 측면에서는 모집된 최종이용자를 대상으로 광고 또는 재화나 서비스를 판매하려는 이용사업자의 플랫폼 참여를 유도한다.[6] 플랫폼 운영자는 각 측면의 가격탄력성을 고려하여 차별적 가격전략을 채택하게 되는데, 최종이용자는 높은 가격탄력성을 나타내지만, 이용사업자는 상대적으로 낮은 가격탄력성을 보이기 때문에, 해당 측면에서 발생한 수익이 최종이용자 측면의 보조금으로 전환되는 경우가 많다.

또한, 플랫폼에서의 이용자 그룹간 간접네트워크효과로 인해 무료서비스 제공이 가능하다. 강한 네트워크효과를 유발하는 그룹은 낮은 가격을 제공받고, 약한 네트워크효과를 유발하는 그룹은 상대적으로 높은 가격을 부담하게 된다.[7] 일반적으로 최종이용자 측면에서는 강한 네트워크효과가 나타나는 반면, 이용사업자 측면에서는 약한 네트워크효과가 관찰된다. 그리고 이용자들의 호밍결정에 의해서도 무료서비스 제공을 설명할 수 있다. 특히, 최종이용자가 싱글호밍(single-homing)을 하고, 이용사업자가 멀티호밍(multi-homing)을 선택하는 경우 경쟁병목(competitive bottleneck)현상이 발생한다.[8] 이러한 상황에서 플랫폼 사업자는 최종이용자의 싱글호밍을 유지하기 위해 해당 측면에 보조금을 지급할 유인을 가지게 된다.

(2) 무료시장의 정의

시장은 수요와 공급의 상호작용을 통해 가격이 형성되는 곳이다. 전통적으로 가격의 존재는 시장의 존재를 나타내는 핵심 요소로 간주되어 왔다. '가격이 없으면 시장도 없다(no price, no market)'는 경제학의 오랜 명제가 이를 대변한다.[9]

그러나 온라인 플랫폼에서는 해당 명제가 더 이상 절대적인 기준으로 적용되지 않는다.[10] 양면시장을 기반으로 하는 온라인 플랫폼은 한 측면의 이용자 집단

---

6) David S. Evans, *The Antitrust Economics of Multi-Sided Platform Markets,* 20(2) Yale J. on Reg. 325, 352 (2003).

7) Kristine Laudadio Devine, *Preserving Competition in Multi-Sided Innovative Markets: How Do You Solve a Problem Like* Google?, 10(1) N.C. J.L. & Tech. 59, 82-83 (2008).

8) Mark Armstrong, *Competition in Two-Sided Markets,* 37(3) RAND J. of Eco. 668, 677-678 (2006).

9) 이봉의, 공정거래법(제2판), 박영사, 2023, 182면.

10) Rupprecht Podszun/Ulrich Schwalbe, "Digitale Plattformen und GWB- Novelle: Überzeugende Regeln für die Internetökonomie?", NZKart, 2017, S. 98, 99.

에게 검색서비스, 이메일, 소셜네트워크서비스(SNS) 등 다양한 서비스를 무상으로 제공하고 있기 때문이다. 플랫폼 사업자가 이용자에게 제공하는 무상의 서비스를 통칭하여 무료서비스(free service)라고 한다.

무료서비스의 경우 가격이 부재함에도 불구하고 이용자의 수요가 실재하며, 플랫폼 사업자 간에 무료서비스를 제공하고서라도 이용자를 확보하려는 치열한 경쟁이 관찰된다. 이러한 경쟁 상황은 공정거래법상 '일정한 거래분야'를 구성할 수 있는 근거가 된다. 따라서 본 논문에서는 무료서비스를 관련상품으로 하여 획정된 관련시장을 무료시장으로 정의하기로 한다.

(3) 플랫폼 경제에서의 경쟁상황 식별을 위한 무료시장 획정 필요성

관련시장의 획정은 경쟁상황을 규명하기 위한 절차적 단계로서, 이를 통해 경쟁제약의 구조와 정도를 파악할 수 있다. 그러나 무료시장을 획정하지 않을 경우, 플랫폼 경제에서 실질적으로 발생하는 핵심적인 경쟁구도를 정확히 포착하지 못할 우려가 존재한다. 플랫폼 사업자들은 최종이용자를 유인하기 위해 치열한 경쟁을 벌이고 있는데, 최종이용자에게 무료 또는 음의 가격으로 제공되는 서비스는 경쟁의 존재를 나타내는 중요한 지표로 볼 수 있다.

그럼에도 불구하고 가격의 부재 또는 전통적 시장획정 기법의 적용이 불가하다는 이유로 무료시장을 획정하지 않는다면, 플랫폼 경제에서 발생하는 경쟁상황의 본질을 파악하지 못하게 되는 것이다.

특히, 무료서비스를 통해 모집된 최종이용자는 플랫폼의 경쟁우위를 결정짓는 핵심 요소로 기능하므로, 이를 배제한 관련시장의 획정은 플랫폼 경제의 현실을 법의 영역으로 적절히 전환하지 못하게 되고, 결국 동법 집행에 있어 중대한 결함을 초래할 수 있다.

2. 관련시장으로서의 무료시장 획정 가능성 검토

(1) 역사적 접근으로 살펴본 관련시장의 획정

공정거래법상 관련시장의 획정은 법리의 발전과 변화하는 산업환경에 유연하게 대응한다는 특징을 지니고 있는바, 플랫폼 사업자가 제공하는 무료서비스로 인해 경쟁제한의 문제가 발생하는 경우, 해당 무료서비스도 관련시장으로 획정될 수가 있다.

먼저, 관련시장의 획정은 공정거래법 제정 및 시행 초기부터 사용된 개념이 아니라 동법의 법리적 발전 과정에서 도입된 개념이다. 공정거래법의 제정 당시부터 조문에는 관련시장의 획정을 요구하는 문언인 '일정한 거래분야'를 규정하고 있었다. 하지만 1990년대 후반에 이르러서야 관련시장 획정 기준을 명시한 고시가 제정되었다.[11] 그리고 법원이 2007년 포스코 판결[12]을 통해 관련시장 획정을 위한 정성적 기준과 정량적 기준을 제시한 뒤부터 본격적으로 법집행에서 시장획정이 활용되기 시작하였다. 미국과 EU 또한 법집행 초기부터 관련시장을 획정한 것은 아니었으며,[13] 시장지배적 지위 남용행위 판단시 지배력 확인을 위한 관련시장 획정의 필요성이 강조되면서, 시장획정을 도입하게 되었다.

또한, 공정거래법에 도입된 관련시장 획정은 변화하는 산업환경에 유연하게 대응하며 발전해 왔다. 특히, 1990년대 한국 유통산업의 변화와 2000년대 소프트웨어 산업의 도래시 적용된 관련시장 획정이 대표적 사례로 제시될 수 있다. 먼저, 유통산업에서는 기존에 없던 대형마트가 출현하기 시작하였고, 대규모 유통사업자간 기업결합으로 주목 받았던 신세계/월마트 기업결합 사건에서 개별상품시장이 아닌 묶음시장으로 관련시장을 획정하였다.[14] 다음으로 소프트웨어 산업과 관련된 마이크로소프트 사건에서는 운영체제(OS)와 미들웨어의 끼워팔기를 규제하면서, 무상으로 제공된 미들웨어를 별개의 관련시장으로 획정하였다.[15]

이러한 사례는 관련시장의 획정이 동법 집행의 도구적 개념으로서 변화하는 산업환경에 맞춰 적응해 왔으며, 플랫폼 산업 역시 그 예외가 될 수는 없다는 것을 보여준다. 따라서 온라인 플랫폼에서 이용사업자 측면에서의 지배력 전이 또는 최종이용자를 대상으로 한 착취남용 행위 등 반경쟁적 행위가 식별되는 경우에는 비록 가격은 존재하지 않는 서비스라고 하더라도 동법상 관련시장으로 획정될 수 있음을 시사한다.

---

11) 공정거래위원회고시 제1998－6호, 1998.6.15., 제정; 제2000－6호, 2000.8.30., 제정.

12) 대법원 2007.11.22. 선고 2002두8626 전원합의체 판결.

13) Miguel Sousa Ferro, Market Definition in EU Competition Law, Edward Elgar Publishing, 8 (2019).

14) 공정거래위원회 2006.2.24. 의결 제2006－042호. 미국과 EU의 경우도 크게 다르지 않다. FTC는 Kroger/Meyer 기업결합 사건에서 '식품 및 식료품을 소매로 판매하는 슈퍼마켓 시장'으로 관련시장을 획정하였고(FTC, Kroger Co./ Fred Meyer, Inc., Docket No. C－3917, 2000, para. 9.), 유럽집행위원회는 WalMart/ASDA 기업결합 사건에서 '신선 및 건조 식료품, 가정용 소비재를 판매하는 슈퍼마켓 시장'으로 관련시장을 획정하였다(Case IV/M.162, 23.07.1999, WalMart/ASDA).

15) 공정거래위원회 2006.2.24. 의결 제2006－042호.

(2) 관련시장 획정의 핵심은 수요측면에서의 대체가능성

한편, 관련시장 획정의 핵심은 수요 대체가능성이며, 법원과 공정거래위원회는 가격변화에 따른 수요 대체가능성을 살피는 정량적 방법과, 제품의 특성 및 기능을 중심으로 획정하는 정성적 방법을 채택하고 있다.[16] 이 중 하나의 방법만으로도 관련시장의 획정이 가능하다는 점은 무료시장 획정에 있어 중요한 시사점을 제공한다. 플랫폼 사업자가 제공하는 무료서비스의 경우 가격이 존재하지 않으므로 가격에 기반한 정량적 방법으로 시장을 획정하기는 어려울 수 있으나,[17] 무료서비스의 기능을 중심으로 수요 대체가능성을 분석하는 것은 충분히 가능하다.

(3) 무료시장 접근법과 시장지배력 측정 방법

플랫폼에서의 관련시장의 획정은 양면에서의 중개거래를 하나의 시장으로 보는 단일시장 접근법과, 양면을 각각 별개의 시장으로 획정하는 개별시장 접근법이 있다. 무료시장을 획정하는 것은 개별시장 접근법의 일환으로서 플랫폼 사업자가 최종이용자에게 제공하는 무료서비스를 독립된 관련시장으로 획정하는 것이다.

이용자들에게 무료로 제공되는 서비스는 그 특성상 관련매출액을 기반으로 한 시장점유율을 산정하는 것은 현실적으로 불가능하다. 그러나 일일 활성 이용자 수(DAU), 검색쿼리(query) 수와 같은 해당 서비스의 주요 성과를 나타내는 지표를 대리지표(proxy)로 활용하여 시장점유율을 산정하는 것이 가능하다.[18] 이용자들이 멀티호밍을 하는 경우라 하더라도 (1) 관련 사업자들로부터 회원 정보를 제공받아 멀티호밍 정도를 측정하거나, (2) 매출데이터를 제공받아 멀티호밍

---

16) 대법원 2007.11.22. 선고 2002두8626 전원합의체 판결; 공정거래위원회고시 제2021-18호, 2021.12.30; 제2024-6호, 2024.5.1. 한편, 권오승·서정. 독점규제법(제6판), 법문사, 2023, 92면은 '질적 기준'과 '양적 기준'으로 설명하고 있다.

17) 유럽집행위원회의 실무에서 SSNIP테스트를 사용한 적은 한 번뿐이며, 이 또한 보조적 방법으로 사용되었다고 한다(Fabian Uebele, Datenschutz und Kartellrecht, Duncker & Humblot, 2022, S. 93.). BKartA도 페이스북 사건에서 비록 SSNIP테스트가 수요시장개념의 방법론적 형태이기는 하지만 거의 사용되지 않는다고 밝혔다(BKartA v. 06.02.2019, B6-22/16, Rn. 248).

18) 독일 Facebook 사건에서 BKartA는 DAU가 SNS의 경쟁의 측면에서 중요하며 시장에서의 성과를 평가하는 데 가장 유의미한 지표라고 판단하고, 이를 통해 시장지배적 지위를 확인하였다(BKartA, Beschl. v. 06.02.2019, Facebook, Az. B6-22/16, Rn. 390-413). 한편 구글 쇼핑 사건에서 유럽집행위원회는 페이지 뷰와 사이트 방문을 기준으로 계산된 시장점유율을 참조하였다(Case AT.39740 Google Search (Shopping) 27.06.2017, paras.277-279).

과 관련된 거래 규모를 파악할 수 있고, (3) 웹서버 데이터를 이용하여 플랫폼 방문기록, 검색방식, 체류시간 등을 확인하여 멀티호밍을 고려한 시장점유율을 산정하는 것이 가능하다.[19]

3. 무료시장 획정 관련 해외 입법례와 관련 사례

(1) 법 및 연성규범 개정

무료시장 획정과 관련된 외국의 입법적 대응은 법 개정에서부터 연성규범의 제 · 개정에 이르기까지 다양한 형태로 나타나고 있다. 독일은 제9차 GWB 개정을 통해 '무료로 제공되는 서비스의 경우에도 시장의 존재가 부정되지는 않는다'는 명문 규정을 도입함으로써 무료시장 획정을 위한 명확한 법적 근거를 마련하였다. 뒤셀도르프 고등법원의 HRS 판결과 같이 무료시장을 부정하는 판례가 축적됨에 따라 이를 방지하기 위해 입법적 수단을 강구하게 되었다.[20]

한편, EU와 미국은 연성규범을 개정하여 무료시장 획정을 설명하고 있다. 먼저, EU는 「시장획정고시(1997)」를 개정하여 '무료로 서비스가 제공되는 경우에도 시장이 존재한다'고 설명하고 있다.[21] 아울러, 동 고시는 플랫폼 사업자가 서비스의 가격을 제로(0)로 설정하는 것은 플랫폼 비즈니스 모델에서 상당히 중요한 부분인데, 무료 서비스를 제공하여 최종이용자를 유인하고, 이를 통해 다른 측면에 있는 이용사업자에게 유료 서비스를 제공함으로써 수익을 창출할 수 있음을 설명하고 있다.[22]

그리고 미국은 「기업결합 가이드라인」을 개정하여 '플랫폼 사업자가 제공하는 특정 측면의 서비스가 관련시장이 될 수 있다'고 함으로써 무료시장 획정 가능성을 열어 두게 되었다.[23] 동 가이드라인만 놓고 보면 무료시장 획정과 관련한 미국 경쟁당국의 태도는 유럽집행위원회에 비해서는 상대적으로 소극적인 것으로 보인다. 생각건데 연방대법원의 AMEX 판결에 따라 경쟁당국의 가이드라인 개정시 재량의 폭이 제한되었을 것으로 보인다. 비록 개정 가이드라인은 양면거래시

---

19) OECD, *Measuring Market Power in Multi-sided Markets*, DAF/COMP/WD (2017)35/FINAL, 9 (2017).

20) Begr. RegE, BT-Drs. 18/10207, S. 48.

21) EU, Revised Market Definition Notice, 2024, para. 97.

22) Id.

23) DOJ & FTC, Merger Guidelines, 24 (2023).

장을 단일시장으로 획정할 수 있음을 설명하고 있으나, 이는 극히 예외적인 상황에 한정된다는 점을 분명히 하고 있다.[24)]

(2) 사례

무료시장 획정과 관련한 외국의 사건을 살펴보면, 과거에는 서비스 이용에 대한 금전적 대가가 부재하다는 이유로 시장의 존재를 부정한 사례가 일부 있었다.[25)] 그러나 최근에는 무료서비스 역시 관련시장으로 획정하는 경향이 강화되고 있다. 유럽집행위원회의 구글 쇼핑 사건[26)]과 BKartA의 페이스북 사건[27)]은 비록 서비스 제공에 대한 금전적 대가를 수반하지 않더라도, 플랫폼으로 유입된 최종이용자는 경제적 가치를 창출하고, 경쟁법적 분석에서 독립된 시장으로 기능할 수 있음을 인정한 사례들이다. 특히, 페이스북 사건에서 SNS는 온라인 광고 측면과 밀접하게 연관되어 있으나, 두 서비스에 대한 이용자들의 수요 대체가능성이 인정되지 않고, 광고 없이도 SNS 서비스 제공이 가능하다는 점에서 광고 측면을 관련시장에 포함하지 않았다. 이러한 해외의 선례는 우리나라에서도 플랫폼 사업자들이 제공하는 무료서비스를 실질적으로 평가하여 관련시장으로 획정할 필요가 있음을 보여준다.

4. 한국의 입법적 대응과 관련 사례

(1) 온라인 플랫폼 심사지침 제정 및 기업결합 심사기준 개정

공정거래위원회는 「온라인 플랫폼 심사지침」[28)]을 제정하고 「기업결합 심사기준」[29)]을 개정하여 명목상 무료로 제공되는 서비스를 관련시장으로 획정할 수 있도록 제도적 정비를 하였다. 우선, 공정거래위원회가 '명목상'이라는 표현을 사용한 점에 주목할 필요가 있다. 공정거래위원회는 플랫폼 사업자의 서비스에 대해 최종이용자가 금전적 대가 이외에 다른 형태의 대가를 지불하는 것으로 보고 있는데, 이용자가 자신의 주의·관심 또는 데이터 등을 대가로 지불하는 것으로 보

24) Id. fn. 47.

25) OLG Düsseldorf, Beschl. v. 09.01.2015, VI－Kart 1/14 (V), HRS; KinderStart.com, LLC v. Google, Inc., No. 5:06－CV－02507, 2007 WL 831806 (N. D. Cal., 2007).

26) Case AT.39470, 27.06.2017, Google Search (Shopping).

27) BKartA, Beschl. v. 06.02.2019, Facebook, Az. B6－22/16.

28) 공정거래위원회예규 제418호, 2023.1.12.

29) 공정거래위원회고시 제2024－15호, 2024.8.7.

고 있다.[30] 특히, 해당 연성규범들은 (명목상) 무료시장 획정의 요건으로서 플랫폼 사업자가 제공하는 무료서비스와 이용자의 데이터, 주의 · 관심과 같은 가치교환(거래)이 존재하는 경우로 제한하고 있다는 점에서 앞서 살펴본 해외 입법례와는 차이가 있다.

(2) 사례

1) 무료시장으로 본 사례

(가) 네이버 I 사건

우리나라의 경우 최종이용자가 비용을 지불하지 않는다는 이유로 시장의 존재를 부정한 사례는 확인되지 않는다. 하지만 그렇다고 하여 무료시장을 획정한 사례 또한 제한적이다. 해당 사례들을 플랫폼 구조에 의한 무료시장으로 획정한 사례와 가치교환 관계로 본 명목상 무료시장 획정사례로 구분할 수 있다.

먼저, 무료시장을 획정한 대표적인 사례는 네이버 I 사건[31]이다. 공정거래위원회는 인터넷 포털서비스는 최종이용자 측면과 광고 측면으로 구성되는 양면시장으로 파악하였으며, 이 중 최종이용자 측면을 관련시장으로 획정하였다.[32] 하지만 서울고등법원은 공정거래위원회의 관련시장 획정이 부당하다고 판단하였는데, 문제가 된 행위는 네이버의 검색서비스를 통하여 CP와 이용자를 중개하는 과정에서 발생하였으므로 이를 대상으로 관련시장을 획정하고, 해당 시장에서의 지배력 보유 여부를 판단하여야 한다고 보았다.[33]

우선, 이 사건에서 공정거래위원회는 '1S-4C를 특징으로 하는 인터넷 이용자 시장'을 관련시장으로 보았고, 법원은 'CP와 이용자들을 중개하는 시장'으로 본 바, 온라인 플랫폼의 무료서비스 측면 자체를 관련시장으로 부정하지 않았음을 알 수 있다.

---

30) 「온라인 플랫폼 심사지침」에는 '온라인 플랫폼 사업자와 이용자 간 가치의 교환(거래)이 발생하는 경우에는 이와 관련된 일정한 거래분야를 획정할 수 있다'고 명시하고 있다; 「기업결합 심사기준」에도 유사하게 기술되어 있는데, '명목상 무료로 서비스가 제공되는 경우에도 서비스 제공자와 이용자 간 가치의 교환(거래)이 발생하는 경우에는 이와 관련된 일정한 거래분야를 획정할 수 있다'고 명시하고 있다.

31) 공정거래위원회 2008.8.28. 의결 제2008－251호.

32) 1S－4C(Search, Contents, Communication, Community & Commerce)를 제공하는 국내 인터넷 포털서비스 이용자 시장.

33) 서울고등법원 2009.10.8. 선고 2008누27102 판결; 대법원도 서울고등법원의 판단을 인정하였다(대법원 2014.11.13. 선고 2009두20366 판결).

그러나 공정거래위원회가 관련시장을 획정함에 있어서 수요 측면에서 대체가능성을 중심으로 획정하기보다는, 오히려 1S-4C라고 하는 인터넷포털의 특성, 즉, 상품의 기능 및 효용의 유사성에 주목하여 시장을 획정한 것으로 보인다.

한편, 플랫폼에서의 시장획정 접근법을 기준으로 살펴보면, 공정거래위원회는 인터넷 포털 이용자 측면에서의 지배력을 남용행위의 근거로 삼았다는 점에서 개별시장 접근법을 채택한 것으로 보인다. 반면, 서울고등법원은 문제가 된 행위가 이용자와 CP 간 중개거래에서 발생하였다는 점을 들어 해당 중개시장을 관련시장으로 획정해야 한다고 판시한바 단일시장 접근을 취한 것으로 볼 수 있다.

(나) 이베이/인터파크지마켓 기업결합 사건

공정거래위원회는 이베이/인터파크지마켓 기업결합 사건에서 오픈마켓과 일반쇼핑몰을 무료로 이용하는 최종이용자 측면을 '인터넷 쇼핑 시장'으로 획정하였다.[34] 공정거래위원회는 오픈마켓이 소비자와 판매자라는 서로 이질적인 거래상대방을 대상으로 사업을 영위하고 있고, 더 많은 판매자를 확보하여 판매자 간의 가격경쟁을 유도하고 다양한 상품 구색을 갖추기 위한 경쟁을 하는 시장(판매자 측면)과, 편리한 구매 서비스를 제공하여 소비자의 구매를 유인하는 경쟁을 하는 시장(소비자 측면)으로 분리하여 파악하였다. 이때, 무료로 오픈마켓과 일반쇼핑몰 서비스를 이용하는 소비자 측면을 '인터넷 쇼핑 시장'으로 획정함으로써 무료시장을 획정하였다.

2) 명목상 무료시장으로 본 사례: 마이크로소프트 사건

공정거래위원회는 끼워팔기가 문제 되었던 마이크로소프트 사건[35]에서 관련시장을 획정함에 있어 급부와 반대급부의 교환관계에 주목하였던 것으로 보인다. 공정거래위원회는 주된 상품(윈도우 OS)과 이용자들에게 무상으로 제공된 WMP, MSN을 종된 상품으로 판단하고 각각 '스트리밍 미디어 플레이어 시장'과 '메신저 프로그램 시장'으로 관련시장을 획정하였다.

마이크로소프트는 종된 상품들이 무료로 제공되었다는 점을 들어 끼워팔기 행위의 강제성이 없었음을 주장하였다. 그러나 공정거래위원회는 유상성은 요건이 아니라면서 해당 주장을 배척하였는데, 특히 소프트웨어 산업에서는 공급자가 직접적인 금전적 대가를 받지 않더라도 비금전적 반대급부를 통해 경제적 이익을

34) 공정거래위원회 2009.6.25. 의결 제2009-146호.

35) 공정거래위원회 2006.2.24. 의결 제2006-042호.

얻는 사례가 빈번하다는 점에서 종된 상품들이 본질적으로 무료가 아니라고 보았다.[36] WMP의 경우 자신이 개발한 포맷을 대중화시켜서 사실상의 표준으로 만들려는 포맷 경쟁이 치열하게 전개되고 있었다. 그리고 공정거래위원회는 MSN의 유상 서비스와의 긴밀한 연결성에 주목하였는데, 메신저를 광고플랫폼으로 활용하거나, 인터넷 포털로의 유입경로로 이용하여 포털 내 유료서비스 이용을 촉진하거나, 광고노출을 통해 간접적 수익을 창출하는 방식에 대해 검토하였다.

3) 검토

(가) 행위 유형에 따른 무료시장 획정 양상

문제가 된 행위 유형에 따라 무료시장 획정 양상은 다르게 나타날 수 있다. 일반적으로 시장지배적 지위 남용행위 사건에서는 문제가 된 행위와 관련된 시장에서 해당 사업자의 지배력 보유 여부를 판단하게 된다.[37] 예를 들어, 오픈마켓 서비스의 경우 운영사업자가 판매자와의 관계에서 남용행위를 하였다면 해당 측면만을 관련시장으로 획정하는 것이 타당할 것이다. 반대로 최종이용자 측면에서 착취남용이 포착된다면 해당 측면을 관련시장으로 획정하게 되는 것이다.

반면, 기업결합의 경우 본질적으로 복수의 시장에 영향을 미치는 경우가 빈번한데, 이는 결합 당사자들이 다양한 상품 · 서비스를 공급하며, 그 영역이 중첩될 가능성이 높기 때문이다.[38] 그리고 결합당사 회사들간 수평, 수직, 혼합과 같은 다양한 결합형태를 분석하기 위해 복수의 관련시장을 획정하게 되므로, 최종이용자에게 제공하는 무료서비스도 관련시장으로 획정될 가능성이 시장지배적 지위 남용행위 사건의 경우보다 더 높다. 이는 유럽집행위원회의 경우도 동일하다.[39]

---

36) 공정거래위원회 2006.2.24. 의결 제2006-042호, 각주 82; 참고로 유사한 행위가 문제가 되었던 유럽 일반법원의 마이크로소프트 사건에서는 WMP는 무료가 아니라 윈도우 OS 가격에 반영되어 있다고 보았다(Case T-201/04, 17.09.2007, Microsoft Corp v Commission, para. 968).

37) 대법원 2014.11.13. 선고 2009두20366 판결(동영상 콘텐츠 공급업체와 자신의 이용자들을 중개하는 시장에서의 지배력 보유 여부); 대법원 2008.12.11. 2007두25183 판결(채널변경 행위가 이루어진 프로그램 송출서비스 시장에서의 지배력 보유 여부).

38) Richard Whish & David Bailey, Competition Law(10th ed.), Oxford, 914 (2021).

39) Microsoft/Skype 기업결합 사건(Case COMP/M.6281)에서 '소비자 화상전화 시장'을 그리고 Facebook/WhatsApp 기업결합 사건(Case COMP/M.7217)에서 '소비자 통신서비스 시장', 'SNS 시장'을 관련시장으로 획정하였다.

(나) 공정거래위원회의 태도와 시사점

공정거래위원회의 온라인 플랫폼 관련 사건에서의 시장획정을 살펴보면, 최종이용자와 이용사업자간 중개거래 자체를 하나의 시장으로 획정하는 단일시장 접근을 취한 사례가 주를 이루고 있다.[40] 단일시장 접근을 취할 경우, 최종 이용자 측면인 무료시장을 별도로 획정하지 않게 된다.

하지만, 공정거래위원회는 시장지배적 지위 남용행위 사건에서 이용사업자 측면을 관련시장으로 획정한 사례도 있는데,[41] 이는 최종이용자 측면에서의 남용행위가 발생할 경우 해당 측면, 즉, 무료시장을 획정할 가능성을 시사한다는 점에서 중요한 함의를 가진다.

5. 공정거래법상 무료시장 획정의 문제점과 개선 방안

(1) 유상성을 내포하는 조문들

비록 입법기술적으로는 GWB와 다소 차이가 있지만, 공정거래법 역시 문리적 해석으로는 유상성을 도출해 낼 수 있는 조문들이 다수 포함되어 있다. 먼저, 정의 조항에서 '사업자'를 정의하면서 '제조업, 서비스업 또는 그 밖의 사업을 하는 자'로 정의하고 있다(동법 제2조 1.). 사업(事業)이란 통상 경제적 급부를 제공하고 그에 대한 반대급부를 취하는 영업상 거래를 의미한다.[42] 판례 또한 사업자를 재화나 용역을 공급하는 '경제활동'을 하는 자로 보고 있으므로[43] 상품을 공급하고 그에 대한 반대급부로서 금전적 대가를 수취하는 자로 볼 수 있다. 그리고 시장지배적 사업자를 정의하면서 '상품'의 '가격'을 자유롭게 유지 변경할 수 있는 자로 정의하고 있다(동법 제2조 4). 상품은 사업자의 이윤추구를 위한 상거래의 목적물이 된다. 또한, 가격이라고 명시함으로써 상품의 유상판매를 위한 것임을 알 수 있다.

---

40) 공정거래위원회가 단일시장 접근법을 취한 사례는 다음과 같다: 오픈마켓 운영 시장(공정거래위원회 2007.12.18. 의결 2007－555호); 비교쇼핑서비스 시장(2021.1.27. 의결 제2021－027호); 배달앱 시장(2021.2.2. 의결 제2021－032호); 앱마켓 시장(2021.12.30. 의결 제2021－329호); 일반앱 호출 시장(2023.6.13. 의결 제2023－093호).

41) 네이버 부동산 사건에서 양면비거래 플랫폼으로 보고, '온라인 부동산 정보제공자 시장'으로 획정하였다(공정거래위원회 2021.1.20. 의결 제2021－019호).

42) 이봉의, 위의 책(각주 8), 97면.

43) 법원은 공정거래법상 사업자를 "자기의 계산으로 재화나 용역을 공급하는 경제활동을 하면서 그 활동과 관련된 각종 결정을 독자적으로 할 수 있는 자"라고 해석하고 있다(서울고등법원 2003.5.27. 선고 2001누15193 판결; 대법원 2005.12.9. 선고 2003두6283 판결).

다음으로 동법의 실체법적 규정에도 유상성을 도출할 수 있는 조문들이 있는데, 시장지배적 사업자의 남용행위를 열거하면서, 가격의 부당한 결정 · 유지 변경(1호)과 상품의 판매를 조절(제2호)하는 행위를 들고 있다(동법 제5조 제1항). 시장지배적 사업자가 공급하는 상품이나 용역의 대가를 가격으로 보고 있는바, 유상거래를 상정하고 있는 것이다. 그리고 동법은 다른 사업자와의 합의를 통해 가격을 결정 · 유지하는 행위를 금지하고 있다(동법 제40조 제1항 제1호). 비록 가격의 대상이 무엇인지가 분명하게 나타나 있지는 않지만, 행위 주체가 사업자인바 상품 또는 용역의 가격이라고 보는 것이 타당하다. 그리고 재판매가격유지행위를 금지하고 있는데, 사업자가 공급하는 상품의 가격결정을 제한하는 행위인바 유상거래를 염두에 둔 조항이다(동법 제46조).

2) 무료시장 획정의 근거

하지만, 공정거래법에는 무료서비스도 관련시장으로 볼 수 있는 근거 또한 존재한다. 우선, 관련시장 획정과 가장 직접적으로 연관된 조문인 '일정한 거래분야'를 정의하면서 경쟁관계에 있거나 경쟁관계가 성립될 수 있는 분야라고 규정(동법 제2조 제4호)하고 있는바, 문리적 해석으로는 유상성을 요건으로 하고 있지는 않다.

그리고 동법이 제정되었던 1980년에는 입법자들이 지금과 같은 온라인 플랫폼 사업자들이 제공하는 무료서비스를 상정하지 못하였을 것이기 때문에 이를 시대적 상황에 맞게 해석할 필요가 있다. 제22대 국회에 계류되어 있는 플랫폼 규제 법률안 18건과 제21대 국회의 임기만료로 폐기된 19건의 플랫폼 관련 법률안이 이를 방증해 준다.

또한, 공정거래위원회의 실무를 보여주는 연성규범도 무료시장 획정을 인정하고 있다. 비록 주의 · 관심 또는 데이터와 플랫폼 사업자의 무료서비스를 가치의 교환(거래)관계로 보고 있기는 하지만, 「기업결합 심사기준」과 「온라인 플랫폼 심사지침」은 명목상 무료서비스를 관련시장으로 획정할 수 있음을 명시하고 있다.

한편, 독일의 경우에는 법원의 판례가 지속적으로 무료시장을 부정하는 쪽으로 축적되었기 때문에 입법적 조치를 취하지 않을 수 없었지만, 우리나라의 경우 공정거래위원회와 법원은 무상성을 이유로 관련시장의 존재를 부정하지 않는다는 점에서 차이가 있다. 앞서 살펴본 바와 같이 공정거래위원회는 끼워팔기가 문제가 되었던 마이크로소프트 사건에서 무료로 제공되는 미들웨어 시장을 '스트리밍 미디어 플레이어 시장'과 '일반용 메신저 시장'으로 각각 획정하였다. 네이버 I 사건에서도 비록 법원은 대체관계를 올바르게 살피지 않은 공정거래위원회의 시장획정 오류를 지적하였지만, '인터넷 포털서비스 이용자 시장'이라는 시장의 존재 자체를 부정하지는 않았다. 그리고 플랫폼 사업자들이 제공하는 서비스 중 이용사업자 측면을 관련시장으로 획정한 네이버 부동산 사건을 고려할 때, 최종 이용자 측면도 관련시장으로 획정될 여지가 있다.

(2) 무료시장 획정 요건으로서 가치교환 관계 검토

1) 법원이 해석하는 동법상의 '거래'

한편, 공정거래위원회의 「온라인 플랫폼 심사지침」과 「기업결합 심사기준」은 무료시장 획정의 전제조건으로서 '가치의 교환(거래)'을 제시하고 있으나, 가치가 교환되는 경우만을 관련시장으로 획정하는 것이 타당한지 다소 의문이다.

먼저, 대법원은 동법상 '거래'를 '사업활동을 위한 수단 일반'으로 다소 넓게 해석하고 있으나,[44] 공정거래위원회의 연성규범은 가치교환 관계로만 한정하고 있다. 오히려 플랫폼 사업자가 제공하는 무료서비스는 최종이용자를 모집하고 이를 대상으로 광고 또는 재화나 서비스 등을 판매하는 이용사업자를 유인하기 위한 사업활동 수단의 하나로 보고 관련시장으로 획정하는 것이 대법원 판시에 부합한다.

이와 관련하여 구글이 이용자에게 무료로 제공한 일반검색엔진 서비스를 사업활동(economic activity)으로 본 유럽집행위원회의 결정[45]과 일반법원의 판결[46]은 참고할 만하다. 그리고 독일에서 가장 널리 인정되는 견해도 2 이상의 당사자 중 일방이 경제적 동기에 의해 거래를 수행하는 경우 시장이 성립한다고 보고 있다.[47]

---

44) 대법원 2010.1.14. 선고 2008두14739 판결.

45) Case AT.39470, 27.06.2017. Google Search (Shopping).

46) Case T−612/17, Google and Alphabet v Commission (Google Shopping), ECLI:EU:T:2021:763.

47) Manuel Bogenreuther, Selbstbevorzungung auf Plattformmarkten, Nomos, 2022, S. 66.

(나) 가치교환 판단 시 문제점

다음으로, 가치교환 관계를 요구하는 공정거래위원회의 접근은 경제적 현실을 보다 다루기 용이한 형태로 변형하여 복잡성을 축소하는 시장획정의 본연의 기능에 부합하지 않을 우려가 있다. 특히, 명확히 계량화할 수 없는 데이터와 주의·관심을 고려하도록 하는 것은 시장획정을 자의적이고 신뢰할 수 없는 도구로 변질시킬 위험이 있다.[48]

또한, 가치교환을 필요로 하게 되는 경우 플랫폼 사업자에 의해 제공되는 급부와 이용자들의 반대급부 간 등가교환의 문제가 발생할 소지가 있다. 전통적인 단면시장에서는 시장가격이 곧 가치였고,[49] 적어도 교환거래가 이루어지는 시점에서는 등가교환이 이루어졌다. 하지만, 데이터나 주의·관심의 경우 구체화할 수 없고, 검증할 수 없고, 계량화할 수 없다는 점에서 차이가 있다.[50] 더욱이 최종이용자는 자신의 데이터나 주의·관심의 양과 유형을 결정할 수 없으며, 급부로 받게 되는 서비스에 대한 어떠한 영향력도 행사하지 못하기 때문에[51] 등가성 문제가 제기될 수 있다. 게다가, 데이터에 의한 가치교환으로 보기도 어려운 것은 많은 경우 플랫폼 사업자가 제공하는 무료서비스를 이용하기 위해 최종이용자가 회원가입 시 제공하는 데이터는 기초적인 개인정보(예: 성함, 휴대전화 번호, 이메일 주소, 생년월일)이기 때문이다.

그리고 앞서 살펴본 바와 같이 비교법적으로 무료시장을 획정함에 있어 가치교환 관계를 요건으로 하는 해외 입법례는 존재하지 않는다. 가치 교환관계를 언급한 사례로는 유럽집행위원회의 구글쇼핑 사건과 미국의 Epic Games v. Apple 항소법원 판결이 있기는 하나, 해당 판결에서 가치교환 관계만을 살핀 것은 아니었다. 먼저, 구글 쇼핑 사건에서는 이용자의 검색쿼리 데이터에 의한 수익화를 언급하였다.[52] 하지만 해당 사건에서는 데이터에 의한 수익화 이외에도 간접네

---

48) Ebd.

49) 공정거래위원회 홈페이지의 전문용어사전에서도 가격은 "상품이나 용역(庸役)을 매매할 때 화폐로써 나타낸 상품의 교환(交換) 가치를 말하며 통상은 상품이나 용역의 단위와 교환되는 화폐단위의 수로 표시됨."이라고 설명하고 있다.

50) Podszun/Franz, "Was ist ein Markt? – Unentgeltliche Leistungsbeziehungen im Kartellrecht", NZKart 2015, S. 121.

51) Inge Graef, *Market Definition and Market Power in Data: The Case of Online Platforms*, 38(4) World Competition 473, 490 (2015).

52) Case AT.39470, 27.06.2017, Google Search (Shopping), para. 158.

트워크효과를 고려한 유리한 상업적 전략으로서 비대칭적 가격설정을 한 점과, 검색엔진의 경우 가격경쟁이 아니라 결과값의 연관성, 결과값 도출시간, 이용자 인터페이스 등 품질[53] 경쟁을 한다는 점도 명시하고 있다.[54] 다음으로, Epic Games 항소법원 판결의 경우에도 무료시장을 부정한 원심의 오류를 지적하면서, 무료로 서비스가 제공되는 경우라 하더라도 플랫폼 사업자는 수익을 창출할 수 있다고 본 것으로 이해된다. 이를 뒷받침하는 것은 항소법원이 하급심은 형식(무료)에 치중하여 실질은 간과했다고 지적하고 있는 점이다.[55]

4) 수요시장개념과 목적론적 시장개념

대안으로는, 수요시장개념과 목적론적 시장개념에 따라 무료시장은 수요 측면에서의 대체가능성을 중심으로 평가하되, 이용자가 선택 가능한 경쟁이 존재하는 서비스라면 가격의 존부와 무관하게 동법의 직접적 목적인 '공정하고 자유로운 경쟁'을 필요로 하는 '일정한 거래분야'로 획정할 수 있다고 보는 것이다.

최종이용자가 경쟁력 있는 여러 공급자 중 자율적인 선택 결정(autonome Auswahlentscheidung)을 내릴 수 있는 경우, 관련시장으로 획정할 수 있다.[56] 이는 수요자의 선택 가능성에 초점을 맞추는바, 시장획정의 목적은 수요자(소비자)의 선택을 보호하는 데 있으며,[57] 결국 소비자 후생의 증진이라는 경쟁법의 목적과도 연결된다.

한편, 경쟁이 존재하는 곳에는 반드시 시장이 존재한다고 보는 목적론적 시장개념에 착안하여 시장을 획정할 수도 있을 것이다.[58] 시장이 존재하지 않는다면 경쟁법을 집행할 수가 없다. 따라서 시장의 존재와 경쟁법의 보호법익은 밀접하

---

53) 위원회의 결정문에서는 품질이라는 단어를 직접 사용하고 있지는 않지만, 일반법원 판결에서는 위와 같은 요소를 품질로 보고 있다(Case T－612/17, Google and Alphabet v Commission (Google Shopping), ECLI:EU:T:2021:763, para. 43).

54) Case AT.39470, 27.06.2017, Google Search (Shopping), paras.159－160.

55) Epic Games, Inc. v. Apple, Inc., 67 F.4th 946, 979 (9th Cir. 2023): "It puts form over substance to say that such products cannot form a market because they are not directly licensed or sold."

56) Podszun/Franz, a.a.O.(Fn. 49) S. 123; 독일 연방대법원(BGH)은 관련시장은 수혜자가 서비스에 대한 대가를 지불해야 하는 것을 전제로 하는 것이 아니라, 서비스 수혜자가 경쟁력 있는 여러 공급자 중 자율적인 선택을 내릴 수 있는 경우면 족하다고 판시하였다(BGH, Beschluss v. 16.1.2008, KVR 26/07. WRP 2008, 1242, Rn. 22－33－Kreiskrankenhaus Bad Neustadt).

57) Ebd., S. 124.

58) Maximilian Volmar, "Märkte ohne Geld－Der kartellrechtliche Marktbegriff im Zeitalter der Digitalisierung", WRP, Heft 5, 2019, Rn. 33.

게 연관되어 있는데, 경쟁과정의 보호가 작동되는 곳에는 시장이 존재한다고 보는 것이다.[59)]

그러나 이러한 접근은 이미 독점사업자 또는 시장지배적 사업자가 지배력을 남용하여 이용자들의 자유로운 선택이 제한되거나 경쟁사업자가 존재하지 않는 경우에는 관련시장으로 포섭하지 못한다는 한계가 있다.

이와 같은 해석론이 가지는 한계를 극복하기 위해 입법적 접근도 고려해 볼 필요가 있다. 우선, 플랫폼 경제에서의 급격한 변화에 대응하기 위해 현행과 같이 공정거래위원회의 연성규범을 활용하는 것은 유의미한 수단이 될 수 있다. 하지만 법원은 공정거래위원회의 연성규범이 국민이나 법원을 구속하는 법규성이 없다고 보고 있는 점[60)] 그리고 무료시장 획정에 대한 법원의 판례축적이 미흡한 현 상황을 고려할 때 연성규범만으로 무료시장을 획정하는 데에는 일정한 한계가 존재할 여지가 있다. 독일과 같은 입법적 해결로써 무료서비스도 관련시장으로 획정될 수 있다고 법률에 규정하여 규제의 명확성을 확보하고, 동시에 수범자들의 예측 가능성을 재고하는 것도 고려해 볼 필요가 있다.[61)]

III. 결론

본 논문에서는 온라인 플랫폼 사업자들이 최종이용자에게 무료로 제공하는 서비스를 공정거래법상 관련시장으로 획정할 수 있는지를 검토하였다. 플랫폼 사업자 간에는 이용자 확보를 위한 치열한 경쟁이 전개되고, 이용자에게 무료 또는 음의 가격으로 제공되는 서비스는 경쟁의 존재를 나타내는 중요한 요소로 볼 수 있다. 플랫폼 사업자들이 무료서비스를 통해 획득한 지배력을 남용하여 상호작용하는 다른 서비스에서 발생하는 반경쟁적 효과를 포착하고, 최종이용자를 대상으로 한 남용행위를 포섭하기 위해서는 무료로 제공되는 서비스라고 하더라도 관련시장으로 획정되어야 한다.

비록 공정거래법은 다수의 조문에서 유상성을 전제로 하는 '상품'과 '가격' 개

59) Ebd., Rn. 34.

60) 대법원 2004.9.24. 선고 2001두6364 판결; 홍대식, "공정거래법 집행자로서의 공정거래위원회의 역할과 과제: 행정입법에 대한 검토를 소재로", 서울대학교 법학, 제52권 제2호, 2011, 194면.

61) 동법 제2조 제4호에 다음과 같이 2문을 추가하는 방법이 있다. "이 경우, 상품이나 용역이 무료로 제공되는 경우에도 일정한 거래분야를 구성할 수 있다."

념을 내포하고 있지만, 여전히 해석론적 접근을 통해 무료시장 획정 방안을 모색할 여지가 있다. 우선, 수요자 측면에서 대체가능한 서비스가 존재하고, 공급자 간 경쟁이 이루어지는 시장, 즉, 경쟁의 과정이 존재하는 곳이라면 수요시장개념과 목적론적 시장개념에 기초하여 이를 관련시장으로 획정할 수 있다. 하지만 플랫폼 경제의 특수성을 감안할 때, 무료시장 획정의 요건으로 플랫폼 운영자와 이용자 간 의사의 합치를 포함한 계약관계의 존재는 필수적이지 않다. 또한 무료서비스에 대한 반대급부로서 이용자 데이터와 주의·관심의 가치교환 관계를 요구할 필요는 없다.

제 3 장

온라인 플랫폼의 관련시장 획정에 관한 소고*

- 박현규 -

I. 서론

모바일 기기 사용의 확산에 따라 온라인 플랫폼 서비스의 사용 역시 급격히 확대되어 왔고, 검색서비스, 온라인 쇼핑, OTT, SNS 등 온라인 플랫폼은 이미 일상생활의 일부가 되었다. 그 결과 ICT 분야에서도 종래 네트워크가 차지하던 역할과 기능이 상대적으로 줄어드는 대신 온라인 플랫폼을 중심으로 한 생태계가 형성되었고, 온라인 플랫폼 사업자는 경쟁구도의 중심에 서게 되었다.[1)]

이하에서는 온라인 플랫폼의 개념에 관한 논의를 간략히 살펴보고, 온라인 플랫폼에 대한 관련시장 획정 과정에서 발생할 수 있는 쟁점들을 검토한다.

---

* 본고는 박현규, 「온라인 플랫폼 사업자의 시장지배적지위 남용행위에 대한 연구」, 국내석사학위논문 서울대학교, 2016. 및 박현규, 「플랫폼의 관련시장 획정에 대한 소고」, 법경제학연구 Vol. 19 No.1, 2022, pp. 135－154의 내용을 요약·정리한 것입니다.

1) 이봉의, "ICT분야 플랫폼의 개념과 경쟁법적 함의에 관한 연구", 2015년 공정거래 법·경제(LEG) 심포지엄, 한국공정거래조정원, 2015, 5면.

II. 온라인 플랫폼의 개념

1. 플랫폼 이론의 발전 및 플랫폼의 특성

Tirole(2003)은 플랫폼 사업자는 전통적인 사업자와는 다른 경제적 유인을 갖고, 그로 인해 플랫폼의 가격설정 방식 역시 전통적인 사업자의 그것과는 다르다는 양면시장 이론을 제시하면서, 플랫폼 사업자가 사업을 영위하는 시장을 '양면시장'(two-sided market)으로 지칭하였다.[2)]

2000년대 중반 이후 플랫폼에 관한 연구가 활발히 이루어지면서, 플랫폼을 여러 가지 방식으로 개념화하려는 시도가 이루어졌다. OECD(2009)에 따르면, 플랫폼을 어떻게 정의하느냐는 복잡한 작업이고 완전히 통일된 정의는 존재하지 않지만, 플랫폼의 특성은 ① 복수의 이용자 집단의 존재, ② 이용자 집단 간 교차외부효과, ③ 가격구조에 대한 비-중립성으로 요약될 수 있다고 한다.[3)]

플랫폼의 개념 중 핵심 요소는 '교차 네트워크 효과'의 존재 여부이다. 교차 네트워크 효과로 인해 플랫폼의 가격 책정 방식은 전통적인 사업자와는 차이가 있고, 지배력의 척도로 사용되는 러너지수 역시 플랫폼 사업자에 대해서는 그대로 적용할 수 없게 된다. 이는 경쟁법 집행에 있어서도 일정한 변화가 필요함을 의미하는 것인데, 한쪽 면의 가격-비용 관계만으로 약탈가격(predatory pricing) 또는 가격남용(exploitative pricing)이 곧바로 인정될 수 없고, 다른 면의 이용자에게 미치는 효과 역시 종합적으로 고려되어야 한다.[4)]

'가격구조에 대한 비-중립성'은 상이한 고객집단에 부과하는 가격구조가 변화할 때 플랫폼을 통한 거래규모가 변화함을 의미한다. 즉, 복수의 이용자 집단에 부과하는 가격의 총합이 일정한 상황에서 각 이용사 집단에 대한 가격이 비중이 변화할 경우, 이를 가격구조 변화에 대해 비-중립성(non-neutrality)이라고 하고 이러한 특성을 지니는 서비스를 플랫폼으로 지칭할 수 있다는 것이다.[5)]

---

2) Rochet, Jean−Charles, and Jean Tirole. "PLATFORM COMPETITION IN TWO−SIDED MARKETS." Journal of the European Economic Association, 2003, 1(4), p.991.

3) OECD POLICY ROUNDTABLES, "Two Sided Markets", 2009, pp.29−30.

4) OECD (2009) Ibid. pp. 31−33; 최난설헌, "플랫폼 시장과 거래상 지위의 남용 문제", 경쟁과 법, 2016, 제7호, 48면.

5) 이상규, "양면시장의 정의 및 조건", 정보통신정책연구 제17권 제4호, 정보통신정책학회, 2010, 81면.

2. 구별개념

유통업자는 공급자 및 수요자라는 복수의 거래상대방을 보유하고 있다는 점에서 플랫폼과 일견 유사해 보일 수 있다. 그러나 유통업자는 스스로 공급자 및 수요자와 '직접' 거래하고 양 자의 거래를 매개하는 것이 아니라는 점에서 플랫폼과 구별된다. 유통업자들의 수요자들은 유통업자가 제공하는 상품의 수에만 관심을 가질 뿐 공급업자의 수에 대해 관심을 갖지 않고, 공급업자 역시 최종수요자의 수에 관심을 갖지 않는다.[6] 또한, 유통업자의 경우 유통마진을 획득하는 것이 주된 목적이므로 수직통합(vertical integration)으로 인한 이중마진(double marginalization)의 획득 여부가 중요한 의미를 갖는 반면, 플랫폼 사업자는 판매자와 구매자의 상호작용을 매개함으로써 플랫폼을 통한 거래규모 확대 여부에 주된 관심을 갖게 된다.[7]

플랫폼 사업자는 간접적 네트워크 효과로 연관된 복수의 고객집단에게 각각 플랫폼 서비스를 제공하는 것으로 이해될 수 있으므로 보완재를 판매하는 사업자와 일견 유사해 보일 수 있다. 어떠한 사업자가 보완성이 있는 복수의 상품을 동시에 판매할 경우, 해당 사업자가 판매하는 상품묶음 전체를 하나의 관련 상품으로 보아 집합시장(cluster markets)으로서 하나의 관련시장을 획정하여야 한다는 논의가 있다.[8] 보완재를 판매하는 사업자와 플랫폼 사업자와의 유사성에 주목할 경우, 플랫폼 사업자에 대한 관련 시장을 획정함에 있어서도 상이한 이용자 집단에게 제공되는 서비스 전체를 하나의 관련 시장으로 획정하여야 한다는 결론으로 자연스럽게 이어진다. 그러나 플랫폼 사업자는 복수의 '상이한' 이용자 집단을 '매개하는' 플랫폼 서비스를 제공하는 반면, 보완재를 판매하는 사업자는 '동질적인' 이용자 집단에게 보완적인 복수의 서비스를 판매한다는 점에서 양자는 구별된다고 보아야 한다.

---

6) Pier Luigi Parcu et al., "Antitrust Enforcement in Traditional v Online Platforms", European University Institute, 2016, p.1.

7) 이상규, 위의 글, 2010, 82면.

8) 이상규, "경쟁법 적용을 위한 보완재 상품군의 시장획정", 경제학연구, 제61집 제3호, 2013, 32면. 한편, 소비자가 여러 품목을 한번에 구매함으로써 거래비용을 상당히 절감할 수 있는 거래적 보완재(transactional complements)의 경우에만 집합시장을 획정하자는 견해도 있다. 이에 대해서는 Ayres, I., "Rationalizing Antitrust Cluster Markets", The Yale Law Journal, Vol. 95, 1985 참조.

3. 플랫폼의 유형

플랫폼에 대한 일련의 연구들은 플랫폼을 여러 가지로 유형화하였다. ① 거래 플랫폼(exchanges), ② 광고 플랫폼(advertising supported media), ③ 결제 시스템(transaction systems), ④ 소프트웨어 플랫폼(software platforms)로 구분하거나,[9] ① 시장 조성자(market maker), ② 청중 조성자(audience maker), ③ 수요 조정자(demand coordinator)로 구분하기도 한다.[10] 한편, Rochet and Tirole(2003)[11]의 사용료 부과 모델 및 Armstrong(2006)[12]의 멤버십 모델의 차이점에 착안하여 플랫폼의 관련시장을 양면 거래시장(two-sided transaction markets)과 양면 비-거래시장(two-sided non-transaction markets)으로 구분하는 견해도 존재한다.[13]

이러한 플랫폼의 유형론은 사업구조를 파악하는 데에는 유용할 수 있으나, 법개념으로서 논의의 실익은 다소 제한적이다. 상이한 이용자 집단을 매개한다는 플랫폼 고유의 특성이 플랫폼 유형별로 달라지는 것은 아니므로 관련 시장 획정 및 경쟁제한성 판단 방식이 본질적으로 달라지는 것은 아니기 때문이다.

4. 플랫폼의 '온라인'적 특성

앞서 살펴본 플랫폼의 특성은 온라인상에서만 나타나는 것은 아니다. 다만, 인터넷 및 모바일 기기의 확산으로 인해 고객집단 간 거래를 매개할 수 있는 수단이 증가함에 따라 오픈마켓, 배달앱, 검색 플랫폼, 배달앱 등 다양한 온라인 플랫폼 서비스가 등장하게 된 것은 사실이다.

온라인 플랫폼 간 경쟁은 새로운 서비스를 추가하거나 개선하는 방식의 '동태적 경쟁(dynamic competition)' 양상을 보인다. 기본적으로 소프트웨어 기반인 온라인 플랫폼은 새로운 서비스 출시가 보다 용이하다.[14] 또한, 온라인 플랫폼은

---

9) Evans, David S. and and Schmalensee, Richard, "Markets with Two-Sided Platforms" ISSUES IN COMPETITION LAW AND POLICY, 2008, Vol.1, Chapter28, pp.4-7.

10) Evans, David S, "The Antitrust Economics of Multi-sided Platform Markets", Yale Journal on Regulation, 2003, 20(2) pp.334-336.

11) Rochet, Jean-Charles, and Jean Tirole.(2003), op. cit.

12) Armstrong M.. "Competition in Two-Sided Markets". Rand Journal of Economics, 2006, 37(3)

13) Filistrucchi, Lapo, "Mergers in Two-Sided Markets-A Report to the NMa", 2010, p.17.

14) David S. Evans, "MULTISIDED PLATFORMS, DYNAMIC COMPETITION AND THE ASSESSMENT OF MARKET POWER FOR INTERNET-BASED FIRMS", COASE-SANDOR INSTITUTE FOR LAW AND ECONOMICS WORKING PAPER NO.753, 2016, p.16.

기본적으로 이용자의 '주의(attention)'를 끌고, 해당 이용자 집단에게 광고를 전달하는 것을 대가로 광고비를 수취하는 광고 플랫폼적 성격을 지닌다. 주된 사업이 광고업이 아닌 경우에도 광고수익을 창출하고자 한다. 그 과정에서 플랫폼은 이용자의 주의를 끌기 위해 새로운 서비스를 도입하려는 경향을 보인다.[15)]

온라인 플랫폼의 광고 플랫폼적 성격은 온라인 플랫폼이 통상적으로 '무료서비스'를 제공하는 것과도 관련된다. 광고의 경우 시청자 집단이 발생시키는 양(+)의 간접적 네트워크 효과가 크기 때문에, 광고주로부터 광고수수료를 수취하고 이를 사용자에게 보조하는 형태가 된다. 특히, 클라우드 상에서 구동되는 소프트웨어 기반 온라인 플랫폼의 경우 이용자를 추가로 늘리는 데에 소요되는 한계비용이 0에 가깝기 때문에, 무료서비스 제공이 더욱 용이해진다.[16)]

한편, 특정 온라인 플랫폼이 제공하는 서비스가 또 다른 온라인 플랫폼의 하위 플랫폼적 성격을 띠는 경우가 있다. 예컨대, 스마트폰 등장 이전에는 콘텐츠-플랫폼-네트워크-단말기(C-P-N-D; Content-Platform-Network-Device) 사업이 긴밀하게 연관되어 있었고, 이동통신사업자 주도하에 모바일 산업이 형성되었다.[17)] 그러나 스마트폰 등장 이후 모바일 운영체제를 중심으로 새로운 생태계가 형성되었으며,[18)] 그 생태계 내에 개별 모바일 앱이 거래되는 앱마켓과 같은 하위 플랫폼이 존재하기도 한다.

이와 같이, '온라인' 플랫폼은 단지 거래계에서의 영향력 측면에서 전통적인 오프라인 사업자를 넘어섰을 뿐만 아니라, 동태적 경쟁, 무료서비스 제공, 하위 플랫폼의 존재 등 경쟁상황 평가에 있어 독특한 고려요소를 포함하고 있다.

5. 소결

이상에서는 간접적 네트워크 효과를 본질로 하는 플랫폼의 개념, 플랫폼 유형론 및 플랫폼의 '온라인적' 특성에 관해 간략히 살펴보았다. 법적 관점에서 이러한 논의가 의미를 갖기 위해서는 이러한 여러 개념들이 실제 사업자의 경제적 유인의 차이를 정확히 반영하고 있는지, 그로 인해 경쟁상황을 달리 평가할 여지가

---

15) David S.Evans (2016) Ibid. p.10.

16) David S.Evans (2016) Ibid. p.16.

17) 유지은 등, "ICT 생태계 구축을 위한 기업 전략 분석 및 정책 제안", 한국정보통신학회지 37(11), 한국통신학회, 2012, 1058면.

18) 이봉의, 위의 글, 2015, 5면.

있을지에 관한 논의로까지 이어져야 할 것이다.

이와 관련하여, 현재 22대 국회에는 일정한 기준을 충족하는 온라인 플랫폼 사업자를 지배적 사업자로 지정하고 각종 의무를 부과하는 내용의「온라인 플랫폼 독점규제에 관한 법률안」(이하 “온라인 플랫폼 독점규제법안”) 및 온라인 중개거래 과정에서 불공정거래행위를 규율하기 위한「온라인 플랫폼 중개거래의 공정화에 관한 법률안」(이하 “온라인 플랫폼 공정거래법안”)이 다수 발의되어 있다.

온라인 플랫폼 독점규제법안[19]은 온라인 플랫폼 서비스를 “온라인 플랫폼을 통하여 이용자 간 또는 서로 다른 집단에 속한 이용자 간의 재화·용역·정보·콘텐츠 등의 제공·이용·거래·교환 등 상호작용을 촉진하는 서비스”라고 정의하면서, ① 중개서비스, ② 검색엔진, ③ 사회관계망 서비스(SNS), ④ 운영체제(OS), ⑤ 온라인 광고 서비스를 대표적인 온라인 플랫폼 서비스로 예시하고, 기타 온라인 플랫폼 서비스는 대통령령으로 지정하는 내용을 포함하고 있다. 해당 법안은 ‘상호작용을 촉진하는 서비스’로 간접적 네트워크 효과를 반영하여 온라인 플랫폼을 정의하면서도 플랫폼 유형을 예시하는 방식을 취하고 있다.

한편, 온라인 플랫폼 공정거래법안[20]은 온라인 플랫폼 중개서비스를 “온라인 플랫폼을 통하여 재화 또는 용역에 관한 정보제공, 소비자의 청약 전달 등 대통령령이 정하는 방식으로 온라인 플랫폼 이용사업자와 소비자 간 재화등의 거래를 연결하는 서비스”로 정의하고 있다. 해당 법안은 간접적 네트워크 효과를 정의 규정에 포함하기보다는 온라인 플랫폼 중 일부 유형만을 법 적용 대상으로 규정하는 방식을 취하고 있어, 온라인 플랫폼 독점규제법안에 비해서는 수범자의 범위가 좁은 것으로 보인다.

향후 이러한 법안들이 통과될 경우, 플랫폼의 유형에 따라 규제 강도가 달라지게 될 것이므로 플랫폼의 정의 및 유형론이 보다 중요한 의미를 갖게 될 것으로 보인다.

---

19) 의안번호 2201430호 기준.

20) 의안번호 2200945호 기준.

III. 온라인 플랫폼의 관련시장 획정

1. 관련 규정

공정거래법 제2조 제4호는 "일정한 거래분야"를 "거래의 객체별 · 단계별 또는 지역별로 경쟁관계에 있거나 경쟁관계가 성립될 수 있는 분야"라고 규정하여 '경쟁관계'의 성립 가능성을 기준으로 한 관련시장 획정 원칙을 제시하고 있다. 시장지배적지위 남용행위 심사기준(이하 "심사기준") II.1.는 관련 상품시장을 "거래되는 특정 상품의 가격이나 용역의 대가가 상당기간 어느 정도 의미 있는 수준으로 인상 될 경우 동상품이나 용역의 대표적 구매자가 이에 대응하여 구매를 전환할 수 있는 상품이나 용역의 집합"으로, 관련 지역시장은 "다른 모든 지역에서의 가격은 일정하나 특정 지역에서만 상당기간 어느 정도 의미 있는 가격인상이 이루어질 경우 당해 지역의 대표적 구매자가 이에 대응하여 구매를 전환할 수 있는 지역"으로 규정함으로써 가격인상에 대한 수요대체성의 정도를 관련시장 획정 기준으로 제시하고 있다.

관련시장 획정은 시장지배력(marketpower)및 문제되는 행위의 경쟁제한성 평가를 위한 출발점[21]일 뿐만 아니라, 시장지배적지위 남용행위의 경우 공정거래법상 다른 행위 유형과 달리 행위자 요건 판단 단계에서 관련시장 획정이 선행되어야 한다는 점에서도 중요한 의미를 갖는다.[22]

그런데 간접적 네트워크 효과 등으로 인해 전통적인 사업자와는 다른 경제적 유인을 갖는 온라인 플랫폼의 경우, 실질적인 경쟁상황을 포착하기 위해서는 관련시장 획정 방식 역시 달라져야 하는 것이 아닌지가 문제된다.

2. 이용자 집단을 포괄하는 하나의 관련시장 획정 가능성

가. 이론적 논의

이용자 집단 간 상호작용을 촉진하는 플랫폼의 특성을 고려할 때, 플랫폼의 이용자 집단을 포괄하여 하나의 관련시장을 획정하여야 하는지에 대해 다양한

21) Jonathan Baker, "Market Definition: An Analytical Overview", 74 Antitrust Law Journal No. 1, 2007, p.130.

22) 홍대식, "시장지배적 지위 남용행위 판단기준의 개선방안 연구", 기업정책 이슈 ⑧, 전국경제인연합회, 2009, 15면.

견해가 제시되어 왔다.

우선, 이용자 집단을 묶어 하나의 관련시장을 획정하여야 한다는 견해가 있다.[23] 플랫폼이 이용자 집단 a, b를 매개할 경우 하나의 "플랫폼 시장(a+b)"을 획정한다는 것이다. 플랫폼(공급자)의 입장에서는 특정 이용자 집단만을 염두에 두는 것이 아니라, 얼마나 많은 트래픽을 발생시킬 수 있는지를 염두에 두게 되므로 이러한 관련시장 획정 방식이 플랫폼 간 경쟁상황을 더욱 잘 분석할 수 있다는 것이다. 특정 이용자 집단에 대한 가격인상이 아닌 가격구조 전체의 변화가 거래량에 미치는 영향을 분석하는 SSNIP test의 수정 방식은 이와 동일한 맥락으로 이해된다.[24]

반대로, 이용자 집단별로 별개의 관련시장을 획정하여야 한다는 견해가 있다.[25] 이용자 집단 a, b를 매개하더라도 "플랫폼-a측 시장"과 "플랫폼-b측 시장"을 별개로 획정한다는 것이다. 특정 이용자 집단에 대한 가격인상이 (교차 네트워크 효과를 고려하여) 거래량에 미치는 영향을 분석하는 SSNIP test 방식은 이와 동일한 맥락으로 이해된다.[26]

한편, 이용자 집단 간 거래를 중개하는 플랫폼(이하 "거래 플랫폼")의 경우에는 하나의 관련시장을, 그 외 플랫폼(이하 "비-거래 플랫폼")의 경우에는 이용자 집단별로 별개의 관련시장을 획정하자는 견해도 제기된다.[27] 거래 플랫폼은 이용자 집단 간 거래를 직접 발생시키고 각 거래와 동시에 수수료가 발생하므로 비거래 플랫폼과는 달리 취급되어야 한다는 것이다.

---

23) 최승재, "일반논단: 양면시장이론과 한국 경쟁법상 역할에 대한 연구－구글의 더블클릭 인수 사건을 포함하여.", 경쟁법연구, 제17호, 2008, 248－249면.

24) Emch, Eric, and T. Scott Thompson. "Market Definition and Market Power in Payment Card Networks.", The Review of Network Economics, 2006, 5(1), p.54.

25) Katz, Michael, and Sallet, Jonathan. "Multisided Platforms and Antitrust Enforcement." The Yale Law Journal, 2018, 127(7), pp. 2153－2158.

26) Noel, Michael D. and Evans, David S., "Analyzing Market Definition and Power in Multi－Sided Platform Markets", 2005, pp.14－26.

27) Filistrucchi, L., D.A.A.G Geradin, E.E.C Van Damme, and p.Affeldt. "Market Definition in Two－sided Markets: Theory and Practice." Journal of Competition Law & Economics, 2014, 10(2), p.302; 김현수, "양면시장에서의 시장획정 및 시장지배력 평가." 안암법학 제34호, 2011, 766－770면.

나. 검토

이용자 집단별로 별개의 관련시장을 획정하자는 견해가 현행 규정에 충실한 해석론임은 분명하다. 관련시장은 수요대체성을 기준으로 획정되는데, 플랫폼은 그 개념상 서로 상이한 이용자 집단을 보유하고 있고 이들 간에 대체관계가 성립될 수는 없기 때문이다.[28] 만약, 이러한 방식에 한계가 있다면 이용자 집단을 묶어 하나의 관련시장을 획정하도록 관련 규정을 개정할 필요가 있을 것이나, 아래와 같은 사정을 고려할 때, 이용자 집단별로 관련시장을 획정하는 방식이 경쟁상황 평가에 있어서도 우월한 방식일 것으로 보인다.

우선, 관련 문헌에서는 분석의 편의를 위해 "양면" 플랫폼을 전제하는 경우가 많으나, 실제 플랫폼은 "다면"인 경우가 일반적이고 경쟁 플랫폼인 것으로 보이더라도 서로 제공하는 서비스의 범위는 다른 경우가 많다. 결국, 사안에서 문제되는 특정 서비스를 포착한 후, 그 서비스를 통해 매개되는 각 이용자 집단을 구별하여 별개의 관련시장을 획정하는 것이 현실적인 경쟁상황 분석 방식일 것으로 보인다.

거래 플랫폼과 비거래 플랫폼을 구별하는 방법 역시 실제 적용에 한계가 있다. 우선, 거래 플랫폼 vs 비거래 플랫폼이라는 플랫폼 유형론이 법 집행에 도입될 만큼 성숙한 것인지에 대해 생각해 볼 필요가 있다. 예를 들어, 검색 광고의 경우 이용자가 특정 정보를 검색할 때마다 이용자와 정보제공자 간 상호작용이 이루어진다는 점에서 거래 플랫폼으로 볼 여지가 있는 반면, 검색 횟수 등의 지표에 따라 광고료가 부과된다는 점에서 비-거래 플랫폼으로 볼 여지도 있다. 이러한 상황에서 거래 플랫폼 vs 비거래 플랫폼의 도식에 따라 관련시장 획정 방식을 달리하여야 한다고 보기는 어렵다. 또한, 거래 플랫폼에서도 양면의 경쟁상황이 반드시 일치한다고 단정할 수도 없다.[29] 공정위는 이베이-옥션 기업결합 사건[30]에서 거래 플랫폼의 대표적 사례인 오픈마켓의 관련시장을 구매자 vs 판매자 측면 시장으로 각각 획정하였고, 양 시장의 범위를 다르게 보아 판매자 측면에서만 경쟁제한성이 있다고 판단한 바 있다.

참고로, 공정위는 양면의 경쟁상황이 동일하면 하나의 시장으로, 상이하면 별

---

28) 이봉의, "ICT 분야 플랫폼의 개념과 경쟁법적 함의", 경쟁과 법, 제7호, 2016, p.14.

29) Katz, Michael & Sallet, Jonathan(2018), op.cit, p.2155.

30) 의결 제2009-146호.

개의 시장으로 관련시장을 획정하고 있다. 공정위는 이베이-옥션 기업결합 사건 이후 이러한 방식으로 온라인 플랫폼의 관련시장을 획정하고 있고, 배달앱 기업결합 사건[31]에서는 양 면의 경쟁상황이 유사하다는 이유로 소비자 vs 음식점 측을 포괄하여 하나의 "배달앱 시장"으로 관련시장을 획정하기도 하였다. 한편, 온라인 플랫폼 사업자의 시장지배적지위 남용행위에 대한 심사지침은 "거래 플랫폼 중 양 면의 경쟁상황이 유사한 경우"에는 하나의 관련시장을 획정할 수 있다는 취지로 규정하고 있다.[32]

그런데 공정위의 접근 방식은 사실상 기존의 관련시장 획정 방식과 동일하고, 단지 분석의 편의를 위해 "하나의 관련시장"을 획정한 것으로 보인다. 상이한 이용자 집단을 묶어 하나의 관련시장을 획정할지 여부는 증명책임의 문제와도 관련될 수 있으므로 단지 분석의 편의를 위해 관련시장 획정 방식 자체를 달리할 필요는 없다고 본다. 필요하다면 별개의 관련시장을 획정하지만 경쟁상황 평가에 있어 중복되는 내용을 제외한다는 점을 기재하면 충분할 것이다.

3. 관련시장 획정 방식에 따른 증명책임 문제

가. 문제 제기

온라인 플랫폼은 이용자 집단 간 상호작용을 고려하여 의사결정을 하게 되는데, 플랫폼의 행위는 각 이용자 집단에 반대 방향의 경쟁효과를 갖는 경우가 많다. 즉, 플랫폼을 통한 거래 규모를 늘리기 위해서는 가격 탄력성이 높은 이용자 집단에 대해 무료 또는 음(-)의 가격을 책정하고, 반대 측면에서는 이익을 회수하는 가격구조를 갖는다. 이와 같은 경우, 온라인 플랫폼에 대한 관련시장 획정 방식은 경쟁제한성의 증명책임에도 일정한 영향을 미칠 가능성이 있다. 미국의 AMEX 판결과 EU의 Mastercard 판결의 상반된 결론은 그 가능성을 시사한다.

---

31) 의결 제2021－202호.

32) 구체적으로, "① 온라인 플랫폼을 이용하는 서로 다른 이용자 집단 간의 교차 네트워크 효과의 존재 여부, 방향성 및 강도, ② 온라인 플랫폼 사업자가 서로 다른 집단의 이용자 간 거래를 직접 중개하는지 여부, ③ 온라인 플랫폼을 이용하는 서로 다른 이용자 집단 간 대체가능성에 대한 인식의 차이 등을 고려하여 사안별로 구체적 타당성이 인정되는 경우에는 온라인 플랫폼 사업자와 각 이용자 집단의 거래를 포괄하여 하나의 거래분야로 판단할 수 있다"고 규정하고 있다.

나. AMEX 판결[33)]

American Express Co.(이하 "AMEX")는 카드 이용자와 카드 가맹점 간 상호작용을 매개하는 플랫폼이다. AMEX는 카드 가맹점으로 하여금 카드 이용자에게 경쟁사의 카드 사용을 권유하지 못하게 하는 anti-steering 조항을 계약 내용에 포함시켰는데, DoJ와 주 정부들은 해당 조항이 AMEX와 카드 가맹점 간 수직적 합의로서 셔먼법 제1조를 위반한 것으로 판단하여 2010년 10월 소송을 제기하였다. 연방지방법원은 DoJ 등 원고 승소 판결을 한 반면 연방항소법원은 원고 패소판결을 하였고, 연방대법원은 2018년 6월 5:4의 근소한 차이로 원고 패소 판결을 내렸다.[34)]

경쟁당국은 anti-steering 조항은 가맹점의 사업활동을 제한하는 것이므로 가맹점 측 관련시장에서 경쟁제한성이 발생한다고 판단하였다. 연방대법원은 anti-steering 조항과 같은 수직적 거래제한의 경쟁제한성은 합리의 원칙에 따라 평가하여야 한다고 전제한 후, 거래 플랫폼의 관련시장은 하나로 획정되어야 한다고 판단하였고, 결과적으로 경쟁당국은 하나의 관련시장, 즉, "카드 플랫폼 시장" 전체에서 발생하는 경쟁제한성에 대한 일차적 증명을 다하지 못한 것으로 보았다.

다. MasterCard 판결[35)]

MasterCard Incorporated, MasterCard International Incorporated 및 MasterCard Europe SPRL(이하 "MasterCard")는 카드 발급 은행(issuing bank)과 매입 은행(acquiring bank)을 중개하는 플랫폼이다. MasterCard는 MasterCard 네트워크 규칙에 따라 카드 거래 발생 시 발급 은행이 매입 은행에 수수료(MIFs; multilateral in-terchange fees)를 부과하도록 하였다. 유럽연합 집행위원회는 2007년 12월 경 이러한 MIFs가 수직적 합의로서 EC조약 제81조(현행 TFEU 제101조)에 위반되는 것으로 판단하여 금지 명령을 부과하였다.[36)] 이에 MasterCard는 소송을 제기하

---

33) 585 U. S. (2018) OHIO ET AL. v. AMERICAN EXPRESS CO. ET AL. 참조. (https://supreme.justia.com/cases/federal/us/585/16-1454/)

34) AMEX 판결의 사건 개요 및 판결 요지에 대해서는 김지홍·김승현, "미국 AMEX카드 판결과 양면시장 이론의 경쟁법적 적용", 저스티스 제176호, 2020, 172면 참조.

35) C-382/12 P MasterCard and Others v Commission 참조. (https://curia.europa.eu/juris/liste.jsf?language=en&jur=C,T,F&num=C-382/12%20P&td=ALL)

36) AT.34579 MasterCard I 참조. (https://ec.europa.eu/competition/elojade/isef/case_details.cfm?proc_code=1_AT_34579)

였으나 유럽연합 일반법원은 원고 패소 판결을 내렸고, 유럽사법재판소 역시 2014년 9월 일반법원의 판단을 지지하였다.

해당 사건에서는 유럽기능조약(TFEU) 제101조에 따라 경쟁제한성(제1항) 및 정당화 사유(제3항)에 대한 판단이 순차적으로 이루어졌다. 경쟁당국은 MasterCard가 참여하고 있는 시장으로 카드 네트워크 시장, 발급 시장 및 매입 시장을 제시하면서, 매입 시장을 관련시장으로 획정한 후, 해당 시장에서 경쟁제한성이 발생한다고 판단하였다. 즉, MIFs는 매입 은행이 카드 가맹점에 부과하는 수수료의 최저한도가 되므로 매입 은행 간 수수료 경쟁이 제한된다는 것이다. MasterCard는 MIFs의 존재로 인해 거래 규모가 증대됨으로써 효율성이 발생한다고 주장하였으나 받아들여지지 않았다.

라. 시사점

두 판결은 플랫폼의 경쟁제한적 합의에 대해 상반된 결론을 내림으로써 관련시장 획정이 증명책임 분배에 영향을 미칠 수 있다는 점을 보여준다. 두 판결 모두 플랫폼 이론 및 이용자 집단 간 교차 네트워크 효과를 언급하면서, 경쟁제한성 판단 시 이를 고려하여야 한다는 점을 언급하고 있다. 또한, 두 판결 모두 카드 플랫폼의 수직적 합의가 문제되었고 가맹점 측(매입은행 측)에서 경쟁제한 효과가, 이용자 측에서 효율성이 발생하는 구조라는 점에서 유사성을 갖는다.

AMEX 판결에 따르면, 경쟁당국은 이용자 집단을 포괄하여 하나의 관련시장을 획정하여야 하므로 일차적 경쟁제한 효과를 판단함에 있어서도 관련시장, 즉, 플랫폼 전체 시장에서의 경쟁제한 효과가 판단 대상이라는 결론이 도출되었다. 즉, anti-steering 조항으로 인한 가맹점의 후생 감소와 이용자의 후생 증대를 포괄한 순 효과가 경쟁제한적이라는 점을 일차적으로 경쟁당국이 증명하여야 한다는 것이다.[37)][38)]

반면, MasterCard 판결에 따르면, 플랫폼이라 하더라도 전통적 방식에 따라 관련시장이 획정되어야 하고 경쟁당국이 관련시장에서 경쟁제한 효과를 증명하

---

37) 김지홍·김승현, 2020, 위의 글, p.195.

38) 합리의 원칙에 따르면 증명책임은 3 단계로 분배된다. ① 원고가 관련시장에서 반경쟁적 효과(substantial anticompetitive effect)를 증명하면 ② 피고가 친경쟁적인 합리화 사유(procompetitive rationale)를 증명하고, ③ 원고가 친경쟁적인 효율성이 덜 반경쟁적인 수단(less anticompetitive means)에 의해 달성 가능하다는 점을 증명하면 효율성 항변이 인정되지 않는다. 판결문 9-10면 참조.

면 TFEU 제101조 제1항의 증명이 이루어진 것으로 본다.[39] 이 경우 효율성 증대효과는 사업자가 증명하여야 하는데, 만약 증명이 이루어진다 하더라도 경쟁제한이 이루어진 시장과 동일한 관련시장에서 발생하는 효율성만이 형량의 대상이 된다고 한다.[40] 판결문에서도 언급하고 있듯이 카드 플랫폼의 행위로 가맹점이 불이익을 받게 되었다면, 다른 이용자의 이익으로 이러한 불이익이 정당화될 수 없다는 것이다.[41]

AMEX 판결과 MasterCard 판결은 모두 수직적 공동행위가 문제된 사건이긴 하나, 시장지배적지위 남용행위의 경우에도 관련시장 획정 방식이 경쟁제한성에 관한 증명책임 문제로 이어질 수 있음을 시사한다.

4. 무료서비스에 대한 관련시장 획정

온라인 플랫폼 사업자는 더 많은 이용자를 모으기 위해 새로운 서비스를 지속적으로 추가하는 경향을 보인다. 이 경우, 온라인 플랫폼의 직접적인 수익 창출 수단이 아닌 여러 무료서비스 각각에 대해 관련시장을 획정할 필요가 있는지가 문제될 수 있다. 실제 미국 연방법원은 Kinderstart v. Google 사건에서 무료로 제공되는 구글의 온라인 검색은 경쟁법상 “시장”이라고 볼 수 없다고 판단하기도 하였다.[42]

그러나 단지 금전적인 대가를 수수하지 않는다고 하더라도 시장 기능이 작동할 수 있다는 점에서 무료서비스 역시 관련시장 획정 대상이 될 수 있다. 즉, 무료서비스의 경우에도 수요자 및 공급자가 존재하고 이들은 비금전적인 무료서비

39) TFEU 제101조의 증명책임은 합리의 원칙과 유사하게 분배된다. ① 목적 또는 효과가 경쟁제한적인 합의라는 점을 경쟁당국이 증명하면(제1항), ② 사업자가 객관적 정당화 사유를 증명하는데(제3항), ③ 필수불가결하지 않은 제한이거나, 그로 인해 관련 상품의 상당한 부분에서 경쟁이 제거된다면 정당화 사유가 인정되지 않는다(제3항).

40) Hobbelen, Hein, Lorjé, Nima and Guenay, Aylin, “Selected recent developments in the application of EU competition law to online platforms”, EUI discussion paper, 2016, p.12 (https://www.sipotra.it/wp-content/uploads/2016/11/Selected-recent-developments-in-the-application-of-EU-competition-law-to-online-platforms.pdf)

41) para.243 참조. … “In those circumstances, it was not necessary to examine the advantages flowing from the MIF for cardholders, since they cannot, by themselves, be of such a character as to compensate for the disadvantages resulting from those fees.” …

42) Michael S. Gal and Daniel L. Rubinfeld, “THE HIDDEN COSTS OF FREE GOODS; IMPLICATIONS FOR ANTITRUST ENFORCEMENT”, LAW & ECONOMICS RESEARCH PAPER SERIES WORKING PAPER NO.14-44, 2015, p.32.

스 대가를 수수하는 것으로 볼 수 있으며, 이는 유료서비스에 대한 의사결정과 본질적으로 다르지 않다.[43] 적어도 특정 무료서비스가 온라인 플랫폼의 지배력의 핵심인 경우에는 무료서비스라 하더라도 관련시장 획정 필요성을 부인하기는 어려울 것이다.

공정거래법 제2조 제8호는 "일정한 거래분야"를 "경쟁관계에 있거나 경쟁관계가 성립할 수 있는 분야"라고만 정의하고 있고, 무료서비스의 경우에도 경쟁이 존재함은 분명하므로 관련 규정상 관련시장을 획정하는데 별다른 문제는 없어 보인다. 온라인 플랫폼 사업자의 시장지배적지위 남용행위에 대한 심사지침(이하 "온라인 플랫폼 심사지침")은 '명목상' 무료로 제공되는 서비스의 경우에도 온라인 플랫폼 사업자와 이용자 간 거래가 발생하는 경우에는 관련시장을 획정할 수 있음을 명시하고 있다. 온라인 플랫폼 심사지침은 "이용자들로부터의 주의·관심, 개인정보를 포함한 데이터 등을 제공받아 이를 토대로 광고수익을 창출하는 경우"를 온라인 플랫폼과 이용자 간 '거래'가 이루어지는 경우로 예시하고 있다.

다만, 무료서비스에 대한 관련시장의 범위를 정함에 있어서는 어떠한 방법론이 적용되어야 하는지가 문제될 수 있다. 시장지배적지위 남용행위 심사기준(이하 "심사기준") II.1.은 "일정한 거래분야는 거래되는 특정 상품의 가격이나 용역의 대가(이하 "가격"이라 한다)가 상당기간 어느 정도 의미 있는 수준으로 인상(인하)될 경우 동 상품이나 용역의 대표적 구매자(판매자)가 이에 대응하여 구매(판매)를 전환할 수 있는 상품이나 용역의 집합"이라고 정의함으로써 가격인상에 대한 수요대체성을 통해 관련시장의 범위를 정하는 SSNIP 테스트를 통해 관련시장의 범위를 정하도록 규정하고 있다. 이를 무료서비스에 적용할 경우, 무료인 가격을 5% 또는 10% 인상하여도 여전히 무료일 수밖에 없으므로 수요대체성을 측정하는 것이 불가능하다.[44] 이에 대해 SSNIP 테스트가 유사하지만, 가격인상이 아닌 품질저하를 기준으로 수요대체성을 판단하는, 즉, 작지만 일시적이지 않은 품질저하(SSNDQ) 테스트를 수행하여야 한다는 견해가 제시되었고,[45] 온라인 플랫폼 심사지침은 실제로 SSNDQ 테스트를 무료서비스에 대한 관련시장의 획정 방식으로 규정하였다. 이에 따르면 무료서비스의 품질 등은 "온라인 플랫폼 이용자에게 노

43) Michael S. Gal and Daniel L. Rubinfeld(2015) Ibid. p.33.
44) Michael S. Gal and Daniel L. Rubinfeld(2015) Ibid. p.32.
45) David S. Evans (2016) op.cit. p.26.

출되는 광고의 양, 개인정보 등 데이터 수집 범위 등"을 의미한다고 한다.

그러나 실무상으로는 품질저하로 인한 수요대체성 측정이 용이하지 않고, 광고의 양, 개인정보 수집 범위 등이 어느 정도 변화할 경우에 수요대체성을 측정할 것인지에 대해서도 구체적인 기준이 마련되어 있지는 않다. 결국 ① 상품이나 용역의 기능 및 효용의 유사성, ② 구매자들의 대체가능성에 대한 인식 및 그와 관련한 구매행태, ③ 판매자들의 대체가능성에 대한 인식 및 그와 관련한 경영의사결정 행태 등 질적 판단기준에 따라 무료서비스에 대한 관련시장이 획정될 경우가 많을 것이다.

5. 소결

이상에서는 온라인 플랫폼 사업자에 대한 관련시장 획정 과정에서 제기될 수 있는 이슈들에 관해 살펴보았다. 상이한 이용자 집단을 포괄하여 하나의 관련시장을 획정하여야 하는지 여부는 온라인 플랫폼 이론의 초기부터 논의되었으나, 현재까지도 일치된 결론이 도출된 것으로 보이지는 않는다. 적어도 현행 규정상으로는 이용자 집단별로 별개의 관련시장을 획정할 수밖에 없을 것이다.

관련시장 획정 방식은 경쟁제한성과 효율성 증대효과에 대한 증명책임에도 일정한 영향을 미칠 수 있으므로 더욱 중요한 의미를 갖는다. AMEX 판결과 MasterCard 판결 사례에서 볼 수 있듯이 플랫폼 사업자에 대한 관련시장 획정 방식에 따라 경쟁당국이 일차적으로 증명하여야 하는 경쟁제한성의 내용도 달라질 수 있다.

한편, 무료서비스가 온라인 플랫폼의 주요 수익원이 아닌 경우에도 온라인 플랫폼이 보유한 지배력의 중요한 부분을 차지하는 경우에는 관련시장 획정 필요성을 부인하기는 어려울 것이다. 무료서비스에 대한 관련시장 획정에는 SSNIP 테스트가 적용되기 어려우므로, 현실적으로는 질적 판단기준을 종합적으로 고려하는 방식을 취하게 되는 경우가 많을 것이다.

IV. 결론

온라인 플랫폼의 개념과 관련하여 간접적 네트워크 효과 등 플랫폼 고유의 특성, 플랫폼에 관한 이론적 논의 및 플랫폼의 '온라인적' 특성에 관해 검토하였다. 현재 국회에 계류되어 있는 온라인 플랫폼 규제 법안들의 통과될 경우 이러한 온라인 플랫폼의 개념 및 유형론이 더욱 중요한 의미를 갖게 될 것으로 예상된다. 관련시장 획정 단계에서는 이용자를 집단별로 포괄하여 하나의 관련시장을 획정하여야 할지 여부를 검토하고, 이는 경쟁제한성에 관한 증명방식에도 영향을 미칠 수 있음을 살펴보았다. 또한 무료서비스에 대한 관련시장 획정의 필요성 및 고려요소들을 살펴보았다.

최근 공정위는 온라인 플랫폼에 대해 시장지배적지위 남용행위 금지 규정을 적극적으로 적용하고 있는데, 향후 법 집행 사례가 축적됨에 따라 온라인 플랫폼의 양면성(또는 다면성)이 보다 정교하게 검토되고 관련 논의가 이어질 수 있을 것으로 기대해 본다.

제4장

데이터 기반 자사우대의 구조와 위법성*

- 조영은 -

I. 서론

온라인 플랫폼의 성장과 함께 자사우대(self-preferencing)는 경쟁법의 핵심 쟁점으로 부상하였다. 이미 EU 사법재판소는 최종적 판결을 통해 Google이 일반검색에서 자신의 쇼핑서비스가 상단에 배치되도록 알고리즘을 조정한 행위가 EU기능조약(이하 "TFEU") 제102조를 위반한 남용행위임이 인정하였고[1], 국내에서도 네이버가 비교쇼핑서비스 검색화면에서 자사 오픈마켓인 스마트스토어를 우선하여 노출한 행위를 공정거래위원회와 서울고등법원에서 시장지배적 지위 남용행위 등으로 인정되기도 하였다.[2] 자사우대에 대하여는 학계와 시장에서도 다양한 논의가 진행 중이지만 그와 같은 논의는 종종 규범적 의미의 자사우대 개념과 자사우대의 위법성의 원천에 대한 분석을 배제한 채 자사우대 규제 필요성의 이분법적 구도로 환원된다. 이러한 모호성은 플랫폼의 창의적 사업전략 수립을 주저하

---

* 이 글은 필자의 박사학위 논문 「시장지배적 온라인 플랫폼의 자사우대에 관한 연구」(서울대학교, 2024)를 바탕으로 새롭게 수정·보완하여 작성한 것입니다.

1) Court of Justice of the European Union, Press Release No. 135/24, Judgment in Case C-48/22 p.Google and Alphabet v. Commission (Google Shopping), 10 September 2024

2) 공정거래위원회 전원회의, 의결 제2021-027호, 2021.1.27, 서울고등법원 2022.12.14. 선고 2021누26129 판결.

게 만들고, 산업 전체의 역동성을 저해할 우려가 있다. 본 논문에서는 규범적 의미의 자사우대의 핵심적인 개념 요소를 도출하고, 이를 바탕으로 플랫폼 자사우대 위법성의 본질을 밝힌 후 위법성 판단을 위한 분석 틀을 제공하고자 한다.

II. 규제 대상으로서 데이터 기반 자사우대의 개념

1. 전통적 자사우대에서 데이터 기반 자사우대로의 전환

자사우대 행위는 사업자가 자신이 판매하는 상품이나 서비스를 다른 판매자의 상품 또는 서비스에 비해 우대하는 것을 말한다. 사업자가 자기 상품이나 서비스를 다른 사업자의 상품 또는 서비스에 비해 우대하는 방식은 새로운 현상이 아니다. 대형 유통업체가 PB(Private Brand)상품을 매대 전면에 진열하는 방식은 오래 전부터 존재하였다. 그러나 대형마트의 PB상품 진열 방식과 같은 전통적 형태의 자사우대를 경쟁법을 통해 규제한 사례는 극히 찾아보기 어렵다.[3] 상품의 진열이 대형마트의 영업상 자유에 해당한다는 이유도 있지만, 경쟁의 측면에서는 그와 같은 행위가 특별히 경쟁 제한적이지 않아 규제의 필요성이 적었기 때문이기도 하다.[4] 최근 문제되고 있는 온라인 플랫폼에서의 자사우대 행위도 자기 서비스를 다른 사업자에 비해 우대하여 경쟁에서 우위를 점하려 한다는 점에서 본질적으로 다른 목적을 가졌다고 보기 어렵다. 다만, 온라인플랫폼 환경에서의 자사우대는 방대한 이용자 데이터를 수집하고 분석하여 검색, 추천 등의 알고리즘에 반영하는 방식으로 이루어진다는 점에서 전통적인 방식의 자사우대와 상이하다.

2. 데이터와 알고리즘의 역할과 데이터 기반 자사우대의 특수성

알고리즘은 특정 문제를 해결하기 위한 체계적 절차로서 입력 데이터를 처리하여 출력 값을 자동 생성하는 명령어 집합이며[5], 데이터는 이러한 알고리즘이

---

3) 강지원, 임지영, 「온라인 플랫폼 사업자의 자사우대에 대한경쟁법상 허용 범위의 한계－네이버쇼핑 사건과 EU Google Shopping 사건, 영국 Streetmap 사건을 중심으로－」, 『경쟁법연구』, vol.44, 2021.

4) Randal C. Picker, Breaking up Amazon? Platforms, Private Labels and Entry, Truth on the Market, 17 July, 2019. Alec Stapp, 'Amazon, Antitrust, and Private Label Goods', Progressive Policy Institute, 24 April 2020.

처리하는 원료이자 결과물이다. 데이터와 알고리즘은 설계-훈련-실행-피드백의 단계를 거치며 상호 의존적 순환구조를 형성한다.[6] 데이터 분석을 통해 알고리즘이 설계되고, 훈련 데이터를 통해 매개변수가 조정되며, 실행 과정에서 새로운 입력 데이터를 처리한 결과가 다시 피드백 데이터로 활용되어 알고리즘 개선에 사용되는 과정이 지속된다. 데이터 기반 자사우대는 이와 같은 데이터와 알고리즘의 상호작용을 활용한다는 점에서 전통적 자사우대와는 다른 특수성을 갖는다. 첫째, 데이터 기반의 자사우대는 전통적인 판매자가 분기 매출, 정기적 판촉에 의존했던 것과 달리 클릭, 검색, 구매이력과 같은 데이터를 실시간으로 수집, 분석하여 상품의 노출 순위 및 추천 여부를 즉각 조정하여 시장에 광범위하고 즉각적인 영향을 미칠 수 있다.[7] 또한 데이터와 알고리즘의 상호작용으로 인해 초기에는 미미한 우대 경향성이 시간이 지남에 따라 증폭될 수 있다.[8] 더욱이 알고리즘 기반 시스템은 개인화와 동적 반응성과 같은 특성을 통해 소비자 선택에 보다 직접적으로 관여할 수 있어 전통적 방식의 PB상품 노출 전략에 비해 높은 경쟁제한성을 가질 수 있다.[9]

3. 데이터 기반 자사우대의 규범적 개념 요소

데이터 기반 자사우대가 전통적 의미의 자사우대에 비하여 경쟁제한 효과가 더 클 수 있다는 실증 분석 없이 단지 가능성만으로 데이터 기반 자사우대에 대한 규제를 하는 것은 역으로 시장의 역동성을 떨어뜨릴 수 있다. 다만, 적어도 “검색”영역에 대해서는 시장지배적 플랫폼의 자사우대 행위가 경쟁을 왜곡할 수 있다는 점에 대한 견해가 해외 판결례[10]를 통해 정립되어 가고 있다. 또한 검색

---

5) Thomas H. Cormen, Charles E. Leiserson, Ronald L. Rivest & Clifford Stein, Introduction to Algorithms, 4th ed., MIT Press, 2022, 5면.

6) Tom M. Mitchell, Machine Learning, McGraw－Hill, 1997, 2－3면.

7) European Commission, Competition Policy for the Digital Era, Publications Office of the European Union, 2019, 45면.

8) Masoud Mansoury, Himan Abdollahpouri, Mykola Pechenizkiy, Bamshad Mobasher & Robin Burke, “Feedback Loop and Bias Amplification in Recommender Systems”, Proceedings of the 29th ACM International Conference on Information & Knowledge Management, 2020, 645면.

9) Friso Bostoen, 「Abuse of Platform Power－Leveraging Conduct in Digital Markets Under EU Competition Law and Beyond」, Institute of Law, 2023, p.105.

10) Court of Justice of the European Union, Press Release No. 135/24, Judgment in Case C－48/22 p.Google and Alphabet v. Commission(Google Shopping), 10 September

에서 발생한 자사우대 사례를 바탕으로 규범으로서 자사우대의 개념이 정립되어 가는 중이다.

EU Google Shopping 사건에서 EU집행위원회와 일반법원은 알고리즘을 통한 의도적인 자사 서비스 우선 노출이 경쟁자의 트래픽 전환율을 하락시켜 궁극적으로 경쟁자를 시장에서 퇴출시킬 수도 있는 행위로 파악하였다.[11] 이와 같은 판단은 검색 플랫폼이 다른 인접 시장에 대한 관문 역할을 하고 있는 것으로 판단하였기 때문이다.[12] EU Digital Markets Act(DMA)에서도 이와 같은 맥락에서 관문 역할을 수행하며, 중요 서비스를 제공하는 플랫폼에 대한 자사우대 금지 조항을 두고 있으며, 이는 검색 플랫폼을 모델로 하고 있는 것으로 보인다. 보다 구체적으로 DMA 제6조 제5항은 게이트키퍼(Gatekeeper)가 랭킹, 인덱싱(indexing), 크롤링(crawling)[13] 단계에서 자사 서비스·상품을 더 유리하게 취급하는 것을 금지하고 있는데, 크롤링, 인덱싱, 랭킹은 순서대로 검색 서비스를 제공하기 위한 일련의 과정에 해당한다. 다만, 크롤링, 인덱싱, 랭킹 각각은 검색 이외의 서비스에도 활용될 수 있는 기법이므로 DMA의 해당 조항은 반드시 검색 플랫폼에만 적용되는 것은 아니다.

DMA가 사전적 규제라는 점에서 다른 국가의 자사우대 사건에 반드시 적용될 수 있는 법률은 아니다. 그러나 적어도 금지되는 자사우대가 (i) 시장의 접점이 될 수 있는 중요한 플랫폼 서비스 시장에서 (ii)그 시장의 진입을 결정할 수 있는 대규모 플랫폼인 경우 적용될 수 있다는 점을 포착하고, (iii) 단순 상품 노출이 아니라 저변의 설계 단계 자체를 규율 대상으로 포섭했다는 점에서 의의가 있다. 이와 같은 규정은 자사우대를 "시장지배적 온라인 플랫폼이 자사 서비스를 경쟁자에 비해 유리하게 취급하는 행위"로 정의하며, 대표 예시로 검색결과 상단 노출 우대를 제시하고 있는 한국의 온라인 플랫폼 시장지배적 지위 남용 심사지침(예규 제418호, 2023.1.12.) 등 자사우대를 규정한 다른 규정들에 비하여 적어도 개념 정의 측면에서 데이터 기반 자사우대를 가장 구체적으로 개념화한 것으로

2024(EU Google Shopping 판결).

11) European Commission Decision of 27.6.2017, case AT.39740－Google Search(Shopping); Judgment of 10. 11. 2021－case T－612/17 Google and Alphabet v. Commission.

12) European Commission Decision of 27.6.2017, case AT.39740－Google Search(Shopping); Judgment of 10. 11. 2021－case T－612/17 Google and Alphabet v. Commission.

13) 크롤링(crawling)은 새로운 콘텐츠와 업데이트된 콘텐츠를 찾아내는 과정이며, 인덱싱(indexing)은 크롤링 과정을 통해 발견된 콘텐츠를 저장하고 조직화하는 것을 의미한다.

볼 수 있다. 이와 같은 규정에 따르면 위법한 자사우대의 본질은 자사의 서비스를 먼저 노출했는지와 같은 가시적 결과값이 아니며, (i) 이미 특정 시장에서 시장지배적 지위를 가진 온라인 플랫폼이 (ii) 데이터와 알고리즘을 의도적으로 설계하여 (iii) 경쟁자를 배제하는 구조를 만들고 (iv) 그와 같은 구조를 통해 경쟁을 제한할 우려를 발생시키는지와 관련이 있다.

III. 데이터 기반 자사우대의 위법성 판단

1. 포스코 판결의 부당성 판단 기준

위에서 살펴본 바와 같이, 데이터 기반 자사우대는 시장지배적 플랫폼의 의도적 데이터 활용 및 알고리즘 설계를 통해 구조적으로 경쟁사업자를 배제하는 행위를 말한다. 이와 같은 행위를 공정거래법에 열거된 시장지배적 지위 남용 행위로 치환하여 보면 공정거래법 제5조 제1항 제3호의 다른 사업자의 사업활동을 부당하게 방해하는 행위에 가장 가까우며 배타적 거래 계약 체결이나, 사업활동에 필요한 권리 등의 매입, 거래 거절 행위와 관련 없는 방해행위라는 점에서 공정거래법 제9조 제3항 제4호의 기타 사업활동 방해행위에 해당한다고 볼 수 있다. 한편, 시장지배적 사업자의 사업활동 방해행위에 관하여 포스코 판결[14]을 통해 부당성 판단에 대한 법리가 정립된 바 있다. 포스코 판결은 포스코의 현대하이스코에 대한 냉연용 열연코일 공급 거절, 즉, 거래거절에 대한 판결이지만 사업활동 방해 행위의 다양한 행위 유형을 남용의 관점에서 이해할 수 있는 기준을 제시하는 중요 선례로 인정되고 있다.[15]

포스코 판결에 따르면, 사업활동 방해 행위의 부당성이 인정되기 위해서는 시장 지배적 사업자가 행위 당시 (i) 독점을 유지·강화할 의도나 목적, 즉, 시장에서의 자유로운 경쟁을 제한함으로써 인위적으로 시장질서에 영향을 가하려는 의도나 목적(이하 "경쟁제한 의도 또는 목적")을 갖고 있어야 한다. 해당 판결에서 대법원은 경쟁제한 의도 또는 목적이 있었는지를 판단하기 위해서는 행위의 동기,

---

14) 대법원 2008.12.11. 선고 2007두25183 판결.

15) 이봉의, "디지털플랫폼 자사 서비스 우선에 대한 경쟁법의 쟁점 - Monopoly Leverage와 Equal Treatment를 중심으로-", 「공정거래법상 온라인 플랫폼의 자사우대」, 서울대 경쟁법센터 경제법총서 02, 박영사, 2023, 31면.

행위의 태양, 관련시장의 특성, 행위로 인하여 그 거래상대방이 입은 불이익의 정도, 관련시장에서의 가격 및 산출량의 변화 여부, 혁신 저해 및 다양성 감소 여부 등 여러 사정을 종합적으로 고려하여야 한다고 설시하였다. 대법원은 사업활동 방해 행위의 부당성이 인정되기 위해서는 경쟁제한 의도 또는 목적과 같은 주관적 요소 뿐만 아니라 (ii) 객관적으로도 그러한 경쟁제한의 효과가 생길 만한 우려(이하 "경쟁제한 효과 발생 우려")에 대한 입증이 필요하다고 판단하였으며, 경쟁제한 효과 발생 우려는 사업활동 방해 행위로 인한 상품의 가격상승, 산출량 감소, 혁신 저해, 유력한 경쟁사업자의 수의 감소, 다양성 감소 등을 종합적으로 고려하도록 하였다.

2. 데이터 기반 자사우대 사건의 위법성 판단

(1) 경쟁제한 의도 및 목적: 알고리즘의 설계, 운영 및 데이터 활용

전통적 자사우대와 달리 데이터 기반 자사우대는 데이터와 알고리즘을 의도적으로 설계하여 경쟁자의 시장진입을 방해하는 구조를 만든다는 점을 특징으로 한다. 데이터 기반 자사우대는 보다 구체적으로 설계-운영-효과로 구체화 할 수 있다. 설계 단계는 크롤링, 인덱싱, 랭킹과 관련하여 데이터 수집 및 알고리즘 설계를 자사를 우대하고 경쟁자를 배제하는 방식으로 구성하는 것이고 이는 경쟁제한 의도 또는 목적과 관련된다. 데이터 기반 자사우대에서 1회 알고리즘 설계만으로는 통상 경쟁제한 효과가 발생하거나 경쟁제한 효과 발생 우려가 가시화되지 않는다. 경쟁제한 의도 및 목적은 알고리즘 운영 단계를 통해 구체화 되므로 일정한 목적 달성을 위한 알고리즘의 지속적 변경과 조정은 경쟁제한 의도 또는 목적을 입증하는 증거가 될 수 있다. 다만, 일상적인 서비스 개선 목적의 알고리즘 변경도 개선 효과를 살펴 복수의 조정을 수반하므로 단지 알고리즘이 특정 방향으로 다수 변경되었다는 점만으로는 경쟁제한 의도 또는 목적이 있다고 단언하기 어렵다. 실제로 공정거래위원회는 네이버 쇼핑 사건과 카카오 모빌리티 사건에서 알고리즘 설계와 운영과정 뿐만 아니라 내부 이메일, 메신저 대화를 통해 경쟁제한 의도 또는 목적을 입증하고자 하였다. 특히 네이버 쇼핑 사건에서는 네이버가 다양한 몰이 비교쇼핑서비스에 노출되도록 알고리즘을 변경하면서 오픈마켓 입점업체의 상품은 오픈마켓이라는 하나의 동일몰의 상품으로 인지하게 한 반면, 스마트스토어 입점업체는 각기 다른 몰로 인지하도록 설계하여 스마트

스토어 입점업체 이외에 다른 오픈마켓 입점업체를 구조적이고 지속적으로 차별한 증거로 제시하였다.[16)]

이와 같이 알고리즘 설계와 운영에 관한 자료는 경쟁제한 의도 및 목적을 밝히는 강력한 증거가 될 수도 있다. 다만, 현실적으로 경쟁 당국이 문제가 되는 기간 동안 모든 알고리즘 변경 내역을 확보하여 분석하는 것이 쉽지 않으며, 모든 알고리즘 변경 내역을 확보한다고 하더라도 서비스 개선 목적 알고리즘 변경과 경쟁사업자를 배제하기 위한 변경을 구별하여 경쟁제한 의도 또는 목적을 입증하는 것은 매우 어려운 일이다. 실제로 네이버 쇼핑 판결에서 대법원은 알고리즘의 개선은 시행착오를 거치는 것이 일반적이며 개선 과정에서 일부 편향이 나타나는 것은 자연스러운 현상이기 때문에, 알고리즘 변경 건 중 일부를 선별하여 처분사유로 삼는 것은 경쟁제한 의도 또는 목적을 왜곡할 수 있다는 신중한 입장을 보이며[17)] 경쟁제한 의도 또는 목적을 인정하지 않았다.

이와 같은 상황에서 데이터 기반 자사우대의 경쟁제한 의도 또는 목적이 인정되기 위해서는 포스코 판결에서 언급된 바와 같이 실제로 경쟁제한 효과가 발생하였음이 입증을 통해 행위 당시 경쟁을 제한할 우려 또는 목적을 추정 받는 방법이 있으며, 사건의 내용에 따라 입증이 어려운 알고리즘 설계 및 운영에 대하여 분석하지 않고 데이터 수집 단계에서 경쟁제한 의도 또는 목적이 있었음을 인정받으려는 시도를 하는 것도 가능하다. 아직 한국에는 데이터 수집 그 자체를 남용의 증거로 보는 시도는 없었으나, EU 집행위원회는 Amazon이 마켓플레이스에 입점한 사업자의 비공개 데이터를 취득하여 가격결정에 활용하고,[18)] 판매제품의 비율을 조정하였으며 성과가 우수한 공급업체를 선점하거나 Amazon Retail과 계약하게 하는 방법[19)] 으로 유통업과 관련한 통상적인 리스크를 회피하여 자사를 우대하고 소매판매 시장의 경쟁을 제한하였다고 판단한 바[20)] 있으므로, 향후 자사우대를 포함한 플랫폼의 시장지배적 지위 남용에 대하여 데이터의 수집 행위 그 자체를 부당성 판단의 근거로 활용할 가능성은 열려있다.

---

16) 공정거래위원회 전원회의, 의결 제2021－027호, 2021.1.27. 44면 참조.

17) 대법원 2025.10.16. 선고 2023두32709, 10면.

18) CASE AT.40462－Amazon Marketplace and AT.40703 - Amazon Buy Box paras.184－186.

19) Id. at paras.194-195.

20) Case COMP/AT.40462 and Case COMP/AT.40703 - Amazon.

(2) 경쟁제한 효과 발생 우려

포스코 판결에 따르면 경쟁제한 효과 발생 우려가 인정되기 위해서는 거래거절로 인한 상품의 가격상승, 산출량 감소, 혁신 저해, 유력한 경쟁사업자의 수의 감소, 다양성 감소와 같은 가시적 효과가 고려될 수 있다. 다만, 시장 지배적 지위 남용의 경우 이와 같은 가시적 현상이 발생할 때까지 남용행위를 금지하지 않는다면, 그 시정이 너무 늦어지고 입증에도 어려움이 있는 경우 다른 지표를 사용하기도 한다.[21] 앞서 살펴본 바와 같이 데이터 기반 자사우대는 그 영향이 광범위하고 즉각적이므로 시장에서 산출량이 감소하거나 가격이 상승하는 정도의 영향이 발생하기 전에 시정이 필요하다고 볼 여지가 있다.

더욱이 데이터 기반 자사우대의 효과는 가격의 상승이나 산출량의 감소와 같이 전통적인 방식으로 발현되지 않을 가능성이 높다. 이 점은 EU의 Competition Policy for the Digital Era 보고서(이하 "경쟁정책 보고서")에서도 명확히 강조된다. 해당 보고서는 디지털 시장에서 플랫폼이 경쟁을 제한하는 방식이 전통적인 가격 인상이나 산출량 감소와 같은 형태로 드러나지 않을 수 있음을 지적한다.[22] 이 보고서에서는 보다 구체적으로 플랫폼의 경쟁 해악이 주로 품질 저하 혁신 감소 선택권 제약, 데이터 보호 수준 하락 등의 형태로 발현되며, 이는 전통적인 가격 중심 분석으로는 포착하기 어려운 영역임을 강조한다.[23] 이와 같은 분석에 따르면 데이터 기반 자사우대의 경쟁제한 효과를 가격이나 산출물 이외의 방식으로 발현될 가능성이 있다. 따라서 데이터 기반 자사우대의 경쟁제한 효과 또는 경쟁제한 효과 발생 우려를 분석함에 있어 산출량 감소나 가격 상승 이외의 다른 지표를 고려하여야 한다. 데이터 기반 자사우대의 경쟁제한 효과 발생 우려를 입증하기 위해서는 (i) 플랫폼의 구조 및 특성, (ii) 봉쇄효과의 발생 정도가 핵심적으로 고려될 수 있다.

---

21) 손동환, 「공정거래법상 차별남용과 자사우대에 관한 연구」, 『상사법연구』 제42권 제2호, 2023, 148면.

22) European Commission, Competition Policy for the Digital Era(Report by Special Advisers: Jacques Crémer, Yves-Alexandre de Montjoye, Heike Schweitzer), Publications Office of the European Union, 2019, pp.2-3.

23) Id. at paras.47-49.

(i) 플랫폼 구조 및 특성

플랫폼의 구조 및 특성은 단순한 시장점유율 수치 이상의 의미를 가진다. 플랫폼이 다면시장(multi-sided market) 구조를 가지고 있고, 검색·추천과 같은 관문 기능(gateway function)을 수행하는 경우, 데이터 기반 자사우대 행위는 경쟁사업자의 접근 자체를 구조적으로 제약할 가능성이 높다. 또한 알고리즘 설계와 데이터 처리 과정에 따라 노출 순위, 데이터 접근성, 트래픽 배분이 체계적으로 조정될 수 있기 때문에, 플랫폼의 데이터 처리 구조도 경쟁제한 효과 분석에서 플랫폼 구조와 함께 고려될 수 있다.[24] 이와 관련하여 EU 일반법원은 일반 검색 서비스의 속성에 비추어 Google이 성과경쟁에 위반된 행위를 하였다고 판단하였다. 일반 검색 엔진의 경우 그 가치는 다양한 출처의 사실을 페이지에 표시할 수 있는 능력에 달려 있다. 따라서 검색 엔진 서비스는 많은 이용자들에게 개방되어 많은 정보를 얻을 수 있어야 한다. EU 일반법원은 검색서비스의 이와 같은 특성을 고려하였을 때 자사 서비스를 우선하여 노출하는 행위는 정상적인 경쟁의 행태가 아니라고 보았다.[25] 또한 EU 일반법원은 Google이 이와 같은 리스크를 감수하고 자사 서비스를 우선해서 노출하는 전략을 취하는 것은 단기간 시장 진입이 불가능한 강력한 시장 지배력과 높은 진입장벽이 있는 경우에만 합리적[26]일 것이라는 가정에 비추어 Google이 가진 관문으로서 역할, 일반 검색 서비스 시장의 높은 진입 장벽을 고려하였을 때, Google에게 비교 쇼핑 서비스 시장에서 왜곡되지 않은 경쟁을 저해하지 않을 특별한 의무를 더 엄격하게 적용해야 한다고 판단하고,[27] Google이 성과경쟁에 반하는 행위를 하였다고 보았다. 검색 플랫폼이 반드시 중립성을 가져야 하는지에 대하여는 이견이 존재하지만,[28] 일반적인 검색 플랫폼이 가진 개방성과 시장지배력, 진입장벽 유무가 경쟁제한 효과 발생 우려를 판단하는 중요한 요소가 될 수 있다는 점은 주목할 만하다.

---

24) OECD, "Competition Policy in the Digital Age", OECD Publishing, 2019, p.78.

25) General Court, Case T-612/17, Google and Alphabet v. Commission(Google Shopping), Judgment of 10 November 2021.

26) Judgment of 10.11.2021-case T-612/17 Google and Alphabet v. Commission, para.178.

27) Judgment of 10.11.2021-case T-612/17 Google and Alphabet v. Commission, para.180.

28) 임용, 「플랫폼 중립성에 관한 오해와 진실」, 서울대학교 인공지능 이니셔티브, 『이슈페이퍼』, 2019-2, 2019 참조.

(ii) 봉쇄효과의 발생 정도

봉쇄효과(foreclosure effect)의 발생 정도는 자사우대가 시장 경쟁을 실질적으로 왜곡하는지를 판단하는 핵심 지표다. 봉쇄효과는 시장지배적 사업자의 행위로 인해 경쟁자가 시장에 진입하거나 잔존하거나 효과적으로 경쟁할 수 있는 기회가 차단되거나 현저히 제한되는 효과를 의미한다.[29] 전통적인 이론에서는 이러한 효과가 주로 가격상승이나 산출량 감소의 형태로 나타나는 것으로 이해되어 왔다.[30] 그러나 플랫폼 환경에서는 비가격적 방식을 통한 봉쇄효과가 더욱 두드러지게 나타나고 있다.[31] 데이터 기반 자사우대와 관련한 봉쇄효과의 발생 정도와 경쟁제한성을 판단하기 위해서는 첫째, 앞서 플랫폼이 연결하는 경쟁자와 소비자가 서로 다른 경로를 통해 접점을 가질 수 있는 대체경로의 존재 유무[32]가 고려될 수 있다. 소비자가 다른 경로를 통해 경쟁사업자의 서비스에 접근할 가능성이 제한적이라면 봉쇄효과가 더 심각해진다고 볼 여지가 있다. 둘째, 경쟁사업자나 소비자가 다른 플랫폼으로 전환할 수 있는 멀티호밍 비용을 고려할 수 있다. 이 비용이 높을수록 봉쇄효과가 지속되기 쉽다.[33] 마지막으로 실제로 데이터 기반 자사우대 행위가 존재하고 봉쇄효과가 발생하여 경쟁사업자가 퇴출되는 등의 결과가 발생한 경우 이 사이에 상당 인과관계가 인정되어야 한다. 경쟁사업자의 퇴출이 자사우대로 인한 것이 아니라 열등사업자였기 때문이라면 이와 같은 경쟁사업자 보호는 경쟁법의 목적이 아니기 때문이다.[34]

데이터 기반 자사우대 사건에서 이와 같은 봉쇄효과를 고려한 사례를 어렵지 않게 찾을 수 있다. EU 집행위원회는 Google Shopping 사건에서 일반검색이라는 관문성을 활용해 자사 비교쇼핑을 상단에 노출하고 경쟁 서비스를 하위로 밀어냄으로써, 경쟁사의 트래픽이 장기간 구조적으로 감소하는 봉쇄효과를 인정하

29) OECD, Vertical Foreclosure, DAF/COMP(2020)9, 2020, p.15; European Commission, Guidance on the Commission's Enforcement Priorities in Applying Article 82 of the EC Treaty, OJ C 45/7, 2009, paras.19－23.

30) Dennis Carlton & Jeffrey Perloff, Modern Industrial Organization, 4th ed., Pearson, 2005, pp.375－380.

31) 송상현, 「플랫폼 경제와 경쟁법의 새로운 과제」, 『경제법연구』 제19권 제3호, 2020, 45－48면.

32) 황태희, 「플랫폼 시장에서의 대체가능성 판단기준」, 『공정거래법연구』 제34호, 2021, 78－82면.

33) Paul Klemperer, "Markets with Consumer Switching Costs", Quarterly Journal of Economics, Vol. 102, No. 2, 1987, pp.375－394.

34) 손동환, 「공정거래법상 차별남용과 자사우대에 관한 연구」, 『상사법연구』 제42권 제2호, 2023, 148면.

였다.[35] 한국의 네이버 쇼핑 사건에서도 공정거래위원회와 서울고등법원은 가격 상승이나 산출량 감소와 같은 전통적 경쟁제한 징표보다는 네이버 쇼핑이 오픈마켓의 주요 유입경로라는 구조적 특징에 주목하였다.[36] 그러나, 대법원은 시장지배적 사업자의 행위가 시장지배력이 없는 다른 시장에 영향을 미친다는 이유만으로 경쟁제한적 성격이 강하다고 볼 수는 없다고 설시하면서, 경쟁제한 효과 발생 우려가 인정되려면 문제 되는 시장에서 경쟁제한의 효과가 생길 만한 구체적인 우려가 있어야 하고, 시장지배적 사업자의 행위로 인해 경쟁제한을 초래할 개연성이 인정되어야 한다고 판단하여 구조적 특징보다는 실제 시장에서 경쟁제한 효과가 발생했는지에 주목하였다.[37]

한편 대법원의 판단이 반드시 경쟁제한 효과를 발생시키는 구조적 특성을 무시한 것이라고 단정할 수는 없다. 구조적 특성은 시장지배적 사업자의 행위로 인해 경쟁제한을 초래할 개연성과 관련되어 있기 때문이다. 소비자는 비교쇼핑 서비스를 통해 상품을 탐색하고, 이후 오픈마켓에서 구매한다. 따라서 검색결과 노출 순위에서의 차별은 곧 탐색기회의 제한이자, 오픈마켓으로 이어지는 경로의 차단으로 평가될 수 있다.[38] 공정거래위원회는 2018년 6월 기준으로 G마켓, 11번가, 옥션, 인터파크 등 주요 오픈마켓 거래액 중 절반 이상이 비교쇼핑서비스에서 발생했고, 그중 상당 비중이 네이버 쇼핑을 통해 유입되었음을 근거로, 비교쇼핑 서비스가 오픈마켓의 주요 접속 경로라는 사실을 인정하였다.[39] 다만, 봉쇄효과의 측면에서 네이버 쇼핑사건에서의 효과와 EU Google Shopping 사건에서의 효과는 큰 차이가 있다. Google Shopping 사건에서는 비교쇼핑으로 이어지는 트래픽 대부분이 Google 일반검색을 거쳐 발생했기 때문에 대체수단이 사실상 없었지만, 네이버 쇼핑 사건에서는 소비자가 다른 검색사이트, 모바일 앱, 또는 오픈마켓 직접 접속 등 다양한 대체경로를 실질적으로 활용할 가능성이 있기 때문에 시장에서 경쟁자를 완전히 퇴출하는 정도에 이르지 않았다고 충분히 주장할 수 있다. 관련 시장인 오픈마켓 시장에서 신규사업자들이 지속적으로 유

35) European Commission, Case AT.39740, Google Search (Shopping), Commission Decision of 27 June 2017.

36) 공정거래위원회, 네이버(주) 시장지배적지위남용행위(차별행위) 건, 의결서, 2021.3.24.

37) 대법원 2025.10.16 선고 2023두32709 판결, 8면.

38) 위 의결서.

39) 위 의결서.

입되었으며, 오픈마켓 전체 거래액이 계속 증가하였다는 점이 이를 방증한다.[40]

IV. 결론

온라인 플랫폼 환경에서 데이터 기반 자사우대는 전통적인 자사우대와는 본질적으로 다른 경쟁제한 메커니즘을 가진다고 볼 수 있다.[41] 전통적인 PB상품의 매대 배치와 달리, 데이터와 알고리즘의 상호작용을 통해 검색, 추천, 노출 순위를 실시간 조정함으로써 경쟁자의 시장 접근을 구조적으로 차단할 수 있는 강력한 수단으로 기능한다.

앞서 도출한 데이터 기반 자사우대의 규범적 개념은 다음 세 요소로 구성된다. 첫째, 시장지배적 지위를 가진 온라인 플랫폼이라는 주체적 요건, 둘째, 데이터 수집과 알고리즘 설계를 통해 자사 서비스를 우대하고 경쟁자를 배제하는 구조를 만든다는 행위적 요건, 셋째, 경쟁자의 시장 진입이나 효과적 경쟁을 방해하는 결과를 초래한다는 효과적 요건이다. 위법성 판단에 있어서는 포스코 판결의 부당성 판단 법리가 데이터 기반 자사우대 사건에도 적용될 수 있다는 것이 학계와 판결례의 일치된 의견이다.

다만, 포스코 판결의 기준이라는 큰 틀 안에서 데이터 기반 자사우대의 특수성을 담아낼 수 있어야 한다. 데이터 기반 자사우대 위법성의 핵심은 경쟁자 배제를 의도한 알고리즘 설계이며 데이터와 알고리즘의 상호작용에 의한 시장 왜곡 효과이다. 데이터 기반 자사우대는 크게 알고리즘의 설계-운영-효과 발생의 구조로 이루어진다. 이 과정에서 설계와 운영의 영역은 포스코 판결의 경쟁제한 의도 또는 목적을 입증하는 데 고려될 수 있다.

플랫폼의 데이터 기반 자사우대의 경쟁제한 효과 발생 우려의 판단에서는 전통적인 가격상승이나 산출량 감소와 같은 가시적 지표만으로는 자사우대의 경쟁제한 효과를 정확히 포착하기 어렵다는 점에 주목할 필요가 있다. 데이터의 기반 자사우대 플랫폼의 행위로서 주로 품질 저하, 혁신 감소, 선택권 제약 등 비가격적 형태로 발현될 수 있기 때문이다.[42] 따라서 플랫폼의 구조적 특성과 봉쇄효과

40) 대법원 2025.10.16. 선고 2023두32709 판결, 9면.

41) European Commission, Competition Policy for the Digital Era, Publications Office of the European Union, 2019, p.45.

42) European Commission, Competition Policy for the Digital Era (Report by Special Advisers:

의 발생 정도를 중심으로 한 새로운 분석틀이 필요하다. 플랫폼이 관문 기능을 수행하고 대체경로가 제한적이며 멀티호밍 비용이 높다는 구조적 특징이 존재하는 경우 봉쇄효과가 더욱 심각하게 나타날 수 있다는 점은 실제 경쟁 사업자의 유입이 줄어들었다는 실제적 사실과 함께 경쟁제한 효과 발생 우려를 입증하는 핵심 판단 기준이 될 수 있다.

결국 데이터 기반 자사우대 사건과 관련한 핵심 질문은 "시장지배적 사업자가 자사를 우대했는지"가 아니다. 시장지배적 사업자가 자사를 우대하여 다른 시장에 영향을 미칠 수 있는 특성이 있다고 하여 반드시 그 행위가 부당하다고 볼 수는 없기 때문이다. 데이터 기반 자사우대와 관련한 핵심 질문은 플랫폼이 데이터를 어떤 방식으로 모으고, 어떤 규칙으로 설계했으며, 그 규칙이 어떻게 운영되어, 결과적으로 어느 수준의 봉쇄효과를 발생시켜 경쟁제한 효과를 낳을 우려가 있느냐이다. 이러한 질문에 체계적으로 답하려는 노력이 뒷받침될 때, 플랫폼에 대한 규제를 '해야 한다 또는 하지 않아야 한다'는 이분법으로 환원하지 않고, 플랫폼의 데이터 활용이라는 특성을 반영한 적확한 규제로 구체화할 수 있다.

Jacques Crémer, Yves-Alexandre de Montjoye, Heike Schweitzer), Publications Office of the European Union, 2019, pp.47-49.

제5장

차별에 의한 시장지배적 지위 남용의 경쟁제한성 해석*
- 스위스 LCart 제7조 제2항을 중심으로 -

- 이혜승 -

I. 서론

시장에 참여하는 주체는 모두 사적자치에 근거하여 자유롭게 거래상대방을 선택하고 거래의 조건, 가격 등을 결정할 수 있다. 자유경제체제에서는 상품 또는 용역에 대한 거래가 천편일률적이지 않고, 가격이나 거래조건 또한 다양하게 당사자들 간 협의를 통해 결정된다. 그러므로 사업자가 각기 다른 상대방과 다른 가격 또는 거래조건으로 거래하는 것 그 자체는 금지되지 않는다. 다만 시장 경쟁의 왜곡을 방지하고 자유롭고 공정한 경쟁질서를 유지하는 것을 보호법익으로 하는 경쟁법에서는 사업자의 행위가 시장 경쟁을 제한하거나 왜곡하는 경우 이에 대하여 개입한다. 시장지배적 지위 남용행위로서의 차별에 대한 개입 역시 이러한 경쟁제한성과 경쟁제한적 효과의 존재 여부를 중심으로 평가되어야 한다.

스위스 경쟁법 집행에서는 시장지배적 사업자의 차별행위는 본질적으로 경쟁사업자의 사업활동을 방해하는 방해남용(exclusionary abuse)의 한 형태로 이해된다. 이는 연방헌법상 사적자치의 원칙에 대한 예외적 개입을 정당화하기 위해 경

* 이 글은 특별논문집 발간 취지에 맞게 작성한 글입니다.

쟁규범의 목적과 한계를 명확히 설정한 결과라 할 수 있다. 그리고 스위스 연방은 디지털 전환이 이루어지는 상황에서도 스위스 경쟁법의 기본 원칙은 여전히 유효하며, 스위스 경쟁법인 LCart의 체계는 시장 변화에 적응할 수 있는 개방적인 구조라고 결론짓고[1] 시장지배적 지위 남용 규제에 '상대적 시장지배력' 개념을 추가하는 것 외에 기존 남용행위 유형 및 판단기준을 적용하고 있다.[2]

본 연구는 디지털 경제에서도 유지될 수 있는 남용규제의 근본적인 원칙에 대하여 살펴보고자 LCart 제7조에 따른 시장지배적 사업자의 차별행위에 대한 규율체계를 분석함으로써, 어떠한 경우에 시장지배적 사업자의 차별적 행위가 경쟁제한적 남용으로 평가되는지를 규범적으로 검토하고자 한다. LCart는 차별을 독립된 남용유형으로 다루되, 경쟁제한 효과와 정당화 가능성의 균형을 세밀하게 평가하는 체계를 구축해왔다. 이러한 비교법적 분석은 공정거래법상 차별남용에 대한 규제 방향을 재조명하는 데에도 시사점을 제공한다.

공정거래법의 경우 대부분의 차별취급 사안이 불공정거래행위로 규제되어온 이유로, 집행 경험이 불공정거래행위를 중심으로 축적되었고, 시장지배적지위 남용행위 사안에서도 문언의 해석은 동일하게 파악하나, 다만 시장지배적지위 남용행위로서의 거래조건 차별행위는 시장지배적사업자의 행위일 것을 요한다고 보고 있다.[3] 또는 시장지배력 전이라는 개념을 만들어서 여기에 경쟁제한성을 두려는 해석이 존재한다.[4] 그러나 두 규제 영역은 단지 행위 주체만 차이가 있는 것이 아니라, 규제 목적과 본질에서 차이가 존재한다. 본 연구는 스위스의 차별남용 규제모델을 비교법적 관점에서 분석함으로써, 한국 경쟁법상 차별행위의 법적 성격과 위법성 판단기준을 명확히 하는 데 기여하고자 한다.

---

1) Rapport du Conseil fédéral du 9 décembre 2022 «Numérisation: champs d'action de la politique économique».

2) 연방평의회는 온라인 플랫폼이나 디지털 기업에 대하여 별도의 법적 규정을 신설할 필요성은 없다고 판단하고 있다. 스위스 연방, FF 2023 1463, Message concernant la révision partielle de la loi sur les cartels du 24 mai 2023, 1.1.2.1.

3) 서울고등법원 2022.12.14. 선고 2021누36129 판결.

4) 공정거래위원회 2023.6.13. 의결 제2023-093호. 112문단 이하 참조.

II. 경쟁법상 차별 규제의 의의

1. 차별의 개념 및 유형

가. 차별의 개념

(1) 규범적 개념으로서의 차별

사전적인 의미의 차별은 “둘 이상의 대상을 등급이나 수준의 차이에 따라 구별하는 것”으로,[5] 그 자체만으로는 부정적인 가치판단이 수반되지 않는 중립적인 개념으로 이해된다. 그러나 차별이 법령에서 사용될 때는 일상적인 의미와 구분되어 구체적인 규범적 기준과 적용 방식을 전제하는 규범적 개념(concept)[6]으로 파악된다. 현행 법령들을 살펴보면 차별은 동일하거나 유사한 지위에 있는 개인이나 집단 구성원에 대하여 차등 대우가 이루어지고, 그러한 차등적 대우가 부당할 경우에[7] 성립한다. 이러한 점은 법령상 차별을 금지하는 조항에서 ‘불리한’,[8] ‘불합리한’,[9] ‘합리적인 이유 없이’,[10] ‘부당하게’,[11] 또는 ‘부당한’,[12] ‘정당한 사유 없이’[13] 등과 같은 표현을 사용하여 차별의 부당성을 명시적으로 한정하고 있다는 점에서도 확인할 수 있다.

규범적 개념으로서의 차별은 평등원칙[14]과 밀접하게 연관되어 있다. 차별의 금지는 평등 개념을 구체화한 것으로, 같은 것은 같게, 다른 것은 다르게 대우하여야 한다는 핵심명제를 구체적인 상황에서 보다 정교하게[15] 실현한다. 평등원칙에서도 알 수 있듯이, 모든 존재에게 완전히 동일한 영향을 미치는 행위를 상

---

5) 국립국어원 표준국어대사전 “차별” 참조.

6) 차별의 개념은 차별이라는 용어의 정의(definition)과 구분된다는 접근, 설정은, “차별 판단의 기준에 관한 연구: 평등, 자유, 존엄”, 서울대학교 법학석사학위논문, 2019, 45면.

7) 이준일, 차별 없는 세상과 법, 홍문사, 2012, 26－27면.

8) 「국가유공자 등 예우 및 지원에 관한 법률」 제36조 참조.

9) 「여성기업지원에 관한 법률」 제4조 참조.

10) 「예술인의 지위와 권리의 보장에 관한 법률」 제8조 참조.

11) 「금융소비자 보호에 관한 법률」 제15조 참조.

12) 「자본시장과 금융투자업에 관한 법률」 제323조의12 참조.

13) 「장애인차별금지 및 권리구제 등에 관한 법률」 제4조 참조.

14) 헌법 제11조 제1항의 평등원칙은 일체의 차별을 부정하는 절대적 평등을 의미하는 것이 아니라, 입법과 법의 적용에 있어서 합리적 근거 없는 차별을 하여서는 아니 된다는 상대적 평등을 뜻하고 따라서 모든 차별이 평등의 원칙에 반하는 것이 아니다.

15) Auer, Andreas, Giorgio Malinverni, et Michel Hottelier. *Droit constitutionnel suisse.* Vol. II. 3ème éd. Berne: Stampfli Editions, 2013. n° 1080.

정하는 것은 불가능하고,[16] 경우에 따라서는 동등한 대우 보다 차등 대우가 '동등한 인간존엄성' 실현에 더 기여할 수 있기에[17] 모든 구별이 규제의 대상이 되는 것이 아니고 최상위 규범인 헌법상 가치 관점에서 '용인할 수 없는 구별(des distinctions insoutenables)'을 규범적으로 배제[18]된다.

(2) 남용규제에서의 차별

인간의 존엄성과 평등에 관한 권리를 보장하기 위하여 특정 개인 또는 집단에 대한 부당한 대우를 문제 삼는 차별과 달리, 경쟁법상 차별은 '경쟁'이라는 보호법익과 '시장 기능의 왜곡을 방지'하고자 하는 그 목적에 의하여 의미가 한층 더 한정된다. 즉, 경쟁법에서의 차별은 차별이 인간존엄성에 대한 직접적인 침해라기보다는, 사업자의 차별이 시장 경쟁을 왜곡하고 자유롭고 공정한 경쟁 질서를 저해하는 경우로 이해되어야 한다.

경쟁 규제에서 차별이 문제된 것은 사업자가 소비자에게 차등 가격을 제시하는 거래상 차별에 관한 경제적 분석에서 독점기업이 가격차별을 통해 이윤 창출을 증대시킬 수 있다는 지적에서 출발한다.[19] 가격차별은 시장 경제에서 빈번하게 나타나는 현상이고 학생할인이나 대량구매 할인과 같은 가격차별은 일상적으로 발생한다. 따라서 모든 가격차별이 문제되는 것은 아니다. 단순히 가격의 차이가 존재한다는 것만으로는 부족하고, 가격차별로 인하여 실질적으로 소비자 후생이 저해되었거나, 시장의 경쟁을 왜곡하였다는 점이 입증되어야 한다.[20] 예를 들어, 독점기업이 가격차별을 통해 소비자잉여를 생산자에게 이전시킴으로써 높은 지불의사를 가진 소비자로부터 과도한 대가를 얻는 착취적 측면이 있으며, 독점기업이 혜택을 보고 소비자는 손실을 입는 현상이 발생할 때 효율성과 공정성 간 균형을 찾아야 하는 문제에 경쟁법이 개입하게 된다.

남용행위 유형 중 하나인 필수 설비에 대한 접근 거절행위는 필수설비를 보유한 시장지배적 사업자의 차별로 인하여 하류 시장의 경쟁이 왜곡되는 것을 규제하기 위한 개입 중 하나에 해당한다.[21] 시장지배적 사업자가 필수적 생산 투입

16) *Ibid*, n° 1052.

17) 박도현, "인공지능과 해악: 창별적 해악론을 중심으로", 서울대학교 법학박사학위논문, 2021, 152－153면.

18) Auer et al(주4), n° 1042.

19) 홍명수, "독점규제법상 차별적 취급", 비교사법 제12권 2호, 2010.

20) KC, Robert O'Donoghue, and Jorge Padilla. 위의 책(주17), p.954.

요소에 대하여 거래상대방의 접근을 제한하거나 거절하면서, 수직통합된 사업자에 대해서만 유리한 조건으로 접근하도록 하는 차별의 경우에도 그 행위로 인하여 경쟁사업자의 경쟁력이 약화되는 결과가 초래될 수 있기에 남용행위 유형의 하나로 규제해왔다.

나. 경쟁법상 차별의 유형

(1) 직접 차별 및 간접 차별

직접 차별(la discrimination directe)이란, 시장지배적 사업자가 동등한 거래상대방에게 명시적으로 서로 다른 조건(예: 차별적 가격정책)을 적용하는 경우를 의미한다. 동일한 조건에 있는 거래상대방은 동일하게 취급해야 하는 의무는 '동등하거나 이와 유사한 거래'에 대해서만 적용될 뿐, 사업자가 모든 고객을 동일하게 대우할 의무까지 부담하지는 않는다.[22] 다른 한편, 직접 차별이 문제되지 않는 경우라도 간접 차별(la discrimination indirecte)이 문제될 수 있다. 간접 차별이란, 동일한 거래조건을 적용하였지만, 그 결과가 실질적으로는 특정 거래상대방을 불리하게 취급하게 되는 경우를 의미한다.[23] 그 예로 로열티 할인이 일정한 매출 증가분을 조건으로 제공될 때, 과거의 매출이 낮거나 시장점유율이 낮은 소규모 거래상대방이 실질적으로 불리한 대우를 받는 경우가 있다.

그러나 소규모 거래상대방에게 대규모 거래상대방과 동일한 우대조건을 적용하는 것은 새로운 경쟁을 촉진하는 것으로 볼 수 있어, 그러한 간접 차별은 부당한 것으로 판단되지 않는다. 이는 사업자의 시장 진입을 촉진하는 긍정적인 효과가 있기 때문이다. 또한, 상품의 인증과 같이 품질에 관한 기준을 일괄적으로 적용하는 경우도 차별로 보지 않는다. 이는 품질 기준을 통해 소비자의 신뢰를 보장하는 정당한 사유가 있기 때문이다.[24]

---

21) KC, Robert O'Donoghue, and Jorge Padilla. The Law *and economics of Article 102 TFEU.* Bloom*sbury Publishing,* 2020. p.956.

22) Whish, Richard, and David Bailey. (2021). *Competition Law* (10th Edition). p.801.

23) 국내에서 일반적인 차별의 법적 개념과 관련하여 설명되는 바에 따르면, 직접 차별은 관련법이 명시적으로 판단의 근거로 삼지 못하도록 규정한 요건(차별 금지 사유)을 이유로 차등적으로 대우하는 경우이고, 간접 차별은 법에서 직접 명시적으로 금지하지는 않은, 외관상 중립적인 요소를 차등 대우의 기준으로 삼아 직접 차별과 유사한 결과가 야기된 경우를 의미한다. 이준일, 위의 책, 30면 참조.

24) Bovet, Christian, Pierre Tercier, and Vincent Martenet. *Droit de la concurrence : loi sur les cartels, loi sur la surveillance des prix, loi sur le marché intérieur, loi sur les entraves techniques au commerce : commentaire.* 2e édition. Bâle: Helbing Lichtenhahn, 2013.

(2) 경쟁사 차별 및 고객 간 차별

시장지배적 사업자가 수평적 경쟁사업자를 차별하는 경우, 경쟁에 대한 '제1선 침해(primary-line injury)'가 문제된다. 즉, 지배적 사업자가 경쟁자를 차별함으로 인하여 경쟁배제효과가 야기되는지 여부로, 약탈적 가격설정의 경우와 같이 시장지배적 사업자가 경쟁사업자의 고객에게 선택적으로 자신의 고객보다 더 많은 할인을 제공하면서 경쟁자를 시장에서 배제하고자 하는 행위이다. 이 경우에는 단순하게 차별 그 자체를 문제 삼기보다는 지배적 사업자의 차별이 경쟁을 배제할 정도에 이르는지를 검토하여야 한다.[25)]

두 번째 경우는 시장지배적 사업자가 자신의 고객들을 차별하는 경우로, 수직적 관계에서 특정 거래상대방과 차별적 조건으로 거래하지만 당해 지배적 사업자는 차별로 인한 효과가 나타나는 시장에서 직접 경쟁하지는 않기 때문에 '제2선 침해(secondary-line injury)'가 문제된다. 복수의 거래상대방에 대하여 유사한 거래를 부당하게 차등을 둠으로써 일부 거래상대방을 경쟁상 불리하게 하는 경우를 의미한다.[26)]

경쟁사업자에 대한 차별과 고객인 거래상대방 간 차별을 법리적으로 구분되어야 한다. 경쟁사업자에 대한 차별의 경우에는 시장지배적 사업자가 시장의 경쟁을 왜곡하거나, 경쟁자를 시장에서 배제하고자 하는 직접적 동기에 의하여 이루어질 수 있는 반면에 거래상대방 간 차별은 시장지배적 사업자가 경쟁 구조를 직접 왜곡하기 위함이 아닌 그 외 목적이 있을 수 있다. 만일 신규 시장 진출 촉진, 새로운 수요의 창출 등을 목적으로 한 경우에는 전체 시장의 후생을 증대시킬 가능성도 존재하기 때문에, 제2선 침해 유형에 대해서는 단순히 차별이 존재한다는 것만으로 위법하다고 보기 어렵고, 실질적으로 경쟁에 미치는 경쟁제한 효과를 검토하여야 한다.[27)]

LCart Art. 7 II N 90.

25) KC, Robert O'Donoghue, and Jorge Padilla. 위의 책(주17), p.956.

26) 유럽연합 경쟁규범인 TFEU 제102조에서 차별을 규정하고 있는 c항이 검토되는 경우이다.

27) KC, Robert O'Donoghue, and Jorge Padilla. 위의 책(주17), p.956.

2. 차별 규제의 정당성

가. 독립된 남용행위로서의 차별

시장지배적 사업자에 의한 차별은 독과점적 시장에서 상당한 경제적 영향력을 행사할 수 있는 지위에 있으며, 이러한 지위를 이용하여 거래상대방들을 인위적으로 차별하는 경우에 시장 경쟁 구조에 중대한 왜곡을 초래할 수 있다. 이는 단순하게 개별 사업자에 대한 불이익에 그치지 않고 궁극적으로 시장 전반의 효율성과 소비자 후생을 저하시킬 위험도 존재한다. 예컨대, 특정 거래상대방에 대해서만 우호적인 조건으로 거래하고, 경쟁사업자에 대해서는 불리하게 대우하는 경우, 경쟁사업자의 시장 퇴출 또는 진입장벽의 강화가 초래될 수 있으며 이는 장기적으로 독과점적 시장구조를 고착화시키는 결과를 야기할 수 있다. 즉, 독과점규제에서의 차별은 사업자가 동일하거나 유사한 지위에 있는 거래상대방 또는 경쟁자에 대하여 차등적으로 대우하는 행위를 의미하고 이러한 차별이 부당한 경우에 규제를 통해 개입한다.

시장지배적 사업자가 수직적으로 통합된 하위 시장 경쟁사업자에 대하여 차별 대우를 하는 경우 여러 형태의 배제적 남용행위가 문제될 수 있을 뿐 아니라, 경우에 따라서 시장지배적 사업자가 명시적(actual) 차별을 통해 자신의 하위시장 계열사에 대하여 경쟁사업자보다 명백하게 유리한 조건을 제시할 수 있다. 구체적으로는 하위시장 경쟁사업자에게는 높은 가격을 부과하거나, 공급 품질이나 공급의 속도를 저하시키는 방법 등이 있다. 이러한 차별로 시장지배적 사업자는 인위적으로 하위시장 경쟁사업자가 시장에서 경쟁하는 비용을 상승시키고 궁극적으로 소비자 후생에 부정적인 영향을 미칠 수 있다.[28)]

그리고 이러한 순수한 의미의 차별(naked discrimination)은 민영화가 진행되었지만 여전히 유효경쟁이 정착되지 않은 에너지, 통신 등의 산업에서 빈번하게 나타난다. 그리고 차별의 양태는 가격 뿐만 아니라 비가격 요소, 비정형적 요소(예: 알고리즘 설정, 데이터에 대한 접근 제한 등)에 대한 차별의 형태로 은밀하게 이루어질 수도 있으며, 복잡한 방식으로 이루어질 경우에는 전통적인 경쟁법상 남용규제 유형인 배제남용 또는 착취남용의 범주에 정확히 포섭하기 어려울 수 있다.

---

28) N Economides, “The Incentive For Non−Price Discrimination by an Input Monopolist”, *International Journal of Industrial Organisation*, (1998) vol. 16, p.271.

나. 차별로 인한 경쟁제한효과

차별에 의한 경쟁제한적 효과는 시장지배적 사업자가 경쟁사업자 또는 특정 거래 상대방을 불공정하게 차별함으로써 시장 경쟁을 왜곡하거나 제한하는 행위를 통해 발생한다. 이러한 차별은 가격, 거래 조건, 접근권 등 다양한 측면에서 나타날 수 있으며, 그 결과로 경쟁사업자의 비용이 상승하거나 시장 진입이 차단되는 등의 문제가 발생할 수 있다. 이러한 차별취급은 특정 기업의 경쟁력을 약화시키고 시장에서의 경쟁 압력을 저하시켜서, 결과적으로 가격 상승, 상품 및 서비스 다양성 감소, 소비자 선택권 축소, 혁신 저해 등의 부정적인 영향을 초래할 수 있기 때문에, 이와 같은 경쟁제한효과를 기반으로 분석되어야 한다.

그리고 어느 하나 시장에서 지배적 지위에 있는 사업자의 차별로 인한 영향이 하나의 관련 시장에 국한되지 않고, 후속시장 또는 하위시장(sub-market), 인접시장(adjacent market)에까지 미치는 경우는 당해 차별이 야기하는 경쟁제한의 효과가 복수의 시장에 걸쳐 발생할 수 있다. 이 경우에는 하나의 관련 시장의 경쟁을 제한하는 것보다 더 심각한 시장의 구조적 왜곡이 초래될 위험이 있다. 특히, 디지털 플랫폼과 같이 다면시장(multi-sided market)을 형성하는 구조에서는 하나의 관련 시장에서 거래상대방을 차별함으로써 야기되는 경쟁제한성이 다른 인접한 시장의 경쟁질서까지 연쇄적으로 저해할 수 있다는 점에서 차별의 남용규제 정당성이 인정된다.

III. 차별에 대한 LCart 제7조 남용규제

1. 규제 근거

가. 연방헌법상 경쟁의 보호

스위스 연방헌법(Cst)[29]은 모든 시장 참여주체에 대하여 경제적 자유권을 보장(제27조)한다. 제27조는 기본권적 요소를 포함하고 있으며 광범위한 의미에서 사인(私人)의 경제활동의 자유(die freie wirtschaftliche Betätigung)를 보호하고 있고,[30] 이러한 경제활동의 자유권은 계약의 자유[31]를 핵심으로 한다.[32] 이에 따

29) Constitution fédérale de la Confédération suisse, du 18 avril 1999 RS 101(Cst).

30) BGer, Urteil vom 3.7.2003, 2P.55/2003, E. 4.3.2 및 SG Komm. BV–Vallender Art. 27 N 9.

31) Loi fédérale du 30 mars 1911 complétant le Code civil suisse(Livre cinquième: Droit des

라, 사업자는 원칙적으로 자신의 경제활동에 관한 의사결정을 자유롭게 할 수 있는 사적자치를 누린다. 따라서 시장지배적 사업자를 포함하여 누구든지 자유롭게 거래할 상대방을 정하고 계약의 내용과 거래 조건을 정할 수 있다.

그러나 경제활동의 자유 또한 무제한으로 보장되는 것이 아니므로, 헌법에서 정하는 바에 따라 제한될 수 있다. 기본권을 제한하는 경우에는 연방헌법 제36조의 요건을 충족하여야 하는데, 경제적 기본권에 대한 제한 역시 ① 법률상 근거에 기초하여, ② 공공의 이익에 부합하며 ③ 기본권의 제한은 목적에 비례하여야 하고 ④ 어떠한 경우에도 기본권의 핵심을 침해할 수 없다. 그리고 연방헌법 제94조는 연방과 칸톤(Canton, 州)에 대하여 경제적 자유의 원칙을 존중할 것을 요구하고 있어 연방과 칸톤은 경제적 자유의 원칙에 부합하지 않는 규제를 제정할 수 없다.[33]

'경쟁의 보호'를 경제적 기본권을 제한할 수 있는 공공의 이익[34]으로 보고 있는 스위스는 연방헌법 제96조 제1항에서 "연방은 카르텔 및 그 외 경쟁을 제한하는 형태의 행위로 인한 사회적 및 경제적 유해한 결과에 대응하기 위하여 법을 제정"[35]한다고 규정함으로써, 시장 참여주체의 사적자치에 개입할 수 있는 헌법상 근거를 명시적으로 정하고 있다. 제96조 제1항에 근거하여 마련된 「카르텔 및 그 외 경쟁제한에 관한 연방법(카르텔법, LCart)」 제1조 목적 조항에서도 "본 법은 카르텔 및 그 외 경쟁제한으로 인한 경제적·사회적으로 해로운 결과를 방지하고, 이로써 자유주의 체제에 기초한 시장경제의 이익을 위하여 경쟁을 촉진하는 것을 목적으로 한다"고 규정함으로써 규제의 범위를 "경쟁에 대한 제한"이라고 구체화함으로써 경쟁을 보호하기 위함을 밝히고 있다.

---

obligations) 제19조 참조.

32) BGE 130 I 26, E. 4.3.

33) BVGer, Urteil vom 17.7.2008, B－2698/2007, E. 3.6.

34) Dimitri Antipas, *Les recommandations de prix en droit suisse et en droit européen de la concurrence*. Stämpfli, 2014. p.11.

35) Art.96 Politique en matière de concurrence
1. La Confédération légifère afin de lutter contre les conséquences sociales et économiques dommageables des cartels et des autres formes de limitation de la concurrence.

나. 시장지배적 사업자의 남용행위 규제 근거

다른 사업자와 마찬가지로 시장지배적 사업자 역시 경제적 자유권을 향유하나, LCart에서 정하는 일정한 행위는 경쟁을 제한하는 행위로 금지된다. LCart에 의한 경제활동 자유에 대한 개입은 오직 문제된 행위가 실질적으로 경제적 또는 사회적으로 유해하다고 판단되어 유효경쟁(wirksamer Wettbewerb)을 왜곡하는 경우에만 공익의 범위에서 정당화된다.

다른 경쟁제한행위 규제와 마찬가지로, 시장지배적 사업자의 남용행위에 대한 규제 역시 시장에서의 경쟁이 왜곡되지 않는 상태를 위한 것으로 사인에 의한 경쟁제한행위로부터 경쟁을 보호하는 데 그 목적을 둔다. 자유시장 경제질서(freiheitliche marktwirtschaftliche Ordnung)의 실현은 유효경쟁 보호를 통해 보장되어야 하며, 이를 위하여 제1조 목적 조항에서 원칙을 규정하고, 구체적인 남용행위에 대한 통제는 제7조의 적용을 통해 실현된다.

남용규제는 본질적으로 경쟁 자체를 제도로서 보호하면서도 그와 동시에 일정한 범위에서 개별 경쟁사업자의 이익 또한 보호될 수 있음이 인정된다.[36)] LCart에 의한 남용규제는 시장지배적 사업자가 자신의 시장지배적 지위를 남용하여 다른 사업자의 경쟁 참여 또는 경쟁 활동을 방해하거나, 거래상대방에게 불이익을 주어 경쟁을 제한하는 행위가 금지된다.

구체적으로 살펴보면 제7조에서는 시장지배적 지위 또는 상대적 시장력을 보유한 사업자의 남용행위를 금지하고, 제2항에서는 금지되는 행위를 구체적으로 설명하고 있다.[37)] 제2항의 예시는 일반조항을 구체화한 것으로 남용에 해당할

36) SG Komm. BV–Jacobs, Art. 96 N 5.

37) Art.7 Pratique illicites d'entreprises ayant une position dominante ou un pouvoir de marché relatif

1. Les pratiques d'entreprises ayant une position dominante ou un pouvoir de marché relatif sont réputées illicites lorsque celles–ci abusent de leur position et entravent ainsi l'accès d'autres entreprises à la concurrente ou son exercice, ou désavantagent les partenaires commerciaux.

2. Sont en particulier réputés illicites:

a. le refus d'entretenir des relations commerciales;

b. la discrimination de partenaires commerciaux en matière de prix ou d'autres conditions commerciales;

c. le fait d'imposer des prix ou d'autre conditions commerciales inéquitables;

d. la sous–enchère en matière de prix ou d'autres conditions commerciales, dirigée contre un concurrent déterminé;

e. la limitation de la production, des débouchés ou du développement technique;

가능성이 높은 전형적인 행위 유형들이 규정되어 있다.[38] 다만, 제2항의 예시 규정은 제1항의 일반조항의 적용범위를 확장하는 조항이 아니므로 각 개별 유형의 요건이 충족되고, 제1항의 남용행위 일반 요건 또한 동시에 충족되어야 LCart에 의한 규제 개입이 이루어질 수 있다. 또한 시장지배적 사업자의 행위가 제7조 제2항의 예시 중 어디에도 해당하지 않는 경우에는 제1항 일반조항이 단독으로 적용될 수 있다.[39]

2. LCart 7 II b 차별행위 구성요소

가. 차별행위의 본질

시장력을 보유한 사업자의 차별에 대하여 법 제7조 제2항 b는 시장지배적 지위 또는 상대적 시장력을 보유한 사업자가 "가격 또는 기타 거래 조건에서 거래상대방을 차별"하는 행위(la discrimination de partenaires commerciaux, die Diskriminierung von Handelspartnern)를 위법하다고 규정, 객관적인 이유 없이 일부 거래상대방을 다른 거래상대방과 비교하여 불리하게 대우(défavoriser)함으로써 경쟁이 저해되는 것을 금지하고 있다.[40]

제7조 제2항 b에서 금지하는 행위는 방해남용의 성격이 주를 이루고, 시장지배적 사업자가 일부 거래상대방에 대해서 다른 거래상대방보다 차별적인 거래조건을 적용함으로써 착취하는 것도 가능하므로 간접적으로 착취남용의 성격도 존재한다.[41] 스위스 경쟁법 맥락에서 남용행위는 강학상 착취남용(L'exploitation abusive)과 방해남용(L'entrave abusive)으로 구분될 수 있는데, 예를 들어 사업자

---

f. le fait de subordonner la conclusion de contrats à la condition que les partenaires acceptent ou fournissent des prestations supplémentaires;

g. la limitation de la possibilité des acheteurs de se procurer à l'étranger, aux prix du marché et aux conditions usuelles de la branche, des biens ou des services proposés en Suisse et à l'étranger.

38) 유럽연합기능조약과 같이 예시에 불과할 뿐, 해당 조항의 존재로 당연위법(*per se*-Verbot) 또는 법정추정(Vermutungstatbestand)으로 이해되지는 않는다.

39) 이에 대하여, 제7조 제1항의 남용행위를 규제하는 것이 충분히 구체화되어 명확성 원칙에 부합하는지에 대한 논쟁이 있었으나, 최근 연방대법원은 제7조 제1항이 제49a조에 따른 제재의 적법한 법률상 근거가 된다고 판시하였다. BGE 146 II 217, E. 8.3.6 - Sanktionsverfügung - Preispolitik Swisscom ADSL.

40) 이는 TFEU 제102조의 c에서 정하는 "동등한 거래에 대하여 불평등한 조건을 적용"하는 행위에 대응된다.

41) Bovet et al(주19), LCart Art. 7 II N 88.

가 자신의 지위를 이용하여 부당하게 자신에게 유리한 조건을 부과하는 경우에는 착취남용으로 볼 수 있다. 다른 한편, 방해남용은 다수의 배제행위로 구성되는데, 사업자가 시장에서 갖는 지배적 지위를 이용하여 부당하게 경쟁사업자들이 시장에 진입하거나 관련 시장에서 경쟁하는 것을 방해할 때 해당한다.

제7조 제2항 b는 방해남용행위로 파악되어 차별은 그 정도가 제7조 제2항 c에서 정하는 '불평등(inéquitable)'한 정도에 이를 것까지 요구되지는 않는다.[42] b에서의 차별은 비교가 가능한 상황에 있는 거래상대방 간 적용되는 조건의 차별로 인하여 사업자를 방해하는 경우를 규제하고자 하므로, 거래상대방 중 일부에게만 적용하든, 모든 거래상대방에게 적용하든 불공평한 가격 또는 거래 조건을 이용하여 착취하는 행위를 규율하고자 하는 c와는 구별된다.

차별에 의한 남용행위(Diskriminierungsmissbrauch)가 되기 위해서는 네 가지 구성요건이 충족되어야 한다. ① 시장지배적 지위 또는 상대적 시장력을 보유한 사업자가 직접적으로 또는 간접적으로 거래상대방들을 불평등하게 대우(Ungleichbehandlung)하여야 하고, ② 그러한 대우가 거래상대방에 대하여 영향을 미칠 뿐만 아니라, ③ 경쟁을 저해하여야 한다. ④ 그리고 이를 정당화하는 객관적인 사유가 인정되지 않을 경우에 성립한다.[43]

나. 불평등한 대우(Ungleichbehandlung)[44]의 존재

불평등한 대우란, 동등한 거래에 있는 거래상대방 간 불평등한 대우로, 먼저 동등대우(Gleichbehandlungsgebot)가 검토된다. 제7조 제2항 b의 차별에는 직접 차별과 간접 차별 모두 포함된다. 시장지배적 사업자 또는 상대적 지배력을 보유

---

42) *Ibid*, LCart Art. 7 II N 158.

43) Sekretariat der WEKO, RPW 2020/4a, S. 1595, Rz. 111 - Lieferkonditionen eines Getränkeherstellers; WEKO, RPW 2020/2, S. 572, Rz. 843 - Geschäftskunden Preissysteme für adressierte Briefsendungen; WEKO, RPW 2016/4, S. 1011, Rz. 722 - Sport im Pay-TV; WEKO, 2014/4, S. 688 f., Rz. 138 - Preispolitik und andere Verhaltensweisen der SDA; WEKO, RPW 2011/1, S. 178, Rz. 485 - SIX/Terminals mit Dynamic Currency Conversion (DCC); Sekretariat der WEKO, RPW 2014/1, S. 125, Rz. 113 - Verbändevereinbarung Erdgas Schweiz.

44) '차별'이라는 표현보다는 '불평등 취급' 또는 '불평등한 대우' 용어를 사용함으로써, '차별'을 단순 불평등 취급이 아닌 불평등한 취급에 의해 거래상대방에 영향을 미치고 이로 인해 시장의 경쟁이 제한되며 객관적 정당화 사유도 인정되지 않는 경우를 '차별'로 한정한다는 견해로, Buchser, Lydia Patrizia. „Kartellrechtliches Diskriminierungsverbot". Schulthess, 2022. N 389.

한 사업자는 본 조에 따라 평등대우 의무를 부담하여[45] 동일한 사안에 대한 서로 다른 대우 뿐만 아니라 상이한 사안에 대하여 동일하게 대우하는 경우도 문제가 될 수 있다. 달리 말하면, 시장지배적 사업자의 행위가 사업상 객관적으로 정당한 사유에 의하는 경우라면 차별로 볼 수 없다는 것을 의미한다.

직접적인 차별의 경우, 동일한 사안에 있을 것이 완전히 동일한 정도까지 요구되는 것은 아니고, 실질적으로 동등(équivalent)한 정도면 충분하다. 스위스 경쟁위원회 실무를 살펴보면, LCart 제7조 제2항 b의 차별금지 규정은 지배적 사업자가 자신의 계열사를 경쟁사업자와 달리 대우하는 경우에도 적용된다. 이 경우 시장지배적 사업자에게 요구되는 책임의 내용은 '전후방 거래 단계에서 경쟁사업자를 시장지배적 사업자의 계열사들과 동일하게 대우할 적극적인 의무를 부담한다'는 것이다.[46] 그러므로 지배적 사업자는 자신의 계열사에게 적용되는 것보다 불리하지 않은 조건으로 경쟁사업자들에게도 공급해야 한다.[47] 차별되는 거래상대방은 전후방 또는 인접 시장에서 활동하는 사업자를 대상으로 하고, 반드시 계약 관계가 존재해야만 거래상대방이 되는 것은 아니고 지배적 사업자와 거래 관계 형성을 위하여 협상이 시도된 경우에도 거래상대방으로 간주된다.[48]

다. 남용행위의 부당성 - 거래상대방에 대한 불이익과 경쟁 방해 요소의 결합

LCart 제7조 제2항 b의 남용행위가 성립되기 위해서는 거래상대방들 간 불평등한 대우로 인하여 특정 거래상대방에게 초래되는 불이익 뿐만 아니라, 그로 인해 거래상대방이 시장에서 경쟁하는 활동을 방해하는 경우여야 한다. 즉, 거래상대방에 대한 불이익(Benachteiligung)과 경쟁에 대한 방해(Behinderung)가 결합된 형태로 파악한다. 예컨대, 시장지배적 사업자가 특정 거래상대방에 대하여 차별적인 할인을 하는 경우에 거래상대방에게는 더 높은 가격을 지불하는 불이익이 존

45) WEKO, RPW 2016/4, S. 1011, Rz. 721 - Sport im Pay-TV; WEKO, RPW 2011/1, S. 178, Rz 484 f. - SIX/Terminals mit Dynamic Currency Conversion(DCC).

46) Comco, DPC 2011/1, p.179., RPW 2002/3, S. 446, Rz. 43.

47) RPW 2004/2, S. 439 ff., Rz. 142 ff., Telecom PTT/Blue Window 사건에서, 스위스 경쟁당국은 Telecom PTT가 자신의 인터넷 서비스인 Blue Window를 우대하고, 다른 민간 제공업체에게는 불충분한 정보를 제공함으로써 LCart 제7조 제2항 b에 해당한다고 보았다. 또한 Telecom PTT가 새로운 0842 번호를 도입하는 과정에서 초기 단계에 이를 자사 서비스인 Blue Window에만 제공하고, 다른 인터넷 제공 사업자들에게는 제공하지 않으려는 계획을 경쟁당국이 차단한 바 있다.

48) Comco, DPC 2011/1, B.3.3.4.3, p.180.

재하고, 나아가 전후방시장에서 시장 경쟁 활동이 제약된다. 따라서 위법한 차별(unzulässige Diskriminierung)의 본질은 불이익 그 자체가 아니라 그로 인한 경쟁 방해, 즉, 거래상대방 또는 경쟁사업자의 경쟁능력(Wettbewerbsfähigkeit)의 실질적 또는 잠재적 저하(Beinträchtigung)에 두고 있다.

스위스 경쟁당국은 *SIX/Terminals mit DCC* 사건에서 카드 결제 단말기 시스템을 공급하는 사업자(Multipay)가 새로운 동적 환율 변환(Dynamic Currency Conversion, 이하 'DCC') 기능을 제공하면서 이 기능을 "오직 DCC 가능한 단말기"를 보유한 경우에만 상호운용을 허용하는 행위가 자회사(Card Solutions)의 단말기에만 한정되고 제3 단말기 제조 사업자의 제품은 배제하여 남용행위가 성립된다고 보았다.

본 사례에서 Multipay의 차별 행위로 인하여 단말기 공급사업자들은 카드 결제 단말기 시장에서 Card Solutions에 비하여 불리한 상황에 처했다. 다른 단말기 공급 사업자들은 Multipay와 카드 결제 인수 계약을 체결하거나 체결하려는 가맹점에 DCC 기능이 탑재된 단말기를 제공할 수 없고, 오직 Card Solutions만 DCC 기능이 작동하는 단말기를 판매할 수 있었다. 스위스 경쟁당국은 문제된 남용행위로 인하여 다른 단말기 공급 사업자들은 특정 고객군(즉, DCC를 도입하고자 하는 Multipay 가맹점)에서 사실상 완전히 시장에서 배제되었다고 보았다. 그리고 두 가지 기준에 근거하여 경쟁의 제한 여부를 보여주고자 하였는데, 첫째 남용행위 기간 동안 DCC 계약을 체결한 가맹점의 수 그리고 두 번째로 남용행위 기간 동안 Multipay 가맹점에 판매된 Card Solutions의 단말기의 수를 정량화하여, 해당 가맹점 수만큼은 경쟁이 제거된 것으로 보았다.

시장지배적 사업자의 차별은 그 거래상대방에게 영향을 미칠 뿐만 아니라, 거래상대방의 경쟁사업자들에게도 영향을 미칠 수 있다. 즉, 차별에 의한 남용은 지배적 사업자가 존재하는 관련 시장의 경쟁(primary line competition) 뿐만 아니라 차별받은 거래상대방이 활동하는 관련 시장의 경쟁(secondary line competition)에도 영향을 미칠 수 있고,[49] 양 시장 모두에서 경쟁을 제한할 수도 있다.[50]

경쟁제한성 분석은 거래상대방이 입은 경쟁에서의 불이익과 그로 인한 경쟁 왜곡 위험에 초점을 두고 시장에서 실질적인 경쟁이 상당히 제한되었는지 여부

49) Comco, DPC 2004/2, p.449, *ErfahrungsMedizinisches Register(EMR): Eskamed AG*, ch. 72 ss.
50) Bovet et al (주19), LCart Art. 7 II N 93.

를 검토하여야 한다. ① 차별의 대상이 된 거래상대방이 차별받지 않은 거래상대방들과 경쟁 관계에 있어야 한다. 다음으로 ② 차별로 인하여 실질적인 불이익이 야기되어야 한다. 예를 들면, 차별로 인하여 더 지불하게 된 가격이 전체 비용에서 미미한 수준에 그친다면 LCart 제7조 제1항에서 정하고 있는 '불이익'에 해당하기 어렵다. 그리고 ③ 차별의 대상이 된 거래상대방이 더 나은 조건으로 다른 사업자로부터 조달할 수 있는 경우에는 유효 경쟁이 사업자들에게 영향을 미치므로 경쟁 당국의 개입은 불필요하다.[51] 왜냐하면 LCart상 차별금지의 목적인 시장지배적 사업자와 그의 거래상대방 간의 거래 관계를 균형있게 맞추어 공정한 조건을 강제하는 데 있지 않기 때문이다.

라. 객관적 정당화 사유의 부존재

시장지배적 사업자의 차별이 적법하려면 그 차별이 객관적인 사유에 근거하여 이루어져야 한다. 시장지배적 사업자 또는 상대적 시장력을 보유한 사업자라 하여 거래상대방을 선택할 자유 또는 거래상대방에게 적용할 개별 거래 조건을 결정하는 자유가 완전히 제한되는 것은 아니므로, 객관적으로 정당화되면 지배적 사업자라 할지라도 거래상대방을 다르게 대우할 수 있다.

IV. 결론

시장지배적 지위 남용행위의 한 유형으로서 차별은 단순한 불평등한 대우 그 자체가 아니라, 그로 인해 시장 경쟁이 왜곡되거나 실질적으로 제한되는 경우에 비로소 경쟁법적 개입의 대상으로서 의의를 가진다. 스위스 LCart 제7조를 통한 시장지배적 사업자의 차별에 대한 남용규제는 본질적으로 방해남용에 대한 규제로, 사업자의 시장 경쟁을 방해하는 행위를 의미하는 것으로 명확히 하고 있다. 이는 헌법상 보장되는 사적자치에 대한 예외적 개입이 정당화되기 위하여 경쟁규범의 목적과 한계 안에서 구체화한 결과라고 할 수 있다. 이러한 접근에서는 시장지배적 사업자라 하더라도 모든 경우에 평등하게 대우하여야 할 일반적인 동등처우의무를 부담하는 것이 아니라, 불평등한 대우가 실제로 경쟁제한적 효과를 초래해야만 위법성이 인정된다는 점을 강조한다. 이로써 차별의 존재 여부뿐

51) CoRe, DPC 2005/3, p.505.

만 아니라, 해당 차별이 ① 경쟁관계에 있는 거래상대방 간에 발생했는지, ② 실질적 불이익을 초래했는지, ③ 정당한 사유로 객관적으로 정당화될 수 없는지를 종합적으로 검토해 왔다.

이러한 접근은 중요한 함의를 가진다. 먼저 위법성 판단의 초점이 명확해진다. 단순 거래 조건의 차이나 거래상대방들 간 형평성이 아니라 시장 경쟁에 미치는 영향이 판단의 중심이 되고, 법이 개별 거래의 공정성이 아니라 시장 전체의 경쟁 과정을 보호하는 목적에 부합할 수 있다. 공정거래법은 불공정거래행위를 별도로 규제함을 통해 개별 거래 상대방 또는 소비자를 보호함에 따라 시장의 경쟁 구조의 왜곡을 방지하고 유효경쟁을 보호하는 시장지배적 지위남용규제와 구별하고 있다. 단지 행위 주체에서의 차이 만이 아닌 두 상이한 규제 목적을 균형있게 운용하기 위해서는 위법성 즉, 부당성 판단의 초점을 명확히 하는 것이 필요하다.

이렇게 위법성 판단의 초점이 명확해지면, 정당화 사유의 검토 또한 명확해진다. 시장의 경쟁을 방해하는 방해남용으로서의 위법성이 명확해지면 위법성을 조각하는 객관적 정당화 사유 또한 효율성 증대에 기반하여 구체화될 수 있다. 예를 들어, 거래량 차이에 따른 비용 절감을 반영하는 가격의 차이, 신규 시장 진입을 위한 일시적 가격 인하, 품질 또는 서비스 수준의 객관적 차이 등을 반영하는 조건의 차이 등이 제시될 수 있고, 시장지배적 사업자라 할지라도 시장의 효율성 증대를 창출하고 결과적으로 총후생이 증대되어 경쟁제한효과를 상회한다면 이러한 부분 또한 규제에 반영되어야 할 것이다.

차별에 의한 시장지배적 지위 남용의 경쟁제한성 해석은, 시장지배적 사업자의 자유로운 경제 활동과 경쟁질서 보장이라는 두 가지 가치를 균형 있게 조화하는 데에 그 의의가 있다. 스위스 LCart 제7조 제2항의 구조와 판례는 이러한 균형을 구체적으로 보여주는 중요한 비교법적 모델이라고 할 수 있다. 한국 경쟁법도 향후 디지털 경제 환경의 특수성을 반영하여, 단순한 불평등한 처우의 존재 여부를 넘어 경쟁제한 효과와 정당한 사유의 결여 여부를 중심으로 차별행위를 평가하는 방향으로 나아가야 할 것이다.

제6장

수직 통합된 시장에서의 시장지배력 남용행위로서 이윤압착의 유형적 독자성*

-유영국-

I. 들어가며

사업자 간의 통합(Integration)은 그것이 수평적 · 수직적 구조인지와 무관하게 경쟁법적 검토의 대상이 될 수 있으며,[1] 통합되는 시장에 이미 경쟁왜곡(Wettb-ewerbsverfälschung)의 유발 요인이 내재하는 경우라면 규제 가능성은 커질 수 있다. 다만 그에 대한 경쟁법상 규제방식을 사전에 그리고 일률적으로 특정할 수 있는 것은 아니다.

이와 같은 통합으로 하나의 사업자가 상 · 하류시장에서 동시에 사업활동을 영위하게 되는 경우,[2] 통합 당사자로서 시장지배적 사업자는 거래관계에 있어서

* 이 글은 필자의 독일 Philipps-Universität (Marburg) 박사학위 논문, “Behinderungsmissbrauch durch marktbeherrschende Unternehmen in den Fällen vertikaler Integration”, Springer (2019) 중 Kapitel 3.을 바탕으로 작성되어 2019년 「경쟁법연구」 제39호에 게재된 논문을 수정 · 보완한 글임을 밝힙니다.

1) 본 논문은 ‘Integration’을 ‘통합’으로 표시하여 Zusammenschluss나 Fusion 등 기업결합 통제규범상 주로 사용되는 표현과 구별하고 기업결합 역시 사업자 간 통합의 한 가지 방식으로 볼 수 있는 점에서, 보다 넓은 의미의 사업자 간 결합 혹은 연결(Verbindung)을 지칭하고자 한다.

2) ‘하나의’ 또는 ‘동일한’ 사업자가 의미하는 결합강도(Verbindungsintensität)는 통상 강한 결합으로서, 단순한 사업상 제휴나 관련이라기보다는 단일한 관리(einheitliche Verwaltung)하에

이중적 지위를 갖게 된다. 물론 사업자 구조는 그 자체로 하나의 경쟁 전략적 의미를 내포할 수 있으며, 사업자의 자유롭고 고유한 의사결정 범위에 속한 것임에 분명하다. 그러나 이때의 거래상 이중적 지위의 향유가 그 시장지배적 사업자의 인위적 혹은 의도적 시장구조의 변경 시도에 따른 것으로, 하류시장에 대한 경쟁제한행위의 구조적 토대가 된다면 남용규제 가능성이 인정될 여지가 크다. 그렇다 하더라도 상 · 하류시장의 수직적 통합 자체에 대한 위법성 판단이 남용행위규제의 틀 안에서 이루어질 것은 아니다.[3)]

결국, 수직적으로 통합된 시장지배적 사업자의 하류시장에 대한 방해남용행위 내지 시장구조남용(Behinderungs- und Marktstrukturmissbrauch)에 대한 이해와[4)] 다른 남용행위 유형과의 차별성 인식은 수직 통합된 시장에서 발생하는 남용규제 논의의 단초를 제공할 수 있다.[5)]

이하에서는 사업자 간 수직적 통합의 경쟁법상 함의(III)를 밝히기 위한 개념적 이해와 본질적 특성, 기대 효과(II)를 먼저 살펴보고, 그 대표적 남용행위 유형인 이윤압착(Kosten-Preis-Schere, KPS)을 독립된 하나의 방해남용행위 유형으로 포섭하기 위한 경쟁법적 논거를 제시하고자 한다. 실제로 이윤압착이 방해남용행위로서 독자성을 가질 수 있는지 여부에[6)] 대한 미국과 EU 경쟁법상의 상반된 시각으로 인해 유사한 사안에서 조차 상이한 판단이 내려져 왔음을 주지할 필요가 있으며,[7)] 우리 대법원의 경우,[8)] 이윤압착의 개념과 그 속성에 대한 이해를

있는 유기적 조직에 기초한 것으로 보아야 한다. 자세한 설명은 본문 II. 1. (2) 참조.

3) Friedrich Wenzel Bulst, in: Langen/Bunte, Kartellrecht Band 2: Europäisches Kartellrecht, 12. Aufl., 2014, Art. 102 AEUV Rn. 60; EuGH v. 14.2.1978–Rs. 27/76, Slg. 1978, 207 Tz. 69–70–United Brands/Kommission.

4) Bulst, a.a.O., Rn. 89–94; Michael Kling/Stefan Thomas, Kartellrecht, 2016, § 6 Rn. 93–96; 방해남용의 개념에 대하여는 EuGH v. 13.2.1979–Rs. 85/76, Slg. 1979, 461, Tz. 71–Hoffmann–La Roche/Kommission. 'Abuse'의 개념적 발전에 관하여는 Ekaterina Rousseva, Rethinking Exclusionary Abuse in EU Competition Law, 2010, p.32.

5) 홍명수, 경제법론 IV, 경인문화사, 2018, 211–212면: "수직적으로 통합된 방식으로 사업을 영위하는 사업자를 대상으로 시장지배적 지위의 남용을 규제할 경우에 이러한 구조적 특성이 고려되어야 하며, 이러한 점에서 일반적인 남용규제와는 차별성을 갖는다."

6) Kling/Thomas, a.a.O., § 20 Rn. 126; Richard Whish/David Bailey, Competition Law, 8 ed., 2015, p.798.

7) 이윤압착 관련 해외 입법례 및 사례에 관하여는 이봉의, 공정거래법(제2판), 박영사, 2024, 288–300면; 이병주, 글로벌 경쟁법 판례 - 미국 · EU 주요 사례, 박영사, 2025; 신영수, "미국 경쟁법상 이윤압착(margin squeeze)에 대한 규제 동향 분석", 「IT와 법연구」 제17호, 경북대학교 IT와 법 연구소, 2018; Bruno Jullien/Patrick Rey/Claudia Saavedra, The Economics of

바탕으로 규제필요성을 인정하면서도 남용행위로서 그 독자성은 부인하는 취지의 판단을 내린 바 있어 이에 대한 검토가 요구된다 할 것이다.

II. 수직 통합된 시장의 구조적 특징과 경쟁제한 우려

1. 수직적 통합의 개념과 본질적 특징

시장참여자의 관점에서 시장구조는 경제활동에서 '주어지는(vorgegebene)' 하나의 경쟁조건으로서 의미를 가지며, 경쟁메커니즘의 시장구조적 유지에 대한 요구와 중요성은 그로부터 도출될 수 있다.[9] 즉, 사업활동의 인위적 조정전략이 사업자의 수직적 통합(vertikale Integration)으로 구체화되는 경우, 그 결과로서의 시장구조 자체가 경쟁우위를 담보할 수도 있다.[10] 이와 같은 우위는 수직적으로 통합되지 않은 사업자의 경쟁을 근본적으로 불가능하게 하거나, 시장진입 자체를 어렵게 하는 등의 요인으로 작용할 수 있다.[11] 따라서 수직적 통합의 성질을 이해함에 있어서 비용절감이나 효율성 개선 등과 같은 긍정적 기대효과에 상응하는 경쟁제한의 우려 또한 중요하게 고려되어야 한다.

가. 사업자 간 수직적 통합의 개념

다양한 이유와 목적으로 끊임없이 시도되는 사업자들 간의 수직적 통합에 대해 Kruse는 둘 또는 그 이상의 생산단계가 하나의 경제적 단일체에 속한 경우를 전제하였으며,[12] Zentes는 이러한 제조업자 중심의 수직화 전략으로 인해 소매

Magin Squeeze, CEPR Discussion Paper No. DP9905, 2014, p.4; Ernst－Joachim Mestmäcker/Heike Schweitzer, Europäisches Wettbewerbsrecht, 3. Aufl., 2014, § 19, Rn. 34. EU와 달리 미국에서는 이윤압착을 독자적인 남용행위 유형으로 인식하지 않기 때문에, 이를 규제하기 위한 특별한 이론 역시 필요하지 않다고 보는 것이 일반적이다.

8) 대법원 2021.6.30. 선고 2018두37700 판결(원심파기환송).

9) 시장구조는 시장참여자들 간의 일정한 관계를 통해 이해될 수 있다. 이러한 관계의 구체화를 위해 당해 시장의 집중도, 진입규제, 상품의 특징과 다양성, 사업자의 비용구조 등 다양한 요소들이 고려될 수 있고, 문제된 시장의 여건에 따라서는 구조적 표지들이 보다 중요하게 고려될 필요가 있다. 이는 사업자가 자신의 시장행위나 전략 설정에 있어 시장구조를 중요한 변수로 인식할 수 있기 때문이다.

10) Bulst, a.a.O., Art. 102 AEUV Rn. 60; EuGH v. 14.2.1978－Rs. 27/76, Slg. 1978, 207 Tz. 69－70－United Brands/Kommission.

11) Janusz A. Ordover/Garth Saloner/Steven C. Salop, Equilibrium Vertical Foreclosure: Reply, Am. Econ. Rev. Vol. 83, No. 3, 1992, p.698.

12) Jörn Kruse, Vertikale Integration als Wettbewerbsproblem, in: Kruse, Stockmann, Vollmer (Hrsg.),

단계 경쟁사업자의 스펙트럼이 확장되는 점에 주목했다.13) 비록 이와 같은 개념적 접근이 상류시장의 공급자로서 제조업자(Hersteller als vertikale Anbieter) 주도로 이루어진 경우에 초점을 맞춘 것이지만 수직적 통합에 관한 구조적 이해의 편의를 제공할 수 있다.14)

사업자 간 수직적 통합의 전형적 형태를, 하나의 사업자가 상류시장에서 원료를 공급하면서 동시에 하류시장에서 그 가공품을 판매하는 경우로 단순화 시킬 수 있다.15) 이때 결합된 사업자의 입장에서는 가공품시장에서 유리한 경쟁전략이 가능해지고, 반대로 경쟁사업자는 경쟁이 구조적으로 불가능한 상황에 직면할 수 있다.16) 이는 이하에서 논의될 상류시장의 시장지배적 사업자의 거래상 이중적 지위와 하류시장에 공급되는 원료로서 상품이나 서비스의 성격, 즉, 대체가능성이 낮으면서도 하류시장의 경쟁사업자의 사업활동에 필요적 요소인 경우 등을 통해 설명이 가능하다. 또한 원료에 대한 의존도에 더해 하류시장 경쟁사업자의 생산비용 측면에서 볼 때, 자신의 이윤폭 결정에 있어서 상류시장으로부터 공급받는 원료에 대한 비용부분이 차지하는 비중이 커질수록 가격경쟁 가능성이 낮아질 수 있다는 점은 유념할 필요가 있다.

Wettbewerbspolitik im spannungsfeld nationaler und internationaler Kartellrechtsordnungen, FS für Ingo Schmidt zum 65. Geburtstag, 1997, S. 247 ff.

13) Joachim Zentes, Vertikale Integration, in: Zentes, Swoboda, Morschaftt, Schramm-Klein (Hrsg.), Handbuch Handel: Strategien-Perspektiven-Internationaler Wettbewerb, 2. Aufl., 2012, S. 89 f. u. 99 f. Zentes는 이를 통해 경쟁이 강화되면서도 유통채널에서의 새로운 갈등(Absatzkanalkonflikte)이 촉발될 것으로 보았다.

14) Koch는 수직적 통합의 개념을 가치사슬의 모델을 통해 설명하면서, 그것이 단계적 경영조직(die betriebswirtschaftliche Organisation der Stufen)으로 특징지어지며, 그러면서 수직적 통합은 둘 또는 그 이상의 가치사슬단계가 공동으로 관리되고, 하나의 단일한 사업자(eine unternehmerische Einheitsdarstellen)를 이룰 때 성립된다고 보았다(Walter J. Koch, Zur Wertschöpfungstiefe von Unternehmen: Die Strategische Logik der Integration, 2006, S. 8); Zentes, a.a.O., S. 90-95(제조업자의 통제가능성에 따른 수직적 통합의 두 가지 유형 제시: Secured- und Controlled Distribution); Whish/Bailey, a.a.O., S. 657; Harald Großmann, Integration der Märkte und wettbewerbspolitischer Handlungsbedarf, HWWA-Diskussionspaper Nr. 65, 1998, S. 11; Hans-Theo Normann, Vertical Mergers, Foreclosure and Raising Rivals´ Costs-Experimental Evidence, DICE Discussion Paper No. 5, 2010, p.2 ff.

15) Katrin Henk-Merten, Die KPS im Kartellrecht, 2004, S. 6; Zentes, a.a.O., S. 90 ff.

16) 하류시장의 잠재적 경쟁사업자에게 있어서도 시장지배적 사업자에 의해 수직 통합된 시장구조는 그 자체로 시장봉쇄의 직접적 신호(eine unmittelbare Signalrolle)의 하나로 인식될 수 있다.

나. 예상 가능한 수직적 통합의 방식

수직적 통합의 상이한 동기와 목적만큼이나 그 방식에 관한 다양한 예측 역시 가능하다.[17] 물론 통합·결합의 강도는 방식마다 상이할 수 있지만, 단일한 관리(einheitliche Verwaltung)하의 유기적 조직에 기초한 시장행위 또는 전략을 실현할 수 있는 시장이나 거래구조를 구축하게 되는 경우로 넓게 인정될 수 있다.[18] 이러한 인식하에서, 예를 들면 i) 일련의 생산단계들 간 지속적이고 견고한 결합,[19] ii) 상이한 시장단계의 사업자 간 기업결합, iii) 새로운 사업체의 설립, iv) 기존 사업체(부서)나 생산단계의 전략적 분리, v) 장기계약, 공동투자 또는 상호주식 보유를 통한 사실상의 통합 등의 방식이 상정될 수 있을 것이다.

기업메시징 사건에서 공정거래위원회(이하 '공정위')는 실제로 재판매사업자와 피심인들의 관계에 대해, '피심인은 재판매사업자를 통해 자신의 기업메시징서비스 상품을 간접적으로 판매할 수 있고 재판매사업자가 이러한 고객을 많이 확보하면 피심인의 기업메시징서비스 매출도 증가하는 점에서, 재판매사업자는 기업메시징사업자의 1차적 고객인 동시에 그 하부영업조직 또는 대리점과 같은 역할을 수행하게 된다'고 하면서,[20] 수직 통합의 외관은 물론 그 실제적 역할에 주목하였다.

다. 사업자의 이중적 지위와 거래상 종속성(Abhangigkeit)의 강화

(1) 수직적 통합과 이중적 지위

이미 주지하였듯 수직적 통합을 통해 상류시장의 사업자는 거래상대방이면서 동시에 경쟁사업자로서의 이중적 지위(doppelte Stellung)를 얻게 된다. 하지만 통합 주체로서 사업자 일방의 거래상 지위에만 집중하는 것은 곤란하다. 왜냐하면 수직 통합된 사업자는 그 스스로의 전략적 선택에 의해 이중적 지위를 얻었을

---

17) 자회사, 사업부서, 계열회사 등을 통해 하류시장에서 경쟁하도록 하는 구조에 대한 설명은 황태희, "시장지배적 사업자의 이윤압착 행위의 부당성 판단", 「사법」, Vol. 1 No. 38, 2016, 704－705면.

18) 따라서 단기적으로 강한 결합에 상응하는 효과를 내는 제휴 등은 예외적일 수 있다.

19) 산업적 특성에 따라 이미 시장단계(Stufen)가 통합되어 있는 경우로, 독점에 대한 인위적 해소 노력이 시장구조의 실질적 변화에 기여하지 못하면서 기간산업의 자유화 이후에도 사실상 통합된 구조를 유지하는 상황이 대표적이다. 관련하여, Henk－Merten, a.a.O. S. 7; Bettina Bergmann, Maßstäbe für die Beurteilung einer Kosten－Preis－Schere im Kartellrecht, WuW 2001, S. 234; Kruse, a.a.O., S. 252; Großmann, a.a.O., S. 7.

20) 공정위 2015.2.23., 전원회의 의결 제2015－049호, 제2015－050호, 6－8면(<표 3> 기업메시징서비스업 관련 주요 사업자).

지는 몰라도, 하류시장의 비결합 사업자 또한 그 의지와는 무관하게 기존의 거래 상대방과 간접적이든 직접적이든 경쟁관계에 놓이게 되기 때문이다. 즉, 이중적 지위는 그 자체로도 상대적 개념이지만, 그로 인한 하류시장에서의 경쟁관계의 확장을 고려하면 상류시장의 시장지배적 사업자에 국한된 논의가 아니라는 점을 유념해야 한다.

이러한 시장구조하에서는 무엇보다도 차별적인 가격이나 거래조건의 제시,[21] 극복하기 어려운(unuberwindbar) 종속성의 강화를 통해서 개별적 거래관계를 넘어 당해 시장의 경쟁상황이 간접적으로 통제될 가능성이 있다. 결국 시장지배적 사업자의 거래상 지위의 변화를 수반하는 수직적 결합은 하류시장의 정상적 경쟁을 제한할 수 있는 구조적 변화로 이어질 수 있다.[22]

(2) 수직적 통합과 거래상 종속성

상대적 또는 우월적 시장력(relative oder überlegene Marktmacht)을 지닌 사업자에 의해 유발되는 종속성 내지 의존성에 따른 거래상 지위남용은 독일 경쟁제한방지법(GWB) 제20조에 의해 규율된다.[23] 이는 시장지배적 사업자를 대상으로 하는 동법 제19조의 수범자 범위를 확장하면서, 수요 · 공급의 수직적 거래관계, 즉, 구조적으로 거래상 종속성이 전제될 수 있는 행위들 역시 포착하고 있다.

이러한 상대적 시장력의 판단을 위한 다양한 유형적 기준이 제시되는데,[24] 특히 물량부족에 의한 종속성(mangelbedingte Abhängigkeit)의 경우 수직적으로 통합된 사업자와 비통합된 사업자 간의 경쟁여건의 차이로 인한 사업활동 방해 가능성을 잘 보여준다.[25] 물론 수직적 통합이 반드시 거래상 종속성 강화의 결과로 이어지는 것은 아니지만, GWB 제20조와 관련한 종속성 논의는 방해남용규

21) Demien Geradin/Nicolas Petit, Price discrimination under EC competition law: The Need for a case－by－case Approach, The Global Competition Law Centre Working Papers (GCLC Working Paper 07/05), 2007, p.2 ff. (insb. p.4).

22) Hans Lommler, Das Verhaltnis des kartellrechtlichen Verbots der Kosten－Preis－Schere zum Verbot der Kampfpreisunterbietung, WuW 2011, S. 245.

23) Kling/Thomas, a.a.O., § 20, Rn. 256－261.

24) 구체적 유형으로 'sortimentsbedingte(상품에 의한)', 'unternehmensbedingte(사업자에 의한)', 'nachfragebedingte(수요에 의한)', mangelbedingte Abhängigkeit가 제시됨. Michael Kling /Thomas, a.a.O., § 20, Rn. 262 ff.; Fritz Rittner/Meinrad Dreher, Europäisches und deutsches Wirtschaftsrecht, 2008, § 20, Rn. 48－54; 국내의 상세한 논의는 황태희, 독일의 거래상 지위남용 법제 및 규제현황, KLRI Global Issue Paper 17－03, 2017, 8면 이하.

25) 이는 희소성에 의한(knappheitsbedingte) 종속성으로도 불리며, 자세한 내용은 Kling/Thomas, a.a.O., § 20, Rn. 281－283.

제의 관점에서도 상당한 시사점을 제공한다.[26]

결국 비통합(nicht-integrierte)된 사업자에 대한 부정적 의미의 종속성은 통합된 사업자의 종속성과 그 함의 면에서 분명하게 대비된다. 후자의 경우 종속성으로 인해 원료공급과 관련한 사업활동의 근본적 위험의 내부화나 (생산)비용상 우위에 기반 한 가격전략의 실행이 용이해지기 때문에, 결합된 사업자 관점에서는 오히려 긍정적으로 작용될 수 있다. 반면 이와 같은 경쟁상 이점이 경우에 따라서는 방해남용행위의 중요한 구조적 배경이 되기도 한다.

라. 수직적 통합과 사업자의 독자적 의사결정

이른바 사업자의 독자적 의사결정(Selbstständigkeitspostulat)에 관한 명제는 무엇보다도 카르텔로 대표되는 이른바 협조적 경쟁제한행위의 금지에 관한 근본이념으로 볼 수 있다.[27] 관련하여 Mestmäcker/Schweitzer는 동 명제가 경쟁사업자 간의 모든 접촉(Fühlungnahme)에 대해 경쟁위반을 의심함으로써, 경쟁사업자의 대응에 대한 불확실성하에서의 행위, 즉, 경쟁의 핵심으로서 비밀경쟁(Geheimwettbewerb)을 포착하는 것으로 보았다.[28] 결국 경쟁사업자의 시장행위에 대한 불확실성하에서 각 사업자는 자신의 시장행위 내지 전략을 독자적으로 결정할 수 있어야만 하며, 이에 대한 침해는 곧 경쟁제한으로 볼 수 있다.[29]

남용행위 규제의 관점에서 보면, 앞서 설명한 거래상 종속성은 정상적 경쟁을 위한 사업자의 가격 기타 거래조건의 독자적 결정(selbstständige Bestimmung)을 방해하는 요인의 하나로 작용할 수 있다. 수직 통합된 하류시장의 사업자는 자신의 경쟁사업자이자 시장지배적 사업자의 거래상대방인 비통합 사업자의 핵심원료 관련 비용정보에 용이하게 접근하여 불확실성을 낮출 수 있다. 동시에 상류시장의 시장지배적 사업자의 유리한 가격 내지 거래조건에 따라 자신의 가격을 책

---

26) 황태희, 위의 글, 11면: "제20조 제1항은 상대적 시장지배력을 가진 사업자가 다른 사업자의 사업활동을 부당하게 방해하거나 정당한 이유 없이 차별취급하는 행위를 금지하고 있고, 제19조 제2항 제1호가 규정하고 있는 행위들의 판단기준은 제20조 제1항에도 적용된다고 보아야 할 것임."

27) Mestmäcker/Schweitzer, a.a.O., § 3, Rn. 106-107.

28) Mestmäcker/Schweitzer, a.a.O., § 3, Rn. 108. Mestmäcker/Schweitzer는 아울러 이때의 불확실성은 일종의 사업자가 직면하게 되는 리스크(Risiko)의 외관으로, 경쟁으로부터 도출된 정보에 의해 비로소 극복된다고 보았다.

29) 자세한 설명은 Fritz Rittner/Meinrad Dreher/Michael Kulka, Wettbewerbs- und Kartellrecht, 8. Aufl., 2014, § 7 Rn. 837.

정할 수 있게 된다. 또한 그에 대응하기 위해 비통합된 경쟁사업자 역시 정상적 경쟁상황에서는 상정하기 어려운 가격책정을 피하기 어렵게 된다. 이것이 비록 사업자 간의 합의에 따른 제한은 아니지만, 일정한 시장구조하에서도 그와 유사한 제한 가능성이 있음을 시사한다.

마. 수직적 통합과 시장지배적 사업자의 특수한 책임

거래여부, 가격 및 거래조건 등에 관해 자유롭게 결정할 수 있는 사업자의 권리는 시장지배적 사업자에게도 당연히 인정되어야 한다. 그렇다면 수직적으로 통합된 시장지배적 사업자가 반드시 거래(공급)할 의무를 부담하거나, 자신의 가격정책의 결과로 하류시장 경쟁사업자의 적정한 이윤 획득이 어려워진 경우에 경쟁법적 책임을 물을 수 있는지에 대한 의문이 제기될 수 있다.

이는 시장지배적 사업자가 다른 사업자의 사업활동 가능성과 이윤폭마저 고려하여 시장행위를 할 의무가 있는지에 관한 것으로, 특별한 규제가 존재하지 않는 이상 시장지배적 사업자의 지위를 이유로 시장구조, 경쟁사업자 또는 거래상대방의 보호에 관한 일반적 의무(allgemeine Verpflichtung)를 지우는 것은 원칙적으로 어려울 것이다. 하지만 시장지배적 사업자의 특수한 책임 내지 추가적 배려의무(zusätzliche Rücksichtnahmepflicht)를[30] 인정하고 있는 EU차원의 시각에서 보면,[31] 경쟁사업자 내지 거래상대방의 이윤폭에 대한 직접적 · 적극적 고려 요구는 경쟁법적 이념에 어긋날지라도, 인위적으로 변경된 시장구조에 기초한 가격전략을 효율성이나 성과에 기초한 경쟁행위로 볼 수 있을지는 의문이다. 나아가 이러한 행위로 인하여 이미 경쟁이 구조적으로 제한된 시장의 경쟁여건이 더욱 악화될 위험도 예상될 수 있다.

---

30) Rainer Bechtold/Wolfgang Bosch, GWB Kommentar, 8. Aufl., 2015, § 19 Rn. 7; Rainer Bechtold/Wolfgang Bosch/Ingo Brinker, EU-Kartellrecht Kommentar, 3.Aufl. 2014, Art. 102 AEUV Rn. 41; Kling/Thomas, a.a.O., § 6 Rn. 6.

31) Mestmäcker/Schweitzer, a.a.O., § 16 Rn. 44-49; Bulst, a.a.O., Art. 102 AEUV Rn. 85; EuGH v. 14.10.2010-Rs. C-280/08P, Slg. 2010, I-9555 Tz. 176; EuGH v. 2.4.2009-Rs. C-202/07P, Slg. 2009, I-2369, Tz. 105-106-France Télécom SA/Kommission; EuGH v. 9.11.1983-Rs. 322/81, Slg. 1983, 3461, Tz. 57 - Michelin/Kommission; 이봉의, 독일경쟁법 - 경쟁제한방지법, 법문사, 2016, 146-147면; 권오승 · 서정, 독점규제법 -이론과 실무(제6판), 2016, 법문사, 140-141면.

2. 수직적 통합의 동기와 기대 효과

가. 수직적 통합의 양면적 동기

사업자들은 다양한 이유로 통합을 고려하게 되는데, 그 과정에서 효율성 제고를 통한 경영합리화, 핵심기술이나 원료에 관한 리스크 제거나 비용절감을 통한 안정적 경영 또는 성장 등이 주된 동기로 제시된다.[32] 하지만 사업자 시각에서의 이러한 긍정적 효과를 기대하게 하는 동기들이 과연 경쟁과 무관할 수 있는지는 고민할 필요가 있다.[33] 왜냐하면 경쟁제한을 통한 지배력 유지·강화에 대한 유인이 배제된 상황을 상정하기란 현실적으로 곤란하기 때문이다. 그러한 면에서 지배적 사업자는 투입·산출 시장 모두에서 사업활동을 영위하면서 다른 사업자들에 대해 전략적으로 행위 할 수 있는 시장력을 가진 유일한 결정권자(the only decision maker with market power)라고 한 Riordan의 지적은 유의미하다.[34]

결국, 하류시장에서의 경쟁사업자 배제 내지 시장봉쇄 등을 효율성 개선의 과정에서 감수해야 할 불가피한 결과로 받아들여야 할지에 대한 의문은 통합의 상반된 평가에 관한 이익형량(Interessenabwägung)의 단초를 제공하게 된다. 사업상 손익에 민감하게 반응할 수밖에 없는 사업자의 속성에 비추어 보면, 이러한 양면적 동기와 실제 기대 가능한 효과에 관한 평가는 무엇보다도 당해 사업자의 시장행위에 대한 객관화와 구체화를 통해 가능해지는데, 이는 시장의 수직적 통합을 토대로 발생 가능한 남용행위의 다양한 유형과 성격에 따른 것이다.[35]

나. 수직적 통합의 효과

수직적 통합은 수평적인 경우에 비해 경쟁제한성이 상대적으로 덜하다고 보는 것이 일반적 시각인데,[36] 시장의 수직적 통합이 효율성 개선을 위한 상당한

---

32) 반면 RRC 전략적 관점에서의 통합 유인에 관하여, Normann, a.a.O., p.1. Normann은 기업들은 경쟁사업자의 비용상승 효과로 인한 이익으로부터 수직적 통합과 이로 인한 봉쇄의 유인을 얻게 되는데, 실제 하류시장 경쟁기업의 비용이 상승하면서 통합된 기업이 하류시장에서 이윤을 창출함으로써, 적극적 경쟁 보다는 시장봉쇄가 유리하다고 인식할 수 있다는 Ordover/Saloner/Salop(1990)의 주장을 인용하고 있다. 또한 소위 Williamsons 이론에 따른 통합의 유인(Anreiz)에 대해, Rudolf Richter/Eirik G. Furubotn, Neue Institutionenökonomik: Eine Einführung und kritische Würdigung, 4. Aufl., 2010, S. 413.

33) Whish/Bailey, a.a.O., pp.195－196.

34) Michael H. Riordan, Anticompetitive Vertical Integration by a Dominant Firm, Am. Econ. Rev. Vol. 88, No. 5, 1998, p.1232.

35) 따라서 수직적 통합하에서의 남용규제의 함의를 도출하는 동시에, 이윤압착 외에 다른 방해남용행위 유형의 요건 등을 비교하여 살펴볼 필요가 있다. 관련하여 수직적 구조에서 배제적 효과의 실현 방식과 그 구체적 가능성을 제시하고 있는 홍명수, 위의 책, 221－226면.

여지(erheblichen Spielraum)의 구조적 전제로서 작용할 수 있다는 점이 주된 이유가 된다.[37] 이에 수직적 통합으로 기대되는 효과를 설명함에 있어 비수평적 기업결합을 둘러싼 관련 논의는 시사하는 바가 크다.[38] 특히 효율성 개선, 거래비용 감소로 인한 비용절감과 상이한 생산단계의 내부화에 따른 생산과정 상의 안정성 확보 등 긍정적 효과에 대한 기대에 기반한 것으로,[39] i) 보완적 상품이나 서비스 간의 통합을 통해 달성될 수 있는 상당한 효율성, ii) 이중마진의 내부화를 통해 실현될 수 있는 가격인하, iii) 경쟁촉진 효과, iv) 거래비용의 절감과 제품설계 및 생산공정 체계의 조정으로 인한 효율성 개선, v) 소비자 후생 증대 등의 구체적 효과가 제시될 수 있다.

다만, 앞서 주지하였듯 당해 효과는 오로지 긍정적 측면에 국한된 것은 아니며, 유효경쟁을 제한하거나 소비자 후생에 역행하는 결과로 이어질 수 있다.[40] 실제로 EU집행위원회는 이른바 비협조 효과로서 시장의 봉쇄(Abschottung)에 주목하는데,[41] 이는 비수평적 기업결합이 실제적 혹은 잠재적 경쟁사업자에게 불리한 시장 내지 사업자구조로의 변화(Umstrukturierung)를 야기하고, 특히 수직적 통합으로 인해 시장 접근(Zugang)이 방해될 수 있다는 우려와 맞닿은 것으로 이해된다.[42] 같은 맥락에서 Mestmäcker/Schweitzer는 합병통제에 있어서 구조관

---

36) Mestmäcker/Schweitzer, a.a.O., § 26 Rn. 156; Kommission, Leitlinien Bewertung nichthorizontale Zusammenschlüsse(비수평적 기업결합 지침), Tz. 11.

37) Kommission, Leitlinien Bewertung nichthorizontale Zusammenschlüsse, Tz. 11－14; Robert O'Donghue/Jorge Padilla, The Law and Economics of Article 102 TFEU, 2. ed., 2013, S. 370－371; Mestmäcker/Schweitzer, a.a.O., § 26 Rn. 156－167. 비수평적 기업결합과 유럽기능조약 제102조의 관계를 구조와 행태(Struktur und Verhalten) 측면에서 검토하고 있는 부분 참조.

38) Mestmäcker/Schweitzer, a.a.O., § 26 Rn. 157 ff.

39) Henk－Merten, a.a.O., S. 9－11; Werner Nienhüser/Manuel Jans/Martin Köckeritz, Grundbegriffe und Grundideen der Transaktionskostentheorie am Beispiel von „Make－or－Buy" Entscheidungen über Weiterbildungsmaßnahmen, 2012, S. S. 4－6 (Merkmale der Transaktion: asset specificity, uncertainty, frequency); Riordan, a.a.O., p.1233; 참고로 Kling/Thomas, a.a.O., § 8 Rn. 311 ff.

40) Großmann, a.a.O., S. 9; Kommission, Leitlinien Bewertung nichthorizontale Zusammenschlüsse, Tz. 15 f.

41) Mestmäcker/Schweitzer, a.a.O., § 26 Rn. 18 u. 157. 시장봉쇄의 주요한 경쟁제한적 효과로서 결합사업자는 수익추구를 위해(gewinnbringend) 최종소비자 가격을 인상할 가능성이 있음을 아울러 지적하고 있다. 관련하여 § 3 Rn. 103 참조; Normann, a.a.O., p.1 ff.; Wolfgang Nothhelfer, Die leverage theory im europäischen Wettbewerbsrecht, 2006, S. 60－61 u. 134－135; Kommission, Leitlinien Bewertung nichthorizontale Zusammenschlüsse, Tz. 30.

련성(Strukturbezug)은 비수평적 결합이 시장지배력 강화 효과를 낼 수 있는 시장봉쇄 등에 일조하는지 여부를 살펴야 한다고 보았다.[43] 아울러 긍정적 효과 자체에 대한 반론으로서 하류시장의 결합 당사자가 또한 상당한 시장력을 가지고 있는 경우에는 소비자후생 차원의 긍정적 기대 가능성이 오히려 낮아지거나,[44] 외부적 성장이 비용절감의 걸림돌이 될 수 있다는 주장[45] 역시 주목할 만하다. 이러한 관점에서 정리해보면, i) 시장지배적 지위의 형성 또는 강화, ii) 시장력의 전이, iii) 경쟁사업자의 배제와 시장봉쇄, iv) 새로운 독과점의 출연 등이 구체적 위험으로 제시될 수 있으며, 이윤압착의 위법성 판단 과정에서 이러한 측면들이 고려될 수 있다.

III. 방해남용의 독자적 유형으로서 이윤압착

1. 수직적 통합의 남용감독 측면의 함의

남용규제의 관점에서 수직적으로 통합된 구조는 시장지배적 지위를 보유한 사업자가 존재하는 시장과 남용행위로 인해 실제로 경쟁이 제한되는 시장이 다를 수 있다는 점을 주목해야 한다.[46] 즉, 하류시장 사업자는 종래 자신의 거래상대방인 시장지배적 사업자와 수직적으로 통합된 경쟁사업자로 하여금 상당한 경쟁압력을 받게 되면서, 가격책정을 포함한 시장행위의 전략적 실행이 불가능해질 수 있게 된다는 것이다.[47]

---

42) Mestmäcker/Schweitzer, a.a.O., § 17 Rn. 44 u. § 26 Rn. 157, 159 f. 또한 혼합결합에 있어서 시장력에 기반한 전략(machtbedingte Strategien)의 실행이 용이해질 수 있다고 보면서, 그 유력한 형태로 지배력 전이(Hebel)를 제시하고 있다.

43) Mestmäcker/Schweitzer, a.a.O., § 26 Rn. 157. 규제의 성격상 차이에도 불구하고 시장봉쇄는 합병통제는 물론 남용규제 차원에서도 중요한 문제로 인식된다. 관련하여, Kommission, Erläuterungen zu den Prioritäten der Kommission bei der Anwendung von Artikel 82 des EG－Vertrags auf Fälle von Behinderungsmissbrauch durch marktbeherrschende Unternehmen, 2009/C 45/02, 2009.2.24.(이른바, 시장지배적 사업자의 방해남용에 대한 EC조약 제82조의 적용을 위한 집행지침, 이하 Prioritätenmitteilung), Tz. 19 f. 참고.

44) Riordan, a.a.O., pp. 1232－1248; vgl. Kommission, Leitlinien Bewertung nichthorizontale Zusammenschlüsse, Tz. 23－27.

45) Großmann, a.a.O., S. 8－9 u. 13－14 (von Tirole); vgl. Nothhelfer, a.a.O., S. 60.

46) Kling/Thomas, a.a.O., § 20 Rn. 80 u. 141－146(소위 Drittmarktbehinderung 관련 논의); 홍명수, 위의 책, 211면; 이봉의, 위의 책, 145－146면(지배력과 남용의 인과관계 부분) 참조.

47) Normann, a.a.O., p.1; Mestmäcker/Schweitzer, a.a.O., § 19 Rn. 24.

이로 인해 하류시장 사업자 측면에서 사업활동이 제한되거나 배제될 위험이,[48] 그리고 당해 시장의 측면에서는 사업자의 지배적 지위의 유지 또는 강화, 나아가 시장력의 전이로 인한 새로운 독과점 시장의 출현, 즉, 시장의 경쟁구조 악화가 우려된다.[49] 문제된 시장과 수범자의 특성을 고려한 남용행위의 유형적 분류에 따르면,[50] 이러한 행위는 방해남용에 포섭될 수 있을 것이다.[51] 물론, 사업자의 일정한 행위가 다양한 남용행위 유형으로 구체화 되는 경우를 상정하면, 착취남용의 측면이 동시에 고려될 수는 있다.[52]

이상은 이윤압착을 방해남용의 독자적 유형으로 이해하는 EU 경쟁법적 시각에 기초한 것으로, 미국에서는 적어도 이윤압착에 대해 현상적으로는 부정하지 않지만, 독자적인 남용행위로 보지 않기 때문에, 이를 규제하기 위한 특별한 논리 역시 요구되지는 않는다는 시각이 유지되고 있다.[53]

수직적으로 통합된 시장구조를 전제하는 이윤압착 행위는 기존의 다른 남용행위 유형들의 성격을 복합적으로 내포하고 있다.[54] 이러한 이유로 새로운 남용행위로 볼 것인지에 대한 고민이 EU 경쟁법 차원에서도 없었던 것은 아니며, 실제 초기에는 이윤압착을 방해남용의 독자적 유형으로서 인정할 수 있을지에 관한 의문도 제기된 바 있다.[55] 이를 달리 해석하면 방해남용으로서 이윤압착의 행

---

48) Rittner/Dreher/Kulka, § 10 Rn. 1128－1129.

49) EuGH v. 14.2.1978 - Rs. 27/76, Slg. 1978, 207 Tz. 121, 124 - United Brands; EuGH v. 13.2.1979－Rs. 85/76, Slg. 1979, 461, Tz. 71－Hoffmann－La Roche/Kommission; Mestmäcker/Schweitzer, a.a.O., § 17 Rn. 44.

50) 홍명수, 경제법론 I, 경인문화사, 2008, 116－117면. 남용의 유형별 이해는 구체적인 지배적 사업자의 행태를 남용에 포섭함에 있어, 끊임없이 나타나는 새로운 거래제한 유형의 남용성 판단에 유용할 수 있음을 지적한 부분에 주목할 필요가 있다.

51) Whish/Bailey, a.a.O., S. 798; EuGH v. 17.2.2011－Rs. C－52/09, Slg. 2011, I－527 Tz. 37－Konkurrensverlet (schwed. Konkurrensverket, KKV)/TeliaSonera.

52) 이윤압착 행위는 기본적으로 차별적 요소(diskriminierende Faktoren)는 물론 과도한 원재료 공급가를 책정하는 경우에는 착취적 측면 역시 문제될 수 있으므로 유럽기능조약 제102조 a 뿐만 아니라 c 또한 적용될 여지가 있다. Whish/Bailey, a.a.O., p.797.

53) Jullien/Rey/Saavedra, a.a.O., S. 4; Dennis W. Carlton, Should "Price Squeeze" Recognized Form Anticompetitive Conduct?, J. Comp. L. Econ. Vol. 4 No. 2, 2008, S. 271 ff.; Gregory Sidak, Abolisching the Price Squeeze as a Theory of Antitrust Liability, J. Comp. L. Econ. Vol. 4 No.2, 2008, S. 279 ff.

54) 이윤압착의 이러한 복합적 성격은 다른 방해남용행위 유형들, 특히 거래거절, 약탈적 가격책정 등에 대한 기존 이론적·실무적 논의를 통해 충분히 설명·규제될 수 있다는 입장의 배경이 되기도 한다.

55) Kling/Thomas, a.a.O., § 20 Rn. 126. 관련 논쟁은 같은 책 2007년 판 § 18 Rn. 227.

위 유형상 독자성을 도출하기 위해 비교가능한 다른 행위유형들을 확인하는 동시에 그 남용행위들의 위법성 판단 표지가 이윤압착에 있어서도 유의미할 수 있음을 시사한다.

가. 이윤압착의 개념적 이해

수직적으로 통합된 사업자의 가격전략의 일 유형인 이윤압착은,[56] 하류시장에 필수적 생산요소를 공급하는 상류시장의 지배적 사업자가 하류시장에서 그 생산요소를 기초로 제품을 생산하는 사업자와 수직적으로 통합한 상황에서 하류시장에 비통합된 경쟁사업자가 존재하는 경우, 상류시장의 시장지배적 사업자가 하류시장의 해당 경쟁사업자(특히, 적어도 동등한 효율성을 지닌 경쟁사업자)의 적정한 이윤획득을 어렵게 함으로써 더 이상 정상적인 경쟁을 할 수 없도록 하는 행위를 의미한다.[57] 이러한 가격전략은 대개 하류시장 거래상대방에 대한 생산요소의 공급가를 인상하거나, 수직적으로 통합된 사업자의 제품가격을 인하함으로써 실행된다.[58]

결국 이윤압착의 기본 구조는 수직적으로 통합된 하류시장 사업자의 수급 내지 비용관련 리스크를 낮춘 상황에서 가격전략을 실행함으로써,[59] 경쟁사업자는 물론이고 소비자에게 영향을 미칠 수 있음을 보여준다. 이와 같은 구조에서 비통합 경쟁사업자는 적정한 이윤폭(angemessene Gewinnspanne)을 유지하기 어려운 가격을 책정해야만 비로소 가격경쟁이 가능해지는 상황에 놓이고,[60] 그러한 압력이 일정기간 지속되면서 시장에서 배제될 가능성이 커지게 된다.[61]

---

56) 이윤압착은 영문으로 Margin Squeeze, Price Squeeze, 독문으로 통상 Margenbeschneidung, zweifacher Preisdruck, Preisscheren, Kosten－Preis－Schere(KPS)로 불리는데, 특히 KPS는 그 표현 자체로 비용－가격의 단절/괴리를 의미하여 보다 직관적으로 받아들여진다.

57) Mestmäcker/Schweitzer, a.a.O., § 19 Rn. 24 ff.; Kling/Thomas, a.a.O., § 6 Rn. 160 ff.; Robert O'Donghue/Jorge Padilla, The Law and Economics of Article 102 TFEU, 2. ed., 2013, p.364; Bergmann, a.a.O., S. 234; EuG v. 10.4.2008－Rs. T－271/03, Slg. 2008, II－477.

58) Einer Elhauge/Damien Geradin, Global Competition Law and Economics, 2007, p.418; O'Donghue/Padilla, a.a.O., p.366 f.; EuGH v. 14.10.2010－Rs. C－280/08P, Slg. 2010, I－9555 Tz. 183 - DT/Kommission.

59) Mestmäcker/Schweitzer, a.a.O., § 19 Rn. 24; Kling/Thomas, a.a.O., § 6 Rn. 161－162; EuG v. 10.4.2008－Rs. T－271/03, Slg. 2008, II－477－Deutsche Telekom AG/Kommission.

60) 관련하여 Whish/Bailey, a.a.O., pp. 796－797 (The economic phenomenon) 참고.

61) 경쟁사업자의 적정한 이윤폭을 정하는 문제는 별론으로 하더라도, 이때의 적정한 이윤폭은 상대적이기는 하지만 적어도 경쟁압력을 견디기 위한 비용을 충당할 수 있는 수준의 이윤(im

이러한 측면에서 시장력과 비용구조의 관계에 대해, 독점적 지위의 형성에 있어서 실제적인 비용상 이점이 그 토대가 된다고 한 Eucken의 지적은[62] 시장구조를 결정하는데 있어서 비용요소의 중요성을 잘 보여준다. 또한 이윤압착을 국가독점산업이 자유화되어 가는 과정, 즉, 이른바 경계상황(Grenzsituation)에서 나타난 새로운 남용행위 유형의 하나로 보는 Mestmäcker/Schweitzer의 시각은[63] 이윤압착이 주로 발생하는 시장이나 산업의 성격을 단적으로 보여주고 있다.

또한 규제근거의 측면에서 보면 EU경쟁법, 미국 셔먼법 내지 「독점규제 및 공정거래에 관한 법률」(이하 '공정거래법')의 규정상 이윤압착의 개념적 정의가 명시되어 있지는 않다.[64] 다만, 수직적으로 결합된 사업자의 가격전략의 일종으로 보는 시각에서 유럽기능조약 제102조, GWB 제19조 제2항 제1호[65] 내지 제20조 제3항 제3호[66] 및 셔먼법 제2조, 우리 공정거래법 제5조 제1항 제3호 내지 제5호가 적용될 수 있다.[67]

나. 이윤압착의 성립요건

앞서 언급하였듯 이윤압착에 대한 명시적 정의 규정의 부재에도 불구하고, EU집행위원회와 유럽법원은 이윤압착을 방해남용의 일 유형으로 인식하면서,[68] 관련 사례들에서 그 개념은 물론 성립요건을 구체화해 왔다.[69] 이와 관련하여

Maße des kostendeckenden Gewinns, 소위 'living profit')으로서의 의미를 가진다.

62) Walter Eucken, Grundsätze der Wirtschaftspolitik (Hrsg. Edith Eucken, K. Paul Hensel), 1952, S. 292; Dennis W. Carlton/Jeffrey M. Perloff, Modern Industrial Organization, 2015, p.29.

63) Mestmäcker/Schweitzer, a.a.O., § 19 Rn. 17 ff. u. 24; Elhauge/Geradin, a.a.O., p.419 ff.

64) Elhauge/Geradin, a.a.O., p.418 ff.; Jullien/Rey/Saavedra, a.a.O., p.4. 다만 통신 관련 일부 법령에서 이윤압착을 명시하고 있다. Volker Junghanns, Preis－Kosten－Schere in der Telekommunikation, WuW 2002, S. 567; Kommission, Mitteilung über die Anwendung der Wettbewerbsregeln auf Zugangsvereinbarungen im Telekommunikationsbereich, ABl. EG. v. 22.8.1998, Nr. C265/02, Tz. 117－119; § 28 Abs. 2 Nr. 2 TKG.

65) Kling/Thomas, a.a.O., § 20 Rn. 125 f.

66) Kling/Thomas, a.a.O., § 20 Rn. 128 (BGH v. 6.10.1992, WuW/E BGH 2805 - Stromeinspeisung); Bergmann, a.a.O., S. 234.

67) 관련한 자세한 설명은 황태희, 위의 글, 720면 및 722－724면.

68) EuGH v. 17.2.2011－Rs. C－52/09, Slg. 2011, I－527 Tz. 31 - KKV/TeliaSonera Sverige AB; Kommission, Deutsche Telekom AG, Tz. 102－105 (특히 Tz. 104); 이윤압착의 판단을 위한 방법에 대해서는 Tz. 106 ff.; EuG v. 10.4.2008－Rs. T－271/03, Slg. 2008, II－477 Tz. 37 ff. u. 183－DT/Kommission.

69) Kommission, Entsch. v. 29.11.1975－ABl. 10.2.1976. Nr. L 35/6－National Coal Board, National Smokeless Fuels Lt., National Carbonizing Co. Lt.; Kommission, Entsch. v. 18.7.1988－IV/30.178－Napier Brown/British Sugar, ABl. 19.10.1988. Nr. L 284/41; EuG v.

Whish/Bailey가 아래와 같이 열거하고 있는 시장지배적 지위남용의 인정여부를 판단하기 위한 판례상의 쟁점들은 이윤압착의 성립요건의 도출에 있어서 참고할 수 있다.[70]

- 해당 사업자가 상류와 하류시장 모두에서 사업활동을 하는지
- 그 사업자가 상류시장에서 시장지배적 지위를 보유하고 있는지
- 시장지배적 사업자의 상류시장과 하류시장 가격이 동등하게 효율적인 사업자의 하류시장에서의 경쟁을 가능하게 하는지[71]
- 이윤압착이 반경쟁적 효과를 낼 수 있는지
- 이윤압착에 대한 객관적 정당화 사유가 존재하는지

관련하여 유럽법원은 이윤압착의 (잠재적) 경쟁제한적 효과를 규명해야 하지만,[72] 원료가 최종제품의 생산에 있어서 불가결한(unerlässlich) 경우에는 경쟁제한적 효과의 입증을 요하지 않는다.[73] 또한 이윤압착의 남용여부 판단에 있어서 하류시장에서의 시장지배력의 보유와 손실회복의 가능성 역시 요구하지 않는다.[74]

다. 생산요소의 대체가능성 부재

이윤압착 사건에서 상류시장으로부터 공급되는 원료에 대한 실재적 또는 잠재적 대체가능성의 존부는 경쟁제한성 판단에 있어서 중요한 의미를 지닐 수 있다.[75] 이는 이윤압착에 대한 거래거절 법리의 적용가능성을 시사하는 동시에 대

30.11.2000－Rs. T－5/97, Slg. 2000, II－3755－Industrie des Poudres Sphériques (IPS)/Kommission; EuGH v. 14.10.2010－Rs. C－280/08P, Slg. 2010, I－9555 Deutsche Telekom AG/Kommission; EuGH v. 17.2.2011－Rs. C－52/09, Slg. 2011, I－527 - KKV/TeliaSonera Sverige AB; EuG v. 29.3.2012－Rs. T－336/07, ECLI:EU:T:2012:172 －Telefónica und Telefónica de España/Kommission.

70) Whish/Bailey, a.a.O., p.798 ff.; O'Donghue/Padilla, a.a.O., pp.366－367.

71) 결국, 상류시장의 시장지배적 사업자가 하류시장의 거래상대방이자 경쟁사업자인 비결합 사업자에게 제공한 상품이나 서비스의 비용 대비 가격이 동등한 효율성을 지닌 경쟁사업자가 하류시장에서 경쟁을 이어 나갈 정도로 적정한 이윤을 확보할 수 있는 것인지에 대한 판단이 요구된다.

72) EuGH v. 17.2.2011－Rs. C－52/09, Slg. 2011, I－527 Tz. 61 ff. - KKV/TeliaSonera Sverige AB; Rittner/Dreher/Kulka, § 10 Rn. 1128.

73) EuGH v. 17.2.2011－Rs. C－52/09, Slg. 2011, I－527 Tz. 72 - KKV/TeliaSonera Sverige AB.

74) EuGH v. 17.2.2011－Rs. C－52/09, Slg. 2011, I－527 Tz. 89, 96 ff. - KKV/TeliaSonera Sverige AB.

75) 원재료에 대한 필수설비이론(Essential Facilities－Doktrin)에 상응하는 수준의 중요성을 반드시 요구하는 것은 아니지만, 대체가능성(Substituierbarkeit)을 이유로 필수설비적 성격이 부정

체재에 대한 접근 가능성이 경쟁사업자의 총생산비용에 직접적으로 영향을 줄 수 있기 때문이다. 물론 문제된 상품 내지 서비스에 대한 필수적 혹은 불가결적 성격의 여부는 개별 사안에 따라 판단될 수 있을 것이다.[76)]

2. 다른 방해남용행위 유형과의 관계

가. 거래거절과 이윤압착

이윤압착을 거래거절의 하위 유형(Unterfall)으로 볼 정도로,[77)] 두 행위유형은 유사하며, 밀접한 관계에 있는 것이 사실이다. 실제로 거래거절의 주체와 자회사가 수직적으로 통합된 상황에서 실질적 의미의 거래거절에 상응하는 행위가 발생할 수 있다는 지적은 양 자의 본질적 특성을 정확히 지적한 것으로 주목된다.[78)] 그래서 아래와 같은 거래거절 행위의 성립요건이 이윤압착의 판단에 있어서도 유의미하게 고려될 수 있다.[79)]

i) 하류시장에서 효과적으로 경쟁하기 위해 객관적으로 필요한 상품 또는 서비스에 대한 거래거절일 것,

ii) 거래거절로 인해 하류시장의 유효한 경쟁이 제한될 우려가 있을 것,

iii) 거래거절로 인해 소비자 이익이 저해될 우려가 있을 것,

될 수 있음은 분명하다. EuGH v. 26.11.1998－Rs. C－7/97, Slg. 1998, I－7791－Oscar Bronner GmbH v. Mediaprint Zeitungs et. al.; Mestmäcker/Schweitzer, a.a.O., § 19 Rn. 76－77; Bulst, a.a.O., Art. 102 AEUV Rn. 268 u. 303－305; O'Donghue/Padilla, a.a.O., S. 367; 경쟁을 위한 원재료의 불가결성(Unabdingbarkeit)에 대해서는, Lommler, a.a.O., 246; EuG v. 10.4.2008－Rs. T－271/03, Slg. 2008, II－477 Tz. 237 - DT/Kommission.

76) Mestmäcker/Schweitzer, a.a.O., § 19 Rn. 62.

77) Kommission, Prioritätenmitteilung, Tz. 80; Mestmäcker/Schweitzer, a.a.O., § 19 Rn. 52 (각주 118: In der Prioritätenmitteilung Behinderungsmissbrauch, Rn. 78 ordnet die Kommission die Fälle einer Verweigerung des Zugangs zu wesentlichen Einrichtungen zutreffend als Unterfall der Lieferverweigerung ein); vgl. O'Donghue/Padilla, a.a.O., p.364, 395 ff.: "But vertical foreclosure abuses are not limited to refusals to deal. […] A commonly cited example of vertical foreclouse is the abuse of margin squeeze."

78) 홍명수, 경제법론 III, 경인문화사, 2013, 109면: "자신과 일정한 관련이 있는 사업자에 대하여 독립적 사업자보다 저가로 상품을 공급하는 것은 다음 단계에서의 경쟁에 직접적인 영향을 미칠 수 있으며, 이와 같은 가격부과 방식에 따른 압력에 의하여 독립적 사업자는 시장에서 배제될 위험을 갖게 된다."; 황태희, 위의 글, 708면. 단순히 낮은 가격의 설정을 이윤압착으로 보기 어렵고, 그로 인해 경쟁사업자의 적정한 이윤수준이 확보되지 않고, 실질적으로 거래거절의 현상이 발생하여 동등한 효율성을 지닌 경쟁사업자 조차도 배제되는 경우에 이윤압착이 성립된다고 보고 있다.

79) Kommission, Prioritätenmitteilung, Tz. 81; Kommission, Deutsche Telekom AG, Tz. 83 f.

iv) 대체재가 존재하지 않을 것,

v) 거래거절에 대한 객관적 정당화 사유가 없을 것.[80)]

다만, 이윤압착을 실질적 의미의 거래거절에 상응하는 행위로 볼 수 있다고 하더라도, 이미 열거하였듯 이윤압착 행위가 갖는 본질적 특성이 고려된 성립요건과 그 나름의 위법성 판단표지 역시 도출될 수 있을 것이다.[81)]

나. 약탈적 가격책정과 이윤압착

약탈적 가격책정은 시장지배적 사업자가 지배력의 강화·유지 목적으로 경쟁사업자 배제를 위해 의도적으로 가격을 생산원가 이하로 낮게 책정하면서, 단기적 이윤을 포기하는 방식으로 이루어진다. 여기서 경쟁사업자 배제 후 낮은 가격설정으로 인한 손실을 만회하기 위한 시장지배적 사업자의 가격인상이 예상될 수 있다.[82)]

약탈적 가격책정과 관련한 논의에 있어서, 시장지배적 사업자에 의해 책정된 가격이 약탈적인지, 즉, 소매가격이 비용 이하인지 여부에 대한 판단이 핵심적이다.[83)] 이윤압착 역시 기본적으로는 약탈적 성격을 내포하고 있기 때문에 약탈적 가격책정에 있어서의 비용-가격 분석 관련 논의가 참고될 수 있다.[84)] 하지만, 이윤압착은 낮은 가격 자체가 갖는 경쟁법적 의미에만 집중하는 것은 아니다. 앞서 지적하였듯 하류시장에서의 이윤압착은 상류시장의 시장지배적 사업자가 보유한

---

80) Kling/Thomas, a.a.O., § 6 Rn. 119; Mestmäcker/Schweitzer, a.a.O., § 19 Rn. 74, 78.

81) 홍명수, 위의 책, 109－110면. 수직적 구조하에서의 시장지배적 사업자의 가격설정행위에 대한 정당화 사유와 관련하여, 수직적 통합의 효율성 증대로 인한 비용절감 효과의 입증 상 어려움을 지적하는 동시에 가격압착의 위법성 판단 시 고려될 수 있는 표지들로, 진입장벽으로 기능할지 여부, 수직적 통합이 차별된 그룹 간 전매가능성을 차단하여 가격차별이 용이해질 가능성, 약탈적 가격책정이 될 가능성 등을 제시하고 있다.

82) Kommission, Prioritätenmitteilung, Tz. 64. 다만 시장진입 장벽이 낮고, 경쟁사업자가 자금동원력을 보유한 경우라면 손실 회수를 위한 시장지배적 사업자의 가격인상이 쉽지 않을 수 있다.

83) 미국법원은 대개 평균가변비용(AVC)를 기준으로 그 이하의 가격을 약탈적이라고 보는 반면, EU의 경우 시장지배적 사업자가 평균가변비용 이하로 가격을 책정하는 경우를 남용으로 보면서, 이때 경쟁사업자 배제의도에 대한 입증을 요구하지 않는다. 다만 문제된 가격이 평균가변비용과 평균총비용(ATC) 사이 있는 경우 그것이 경쟁사업자를 배제하려는 계획의 일부로 인정되는 경우에 의도를 고려하도록 하고 있다. 관련하여, OECD, Roundtable Discussion on Predatory Foreclosure, DAFFE/COMP/WD(2004)50, 2004.11.21., p.3－5; Kling/Thomas, a.a.O., § 6 Rn. 154 f.

84) Elhauge/Geradin, a.a.O., pp.418－419.; Wolfgang Wurmnest, Marktmacht und Verdrängung－smissbrauch, 2010, S. 374－377 u. 405 f.

자금력 등의 우위에 의한 것이라기보다는 수직적 통합이라는 구조적 우위에 기초한 것이다. 즉, 구조적으로 보면 시장지배적 사업자는 단기적 손실을 감수할 필요가 없기 때문에, 손실회복에 대한 고려 없이 비용 이하의 가격책정을 지속할 수 있게 된다.[85)]

결국 낮은 가격은 상류시장의 시장지배적 사업자와의 수직적 통합 없이는 불가능한 것으로, 하류시장의 경쟁사업자가 그러한 낮은 가격 책정에 대응할 수 있는 단기적 자금력의 보유여부와는 무관하게 사업활동이 방해되거나, 시장에서 배제될 수 있다.

3. 기업메시징서비스 사건 관련 검토

가. 기초사실 및 심 · 판결의 경과

기업메시징서비스 사건에서는 무선통신망을 보유한 시장지배적 사업자인 KT와 LG U+가 기업메시징서비스(부가통신역무) 시장에서 통상거래가격보다 낮은 가격으로 기업메시징서비스를 제공한 행위가 문제되었다.[86)] 본 건은 시장지배력을 이용한 이윤압착 행위에 대한 공정위의 최초의 규제라는 점에서는 의미를 찾을 수 있다.[87)]

공정위는 공정거래법 제5조 제1항 제5호 및 동법 시행령 제9조 제5항 제1호의 적용을 위한 경쟁사업자 배제행위가 성립되기 위해서, 시장지배적 사업자로서 피심인들(KT, LG U+)이 자신의 상품이나 서비스를 통상거래가격에 비하여 낮은 가격으로 공급하여 부당하게 경쟁사업자를 배제할 우려가 있는지 여부를 판단하였다.

이에 대해 공정위는 피심인들이 기업메시징서비스 제공사업자들에 의해 제공되는 서비스의 건당 평균요금(9.19원)에 비해 낮은 가격(8-9원)으로 서비스를 제

---

85) 이봉의, 위의 책, 2024, 286－288면; 황태희, 위의 글, 709면. 이윤압착의 경우 수직적 통합을 전제되어야 하고, 하류시장에서의 시장지배력이 요구되지 않으며, 비용 이하의 가격을 지속할 수 있다는 점을 지적하고 있다.; 한편, 법원이 약탈적 가격인하와 이윤압착을 혼동하고 있으며, 경쟁법 차원에서 낮은 가격조항은 판매 측면에서 시장지배적 사업자의 약탈적 가격인하로 이해하는 것이 가장 자연스럽다는 견해로 주진열, "약탈적 가격인하와 가격(이윤)압착 문제에 대한 고찰: 기업메시징서비스 사건(대법원 2021.6.30. 선고 2018두37700 판결)을 중심으로", 「경쟁법연구」 제44권, 한국경쟁법학회, 2021, 125, 162－164면.

86) 공정위 2015.2.23., 전원회의 의결 제2015－049호, 제2015－050호, 4면.

87) 공정위, 무선통신망의 독점력을 이용하여 기업메시징 서비스 시장을 독식하려 한 엘지유플러스와 케이티 제재[보도자료], 2018.8.24.

공하는 것은 남용에 해당한다고 판단하여 시정명령 및 과징금 납부명령을 내렸다.[88] 이에 불복한 피심인들이 취소소송을 제기하였고, 서울고등법원은 피심인의 주장을 받아들여 공정위 처분을 모두 취소하였다.[89]

이후 대법원은 수직 통합된 상류시장의 시장지배적 사업자가 하류시장에서 완제품의 소매가격을 낮추는 형태로 이루어지는 이윤압착행위를 함으로써 부당하게 상품 또는 용역을 통상거래가격에 비하여 낮은 대가로 공급하여 경쟁자를 배제할 우려가 있는 경우, 공정거래법상 시장지배적 사업자의 가격남용에 해당할 수 있다고 판단하였다.[90]

나. 사안의 쟁점과 판단

(1) 서울고등법원

본 건에서는 i) 시장획정과 관련하여, 문자메시지 전송을 위한 다양한 서비스와의 대체가능성 인정 여부, ii) 문제된 기업메시징서비스 시장에서 KT와 LG U+의 시장지배적 지위 인정 여부, iii) 통상거래가격 산정이 적정했는지 여부, iv) 효율성 증대 등의 효과 인정 여부 등이 쟁점이 되었다.

1) 특히 통상거래가격의 해석과 관련하여, 서울고등법원(이하 '서울고법')은 가격경쟁에 대한 직접적 규제에 대한 일반론적 우려를 제기한 후,[91] "공정거래법 시행령이 규정한 통상거래가격은, 위와 같은 취지와 법령의 입법목적을 참작하여, 효율적인 경쟁자가 당해 거래 당시의 경제 및 경영상황과 해당 시장의 구조, 장래 예측의 불확실성 등을 고려하여 일반적으로 선택하였을 때 시장에서 형성되는 현실적인 가격이라고 봄이 상당하다"고 보았다.[92] 이러한 맥락에서 서울고법은 가입자 수를 기준으로 한 대략적인 점유율과 각 통신사업자의 전송서비스 건당 최저 이용요금을 곱한 후 이를 모두 합산하여 통상거래가격을 산출한, 공정위의 통상거래가격 산정

---

88) 이에 대한 비판적 견해로 주진열, "공정거래법상 '통상거래가격보다 낮은 가격' 규제에 대한 비판적 고찰", 「아주법학」 제9권 제2호, 아주대학교 법학연구소, 2015 참조.

89) 서울고법 2018.1.31. 선고 2015누38131 판결 등; 이호영, "이윤압착행위에 대한 공정거래법의 적용에 관한 연구−미국 판례이론 및 기업메시징 사건(서울고법 2018.1.31. 선고 2015누38278 판결 및 서울고법 2018.1.31. 선고 2015누38131 판결)을 중심으로", 「법경제학연구」 제16권 제3호, 한국법경제학회, 2019, 359면.

90) 대법원 2021.6.30. 선고 2018두37700 판결(원심파기환송).

91) 서울고법 2018.1.31. 선고 2015누38131 판결 등, 23면.

92) 서울고법 2018.1.31. 선고 2015누38131 판결 등, 24면.

방식의 문제점을 지적하였다.[93] 결국 공정위는 가중평균한 통상거래가격,[94] 즉, 단순히 원재료 가격에 일정한 이윤을 더한 값으로 통상거래가격을 산정함으로써 시장의 가격형성원리를 지나치게 단순화하여 일반화했다는 평가를 받아야 했다.[95]

다만, 시장의 현실적 가격을 기준으로 판단하는 것이 합리적일 수는 있으나, 하류시장에서 낮은 가격을 '지속하는' 가격전략이 가능한 것은 상·하류시장에서 동시에 사업활동을 하면서 얻어지는 이중적 지위, 즉, 수직적으로 통합된 사업자의 구조적 이점이 경쟁상 우위를 제공할 수 있다는 점을 고려해야만 한다. 결국, 이와 같은 상황에서 현실적인 가격으로 목격되는 가격은 이미 왜곡되어 있을 수 있다.[96] 물론 공정위의 가격산정방식이 적절했는지에 관한 서울고법의 판단을 전적으로 부정할 수는 없다. 공정위 역시 시장의 구조적 특성에 대한 고려가 부족했던 측면이 있으며, 개별시장에서의 가격이 단순히 원재료를 포함한 몇몇의 비용요소와 사업자의 이윤으로 구성될 수 있다는 전제에 기초한 가격산성방식은 실득력이 떨어질 수 있기 때문이다.

2) 또한 서울고법이 제기한 공급비용 산출 방식에 관한 문제는,[97] 경쟁을 제한하는지 여부에 대한 고려 없이 자신의 비용이 아닌 경쟁사업자의 비용보다 높은 가격을 책정하도록 규제하는 것에 대한 문제제기로 이해된다.[98] 이는 비효율적인 경쟁자에 의해 책정된 가격을 보호하는 것이 될 수 있고, 소비자에게 유리한 가격인하를 억제함으로써 소비자 후생에 반할 수 있다는 시각에 기초한 것으로 보인다.

그런데 수직적으로 통합된 사업자와 하류시장의 경쟁사업자를 비교할 때, 비효율적이라는 판단의 기준이 무엇인지 의문이다. 만약 시장구조, 시장력, 거래상 지위 등을 통해서 비용·가격 등의 결정에서 상대적으로 자유

93) 서울고법 2018.1.31. 선고 2015누38131 판결 등, 25면.
94) 공정위 2015.2.23., 전원회의 의결 제2015－049호, 제2015－050호, 12면(각주 11).
95) 서울고법 2018.1.31. 선고 2015누38131 판결 등, 25면.
96) 따라서 행위당사자의 비용을 고려한다는 부당염매의 관점에서 보더라도, 시장지배적 사업자와 수직 통합된 사업자의 비용구조를 보고 효율적이라는 판단을 하는 오류에 빠질 우려가 있다.
97) 서울고법 2018.1.31. 선고 2015누38131 판결 등, 25면 이하.
98) 서울고법 2018.1.31. 선고 2015누38131 판결 등, 26면.

로울 수 있는 것을 '효율'이라고 보면, 비통합사업자 내지 새로운 시장 진입자는 비효율적인 것으로 판단될 수밖에 없으며, 남용규제의 보호법익으로서의 경쟁에 정상적으로 참여할 수도 없을 것이다.

3) 서울고법은 사후적 이윤회수 가능성을 부정하였으며,[99] 이러한 판단은 충분히 가능하다. 하지만 이 부분에서 서울고법이 당해 사건을 이윤압착에 주안점을 두고 접근한 것인지 의문이 제시될 수 있다. 왜냐하면 이윤압착이 약탈적 요소를 내포하고는 있지만, 약탈적 가격책정과 같이 단기적 이윤손실과 사후적 이윤회수를 요건으로 하지 않기 때문이다.[100] 즉, 시장지배적 사업자는 구조적으로 이윤손실 없이 가격전략을 실행할 수 있다는 점을 염두에 둘 필요가 있다.

4) 아울러 서울고법은, 공정위가 KT, LG U+외 사업자들의 점유율이 3년간 절반 수준으로 하락하는 등 시장에서 배제될 우려가 상당하다고 판단한 것과 관련하여,[101] 경쟁사업자 배제 우려에 대해 예비적으로 판단하면서, 가격경쟁으로 인한 서비스 가격의 하락과 시장규모의 매년 10-20% 지속성장, 전체 사업자의 서비스 이용 건 수 증가와 함께 혁신저해나 다양성 감소 우려가 인정되지 않는다고 보았다.[102]

무엇보다 서울고법은 인하된 가격을 가격경쟁의 결과로 보아 공정위의 주장을 배척하였는데,[103] 만약 당해 시장에서 가격경쟁이 있었다고 가정하면, 그 경쟁이 장점에 의한 경쟁인지에 대한 의문이 제기될 수 있다. 즉, 가격인하의 핵심적 토대가 무엇인지에 대한 선행적 고려가 필요할 것이다.

(2) 대법원

대법원은 i) 시장지배적 지위 남용행위의 유형으로서 이윤압착의 개념과 그 규제필요성, ii) 통상가격의 의미와 그 보다 낮은 대가로의 공급 여부 및 iii) 이윤압착의 부당성 판단기준에 관하여 판시하였다. 이하에서는 위 쟁점 중 이윤압착

---

99) 서울고법 2018.1.31. 선고 2015누38131 판결 등, 32면.

100) 이석준, 최인선, "수직적 통합기업의 가격압착행위에 관한 미국과 EU판결의 비교·분석", 경쟁저널, 2009.5, 18－19면 참조.

101) 서울고법 2018.1.31. 선고 2015누38131 판결 등, 28－29면.

102) 서울고법 2018.1.31. 선고 2015누38131 판결 등, 30－31면.

103) 서울고법은 방해남용이 인정되더라도 비용절감 등의 효율성에 기여하기 때문에 인정될 수 있다고 보았다.

의 개념 및 그 속성의 이해에 따른 남용행위의 일 유형으로서 독자성 판단에 관한 대법원의 판단에 한하여 검토하고자 한다.

대법원은 수직 통합된 상류시장의 시장지배적 사업자가 상류시장 원재료 등의 판매가격(이하 '도매가격')과 하류시장의 완제품 판매가격(이하 '소매가격')의 차이를 줄임으로써 하류시장의 경쟁사업자가 효과적으로 경쟁하기 어려워 경쟁에서 배제되도록 하는 행위를 이윤압착으로 정의하였다. 그러면서 상 · 하류시장의 수직통합을 토대로 원재료 등에 관한 유리한 조건과 원재료 등에 관한 도매가격 설정에 따라 생산비용이 직접적으로 달라질 수 있는 구조적인 의존관계가 형성될 수 있다는 점을 지적함으로써 그 개념적 이해를 명확히 하였다.

동시에 대법원은 이윤압착의 속성으로부터 형성되는 관련시장의 구조에서 시장지배적 사업자가 취할 수 있는 두 가지 가격전략에 따라 하류시장의 경쟁사업자가 직면하게 될 비용적 압력을 상정하고,[104] 그러한 압력의 지속으로 인해 경쟁사업자가 배제될 수 있음을 지적하였다. 이러한 맥락에서 대법원은 공정거래법 목적 조항의 해석을 통해 시장지배적 사업자가 존재하는 시장에서는 다른 시장참여자들의 자유로운 경쟁이 실질적으로 보장되어야 비로소 경쟁의 본래적 기능이 제대로 작동할 수 있다는 점 역시 강조하였다.

다만, 대법원은 이윤압착행위가 성과경쟁이라는 정당한 경쟁방법으로서 부당하게 경쟁사업자를 배제할 우려가 있음을 명확히 하면서도, 이윤압착을 기존의 시장지배적 지위 남용행위 유형과 구분되는 일 유형으로서 그 독자성을 인정하여 규제하는 경우 상류시장 원재료 등에 관한 투자 유인이나 혁신 동기를 위축시킬 우려가 있다고 보았다.

이러한 맥락에서 하류시장에서 완제품의 소매가격을 낮추는 형태로 이루어지는 시장지배적 사업자의 이윤압착행위가 '부당하게 상품 또는 용역을 통상거래가격에 비하여 낮은 대가로 공급하여 경쟁자를 배제시킬 우려가 있는 거래'로 평가

---

104) 대법원 2021.6.30. 선고 2018두37700 판결(원심파기환송): "[...] 시장지배적 사업자는 원재료 등의 도매가격을 높이거나 완제품의 소매가격을 낮추든지, 아니면 두 방법을 함께 시행하여, 도매가격과 소매가격의 차이를 줄일 수 있다. 이때 ① 수직 통합된 시장지배적 사업자가 설정한 도매가격이 소매가격보다 높아 소매가격과 도매가격의 차이가 음수(−)이거나, ② 도매가격과 소매가격의 차이가 시장지배적 사업자 자신의 하류시장 비용조차 충당할 수 없을 정도로 너무 작으면, 위와 같은 시장지배적 사업자로부터 원재료 등을 공급받아야 하는 하류시장의 경쟁사업자로서는 하류시장에서 생산에 필요한 비용을 충당하고 적정한 이윤도 얻으면서 효과적으로 경쟁할 수 없게 되고, [...]"

될 수 있다면, 공정거래법 제5조 제1항 제5호 전단(개정 전 제3조의2 제1항 제5호 전단), 동법 시행령 제9조 제5항 제1호(개정 전 제5조 제5항 제1호)가 금지하는 시장지배적 지위 남용행위로 보아 규제할 필요가 있다고 판시하였다.

이처럼 대법원은 동 판결을 통해 이윤압착의 개념과 속성에 대한 명확한 이해를 드러냄은 물론 그 규제 필요성 자체를 인정하면서도, 가격남용규제의 한계를 지적하면서 이윤압착행위를 부당염매로 보아 거래거절법리 채택의 적합성을 설시하였다.[105)]

III. 나가며

이윤압착은 시장지배적 사업자의 '상·하류시장의 통합을 전제로 가능한' 남용행위 유형으로, 하류시장에 대한 가격전략으로 구체화되기 때문에 비용-가격 분석이 주목받을 수 있다. 하지만 이는 단순히 낮은 가격 자체에 대한 문제는 아니며, 그러한 가격책정을 가능하게 하는 수직적 통합이라는 시장 구조적 특징이 우선적으로 고려될 필요가 있다. 이러한 이유로 이윤압착은 다른 남용행위들과의 구분을 요하며, 이는 남용행위 일 유형으로서 독자성 인정을 위한 핵심적 단초가 된다.

또한 독과점이 고착화된 시장에서의 이윤압착의 실행은 보다 용이해질 수 있으며, 시장의 경쟁구조를 왜곡하거나 악화시킬 우려 또한 커질 수 있다는 점은 그 규제필요성에 대한 이론의 여지를 감안하더라도 우리나라의 시장여건에 비추어 시사하는 바가 크다고 할 것이다.

즉, 경쟁의 구조적 왜곡을 예외적 시장여건으로 보기 곤란한 현실을 인식한다면, 이윤압착의 속성에 기초해 이를 하나의 독자적 남용행위로 해석·인정할 수 없다는 판단의 근거로 대법원이 제시한 '상류시장 원재료 등에 관한 투자 유인이

105) 대법원의 이러한 접근에 대하여 김상균·박상현·이정민, "가격남용 규제를 통한 이윤압착 규율의 문제점 – 대법원 2021.6.30. 선고 2018두37700 판결을 중심으로", 「법학평론」 제14권, 서울대학교 법학평론 편집위원회, 2024, 282면: "대상판결은 이윤압착의 규제 근거로 공정거래법 제5조 제1항 제5호를 들면서, 가격남 용 규제 방식을 채택하였다. 그러나, 이러한 접근은 ① 이윤압착에서 행위자가 가지는 이중적 지위를 담아내기에는 한계가 있고, ② 대상판결이 제시한 통상거래가격의 판단 기준은 충분히 명확하다고 보기 어려워 규제 공백으로 이어질 우려가 있으며, ③ 가격이라는 단일 지표에 집 중한 나머지 부당성이 과잉추정될 위험이 있고, ④ 몇몇 중대한 검토 요소들이 누락되었다는 아쉬움이 있다."

나 혁신 동기를 위축'에 얼마나 설득력이 있을 것인지 의문이다. 게다가 성과경쟁에 반하는 경쟁방법이라는 대법원의 이윤압착에 대한 개념적 이해에 비추어 보면, 이상에서 제시한 대법원의 근거는 지나치게 '비경쟁적' 관점의 접근 내지 요소는 아닌가 하는 의문이다.

요컨대, 배제남용으로서 이윤압착의 규제필요성은 인정함에도 불구하고 이를 남용행위의 독자적 일 유형으로 보는 것이 투자유인이나 혁신동기 위축을 야기할 수 있다는 점은 납득하기 어렵다. 설령 그렇다 하더라도 대법원이 밝힌 바와 같이 공정거래법 제5조 제1항 제5호 전단에 따른 거래거절법리를 적용, 즉, 부당염매로 볼 수 있을 것인지 여부에 대한 이론의 여지는[106] 차치하더라도 동호 전단에 따른 행위로 포섭할 경우 앞서의 투자유인이나 혁신동기 위축이라는 비경쟁적 접근의 결과를 회피할 수 있다고 볼 것인지 또한 의문이다.

물론, 이윤압착의 남용행위 독자성 부정이 남용감독 관련 법해석집행 전반에 흠결로 이어진다고 단정할 수는 없겠으나, 이윤압착의 경우 그 개념적 이해와 속성에 비추어 적어도 기존 배제남용행위와의 차이점, 상·하류시장의 수직통합이라는 시장구조적 전제를 요구하는 동시에 압착을 위한 다양한 가격전략설정 가능성이 존재한다는 점은 유념할 필요가 있다.

---

106) 정재훈, "판례평석: 대법원 판결에 사용된 용어와 표현의 무게－대법원 2021.6.30. 선고 2018두37700 판결", 「인권과정의」 제509호, 대한변호사협회, 2022, 135면.

제 7 장

공정거래법상 배타조건부거래의 개념과 이론*
– 배타조건부거래의 해당성, 부당성, 새로운 규율체계 –

– 배상원 –

I. 서론

일반적으로 배타조건부거래(exclusive dealing)란 사업자가 자신과 거래하는 상대방에 대하여 자신의 경쟁사업자와 거래하지 못하도록 하는 것을 말한다. 이는 경쟁법을 운용하는 법제에서 거의 예외 없이 규제하는 행위이다. 그런데 배타조건부거래는 일반 민사법상 널리 행하여지고 또한 적법한 것으로 인식되는 전속거래를 경쟁법의 관점에서 달리 부르는 것에 불과한바, 과연 배타조건부거래란 무엇이고('해당성'), 왜 위법한지('부당성') 근본적인 의문이 제기된다.

* 이 글은 필자의 개인적 견해이고, 필자가 소속된 사무실의 입장과는 전혀 무관하다. 한편 이 글은 필자의 선행 논문과 저서[배상원, "공정거래법상 배타조건부거래에 관한 연구", 서울대학교 대학원 법학박사 학위논문(2022); 배상원, 배타조건부거래(서울대 경쟁법센터 경제법총서 1), 박영사(2023)]를 그 문제의식과 결론 중심으로 간략히 정리한 것인바, 지면 관계상 상세한 내용은 각주에서 보충설명하거나 위 책의 해당 면수를 표시하는 방법으로 서술하였고, 출처 내지 전거를 밝히는 각주는 따로 붙이지 않았다.

이에 대하여 미국과 EU 등 전통적인 경쟁법제에서는 배타조건부거래를 '상류시장의 사업자와 하류시장의 사업자가 서로 합의를 통하여 경쟁사업자를 배제함으로써 관련시장의 경쟁을 제한하는 것'이라고 보아 규제하고 있다. 이는 해당 사업자가 독점자이거나 시장지배적 사업자에 해당하여 독점화 내지 시장지배적 지위남용이 성립하는 경우에도 기본적으로 마찬가지이다. 그러나 우리나라의 「독점규제 및 공정거래에 관한 법률」(이하 '공정거래법' 또는 '법'이라 한다)은 배타조건부거래를 '부당하게 거래상대방이 경쟁사업자와 거래하지 않는 조건으로 거래하는 행위'라고 규정함으로써 직접 그 개념을 정의하고 있고, 이를 '시장지배적 지위남용'과 '불공정거래행위' 양 측면에서 규정하고 있다. 즉, 공정거래법상 배타조건부거래는 합의가 아닌 단독행위이고, 단독행위이면서 시장지배적 지위남용이자 불공정거래행위인바, 결국 우리나라의 배타조건부거래는 미국이나 EU의 배타조건부거래와 같으면서도 다르다.

그런데 우리나라의 종래 이론과 실무는 공정거래법상 배타조건부거래를 주로 미국과 EU 경쟁법의 시각과 논리에 기초하여 해석하고자 하였다. 즉, 조건부 리베이트 등 일부 특수한 경우를 제외하면 배타조건부거래의 해당성에 관하여는 특별한 관심을 기울이지 않았고, 기본적으로 합의에 의한 배타조건부거래를 중심으로 그것이 경쟁사업자를 봉쇄하는지 여부에만 주목하여 부당성을 판단하고자 하였으며, 또한 배타조건부거래를 하는 사업자가 시장지배적 사업자인지 일반 사업자인지에 따라 다소 기계적으로 시장지배적 지위남용과 불공정거래행위로 구분·의율함으로써 불공정거래행위로서 배타조건부거래의 독자성이 충분히 반영되지 못하였다.

그러나 모든 거래는 그 자체로 배제적인 속성을 가지는바, 과연 무엇은 단순한 '거래'이고 무엇은 '배타조건부거래'인지 보다 엄밀한 고민과 분석이 요구된다. 또한 우리 법은 미국이나 EU 등과 달리 배타조건부거래를 합의가 아닌 단독행위로 인식하고 있으므로, 그에 따른 행위자와 상대방의 구분 및 배타조건부거래의 성립과 관련한 강제성의 문제를 살펴볼 필요가 있다. 그리고 배타조건부거래는 성과에 '의한' 경쟁이 아니라 성과를 '위한' 경쟁으로서 본래적 의미의 성과경쟁이 아니라 할 것인바, 이러한 인식하에서 경쟁제한성과 부당성을 판단하여야 한다. 나아가 배타조건부거래의 폐해는 '경쟁사업자'를 봉쇄하는 측면 외에 '거래상대방'을 봉쇄하는 측면에서도 포착될 수 있으므로, 이러한 사정 역시 그 부당성 판단에 있어 고려되어야 할 것이다. 한편 시장지배적 지위남용으로서의 배타조건부거래와 불공정거래행위로서의 배타조건부거래는 이를 단순히 그 행위자의 시장지위에 따라 선제적·형식적으로 구분할 것이 아니라, 위와 같은 부당성의 발현형태에 따라 사후적·실질적으로 구분함으로써 우리 법이 시장지배적 지위남용과 불공정거래행위를 준별하는 취지를 반영하여야 한다.

본 연구는 이러한 문제의식하에 배타조건부거래의 개념과 본질에 입각하여 그 해당성과 부당성 문제를 검토하고, 이를 토대로 공정거래법상 배타조건부거래에 대한 새로운 접근방법과 규율체계를 제시하는 것을 목적으로 한다.

II. 배타조건부거래 일반론[1)]

1. 배타조건부거래의 의의

경쟁법 일반에서 배타조건부거래란 사업자가 거래상대방에 대하여 자신의 경쟁사업자와 거래하지 못하도록 하는 행위를 말한다.

이는 우리 법에서도 그리 다르지 않은바, 다만 공정거래법상 배타조건부거래의 개념에 관하여는 해당 법령의 규정을 그대로 인용하여 '부당하게 거래상대방이 경쟁사업자와 거래하지 아니할 것을 조건으로 그 거래상대방과 거래하는 경우(시장지배적 지위남용으로서의 배타조건부거래)' 내지 '사업자가 부당하게 거래상대방이 자기 또는 계열회사의 경쟁사업자와 거래하지 아니하는 조건으로 그 거래상대방과 거래하는 행위(불공정거래행위로서의 배타조건부거래)'라고 설명하는 것이 보통이다.[2)]

1) 이하 본 연구의 본론이라고 할 수 있는 해당성, 부당성, 새로운 규율체계의 문제를 이해하기 위한 전제로서 최소한의 범위에서만 살펴본다. 보다 상세한 일반론은 배상원, 위의 책, 11－41면 참조.

2) 종래 공정거래법은 배타조건부거래를 '부당하게 거래상대방이 경쟁사업자와 거래하지 않는 조건으로 거래하는 행위'라고 정의하고, 이를 시장지배적 지위남용과 불공정거래행위 양 측면에서 규정하였다. 즉, 공정거래법상 배타조건부거래는 공동행위가 아닌 단독행위이고, 같은 단독행위이면서 시장지배적 지위남용이자 불공정거래행위이다. 위와 같은 사정은 최근의 공정거래법 전면개정(2020. 12. 29. 법률 제17799호로 전부개정, 2021. 12. 30. 시행)에도 불구하고 아무런 변함이 없는바, 이는 경쟁제한성에 관한 규정, 시장지배적 사업자에 관한 규정, 부당한 공동행위에 관한 규정 등 배타조건부거래와 관련한 다른 규정들을 함께 살펴보더라도 마찬가지이다. 결국 배타조건부거래에 관한 한 현행 공정거래법의 규정내용은 사실상 종전과 완전히 동일하다고 할 수 있고, 결국 공정거래법의 전면개정에도 불구하고 배타조건부거래에 관한 종래의 규정과 이론, 실무는 여전히 그대로 유효하다 할 것이다. 배상원, 위의 책,

즉, 사업자가 경쟁사업자와 거래하지 않는 조건으로 거래상대방과 거래하는 행위, 다시 말하면 해당 거래로 인하여 그 사업자의 경쟁사업자가 봉쇄 내지 배제된다면 그러한 거래는 모두 배타조건부거래라고 할 수 있다.[3)][4)]

2. 배타조건부거래의 경쟁법적 의미

사업자들은 서로 거래함에 있어 '전속적' 거래를 약정하는 경우가 많다. 위와 같은 전속성은 상호적일 수도 있고, 일방적일 수도 있다. 상호적 전속계약이 체결되면 거래당사자 쌍방은 모두 반드시 상대방과만 거래하여야 하는 의무를 부담하게 되고, 일방적 전속계약이 체결된 경우에는 거래당사자 중 일방만이 위와 같은 전속의무를 부담하게 된다.

그런데 위와 같은 '전속성'이란 결국 '배타성'을 의미한다. 전자는 거래당사자 사이의 관계라는 측면을 강조한 것이고, 후자는 해당 거래에 관하여 경쟁사업자가 끼어들 여지가 없다는 측면을 강조한 것일 뿐이다. 그러나 위와 같이 본다면 다소 혼란스러운 상황이 발생한다. 일반 상거래에서 매우 흔하게 발견되는 이른바 '전속거래'가 경우에 따라 '배타조건부거래'로서 경쟁법에 의하여 규제될 수도 있다는 것이 되기 때문이다. 여기서 어떤 것은 (적법한) 전속거래이고, 어떤 것은

31－32면 참조.

3) 이에 미국에서는 배타조건부거래(exclusive dealing)의 개념을 '경쟁사업자가 배제되도록 하는 거래' 그 자체를 통칭하는 의미로 설명하면서, 그러한 예로서 전형적인 배타적 거래계약과 함께 그와 유사한 효과를 가지는 수요전량구매계약(requirements contract)이나 공급전량구매계약(output contract) 등을 들고 있다. 한편 EU에서는 배타조건부거래를 지칭하는 의미로 위와 같은 'exclusive dealing' 외에 'non－compete obligation'이라는 용어를 사용하기도 한다. 배상원, 위의 책, 11－12면 참조.

4) 이러한 배타조건부거래에는 ① 상류시장 사업자(제조업자, 도매업자)가 거래상대방인 하류시장 사업자(유통업자, 소매업자)로 하여금 자기의 경쟁자로부터 상품이나 용역을 공급받지 않을 것을 조건으로 하여 거래하는 배타적 공급거래(예컨대 '독점공급계약', '특약점 계약' 등), ② 하류시장 사업자가 거래상대방인 상류시장 사업자로 하여금 자기의 경쟁자에게는 상품이나 용역을 공급하지 않을 것을 조건으로 하여 거래하는 배타적 인수거래(예컨대 '독점판매계약' 등), ③ 위 두 가지가 결합된 것으로서 상호 배타적 거래(상호배타조건부거래)가 있다. 위와 같은 유형 분류는 미국이나 EU 등의 경우에도 기본적으로 마찬가지인데, 다만 그 용어 내지 표현이 우리나라와는 정반대인 경우가 있으므로 주의를 요한다. 즉, 대체로 영어권에서는 배타적 공급거래를 'exclusive purchasing agreement'라고 하고(즉, 'exclusive supply agreement'가 아니다), 배타적 인수거래를 'exclusive supply agreement'라고 한다(즉, 'exclusive purchasing agreement'가 아니다). 한편 영어권에서 'exclusive distribution'이란 통상 우리 법상 '거래지역 또는 거래상대방의 제한'을 의미하는 바(즉, '배타조건부거래'를 의미하는 것이 아니다), 이 부분 역시 주의가 필요하다. 배상원, 위의 책, 12－13면 참조.

(위법한) 배타조건부거래인가? 동일한 거래가 적법하면서 동시에 위법하기도 하다는 것인가? 이러한 의문을 해소하기 위하여는 '전속성'이라는 개념과 '배타성'이라는 개념이 사용되는 맥락을 살펴볼 필요가 있다.

원칙적으로 계약은 자유이다. 흔히 거래거절과 관련하여 계약자유의 원칙을 논하지만, 배타조건부거래의 경우에도 다를 것이 없다. 계약자유의 원칙이란 계약의 체결 여부뿐만 아니라 그 계약의 내용 역시 당사자가 자유롭게 정할 수 있다는 것을 의미하기 때문이다. 따라서 계약자유의 원칙상 전속적 거래계약을 체결하는 것 역시 자유이다. 그러나 그것이 시장의 경쟁을 제한하는 경우가 있고, 경쟁법은 바로 이 부분에 주목한다. 전속적 거래계약을 바라보는 관점이 민사법에서와 경쟁법에서 서로 다른 것이다.[5)]

요컨대, 전속계약이라고 하든 배타조건부거래라고 하든 그 사회적 실질은 완전히 동일하다. 다만 그에 대한 규범적 관점이 다를 뿐이다. 민사법에서 '전속계약'이라고 하는 것은 거래당사자 사이의 이해관계를 조절하는 문제와 관련한 개념(용어)이고, 경쟁법에서 '배타조건부거래'라고 하는 것은 시장 전체의 경쟁을 보호하는 문제와 관련한 개념(용어)인 것이다. 결국 '민사법상' 적법한 전속계약이라 하더라도 '경쟁법상' 위법한 배타조건부거래가 될 수 있다. 이것이 경쟁법적 관점이며, 경쟁법의 독자적인 존재이유라 할 것이다.[6)]

3. 배타조건부거래의 경제적 동기와 효과

일반적으로 배타조건부거래 그 자체만으로는 경쟁질서에 미치는 영향을 가늠하기 어렵다. 즉, 배타조건부거래가 이루어지고 있다는 사실 그 자체만으로 경쟁

---

5) 즉, 민사법상 '전속계약'은 기본적으로 거래당사자 사이의 내부적 문제로서, 이른바 '노예계약' 등 착취적 계약이 아닌 한 대체로 긍정적으로 인식된다. 전속계약을 체결한 당사자는 그 전속성을 유지하여야 하고, 이를 위반하면 손해배상 등 법적 책임을 부담할 수 있다. 그러나 경쟁법상 '배타조건부거래'는 원칙적으로 거래당사자 사이의 내부적 문제가 아닌 경쟁사업자에 대한 영향을 중심으로 한 외부적 문제이고, 따라서 그것이 일정 정도 이상 경쟁사업자를 봉쇄하는 경우 부정적으로 인식된다. 배타조건부거래의 관점에서는 그 당사자가 당해 배타조건을 위반하더라도 그에 따른 법적 책임을 부담하지는 않으며, 해당 거래가 부당한 배타조건부거래라고 인정된다면 그 위반은 오히려 정당한 것이다. 배상원, 위의 책, 15면 참조.

6) 이에 관하여 앞서 본 계약자유의 관점에서 '계약자유의 제한'으로서 배타조건부거래를 설명하는 견해가 있다. 물론 위 설명이 잘못된 것은 아니지만, 계약의 자유에도 불구하고 배타조건부거래를 규제하는 이유 자체가 경쟁 보호의 관점이므로, 이를 일반 민사법의 관점에서 '계약자유와 그 제한'이라고 설명하기보다는 '민사법과 경쟁법의 관계'라는 구도를 사용하여 설명하는 것이 더 적절하다고 생각된다. 배상원, 위의 책, 16면 참조.

법적 위법성을 판단할 수 있는 것은 아닌바, 문제된 배타조건부거래가 어떠한 시장상황에서 어느 사업자에 의하여 어떤 방식으로 어떻게 사용되고 있는지에 따라 그 경제적 효과 내지 그에 대한 경쟁법적 평가가 달라질 수 있다.

우선 배타조건부거래의 주요한 반경쟁적 효과는 아래와 같다. (i) 먼저 배타조건부거래는 경쟁사업자의 유통망 내지 원재료에 대한 시장접근을 봉쇄한다(전통적인 시각, '봉쇄효과(foreclosure effect)'). (ii) 또한 배타조건부거래는 경쟁사업자에 대하여 규모의 경제(economies of scale)와 범위의 경제(economies of scope) 실현을 어렵게 하여 경쟁자의 비용을 상승시키는 효과가 있다(포스트시카고학파의 시각, '경쟁자의 비용 올리기(raising rival's cost, RRC)'. (iii) 한편 배타조건부거래는 카르텔을 촉진시키는 효과가 있는바, 배타조건부거래는 구매자와 판매자의 관계를 고정시켜 카르텔 배신 가능성을 줄이게 되므로, 카르텔 가담자들은 자신들의 거래처와 배타적 거래계약을 맺으려는 유인이 생긴다.

반면 배타조건부거래의 대표적인 친경쟁적 효과로는 다음과 같은 것들이 있다. (i) 우선 배타조건부거래는 유통업자에게 특정 제조업자의 상품만을 배타적으로 취급하도록 함으로써 그 유통업자로 하여금 해당 상품의 판매를 위하여 최선의 노력을 다하도록 한다. (ii) 그리고 제조업자가 유통업자에게 배타조건을 부과하는 것은 제조업자 스스로의 광고 등 판촉활동에 대한 정당한 대가를 보장받기 위한 측면이 있는바, 제조업자는 배타조건부거래를 실시함으로써 유통업자나 다른 경쟁 제조업자가 자신의 노력과 비용에 무임승차하는 문제를 방지할 수 있다. (iii) 한편 배타조건부거래는 사업자가 원재료 혹은 판로를 안정적으로 확보함으로써 불확실성을 감소시키고, 장기적인 사업계획 수립을 가능하게 하는 장점이 있다. (iv) 또한 배타조건부 거래는 '관계특화적(relationship-specific)' 투자를 촉진할 수 있는바, 일단 특정 거래목적에만 유용한 투자가 이루어지고 나면 거래당사자들은 기회주의적 행동을 통하여 해당 특화자산의 가치를 전용하려는 유인을 갖게 되는데, 배타조건부거래는 위와 같은 기회주의적 행동을 차단하는 유용한 수단이 된다.[7)]

---

7) 위와 같은 배타조건부거래의 반경쟁적 효과와 친경쟁적 효과에 대한 상세한 검토, 분석은 배상원, 위의 책, 188-208면 참조.

4. 배타조건부거래의 규율[8)]

대법원은 2025년 6월 현재까지 배타조건부거래에 관하여 총 6건의 판결을 선고하였는데,[9)] 그중 5건은 시장지배적 지위남용으로서 배타조건부거래에 관한 것이고(농협중앙회 판결, 지마켓 I 판결, 지마켓 II 판결, 현대모비스 판결,[10)] 퀄컴 판결), 1건은 불공정거래행위로서 배타조건부거래에 관한 것이다(에스오일 판결).

우선 위 판결들이 선고된 순서대로 그 기본적 의미를 살펴보면 다음과 같다.

① 농협중앙회 판결(대법원 2009.7.9. 선고 2007두22078 판결)은 배타조건부거래에 관한 최초의 대법원 판결로서 시장지배적 지위남용으로서의 배타조건부거래, 나아가 배타조건부거래 일반의 부당성에 관하여 기본적인 시각과 법리를 선언하였다.

② 지마켓 I(엠플온라인) 판결(대법원 2011.6.10. 선고 2008두16322)과 지마켓 II(11번가) 판결(대법원 2012.2.23.자 2011두28677 판결)은 이른바 '표적봉쇄'에 관한 사건으로서 그것이 배타조건부거래에 해당함을 전제로 시장지배적 지위남용으로서 배타조건부거래의 경쟁제한성에 관한 구체적 판단방법의 일부를 제시하였다.

③ 에스오일 판결(대법원 2013.4.25. 선고 2010두25909 판결)은 불공정거래행위로서 배타조건부거래의 부당성을 시장지배적 지위남용으로서 배타조건부거래의 부당성과 차별화하였다(한편 이 판결에서는 이른바 '병행적 배타조건부거래'에 관한 법리도 설시되었다).

④ 현대모비스 판결(대법원 2014.4.10. 선고 2012두6308 판결)은 비록 원심 수긍형 판결이기는 하지만 이를 통하여 배타조건부거래의 해당성과 부당성에 관한 대법원의 기본적인 입장을 분명히 확인할 수 있다.

---

8) 미국과 EU 등 전통적인 경쟁법상 배타조건부거래 규제에 관하여는 배상원, 위의 책, 21－29면 참조. 한편 우리나라의 배타조건부거래 규율 관련 법령의 규정, 학설의 대립, 공정위의 입장에 관하여는 배상원, 위의 책, 29－37면 참조.

9) 이후 최근에 1건의 대법원 판결이 더 선고되었는데(대법원 2025.6.5. 선고 2020두54074 판결), 그 사안은 '국내운항 일반항공보험 재보험시장'에서 시장지배적 사업자인 코리안리(Koreanre)의 배타조건부거래에 관한 것이다. 위 판결은 기존 판례의 법리를 그대로 유지하는 차원에서 포섭·판단에 치중하고 있는바(주로 퀄컴 판결의 판시를 그대로 인용), 적어도 법리적 측면에서는 특별한 분석이 필요하지 않다고 생각되므로, 상세한 검토를 생략한다.

10) 다만 현대모비스 판결에서는 시장지배적 지위남용과 함께 불공정거래행위도 인정되었다(이른바 '중첩적용').

⑤ 퀄컴 판결(대법원 2019.1.31. 선고 2013두14726 판결)은 종래 논란이 되었던 '조건부 리베이트'에 관한 사건으로서 조건부 리베이트의 배타조건부거래 해당성을 인정하고, 배타조건부거래의 부당성에 관하여 기존 판결들에서 제시된 법리를 종합적으로 정리하였다(물론 이 판결에서는 배타조건부거래로서 조건부 리베이트에 관한 특유의 판단방법 역시 판시되었다).[11]

나아가 위 판결들에서 제시된 법리를 쟁점별로 정리하면 다음과 같다.

① 우선 판례에 의하면 배타조건부거래의 부당성은 경쟁사업자의 봉쇄, 즉, 봉쇄효과를 중심으로 한 '경쟁제한성' 여부에 따라 판단하여야 한다. 이는 농협중앙회 판결에서 선언된 기본적 원칙으로서, 그 후 같은 시장지배적 지위남용이 문제된 지마켓 I, II 판결, 현대모비스 판결, 퀄컴 판결에서 계속 연장 · 발전되고 있고(코리안리 판결도 같다), 한편 불공정거래행위가 문제된 에스오일 판결에서도 그 취지는 그대로 유지되고 있다.

② 그런데 판례는 시장지배적 지위남용으로서 배타조건부거래의 부당성과 불공정거래행위로서 배타조건부거래의 부당성을 차별화하고 있다. 즉, 에스오일 판결은 불공정거래행위로서 배타조건부거래의 부당성에 관하여 '경쟁제한성'을 중심으로 판단하되 거래상대방의 '거래처 선택의 자유(강제성)'가 제한되는지 여부를 아울러 고려할 수 있다고 판시하였다.

③ 다만 위와 같은 에스오일 판결에도 불구하고 시장지배적 지위남용과 불공정거래행위가 함께 문제된 현대모비스 판결에서 판례는 거래상대방의 거래처 선택의 자유가 제한되었는지 여부를 구속성의 관점에서 해당성 문제로 보았고, 불공정거래행위로서 배타조건부거래의 부당성을 시장지배적 지위남용으로서 배타조건부거래의 부당성과 마찬가지로 경쟁제한성의 관점에서 인정하였으며, 나아가 그러한 경쟁제한적인 배타조건부거래에 관하여 시장지배적 지위남용으로서 배타조건부거래와 불공정거래행위로서 배타조건부거래 양자의 성립을 모두 인정하였다(코리안리 판결 또한 같다).

---

11) 이른바 '퀄컴 사건'은 조건부 리베이트가 문제된 이 사건 '퀄컴 I 사건' 외에도 표준필수특허(SEP: Standard Essential Patents) 라이선스가 문제된 '퀄컴 II 사건(대법원 2023.4.13. 선고 2020두31897 판결)'이 있다. 다만 본 연구에서는 퀄컴 I 사건만을 다루므로, 이하 굳이 '퀄컴 I 사건'이라고 하지 않고 단순히 '퀄컴 사건'이라고만 한다.

④ 한편 판례는 농협중앙회 판결에서 시장지배적 지위남용으로서 배타조건부거래의 경우에는 통상 그러한 행위 자체에 경쟁을 제한하려는 의도나 목적이 포함되어 있다고 볼 수 있다고 판시함으로써 경쟁제한성의 주관적 요건을 사실상 추정하였다. 이후 지마켓 I, II 판결, 현대모비스 판결에서는 이에 관한 설시가 없었으나(불공정거래행위로서 배타조건부거래가 문제된 에스오일 판결에서도 이러한 설시는 없다), 최근 퀄컴 판결에서 다시 같은 법리를 판시하였다(코리안리 판결 역시 같다).

⑤ 마지막으로 배타조건부거래의 해당성과 관련한 판시는 현대모비스 판결, 퀄컴 판결에서 찾아볼 수 있는데(코리안리 판결 포함), 판례는 해당 배타조건의 '구속성' 여부를 중시하고 있는 것으로 보이고, 그러한 구속성은 사실상의 구속력만으로도 충분하다는 관점에서 조건부 리베이트를 '사실상' 배타조건부거래로 인정하였다.

III. 배타조건부거래의 해당성

1. 쟁점: 문제의식

공정거래법상 부당한 배타조건부거래로서 규제하기 위하여는 우선 문제된 행위가 배타조건부거래에 해당하여야 한다. 부당성은 그 다음 문제이다.

그런데 일응 매우 간단하고 당연해 보이지만, 사실 배타조건부거래의 개념은 그 자체로 다소 난해하다. 기본적으로 모든 거래는 그 자체로 배제적인 속성을 가지기 때문이다. 즉, 거래는 적어도 당해 거래에 관한 한 다른 경쟁사업자들을 모두 배제하게 되는바, 과연 무엇은 단순한 '거래'이고 무엇은 '배타조건부거래'인가? 이는 종래 많이 논의되지 않았던 문제이나, 이 부분을 명확히 하는 것이 배타조건부거래의 개념적 본질을 이해하고 그 해당성을 규명하기 위한 출발점이 된다고 본다.

또한 배타조건부거래는 경쟁법상 다른 행위유형과 달리 그 부당성에 관한 판단 이전에 해당성부터 문제되는 경우가 많다. 대표적으로 조건부 리베이트가 그러한데, 문제된 행위와 관련한 사실관계의 확정만으로는 부족하고 그것이 과연 배타조건부거래에 해당하는지 별도의 규범적 가치판단이 필요하다.

한편 위와 같은 문제들은 대체로 경쟁법을 운용하는 모든 법제에서 공통적인 것인 반면, 우리나라의 경우에는 이에 더하여 추가적인 문제들이 있다. 공정거래법은 미국이나 EU와 달리 배타조건부거래를 '단독행위'로 규정하고 있고, 그 성립에 관하여 '조건부 거래'일 것을 요구하고 있기 때문이다. 나아가 우리 법상 배타조건부거래의 포섭범위와 관련하여서는 배타조건부거래와 '강제성'의 문제를 검토할 필요가 있고, 배타조건부거래의 성립을 위하여 과연 '물리적 의미의 거래'가 필요한지에 관하여도 생각해 볼 점이 있다.

이하 위와 같은 문제의식하에 공정거래법상 배타조건부거래의 해당성 문제를 살펴보되, (i) 우선 행위주체의 측면에서 배타조건부거래의 '행위자'와 '상대방' 개념을 명확히 하고, 이와 관련하여 배타조건부거래의 성립에 관한 강제성 문제를 '구속성'과 '의사억압성'으로 구분하여 검토하며, (ii) 다음으로 배타조건부거래를 구성하는 행위 측면의 3가지 요소, 즉, '배타성', '조건성', '거래성'에 관하여 살펴보면서, 배타조건부거래 개념의 핵심이라고 할 수 있는 배타성의 다양한 측면을 분석적으로 음미하고, 우리 법상 특유의 요건으로서 조건성이 가지는 의미와 한계를 고찰하며, 일응 당연한 전제로 보이는 거래성 요건에 관하여 그 확장해석의 가능성을 검토하기로 한다.

2. 검토: 포섭범위의 확장

가. 배타조건부거래의 행위주체: 행위자와 상대방

우선 행위주체의 측면을 보면, 우리 법은 배타조건부거래를 시장지배적 지위남용과 불공정거래행위로 규정함으로써 미국이나 EU와 달리 이를 '단독행위'로 인식하고 있는바, 당사자 사이의 합의는 개념요소가 아니고,[12] 오히려 그 행위자와 상대방을 구분하여야 한다.[13]

---

12) 이는 단독행위 규정은 합의를 요구하지 않는다는 의미일 뿐, 단독행위 규정이 합의를 배제한다는 의미가 아니다. 즉, 단독행위 규정은 일방적 행위는 물론 합의 역시 당연히 포괄한다. 요컨대, 공동행위 규정은 단독행위를 포섭할 수 없지만, 단독행위 규정은 공동행위를 당연히 포함하는 것이다. 이에 관하여 보다 상세한 내용은 배상원, 위의 책, 54-56면; 배상원, "공정거래법상 수직적 공동행위의 성립 여부", 사법논집 제65집(2017), 112-113면, 119-120면 참조.

13) 공동행위의 경우에는 행위의 주체와 상대방이라는 것을 관념할 수 없고 관념할 필요도 없지만, 단독행위는 그 주체와 상대방의 개념을 전제로 한다. 형법적 시각을 빌리자면, 공동행위의 참여자들은 모두 범죄자로서 공동정범인 데 반하여, 단독행위의 경우에는 행위자만이 범죄자이고 그 상대방은 일응 피해자와 같은 지위에 있다고 할 수 있다. 배상원, 위의 책, 46면 참조.

배타조건부거래의 '행위자'는 배타조건을 설정하는 자로서 당해 배타조건부거래로 인하여 봉쇄되는 사업자와 경쟁관계에 있는 자이고,[14] 배타조건부거래의 '상대방'은 위와 같이 설정된 배타조건에 의한 배타적 거래의무를 부담하는 자이다.

한편 배타조건부거래의 성립과 관련한 강제성의 문제는 이를 의사억압성과 구속성으로 구분할 필요가 있는데,[15][16] 당해 배타조건, 즉, 경쟁사업자와 거래하지 않는다는 점에 관한 '구속성'은 필요하지만(당해 배타조건을 따르지 않을 수 있다면, 즉, 따르지 않아도 전혀 무방하다면 이는 배타조건부거래가 아니다), 거래상대방의 의사에 반한다는 것을 의미하는 '의사억압성'은 필요하지 않다(즉, 공정거래법상 배타조건부거래의 성립을 인정하기 위하여 반드시 그 행위자가 거래상대방의 의

14) 이러한 관찰은 일응 당연한 것으로 보이지만, 문제된 배타조건부거래에서 해당 배타조건을 진정으로 원한 것이 누구인지와 관련하여 볼 때 그리 당연한 것만은 아니다. 예컨대 배타적 공급거래에서 공급자가 먼저 인수자에게 배타조건을 요구한 것이 아니라, 인수자가 먼저 배타조건을 제안하고 공급자가 이를 수락한 경우, 누구를 행위자로 볼 것인가? 이를 '누가 해당 배타조건을 원하였는가'의 관점에서 보면 인수자를 행위자로 볼 여지가 있고, 이러한 입장이 보다 직관적이고 상식적일 수도 있다. 그러나 배타조건부거래에서 말하는 '배타조건'이란 경쟁사업자와 거래하지 않는 조건을 말하고, 여기서 '경쟁사업자'란 행위자의 경쟁사업자를 의미한다 할 것인바, 설령 위와 같은 경위로 체결된 배타적 공급거래라 하더라도 당해 배타조건부거래로 인하여 배제되는 경쟁사업자는 공급자의 경쟁사업자이지 인수자의 경쟁사업자가 아니므로, 결국 당해 배타조건을 설정한 자는 어디까지나 공급자라고 보아야 한다. 배상원, 위의 책, 47면 참조.

15) 강제성의 문제를 검토함에 있어서는 이를 다음과 같은 두 가지 측면으로 나누어 볼 필요가 있다. 먼저 계약이란 그것이 성립되어 효력을 발생한다면 본질적으로 계약당사자를 구속하는 효과가 발생하는바, 위와 같은 계약의 '구속성(또는 실효성)'의 측면을 강제성으로 볼 수 있다. 한편 계약의 체결에 이르는 당사자의 의사와 관련하여 강제성을 생각해 볼 수도 있는데, 이는 당사자가 진정한 자발적 의사에 의하여 계약에 이른 것인지 아니면 상대방의 강요에 의하여 어쩔 수 없이 계약에 이른 것인지의 문제로서 '의사억압성(또는 강요성)'의 측면을 의미한다. 이는 '계약'이라는 용어를 사용하지 않고 '합의'라는 용어를 사용하더라도 마찬가지인바, 즉, 공정거래법상 배타조건부거래에서 강제성의 문제는 계약 내지 합의의 성립을 기준으로 하여, 그와 같은 계약 내지 합의에 이르는 측면에서의 강제성, 즉, '의사억압성'과 계약 내지 합의가 성립한 이후 그 효력이 발휘되는 측면에서의 강제성, 즉, '구속성'의 두 가지 측면을 가진다 할 것이다. 배상원, 위의 책 51면 참조.

16) 일반적으로 '강제성'이라고 하면 후자의 경우, 즉, '의사억압성'을 의미하는 것으로 이해되는 경우가 많을 것이다. 통상 '강제적인 배타조건부거래'라 함은 행위자가 거래상대방에게 배타조건부거래를 강요하는 경우를 지칭하는 경우가 대부분이다. 그러나 후술하는 바와 같이 배타조건부거래에 있어 강제성의 의미가 반드시 위와 같은 측면으로 이해되는 것은 아니고, 실제로 많은 문헌에서 강제성이라는 용어를 '구속성'의 의미로 사용하고 있으며, 이는 판례의 경우에도 마찬가지이다(예컨대, 퀄컴 판결은 "강제력 내지 구속력"이라는 표현을 사용하고 있는바, 여기서 '강제력'은 '의사억압성'이 아닌 '구속성'을 의미함이 명백하다. 강제성을 구속성과 의사억압성으로 명확히 구분하는 것은 배타조건부거래의 강제성 문제를 이해하는 데 매우 중요한 기초가 될 것인바, 위와 같은 구분을 명확히 하지 않음으로써 불필요한 혼란이 발생하고 있다고 생각된다. 배상원, 위의 책, 52면 참조.

사를 억압하였을 것이 요구되는 것은 아닌바, 거래상대방이 자발적으로 배타조건에 합의한 경우 역시 배타조건부거래에 해당하며, 이는 심지어 그 거래상대방이 먼저 배타조건부거래를 제안한 경우에도 마찬가지이다).[17]

나. 배타조건부거래의 행위요소: 배타성, 조건성, 거래성

다음으로 배타조건부거래는 배타성, 조건성, 그리고 거래성을 그 행위요소로 한다.[18]

먼저 경쟁법을 운용하는 모든 법제에서 공통적으로 요구하는 '배타성'이란 경쟁사업자를 배제하는 것을 의미하는 것으로서, 이것이 배타조건부거래 개념의 핵심이다. 그런데 모든 거래는 그 자체로 배제적 속성을 가지는바, 여기서 말하는 배타성이란 당해 거래가 아닌 '추가적 거래'에 관하여 경쟁사업자를 봉쇄하는 것을 의미한다 할 것이다.[19] 이러한 배타성은 직접적이든 간접적이든,[20] 적극적이

17) 공정거래법상 '합의에 의한 배타조건부거래'의 개념은 두 가지 측면을 가지고 있는바, 하나는 배타조건부거래에 관하여 합의가 있는지 아니면 강제에 의한 배타조건부거래인지의 측면이고(구속성), 다른 하나는 그 합의가 자발적 합의인지 또는 강요된 합의인지에 관한 측면이다(의사억압성). 즉, 공정거래법상 '합의에 의한 배타조건부거래'란, ① '구속성'의 관점에서 그것이 사실상의 배타조건부거래가 아니라 계약상 배타조건부거래임을 의미하기도 하고(광의의 합의에 의한 배타조건부거래), ② '의사억압성'의 관점에서 계약상 배타조건부거래 중 강요된 합의에 의한 것이 아니라 자발적 합의에 의한 것을 의미하기도 한다(협의의 합의에 의한 배타조건부거래). 즉, '광의의 합의에 의한 배타조건부거래'란 일단 당해 배타조건에 관하여 계약이 체결된 경우를 의미하고, '협의의 합의에 의한 배타조건부거래'란 그 중에서도 자발적 합의에 따라 계약이 체결된 경우를 의미한다 할 것이다. 많은 경우 위 양자 중 어느 것을 의미하는지 명확히 하지 않은 채 '합의에 의한 배타조건부거래'라는 개념 내지 용어가 사용되고 있는 것으로 보이는바, 위 양자는 분명히 구분할 필요가 있다고 생각된다. 배상원, 위의 책, 58-61면 참조.

18) 배타조건부거래란 경쟁사업자와 거래하지 않는 것을 조건으로 거래상대방과 거래하는 행위를 말하는바, 이러한 배타조건부거래의 개념은 말 그대로 '배타', '조건부', '거래'의 3요소, 즉, 경쟁사업자와 거래하지 않는다는 배타성, 그것이 거래의 조건이 된다는 조건성, 그리고 위와 같은 배타조건하에서 거래한다는 거래성 3가지 요소로 구성된다. 배상원, 위의 책, 61면 참조.

19) 배타조건부거래가 있으면 경쟁자가 봉쇄된다. 즉, 배타조건부거래는 그 자체로 경쟁자를 봉쇄하기 위한 것이거나 또는 적어도 배타조건부거래가 있으면 그 필연적 결과로서 반드시 경쟁자가 봉쇄되고, 이러한 배타성이 배타조건부거래의 본질이다. 그런데 원래 거래가 있으면 경쟁자는 배제된다. 예컨대 甲이 A에게 자신의 상품을 판매하는 경우 그 거래에 관하여 乙은 당연히 배제된다(A가 甲, 乙의 상품을 동시에 구매할 수 있는 경우, 예컨대 플랫폼 산업에서의 멀티호밍 등은 예외적인 것이다). 즉, 거래 자체가 원래 배타적이다. 그렇다면 위와 같은 일반적인 거래와 배타조건부거래는 무엇이 다른가? 이는 거래를 통한 경쟁자 배제가 '당해 거래'에 관한 것인지, 당해 거래가 아닌 '추가적 거래'에 관한 것인지에 따라 구분될 수 있다. 일반적인 거래는 전자에 해당하고, 배타조건부거래는 후자에 해당한다. 즉, 배타조건부거래는 당해 거래를 배타조건에 기초하여 하는 것으로서, 당해 거래에 관하여 경쟁자를 배제할 뿐만 아니라 추가적 거래에 관하여도 경쟁자를 배제한다. 경쟁법이 배타조건부거래에 관하여 관심을 가지

든 소극적이든,[21] 계약상의 것이든 사실상의 것이든,[22] 전면적이든 부분적이든[23] 모든 경우에 인정될 수 있다.

한편 우리 법상 특유의 요건으로서 '조건성'이란 배타조건부거래가 성립하기 위하여는 '조건부 거래'일 것이 요구된다는 의미인바, 경쟁사업자와 거래하지 않는 것을 전제로 하여서만 거래하고, 경쟁사업자와 거래하는 거래상대방과는 거래하지 않는 경우에 비로소 위 요건이 충족될 수 있다. 이와 관련하여 조건부 리베이트를 배타조건부거래로 의율할 수 있는지 문제되는데,[24] 해당 리베이트의 수준과 정도가 상당하여 거래상대방의 선택권이 사실상 형해화된다고 볼 수 있다면 그러한 조건부 리베이트는 배타적 구속력이 있는 것으로서 위 조건성 역시 자연스럽게 충족한다고 볼 수 있다.

마지막으로 일응 당연한 요건이라고 할 수 있는 '거래성'은 배타조건부거래가 성립하기 위한 전제로서 독립적 경제주체 사이의 거래일 것을 요구한다. 그러나

는 이유는 바로 위 추가적 거래에 대하여까지 경쟁자를 배제하는 것이 과연 정당한 것인지에 관한 문제의식에 있다. 요컨대, 배타조건부거래에서 말하는 배타성이란 '이번 거래에서 장래의 거래까지 미리 약정하는 것'을 의미한다 할 것이다. 배상원, 위의 책, 64–66면 참조.

20) 배타조건부거래의 배타성은 그것을 직접 목적으로 할 수도 있고, 간접적으로 그러한 결과가 될 수도 있다. 전자는 경쟁사업자를 봉쇄하는 것 그 자체가 목적인 경우이고, 후자는 행위자의 원래 목적은 다른 것에, 예컨대 자신의 상품을 판매하는 것에 있지만 그에 따라 필연적으로 경쟁사업자가 봉쇄되는 결과가 되는 상황을 말한다. 배상원, 위의 책, 68면 참조.

21) 일반적으로 배타조건부거래는 경쟁사업자를 봉쇄하고자 하는 행위자의 주도에 의하여 실시된다. 그러나 구체적·개별적 사정에 따라서는 거래상대방이 먼저 가격할인 등을 요구하면서 배타적 거래를 제안하고, 이에 행위자가 응함으로써 배타조건부거래가 실시될 수도 있다. 즉, 배타조건부거래의 배타성은 행위자가 이를 적극적으로 원한 경우와 거래상대방의 요청에 따라 소극적으로 이를 받아들인 경우로 나누어 볼 수 있는바, 전자를 적극적 배타성, 후자를 소극적 배타성으로 관념할 수 있을 것이다. 배상원, 위의 책, 71면 참조.

22) 배타조건부거래의 배타성은 그것이 배타조건에 관한 합의에 의한 것일 수도 있고, 배타적 거래를 하는 것에 대한 이익이나 배타적 거래를 하지 않는 것에 대한 불이익에 의한 사실상의 것일 수도 있다. 즉, 배타조건부거래를 하기로 하는 합의에 의한 배타성이 계약상 배타성이고, 배타조건부거래를 하기로 하는 합의는 없지만 배타적으로 거래하는 것에 대하여 일정한 이익이 주어지거나 배타적으로 거래하지 않는 것에 대하여 일정한 불이익이 가해짐으로써 사실상 배타조건부거래의 합의가 있는 것과 같은 상황이 되는 경우의 배타성이 사실상 배타성이다. 배상원, 위의 책, 72면 참조.

23) 가장 원칙적인 배타조건부거래는, 예컨대 배타적 공급거래의 경우 행위자가 자신이 공급하는 모든 상품에 관하여(행위자 측면) 거래하는 모든 거래상대방과 사이에(상대방 측면) 자신의 모든 경쟁사업자와의 거래를 금지(경쟁자 측면)하는 것을 의미할 것이다. 그러나 거래계의 현실에서 배타조건부거래가 반드시 위와 같은 '완전한' 형태로만 존재하는 것은 아니다. 배상원, 위의 책 73–77면 참조.

24) 우리나라에서 조건부 리베이트의 배타조건부거래 의율 문제는 미국이나 EU와는 다른 측면이 있다. 이에 관한 상세한 내용은 배상원, 위의 책 79–80면 참조.

공정거래법상 거래 개념은 유동적인 것인바, 규제의 목적과 취지상 실제 물리적 거래가 없더라도 규범적 의미에서 거래가 있는 것으로 간주할 수 있고, 따라서 설령 단일 기업의 내부적인 상품이동이라 하더라도 그것이 수직통합 사업자의 경쟁사업자에 대한 거래거절의 형태 등으로 발현된다면 배타조건부거래로 인식될 수 있다 할 것이다.[25)]

다. 배타조건부거래의 포섭범위 확장

요컨대, 우리 공정거래법은 배타조건부거래를 합의를 요하지 않는 '단독행위'로 규정하고 있고, 배타조건부거래의 개념요소 중 '배타성'과 달리 '조건성', '거래성'은 이를 완화하는 해석이 가능하다. 즉, 당해 거래가 아닌 '추가적 거래'에 관하여 경쟁사업자를 배제하는 한(배타성), 그리고 그러한 배타성에 '구속력'이 인정되는 한(조건성), 누가 누구를 상대로 행하든, 합의에 의한 것이든 강요 또는 유인에 의한 것이든, 직접적이든 간접적이든, 적극적이든 소극적이든, 계약상의 것이든 사실상의 것이든, 전면적이든 부분적이든 모두 배타조건부거래가 될 수 있고, 이는 설령 단일 기업의 내부적 상품이동의 경우에도 마찬가지이다(거래성). 따라서 경쟁사업자를 배제하는 모든 거래행태에 관하여는 일단 배타조건부거래로 의율할 수 있는 가능성을 검토할 필요가 있다.[26)]

IV. 시장지배적 지위남용으로서 배타조건부거래의 부당성

1. 쟁점: 문제의식

시장지배적 지위남용에는 착취남용과 배제남용이 있는바, 시장지배적 사업자에 의한 배타조건부거래는 배제남용의 전형으로서 배제남용 그 자체라고 할 수 있고, 이에 그 부당성의 핵심은 경쟁제한성에 있다는 점에 관하여 종래 이론과 실무가 통일되어 있다.

25) 이러한 관점에서 보면, 포스코 전합판결의 사안을 거래거절이 아니라 배타조건부거래로 의율할 가능성이 있다. 배상원, 위의 책 367－369면 참조.

26) 이는 최근 많은 관심이 집중되고, 실제로 관련 사례가 빈발하고 있는 온라인 플랫폼 사업자의 배타적 거래행태에 있어서도 그러하다. 즉, 시장지배적 온라인 플랫폼 사업자의 경쟁자 배제 전략은 모두 기본적으로 배타조건부거래의 관점에서 파악할 수 있고, 또한 그렇게 접근할 필요가 있다. 이른바 끼워팔기, 자사우대 등은 결국 배타조건부거래의 변형이라고 할 수 있기 때문이다.

그러나 문제는 여기서 끝나지 않고, 오히려 시작된다. 모두가 경쟁제한성을 중심으로 부당성을 판단하여야 한다고 하나, 그 경쟁제한성을 바라보는 관점이 각기 다르고, 이에 실제 경쟁제한성 판단에 있어서도 서로 다른 결론과 이유를 제시하고 있기 때문이다.

그런데 이 문제는 단순히 배타조건부거래에 한정되는 것이 아니라 할 것인바, 보다 근본적인 차원에서 공정거래법상 배제남용 일반의 부당성 문제를 먼저 살펴볼 필요가 있다. 시장지배적 지위남용으로서 배타조건부거래의 부당성 판단은 위 논의를 통하여 자연스럽게 그 결론이 도출될 수 있을 것이다.

이러한 관점에서 이하 우리 법상 배제남용 일반의 통일적 판단체계를 수립하고(거래적 경쟁행위, 비성과경쟁, 경쟁제한성, 부당성), 이에 기초하여 시장지배적 지위남용으로서 배타조건부거래의 부당성 문제를 검토하되, 구체적인 논리의 전개방법과 순서는 다음과 같다.

먼저 우리 법상 경쟁제한성의 의미와 구체적 판단방법을 확립한 포스코 전합 판결의 법리 및 시장지배적 지위남용으로서 배타조건부거래의 경쟁제한성에 관한 농협중앙회 판결 이래 퀄컴 판결에 이르기까지 판례의 변천과 추이를 살펴본다.

그리고 (i) 경쟁법상 경쟁과 경쟁제한의 일반적 의미에 기초하여 배제남용 규제의 취지와 메커니즘을 분석·음미함으로써 그 요건을 추출하고, (ii) 이에 따라 배제남용 규제의 전제와 한계(거래적 경쟁행위), (iii) 경쟁법이 추구하는 바람직한 경쟁(자유로운 경쟁과 공정한 경쟁, 성과경쟁과 비성과경쟁), (iv) 공정거래법상 경쟁제한성의 의미와 판단방법(경쟁의 실질적 제한, 유력한 경쟁사업자 수의 감소, 배제남용의 경쟁제한성), (v) 경쟁제한성과 부당성의 관계(효율성 증대효과의 체계적 지위) 문제를 검토하며, (vi) 이를 통하여 최종적으로 시장지배적 지위남용으로서 배타조건부거래의 부당성에 관한 새로운 판단방법을 제시하고자 한다.[27)]

27) 연구의 논리적 구조와 경로를 밝히기 위하여 부득이 모든 논점을 제시하였으나, 지면 관계상 이 글에서는 그중 핵심적 결론만을 서술한다. 이하 같다.

2. 검토: 새로운 부당성 판단방법

가. 배제남용의 체계적 이해[28)29)]

공정거래법상 배제남용의 부당성 판단은 다음과 같은 체계와 순서에 따라 이루어져야 한다.

우선 문제된 행위가 경쟁행위, 나아가 원칙적으로 거래적 경쟁행위일 것이 요구된다.[30)] 만일 거래적 경쟁행위가 아니라면 거래상 지위남용 등 공정거래법상 다른 행위로 의율할 수 있는 가능성은 별론으로 하고, 적어도 배제남용의 규제대상은 아니다.

다음으로 문제된 행위가 비성과경쟁이어야 한다. 여기서 성과경쟁과 비성과경쟁의 구분은 그것이 성과에 '의한' 경쟁인지 성과를 '위한' 경쟁인지에 따라 판단할 수 있다.[31)] 만일 해당 행위가 진정한 성과경쟁에 해당한다면, 설령 그 행위

---

28) 흔히 경쟁법은 '경쟁'을 보호하는 것이지 '경쟁자'를 보호하는 것이 아니라고 한다. 이는 아마도 경쟁법에서 가장 유명한 명제 중 하나일 것이다. 물론 경쟁법은 '경쟁'을 보호하는 것이지 '경쟁자'를 보호하는 것이 아니다. 애당초 경쟁이란 본질적으로 경쟁자를 배제하는 활동이므로, 경쟁자가 배제된다고 하여 그 자체로 경쟁이 제한된다고 할 수는 없다. 그러나 '경쟁자 없는 경쟁'이란 있을 수 없다. 경쟁 보호와 경쟁자 보호는 상호 분리된 것이 아니라 긴밀히 연결되어 있다. 위 명제를 형식적으로 이해하여서는 안 된다. 경쟁을 보호하면 경쟁자가 보호될 수 있고, 경쟁자를 보호함으로써 경쟁이 보호될 수도 있다. 경쟁자의 보호가 언제나 경쟁의 보호로 연결되는 것은 아니지만, 경우에 따라서는 경쟁자를 보호하는 것이 경쟁을 보호하는 것이 될 수 있다. 나아가 특별한 경우에는 경쟁자를 보호하는 것이 그 자체로 경쟁을 보호하는 것일 수 있다. 이는 특히 시장지배적 사업자가 존재하는 독과점시장에서 더욱 그러한바, 경쟁법상 '배제남용'이라는 개념 자체가 위와 같은 메커니즘을 전제로 하는 것이다. 문제는 경쟁 보호로 연결되지 않는 경쟁자 보호에 있다. 즉, 경쟁 보호와 무관한 경쟁자 보호, 극단적으로 표현하자면 '경쟁자만 보호하고 오히려 경쟁은 저해되는' 규제가 문제인 것이고, 이러한 규제는 경쟁법의 본질에 반하는 것으로서 허용될 수 없다. 그렇다면 '경쟁 보호로 연결되는 경쟁자 보호'와 '경쟁 보호로 연결되지 않는 경쟁자 보호'를 구분해 내는 것이 관건이 될 것인바, 이에 대하여는 배제남용의 요건이 가지는 의미와 그러한 요건들을 요구하는 이유가 무엇인지 생각해 봄으로써 실마리를 찾을 수 있을 것이다. 배상원, 위의 책, 124－125면 참조.

29) 배제남용의 요건은 다음과 같은 4가지로 분석·정리할 수 있다. ① 행위요건: 비성과경쟁, ② 폐해요건: 경쟁제한성, ③ 전제요건: 거래적 경쟁행위, ④ 최종요건: 부당성. 배상원, 위의 책, 125－129면 참조.

30) 사실 경쟁수단은 너무나 다양하다. 예컨대 경쟁사업자의 임직원을 폭행하거나, 경쟁사업자의 상품을 훼손하거나, 경쟁사업자의 공장을 방화하거나, 경쟁사업자의 비밀문서를 절취하거나 하는 등의 행위도 그것이 단순한 악감정의 발로이거나 충동적인 행동이 아니라 경쟁자를 배제하기 위한 목적으로 행하여진 것이라면 엄연히 일종의 경쟁행위라고 볼 수 있다. 그러나 위와 같은 상황은 그에 대하여 일반 민·형사상 책임(불법행위, 범죄) 또는 부정경쟁방지법상의 책임(부정경쟁행위 또는 영업비밀침해행위)을 묻는 것은 별론으로 하고 특별한 사정이 없는 한 경쟁법이 개입할 문제가 아니다. 배상원, 위의 책, 133면 참조.

31) 성과경쟁의 의미를 밝히기 위하여는 '성과'와 '경쟁'의 연결고리를 살펴볼 필요가 있다. 성과경

로 인하여 가격상승, 산출량감소 등이 초래된다 하더라도 이는 경쟁법이 추구하는 바람직한 경쟁의 결과일 뿐이므로 그에 대하여 경쟁법적 규제를 가할 수는 없다 할 것인바, 즉시 면책된다고 보아야 한다.

위 두 단계를 모두 통과한 경우, 즉, 거래적 경쟁행위로서 비성과경쟁에 해당하는 행위에 한하여 비로소 경쟁제한성 검토가 필요하다. 공정거래법의 경쟁제한성 정의규정에 의하면 시장지배적 사업자의 배제적 행위는 기본적으로 경쟁제한적일 가능성이 있으나, 포스코 전합판결이 천명한 효과주의의 취지에 비추어 볼 때 단지 '시장지배적 사업자의 비성과경쟁'이라는 이유만으로 그 즉시 경쟁제한성을 단정할 수는 없다 할 것인바, 먼저 경쟁제한성의 객관적 요건으로서 '유력한 경쟁사업자 수의 감소'를 단순한 우려가 아닌 개연성의 관점으로 판단하고,[32] 다음으로 경쟁제한성의 주관적 요건으로서 '경쟁제한의 의도와 목적' 부분을 적절히 활용함으로써 최종적인 경쟁제한성 인정범위를 제한할 필요가 있다.

마지막으로 경쟁제한성이 인정될 경우 부당성은 사실상 추정될 수 있다. 그러나 그러한 경우에도 경쟁제한적 효과를 상회하는 효율성 증대효과 등이 인정된다면 당해 행위는 정당화되고, 따라서 최종적인 부당성이 부정될 수 있다.[33]

쟁이란 성과를 달성함으로써 경쟁하라는 것이지, 경쟁을 통하여 성과를 달성하라는 의미가 아니다. 물론 치열한 경쟁을 통하여 사업능력이 증대되고 그것이 좋은 성과로 이어질 수도 있다. 그러나 이는 메커니즘으로서의 경쟁에 관한 것일 뿐, 개별 사업자의 경쟁행위에 관한 것이 아니다. 성과를 통한 시장경쟁이 경쟁법이 추구하는 목적이고, 경쟁을 통한 시장성과는 경쟁법이 적절하게 집행되었을 때 발생하는 효과이다. 즉, 본래적 의미의 성과경쟁이란 '성과에 의한 경쟁'을 의미하는 것으로서, '성과를 위한 경쟁'은 원칙적으로 이에 포함되지 않는다. 비유하자면 성과경쟁이란 그야말로 'competition on the merits'를 의미하는 것이지, 'competition for the merits'를 의미하는 것이 아니라 할 것이다. 이러한 의미에서 성과경쟁은 다음과 같은 3가지 측면으로 분석될 수 있다. ① 우선 그 성과는 '해당 사업자 자신의 성과'여야 한다. 다른 사업자의 성과를 통하여 경쟁하는 것은 설령 그 사업자가 자신과 수직적 협력관계에 있다 하더라도 성과경쟁이라고 볼 수는 없다. ② 또한 그 성과는 '해당 상품 내지 용역에 관한 성과'여야 한다. 해당 상품 내지 용역에 관한 성과가 아닌 다른 측면에서의 성과는 설령 그것이 결과적으로 해당 상품 내지 용역의 생산·판매에 도움이 된다 하더라도 이는 경쟁법이 추구하는 성과라고 할 수 없다. ③ 한편 그 성과는 '이미 달성된 성과'여야 한다. 경쟁을 통하여 성과를 달성하는 것은 앞서 본 바와 같이 성과에 의한 경쟁이 아니고 성과를 위한 경쟁일 뿐이다. 배상원, 위의 책, 155－156면 참조.

32) 포스코 전합판결 이래 확립된 경쟁제한성 판단기준에서 '유력한 경쟁사업자 수의 감소'가 가지는 의미와 기능에 관하여는 배상원, 위의 책, 167－172면 참조.

33) 공정거래법상 경쟁제한성과 부당성의 관계에 대하여 이를 나누어 분석하려는 시도와 하나의 요건으로 통합하여 접근하려는 시도가 있다. 그런데 공정거래법의 법문에 비추어 볼 때 양자의 개념은 이를 분리하여 판단하는 것이 타당할 것이다. 왜냐하면 '경쟁제한성'은 해당 행위에 의하여 관련시장에서 거래조건 등의 결정에 영향을 미치거나 미칠 우려가 있는지에 관한 사

나. 새로운 부당성 판단방법: 원칙적 부당성과 예외적 정당화

이러한 법리에 따라 시장지배적 지위남용으로서 배타조건부거래의 부당성에 관하여 살펴보면 다음과 같다.

배타조건부거래는 판매방법을 통한 경쟁으로서 거래적 경쟁행위이므로, 배제남용의 규제대상이 된다.

배타조건부거래는 성과에 '의한' 경쟁 또는 효율성에 '기반'한 행위가 아니라 성과를 '위한' 경쟁 내지 효율성을 '추구'하는 행위로서 특별한 사정이 없는 한 본래적 의미의 성과경쟁, 즉, 경쟁법이 추구하는 바람직한 경쟁이 아니라 할 것이므로(이는 배타조건부거래에 그 어떤 자연법적 위법성이나 도덕적·반사회적 비난가능성이 내포되어 있다는 의미가 아니다),[34] 배타조건부거래라는 이유만으로 즉시 면책될 수는 없고, 그에 대하여 경쟁제한성을 검토하여야 한다.

그런데 배타조건부거래는 그 속성상 필연적으로 경쟁사업자를 배제하는바, 우리 법상 경쟁제한성의 의미와 판단방법(특히 '유력한 경쟁사업자 수의 감소')에 비추어 볼 때 시장지배적 사업자의 배타조건부거래는 경쟁제한적일 가능성이 크고, 이는 포스코 전합판결에 의한 제한해석의 필요성을 감안한다 하더라도 마찬가지이다. 즉, 시장지배적 사업자에 의한 배타조건부거래의 경우, 경쟁제한성의 주관적 요건은 사실상 추정되고, '명백한 시장지배적 사업자'에 의한 배타조건부거래로서 일응 '30% 이상의 봉쇄율'이 인정된다면 경쟁제한성의 객관적 요건 역시 사실상 추정될 수 있다.[35] 요컨대 '배타조건부거래' 자체는 경쟁중립적이지만, '시장지배적 사업자의 배타조건부거래'는 경쟁중립적이지 않다.[36]

실인정의 문제인 반면, '부당성'은 그러한 행위를 금지할 것인지의 여부를 결정하는 규범적 판단의 문제이기 때문이다. 즉, 경쟁제한성이 폐해요건인 행위의 경우 경쟁제한성은 부당성의 필수조건으로서 경쟁제한의 폐해가 인정되지 않으면 부당성은 성립할 여지가 없다. 그러나 경쟁제한성이 인정되는 경우라 하더라도 효율성 증대효과가 더 큰 경우라든지 다른 정당화 사유가 존재하는 경우에는 부당성이 인정되지 않는다. 따라서 공정거래법상 부당성의 규범적 의미는 경쟁제한적인 행위가 존재하고 이를 정당화할 위법성 조각사유가 존재하지 않는다는 의미로 이해할 수 있다. 배상원, 위의 책, 172면 참조.

34) 이에 대하여 일반적으로 수직적 거래제한 중 가장 경쟁중립적이라고 인식되는 배타조건부거래를 과연 '비성과경쟁'이라고 할 수 있는 것인지 의문이 있을 수 있다. 그러나 본 연구에서 배타조건부거래를 비성과경쟁이라고 하는 것은 그것이 경쟁법이 추구하는 바람직한 경쟁, 즉, 가격·품질에 의한 경쟁이 아니라는 의미일 뿐, 배타조건부거래 자체에 어떤 자연법적 위법성이나 도덕적·반사회적 비난가능성이 내포되어 있다는 의미가 아니다. 배상원, 위의 책, 184면 참조.

35) 위와 같은 추정론의 구체적 내용은 배상원, 위의 책, 215−221면 참조.

다만 당해 배타조건부거래의 효율성 증대효과가 인정되고, 그것이 경쟁제한적 효과를 상회한다면 그 배타조건부거래는 정당화되고, 따라서 부당하지 않은 것으로 판단될 수 있다. 이를 위하여 '만일 배타조건부거래가 허용되지 않을 경우 해당 거래 자체가 이루어지기 어려운지' 여부를 살펴보아야 할 것인바, 유통업자의 판촉활동 제고, 무임승차의 방지, 제조업자의 브랜드 보호, 불확실성 감소, 거래비용 절감 등의 측면은 배타조건부거래를 실시할 경우 어느 정도 당연히 발생하는 효과이므로, 그로 인한 효율성 증대효과가 봉쇄효과로 인한 경쟁제한적 효과를 상회하고 나아가 그것이 소비자후생 증대로 이어진다는 점이 분명한 경우에 한하여 정당화 사유가 될 수 있을 것이고, 반면 관계특화적 투자의 촉진, 노하우 이전을 수반하는 거래의 실현, 불완전한 자본시장의 보완 등의 측면은 만일 배타조건부거래가 허용되지 않을 경우 해당 거래 자체가 이루어지지 않을 수 있으므로, 그 거래가 효율성을 창출하는 것이 분명하다면 당해 배타조건이 비례성을 초과하지 않는 한 보다 적극적으로 정당화를 인정할 필요가 있다.[37)]

다. 특수한 문제: 표적봉쇄

한편, 위와 같은 관점에서 보면 시장지배적 사업자의 '표적봉쇄', 즉, 시장지배적 사업자가 특정 경쟁사업자만을 배제하기 위하여 행하는 배타조건부거래는 직접적으로 성과경쟁을 침해하는 행위로서, 원칙적으로 아무런 규범적 가치를 가질 수 없고, 최소한의 경쟁제한적 우려 역시 당연히 인정된다 할 것이므로 '특단의 사정이 없는 한' 부당하다고 보아야 한다.[38)]

---

36) 약탈적 가격책정에 관하여 미국의 Breyer 대법관이 연방항소법원 판사 시절에 갈파한 유명한 '손 안의 새' 비유가 있다. 약탈적 가격책정으로 인한 당장의 가격 하락은 '손 안의 새(birds in hand)'이고, 약탈적 가격책정을 금지함으로써 얻을 수 있는 장래의 가격 하락은 '숲 속의 새(birds in the bush)'이므로, 낮은 가격을 추구하는 경쟁법이 약탈적 가격책정을 규제하는 것은 매우 신중하여야 한다는 것이다. 물론 위와 같은 시각을 전적으로 수용할 수는 없지만, 그 기본적인 발상은 시장지배적 사업자의 배타조건부거래에 관하여 유용한 시사점을 줄 수 있다. 시장지배적 사업자의 배타조건부거래가 당장 경쟁제한적인 효과를 가진다는 것은 분명하다. 그러나 그것이 장래 경쟁촉진적 효과를 가질 것인지는 불분명하다. 이러한 행위를 어떻게 볼 것인가? 일응 답은 명백하다고 생각된다. 시장지배적 사업자의 배타조건부거래는 일응 경쟁제한적이고, 따라서 특별한 사정이 없는 한 부당하다고 보아야 한다. 배상원, 위의 책, 187－188면 참조.

37) 배타조건부거래의 효율성 증대효과에 관한 상세한 검토, 분석은 배상원, 위의 책, 192－208면 참조.

38) 표적봉쇄에 관한 상세한 내용은 배상원, 위의 책, 224－233면 참조.

V. 불공정거래행위로서 배타조건부거래의 부당성

1. 쟁점: 문제의식

우리 법은 배타조건부거래를 시장지배적 지위남용으로서 규정하는 외에 불공정거래행위로서도 규정하고 있다. 그런데 양자의 구체적 개념정의는 사실상 완전히 동일한바, 여기서 불공정거래행위로서 배타조건부거래의 부당성을 시장지배적 지위남용으로서 배타조건부거래의 부당성(경쟁제한성)과 같이 보아야 하는지 달리 보아야 하는지의 문제가 대두된다.

이에 불공정거래행위로서 배타조건부거래의 부당성 판단기준에 대하여 경쟁제한성설, 강제성설, 이원설의 견해 대립이 있고, 판례는 에스오일 판결에서 명시적으로 이원설을 채택한 바 있다.

그러나 위와 같은 판례에도 불구하고 논란은 종식되지 않고 있고, 적어도 학설상으로는 여전히 경쟁제한성설이 우세한 것으로 보이는바, 불공정거래행위로서 배타조건부거래의 부당성 판단기준 문제는 여전히 진행 중이라 할 것이며, 이는 우리 법상 시장지배적 지위남용 규제와 불공정거래행위 규제의 의미와 관계에 관한 보다 근본적인 성찰을 요구하고 있다.

이하 불공정거래행위로서 배타조건부거래의 부당성 판단기준에 관하여 살펴보되, (i) 우선 현재 견해의 대립 상황을 개관하고, (ii) 이에 기초하여 경쟁제한성을 부당성 판단기준에서 제외할 수 있는지(배타조건부거래의 본질 등), 강제성을 부당성 판단기준으로 고려할 수 있는지(민사법과 경쟁법의 관계 등)를 검토한 후, (iii) 우리 법상 시장지배적 지위남용 규제와 불공정거래행위 규제의 관계에 대한 분석을 통하여 불공정거래행위로서 배타조건부거래의 독자성을 확인하고(포스코 전합판결의 구별론 등), (iv) 이에 따라 경쟁수단의 불공정성을 이유로 한 규제의 가능성(경쟁제한성 규제와 경쟁수단의 불공정성 규제의 관계 등), 거래내용의 불공정성을 이유로 한 규제의 가능성(배타조건으로 인한 거래상대방의 경쟁상 불이익 등)을 검토함으로써, (v) 불공정거래행위로서 배타조건부거래의 부당성에 관하여 '봉쇄효과 일원론'의 관점에서 경쟁사업자 봉쇄와 거래상대방 봉쇄 양 측면을 모두 포괄하는 새로운 판단기준을 제안하고(수평적 경쟁제한성 규제, 수직적 거래내용의 불공정성 규제), 이를 토대로 시장지배적 지위남용으로서 배타조건부거래와 불공정거래행위로서 배타조건부거래 양자의 진정한 중첩적용을 시도하고자 한다.

2. 검토: 새로운 부당성 판단기준

가. 기존의 부당성 판단표지: 경쟁제한성과 강제성

종래의 학설과 판례는 이에 관하여 경쟁제한성과 강제성을 논하였다(경쟁제한성 일원설, 강제성 일원설, 경쟁제한성 및 강제성 이원설).

우선 불공정거래행위로서 배타조건부거래의 부당성을 판단함에 있어 경쟁제한성을 고려하지 않을 수는 없다. '배타조건부거래'로서의 본질은 그것이 '불공정거래행위'인 경우에도 유지되어야 한다. 이는 배타조건부거래를 통하여 비로소 시장지배력을 형성하는 행위를 규제하기 위하여도 반드시 필요하다 할 것이다.

그러나 강제성, 즉, 의사억압성을 기준으로 부당성을 판단하여서는 안 된다. 강제성 기준은 민사법과 구별되는 경쟁법의 독자적 존재이유를 고려하더라도 원칙적으로 그 타당성을 인정하기 어렵고, 거래상 지위남용 규제의 존재를 감안할 때 우리 공정거래법 전반의 체계와 부합하지 않으며, 사실상 별다른 실익도 없다.

요컨대, 불공정거래행위로서 배타조건부거래의 부당성을 판단할 때 '경쟁제한성'은 고려되어야 하고, '강제성(의사억압성)'은 고려하여서는 안 된다.[39]

나. 새로운 부당성 판단표지: 거래상대방 봉쇄효과

그런데 불공정거래행위로서 배타조건부거래의 부당성을 시장지배적 지위남용으로서 배타조건부거래의 부당성과 완전히 같이 볼 수는 없다 할 것인바, 이는 양자를 준별한 공정거래법의 규정에 어긋날 뿐만 아니라 위와 같은 법의 태도를 반영한 포스코 전합판결의 취지에도 반한다.

그렇다면 불공정거래행위로서 배타조건부거래 특유의 부당성 판단표지는 경쟁제한성이 아닌 '불공정성'의 측면에서 찾아야 할 것인데, 경쟁제한성 규제와 경쟁수단의 불공정성 규제의 관계를 감안할 때 '경쟁수단의 불공정성'이 경쟁제한성과 함께 부당성 판단표지가 될 수는 없다 할 것이므로,[40] 결국 '거래내용의 불

---

39) 상세한 내용은 배상원, 위의 책, 242-262면 참조.

40) 경쟁수단의 불공정성을 이유로 한 규제와 경쟁제한성을 이유로 한 규제는 서로 양립할 수 없다. ① 우선 '경쟁제한성'을 이유로 규제하면서 '불공정한 경쟁수단'이라는 이유로도 규제하는 것은 논리적으로 성립할 수 없다. 양자는 연장선상에 있는 것인바, 경쟁제한성을 이유로 규제하는 것보다 불공정한 경쟁수단임을 이유로 규제하는 것이 훨씬 더 강력한 규제이기 때문이다. 즉, 불공정한 경쟁수단 규제는 경쟁수단 그 자체로 부당성이 징표되는 것으로서 그 외에

공정성' 측면에서 독자적인 부당성 요소를 구할 필요가 있다.

여기서 새로운 부당성 표지는 '거래상대방에 대한 불이익'을 중심으로 하되(포스코 전합판결의 관점), 그것은 거래상 지위남용에서 말하는 불이익과는 다른 것으로서 '경쟁과의 관련성'이 있어야 하고(거래상 지위남용과의 구별), 거래상대방에 대한 '부당한 구속'이 핵심이 되어야 할 것인바(구속조건부거래의 측면), 결국 당해 배타조건 그 자체에서 부당성을 찾아야 한다.[41]

이러한 관점에서 볼 때, 배타조건부거래의 본질은 '봉쇄효과'에 있고, 배타조건부거래는 경쟁사업자를 봉쇄할 뿐만 아니라 그만큼 거래상대방도 봉쇄하므로(오히려 거래상대방을 봉쇄함으로써 비로소 경쟁사업자를 봉쇄하는 것이 바로 배타조건부거래의 메커니즘이다),[42] 이러한 '거래상대방 봉쇄효과'에서 부당성의 실체를 구성할 수 있다.

즉, '배타조건에 따른 봉쇄로 인한 거래상대방의 경쟁상 불이익'이 새로운 부당성 판단표지라 할 것인바, 이러한 '봉쇄효과 일원론'에 따른 새로운 이원설(경쟁사업자 봉쇄: 수평적 경쟁제한성, 거래상대방 봉쇄: 수직적 거래내용의 불공정성)을 제안한다.[43] 이를 통하여 시장지배적 지위남용으로서 배타조건부거래와 불공정

가격이나 산출량 등에 대한 영향을 전혀 고려하지 않고 규제하는 것인바, 달리 표현하면 후자는 경쟁법적 관점을 적용하기 이전에 이미 위법 내지 부당한 것이다(예컨대, '위계에 의한 고객유인'). 그러나 이와 달리 경쟁제한성 규제는 경쟁법적 관점을 적용할 경우에 비로소 부당하게 되는데, 이는 경쟁제한성을 이유로 한 규제는 문제된 비성과경쟁이 관련시장의 경쟁을 제한하는 데까지 이른 경우를 규제하는 것이기 때문이다. ② 한편 '경쟁제한성'을 이유로 규제하면서 '경쟁수단의 불공정성'을 이유로도 규제하는 것은 시장지배적 지위남용 규제와 불공정거래행위 규제의 관계라는 정책적 관점에서도 타당성을 인정하기 어렵다. 경쟁제한성 내지 경쟁수단의 불공정성은 모두 수평적 경쟁자를 전제로 하여 문제되는 것인데, 우리 법상 배제남용의 부당성은 경쟁제한성에 있고 경쟁수단의 불공정성에 있지 않은바, 경쟁자 배제행위를 불공정거래행위로 의율하면서 경쟁제한성이 아닌 경쟁수단의 불공정성 기준을 적용하게 되면, 결과적으로 시장지배적 사업자의 경쟁자 배제행위보다 일반 사업자의 경쟁자 배제행위를 더 강력하게 규제하는 것이 되어 버리기 때문이다. 배상원, 위의 책, 278－280면 참조.

41) 이에 관한 상세한 논증은 배상원, 위의 책, 281－287면 참조.

42) 위와 같은 '거래상대방 봉쇄'라는 개념에 대하여 다소 논란이 있을 수 있다. 그러나 이는 본 연구의 독자적 시각이 아니다. 퀄컴 판결은 배타조건부거래의 부당성 판단에 관하여 "배타조건부거래행위로 인하여 대체적 물품구입처 또는 유통경로가 봉쇄·제한되거나 경쟁사업자 상품으로의 구매전환이 봉쇄·제한되는 정도를 중심으로" 판단하여야 한다고 설시하였는바, 그 중 '경쟁사업자 상품으로의 구매전환 봉쇄·제한'이 바로 이 부분에 해당한다. 비록 판례가 위 설시 부분에 대하여 어떤 의미를 부여하고자 한 것인지는 명확하지 않지만, 어떻든 판례 역시 배타조건부거래로 인한 '거래상대방 봉쇄'의 문제를 인식하고 있음은 분명하다. 한편 미국에서도 배타조건부거래는 끼워팔기처럼 경쟁사업자를 봉쇄하고, 소비자후생을 저해할 뿐만 아니라, '직접적인 거래상대방에게도 피해를 준다'는 시각이 있다. 배상원, 위의 책, 288면 참조.

거래행위로서 배타조건부거래의 진정한 중첩적용도 가능하게 될 것이다(예컨대 시장지배적 사업자가 거래상대방에게 배타조건부거래를 강요하는 경우, '경쟁제한적인 시장지배적 지위남용'과 '거래내용이 불공정한 불공정거래행위' 양자가 모두 성립할 수 있다).[44]

다. 특수한 문제: 병행적 배타조건부거래

한편, 복수의 사업자들이 서로 아무런 합의 없이 각자 배타조건부거래를 하고 있는 경우, 이는 기본적으로 의식적 병행행위에 불과하다 할 것이므로, 누적적 봉쇄효과에 근거하여 모든 배타조건부거래를 일괄적으로 금지하는 것은 허용될 수 없고, '병행적 배타조건부거래'의 개념을 사용한 규제는 예외적으로 '최후의 수단(last resort)'으로서만 인정될 수 있다. 나아가 그 경우에도 봉쇄율 1위 사업자의 배타조건부거래부터 2위, 3위 사업자 순으로 순차적으로 금지하고, 남아 있는 배타조건부거래들만으로는 더 이상 경쟁제한성이 인정되지 않는 상황이 되면 그 즉시 규제를 멈추어야 할 것이다.[45]

VI. 배타조건부거래의 새로운 규율체계

1. 쟁점: 문제의식

종래의 이론과 실무는 배타조건부거래에 관하여 그 행위자가 시장지배적 사업자인지 일반 사업자인지에 따라 먼저 시장지배적 지위남용과 불공정거래행위로 구분하였다. 그리고 배타조건부거래의 경쟁법적 폐해는 어디까지나 경쟁사업자 봉쇄, 즉, 경쟁제한성에 있다고 보되, 다만 불공정거래행위로서 배타조건부거래를 시장지배적 지위남용으로서 배타조건부거래와 차별화하기 위하여 그 특유의 부당성 판단표지로서 강제성(의사억압성) 문제를 논의하였다. 한편 이와 같이 양자의 부당성을 구분하면서도 정작 양자의 중첩적용에 있어서는 시장지배적 사업자의 경쟁제한적 배타조건부거래에 대하여 '경쟁제한적 배제남용'과 함께 '경쟁제한적 불공정거래행위'의 성립을 모두 인정하는 다분히 형식적인 수준에 그치고 있다.

---

43) 보다 상세한 설명은 배상원, 위의 책, 287-293면, 301-303면 참조.

44) 위와 같은 중첩적용에 관하여는 배상원, 위의 책, 299-301면 참조.

45) 병행적 배타조건부거래에 관한 상세한 내용은 배상원, 위의 책, 306-322면 참조.

그러나 배타조건부거래의 경쟁법상 폐해는 반드시 경쟁사업자 봉쇄에 한정되는 것이 아니라 할 것인바, 거래상대방 봉쇄의 측면 역시 분명히 인식할 필요가 있고, 위와 같은 양 측면의 폐해는 당해 배타조건부거래의 성립과정과 상당한 연계성을 가지므로, 배타조건부거래가 성립하는 과정을 보다 면밀히 관찰할 필요가 있으며, 이를 통하여 시장지배적 지위남용으로서 배타조건부거래와 불공정거래행위로서 배타조건부거래의 관계를 새로이 정립할 필요가 있다.

이를 위하여는 종래 배타조건부거래에 대하여 '행위자' 중심으로 접근하였던 태도를 지양하고 '상대방' 중심으로 접근하는 새로운 관점이 필요하다 할 것인바, 이러한 시각의 전환을 통하여 배타조건부거래의 해당성과 부당성을 연계시키고, 시장지배적 지위남용으로서 배타조건부거래와 불공정거래행위로서 배타조건부거래 전반을 모두 아우르는 보다 통일적이고 정교한 법리를 구성할 수 있게 된다.

이하 위와 같은 문제의식하에 (i) 배타조건부거래에 대한 새로운 접근방법을 제안하고(경쟁사업자를 봉쇄하는가, 피해자가 누구인가, 거래상대방이 원하는 것인가), (ii) 이에 따라 합의(자발적 합의)에 의한 배타조건부거래, 강요(강요된 합의, 일방적 강제)에 의한 배타조건부거래, 유인(경제적 유인)에 의한 배타조건부거래 3유형의 새로운 규율체계를 수립한 후, (iii) 이에 기초하여 기존의 배타조건부거래 사안들을 재검토하고, 종래 배타조건부거래로 인식되지 않았던 사례에 대하여 배타조건부거래의 관점을 적용해 보고자 한다.

2. 검토: 합의, 강요, 유인의 3유형

가. 새로운 접근방법

공정거래법상 배타조건부거래의 정당한 규율을 위하여는 새로운 접근방법과 이에 따른 규율체계가 필요하다.

우선 배타조건부거래의 해당성은 '경쟁사업자를 봉쇄하는가'의 관점에서 당해 거래가 아닌 추가적 거래에 관하여 경쟁사업자를 배제하는 행태는 모두 배타조건부거래가 될 수 있음을 인식하고, 그 포섭범위를 확장할 필요가 있다.

그리고 배타조건부거래의 부당성은 '피해자가 누구인가'의 관점에서 경쟁사업자의 측면과 거래상대방의 측면을 구분하여 검토하여야 할 것인바, 전자는 수평적 경쟁제한성의 측면이고, 후자는 수직적 거래내용의 불공정성 측면이다.

한편 위와 같은 해당성과 부당성을 연계시키기 위하여는 배타조건부거래의 행위자가 아니라 상대방의 측면에서 접근한 필요가 있는바, 즉, 배타조건부거래 규제의 출발점은 그것이 '거래상대방이 원하는 것인가'에 있다 할 것이다.[46)]

나. 배타조건부거래의 3유형: 합의, 강요, 유인

이러한 접근방법에 의하면 공정거래법상 배타조건부거래는 합의(자발적 합의)에 의한 배타조건부거래, 강요(강요된 합의, 일방적 강제)에 의한 배타조건부거래, 유인(경제적 유인)에 의한 배타조건부거래 3가지 유형으로 구분할 수 있다.

먼저 '합의'에 의한 배타조건부거래는 과연 당해 배타조건을 거래상대방이 진정으로 원한 것인가의 관점에서 그 성립 여부를 판단하고, 합의에 의한 배타조건부거래로 인정된다면 그 위법성은 거래상대방 봉쇄의 관점이 아닌 경쟁사업자 봉쇄의 관점에서 경쟁제한성만을 검토하면 충분하다. 즉, 이 경우 거래내용의 불공정성 측면의 부당성은 인정될 수 없다.

다음으로 '강요'에 의한 배타조건부거래의 경우에는 행위자의 시장지배력 내지 시장력 또는 거래상 지위에 주목하여 거래상대방이 당해 배타조건을 수용하지 않을 수 있었는지의 관점에서 그 성립 여부를 판단하고, 강요에 의한 배타조건부거래로 인정될 경우에는 경쟁사업자 봉쇄의 측면은 물론 거래상대방 봉쇄의 측면을 함께 살펴 양 측면에서 부당성을 판단하여야 한다. 즉, 이 경우에는 경쟁

46) 종래의 시각에 의하면 배타조건부거래의 해당성과 부당성 사이에는 별다른 관련성이 없는 것처럼 보인다. 그러나 배타조건부거래를 '거래상대방이 원한 것인지'의 관점으로 보면 그 해당성과 부당성 사이에 상당한 연계성이 포착된다. 앞서 본 바와 같이 배타조건부거래의 부당성은 그 피해자가 누구인지를 중심으로 살펴보아야 하는바, 거래상대방이 진정으로 원한 배타조건부거래의 경우 그 거래상대방은 피해자가 될 수 없기 때문이다. 이러한 관점에서 배타조건부거래의 구체적 성립경위를 살펴보면, 우선 배타조건부거래에는 그 구속력의 근거에 따라 계약상 배타조건부거래(광의의 합의에 의한 배타조건부거래)와 사실상의 배타조건부거래가 있다. 그리고 계약상 배타조건부거래는 그 합의의 경위 내지 실체에 따라 자발적 합의에 의한 경우(협의의 합의에 의한 배타조건부거래)와 강요된 합의에 의한 경우로 구분될 수 있고, 사실상의 배타조건부거래는 행위자가 배타적 거래를 일방적으로 강제하는 경우와 경제적으로 이를 유인하는 경우로 나누어 볼 수 있다. 이를 도해하면 아래와 같은바, Ⓐ의 경우는 '합의'에 의한 배타조건부거래이고, Ⓑ와 Ⓒ의 경우는 '강요'에 의한 배타조건부거래이며, Ⓓ의 경우는 '유인'에 의한 배타조건부거래라고 할 수 있다. 배상원, 위의 책, 330-331면 참조.

계약상 배타조건부거래 (광의의 합의에 의한 배타조건부거래)		사실상 배타조건부거래	
Ⓐ 자발적 합의 (협의의 합의에 의한 배타조건부거래)	Ⓑ 강요된 합의	Ⓒ 일방적 강제	Ⓓ 경제적 유인

제한성 측면의 부당성과 거래내용의 불공정성 측면의 부당성이 모두 인정될 수 있다. 만일 시장지배적 사업자의 배타조건부거래에서 양자의 폐해가 모두 인정될 경우 경쟁제한적 배제남용과 거래내용이 불공정한 불공정거래행위의 진정한 중첩적용이 이루어질 수 있을 것이다.

마지막으로 '유인'에 의한 배타조건부거래의 경우, 대표적으로 조건부 리베이트의 경우를 보면, 그 리베이트의 수준과 정도를 살펴 그것이 사실상의 배타적 구속력을 가지는지 여부에 따라 배타조건부거래 해당성을 판단하여야 할 것이고, 그 부당성에 관하여는 경쟁사업자 봉쇄의 측면을 중심으로 판단하되, 당해 리베이트의 적용대상과 차별성 등을 살펴 필요한 경우에는 거래상대방 봉쇄의 측면에서도 부당성을 검토하여야 할 것이다. 즉, 이 경우의 부당성은 원칙적으로 경쟁제한성의 측면에 있으나, 예외적으로 거래내용의 불공정성 측면에서도 부당성이 인정될 수 있다.[47]

다. 배타조건부거래 3유형의 의미와 기능

이러한 새로운 규율체계를 통하여 배타조건부거래의 해당성과 부당성을 연계시키고, 배타조건부거래 전반을 아우르는 보다 통일적이고 정교한 법리를 수립할 수 있으며, 시장지배적 지위남용으로서의 배타조건부거래와 불공정거래행위로서의 배타조건부거래를 실질적으로 준별할 수 있게 될 것이다.

VII. 결론

배타조건부거래는 민사법과 경쟁법, 경쟁법과 경제학, 공동행위와 단독행위, 수평적 관계와 수직적 관계, 경쟁자의 배제와 경쟁의 제한, 경쟁제한성과 불공정성, 시장지배적 지위남용과 불공정거래행위 등 경쟁법 내지 공정거래법상 거의 모든 쟁점을 관통하는 문제이다. 배타조건부거래에 대한 입장은 공정거래법을 바라보는 시각을 결정하고, 또한 공정거래법을 바라보는 시각이 그대로 배타조건부거래에 대한 입장으로 반영된다. 한편 배타조건부거래는 배제적 행위의 전형으로

---

47) 위와 같은 새로운 규율체계를 적용한 실제 사례의 분석(① 기존 배타조건부거래 사안의 재검토: 농협중앙회 사건, 지마켓 사건, 에스오일 사건, 현대모비스 사건, 퀄컴 사건, ② 종래 배타조건부거래로 인식하지 않았던 사례의 검토: 포스코 사건, 글로비스 사건)에 관하여는 339-372면 참조.

서 경쟁법상 다른 행위유형과 상당 부분 중첩되거나 교차될 수 있고, 따라서 배타조건부거래에 대한 규제논리와 규율체계를 공정거래법상 다른 행위유형들에 대하여도 확장 내지 응용할 수 있는 가능성이 있다.

요컨대, 배타조건부거래는 공정거래법적 규제의 시작이자 끝이라 할 것인바, 이러한 배타조건부거래에 대한 보다 면밀한 분석과 깊은 이해를 통하여 공정거래법 전반의 정당한 해석은 물론 향후의 발전적 전개를 도모할 수 있을 것이다.

제 8 장

EU Digital Market Act(디지털 시장법)의 집행*

– 박세환 –

I. 들어가며

유럽집행위원회(European Commission, 이하 '집행위원회')는 2023.5.2. Digital Markets Act(이하 'DMA')[1]가 발효된 후 2023.9.6.에 6개 게이트키퍼(알파벳, 아마존, 애플, 바이트댄스, 메타, 마이크로소프트)와 이들의 핵심 플랫폼 서비스(Core Platform Service, 이하 'CPS'[2]))들을 지정하였다. 이날 지정된 게이트키퍼들은 6개월의 준비기간이 끝나는 2024.3.7. 전까지 컴플라이언스 보고서를 제출하고 DMA의 의무들을 준수할 준비를 마쳐야 하므로 DMA의 실질적인 작동일은 2024.3.7.이다.[3] 이후 집행위원회는 게이트키퍼가 제출한 보고서를 검토한 후,

* 이 글은 2025년 경제규제와 법 제18권 제1호에 실은 논문을 특별논문집의 취지에 맞게 수정·보완하였음을 밝힙니다.

1) Regulation (EU) 2022/1925 of the European Parliament and of the Council of 14September 2022 on contestable and fair markets in the digital sector and amending Directives (EU) 2019/1937 and (EU) 2020/1828 (Digital Markets Act)

2) 온라인 중개, 검색엔진, SNS, 비디오 공유 플랫폼, 번호 무관 개인 간 메신저, 운영체계, 웹브라우저, 가상비서, 클라우드 컴퓨팅, 온라인 광고

3) Commission, News announcement, "Designated gatekeepers must now comply with all obligations under the Digital Markets Ac", 2024.3.7. DMA의 제정과 시행을 주도한 인물은 Margrethe Vestager(전 집행위원회 부위원장)와 Thierry Breton(전 내부시장 위원)인데, 앞으

2024.3.25. DMA 위반으로 의심되는 사항들(알파벳, 애플, 메타)에 대해서 '절차 개시 결정'을 내리고 애플에 대해서는 '새로운 비즈니스 조건'에 대해서 2024.6.24 '절차 개시 결정'을 내림으로써 게이트키퍼의 DMA 위반에 대한 본격적인 규율 행보를 시작하였다.

이 글은 DMA가 실질적으로 작동한 지 1년이 지난 현재 DMA가 어떻게 집행되고 있는지를 살펴본다. EU뿐만 아니라,[4)5)] 국내에도 DMA의 조문, 의무의 내용과 DMA식 규제의 당부에 대한 글은 많이 존재하지만, 집행위원회가 DMA를

로는 현 부위원장인 Teresa Ribera가 이를 주도할 것으로 보인다.

4) 유럽 경쟁법 학계에서 DMA에 찬성하는 견해를 예시한다. DMA 도입은 거대 디지털 플랫폼의 규제에 있어서 중요한 전기를 마련하였는데, DMA는 사전적 접근 방식을 통해 경쟁법과는 독립적이면서도 보완적인 새로운 법체계의 출현을 가능하게 하는 중요한 혁신에 해당한다. DMA는 이러한 혁신과 경쟁법 고유의 기법을 재사용함으로써 의미 있는 경쟁법의 탄생을 예고하였다(Jean−Louis Fourgoux, "Le DMA, nouveau droit ou renouveau des droits de la concurrence", Contrat Concurrence Consommation n°3, mars 2023, dossier 5). DMA는 디지털 시장의 특수성을 감안하여 더 효과적인 방법을 제시한 것이다. 복잡하고 시간이 오래 걸리는 경쟁법 대신 게이트키퍼를 지정하여 즉시 실행가능한 의무를 부과하는 것이다. 그리고 DMA는 컴플라이언스 절차 도입과 집행위원회의 강력한 시장조사 개시 등을 통하여 규정의 이행을 확보할 수 있는 절차를 마련해 두었다(David Bosco, "DMA et antitrust, influences croisées", Contrat Concurrence Consommation n°2, février 2024, repère 2). GAFAM 같은 플랫폼은 '혁신 차단구역'을 형성하고 '리더에 의한 낙담효과'를 발생시키고 있다. 지난 25년간 GAFAM이 500개 이상의 사업자를 인수할 수 있었던 것은 반독점법 통제의 결함을 보여준다. TFEU 제102조 적용 및 이에 기한 과징금 부과는 많은 사업자에게는 억제효과를 가질 수 있지만 GAFAM에게는 그러하지 아니할 수 있다(Jean−Christophe Roda, "Le Digital Market Act(1er partie)", Communication Commerce électronique n°2, février 2023, étude 4). DMA의 목표는 시장의 공정성을 보장하여 평등한 경쟁을 확보하고 시장의 경쟁 가능성을 보장하려는 것이다. 게이트키퍼의 핵심 플랫폼 서비스는 공공 서비스로 여겨질 수도 있는바, 공공의 이익은 거대 디지털 기업의 활동을 규제할 것을 요구하고 있고, 이는 DMA와 DSA의 정당성을 보여준다(Marie MALAURIE−VIGNAL, "Une politisation du droit du marché au service de l'intérêt général", Contrat Concurrence Consommation n°6, juin 2022, repère 6).

5) 유럽 경쟁법 학계에서 DMA에 반대하는 견해를 기재한다. DMA는 전통적인 경쟁법이 요구하는 복잡한 절차를 단축하고 규제당국의 신속한 개입을 가능하게 하는데, DMA의 도입은 경쟁법의 황혼기를 예고하는 것일 수도 있다. 이는 시장규제를 새로운 경제정책의 일부로 취급하고 경쟁을 단순히 형식적인 규제로 전락시킬 위험이 있다(Olivier Fréget, "Régulations et droit de la concurrence", Contrat Concurrence Consommation n°3, mars 2023, dossier 6). DMA 규정은 매우 불명확하여 게이트키퍼가 규칙에 부합하는지 판단하기 어렵다. DMA 제5조와 제6조에 기재되어 있는 행위들이 모든 게이트키퍼에게 동일한 경쟁 이슈를 일으킨다고 단언하기 어렵다. DMA는 잘못된 문제 인식에 기초하여 부적절한 해결책을 제공할 위험이 크다. 이러한 규제가 디지털 부문에 확산될 경우 효율성 향상이나 혁신을 저해하고 일부 시장에서의 경쟁을 감소시킬 수 있다(Laure Schulz, "Le DMA, une régulation qui offre des remèdes incertains à des problèmes mal identifiés", Contrat Concurrence Consommation n°5, mai 2023, étude 5).

집행하는 방안과 절차, 기관에 대해서 고찰한 국내 논문은 드물다. 따라서 이 글은 집행위원회가 DMA를 집행하기 위하여 고안한 방안과 절차, 집행을 행하는 기관에 주목함으로써, 거꾸로 DMA를 정확하게 이해하는 것을 목표로 한다. 그동안 국내의 관심은 게이트키퍼와 CPS의 지정에 집중되었는데, 이 글은 시장조사, 컴플라이언스 보고서, 구체화 절차, 위반 절차 개시에 주목해 본다. 추가적으로 집행위원회가 중심이 된 DMA 집행에 있어서, 회원국 경쟁당국과 기존의 경쟁법 규정의 역할에 대해서 검토한다.

II. DMA의 주요 집행 방안과 절차

1. 게이트키퍼와 핵심 플랫폼 서비스의 지정

가. 게이트키퍼와 CPS의 지정(제3조)

집행위원회는 2023.9.6. 6개의 게이트키퍼(알파벳, 아마존, 애플, 바이트댄스, 메타, 마이크로소프트)를 지정한 후, 2024.5.13. Booking.com을 게이트키퍼 목록에 추가하였다. 이에 따라 2025년 2월 현재까지 총 7개의 게이트키퍼와 이들이 제공하는 24개 CPS가 지정되어 있다.[6)7)] DMA는 게이트키퍼를 비즈니스 이용자와 소비자 간의 중요한 관문(gateway) 역할을 하는 대형 디지털 플랫폼이라고 보면서, 게이트키퍼는 이러한 지위로 인하여 사적인 규칙 제정자로서의 힘을 가지게 되며, 디지털 경제에서 병목현상을 초래할 수 있어 게이트키퍼에게 작위의무와 부작위의무(DO, DON'T)를 가하고 있다.[8)]

일단 DMA가 정한 정량 기준을 충족할 것 같은 플랫폼은 집행위원회에 자신을 잠재적 게이트키퍼로 알려야 한다. 설사 대형 플랫폼이 이를 알리지 않더라도 집행위원회가 해당 플랫폼을 게이트키퍼로 지정함에 장애가 되는 것은 아니다.

---

6) Commission, Press release, “Commission designates Booking as a gatekeeper and opens a market investigation into X”, 2024.5.13.

7) DMA 제3조의 게이트키퍼 지정 요건은, 1) 내부시장에 대해 중대한 영향력을 가짐: 3개 이상의 회원국에서 CPS를 제공하고, 매출액 75억 유로 이상 또는 시가총액 750억 원 이상, 2) 플랫폼 이용사업자가 최종 이용자에게 도달하는 중요한 관문 역할을 하는 CPS를 운영함: 월평균 최종 소비자 수가 4,500만명 이상이고 이용사업자 수가 연간 1만개 이상, 3) 운영 서비스에 있어서 확고하고 지속적인 지위를 가지고 있거나 가까운 장래에 이러한 지위를 가지게 될 것

8) Commission, Press release, “DMA: rules for digital gatekeepers to ensure open markets start to apply”, 2023.5.2.

집행위원회는 45 영업일 내에 게이트키퍼 지정 여부를 결정하게 된다. 그리고 집행위원회로부터 지정을 받은 게이트키퍼는 6개월의 DMA 준수 준비기간을 가지게 된다.[9] 특히 게이트키퍼는 이 기간 내에 DMA의 의무 준수 방안을 설명하는 상세한 '컴플라이언스 보고서'를 제출해야 한다. 다만 합리적 이유가 있을 때에는 집행위원회는 게이트키퍼에 대해서 DMA 준수 기간을 연장할 수 있다.[10]

게이트키퍼 지정이나 CPS 지정에 대해서 플랫폼 사업자는 이의를 제기할 수 있음은 물론이다.[11] 해당 플랫폼 사업자들은 대부분 집행위원회에 이의를 제기했고, 실제로 집행위원회는 Gmail, Outlook.com, Samsung Internet Browser를 DMA의 CPS로 지정하지 않기로 결정하기도 하였다. 이에 따라 Samsung은 어떠한 핵심 플랫폼 서비스에 있어서도 게이트키퍼로 지정되지 않게 되었다.[12] 또한 게이트키퍼가 집행위원회의 지정 결정에 불복하여 EU 일반법원(General Court)로 향한 사례도 다수 존재한다.[13] 2023년 11월에는 바이트댄스가 온라인 소셜 네트워킹 서비스인 TikTok 플랫폼은 관문(gateway)이 아닌 도전자로서의 역할을 한다는 주장을 하면서 Genaral Court에 불복하였고, 애플은 온라인 중개 서비스인 App Store가 게이트키퍼로 지정된 것에 대해서, 메타는 Messenger와 Marketplace에 관한 지정에 대해서 명확한 설명을 요구하며 General Court에 각각 불복하였다.[14]

DMA의 게이트키퍼 정량기준은 사업자가 게이트키퍼 지위를 가짐을 추정하는 것에 불과하여, 해당 사업자는 정량기준을 충족하였더라도 게이트키퍼가 이를 반박하여 지정을 면할 가능성은 남아 있다.[15] 게이트키퍼 정량조건과 정성조건

---

9) 다만 기업결합 통지의무의 경우 DMA 준수 준비기간이 따로 없고 지정된 게이트키퍼에게 즉각적으로 적용된다.

10) 집행위원회는 메타의 Facebook Messenger에 대한 상호운용성 의무(DMA 제7조) 준수와 관련해서는 6개월의 기간 연장을 승인하였다. 대신에 메타의 Facebook Messenger에 관한 DMA의 다른 의무들은 바로 적용되었고 기간이 연장되지 아니하였다. Case DMA.100097. Commission, Press release, "Commission opens non-compliance investigations against Alphabet, Apple and Meta under the Digital Markets Act", 2024.3.25.

11) DMA 제4조는 집행위원회는 지정 결정을 언제든지 재검토, 변경, 취소할 수 있고, 최소 3년마다 정기적으로 게이트키퍼가 DMA 요건을 충족하고 있는지를 확인한다고 규정한다.

12) Commission, Press release, "DMA: rules for digital gatekeepers to ensure open markets start to apply", 2023.5.2.

13) Commission, "Report on Competition Policy 2023", 2024.3.6, p.29, 30.

14) Case T−1077/23−Bytedance v Commission. Case T−1080/23−Apple v Commission−Gatekeeper Designation and iMessage Classification. Case T−1078/23−Meta Platforms v Commission.

의 활용은, 일종의 추정 및 반증 구조와 비슷한 측면이 있다. 일정한 정량 기준을 충족한 경우 일단 요건을 구비한 것으로 보되 해당 사업자가 요건이 구비되지 않았음을 주장하고 입증하도록 하는 방식은 EU 경쟁법에서 종래부터 종종 활용되고 있는 방식이다.

그리고 다음과 같이 집행위원회가 심층적인 '시장조사(market investigation)'를 거친 후 게이트키퍼 서비스로 지정하지 않은 사례들이 있다.[16] 먼저 마이크로소프트와 애플은 비록 정량기준은 충족되었지만, 일부 핵심 플랫폼 서비스(MS의 검색엔진 'Bing', 웹브라우저 'Edge', 온라인 광고 서비스 'MS Adverting', 애플의 메시징서비스인 'iMessage')가 관문은 아니라고 주장하였다. 이에 따라 집행위원회는 2023.9.5. 위 4건에 대해서 시장조사를 개시한 다음,[17] 이해관계자들의 의견을 반영하고 '디지털 시장 자문위원회(Digital Markets Advisory Committee)'의 의견청취 절차를 거쳐, 2024.2.13. 위 4개 플랫폼 서비스에 대해서는 마이크로소프트와 애플을 게이트키퍼로 지정하지 않기로 결정하였다. 또한, 집행위원회는 이와 비슷한 절차를 거친 후 X의 온라인 소셜네트워크 서비스는 비록 DMA의 정량기준은 충족하지만 사업자 유저가 최종 유저에 도달하기 위한 중요한 관문은 아니어서 CPS로 지정되지 않는다고 2024.10.26. 결정하였다.[18] 반대로, 집행위원회는 애플의 태블릿 운영체제인 'iPadOS'가 정량적 기준을 충족하지는 않지만, 시장조사를 거쳐 비즈니스 사용자가 최종 사용자에게 도달하기 위하여 의존하고 있는 중요한 관문에 해당하고 애플은 'iPadOS'에 있어서 확고하고 지속적인 지위를 누리고 있다고 보아, 애플을 'iPadOS'에 있어서는 게이트키퍼라고 보았다.[19]

이처럼 DMA의 게이트키퍼 지정에 있어서 일차적으로 플랫폼의 이용자 수와 매출액 같은 외형 내지 규모가 중요한 것은 물론이지만, 해당 플랫폼이 실질적으로 CPS에 있어서 중요한 관문 역할을 하는지도 중요하고 이에 대한 판단이 이루

---

15) Jean-Christophe Roda, *op. cit.,* étude 4.

16) Commission, News article, "Commission closes market investigations on Microsoft's and Apple's services under the Digital Markets Act", 2024.2.13. Case DMA.100015, DMA.100024, DMA.100028 and DMA.100034.

17) 애플은 집행위원회의 iMessage에 대한 시장조사 개시 결정에 대해서 불복하였다. Case T-1079/23-Apple v Commission - iMessage Market Investigation.

18) Commission, Press release, "Commission concludes that online social networking service of X should not be designated under the Digital Markets Act", 2024.10.16.

19) Case DMA.100047. Commission, Press release, "Commission designates Apple's iPadOS under the Digital Markets Act", 2024.4.29.

어지고 있기는 하다.

나. 시장조사: 제16조 이하

게이트키퍼, CPS 지정과 DMA 준수 여부 확인에 있어서 시장조사(최대 12개월 이내)는 중요한 의미를 가진다.[20] 특정한 서비스 제공자가 게이트키퍼의 정량 요건을 충족하지 못하였을지라도 제17조의 게이트키퍼 시장조사 결과에 따라 게이트키퍼로 지정될 수 있고, 제19조의 새로운 서비스와 행위에 관한 시장조사 절차에 의하여 CPS도 영향을 받을 수 있다. 제18조는 지속적, 체계적 위반에 대한 시장조사를 규정하고 있다. 이러한 피드백 프로세스에 의하여 집행위원회는 사업자, 서비스, 사안별로 유연한 대응을 할 수 있게 되지만, 반대로 수범자는 자신이 DMA에 의하여 어떠한 의무를 부담하는가에 있어서 불확실성을 겪을 수 있다.[21]

DMA의 시장조사는 집행위원회가 2020년 6월에 제안한 '새로운 경쟁 도구'에서 비롯되었는데, 독일은 이를 도입하고 발전시켰고 네덜란드와 스웨덴도 이러한 도구를 국내법에 도입할지 검토중이다.[22] 또한, 집행위원회가 게이트키퍼 지정을 위한 시장조사에서 '디지털 시장 자문 위원회'의 의견을 청취하는 것도 우리나라가 참고할 만하다.

2. 컴플라이언스 보고서(Compliance report): 제11조

컴플라이언스 보고서는 집행위원회가 게이트키퍼가 DMA를 준수하도록 하는 표준화된 도구이자 시작점이다. 컴플라이언스 보고서는 집행위원회가 지정된 게이트키퍼에 대한 DMA 규제를 실행함에 있어서 내용상·절차상 핵심적인 역할을 한다.[23] 게이트키퍼는 집행위원회의 '컴플라이언스 보고서 양식'에 맞게 보고서를 작성하여 지정 후 6개월 이내에 집행위원회에 제출하여야 하고, 최소 연 1회 이상 이를 업데이트해야 한다. 컴플라이언스 보고서는 지정된 게이트키퍼가 DMA를 효과적으로 준수하고 있는지를 평가하는데 필요한 모든 관련 정보를 상세하고 투명하게 담고 있어야 하고, 관련된 핵심 플랫폼 서비스 전부를 다루어야

---

20) 실무상 집행위원회가 시장조사 과정에서 파악한 내용은 나중에 개별 사건에서 절차를 진행하고 법위반행위를 판단함에 있어서 참고로 활용될 수 있을 것으로 보인다.

21) Mehmet Bilal Unver, "Regulation of the Digital Markets in the UK, US, and the EU", In Kalpana Tyagi, Anselm Kamperman Sanders, Caroline Cauffman (Eds.), *Digital Platforms, Competition Law, And Regulation* (Conccurence 2024), p.190.

22) David Bosco, *op. cit.,* repère 2.

23) 게이트키퍼와 CPS 지정만으로는 게이트키퍼에게 어떠한 불이익이 현실화되지는 아니한다.

한다(DMA 준수를 위하여 자신이 취한 조치 포함).[24] 이에 따라 2023.9.6.에 지정된 6개 게이트키퍼는 집행위원회에 2024.3.6. 전에 자신의 컴플라이언스 보고서를 제출하였고, 공개 버전인 요약본은 집행위원회의 홈페이지에 게재되어 있다.[25]

공개된 요약본은 대체로 게이트키퍼가 DMA를 준수하였다는 취지에서 DMA 준수를 위하여 자신이 새로 도입하거나 변경한 사항을 기재하고 있다. 게이트키퍼의 비공개 컴플라이언스 보고서는 플랫폼 운영 방식과 사업모델에 관한 중요한 내용을 담고 있을 것으로 여겨진다. 집행위원회는 제출된 컴플라이언스 보고서를 기초로 게이트키퍼의 DMA 위반 여부를 구체적으로 검토하게 되고, 만약 위반의 소지가 있다면 후술하는 '절차개시 결정'을 내리게 된다.

3. 보조적인 방안: 프로파일링 보고서, 합병 목록, 내부고발

가. 소비자 프로파일링 기법 보고서: 제15조

게이트키퍼는 핵심 플랫폼 서비스에 적용된 소비자 프로파일링 기법에 대한 정보를 설명하는 보고서를 작성한 후 독립적인 검수자의 평가를 거쳐 이를 집행위원회에 제출해야 한다. 소비자 프로파일링이란 소비자 데이터를 활용해 개별 프로필을 생성하고 이를 통하여 타겟 콘텐츠를 제공하는 방식을 뜻한다. 이에 따라 2023.9.6.에 지정된 6개 게이트키퍼들은 집행위원회의 양식에 기초한 프로파일링 보고서를 2024.3.7.전에 집행위원회에 제출하였고 공개된 요약본은 집행위원회 홈페이지에 게재되어 있다.[26] 이러한 프로파일링 기법 보고서 제도는 투명성을 강화한다는 의미는 있으나, 내용이 모호하고 구속성이 높지는 않아서 실질적인 효력이 있는지는 의문이다.[27]

나. 합병 목록 공지(List of acquistion): 제14조

게이트키퍼는 DMA 제14조 요건을 충족하는 모든 인수계획에 대해서는 집행위원회가 마련한 양식에 따라 집행위원회에 이를 통지해야 한다. 게이트키퍼가

---

24) Commission, News article, "Commission publishes template for compliance report under the DMA", 2023.10.9.

25) https://digital-markets-act-cases.ec.europa.eu/reports/compliance-reports

26) Commission, News article, "Commission publishes template for reporting on consumer profiling techniques under the Digital Markets Act", 2023.12.12.

27) 동일저자, Jean-Christophe Roda, "Le Digital Market Act(2e partie)", Communication Commerce électronique n°3, mars 2023, étude 6.

집행위원회에 통보한 인수 목록은 집행위원회 홈페이지에 게재된다(예: 마이크로소프트의 2023.10.10. 블리자드의 인수). 한편, 일반적으로 지배력을 취득하기 어려운 소수 지분 취득에 대해서는 유럽 경쟁당국이 사전적인 합병 심사를 시행하는 것이 드문데, 마이크로소프트의 오픈AI 지분 취득 및 제휴를 계기로 게이트키퍼가 제휴(partnership) 계약 체결을 통하여 생성형 AI 사업자를 실질적으로 지배하는 것이 아니냐는 우려가 제기되고 있다.[28] 이러한 관점에서 DMA 제14조(Obligation to inform about concentrations)를 적극적으로 해석하여, 게이트키퍼는 소수 지분 취득 관련 정보도 집행위원회에 고지하고 공개하여야 한다는 지적도 있다.[29]

다. 내부고발 촉진 위한 '휘슬블로어 장치(whistleblower tool)'[30]

집행위원회는 게이트키퍼의 모든 DMA 의무 위반을 쉽게 고발할 수 있는 내부고발 장치를 DMA 홈페이지에 설치하였다. 누구나 익명 혹은 실명으로, EU내 모든 언어로, 어떠한 형태로든(보고서, 메모, 이메일 교환, 내부 검토, 결정 등) 관련 정보를 제공할 수 있다. 집행위원회는 내부고발자가 제공한 모든 정보, 내부고발자와 집행위원회 사이의 모든 의사교환을 암호화함으로써 강력한 제보자 신원 보호장치를 마련하였다. 공정거래위원회도 기업집단 내부거래, 부당한 공동행위, 제약 리베이트 등 민감한 내부고발 정보를 암호화하여 내부고발자를 확실하게 보호하는 장치를 마련하는 방안을 강구할 만하다.

---

28) 예컨대 독일 연방카르텔청은 2023년 11월에 마이크로소프트와 오픈AI 간 투자와 제휴가 기업결합 신고 대상에 해당하는지를 검토하였다. 독일 연방카르텔청은 이는 직접적인 기업결합 규제 대상은 아니라고 하였으나, AI 시장에서 주요 사업자들이 신생 기업에 어떻게 참여하는지에 대하여 주의 깊게 살펴보겠다고 하였다. 그리고 연방카르텔청은 만약 마이크로소프트가 추후에 오픈AI에 대한 영향력을 확대한다면, 해당 기업들이 기업결합 신고의무가 있는지를 다시 검토할 것이라고 밝혔다. Bundeskartellamt, Press release, "Cooperation between Microsoft and OpenAI currently not subject to merger control", 2023.11.15. Bundeskartellamt, Annual Report for 2023/24, p.42.

29) Autorité de la concurrence, avis 24-A-05 du 28 juin 2024 relatif au fonctionnement concurrentiel du secteur de l'intelligence artificielle générative.

30) Commission, Press release, "Commission launches Whistleblower Tools for Digital Services Act and Digital Markets Act", 2024.4.30. https://digital-markets-act.ec.europa.eu/whistleblower-tool_en

4. 구체화 절차(Specification proceeding): 규제에 관한 집행위원회와 게이트키퍼 간의 협의

가. DMA 제6조에 따른 의무의 구체화

DMA의 의무 규정은 해석의 여지가 있는 표현을 다수 사용하고 있어, 집행위원회는 DMA 집행에 있어서 상당한 해석 재량권을 가지게 된다. 통상적으로 경쟁법에서 사전규제는 명확하고 일의적인 내용을 담고 있고, 사후규제는 해석의 여지를 두고 있는 경우가 많은데, 이와 비교하면 DMA에서는 사전규제의 성격을 가지고 있는 의무 규정도 내용이 모호하고 범위가 넓은 편이다. 그런데 DMA의 의무 규정은 의도적으로 불명확하게 디자인된 측면도 있다. 즉, DMA 제5조는 명확하고 구체적인 자기집행적인 의무여서 바로 효력을 가질 수 있도록 하는 한편, 제6조는 충분히 특정되지 아니하여 구체화 절차를 예정하고 있다. 이처럼 DMA 제6조와 제8조에 기초한 집행위원회와 게이트키퍼 간의 규제 협의(regulatory dialogue)를 통해서 제6조의 의무는 구체화되고 합리화될 수 있다.[31] 이처럼 집행위원회와 게이트키퍼가 협의를 통하여 DMA상의 특정한 의무를 구체화하는 절차는 마치 경쟁법상 동의의결을 연상시키기도 한다.[32] 그런데 집행위원회의 이러한 '구체화 절차'는 집행위원회가 게이트키퍼가 DMA의 의무를 미준수하였음을 결정하는 권한(과징금과 이행강제금 부과 등)과 다른 별개의 방안이다. 즉, 구체화 절차는 준수해야 하는 의무 그 자체를 상세화하는 것이다.[33]

이에 대해서는 DMA 제5조와 제6조의 의무 구조는 복잡하고 예측가능성을 떨어뜨린다는 비판이 있다. 이러한 견해는 제5조와 제6조의 의무는 사실상 자동적으로(quasi-automatically) 적용되는 반면에, 제9조(유예)와 제10조(공중보건과 공중안전)에 기초한 예외 요건은 상당히 까다롭고 입증책임도 게이트키퍼에게 전

31) DMA 제6조는 제목에서부터 "제8조에 의하여 더 구체화될 수 있는 게이트키퍼의 의무"라고 규정하고 있다.

32) Oles Andriychuck, "The Digital Market Act Tailoring the Tailors", In Kalpana Tyagi, Anselm Kamperman Sanders, Caroline Cauffman (Eds.), *Digital Platforms, Competition Law, And Regulation* (Conccurence 2024), p.56–60. 이 글은 DMA 집행이 파편화됨으로써 협상력의 균형이 게이트키퍼에게 치우치지 아니하도록, DMA는 집행위원회에게 DMA의 집행을 일임하였고, 사적 집행보다 공적 집행을 중시하고 있다고 지적한다.

33) Commission, Press release, ""Commission starts first proceedings to specify Apple's interoperability obligations under the Digital Markets Act", 2024.9.16. Commission, Press release, "Commission seeks feedback on the measures Apple should take to ensure interoperability under the Digital Markets Act", 2024.12.19.

환되기 때문에 적용 예외가 인정되기 어렵다고 지적한다.[34]

나. 구체화 절차의 첫 사례: 애플의 상호운용성

집행위원회는 2024.9.16. 애플이 iOS 및 iPadOS 운영 체제에서 제어하는 하드웨어 및 소프트웨어 기능의 상호운용성과 관련하여 두 건의 구체화 절차를 개시하였다(6개월 내에 종결 예정).[35] 이러한 구체화 절차는 DMA 제6조 제7항의 의무 준수와 관련하여 집행위원회와 애플이 규제 협의를 시작하는 것을 의미한다.[36] 이와 관련하여 집행위원회는 애플에 예비 결과를 전달하고 이에 대한 애플과 제3자의 의견도 청취한다. Margrethe Vestager 전 부집행위원장은 구체화 절차에 대하여 애플이 상호운용성 의무를 효과적으로 준수할 수 있도록 건설적인 대화를 통해 안내하는 것이라고 말하였다.[37] 이를 토대로 집행위원회는 2024.12.18. 애플에게 DMA에 따라 상호운용성을 보장하기 위하여 취해야 할 조치를 제안하는 예비적 판단(preliminary finding)을 채택하였다. 이러한 예비적 판단은 해당 게이트키퍼와 제3자가 집행위원회가 구체화하려는 조치에 대해서 피드백을 주도록 하는 중간 단계(intermediate step)에 해당한다.[38]

이처럼 '규제 협의' 내지 '구체화 절차'에 따라 게이트키퍼의 CPS에 관한 제6조의 의무 내용은 달라질 수 있다. 따라서 반드시 DMA의 의무가 게이트키퍼와 CPS들에게 동일하고 일률적으로 적용된다고 보기는 어렵다. 다만, 구체화 절차가 건설적이고 양방향 소통이 되는 대화를 통해 효과적인 방안을 도출하는 형태로 진행되는지, 아니면 집행위원회가 일방적으로 게이트키퍼에게 필요한 조치를 하명하는 방식인지는 좀 더 지켜볼 필요가 있다.

---

34) Mehmet Bilal Unver, *supra*, p.184, 185.

35) 첫 번째 절차는 iOS의 연결 기능과 이를 활용하는 기기(스마트워치, 헤드폰, VR 헤드셋 등)에 초점을 맞추고, 두 번째 절차는 개발자가 iOS와 iPadOS에 관하여 애플에게 상호운용성을 요청하는 절차에 중점을 두고 있다.

36) DMA 제8조 제2항에 따라 집행위원회는 게이트키퍼가 실질적인 DMA 의무를 효과적으로 준수하도록 이행하여야 할 조치를 구체화할 수 있다.

37) Commission, Press release, "Commission starts first proceedings to specify Apple's interoperability obligations under the Digital Markets Act", 2024.9.16.

38) Commission, Press release, "Commission seeks feedback on the measures Apple should take to ensure interoperability under the Digital Markets Act", 2024.12.19. Case DMA.100203 and DMA.100204 Digital Markets Act, 2024.12.18.

5. 위반(Non-compliance) 조사 절차

가. 위반 조사 절차의 개시

게이트키퍼가 시행한 컴플라이언스 조치가 DMA의 의무를 효과적으로 준수하지 아니하고 있다고 의심될 때, 집행위원회는 대상 행위에 대하여 조사 단계(investigatory steps)를 밟게 된다(제20조). 이 과정에서 집행위원회는 제18조에 의하여 시장조사를 실시할 수 있고, DMA의 효과적인 이행과 준수를 모니터링하기 위하여 특정한 문서를 보관할 것을 게이트키퍼에게 명할 수도 있다.[39] 물론 위반 조사 절차가 개시되었다고 하여 법위반행위라고 단정되는 것은 아니다.

나. 예비조사 결과 통보와 DMA 위반 최종 결정

조사 절차를 진행한 결과 DMA 의무 위반으로 여겨지면, 집행위원회는 해당 게이트키퍼에게 '예비조사 결과를 통보'하고, 집행위원회가 고려하고 있는 조치나 게이트키퍼가 취해야 할 조치를 설명하게 된다. 게이트키퍼는 집행위원회의 조사파일을 검토하고 예비조사 결과에 대하여 서면으로 답변함으로써 방어권을 행사할 수 있다.[40] 더 나아가 집행위원회의 예비적 판단이 최종적으로 확인될 경우 집행위원회는 게이트키퍼의 행위가 DMA 위반이라는 결정을 내리게 된다. DMA 위반 최종 결정은 아직 진행된 바는 없으나, 이는 EU Regulation(CE) n°1/2003 2002.12.16.에 기초한 기존의 시장지배적지위남용행위 절차와 비슷할 것이다.[41]

III. DMA 위반에 대한 절차 개시 현황

이하에서는 집행위원회가 DMA 위반을 이유로 절차를 개시한 사례를 언급한다. 집행위원회는 2024.3.25. 알파벳·애플·메타가 제안한 해결책이 DMA를 준수하지 못하였다고 보아, 알파벳·애플·메타에 대한 5건의 non-compliance 절차 개시를 결정하였다. 이어서 집행위원회는 2024.6.24. 애플의 새로운 계약조건

39) Commission, Press release, "Commission opens non-compliance investigations against Alphabet, Apple and Meta under the Digital Markets Act", 2024.3.25.

40) Commission, News article, "Commission sends preliminary findings to Apple and opens additional non-compliance investigation against Apple", 2024.6.24.

41) Jean-Louis Fourgoux, *op. cit.*

에 대해서도 non-compliance 절차 개시를 결정하였다.[42] 집행위원회는 절차 개시 후 12개월 이내에 조사를 마칠 예정이므로, 2025년 3월 경에는 복수의 DMA 위반 케이스의 조사가 종료될 예정이다. 조사 절차가 개시된 사건은 게이트키퍼의 사업모델과 직결되는 중요한 사항을 다루고 있다.

1. 2024.3.25. 알파벳 절차 개시[43]: 앱스토어 운영과 검색결과의 표시

가. 앱스토어 구글 플레이 운영 규정 관련

DMA 제5조 제4항에 따르면, 게이트키퍼는 앱 개발자가 게이트키퍼의 앱 스토어 밖에서 제안이 이루어지도록 소비자를 유도(steer)하는 것을 무료로 허용해야 한다. 그런데 알파벳의 2024년 컴플라이언스 보고서에 따르면, 알파벳은 구글 플레이 스토어와 관련하여, 외부 링크를 허용하지만 초기 획득 수수료를 부과할 것이고, 이 수수료는 자동 갱신 구독의 경우 5%, 앱 내에서 소비가능한 기타 제안의 경우 10%라고 하였다. 또한, 알파벳은 구글 플레이의 보안 및 업데이트 서비스를 계속 제공하는 대가로 추가 수수료를 받을 것이라고 밝혔는데, 수수료율은 자동 갱신되는 구독의 경우에는 7%, 앱 내에서 소비가능한 기타 제안의 경우에는 17%가 된다. 하지만 집행위원회는 다양한 수수료 부과를 담고 있는 알파벳의 조치는 DMA를 준수하지 못할 수 있다고 보았다. 즉, 알파벳이 제시한 조치는 개발자가 자유롭게 소통하고 자신의 제안을 홍보하며 계약을 직접 체결할 능력을 제약한다고 보아, 집행위원회는 위반 절차를 개시하였다.

나. 검색결과 자사우대 관련

또한, 집행위원회는 알파벳의 구글 검색 결과 표시가 유사한 경쟁서비스에 비하여 구글의 검색서비스(예: 구글 쇼핑 등)를 우대하는지를 판단하기 위하여 절차를 개시하였다. 집행위원회는 알파벳이 제시한 준수 조치에 의하더라도, 구글의 검색결과 페이지에 표시되는 제3자 서비스가 알파벳의 자체 서비스와 비교하여 공정하고 비차별적인 방식으로 처리되지 않을 수 있다고 우려하였다(DMA 제6조 제5항 위반 가능성).

---

42) 집행위원회는 실질적인 DMA 시행일(2024.3.7.)로부터 20일도 지나지 않은 2024.3.25.에 마이크로소프트, 애플, 메타에 대하여 절차개시 결정을 한 것으로 보아, 위 게이트키퍼의 대상 CPS에 대하여 이미 DMA 위반 여부를 검토해 온 것으로 추측된다.

43) Case DMA.100075. Commission, Press release, "Commission opens non-compliance investigations against Alphabet, Apple and Meta under the Digital Markets Act", 2024.3.25.

2. 2024.3.25 애플 절차 개시

가. 애플 앱 스토어 운영 규정 관련[44][45]

DMA 제5조 제4항에 의하면, 애플의 App Store를 통하여 앱을 배포하는 개발자는 무료로 고객에게 저렴한 대체 구매 가능성을 알리고 고객을 자신의 제안으로 이끌 수 있으며 고객의 구매를 허용할 수 있어야 한다. 그런데 애플은 컴플라이언스 보고서에서 앱 개발자가 App Store 내에서 자신의 웹사이트로 연결시키는 것을 허용했지만, 이 링크를 통하여 7일 이내에 발생한 콘텐츠 구매에 대해 17%의 수수료(첫 해 이후에는 구독에 대해 10%)를 부과하겠다고 밝혔다. 애플은 비즈니스 사용자에게는 2024.3.7. 이후의 새로운 비즈니스 조건(엄격한 조건하에 앱 내 링크 허용)과 종전의 비즈니스 조건(앱 내 링크 불허) 중 양자 택일하도록 하였다. 하지만 집행위원회는 다양한 제한과 제약이 덧붙여진 애플의 이러한 준수 조치가 DMA를 준수하지 못할 수 있다고 보아 위반 조사 절차를 개시하였다. 즉, 이는 특히 개발자가 자유롭게 소통하고 자신의 제안을 홍보하며 계약을 직접 체결하는 능력을 제한한다는 것이다. 또한 집행위원회는 애플이 비즈니스 사용자와 계약 체결 후 다양한 수수료를 반복적으로 부과하는 것도 검토한다고 하였다.

이어서 집행위원회는 2024.6.24. 위 사항이 DMA 위반이라는 예비적 판단을 애플에 통보하였는데, 이는 App Store 유도 규정을 포함한 앱 개발자에 관한 거래 조건이 앱 개발자가 고객을 자유롭게 유도하는 것을 허용하지 않는다고 본 것이다.[46] 즉, 애플은 'link-out(링크 아웃)'을 통한 유도를 허용하기는 하지만,[47] 애플이 부과한 다양한 제한으로 인하여 앱개발자는 자신이 선택한 배포 채널을 통해서 고객과 소통하고 자신의 제안을 홍보하며 계약을 체결하는 것을 방해받고 있다는 것이다. 그리고 집행위원회는 애플은 App Store를 통해 앱 개발자가 신규 고객을 확보하는 것을 지원한 대가로 수수료를 받을 수 있지만, 애플이 부과하는 수수료는 위 보상에 필요한 범위를 넘어선다고 보았다. 이처럼 집행위원

44) Case DMA.100109.

45) Commission, Press release, "Commission opens non-compliance investigations against Alphabet, Apple and Meta under the Digital Markets Act", 2024.3.25.

46) Commission, News article, "Commission sends preliminary findings to Apple and opens additional non-compliance investigation against Apple", 2024.6.24.

47) 즉, 앱 개발자는 고객을 계약체결이 가능한 웹 페이지로 다시 보내는 링크를 앱에 포함시킬 수 있다.

회는 공정성 측면에서 애플 앱스토어의 수수료 체계를 직접적으로 다루고 있는데, 적절한 수수료 판단에 대해서는 논란이 발생할 수 있다.

나. iOS user 선택 의무 관련[48)49)]

DMA 제6조 제3항에 따라 게이트키퍼는 최종 사용자가 운영 체계에서 소프트웨어 응용 프로그램을 쉽게 제거할 수 있도록 허용하고 기술적으로 가능하게 해야 한다. 애플은 컴플라이언스 보고서에서, ① 최종 사용자가 iOS에서 Safari, App Store, 설정, 전화, 메시지, 사진, 카메라를 제외한 모든 소프트웨어 앱을 쉽게 삭제할 수 있도록 하고, ② 웹브라우저, 메일 앱, 마켓플레이스 앱, 비접촉결제 앱과 관련된 기본 설정을 iOS에서 변경할 수 있게 하였으며, ③ 사용자에게 아이폰상 브라우저나 검색엔진과 같은 대안적인 디폴트 서비스를 선택할 수 있도록 효과적이고 용이하게 선택 화면을 제공(Safari를 처음 열 때 최종 사용자가 기본 웹 브라우저를 선택할 수 있도록 선택 화면을 표시)하였다고 주장하였다. 하지만 집행위원회는 웹 브라우저의 선택 화면 디자인을 포함하여 애플의 준수 조치가 사용자로 하여금 애플 생태계 내에서 서비스 선택권을 온전히 행사하지 못하게 할 수 있다고 보아 절차를 개시하였다.

3. 2024.3.25. 메타 절차 개시[50)]

메타가 DMA 준수 조치로서 집행위원회에 제시한 'Pay or Consent model[51)]'에 대하여, 집행위원회는 이는 서로 다른 핵심 플랫폼 서비스 전반에서 개인 데이터를 결합하거나 교차 사용하려는 경우 사용자로부터 동의를 받아야 한다는 DMA 제5조 제2항을 위반하는지에 대한 절차를 개시하였다. 동 규정은 게이트키퍼는 지정된 핵심 플랫폼 서비스와 다른 서비스 간 개인정보를 결합하기 위해서는 사용자의 동의를 얻어야 하고, 만약 사용자가 동의하지 않으면 덜 개인화되었지만 동등한 대안을 제공해야 한다고 하고 있다. DMA 시행과 더불어, 메타는 2023.11 '결제 혹은 동의'라는 이분법적인 선택을 도입했는바, 결과적으로 EU 내

---

48) Case DMA.100185.

49) Commission, Press release, "Commission opens non-compliance investigations against Alphabet, Apple and Meta under the Digital Markets Act", 2024.3.25.

50) Case DMA.100055. Commission, Press release, "Commission opens non-compliance investigations against Alphabet, Apple and Meta under the Digital Markets Act", 2024.3.25.

51) Case 결정문에서는 'Consent or Pay advertising model'이라고 하기도 한다.

Facebook이나 Instagram 사용자들은 ① 개인정보를 맞춤형 광고 목적으로 처리하고 결합하는데 동의하고, 개인화된 광고(맞춤형 광고)가 포함된 버전의 소셜네트워크를 무료로 이용하는 방안과, ② 위 동의를 거부하고 광고가 없는 버전의 소셜네트워크를 매월 유료 구독하는 방안 중에서 택일해야 한다. 요컨대 사용자가 맞춤형 광고를 위한 개인정보 제공에 동의하기 싫으면 무광고 버전을 유료 구독하라는 취지이다.

집행위원회는 메타의 '지불 혹은 동의 모델'의 경우, 사용자가 동의하지 않으면 사용자에게 실질적인 대안을 제공하지 못할 수 있고, 이로 인하여 게이트키퍼가 개인 데이터를 축적하는 것을 방지하겠다는 목표를 달성하지 못할 수 있다고 우려하였고, 집행위원회는 2024.7.1 메타의 모델이 DMA를 위반하였다는 예비조사 결과를 통보하였다.[52] 즉, 집행위원회는 메타의 이분법적인 선택 방식은 사용자에게 개인 데이터 결합에 동의하도록 강요하고 있고, 메타는 덜 개인화되었지만 동등한 버전의 소셜네트워크를 제공하지 않고 있다고 보았다. 온라인 플랫폼은 온라인 광고 서비스를 제공하기 위하여 자신의 서비스 및 제3자의 서비스에서 개인정보를 수집하는데, 게이트키퍼는 광범위한 사용자들에게 이용조건을 강요함으로써 막대한 양의 개인정보를 취득할 수 있다. 이러한 개인정보 축적은 경쟁자에게 있어서는 진입장벽으로 작용한다는 것이 집행위원회의 시각이다.[53]

4. 2024. 6.24 애플 절차 개시[54]

또한 집행위원회는 애플의 App Store에 관한 앱 개발자와의 새로운 계약조건에 대하여 절차 개시를 결정하였다. 집행위원회는 애플 App Store 규정이 앱 개발자가 앱 사용자와 자유롭게 소통하는 것을 막고 있는 것 아닌지를 우려하는데, 이에 관해서는 DMA 제5조 제4항 및 제7항, 제6조 제4항 및 제7항, 제13조 제4

---

52) Commission, Press release, “Commission sends preliminary findings to Meta over its “Pay or Consent” model for breach of the Digital Markets Act“, 2024.7.1.

53) EU 사법재판소도 Meta Platforms 사건에서 디지털 시장에서는 개인정보가 중요하고 이는 경쟁정책과도 관련이 있다고 보았다. 그리고 사법재판소는 시장지배적지위남용과 관련해서 EU GDPR 위반 여부가 남용행위의 존재를 평가하는데 활용될 수 있다고 하였다. CJUE, 4 juill. 2023, aff. C−252/21. Jean−Christophe Roda, “Un an de droit de la concurrence dans l'univers numérique”, Communication Commerce électronique n°12, décembre 2023, 15.

54) Case DMA.100206. Commission, News article, “Commission sends preliminary findings to Apple and opens additional non−compliance investigation against Apple”, 2024.6.24.

항 및 제6항이 문제 된다. 집행위원회는 애플의 비즈니스 조건이 앱 개발자와 최종 사용자가 대체 배포를 효과적으로 활용할 수 있도록 보장하는지, 애플이 새로운 계약 조건에서 부과한 수수료 구조, 특히 핵심 기술 수수료(Core Technology Fee)가 DMA를 준수하는지(제3자 앱스토어 제공자와 제3자 앱 개발자는 설치 건당 0.5 유로 지불), 사용자가 대체 앱 스토어나 앱의 다운로드 및 설치를 완료하기 위하여 거쳐야 하는 여러 단계의 과정과 애플이 사용자에게 보여주는 다양한 정보 화면이 DMA를 준수하는지, 아이폰에서 대체 앱 스토어를 제공하거나 웹에서 앱을 직접 배포하기 위하여 충족하여야 하는 개발자 자격 요건이 DMA를 준수하는지를 살펴볼 예정이다.

IV. DMA의 집행기관, DMA와 경쟁법과의 관계

이하에서는 DMA를 집행에 관여하는 기관과 DMA와 기존의 규정과의 조화에 대해서 기술한다.

1. 집행위원회 중심의 DMA 집행: 회원국 경쟁당국의 역할도 중요

대부분의 회원국들은 DMA를 집행하기 위한 국가 차원의 입법 방안을 도입하였는데, 회원국 차원에서는 통상적으로 회원국 경쟁당국이 DMA의 유일한 담당기관으로 지정되었다.[55] 그런데 집행위원회가 DMA에 따른 절차를 개시하면, 그 이후에는 회원국 경쟁당국이 조사를 새로이 행할 수 없고, 만약 회원국 경쟁당국이 DMA 사안을 조사 중이었다면 회원국 경쟁당국은 조사를 종료하고 집행위원회에 그간의 조사 결과를 전달하게 된다는 점에서(제38조 제7항), DMA의 주된 집행 주체는 집행위원회이다.[56] 하지만 DMA가 원활하게 작동하기 위해서는 집행위원회와 회원국 경쟁당국의 긴밀한 협력이 필요하다.[57]

---

55) 프랑스에서는 상법 Article L. 450－11에 따라, 경쟁위원회와 경제부(DGCCRF)가 DMA 규정의 집행당국이 되었다. DGCCRF는 집행위원회에게 DMA 위반에 관한 조사를 행하도록 요구할 수 있다(프랑스 상법 Article L. 490－9). Irène Luc, "The DMA and its Intersection with French Regulation", In Gabriella Muscolo and Alessandro Massolo (Eds.), *Navigating The DMA, Application Across National Jurisdictions* (Concurrence, 2025), p.75, 76. DMA와 상관없이 경쟁위원회와 DGCCRF는 프랑스의 경쟁법 집행기관에 해당한다.

56) 이러한 집행위원회 중심의 DMA 집행은 유럽 경쟁당국 네트워크(ECN)를 강화하고 집행위원회가 경쟁법 집행 권한을 회원국 경쟁당국에게 이양하던 최근의 기류와는 다르다.

이와 관련하여 DMA 제1조 제7항은 회원국 경쟁당국이 집행위원회의 DMA에 관한 결정에 상충되는 결정을 내리지 말아야 하고, 집행위원회는 DMA 집행에 관하여 회원국 경쟁당국에게 자문을 구할 수 있다고 한다. 더 나아가 DMA 제37조와 제38조는 집행위원회와 회원국 경쟁당국의 협력에 대해서 규정하는데, 예컨대 집행위원회는 회원국 경쟁당국에게 시장 조사를 실행하도록 요청할 수 있고, 회원국 경쟁당국이 DMA 위반 여부를 적극적으로 점검하는 역할(조사 포함)에 참여할 수 있도록 하고 있다.

한편, 집행위원회와 회원국 경쟁당국들이 DMA 집행에 관한 정보를 주고받고 협력(예: 공동 조사팀의 구성)하기 위한 플랫폼으로서 ECN(European Competition Network)이 주목을 받고 있다. 집행위원회는 이미 네덜란드, 이탈리아, 스페인, 벨기에, 룩셈부르크와 DMA 집행 협력에 관한 협정을 채결하였다고 한다.[58] 추가적으로 'DMA high-level group'이 DMA와 관련하여 중복 집행을 막고 관련된 규정을 조화롭게 적용하는 역할을 한다.[59]

그리고 DMA 제38조에 의하여 게이트키퍼에 대하여 조사를 시작하거나 의무를 부과하려고 하는 회원국 경쟁당국은 집행위원회에게 이를 알려야 하기 때문에, 집행위원회는 회원국에서 일어나는 게이트키퍼에 관한 조사와 조치를 알고 있게 된다. 제38조 제7항에 따라, 회원국 경쟁당국은 자국법에 따라 권한을 부여받은 경우, DMA 의무 위반 여부에 대해서 자체적으로 조사할 수는 있다. 특히 이러한 권한은 해당 행위가 DMA, 경쟁법 또는 둘 다에 위배되는지가 명확하지 않을 때 의미가 있다. 하지만 제38조에 따라 집행위원회는 경쟁당국으로부터 정보를 제공받게 되고, 집행위원회는 DMA의 틀 안에서 조사를 개시하고 결정을 내릴 수 있기 때문에, 집행위원회가 게이트키퍼의 DMA 위반에 대해서 절차개시할 경우 실질적으로 집행위원회가 이를 마무리하게 되고 회원국 경쟁당국은 해당 사안에서 손을 놓게 된다.[60] 이처럼 집행위원회는 게이트키퍼의 DMA 위반행위에 관하여 조사상 우선권을 가지므로, 집행위원회가 게이트키퍼와 CPS를 지정

---

57) Gabriella Muscolo and Alessandro Massolo, "Overview", In Gabriella Muscolo and Alessandro Massolo (Eds.), *Navigating The DMA, Application Across National Jurisdictions* (Concurrence, 2025), p.14, 15, 18.

58) Gabriella Muscolo and Alessandro Massolo, *supra*, p.14, 15, 18.

59) Irène Luc, *supra*, p.77.

60) Irène Luc, *supra*, p.75.

하면 회원국 경쟁당국의 권한은 그만큼 제한되고, 실질적으로는 회원국 경쟁당국은 게이트키퍼 사업자에 있어서는 CPS로 지정되지 아니한 나머지 서비스에 대해서 집행할 권한을 가지는 셈이 된다.[61)]

이와 관련하여 독일 연방카르텔청이 구글의 데이터 처리 관행에 대하여 조사한 사건이 의미가 있다. 이 사건에서는 구글이 자신의 서비스들을 넘나드는 이용자의 데이터를 어떻게 수집하고 처리하는지, 사용자가 자신의 데이터를 충분히 제어할 수 있는지가 쟁점이었다. 구글은 이용자 데이터가 다양한 서비스에서 처리되는 것에 있어서, 이용자가 구체적인 정보를 제공받고서, 자유롭고 명확하게 동의를 할 수 있도록 하겠다고 약속하였다. 당시 구글은 이미 DMA에 따라 지정된 CPS[62)]에 대해서는 개인 데이터 처리 및 결합에 관한 DMA 제5조 제2항의 의무를 부담하고 있었으므로, 구글과 연방카르텔청 간의 약속은 구글의 다른 25개 서비스[63)]를 대상으로 하였다.[64)] 이 사건에서 집행위원회와 독일 연방카르텔청은 경쟁법과 DMA가 긍정적으로 상호작용하고 연방카르텔청이 내린 결론이 DMA 제5조 제2항과 어울리도록 조사 과정에서부터 서로 긴밀히 협력하였다고 한다. 이를 통하여 회원국 경쟁당국의 조치가 DMA의 목적에 어긋나지 않고 일사부재리(ne bis in idem)의 이념에 어긋나지 않게 된다.[65)]

2. 기존의 EU, 회원국 규정과 DMA

DMA는 EU와 회원국의 다양한 디지털 시장 규율 수단 중 하나로서 기존의 EU 법·경쟁법과 조화를 이루면서 이들을 보완하는 역할을 한다.[66)] 한편, DMA

---

61) Sascha Dethof, Lea Josten, “Bundeskartellamt Gives Users of Google Services Better Control over their Data on the Basis of Section 19a of the German Competition Act, GWB (Germany)”, Journal of European Competition Law & Practice, 15(2), March 2024, p.113–115.

62) Google Shopping, Google Play, Google Maps, Google Search, YouTube, Google Android, Google Chrome, Google’s online advertisement services.

63) Gmail, Google News, Assistant, Contacts, Google TV 등.

64) 디지털 경제에 대응하여 진행된 독일 경쟁제한방지법 제10차 개정의 취지와 내용에 대해서는, 유영국, “독일 경쟁제한방지법 제10차 개정(안)의 주요 내용과 독점규제법상 시사점”, 「경쟁법연구」, 한국경쟁법학회(제42권, 2021), 216면 이하에 상술되어 있다.

65) Simon Reetz and Alexander Iken, “The Digital Markets Acts and Competition Law Enforcement in the Digital Economy: A German Perspective”, In Gabriella Muscolo and Alessandro Massolo (Eds.), *Navigating The DMA, Application Across National Jurisdictions* (Concurrence, 2025), p.86, 87.

규정은 단독행위를 비롯한 EU와 회원국의 종래 경쟁법 규정의 집행에는 영향을 미치지 아니한다.[67] 그러므로 경쟁법은 디지털 시장을 규율함에 있어 중심적인 역할을 계속해 나갈 것이다. 왜냐하면 게이트키퍼의 리스트에 포함되지 않은 플랫폼은 여전히 DMA의 영역 밖에 있게 되고, DMA에서는 제5조와 제6조에 따른 의무만이 플랫폼에게 가해지기 때문이다. 그리고 DMA 제5조와 제6조의 영역에 있어서는, DMA가 규정하고 있는 행위에 대해서 경쟁법을 병행하여 적용하는 것이 가능하다.[68]

DMA 제1조 제5항은 회원국이 게이트키퍼에게 국내 규정을 적용하는 것을 배제하고 있지 아니하고,[69] 더 나아가 제6항은 DMA는 반경쟁적인 합의, 사업자단체의 결정, 담합, 시장지배적지위 남용행위를 금지하는 TFEU 제101조, 제102조와 회원국 경쟁법에 영향을 주지 않는다고 명시하고 있다. 그 외에 단독행위를 금지하는 다른 회원국 규정, 예컨대 우리나라의 거래상지위남용행위와 비슷한 역할을 하는 프랑스 상법의 심각한 불균형 금지 조항(déséquilibre significatif, significant imbalance)[70]도 게이트키퍼가 아닌 플랫폼을 겨냥하거나 DMA 제5조, 제6조가 아닌 다른 의무를 게이트키퍼에게 부과하는 경우에는 적용될 수 있다.[71]

3. 사적 집행(private enforcement)과 DMA

EU에서도 경쟁법 위반행위에 대한 사적 집행(보상, 무효)은 점점 중요해지고 있는데, 집행위원회가 DMA를 집행함에 있어서 사적 소송을 어느 정도 허용할 것이지가 논란이 되고 있다. 일부 견해[72]는 사적 집행 체계가 관할권마다 다양한 상황에서 DMA에 관한 사적 소송이 많아질 경우 DMA 집행이 파편화될 수 있다

66) Gabriella Muscolo and Alessandro Massolo, *supra,* p.14, 15.

67) Commission, “Report on Competition Policy 2023”, 2024.3.6, p.29. 집행위원회의 위 경쟁정책 보고서 제5장(단일 시장의 새로운 보완 도구)은 DMA에 대하여 ‘경쟁정책의 확장’을 의미한다고 기술하였다. Laurence IDOT, “Les nouveaux outils complémentaire de la politique de concurrence: premier bilan”, Europe n°4, avril 2024, alerte 28.

68) Irène Luc, *supra*, p.74.

69) 다만, 회원국이 DMA에 기초한 공정성과 경합성을 보장하기 위한 추가적인 의무를 게이트키퍼에게 부여하지는 못한다.

70) 프랑스 상법 Article L. 442−1.

71) Irène Luc, *supra*, p.74, 75.

72) Assimakis Komninos, “The Digital Market Act and Private Enforcement: Proposals for an Optimal System of Enforcement”, In Nicolas Charbit and Sébastien Gachot (Eds.), Antitrust Ambassador to the world (Concurrence 2021).

는 점을 우려하여, 집행위원회가 게이트키퍼에 대한 법위반 결정을 내린 이후에만 사후적으로 회원국 법원이 개입할 수 있다고 주장한다. 이에 반해 다른 견해[73]는 사적 집행이 DMA 집행에 있어서 중요한 역할을 해야 한다며 회원국 법원의 독자적인 역할을 중시한다.[74]

이와 관련하여 DMA 제39조 제5항은 회원국 법원은 집행위원회의 DMA 집행에 반하는 결정을 할 수 없다고 규정함으로써, 집행위원회의 결정이 회원국 법원과 경쟁당국에 대해서 구속력을 가지도록 하고 있다. 사견으로는 이러한 구속력을 감안할 때, 전자(파편화 방지 중시)의 견해가 현실적이라고 여겨진다.

프랑스에서는 반경쟁적인 행위에 관한 소송을 전담하고 있는 법원과 재판부가 DMA에 기초한 사적 소송도 마찬가지로 담당하게 되었다. 즉, 8개의 사법법원(judicial courts)과 8개 상사법원(commercial courts), 항소의 경우 '파리 항소법원(Paris Court of Appeal)의 특별 재판부'에 DMA 사적 소송이 집중되었다.[75] 이는 DMA 사적 소송이 효율적으로 진행되게 하고 재판의 완성도와 일관성을 높이기 위함이다.

V. 결론

1. 신속한 절차 진행과 상시적 · 집중적인 게이트키퍼 감시체계

DMA는 기존의 경쟁법만으로는 다른 CPS 사업자가 시장에 새로 진입할 수 있는 환경을 만들기 어렵고, 설사 신규사업자가 등장하더라도 다른 게이트키퍼일 것이라는 인식에 바탕을 두고 있다.[76] 물론 다른 게이트키퍼가 특정한 CPS 시장에 새로이 진입할 경우 경쟁이 늘어난다는 측면에서는 긍정적이겠지만, DMA가 추구하는 경합성과 공정성은 게이트키퍼가 아닌 일반 플랫폼 사업자도 CPS 시장에 신규 진입할 수 있고 기존의 게이트키퍼와 대등하게 경쟁할 수 있는 환경을 조성하는 것을 목표로 하는 것으로 보인다.

---

73) Magnus Strand, "Private Enforcement Under the Digital Market Act: Rights and Remedies Revisited", Nordic Journal of European Law, 7(2), 2024, p.120.

74) Gabriella Muscolo and Alessandro Massolo, *supra*, p.16, 17.

75) Irène Luc, *supra*, p.76.

76) Oles Andriychuck, *supra*, p.62.

이러한 관점에서 DMA는 집행위원회에 강력한 집행 권한을 부여함과 동시에, 제5조와 제6조의 의무 규정에 다의적 해석이 가능한 용어들을 둠으로써 집행위원회에 상당한 해석 재량도 부여하고 있다. 게다가 DMA는 집행위원회로 집행기관을 집중함으로써 파편화를 방지하고, 집행위원회가 구체화 절차나 위반 절차 등에서 게이트키퍼에 대하여 협상력을 발휘할 수 있도록 하였다. 또한 집행위원회는 DMA의 효과적인 운용을 위해 다양한 장치와 절차를 구비해 두었다. 게이트키퍼와 CPS의 지정, 시장조사, 컴플리언스 보고서, 소비자 프로파일링 기법, 합병 목록 공지, 내부고발 장치, 구체화 절차와 위반 절차, 예비조사 결과 통보 등의 절차는, 결국 집행위원회가 이를 통해 연중 상시적, 집중적으로 게이트키퍼와 CPS를 관리, 감독하는 체제를 구축하였음을 보여준다. 즉, 전통적인 반경쟁적인 행위의 조사가 '하나의 과정'으로 길게 진행되었다면, DMA는 사전규제적 성격을 가진 제도를 혼합하고(지정, 자기집행적 의무), 위반의 기준이 되는 표준점(컴플리언스 보고서)을 미리 설정하고, 관련 시장을 미리 파악하고(시장조사), 불명확한 의무 내용은 미리 구체화하며(구체화 절차), 위반 의심시 절차를 개시하고 예비적 판단을 통보함으로써 조사와 제재를 상시적으로 준비하고 집행을 신속화하는 체제를 갖추었다.

더 나아가 DMA는 개별 절차마다 단기의 집행기한을 설정함으로써 집행위원회가 최대한 신속하게 위반 여부를 판단하고 제재를 진행하도록 하고 있다. 실제로 게이트키퍼와 CPS 지정, 시장조사, 컴플리언스 보고서 제출, 구체화 절차, 절차개시 결정 등에 있어서 집행위원회는 매우 빠른 진행 템포를 보이고 있다.[77] '빨리빨리'와는 거리가 멀고, 조직의 성과를 위하여 개인의 사정(휴가 등)을 희생하지 않는 유럽의 근로 문화를 감안하면, DMA의 빡빡한 기한 설정은 상당히 이

77) 예컨대 사업자가 DMA 게이트키퍼 기준을 충족할 가능성이 있다고 집행위원회에게 알린 경우, 집행위원회는 45일의 working day 이내에 게이트키퍼 지정 여부를 결정한다. 시장조사는 12개월 내에 완료한다. 게이트키퍼로 지정된 경우 게이트키퍼는 DMA의 요구 사항을 6개월 내에 충족시켜야 하고, 그 기간 내에 집행위원회에 컴플라이언스 보고서와 소비자 프로파일링 보고서를 제출해야 한다. 집행위원회의 절차 개시 결정으로 개시된 조사는 그로부터 12개월 내에 완료한다. 집행위원회는 DMA 실질 시행일인 컴플라이언스 보고서 제출 마감일로부터 20일도 지나지 않은 2024.3.25.에 MS, 애플, 메타에 대하여 절차개시 결정을 하였다. 집행위원회는 2024.3.25 애플과 메타에 대해서 절차개시 결정한 후, 3달여 만에 애플의 App.tore 운영 규정, 메타의 '결제 또는 동의' 모델이 DMA를 위반하였다는 예비조사 결과를 통보하였다. 집행위원회는 2024.9.16. 애플이 iOS 및 iPadOS의 상호운용성과 관련하여 두 건의 구체화 절차를 개시하였는데, 3개월이 지난 2024.12.18. 애플에게 필요한 조치를 제안하는 예비적 판단을 채택하였다.

례적이다. 그만큼 집행위원회가 게이트키퍼에 대한 신속한 DMA 집행에 심혈을 기울이고 있다고 생각된다. 그 결과 기존의 시장지배적지위남용행위와 비교할 때 DMA의 사건처리 시간은 상당히 단축될 것으로 예상된다.

실제로 집행위원회는 2025.4.23. 애플이 앱 개발자로 하여금 외부의 저렴한 대안적인 배포 채널을 활용하지 못하게 하고, 앱 개발자가 소비자에게 이러한 선택지를 알리는 것을 막은 것은 DMA 위반에 해당한다고 결정하였다(즉, 앱 개발자가 앱 내에서 외부 결제 수단이나 자신의 웹 사이트로 소비자를 유도하는 것을 막음). 그리고 집행위원회는 같은 날 메타의 '동의 또는 지불' 광고모델(맞춤형 광고를 위한 개인정보 결합에 동의하거나 아니면 구독료를 지불하고 광고 없는 서비스를 이용해야 함)과 관련하여, 메타는 개인정보를 덜 사용하는 동등한 서비스를 선택할 수 있는 권리를 소비자에게 보장하라는 DMA의 의무를 위반했다고 결정하였다.[78] 이러한 최초의 DMA 위반 결정에 기초하여 집행위원회는 애플에 5억 유로, 메타에 2억 유로의 과징금을 각각 부과하였다. 위 2개 결정은 집행위원회가 절차를 개시한 지 1년여 만에 이루어진 것으로 집행위원회의 DMA에 의한 사건처리가 종전보다 빠름을 보여준다.

또한, DMA에 대해서는 지정 절차나 법위반행위 판단이 획일적이라는 지적이 가능하나, 다양한 대화·협상·의견 제출·이의제기를 통해서 게이트키퍼와 집행위원회의 물밑에서의 줄다리기가 끊임없이 이루어지고 있는 것은 아닌지 확인해 볼 필요도 있다.[79] 또한, 집행위원회는 이해관계자와 디지털 시장 자문위원회의 의견도 청취하고 있다. 특히 게이트키퍼의 의무에 있어서 불명확한 부분이 어떻게 구체화되는지는 애플 사건에서 처음으로 실시한 집행위원회와 게이트키퍼 간의 '규제 협의(구체화 절차)'에 주목할 만하다. 동의의결과 일견 비슷해 보이기도 하는 DMA의 '구체화 절차'가 상호 소통을 통하여 합리적인 결론을 도출하는 과정이 될

78) Commission, Press Release, "Commission finds Apple and Meta in breach of the Digital Markets Act", 2025.4.23. 한편 메타는 집행위원회와 수차례의 논의를 거친 끝에, 2024년 11월에 개인정보를 덜 사용하는 새로운 무료 맞춤형 광고모델을 도입하였는데, 집행위원회는 이러한 새로운 모델이 DMA에 부합하는지를 검토 중이라고 한다. '동의 혹은 지불' 모델에 대한 집행위원회의 2025.4.23. 과징금 부과 결정은 DMA가 법적인 구속력을 갖게 된 2024년 3월부터 메타가 새로운 광고 모델을 도입한 2024년 11월까지의 행위에 대해서 내려진 것이라고 한다.

79) 집행위원회는 각주 78)의 보도자료에서, DMA 위반 결정과 관련하여 해당 사업자와 폭넓은 대화를 나누었고 사업자가 자신의 견해를 충분히 제시할 수 있도록 하였다고 주장하였다(*The two decisions come after extensive dialogue with the companies concerned allowing them to present in detail their views and arguments*).

지, 아니면 규제당국의 일방통행식 명령 전달 방식으로 진행될지 궁금하다.

추가적으로 DMA의 집행에 있어서는 집행위원회가 중심적인 역할을 하게 되겠지만, 회원국 경쟁당국이 집행위원회와 협력하여 DMA 집행을 뒷받침하는 것도 중요하다. 또한 DMA와 기존의 EU법과 경쟁법 규정이 조화를 이루는 것도 필요한데, 이 역시 회원국 경쟁당국과 법원이 집행위원회와 긴밀하게 정보를 주고받고 협력을 하여야 가능한 일이다. 이를 위한 ECN과 DMA high-level group의 조정자 역할이 주목된다.

2. DMA의 위반에 대한 절차 개시

DMA를 준수하기 위하여 게이트키퍼들이 컴플라이언스 보고서에서 스스로 제시한 해결방안만 보더라도, 그동안 애플, 알파벳, 메타 등이 수용하지 않던 중요한 조치들을 전향적으로 담고 있다. 그럼에도 불구하고, 집행위원회는 더 나아가 게이트키퍼가 '실질적', '효과적'으로 DMA를 준수하고 있는지를 확인하고 있다. 게다가 집행위원회는 절차개시 결정과 예비결과 통보를 통하여 게이트키퍼에게 DMA 위반 가능성을 알리고 법위반 판단 시 강력한 제재가 행해질 것임을 예고하고 있다. 집행위원회는 DMA 위반 시 사업자의 전세계 총매출의 최대 10%에 해당하는 과징금을 부과할 수 있고, 반복 위반 시 이는 최대 20%까지 늘어날 수 있으며, 조직적인 위반일 경우에는 게이트키퍼에게 사업 또는 그 일부를 매각하거나 관련된 추가 서비스의 인수를 금지하는 조치를 할 수 있다(제30조).

이처럼 DMA 시행 이후 EU에서는 거대 플랫폼 서비스의 운영 규정과 방식이 요동치고 있다. 예컨대 그동안 제3자 결제를 위한 앱 내 링크는 허용하기 어렵고, 앱 구매 수수료 30%도 변동이 어려운 숫자처럼 인식되어 왔는데, DMA 시행 이후 EU에서 앱 구매 수수료 등에 있어서 상당한 변화가 나타나고 있다. 이와 관련하여 게이트키퍼는 컴플라이언스 보고서에서 DMA 요구하는 기준에 맞추려면 보안, 프라이버시가 침해되고 현재 제공되고 있는 서비스 질과 범위가 하향될 것이라고 반박하였는데(특히 애플), DMA에 따른 시정조치 후 EU에서 게이트키퍼의 주장이 현실화될 것인지 주목된다.

3. DMA의 비 EU 국가에의 영향

DMA를 통한 과감한 게이트키퍼의 규율은, EU를 넘어 다른 국가에게도 영향을 미칠 수 있다. DMA는 European Economic Area에만 적용되지만, 게이트키퍼는 자신의 비즈니스 모델을 다른 나라에서도 DMA에 맞게 수정함으로써 추가 비용과 노력을 줄이려 할 수 있다.[80] 그리고 국가별 거대 디지털 플랫폼 규율 방식은 규제를 줄여 혁신을 촉진하는 미국식, 공정성과 경합성을 중시하는 EU식 혹은 그 중간적인 형태를 취할 것으로 예상된다. 만약 어떤 국가가 입법을 통한 플랫폼 규제를 추구한다면, 일본과 같이 적용범위를 특정 부문(스마트폰 소프트웨어)로 한정하는 방식을 택할 수도 있고,[81] 적용범위는 특정 부분에 한정하지는 아니하면서 사전규제 · 사후규제 · 제재의 경직도를 낮추고 해당 사업자의 반증을 허용하는 형태를 택할 수도 있다. 방법적으로 기존의 법을 활용하는 방안과 특별법을 새로 제정하는 방안도 있다. 이처럼 시장지배력을 가진 대형 플랫폼 사업자를 따로 규제하는 입법을 추진할 것인지 여부, 만약 추진한다면 어느 방식이 적합한지에 대해서는 국가별로 다양한 의견이 제시될 수 있는데, 이에 대해서는 그 나라의 대형 플랫폼 관련 현행 법체계, 시장구조, 경쟁 상황, 산업 상황, 거래상대방 보호, 소비자 후생 등이 종합적으로 고려될 수 있겠다.

---

80) Allen Grunes and Rosa Baum, “US Competition Law in Digital Markets”, In Kalpana Tyagi, Anselm Kamperman Sanders, Caroline Cauffman (Eds.), *Digital Platforms, Competition Law, And Regulation* (Conccurence 2024), p.234.

81) The Act on Promotion of Competition for Specified Smartphone Software in Japan, 2024.6.12.

제 9 장

독일 남용법의 보호목적*

- 김현민 -

I. 머리말

최근 우리나라에서는 '갑을 관계' 내지 수직적 거래 관계에서 거래상대방에 비하여 우월적 지위에 있는 사업자의 부당한 행위를 규제하려는 입법·정책적 요구가 크게 강화되고 있다. 대규모유통업에서의 거래 공정화에 관한 법률, 가맹사업 거래의 공정화에 관한 법률, 대리점 거래의 공정화에 관한 법률 등 개별 분야별로 이른바 갑을관계의 남용을 억제하기 위한 특별법들이 제정되어 활발히 운용되어 왔으며, 온라인 플랫폼 분야에서도 공정화법안과 독점규제법안 등 다수의 법률안이 국회에 계류 중이다.

이러한 법제들은 기본적으로 공정한 거래질서 확립과 거래상 약자의 보호를 목적으로 착취적 남용행위를 직접 규제하는 경향을 보인다. 그러나 이러한 착취 남용적 규제 방식은 자칫 시장 기능과 효율성을 저해하거나 규제 중복과 집행상의 혼선을 초래할 수 있다는 지적도 제기된다. 결국 시장지배적 사업자의 남용행

---

* 이 글은 기본적으로 필자의 독일 튀빙겐 대학교(University of Tübingen) 법학박사 학위 논문(Das Missbrauchsverbot für Unternehmen mit relativer Marktmacht, Mohr Siebeck, 2024) 중 제2장 Schadenstheorie bei relativer Marktmacht에서 다룬 내용 일부를 수정하고 요약한 것입니다.

위와 더불어 거래상 지위 남용행위, 나아가 플랫폼 사업자의 우월적 지위 남용에 이르는 폭넓은 규제 영역에 대해, 그 입법 목적과 정당성 근거를 보다 면밀히 검토할 필요성이 한층 커지고 있다.

본 논문은 이러한 문제의식에서 출발하여, 독일 경쟁법상의 시장지배적 지위 남용금지 제도의 보호목적을 고찰함으로써 한국 법제의 개선 방향을 모색하고자 한다. 독일은 오랜 경쟁법 역사를 통해 시장지배력 남용규제뿐만 아니라 상대적 시장력에 기반한 남용규제까지 발전시켜 왔으며, 특히 질서자유주의 전통 아래 경쟁질서의 유지와 공정성 확보를 중시하는 법리가 형성되어 왔다. 예를 들어 독일 경쟁제한방지법은 제19조에서 시장지배적 지위의 남용을, 제20조에서 상대적 시장지위 남용을 금지하여 각각 시장경쟁 질서의 왜곡 방지를 목표로 하고 있다. 우리나라의 경우 전통적으로 경쟁법의 이념에 경제 민주화와 중소기업 보호와 같은 가치가 부가되어 왔지만, 구체적 규제 장치의 운용에 있어 이러한 가치와 소비자후생 중심의 경쟁정책 간 역할 분담과 균형에 대한 논의가 부족하였다. 특히 거래상 지위 남용행위에 대해서는 실무적 중요성에 비해 학술적 논의가 미흡하였고, 개별 사안 해결에 치중한 경험적 접근이 제도 전체의 체계적 발전에 한계를 초래하기도 했다.

이러한 배경하에서, 이 글에서는 먼저 독일 경쟁법 목적론의 역사적·이론적 전개 과정을 살펴보고, 이어서 독일법상상대적 시장력 개념을 소개하고, 착취남용 행위에 대한 국가개입의 정당성 문제를 검토한다. 아울러 그 과정에서 경쟁보호 목적과 소비자후생·효율성 중시 관점 사이의 긴장 관계를 점검함으로써 남용규제 법리의 핵심 쟁점을 부각시킨다. 마지막으로 이상의 논의를 토대로 한국 경쟁법제 및 정책에 대한 함의를 정리한다.

II. 독일법상 시장지배적 지위 남용금지의 보호목적

1. 경쟁법 보호목적의 다원성

가. 보호목적에 대한 양대 시각

경쟁법은 기업의 행위가 한 시장 내에서 경쟁을 제한하거나 방해할 우려가 있을 때 개입한다.[1] 경쟁 질서하에서 경쟁정책의 주요 임무는, 기능하는 시장을 전제로 기업들이 경쟁을 제한하지 못하도록 하여 유효경쟁[2]이 유지되도록 하는 데 있다.[3] 다만 독일 경쟁제한방지법이나 유럽기능조약 자체는 경쟁이 무엇인지를 정의하지 않는다. 이는 경쟁의 개념이 모든 시장 조건, 영향 및 결과를 포괄하는 추상적 개념이기 때문에 정의하기 어렵고, 실무상 미리 규정할 필요도 없기 때문이다.[4] 만약 경쟁의 내용을 사전에 규정한다면, 그 시점에 알려지지 않은 미래의 행위를 반영하지 못해 오히려 실제 경쟁과 상반되는 결과가 도출될 위험이 있다.[5] 보통 경쟁은 경쟁을 제한하는 행위로서 경험적으로 확인되므로,[6] 이는 경쟁법 규범으로 충분하다. 어느 행위가 경쟁 제한적이며 경쟁법 개입의 필요 최소 기준을 초과하는지 여부는 판례와 학설에 맡겨진다. 이와 관련하여 과거에도 경쟁법 체계의 경제적 상황과 현대 경쟁정책에 관한 다양한 견해가 제시되었으며, 오늘날에도 이 논쟁은 여전히 활발하게 진행되고 있다.[7]

경쟁법의 목적에 관한 전개 방향은 본질적으로 두 갈래로 나뉜다. 한 견해는 경쟁이 시장경제의 기능적 기반임을 중시하는 반면, 다른 견해는 경쟁의 최우선 목표가 시장의 경제적 후생을 증진하는 것이라 하여, 후생의 감소가 경쟁의 부당한 제한으로 파악한다. 첫 번째 견해에 따르면, 경쟁 위반 행위는 기업 간 경쟁의 전제 조건인 기업의 자유로운 활동에 대한 개입에서 비롯되며, 이는 기업의 자유를 억제하는 것 자체가 경쟁에 해를 끼친다는 독일 질서자유주의 전통 및 미국 하버드 학파의 견해와 맥을 같이한다. 반면 두 번째 견해는, 비록 행위 자유가 제한되어 보일지라도 그 행위가 이해관계 조정을 통해 사회적 후생을 극대화하는 경우에는 경쟁 제한으로 보지 않아야 한다고 본다. 대표적으로 1980년대 이후 미국에서 지배적인 시카고 학파의 견해가 이에 해당한다. 최근 미국과 EU에서는 시카고 학파의 보수적 접근에 대한 반작용으로, 경쟁법 위반 여부를 판단할 때 경쟁법의 평가 기준이 '공정'해야 한다는 전제하에 규범적 가치도 고려되

1) Hoppmann, in: Wettbewerbsordnung und Wettbewerb, 1988, 296, 301 ff. 참조.
2) 유효경쟁과 관련한 상세한 내용은 Kling/Thomas, Kartellrecht, 2. Aufl. 2016, § 2. Rn. 11 ff. 참조.
3) Bechtold/Bosch, Kartellgesetz, 8. Aufl. 2015, Einführung Rn. 50.
4) Kling/Thomas, Kartellrecht, 2. Aufl. 2016, § 2. Rn. 3.
5) Hoppmann, in: Wettbewerbsordnung und Wettbewerb, 1988, 333, 338 ff.
6) Mestmäcker/Schweitzer, Europäisches Wettbewerbsrecht, 3. Aufl. 2014, § 3. Rn. 1.
7) 이와 관련한 상세한 내용은 Jones/Sufrin/Dunne, EU Competition Law, 7. Aufl. 2019, S. 14−35 참조.

어야 한다는 견해가 점차 확산되고 있다.[8)]

나. 제도로서의 경쟁보호

(1) 보호목적으로서의 경쟁과정과 경쟁자유

독일 경쟁법은 J. M. Clark의 기능적 경쟁에 대한 신고전파 경제이론에 의해 형성되었으며,[9)] 일반적으로는 역동적인 경쟁 과정을 중심에 두는 경향을 보인다. 이 이론에 따르면, 경쟁법의 주요 과제는 기업의 행동의 자유를 보장하는 데 있으며, 이는 곧 사적 자율성의 실현을 가능케 하는 것이다. 이때 자유롭고 제한받지 않는 경쟁 과정은 경쟁법의 핵심적인 목표이다.[10)] 이러한 경쟁 과정을 통해 혁신의 보호 또한 도모될 수 있다.[11)] 또한 경쟁법 규범 그 자체도 자유에 대한 제약, 즉, 계약의 자유에 대한 침해로 간주될 수 있으나, 경쟁을 보호하기 위한 집행은 필요불가결한 것으로 여겨진다.[12)] 이러한 전제는 Adam Smith가 주장한 시장의 조절 기능에 대한 신뢰에 기반하고 있으며, 이는 시장에서 인위적인 경쟁 제한을 제거함으로써 가장 바람직한 경쟁 결과를 달성할 수 있다는 생각이다.[13)] 경쟁의 자유는 수평적으로는 경쟁자들로부터 자신을 차별화하거나 경쟁자를 제한할 수 있는 자유로, 수직적으로는 계약 당사자를 자유롭게 선택할 수 있는 자유로 표현될 수 있다.[14)]

1974년 노벨 경제학상을 수상한 Friedrich A. Hayek가 설명한 것처럼 경쟁을 탐색과 발견의 과정으로, 경쟁의 결과는 누구도 예측할 수 없는 열린 과정으로 이해한다면 경쟁법은 이러한 과정을 제도적으로 보장하기 위한 수단이 된다.[15)] 경쟁을 발견의 절차로 파악하는 관점은, 시장 참여자가 각 시장 조건에 대해 완전한 정보를 보유하고 있음을 전제로 하는 완전 경쟁 모형에서 벗어난 시각이다.[16)] 실제 경쟁 과정에서 기업들이 직면하는 제약들로 인해 경쟁은 경쟁의 자유

8) 이에 관하여는 예컨대, Vaheesan, Yale L.J.F., Bd. 127 (2018), 980, 990 참조.
9) Kling/Thomas, Kartellrecht, 2. Aufl. 2016, § 2 Rn. 1, 20 f.
10) Hoppmann, ZBJV (1966), 249, 271.
11) Kerber/Schwalbe, in: MüKo－EuWettbR, 2007, Einl. Rn. 102.
12) Rittner, Orientierungen zur Wirtschafts－ und Gesellschaftspolitik, Bd. 99 (2004), 38, 38.
13) Adam Smith의 영향을 받은 고전적 경쟁개념에 관하여는 Schmidt/Haucap, Wettbewerbspolitik, 10. Aufl. 2013, S. 4. ff. 참조.
14) Hoppmann, in: Wirtschaftsordnung und Wettbewerb, 1988, 235, 265 f.
15) 이에 관하여 상세히는 Kerber/Schwalbe, in: MüKo－EuWettbR, 2007, Einl. Rn. 108 f.

를 전제로 하면서도 동시에 이를 제한하는 제도적 성격을 가진다.[17] 질서자유주의의 대표적 사상가로 평가받는 Franz Böhm은 경쟁을 역사상 가장 위대하고 창의적인 힘의 분산 수단이라고 보았는데, 이는 어느 한 기업이 자신의 경쟁자를 반드시 인식해야만 하는 현실이 곧 시장력을 감소시키는 결과를 가져오기 때문이다.[18] 이는 경쟁을 하나의 제도로서 강조하고 경쟁법을 경제적 권력에 맞서기 위한 특별 규범으로 이해하는 시각으로도 해석될 수 있다. 이에 따라 경쟁법은 경제학에서 '경합 시장'이라고 불리는 경쟁 형태를 인정하며, 특히 잠재적 경쟁은 시장 진입 장벽의 제거를 통해 보호되어야 한다.[19]

경쟁 과정은 이해관계 충돌의 판단에 필요한 사실을 경쟁의 자유를 지향하는 규범에 따라 평가할 수 있는 틀을 제공한다.[20] 개인의 자유가 국가에 의해 침해되는 것이 사회의 복지 수준 고양이라는 이유로 정당화될 수 없듯이, 경제적 자유에 대한 개입도 단순히 후생 증진의 기대만으로는 정당화될 수 없다.[21] 경제이론이 곧바로 경쟁법에 도입될 수는 없는 것이나, 경쟁법이 경쟁 정책이 지향하는 구체적 시장 결과에 대해 긍정적인 기여를 하기는 어렵다는 경제학적 통찰은 의미 있는 시사점을 제공한다.[22]

이처럼 경쟁을 제도로 이해하고 경쟁법의 목적을 경쟁 과정의 보호로 보는 관점은, 일반적으로 유럽 특히 독일의 질서자유주의 사상 및 미국 하버드 학파의 입장에 기초하고 있다.

(2) 질서자유주의 관점

질서자유주의적 사고방식이란 1930년대 독일에서 등장하여 주로 프라이부르크 대학을 중심으로 정립되었고, 오늘날까지도 발전을 거듭하고 있는 정치 · 경제철학적 사상을 말한다. 경제학자 Walter Eucken과 법학자 Franz Böhm 등 초기 질서자유주의 학자들은, 나치 시기에 정치권력이 조장한 경제권력이 민주주의를 위협했다는 문제의식 아래, 자유시장과 법치주의에 기반한 전후 경제질서를 구상

16) Mestmäcker/Schweitzer, Europäisches Wettbewerbsrecht, 3. Aufl. 2014, § 3 Rn. 10.
17) Ibid., § 3 Rn. 9.
18) Böhm, Demokratie und unternehmerische Macht, in: Kartelle und Monopole im modernen Recht, 1961, S. 3.
19) Kling/Thomas, op. cit., § 2 Rn. 30.
20) Mestmäcker/Schweitzer, op. cit., § 3 Rn. 9.
21) Ibid., § 3 Rn. 11.
22) Kling/Thomas, op. cit., § 2 Rn. 30.

하고자 하였다.[23] 이러한 사상은 독일과 유럽 경쟁법의 제정 및 법원의 판례, 경쟁당국의 실무에 큰 영향을 끼쳤다고 평가된다.[24] 초기의 질서자유주의 학자들은 소비자와 생산자가 자유롭게 거래 상대를 선택할 수 있는 전면적인 경쟁시장, 즉, 완전경쟁 시장이 이상적인 경제질서라고 보았으며, 독점 또는 시장지배력은 최대한 억제해야 하고 자연독점이 불가피한 경우에는 마치 완전경쟁이 존재하는 것처럼 행정적으로 통제해야 한다고 주장하였다.[25]

그러나 이 같은 입장은 대부분의 시장이 완전경쟁적이라는 잘못된 전제에 기초하고 있었거나, 적어도 행정적 개입을 통해 완전경쟁에 준하는 결과를 실현할 수 있다고 본 점에서 비판받았다.[26] 실제로 이들은 완전경쟁의 실현 자체보다는 경쟁질서 유지에 초점을 두었으며, 이후 Clark가 주장한 '기능하는 경쟁' 개념이 수용되면서 이러한 이론적 난점은 상당 부분 극복되었다.[27]

질서자유주의는 특정 학파라기보다는 하나의 사상적 흐름을 지칭하며, 그 내용을 명확히 한 가지로 정의하기는 어렵다.[28] 따라서 특정 시기 특정 학자의 주장을 곧 질서자유주의 전체의 입장으로 일반화하는 것은 부적절하다.[29] 그럼에도 불구하고 경쟁은 생산자의 공급의 자유와 소비자의 선택의 자유로부터 발생하는 역동적인 상호작용의 시스템이며, 국가는 이와 같은 경쟁을 제한하는 행위를 금지하는 법률을 제정하고 이를 시장 참여자들이 준수해야 할 게임의 규칙으로서 집행할 의무를 가진다는 인식은 질서자유주의 사상의 불변의 핵심이라 할 수 있다.[30] 질서자유주의는 애덤 스미스가 주장한 시장의 자정 기능을 실증적으로 뒷받침하지는 않았지만, 사회 내 시장이익의 공정한 분배를 보장하고 국가의

23) Dreher/Kulka, Wettbewerb– und Kartellrecht, 12. Aufl. 2023, § 5 Rn. 653.

24) Schweitzer, The History, Interpretation and Underlying Principles of Section 2 Sherman Act and Article 82 EC, in: European Competition Law Annual 2007, S. 119 ff.

25) W. Eucken, Die Wettbewerbsordnung und ihre Verwirklichung, ORDO — Jahrbuch für die Ordnung der Wirtschaft und Gesellschaft, Bd. 2 (1949), S. 1—99(Behrens, The ordoliberal concept of "abuse" of a dominant position and its impact on Article 102 TFEU, S. 3에서 재인용).

26) Dreher/Kulka, op. cit., § 5 Rn. 673.

27) Ibid., § 5 Rn. 617.

28) Marquis, Introduction, Summary, Remarks, in: European Competition Law Annual 2007, S. xxxi Fn. 16.

29) Behrens, op. cit., S. 2 ff.

30) Ibid., S. 8 ff. 특히 12.

개입을 최소화하기 위해 경쟁이 헌법적 틀 안에서 제도적으로 정착되어야 한다는 입장을 견지했다.[31]

요컨대 질서자유주의의 관점에서 경쟁법은 시장에서의 자유로운 선택이 가능하도록 보장하는 게임의 법칙이자 제도이며, 그 기능은 경쟁질서를 보호하는 데 있다.[32] 남용금지 개념의 핵심은 특정 기업의 위법행위로 인해 경쟁자의 개별적 권리가 침해되고 이로 인해 소비자의 선택권이 침해되는 것을 방지하는 데 있으며, 그 행위가 비효율적이거나 소비자후생을 저해하는지는 본질적인 판단기준이 되지 않는다.[33]

(3) 하버드 학파의 관점

독일 및 유럽 경쟁법 발전의 배경에는 질서자유주의 사상이 깊이 자리하고 있었던 반면, 미국 경쟁법 해석은 1970년대까지 하버드 학파의 경쟁 개념에 기초한 실용적인 접근 방식인 이른바 '시장구조-행동-성과' 패러다임에 의해 지배되었다. 이 이론에 따르면, 시장구조가 기업의 행동을 결정하고, 그러한 행동은 이윤 수준, 자원 배분 효율성, 기술 혁신, 제품의 품질과 다양성과 같은 시장성과로 이어진다고 보았다.[34] 비록 현재 경제학의 주류적 입장은 더 이상 시장구조가 미래의 시장성과를 예측할 수 있다고 보지 않으며 시장행동과 시장성과도 시장구조에 영향을 미칠 수 있다는 점이 오히려 일반적으로 받아들여지고 있지만,[35] 시장구조와 실질적인 경쟁 상황 간의 인과적 관계는 여전히 경쟁정책의 확립된 이론적 기초로 받아들여지고 있다.[36] 시장구조 중심의 접근에 기초한 경쟁정책은 특히 1950년대 초 미국의 제조 산업에 대한 실증연구에 기반하였는데, 이를 통해 경쟁법은 사업자의 개별적 행위의 통제보다는 시장 구조에 대한 개입에 중점을 두어야 한다는 확신이 형성되었다.[37]

하버드 학파는 지배력의 제한이나 경쟁의 자유 보장과 같은 전통적인 경쟁법의 목적을 넘어서, 규범적 관점에서 경쟁법의 목적을 폭넓게 해석하려 했다. 이

---

31) Gerber, Law and Competition in Twentieth Century Europe, 1998, S. 232.
32) Behrens, op. cit., S. 11 f.
33) Ibid., S. 24 f.
34) Kerber/Schwalbe, op. cit., Einl. Rn. 78.
35) Hoppmann, op. cit., 1988, 504, 508 ff.
36) Kerber/Schwalbe, op. cit., Einl. Rn. 80.
37) Jones/Sufrin/Dunne, op. cit., S. 14.

들은 자원배분의 효율성이나 혁신과 같은 비교적 일반적인 경제 목표뿐만 아니라, 국제적 산업경쟁력 강화나 중소기업 육성 등 산업정책적 목표 또한 경쟁법이 지향해야 할 목적에 포함된다고 보았다.[38] 이러한 시각은 최근 다시 주목받고 있는 신브랜다이스 학파의 경쟁법 목적에 관한 입장과도 상당 부분 궤를 같이한다. 하버드 학파는 경쟁법의 과제가 시장의 경쟁 구조를 유지하는 데 있다고 보았으며, 경쟁은 보호되어야 할 제도적 질서로서 그 자체로 왜곡되어서는 안 된다는 입장으로 이해할 수 있다.

다. 후생경제학적 시각에 기초한 보호목적

(1) 보호목적으로서의 소비자후생

경쟁의 최종 목적이 경제학적 관점에서 효율성의 달성, 즉, 소비자후생의 증대에 있다고 본다면 경쟁법의 목표는 효율성의 극대화가 된다. 이는 경쟁을 효율성 증대를 위한 수단으로 보는 입장으로, 경쟁 자체를 궁극적 목적으로 삼지 않는다. 하버드 학파의 엄격한 구조주의적 시각에 대한 비판적 반응으로서, 이 견해는 1970년대 이후 미국에서뿐만 아니라 1990년대 이후 유럽과 독일에도 큰 영향을 끼쳤다. 대표적으로 시카고 학파의 이론이 이에 속하지만, 그 외에도 거래비용이론과 같은 경제학 이론도 여기에 속한다.[39] 특히 EU 집행위원회가 1990년대 말부터 강조해온 “more economic approach”는 이러한 입장을 잘 나타낸다.[40]

효율성을 경쟁법의 목적으로 보는 입장은 다시 시장 참여자 전체 후생의 극대화를 목표로 하는 견해와 소비자 후생의 극대화를 목표로 하는 견해로 나뉜다.[41] 전자는 소비자와 생산자의 후생을 합친 총량이 최대화된다면, 설령 소비자후생이 감소하더라도 사회적으로 바람직하다고 본다.[42] 이 견해는 시장 참가자들 간 후생의 이동과 그 분배 문제에는 무관심하다. 따라서 소비자가 지불해야 하는 가격이 상승하더라도 결과적으로 효율성의 향상에 기여한다면 이는 문제되지 않는다.[43] 이에 비해 후자는 생산자후생의 감소가 소비자후생의 증가보다 더 크더라도, 소비자후생의 증가가 정당화될 수 있다고 본다.[44]

---

38) Kerber/Schwalbe, op. cit., Einl. Rn. 84.

39) Ibid., Einl. Rn. 88.

40) Scholz, in: Wiedemann, 4. Aufl. 2020, § 22 Rn. 7.

41) Kling/Thomas, op. cit., § 2 Rn. 43.

42) Jones/Sufrin/Dunne, op. cit., S. 11.

43) Ibid., S. 12.

소비자후생은 원론적으로 소비자가 제품에 지불할 용의가 있는 최대가격과 실제 시장가격 간의 차이로 측정될 수 있다.[45] 전체 후생 기준에서는 소비자 후생의 감소와 생산자후생의 증가를 개별적으로 측정하여 이를 상쇄하여 사회적 후생의 증가 여부를 판단하는 전체 후생 기준에 비하여,[46] 소비자 후생 기준에 따른 경제적 분석이 더 간단하므로[47] EU 집행위원회를 비롯한 많은 경쟁당국은 시장 참가자들의 효율성을 평가할 때 흔히 소비자 후생 기준을 사용한다.[48] 실제 실무적으로는 전체 후생 기준과 소비자 후생 기준 간 결과가 뚜렷히 차이가 나지는 않는다.[49] 다만 소비자의 개념에 최종 소비자만 포함할 것인지, 아니면 거래단계의 모든 당사자 고객까지 확장할 것인지에 대해서는 견해가 갈리고 있다.[50]

(2) 시카고 학파의 관점

시카고 학파는 효과 중심적 해석을 지지한다. 시카고 학파는 경쟁법과 경쟁보호의 궁극적 목적이 경제적 효율성의 달성, 즉, 후생의 증진이라고 본다.[51] 하버드 학파가 실증적 근거를 중시한 것에 비해, 1970년대에 하버드 학파의 비판적 대안으로 등장한 시카고 학파의 이론은 이론 중심적이다.[52]

시카고 학파의 경쟁법적 접근은 획일적이지 않으나, 본질적으로 시카고 학파는 인간이 합리적이며, 시장 작동을 통해 시장은 스스로 오류를 교정한다고 본다. 따라서 수평적 가격 담합과 같은 경우를 제외하고는 시장에 대한 개입이 오히려 시장 상황을 악화시킬 수 있다고 본다.[53] 시카고적 접근에 따르면, 파레토 최적 또는 소비자 후생 극대화와 같은 경제적 효율성의 극대화가 경쟁법의 유일한 목표가 되어야 한다.[54] 시카고 학파의 논리는 생산자들이 더 많은 수익을 올

44) 즉, 사중손실의 발생은 결정적인 잣대가 아니다.
45) Ewald, in: Wiedemann, 4. Aufl. 2020, § 7 Rn. 22.
46) Jones/Sufrin/Dunne, op. cit., S. 29.
47) Nazzini, The Foundations of European Union Competition Law: The Objectives and Principles of Article 102, 2011, S. 44 f. 참조.
48) Jones/Sufrin/Dunne, op. cit., S. 29.
49) Bishop/Walker, The Economics of EC Competition Law, 2. Aufl. 2002, Rn. 2.24.
50) 이에 관하여 상세한 설명으로는 Akman, Journal of Law and Society, Bd. 37 (2010), 315, 315 ff. 참조.
51) Ewald, in: Wiedemann, 4. Aufl. 2020, § 7 Rn. 13.
52) Kerber/Schwalbe, op. cit., Einl. Rn. 89 ff.
53) Jones/Sufrin/Dunne, op. cit., S. 15.
54) Kling/Thomas, op. cit., § 2 Rn. 39.

리면 결국 이를 다시 상품 생산에 재투자함으로써 소비자들이 혜택을 본다는 것으로, 기본적으로 생산자와 소비자의 후생을 모두 고려한다.[55] 따라서 시카고 학파적 시각에 따르면 경쟁법에서 가장 중요한 질문은 문제되는 행위가 생산량을 제한하거나 가격을 인상시키는지 여부가 된다.[56] 시카고 학파의 이와 같은 견해는 시장에 대한 국가 개입에 대한 근본적인 불신과, 동시에 시장의 기능성과 자정 능력에 대한 절대적인 신뢰를 기반으로 한다. Stigler의 생존자 원리에 따르면, 시장이 활발한 경쟁으로 특징지어진다면 비효율적이고 비합리적인 행태는 시장에서 장기적으로 유지될 수 없으며, 따라서 시장지배적 기업이라 하더라도 비효율적 행동을 지속적으로 유지할 수 없게 된다.[57]

이러한 접근법은 실무에서 경쟁당국이 매우 소극적으로 시장에 개입하도록 하였는데, 시카고 학파는 일반적으로 기업결합은 물론, 독점 및 카르텔 역시 사법적 관점에서 보면 효율적이므로 경쟁당국이나 법원의 개입은 시장 왜곡을 초래할 뿐이라고 보기 때문이다.[58] 시카고 학파의 이러한 견해는 전 세계적으로, 특히 레이건 및 부시 정부 시기 미국과 대처 정부 시기 영국의 보수 정부하에서 경제정책을 근본적으로 변화시켰으며 현재까지도 지속적인 영향을 미치고 있다.[59]

시카고 학파의 등장으로 법과 경제 간의 관계가 근본적으로 변화하였다. 이로 인해 법이 경제 분석에 더 큰 비중을 두게 되고 효율성이 거의 유일한 목표로 간주되면서, 이전에 중요하게 여겨졌던 복지 분배와 같은 목표는 사실상 배제되었다.[60]

(3) 소위 공급자(생산자) 후생의 문제

(가) 전체 후생의 일부로서의 공급자 후생

소비자 후생을 경쟁법의 목적으로 이해할 경우, 소비자와 더불어 거래의 주요 주체인 공급자 후생을 어떻게 평가해야 하는지가 문제된다. 시장참여자 전체 후생의 증대를 경쟁법적 목표로 본다면, 공급자 후생 역시 경쟁 저해 여부의 중요한 지표가 될 수 있다. 경제학적으로 볼 때 생산자 잉여는 공급자가 실제로 받은 가격과 최소한 받아야 하는(또는 받기를 원하는) 가격 사이의 차이로 정의된다.[61]

---

55) Bork, The Antitrust Paradox, 2021, S. 89.
56) Jones/Sufrin/Dunne, op. cit., S. 19.
57) Kling/Thomas, op. cit., § 2 Rn. 39.
58) Posner, Antitrust Law, 2. Aufl. 2001, S. 260 f.
59) Kling/Thomas, op. cit., § 2 Rn. 39.
60) Kerber/Schwalbe, op. cit., Einl. Rn. 90.

따라서 가격 인상이 관련된 주요 지표가 될 것이지만, 결제 기한의 연장이나 거래 협상과정에서 발생하는 추가비용의 전가와 같은 다른 거래조건 역시 공급자 후생 평가의 기준이 될 수 있다.[62] 전체 후생 관점에서 공급자 후생을 고려하는 것은 실무적 결과에서 소비자 후생의 관점과 큰 차이가 없다고 본다.[63]

(나) 보호목적으로서의 공급자 후생의 인정 가능성

조달 시장에서의 가격 인하 압력이 공급 시장에서의 가격 인상과 마찬가지로, 어느 시장에서든 실질적인 경쟁 제한 또는 경쟁의 배제를 초래하는 중대한 문제로 이해될 수 있을까? 만약 양자를 동일하게 취급하여야 한다면, 공급자 후생 역시 소비자 후생과 동일하게 경쟁법적으로 보호될 수 있다는 결과에 이를 수 있다.[64]

특히 수요 측 시장지배력이 강화되는 기업결합의 경우, 미국 법무부와 EU 집행위원회 모두, 결합 기업이 수요자 간의 실질적인 경쟁을 제거함으로써 공급자의 거래선 변경 가능성을 제한하고, 결과적으로 공급자에게 향후 더 불리한 거래조건을 수용하도록 강제할 우려가 있다는 이유로 기업결합을 금지한 바 있다.[65] 미국의 「Horizontal Merger Guidelines」에서도 서로 경쟁관계에 있는 수요사 간의 기업결합이 공급자에게 해를 끼칠 수 있음을 명시하고 있다.[66] 아울러 EU 집행위원회는 CICCE 사건에서 시장지배력을 보유한 수요자가 구매가격을 낮게 설정하는 행위가 남용행위에 해당할 수 있다는 점을 원칙적으로 인정하고 있으며, 그 과정에서, 비록 간접적 논거이기는 하나, 남용성 판단기준으로서 "경제적 가치" 개념을 고려한 바 있다.[67] 더불어 미국 연방대법원은 Weyerhaeuser 사건에서, 이른바 "약탈적 구매행위"는 공급자 측 시장에서의 경쟁자 배제와 같은 구조를 갖는 반사적 행위로서, 약탈적 가격 책정행위과 마찬가지로 셔먼법 제2조에 위배될 수 있음을 인정하였다.[68]

---

61) Paul, Behinderungsmissbrauch nach Art. 82 EG und der "more economic approach", FIW－Schriftenreihe, Bd. 221 (2008), S. 48.

62) 이에 관하여 상세한 내용으로는 Legner, Schadenstheorie bei Nachfragemacht im europäischen und deutschen Kartellrecht, 2016, S. 16 ff. 참조.

63) Bishop/Walker, op. cit. S. 25.

64) Thomas, ZWeR (2015), 210, 231 f.

65) 예컨데, 미국의 경우 U. S. v. GEORGE'S FooDS, LLC, et al., Case No. 5:11－CV－00043－GEC, 10. May 2021, Rn. 24. 그리고 EU의 경우 Kommission v. 21.12.2005 — Fall COMP/M.3968, Rn. 44 f. — Sovion/Südfleisch.

66) U. S. DOJ & FTC, Horizontal Merger Guidelines (2012) § 12 참조.

67) EuGH Slg. 1985, 1105, Rn. 22 — CICCE.

이러한 맥락에서, 공급자의 적정 이윤이 경쟁법상 보호 이익으로 인정될 수 있다면, 시장지배력을 보유한 수요자의 행위로 인해 공급자의 후생이 감소하는 경우에도 남용이 성립할 수 있다. 이는 상대적 시장지배력이 수요자 측에서 행사되는 경우에도, 동일한 이유로 남용이 성립할 수 있음을 의미한다.

(다) 사견

공급자 후생과 소비자 후생이 동등한 규범적 보호목적을 가진다는 주장은, 경쟁법이 양자에 대해 명시적인 구별을 하지 않고 동일하게 취급한다는 점에 착안하는 것으로 보인다. 실제로 경쟁법은 생산자와 소비자의 행위에 대한 특별한 구분없이 대체로 동일하게 규율한다. 예컨대, 유럽연합 기능조약 제101조 제1항 및 독일 경쟁제한방지법 제1조는 공급자와 수요자에 대한 구별 없이 모두 동일한 행위주체로 상정하고 있으며, 경쟁제한적 합의가 공급자 간에 이루어졌는지, 수요자 간에 이루어졌는지 여부를 크게 고려하지 않는다. 이에 따라 합의로 간주될 수 있는 수요자 간의 공동행위 또는 일정한 시장지배력을 갖는 수요자의 시장지배력 행사 역시 경쟁법 위반으로 평가될 수 있다. 그러나 일반적으로 카르텔은 그 자체가 경쟁과 경제 효율성을 해치는 구조로서 원칙적으로 위법한 행위로 평가되는 반면, 시장지배력 남용행위는 원칙적으로 단독행위로서 허용되지만 이익형량을 통해 위법성 존부가 결정되는 행위이다. 따라서 이들 각각의 규율방식과 목적이 서로 다름에도 불구하고, 동일한 판단기준을 적용하는 것은 근본적으로 잘못된 접근일 수 있다.[69]

나아가 공급자 후생을 경쟁법상 보호목적으로 받아들이게 된다면 소위 '정당한 가격(iustum pretium)'이라는 해석상 해결될 수 없는 문제에 봉착하게 된다.[70] 일반적으로 공급자 후생 저하는 수요자의 착취행위가 위법하다는 취지로 곧잘 원용되지만, 이때 수요자가 조달 가격 인하를 통해 자신의 모든 공급자를 시장에서 퇴출시키는 결과를 의도하지 않는 이상, 책정된 조달 가격은 항상 공급자의 한계비용을 상회한다. 공급시장에서의 경쟁이 작동하는 경우 공급자들의 경쟁 가격은 점차 한계비용 수준에 근접하게 되는데, 하지만 이것만으로는, 시장지배적

---

68) Weyerhaeuser Co. v. Ross－Simmons Hardwood Lumber Co., 549 U. S. 312 (2007). 다만 이 사건에서 셔먼법 제2조 위반이 인정되지는 않았다. 약탈적 가격에서 요구되는 '손해 만회'(recoupement) 가능성이 인정되지 않았기 때문이다.

69) Thomas, ZWeR (2015), 210, 235.

70) Ibid., S. 236.

수요자가 공급자의 한계비용을 초과하는 대가를 지불할 때, 어느 정도의 이윤이 보장되지 않으면 남용으로 평가되어야 하는지에 대해 명확한 기준을 제시하지 못하게 된다.[71] 나아가 공급자 후생을 중시하는 관점은, 공급자 후생은 개선되었지만 소비자 후생은 오히려 악화된 경우 구체적 판단기준을 제시하지 못한다. 이러한 관점에서 공급자 후생을 경쟁법의 독립적 보호목적으로 인정하는 것은 근본적으로 문제가 있다.[72]

(4) 경쟁보호와 소비자 후생 접근법 간의 관계 설정

경쟁법의 목적은 경쟁의 왜곡으로부터 시장을 보호하는 데에 있다. 시장에서 어떤 상황이 경쟁 왜곡으로 간주되어야 하는지, 그리고 경쟁법 또는 경쟁당국의 개입이 경쟁 왜곡 또는 그에 대한 명백한 예측 가능성에 대응하기 위해 필요한지 여부에 대한 판단 기준의 차이에 따라, 경쟁정책은 이른바 형식 기반의 접근법과 효과 기반의 접근법으로 나뉜다. 경제적 자유와 효율성 사이에는 필연적으로 충돌 가능성이 있다는 점은 부정하기 어렵다.[73] 왜냐하면 시장에서의 경쟁이 일부 제한되더라도, 그것이 오히려 효율성을 증가시키는 결과가 빈번히 관찰되기 때문이다. 그 대표적인 예가 바로 기업결합이다. 기업결합은 경우에 따라 규모의 경제를 통해 효율성을 향상시킬 수 있지만, 동시에 시장의 경쟁구조를 악화시킬 수도 있다. 이때 시장 참여자간 경쟁의 자유 보장만을 절대적 가치로 간주한다면, 효율성이 제고될 여지에도 불구하고 그러한 기업결합은 원칙적으로 금지될 수밖에 없다. 그러나 이러한 결과는 경쟁법이 추구해야 할 바람직한 방향이라 보기 어렵다.

또한 소수의 과점 기업과 여러 중소기업이 혼재하는 시장에서, 중소기업 간에 공동행위가 존재하더라도 경쟁법 위반이 아닌 것으로 판단될 여지도 존재한다. 하지만 카르텔은 일반적으로 그 자체로 경쟁질서를 침해하는 것으로 평가되기 때문에,[74] 경쟁정책적으로 허용되기 어렵다. 이러한 경우 중소기업들 간의 공동행위가 시장의 효율성을 높이는지를 추가적으로 심사할 필요가 있으며, 이러한 맥락에서 유럽연합 기능조약 제101조 제3항 및 독일 경쟁제한방지법 제2조는 카

71) Ibid., S. 236.

72) Legner, op. cit., S. 158 ff.

73) Kerber/Schwalbe, op. cit., Einl. Rn. 140.

74) Bechtold/Bosch, op. cit., § 1 Rn. 33.

르텔 금지의 예외로서 일반적인 면책 규정으로 기능하고 있는 것으로 이해할 수 있다.[75]

시장지배적 기업의 행위에 대해서도 해석이 요구된다. 해당 시장이 이미 경쟁이 왜곡된 상태이고, 시장지배적 기업의 행위가 타 시장참여자의 경제적 자유를 침해하는 것으로 보이더라도, 그 행위가 시장의 효율성을 증대시키고 그 효율성 증가가 소비자에게 전달됨이 입증된다면, 금지될 이유가 없다. 왜냐하면 일반적으로 경제적 자유 보장은 시장 기능을 통해 경제적 효율성을 제고할 수 있다는 점에 기초하는 것이기 때문이다.[76] 따라서 실무상으로 특정 사업자의 행위가 명백히 다른 사업자의 경쟁의 자유를 침해하는 것처럼 보이는 경우라 하더라도 경쟁법 집행 과정에서 해당 행위가 효율성을 증대시키는 것인지 반드시 검토되어야 한다. 여기서 효율성 기준은 잠재적으로 경쟁을 저해할 수 있는 사업자의 행위가 실제로 경쟁을 제한하는지 여부를 판단하기 위한 추가적 해석 기준으로 기능할 수 있다.[77] 이러한 관점은 또한 헌법상 보장된 사업활동의 자유 및 경쟁 보호 그리고 이와 함께 소비자 후생 사이의 이해관계를 형량하여 경쟁법과 경쟁당국이 사업자의 행위에 개입할 수 있는지 여부를 판단하는 해석과도 맥을 같이 한다.[78] 시장참여자들의 자유 보장을 우선적으로 강조하고 그로부터 경제적 효율성을 이끌어 내려는 질서자유주의적 시각 역시 이들 가치 간의 긴장을 이해하기 위한 시사점을 제공한다.[79]

요컨대 경쟁의 자유와 효율성은 상호 보완적이며 동시에 의존적인 관계에 있다. 카르텔은 원칙적으로 효율성의 증가 없이 경쟁의 자유를 침해하기 때문에 금지되며, 반대로 기업결합은 경쟁구조를 일정 부분 악화시키더라도 효율성 증가가 기대되기 때문에 일반적으로 허용된다.[80] 시장지배적 사업자의 행위는 그 자체로 이미 왜곡된 경쟁구조 안에서 이루어지기 때문에 쉽게 남용으로 간주될 수 있지만, 행위의 효율성이 소비자에게 이전된 것이 입증된다면 남용으로 평가되어서는 아니된다. 따라서 경쟁법 체계 내에서 효율성에 대한 고려는 경쟁의 자유와

---

75) Ibid., § 2 Rn. 12 ff.

76) Hoppmann, op. cit., 56, 72 f.

77) Thomas, Journal of Competition Law & Economics, Bd. 13 (2017), 346, 366.

78) Kling/Thomas, op. cit., § 2 Rn. 44.

79) Ibid., § 13 Rn. 1.

80) Jones/Sufrin/Dunne, op. cit., S. 1141 ff.

병렬적이면서도, 실무적으로는, 결정적인 기준으로 수용되고 있는 것으로 이해할 수 있다.

(5) 규범적 목적의 포함 가능성

여기서 경쟁법의 목적과 관련하여 최근 나타나고 있는 견해, 즉, 경쟁의 자유와 경제적 효율성 이외에도 경쟁당국이 추구해야 하는 다른 규범적 가치가 존재한다는 견해의 타당성에 대해 살펴볼 필요가 있다.

대략 2010년대 중반 이후 미국에서는 시카고 학파와 대비되는 이른바 신브랜다이스 학파라 불리는 흐름이 나타났다.[81] 이들은 기존의 '소비자 후생' 개념 대신 '시민 후생(citizen welfare)'을 경쟁법의 목표로 제시한다.[82] 경쟁법을 더 이상 가격, 품질, 수량의 최적화에만 국한하지 않고, 시장 참여자뿐만 아니라 근로자와 국가 등 모든 이해관계자의 이익까지 고려해야 한다고 주장한다.[83] 다시 말해 신브랜다이스 학파는 시장행위의 보다 광범위한 사회적 영향을 고려할 것을 요구한다.[84] 그리고 이러한 시각은 이제 대서양 건너편의 EU에서도 더 이상 새로운 것이 아니다.[85]

규범적 가치가 경쟁법의 목적에 포함된다는 견해와 관련하여, 우리나라 경쟁법의 목적 조항을 함께 살펴볼 필요가 있다. 「독점규제 및 공정거래에 관한 법률」(이하 '공정거래법'이라 한다)은 제1조에서 "공정하고 자유로운 경쟁 촉진을 통해 창의적인 기업활동 촉진, 소비자 보호 및 국민경제의 균형적 발전 추구"라는 규범적 가치를 명시적으로 규정하고 있기 때문이다. 학설에 따르면, 경쟁법의 목적 사이에 위계가 존재한다는 해석이 통설적이다. 이 견해에 따르면 자유롭고 공정한 경쟁은 한국 경쟁법이 직접 보호하는 목적이고, 창의적 기업활동의 촉진, 소비자 보호, 국민경제의 균형발전은 궁극적인 목표로 이해된다.[86] 그리고 이들

---

81) Dreher/Kulka, op. cit., § 5 Rn. 673.

82) 신브랜다이즈 사조의 대표적 학자로서 미국 바이든 정부에서 FTC 의장을 역임한 Lina M. Khan을 꼽을 수 있다. 특히 그녀는 자신의 취임 일성으로 '기업의 남용행위로부터 대중을 보호하겠다'고 밝힌 바 있다. 이에 대해서는 FTC, Press Release, Lina M. Kahn Sworn in as Chair of the FTC, June 15, 2021 참조.

83) Dreher/Kulka, op. cit., Rn. 673.

84) Thomas, Normative Goals in Merger Control, 2021, S. 4 ff.

85) 이에 관하여 상세한 기술로 ibid., S. 5 ff.

86) 권오승/서정, 독점규제법, 제3판, 2018, 17쪽 이하.

열거된 궁극적 목표 중 소비자 보호는 소비자 후생으로, 창의적 기업활동의 촉진은 경쟁 과정의 보호로부터 자연스럽게 도출되는 결과로 간주되며, 국민경제의 균형적 발전은 경쟁정책을 포함한 국가경제정책의 궁극적 목표로 작동한다고 본다.[87] 그러나 이와 달리 대법원은 이들 궁극적 목표가 구체적 행위로 인한 경쟁제한의 정당화 사유로 고려될 수 있으며, 따라서 설령 경쟁이 제한된다 하더라도 이들 목적에 본질적으로 반하지 않는 경우에는 예외적으로 허용될 수 있다고 판단하고 있다.[88] 이렇게 본다면 한국 경쟁법은 경쟁 보호 이외에도 동시에 국민경제의 발전과 같은 규범적 목적을 함께 추구하고 있다고 해석할 여지가 있다.[89]

그러나 경쟁 보호나 소비자 후생 이외에 다른 규범적 가치가 경쟁법의 목표로서 경쟁법 집행 시 고려되어야 한다는 주장은 사실 설득력 있는 논거로 뒷받침된다고 보기 어렵다. 이러한 규범적 가치들이 소비자 후생 기준에 따라 정량화되지 않는 한, 실무적으로 사업자의 행위가 경쟁법을 위반하는지 여부를 객관적으로 판단하는 것은 거의 불가능한 작업이기 때문이다.[90] 소비자에 대한 효율성 향상 등 기존 경쟁법 위반 판단 기준과 이들 규범적 가치 사이의 이해관계 조정은 실제 사안에서 매우 곤란하거나 거의 불가능하기 때문에, 이러한 입장은 경쟁법의 적용 범위를 과도하게 확장할 우려가 있다.[91] 이러한 목적들은 사회적으로 중요한 가치이며, 이를 실현하는 일은 국가가 정책 목표로 설정하고 수행해야 한다는 데 이견이 있을 수는 없다. 그러나 이 가치들이 곧바로 경쟁법이 추구해야 할 목표라고 보기는 어렵다. 원칙적으로 이와 관련된 문제는 노동법이나 환경법 같은 다른 법률을 통해 해결하는 것이 바람직하며, 경우에 따라 경쟁법의 적용을 배제하는 것이 타당할 수도 있다.[92] 대법원이 규범적 목적도 경쟁 제한성 판단에 고려할 수 있다고 본 입장은, 실제로는 해당 행위가 소비자 후생을 향상시킨다는 전제를 내포한다고 해석할 여지가 있다.[93] 따라서 계량화하기 어렵고 모호한 규

87) Ibid., 20쪽 이하 참조.

88) 대법원 2005.8.19. 선고 2003두9251 판결 참조. 이에 관한 비판적 견해로 권오승/서정, 앞의 책, 22쪽 이하.

89) 물론 각 법제가 그들이 처한 상황에 적절한 목적을 추구하는 것은 어찌보면 당연한 일이다. 이와 관련하여 Ezrachi, Sponge, Journal of Antitrust Enforcement, Bd. 5 (2007) 참조.

90) Thomas, Normative Goals in Merger Control, 2021, S. 13 f.

91) 기업결합 심사과정에서 규범적 가치를 도입함에 따라 발생하는 문제에 관하여 상세히는 ibid., S. 15 ff.

92) Jones/Sufrin/Dunne, op. cit., S. 50 f. 참조.

범적 목적을 위법성 판단의 기준으로 삼는 것이 과연 타당한지는 의문이다.

2. 남용법의 보호목적 및 사견

경쟁법 규제는 일정한 행위를 원칙적으로 금지하되 예외적으로 허용하는 방식이 있을 수 있다. 반대로, 원칙적으로 허용하되 일정 기준을 초과할 경우에만 개입하는 방식으로 구성될 수도 있다. 전자의 예로는 유럽연합 기능조약 제101조 제1항과 독일 경쟁제한방지법 제1조에 규정된 카르텔 금지가 있다. 후자에는 유럽연합 기능조약 제102조, 독일 경쟁제한방지법 제19조 · 20조의 남용금지 조항과 기업결합 규제가 포함된다.

사업자의 단독 행위를 제한하는 남용금지 규정은, 자유의 허용 한계로서 '남용'이라는 다소 불명확한 개념을 그 기준으로 한다. 이 개념의 구체적 내용은 경쟁당국과 법원의 해석에 의해 형성된다. 따라서 실무에서 남용금지는 경쟁정책적 목적에 따라 운용되는 경우가 많다. 남용규정이 공익이나 거시경제적 필요에 따른 국가 재량 수단으로 활용될 수 있는 것은 사실이다. 그러나 그러한 기능이 남용금지의 본질이라고 보기는 어렵다. 남용금지는 경쟁당국이 정치적 목적을 달성하기 위해 기업을 통제하는 수단이 아니다. 시장지배력을 가진 기업이 경쟁자나 계약상대방과 거래하며 사익을 추구하는 방식을 경쟁 질서의 관점에서 규율하려는 제도다. 이런 시각에서 볼 때 남용금지의 주요 기능은 시장 참여자 간의 관계를 경쟁적 관점에서 조정해 사법 질서의 기능을 보장하는 데 있다.[94]

경쟁규범을 해석할 때는 사법 질서와 그 구성 요소, 특히 경제적 자유와의 기능적 연관성을 반드시 고려해야 한다. 사적 자치 원칙은 경제적 자유의 핵심 요소이며, 거래 당사자의 자율성이 보장될 때 비로소 거래의 정당성이 실현된다.[95] 그러나 자율성이 보장되지 않으면 기업의 자유는 경제적으로 강한 기업이 약자를 상대로 이익을 강제로 관철하는 지배 수단으로 변질될 수 있다. 지위의 평등이 없는 경제적 자유는 결국 강자에게만 허용되는 권한이 되어 약자의 자유를 침해한다. 이런 맥락에서 계약 자유의 실현은 계약에서 이해관계를 조정하는 메커니즘을 왜곡시킬 수 있는 경제적 권력 문제에 대한 대응으로 이해할 수 있다.[96]

93) 특히 대법원 2008.12.24. 선고 2007두19584 판결 참조.
94) Mestmäcker, Der verwaltete Wettbewerb, 1984, S. 78 ff.
95) Rittner/Dreher, op. cit., § 8 Rn. 11.
96) Ibid., § 8 Rn. 1.

특정 시장에 지배적 사업자가 존재한다는 것은 그 시장에서 힘의 불균형이 형성되었음을 뜻한다. 이 경우 사적 자치의 전제는 더 이상 성립하지 않으며, 경제적 자유와 경쟁은 시장의 지배 원리로 작동하기 어렵다. 따라서 사업자의 행위는 객관적 정당성의 관점에서, 곧 제3자의 시각에서 통제해야 한다. 사법 질서는 거래 관계에서 무기대등의 원칙을 구현해 교환과 계약 정의가 유지되도록 보장해야 한다. 이는 곧 경쟁이 보호되어야 비권력화 기능이 실현되고,[97] 달리 말하면 사법 질서에 시장지배적 사업자가 준수해야 할 행동 기준이 통합되어야 함을 의미한다.[98]

경쟁법이 행위 주체, 상대방, 그리고 영향을 받는 제3자를 구분하는 이유는 법이 실제 경제 현실을 반영하기 때문이다. 구체적인 행위 방식에는 차이가 있을 수 있지만, 시장에 참여한 사업자들의 지위는 결코 동등하지 않다.[99] 이는 계약 당사자의 형식적 평등을 전제로 하는 민법과 다르다. 이런 점에서 남용금지는 시장에서의 힘을 가진 사업자의 권한을 제한하여 계약 메커니즘의 기능을 보장하고, 이를 통해 시장 내 다른 당사자의 자유를 지키려는 제도이다.[100] 따라서 남용금지는 계약 정의 원칙에서 도출된 행위 기준을 시장 권력 보유자에게 적용함으로써, 사법 질서의 기능을 실현하는 데 정당성을 갖는다.[101]

독일 및 EU의 남용금지는 명시적 예외조항을 두고 있지 않다. 따라서 남용 성립 여부 판단 과정에서 객관적 정당화 요건의 부재 여부를 함께 검토해야 한다. 이는 금지 규정과의 균형을 위해 해당 행위가 남용금지의 목적에 반하는지를 확인해야 함을 뜻한다.[102] 따라서 남용금지의 보호 목적은 남용 여부 판단에서 직접적인 판단 기준으로 기능한다.[103] 즉, 남용금지의 목적이 경쟁 보호에 있는지, 소비자 후생의 증진(효율성 제고)에 있는지, 아니면 양자를 모두 포함하는지에 따라, 개별 기업 행위에 대한 사후적 남용 판단은 달라질 수 있다.

'남용' 개념은 사업자의 과실 여부와 무관한 객관적 개념이다.[104] 이는 시장지

---

97) Böhm, Demokratie und ökonomische Macht, in: Kartelle und Monopole im modernen Recht, 1961, S. 22.

98) Baur, Der Mißbrauch im deutshcen Kartellrecht, 1972, S. 51.

99) 홍대식, "사법적 관점에서 본 불공정거래행위", 경쟁법 연구 제18권 (2008), 224쪽.

100) Baur, op. cit., S. 51.

101) Kling/Thomas, op. cit., § 13 Rn. 3. 참조.

102) Bulst, in: Bunte, 14 Aufl. 2022, Art. 102 AEUV Rn. 139.

103) Wolf, in: MüKo-WettbR, 4. Aufl. 2022, § 19 GWB Rn. 2.

배적 사업자의 존재로 이미 약화된 경쟁 질서가 특정 행위로 인해 추가적으로 훼손되는 경우를 의미한다.[105] 따라서 남용 규제의 목적은 경쟁자와 상대방의 사업활동 자유에 대한 부당한 개입을 방지하는 데 있다는 해석이 기본적으로 전제되어야 한다. 그런데 만약 경쟁을 저해하는 행위가 동시에 소비자 후생을 증진하는 경우, 그 행위는 어떻게 평가되어야 할 것인가?

앞서 논의한 바와 같이, 경쟁법의 주요 목적은 시장참여자의 자유 보호에 있으며, 소비자 후생의 향상이 경쟁제한에도 불구하고 가능한 경우에 한하여 보조적 관점에서 고려될 수 있다. 이는 특히 독점기업이 협상 과정에서 확보한 이익을 소비자에게 환원할 유인이 부족하다는 현실적 이유와 밀접하게 관련된다. 이러한 해석은 남용규제 영역에서 특히 중요하다. 남용 감시는 시장에서 경쟁이 더 이상 유효하게 작동하지 않음을 전제하고 있기 때문에, 효율성 논의는 본질적으로 후순위에 놓여야 한다.[106] EU 남용규제의 목적이 한편으로는 시장지배적 사업자의 부당한 행위로부터 직접적인 피해를 입는 시장참여자를 보호하는 데 있고, 다른 한편으로는 제도적 경쟁 질서를 유지하는 데 있다는 해석 역시 위와 같은 논의와 궤를 같이 한다.[107] 경쟁 자유를 남용 규제의 유일한 보호 목적이라고 이해한다면, 시장지배적 기업이 정당한 수단으로 이익을 취하는 행위도 상대방이나 경쟁자의 자유를 제한하는 경우 위법으로 평가될 수밖에 없다. 이는 결과적으로 경쟁자 또는 거래 상대방 보호로 귀결되며, 오히려 경쟁 보호라는 경쟁법의 본래 목적과 충돌할 수 있다.

EU 법원은 타당하게도, 시장지배적 기업의 행위가 경제적 효율성 기준에 부합하고 소비자 이익에 기여하는 경우,[108] 또는 소비자에게 직접적 피해를 발생시키지 않거나 시장의 경쟁 구조를 훼손하지 않는 경우에는[109] 그 행위를 남용으로 보지 않는다. 일부 학설은 독일 판례가 소비자가 직접적으로 영향을 받는 경우에 한해 그들의 이익을 고려한다고 본다.[110] 그러나 독일 연방대법원은 소비자

104) Emmerich/Lange, Kartellrecht, 14. Aufl. 2018, § 10 Rn. 2.
105) EuGH v. 9.11.1983 — Rs. 322/81, Slg. 1983, 3461 LS 12 — Michelin.
106) Wiedemann, in: Wiedemann, 4. Aufl. 2020, § 23 Rn. 1.
107) Kling/Thomas, op. cit., § 6 Rn. 4.
108) EuG v. 22.08.1997, Rs. T−228/97, Rn. 189 — Irish Sugar.
109) EuGH v. 15.03.2007, Rs. C−95/04 p.Rn. 106 — Britisch Airways.
110) Legner, op. cit., S. 157 f.

가 직접적 당사자가 아닌 경우에도 최종 소비자의 이익을 고려하는 판단 기준을 제시한 바 있다.[111)]

III. 독일법상 상대적 시장력 남용금지의 보호목적

1. 해석상 기본적 관점

가. 시장지배적지위 남용금지의 확장

상대적 시장력은 시장지배적 지위 인정 요건의 엄격성으로 인한 규제 공백을 방지하기 위해 독일 경쟁법에서 발전한 개념으로, 1973년 경쟁제한방지법 제2차 개정에서 명시적으로 도입되었다. 따라서 상대적 시장력의 보호 목적 역시 경쟁법의 보호 목적 틀 안에서 이해해야 하며, 본질적으로 시장지배적 기업에 대한 남용금지 규정의 보호 목적과 한계를 공유한다. 앞서 본 바와 같이 남용금지법의 주된 목적은 사법 질서 기능을 보완하기 위한 제도로서 경쟁 자체의 보호에 있으므로, 상대적 시장력 남용 금지의 중심 목적도 경쟁 보호에 있다고 할 수 있다. 다만 상대적 시장력을 가진 기업 역시 기업 활동 자유의 주체이다. 따라서 이 기업의 행위가 다른 기업의 경쟁 자유를 침해하더라도, 효율성 증대와 그에 따른 소비자 후생 효과가 인정되는 경우라면 남용금지법 적용에 있어 추가적 정당화 사유로 고려될 수 있다. 효율성 요소가 남용 개념의 판단 과정에 포함된 이상,[112)] 그 입증책임은 경쟁당국 또는 원고에게 있음은 당연하다.[113)] 따라서 단순히 거래상대방의 경쟁자유를 침해했다는 사실만으로 곧바로 이를 위법 또는 남용적이라고 보아서는 안 된다.

나. 시장지배적지위 남용금지와의 비교를 통한 해석상 특성

상대적 시장력은 특정 사업자가 수직적 거래 관계에서 향유하는 우월적 지위를 의미하므로 오직 수직적 관계 속에서만 파악될 수 있다.[114)] 따라서 남용 여부를 판단하기 위해서는 우선 해당 행위가 거래 상대방의 사업 활동 자유를 침해하여 상방시장 또는 하방시장의 경쟁을 저해했는지를 검토해야 한다. 더 나아가 문

111) BGH, 21.02.1995, KVR 10/94, juris Rn. 25 ff. — Importarzneimittel 참조.

112) 남용여부 판단을 위한 이익형량은 남용법에 내재한 구성요소이다. 이에 관하여는 Wolf. in: MüKo−WettbR, 4. Aufl. 2022, § 19 GWB Rn. 33.

113) Ibid., Rn. 36.

114) Kling/Thomas, op. cit., § 20 Rn. 259.

제된 행위가 상대적 시장력을 가진 사업자가 속한 시장에서 경쟁자를 배제할 가능성이 있는지 여부도 추가적으로 검토할 수 있다. 다만 상대적 시장력의 특성을 고려할 때, 실제로는 해당 사업자가 동시에 관련 시장에서 절대적 시장지배적 지위를 보유하지 않는 한 후자의 사례가 빈번히 발생하는 것은 아니다.

상대적 시장력은 수평적 관계가 아닌 수직적 관계 속에서 존재하는 것이므로, 일반적으로 그 행사는 수직적 차원, 즉, 상방시장이나 하방시장에 국한된다. 시장지배적 사업자에게는 이미 그 존재 자체로 인해 경쟁이 약화된 시장에서 남은 경쟁까지 심화시키지 않아야 하는 특수한 책임이 부여된다. 그러나 상대적 시장력을 가진 사업자에게까지 동일한 수준의 책임이 부과된다고 보기는 어렵다. 이는 상대적 시장력을 가진 사업자가 시장에 존재한다 하더라도 해당 시장의 경쟁은 여전히 활발하게 이루어질 수 있기 때문이다. 그러므로 남용 여부의 심사, 즉, 특정 행위가 특수한 책임 위반에 해당하는지 여부를 판단할 때에는 시장지배적 지위에 대한 판단과 같은 수준에서 이루어져서는 안 된다. 시장지배력을 가진 사업자조차 사업 활동의 자유가 헌법상 보호되며, 자신의 판단과 능력 범위 내에서 시장에서 자유롭게 활동할 권리를 가진다.[115] 따라서 단지 상대적 시장력만을 가진 사업자가 향유하는 사업활동의 자유는 시장지배적 사업자에 비하여 더 넓은 범위에서 보장받아야 한다.

이러한 맥락에서 상대적 시장력만이 문제가 되는 사안에서는 개별 행위의 남용 여부를 판단할 때 효율성 기준을 절대적 시장지배적 기업의 남용 심사에서보다 더욱 폭넓게 고려할 필요가 있다. 상대적 시장력을 가진 기업이 활동하는 시장에서는 경쟁왜곡의 정도가 상대적으로 낮으며, 시장지배적 기업이 존재하는 시장보다 경쟁이 보다 치열하게 이루어지는 것이 일반적이다. 따라서 증대된 효율성이 소비자에게 이전될 가능성도 상대적으로 높다. 결국 상대적 시장력의 남용 여부를 판단할 때 적용되는 효율성 기준은 시장지배력 남용 판단 기준보다는 기업결합 심사의 판단 기준에 더욱 근접하게 해석되어야 한다.

이러한 해석은 방해 남용의 경우에만 적용된다. 따라서 여기서 제기될 질문은 상대적 시장 지배력만이 문제 되는 상황에서 착취 남용을 인정할 수 있는가 하는 점이다.

---

115) Wolf, in: MüKo–WettbR, 4. Aufl. 2022, § 19 GWB Rn. 3.

2. 상대적 시장력을 가진 사업자의 착취남용 가능성

가. 문제점

방해남용은 주로 수평적 관계에서, 착취남용은 주로 수직적 관계에서 문제되지만, 이 구별이 항상 명확하지는 않다.[116] 시장에서의 힘을 가진 사업자의 특정 행위가 존재하는 경우, 해당 행위가 시장에 미치는 영향을 검토한 후에야 비로소 방해남용인지 착취남용인지 판단할 수 있다. 설령 문제되는 행위가 상대방에 대한 착취로 평가될 수 있더라도, 경쟁 결과를 시정하기 위해 경쟁법적 개입이 필요한지는 별도의 검토가 요구된다. 상대적 시장력을 가진 사업자가 자신의 시장력을 행사하는 경우 그 방향은 기본적으로 거래 상대방을 향하므로 언뜻 보기에 거래 상대방에 대한 착취남용으로 간주되는 경우가 많다. 이와 관련하여, 상대적 시장력을 가진 사업자의 기회주의적 행태가 시장지배적 사업자의 착취행위와 동일한 정도로 평가되어 착취남용으로 규율될 수 있는지가 문제된다. 이는 곧 착취남용의 본질과 관련된다.

나. 착취남용의 개념

착취적 남용이란 일반적으로 시장지배적 사업자가 자신의 지배력을 이용하여 거래 상대방에게 피해를 주는 행위를 의미하며, 일반적으로 수요자에 대해서 부당히 높은 가격을 부과하거나 공급자에 대해서는 부당히 낮은 가격을 강요하는 형태를 취한다.[117] 이와 같은 행위는 거래 상대방이 될 수 있는 모든 사업자와 소비자에게 향한다.

원칙적으로 착취적 남용행위 여부 판단은 문제되는 시장에서의 '의제적 경쟁 개념'[118]을 기초로 한다.[119] 이 방식은 시장의 조건과 가격이 의제적 경쟁 상황과 어느 정도 차이가 나는지를 검토하는 일반적 방법으로 인정된다. 이 개념은 초창기 질서자유주의의 수단적 개념에 기원을 두며, 본래 현실의 경쟁이 완전경쟁이라는 이상적 시장 질서로부터 얼마나 이탈했는지를 평가하기 위해 도입된

---

116) 예를 들어, 끼워팔기는 일반적으로 방해남용의 관점에서 규율되나 착취남용적인 관점에서 규율의 근거를 찾기도 한다. 이에 대해서는 특히 Nothdurft, in: Bunte, 14. Aufl. 2022, § 19 GWB Rn. 231 ff. 참조.

117) Kling/Thomas, op. cit., § 6 Rn. 94.

118) Als-ob-Wettbewerbskonzept.

119) Kling/Thomas, op. cit., § 20 Rn. 164.

것이다. 물론 이 접근법은 널리 인정받고 있는 Hayek의 '발견 과정으로서의 경쟁 개념'과는 양립하기 어려우나, 현실적으로 더 나은 판단기준이 존재하지 않기 때문에 착취남용 판단기준으로 수용되고 있다.[120] 유럽 기능조약 제102조 제2항 a호 및 독일 경쟁제한방지법 제19조 제2항 제2호는 착취남용금지의 일반 규정으로 받아들여지고 있다.

착취남용은 상품의 가격이 거래 당사자 간 자유로운 협상과정에서 정해진 것이 아니라, 시장지배적 사업자가 일방적으로 가격을 설정하고 강제한 경우 인정될 수 있다. 이때 강제된 가격 설정은 거래 상대방이 해당 가격을 받아들일 수밖에 없는 상황인 경우 성립한다.[121] 다음으로 가격의 부당성을 심사하게 되는데, 여기서 의제적 경쟁 상황과의 비교를 통해 가격이 현저히 높은 수준으로 설정되었는지를 평가하게 된다.[122] 즉, 실제로 부과된 가격과 의제적 경쟁 가격의 격차가 현저해야 한다.[123]

다. 경쟁정책적 측면에서의 착취남용

방해남용의 경우에는 남아 있는 경쟁을 복구하기 위해 기업의 특정 행위를 금지하는 것에 그치지만, 착취남용의 경우에는 직접적으로 시장의 결과를 시정하게 된다. 보다 정확히 말하면, 착취남용을 이유로 한 시장에 대한 경쟁당국 또는 법원의 개입은 시장지배적 사업자의 가격정책을 직접적으로 통제하여 시장 상대방을 보호하는 효과를 가진다. 이때 문제는 착취남용 금지가 시장에서의 경쟁 제도 보호라는 경쟁법의 본질적 목적과 부합하는지 여부이다.

경쟁 보호의 핵심은 과정으로서의 경쟁 자체를 보호하는 것이지, 경쟁 결과의 공정성을 보장하기 위함이 아니다. 그런데 상품의 가격은 시장에서 경쟁 과정을 종합적으로 반영한 결과로, 시장 참여자들이 미리 예상할 수 있는 성질의 것이 아니다.[124] 가격은 고정된 것이 아니라 끊임없이 변화하는 시장 상황에 따라 달라지며, 변화의 메커니즘은 완전히 이해하기 어려울 정도로 복잡하다.[125] 경제학 이

120) Ibid., § 20 Rn. 164.
121) Ibid., § 6 Rn. 98.
122) 실무적으로는 유효경쟁이 이루어지고 있는 시장과의 비교가 이루어진다. 이에 대해서는 Bechtold/Bosch, Kartellgesetz, 8. Aufl. 2015, § 19 GWB Rn. 57 ff.
123) Ibid. § 19 GWB Rn. 55.
124) Kling/Thomas, op. cit., § 2 Rn. 29.
125) Hoppmann, op. cit., 119, 122 ff.

론에 의하면 상품의 가격은 개별 당사자 간의 협상 결과로서 결정되며, 각 당사자마다 다르게 책정될 수 있다. 그렇기 때문에 경쟁당국이나 법원이 의제적 경쟁기준을 이용한 과거의 경쟁 상황에 관한 추측을 토대로 미래의 가격을 책정하는 것은 경쟁과정 보호라는 경쟁법의 기본 원칙과 양립하기 어렵다. 이 점에서 착취남용 금지가 경쟁법의 자유 패러다임과 부합하지 않는다는 사실은 명확하다.[126]

또한 경제학적 관점에서 시장지배적 사업자가 의제적 경쟁상황 이상으로 가격을 설정하고 초과이윤을 얻더라도 굳이 경쟁법적으로 개입할 이유는 없다. 독점가격은 잠재적 경쟁자에게 장기적으로 시장 진입 유인을 제공할 뿐만 아니라, 기업이 초과이윤을 얻는 것이 시장의 경쟁활동을 오히려 자극할 수도 있기 때문이다.[127] 그러므로 단지 거래상대방이 단기적으로 이익이 줄었다는 이유만으로 경쟁당국 등이 시장에 즉각 개입하는 것은 피해야 한다. 여기서 경쟁법은 직접적이거나 단기적 관점에서 소비자 보호를 달성하기 위한 수단이 아니라는 점도 강조할 필요가 있다.[128] 경쟁법의 기본 목적은 경쟁 자체의 보호에 있으며, 경쟁당국의 소비자 보호는 오직 경쟁의 보호를 통해서만 간접적·반사적 방법으로 달성될 수 있다.

다만 장기적으로 잠재적 경쟁을 포함한 경쟁이 시장에서 완전히 소멸한 경우에는 경쟁정책적 관점에서 경쟁당국이나 법원이 개입해야 할 필요성이 있다는 점은 부인하기 어렵다.[129] 바로 이 점이 에너지 및 통신 산업과 같이 전통적으로 국가독점에서 출발한 산업이 별도의 규제 법률을 통해 규제되는 이유이다. 만약 경쟁법에 의해 보호되는 시장의 경쟁과정이 전혀 기능하지 않고 이를 규율하기 위한 특별법도 존재하지 않는다면, 시장의 효율성이 더 이상 악화되지 않도록 일반적 정책수단을 이용하여 경쟁과정과 유사한 결과를 도출할 수 있는 차선책을 고려할 필요가 있다.

경쟁법이 경쟁과정 자체에 주목하는 이유는 경쟁의 조정 및 통제 기능을 복원함으로써 시장 효율성, 특히 소비자 효율성을 최대화할 수 있기 때문이다. 그

---

126) Ibid., 515, 529 ff.

127) 이러한 입장에서 미국 경쟁법은 착취남용을 원칙적으로 금지하지 않는다. 오히려 독점 이윤이 경쟁의 동인이 된다는 입장이다. 이러한 시각을 나타내는 대표적인 것으로 540 U. S. 398, 124 S. Ct 872, para. 2 (Justice Scalia) — Verizon Communications Ltd v. Trinko, LLP.

128) Kling/Thomas, op. cit., § 20 Rn. 89.

129) Möschel, Der Oligopolmißbrauch im Recht der Wettbewerbsbeschränkungen, 1974, S. 160.

러나 착취남용은 시장기능의 전면적 왜곡에서 비롯된 시장 전체의 비효율을 드러내므로 이에 대한 경쟁법적 개입이 경쟁법의 보호목적과 완전히 무관하다고 보기는 어렵다. 따라서 최소한의 정책적 개입은 불가피하며, 이 지점에서 착취남용의 반경쟁적 성격이 명확히 드러난다.

착취적 남용에 대한 경쟁 당국의 개입은 개별 거래 상대방에 국한되지 않고 시장 반대 측면 전체를 보호하는 기능을 가진다. 특히 독점 사업자의 착취적 남용에 대한 개입은 소비자 후생 증진을 목적으로 하며, 이는 직접적인 소비자 보호 방식으로 나타나더라도 그러하다. 만약 해당 시장 구조가 시장 과정만으로는 장기적으로 개선될 수 없다고 판단되는 경우, 가격이나 거래 조건에 대한 직접적 개입 이외에는 소비자 후생을 증진할 적절한 경쟁정책적 수단이 존재하지 않는다. 따라서 이러한 경우 경쟁 당국의 개입이 경쟁법 목적과 무관하다고 보기는 어렵다.[130]

라. 착취남용의 전제조건

착취 남용의 경우, 국가의 개입이 시장의 잔존 경쟁을 회복시킬 수 있다고 기대되는 방해 남용 금지와 달리 시장 경쟁이 자율적으로 회복될 것이라 기대하기 어렵다. 착취 남용 금지를 통해서는 경쟁이 존재하는 것처럼 보이는 인위적 시장 결과만 창출될 뿐이다. 따라서 착취 남용 금지는 시장지배적 사업자의 배제 행위로 인해 발생한 비효율성과 소비자 이익 훼손을 시정하기 위한 '최후의 수단'으로만 인정되어야 한다. 나아가 착취남용 금지의 집행은, 시장 구조가 심각하게 왜곡되어 경쟁을 통한 자정 기능이 작동하지 않아서 경쟁 복원 가능성도 없는 경우에 한하여 예외적으로 인정되어야 한다. 예컨대 법적 혹은 사실상의 시장 진입 장벽으로 인해 잠재적 경쟁자의 진입 가능성이 전혀 기대되지 않는 경우가 이에 해당한다.[131] 또한 착취남용의 판단 기준이 되는 의제적 경쟁 개념에 비추어 보더라도 해당 시장에 경쟁 가능성이 전혀 존재하지 않는 경우에야 비로소 착취남용이 문제될 수 있다.[132]

요컨대 착취남용 금지의 적용은 실제로 경쟁이 전혀 작동하지 않는 시장에서

130) 그러나 경쟁법의 목적에 비추어 착취남용은 인정할 수 없다는 견해도 물론 존재한다. 대표적으로 Hoppmann, op. cit., 515, 524 ff. 참조.

131) Fuchs, in: Immenga/Mestmäcker, 6. Aufl. 2020, § 19 GWB Rn. 39.

132) Kling/Thomas, op. cit., § 20 Rn. 165.

만 허용되어야 한다. 시장지배적 사업자가 존재하는 시장이라 하더라도 무조건적으로 착취남용에 대한 개입이 정당화되는 것은 아니며, 시장지배적 사업자가 예컨대 독일 경쟁제한방지법 제18조 제1항 제1호에 따른 완전독점상태에 있거나, 제2호에 따라 실질적인 경쟁이 존재하지 않는 경우에만 고려될 수 있다.[133] 그리고 이러한 전제요건 충족없이 착취남용 금지를 적용하는 것은 단호히 배척되어야 한다. 그렇지 않을 경우 경쟁당국과 법원이 경쟁을 관리하는 '시장 규제 당국'으로 변질될 우려가 있으며, 이러한 결과는 자유시장경제 체제와 결코 양립할 수 없다.[134] 따라서 시장지배적 사업자가 독일 경쟁제한방지법 제18조 제1항 제3호에 따른 경쟁자들에 비하여 우월적 시장지위를 보유할 뿐인 경우, 시장에는 실질적인 잔존 경쟁이 존재하기에 경쟁과정의 보호만으로도 경쟁법의 보호 목적은 충분히 달성될 수 있다. 착취남용은 이는 이미 시장지배적 사업자가 경쟁자를 완전히 배제한 상황에서만 해당된다. 이와 같은 맥락에서 방해남용은 착취남용을 방지하기 위한 수단이기도 하다.[135]

마. 소결

상대적 시장력을 갖춘 사업자가 존재하는 시장은 수평적 경쟁이 어느 정도 기능한다고 전제할 수 있다. 상대적 시장력을 가진 기업이 설령 거래 상대방을 착취하려는 의도를 가지고 행동한다고 하더라도, 이를 착취남용으로 바로 규제해서는 안된다.[136] 이는 수평적 차원에서 이루어지는 경쟁으로 인해 장기적으로는 시장 내에서 '경쟁의 자기 시정력'이 작동할 것으로 기대되기 때문이다.[137] 이러한 해석에서 상대적 시장력을 갖춘 기업이 공급자 측에 있는지, 수요자 측에 있는지는 본질적인 차이를 만들지 않는다. 따라서 상대적 시장력을 가진 기업이 거래 상대방으로부터 부당한 이익을 취하는 것처럼 보이는 이른바 '이익제공강요금지(Anzapfverbot)'가 문제되는 경우 착취적 남용에 해당하는지 별도로 검토할 필요는 없다. 오히려 중요한 것은 경쟁기업들을 시장에서 배제시키는 방해남용에

---

133) Bechtold/Bosch, op. cit., § 19 GWB Rn. 55; 다시 말해 제3호 시장지배적 사업자가 거래상대방에게 설정한 가격이 의제적 경쟁상황에서 부과할 수 있는 가격에 비하여 현저히 높다 하더라도 착취남용 금지 규정을 적용해서는 안 된다.

134) Kling/Thomas, op. cit., § 20 Rn. 89.

135) Scholz, in: Wiedemann, 4. Aufl. 2020, § 22 Rn. 67.

136) Kling/Thomas, op. cit., § 20 Rn. 89.

137) Fuchs, in: Immenga/Mestmäcker, 6. Aufl. 2019, Art. 102 AEUV Rn. 171.

해당하는지 여부를 확인하는 것이다. 만일 배제효과가 나타나지 않는다면, 경쟁정책적 관점에서 단지 공급자들의 이윤이 줄어들거나 또는 공급자의 이윤이 수요자에게 이전된다는 이유만으로 이를 경쟁법 위반으로 평가하는 것은 정당화될 수 없다. 이러한 이유로 타당하게도 독일 경쟁제한방지법은 제20조 제1항에서 착취적 남용 규정인 제19조 제2항 제2호 또는 제3호를 준용하지 않고 있다.

Ⅳ. 맺음말

이상에서 살펴본 독일 경쟁법의 남용금지제도 분석을 통해 몇 가지 중요한 시사점을 얻을 수 있었다. 첫째, 독일법 사례가 보여주듯 경쟁법 규율에서 무엇보다 자유롭고 공정한 경쟁질서의 보호가 근본 목적임을 재확인할 필요가 있다. 독일 경쟁법은 남용행위 규제를 통해 경쟁 자체의 구조와 과정을 지키는 데 중심을 둔다. 반면 한국의 개별 갑을 관계 규제 법제는 공정거래 질서 확립이라는 목적 이외에도 거래 상대방 보호라는 측면을 전면에 내세워 발선해왔는데, 이는 전통적 경쟁법 목적과 궤를 달리하는 부분이 있다. 우리 경쟁법 체계에서도 보호법익의 범위에 관한 논의를 기초로 경쟁법적 규제와 거래공정화 정책의 역할을 구분하고, 공정한 경쟁과 소비자 후생 보호라는 두 가지 가치가 조화를 이룰 수 있도록 지향점을 정립해야 할 것이다.

둘째, 착취적 남용행위에 대한 규제의 한계와 기준을 재점검할 필요가 있다. 독일의 사례는 지배적 지위 남용에 대한 국가 개입조차도 시장기능에 대한 예외적 조치로서 신중하게 허용된다는 점을 보여준다. 특히 상대적 시장력이나 우월적 거래지위에 의한 착취행위에 대해서는 국가 개입이 경쟁원리에 반할 수 있음을 시사하며, 실제로 독일법은 이러한 영역에서의 직접 개입을 자제해 왔다. 이는 곧 거래상 지위 남용행위의 규율에 있어서도, 경쟁질서에 미치는 영향과 소비자 피해 여부를 면밀히 따져 예외적인 경우에 한해 개입해야 함을 의미한다. 다시 말해, 우월적 지위를 남용한 부당행위를 규제하더라도 공급자 후생 자체를 보호목적으로 삼는 것은 바람직하지 않으며, 결국 궁극적으로는 경쟁상 피해의 예방이라는 관점에서 접근해야 한다. 이러한 기준하에 규제의 예측가능성을 높이고 집행의 남용을 방지할 수 있을 것이다.

셋째, 상대적 시장력 남용규제에 관한 독일의 경험은 우리 법제의 발전에 유용한 길잡이가 된다. 독일은 경쟁법 체계 내에 상대적 시장력 개념을 도입하여, 전통적 시장지배적 지위가 없더라도 거래 상대방의 의존 상태를 이용한 부당행위를 규율할 수 있도록 함으로써 규제의 유연성과 구체적 타당성을 확보해왔다. 이는 디지털 경제 시대에 플랫폼 사업자 등의 새로운 힘의 원천에 대처하기 위한 수단으로서도 각광받고 있다. 우리나라에서도 온라인 플랫폼 공정화법 제정 논의 등에서 이러한 상대적 시장력 개념을 적극 고려하고, 현재 운영 중인 가맹사업법, 대리점법 등의 특별법 체계를 장기적으로는 보다 통합적이고 일관된 경쟁법 체계 속으로 흡수하거나 정교화할 방안을 모색할 필요가 있다. 아울러 거래상 지위 남용금지 법리도 독일법상의 유형화된 판단 기준과 운영 경험을 참고하여 그 적용 범위와 요건을 한층 명확히 다듬어 나가야 할 것이다.

결론적으로 독일 남용법의 보호목적에 대한 분석은 한국 경쟁법제에 균형 잡힌 발전을 위한 유익한 통찰을 제공한다. 경쟁질서의 보호와 소비자후생 증진이라는 두 축을 조화시키는 명확한 규범 목표 설정, 남용규제의 예외적 개입 기준 확립, 그리고 새로운 시장 환경에 부응하는 유연한 규율 수단의 도입은 향후 입법·정책 과정에서 우선적으로 고려되어야 한다. 이를 통해 우리나라 경쟁법은 공정성과 효율성을 아우르는 보다 성숙한 법집행 체계를 구축하고, 궁극적으로는 건강한 시장경제의 발전과 소비자 복지 향상에 기여하게 될 수 있을 것이다.

제2편

기업결합 · 부당한 공동행위

제1장

Illumina - GRAIL 기업결합에 대한 EU와 미국의 판단*

- 황진우 -

I. 들어가며

일루미나(Illumina)는 미국에 본사를 둔 글로벌 유전체 분석 기업으로, 차세대 염기서열분석(next generation sequencing, 이하 'NGS'라 한다)[1] 기기와 소모품 및 관련 서비스를 포함하는 NGS 시스템의 선도적인 공급업체이다.

그레일(GRAIL)은 미국 기반의 헬스케어 기업으로, 2016년에 Illumina에서 액체생검(liquid biopsies)[2] 사업부가 분사하여 설립되었다. GRAIL은 NGS 시스템에 기반한 암 진단 테스트를 개발하는 회사로서, 주력 제품인 '갈레리(Galleri)'는 NGS 기반으로 환자의 혈액을 통해 50종류의 암을 한 번에 진단(Multi-Cancer

* 본고는 "Illumina-Grail 기업결합에 대한 EU과 미국의 판단"이라는 제목으로 경쟁저널 제220호(2024. 2.)에 게재하였으나, 이후 선고된 EU사법재판소 판결 등을 반영하여 업데이트한 것입니다. 본고의 내용은 필자의 개인적인 견해에 바탕을 둔 것으로, 저자가 속한 법무법인이나 특정 회사의 입장과는 무관합니다.

1) 차세대 염기서열분석법은 대량의 DNA 조각을 동시에 병렬로 처리해 유전체 염기서열을 초고속으로 분석할 수 있는 방법이다. 차세대 염기서열분석기술은 암의 연구 및 치료에 활발히 이용되고 있다.

2) 액체생검은 기존에 환자의 조직을 직접 떼어내는 '조직생검(Tissue Biopsy)'과는 다르게, 생체 내 혈액에서 순환종양성 DNA(ctDNA), 순환성 종양세포(CTCs), 엑소좀 등을 분리하고 내부의 핵산 정보를 분석하는 비침습성 기술로 높은 정밀도가 요구된다.

Early Detection, 이하 'MCED'라 한다)할 수 있다고 알려져 있다.

Illumina는 GRAIL 설립 후 GRAIL의 지분 약 15%를 보유하고 있었는데, 2020년 9월 GRAIL의 나머지 지분을 71억 달러에 인수(이하 '본건 인수'라 한다)한다고 공식 발표하였다. 본건 인수는 EU 합병규칙[3]상 기업결합 신고 기준에는 해당하지 않았으나, 6개 회원국으로부터 조사 요청이 있자 EU 집행위원회(이하 'EU 집행위'라 한다)는 2021년 7월 심층조사를 개시하였다.

이 사건은 제약산업에서의 소위 '킬러인수(killer acquisition)'에 대해 EU집행위가 기존 관행까지 변경하면서 조사를 개시한 사례이자, 결과적으로는 모두 철회되었지만, 하나의 기업결합 심사 과정에서 EU 집행위가 이례적으로 임시중지명령, 수직적 기업결합에 대한 전면 금지, 건점핑에 대한 과징금 부과 및 기업결합 이전 상태로의 원상회복을 명하고, 미국 경쟁당국과 법원도 본건 인수를 금지하면서 그동안 학계와 실무가들의 많은 주목을 받은 사건이다.

이하에서는 본건 인수에 대한 EU 집행위 결정, EU사법재판소 판결, 미국 FTC 결정 및 미국 항소법원 판결의 주요 내용을 시간 순서에 따라 살펴보고, 그 시사점을 찾아보기로 한다.

II. EU 집행위원회 결정 및 EU 사법재판소 판결

1. 소위 '킬러인수'에 대한 조사 개시

EU 합병규칙은 제1조 제2항과 제3항에서 기업결합 신고 기준을 정하고 있는데, EU 합병규칙 제22조 제1항은 위 신고 기준을 충족하지 않더라도 ① 회원국들 간 거래에 영향을 미치고 ② 회원국 또는 회원국들의 역내 경쟁에 상당한 영향을 미칠 우려가 있는 기업결합의 경우 ③ 1개 이상의 회원국이 EU 집행위에 조사를 요청할 수 있다고 규정하고 있다.

3) Council Regulation (EC) No 139/2004 of 20 January 2004 on the control of concentrations between undertakings.

EU 합병규칙 Article 22. Referral to the Commission
1. One or more Member States may request the Commission to examine any concentration as defined in Article 3 that does not have a Community dimension within the meaning of Article 1 but affects trade between Member States and threatens to significantly affect competition within the territory of the Member State or States making the request. Such a request shall be made at most within 15 working days of the date on which the concentration was notified, or if no notification is required, otherwise made known to the Member State concerned.
[국문 번역문] 1. 1개 이상의 회원국은 제3조에서 정의된 기업결합이 제1조의 의미에 따른 유럽공동체 차원의 기업결합에 해당하지 아니하여도 회원국 간의 교역에 영향을 미치고, 요청하는 회원국(들)의 영토 내에서의 경쟁에 상당한 영향을 미칠 경우, EU 집행위에 그 기업결합을 조사해 줄 것을 요청할 수 있다. 이러한 요청은 기업결합이 신고되었거나, 신고가 요구되지 않는 경우 해당 회원국에 알려진 날로부터 최대 15영업일 이내에 이루어져야 한다.

위 합병규칙 제22조의 문언상 EU 집행위가 회원국으로부터 조사 요청을 받아 조사를 개시함에 있어 해당 기업결합이 EU회원국의 국내법상 심사대상에 해당할 것이 요건으로 요구되는 것은 아니다. 그러나 EU 집행위는 그동안 각 회원국의 국내법상 기업결합 심사대상 기준을 충족하지 못하는 거래는 일반적으로 EU 역내 시장에 상당한 영향을 미칠 가능성이 낮다는 경험에 기초하여, EU 합병규칙 제22조에 의한 개별 회원국의 조사 요청이 있더라도 이를 받아들이지 않는 실무 관행을 형성하여 왔다.

그런데 EU 집행위는 2021년 3월 '특정 유형의 사건에 대한 합병규칙 제22조 조사 요청의 적용에 관한 지침'(이하 '지침'이라 한다)[4]을 발표하면서, 각 회원국의 기업결합 신고 기준을 충족하지 않는 경우에도 일정한 상황의 경우 EU 합병규칙 제22조에 의한 조사 요청을 수락할 것이라는 입장을 밝히고, 이처럼 그간의 관행을 변경함에 있어 EU 합병규칙 관련 규정의 변경이 필요한 것은 아니라고 밝혔다.[5]

지금 당장은 EU 또는 회원국의 기업결합 신고 기준을 충족할 정도의 매출이 발생하고 있지는 않지만, 디지털 경제나 제약산업 등 혁신시장의 경쟁에 중요한

4) Guidance on the application of the referral mechanism set out in Article 22 of the Merger Regulation to certain categories of cases (2021/C 113/01).

5) 위 지침 문단 10, 11 참조.

역할을 수행할 수 있는 기업의 인수, 이른바 '킬러 인수'에 대한 기업결합 심사의 공백을 해소할 필요성이 대두되었고, 이러한 배경에서 합병규칙 제22조의 적용에 대한 EU 집행위의 정책 변경이 이루어진 것이다.[6)]

본건 인수는 EU 합병규칙상 신고 대상 매출액 기준에 미치지 못하고, EU 회원국 중 어느 국가의 국내법상으로도 신고 대상에 해당하지 않았으나,[7)] 프랑스 경쟁당국이 EU 합병규칙 제22조에 따라 EU 집행위에 조사 요청을 하였고(이후 벨기에, 그리스, 아이슬란드, 네덜란드, 노르웨이가 동참), 2021년 4월 EU 집행위는 상기 지침을 적용하여 본건 인수에 대한 조사 개시를 결정하였다. 이에 따라 본건 인수는 2021년 6월 16일에 신고가 이루어졌고, EU 집행위는 2021년 7월 22일 심층조사(in-depth investigation)를 개시하였다.

EU 집행위는, 유전체 암 검사는 무증상 환자에게서 다양한 종류의 암을 식별할 수 있는 잠재력을 가진 것으로 암과의 전쟁에서 게임 체인저(game changer)가 될 것으로 예상되며, 따라서 이 기술에 대해 환자들이 공정한 가격으로 가능한 많은 소스(source)를 통해 빠르게 접근할 수 있도록 보장하는 것이 중요하다고 보았다. 나아가 EU 집행위는 본건 인수 이후 결합회사는 유전체 암 검사 분야에서 활동하는 GRAIL의 경쟁사들에게 불리하도록 NGS 기기 및 시약에 대한 접근을 제한하거나 그 가격을 인상할 수 있고, GRAIL의 경쟁상 중요성은 비록 매출액에는 반영되어 있지 않으나, 71억 달러라는 인수금액의 규모에서 분명히 드러난다는 점에서, 본건 인수는 EU 합병규칙 제22조에 따른 EU 집행위의 조사 기준을 충족한다고 보았다.[8)]

Illumina는 EU 집행위 결정에 대해 항소하였으나, 2022년 7월 EU 일반법원은 본건 인수에 대한 EU 집행위의 관할권을 인정하였다.[9)] 그러나 2024년 9월 EU사법재판소는 EU 일반법원 판결을 파기하고, EU 집행위가 본건 인수에 대해 심사 관할권이 없다고 판단하였다. EU사법재판소 판결의 내용은 시간 순서에 따라 뒤에서 살펴보기로 한다.

---

6) 2022.9.9. IBA 26th Annual Competition Conference, 마르그레테 베스타게르(Margrethe Vestager) 위원장의 연설문 참조, (https://ec.europa.eu/commission/presscorner/detail/da/SPEECH_22_5423).

7) GRAIL는 유럽 내에서 제품을 출시하거나 판매하지 않았다.

8) EU 집행위, 2021년 4월 20일자 데일리 뉴스, (https://ec.europa.eu/commission/presscorner/detail/en/MEX_21_1846).

9) Case T−227/21 *Illumina Inc v Commission*, Judgment of 13 July 2022, ECLI:EU:T:2022:447. (판결문 비공개).

2. 임시중지명령

Illumina는 2021년 7월 EU 집행위의 심층조사가 개시되었음에도 불구하고, 2021년 8월 18일 GRAIL의 주식 취득을 완료하였다고 공식적으로 발표하였고,[10] 거래 완료를 위해 필요한 모든 조치를 이행하였다. Illumina는 본건 거래가 2022년 9월 20일까지 종결되지 않을 경우 GRAIL에 3억 달러의 해지 위약금을 부담하도록 규정한 계약서 조항으로 인하여 EU 집행위 조사가 진행 중인 상황에서 인수를 강행하였던 것으로 보인다.

그러자 EU 집행위는 2021년 9월 20일 EU 합병규칙상 기업결합 심사 결과가 나오기 전 기업결합의 이행을 금지하는 의무를 위반한 두 회사에 임시중지명령을 부과하는 내용의 심사보고서(Statement of Objections)를 송부하였다. EU 집행위는 동 심사보고서에 대한 두 회사의 의견을 청취한 후 2021년 10월 29일 본건 인수가 경쟁에 미칠 수 있는 회복 불가능한 잠재적 영향과 당사회사들의 불가역적(不可逆的)인 결합을 막기 위해 심층조사 결과가 나올 때까지 당사회사가 분리 상태를 유지하도록 임시중지명령을 부과하였다.

또한, EU 집행위는 Illumina와 GRAIL이 EU 집행위의 심층조사 결과가 나올 때까지 임시중지명령의 조치들 중 어느 하나라도 불이행할 경우 평균 일일 매출의 최대 5%에 이르는 이행강제금 또는 연간 전세계 매출의 최대 10%에 이르는 과징금을 부과할 수 있도록 하였다.[11] 이러한 임시중지명령은 Illumina의 전례 없는 기업결합 조기 종결에 대응하여 EU 집행위가 사상 처음으로 부과한 것이었다.

3. 기업결합 불승인 결정

Illumina는 EU 집행위 조사과정에서 경쟁제한 우려를 해소하기 위한 시정방안을 제출하였다. 그러나 EU 집행위는 그 시정방안이 EU 집행위의 경쟁제한 우려를 해소하기에 충분하지 않다고 판단하였고,[12] 결국 2022년 9월 6일 본건 인

---

10) Illumina, 2021년 8월 18일자 보도자료, “Illumina Acquires GRAIL to Accelerate Patient Access to Life-Saving Multi-Cancer Early-Detection Test”,(https://www.illumina.com/company/news-center/press-releases/press-release-details.html?newsid=53c5d93c-454e-4685-aebb-caca6655391c).

11) EU 집행위, 2021년 10월 29일자 보도자료, “Mergers: Commission adopts interim measures to prevent harm to competition following Illumina’s early acquisition of GRAIL”, (https://ec.europa.eu/commission/presscorner/detail/en/ip_21_5661).

12) 먼저 Illumina는 자신이 보유한 NGS 특허 일부에 대한 라이선스(license)를 다른 NGS 공급업

수를 금지하는 결정을 내렸다.[13)]

EU 집행위는 Illumina가 조기 암 진단검사 개발 및 상업화를 위한 혁신시장에서 Illumina의 기술에 의존하고 있는 GRAIL의 경쟁사들에 대해 아래와 같이 봉쇄전략을 채택할 능력과 유인을 갖고 있다고 판단하였다. 예컨대, EU 집행위는 Illumina가 GRAIL의 경쟁사에 대해 NGS 시스템 공급을 거부하거나, 가격을 인상하거나, 품질을 저하시키거나, 공급을 지연시킬 수 있으며, 그러한 전략이 유럽경제지역(EEA)에서 NGS 기반 암 진단검사 개발 및 마케팅 경쟁에 상당한 악영향을 미칠 것이라고 판단하였다.

1) **봉쇄 능력:** Illumina는 GRAIL의 경쟁자들을 봉쇄할 수 있는 능력을 갖게 될 것이다. GRAIL과 그 경쟁자들은 조기 암 진단검사를 개발하고 실행하기 위해 Illumina의 NGS 시스템에 의존한다. 조기 암 진단검사 개발자는 신뢰할 수 있는 지원 네트워크와 탄탄한 실적을 갖춘 처리량이 많은 NGS 시스템이 필요하다. 현재 Illumina의 장비만이 이러한 요구 조건을 충족하며, 조사 결과에 따르면 단기 및 중기에 Illumina를 대체할 신뢰할 수 있는 대안이 없는 것으로 나타났다. 게다가 지식재산권 소송 위험 등으로 인한 진입장벽이 상당하고, NGS 공급자를 변경하는 것은 GRAIL의 경쟁자에게

체들에게 허여하고, NGS 공급업체인 BGI Genomics(중국 회사)를 상대로 하는 미국 및 유럽에서의 특허소송을 3년 동안 중지하겠다는 시정방안을 제시하였다. 그러나 EU 집행위는 라이선스 대상 특허들이 단기간 내에 만료될 예정인 점, Illumina가 경쟁사들이 대체 NGS 시스템을 개발하는 데 필요한 다른 많은 특허들을 보유하고 있는 점 등에 비추어 위 시정방안만으로는 단기 및 중기에 Illumina를 대체할만한 신뢰성 있는 대안이 출현하기 어렵다고 보았다. 더욱이, 설사 대안적 NGS 시스템이 등장하더라도, GRAIL의 경쟁자가 NGS 시스템 공급자를 교체하는 것은 많은 시간과 비용이 소요되는 반면, 성공 여부는 불확실한 과정이 될 것이라고 하면서, Illumina가 제출한 시정방안으로는 EU 집행위의 경쟁제한 우려를 해소하기에 부족하다고 보았다.

다음으로, Illumina는 표준계약에 명시된 조건에 따라 GRAIL의 경쟁사와 계약을 체결하겠다는 시정방안을 제시하였다. 이 표준계약에 포함된 조항은 2033년까지 적용되며, GRAIL의 경쟁자들이 Illumina의 NGS 시스템에 계속 접근할 수 있도록 하는 것이었다. 그러나 EU 집행위는 표준계약의 조건들은 Illumina가 취할 수 있는 가능한 모든 봉쇄전략을 다루고 있는 것이 아니기 때문에 실제로는 효과적이지 않을 것이라고 보았다—예를 들어, GRAIL의 경쟁자에게 기술 지원을 저하시키는 방법으로 경쟁자를 배제할 수 있는 리스크를 표준계약이 다루고 있지 않다. 더욱이, 조사 결과 Illumina가 시정방안에 따른 의무를 쉽게 우회하여 GRAIL을 우대함으로써 GRAIL의 경쟁자가 성공적으로 경쟁하는 것을 어렵게 만들 수 있는 것으로 나타났고, 시정방안이 복잡하고 GRAIL의 경쟁자가 그 위반을 탐지하기 어려워 시정방안 이행 여부를 모니터링하기 어려운 점도 고려되었다.

13) M. 10188 *ILLUMINA/GRAIL*(merger review investigation).

성공의 보장이 없는 상황에서 오랜 시간과 많은 비용이 요구되는 과정이 될 것이다.

2) **봉쇄 유인**: Illumina는 GRAIL의 경쟁자를 봉쇄할 유인을 가지게 될 것이다. Illumina의 NGS 기술을 GRAIL의 경쟁업체에 판매하는 것은 Illumina의 매출과 이익에서 차지하는 비중이 작은 반면, NGS 기반 암 조기진단검사는 빠르게 확대되어 높은 수익성을 얻을 수 있을 것으로 기대된다. 2035년까지 이 시장 규모는 전세계적으로 연간 400억 유로 이상에 달하게 될 것으로 예상된다. 이러한 엄청난 시장잠재력과 현재 진행 중인 혁신경쟁을 감안할 때, Illumina가 GRAIL의 경쟁자를 현시점에 봉쇄할 유인이 있을 것으로 보인다. 조사 결과에 따르면, GRAIL의 주력 검사인 'Galleri'는 선점자(first mover) 우위를 누리고 있지만 고유(unique)한 것은 아니며, 가까운 장래에 'Galleri'와 밀접하게 경쟁할 수 있는 제품을 현재 여러 시장 참여자들이 개발하고 있다.

4. 건점핑[14]에 대한 과징금 부과 결정

EU 집행위의 기업결합 승인 전까지 기업결합의 전체 혹은 일부를 이행하는 행위를 하지 않을 것을 요구하는 중단의무(standstill obligation)는 EU 합병규칙 제7조 제1항에 규정되어 있다. 이 의무는 EU 집행위의 조사 결과가 나올 때까지 시장의 경쟁구조에 잠재적으로 회복할 수 없는 부정적 영향이 생기는 것을 방지하기 위한 목적으로 마련되었다. EU 집행위에 의하면, 이 중단의무 위반은 EU 기업결합 규제 시스템의 기능을 해치는 매우 심각한 위반으로 간주된다.[15]

그러나 앞서 살펴본 것처럼, Illumina는 2021년 8월 EU 집행위의 심사가 진행 중임에도 불구하고 GRAIL 인수를 완료했다고 공식적으로 발표하였다. 당사자

14) 기업결합에서 '건점핑'은 경쟁당국이 기업결합을 승인하기 전에 기업결합의 전체 혹은 일부를 이행하는 행위를 하거나 경쟁당국의 승인 전에 기업결합 당사회사가 경쟁상 민감한 정보를 교환하는 등 경쟁제한 행위를 하는 것을 의미한다.

15) EU 집행위가 EUMR 제4조 제1항(통보의무) 또는 제7조 제1항(중단의무)의 위반이 발생했다고 판단하였을 때 과징금을 부과할 수 있는 권한은 EUMR 제14조 제2항(a) 및 (b)에 명시되어 있다. 이에 따르면, EU 집행위는 중단의무를 고의적으로 또는 부주의로 위반한 기업에 연간 매출액의 최대 10%에 해당하는 과징금을 부과할 수 있다. 과징금액을 결정할 때는 위반행위의 중대성, 경감 또는 가중사유의 존재를 고려하나, 위반행위를 충분히 억제하고 저지하는 효과를 가질 수 있어야 한다.

들은 거래 완료를 위해 필요한 모든 조치를 이행하였고, GRAIL은 Illumina의 완전자회사 2곳과 합병하였으며, GRAIL의 주주들에게는 주식 대금이 지급되었다.

EU 집행위는, 2021년 8월 Illumina의 중단의무 위반 여부에 관한 조사를 개시하였고, 2022년 7월 EU 집행위 심층조사 종결 전 합병을 완료함으로써 EU 합병규칙을 위반하였다는 예비적 결론을 담은 심사보고서를 Illumina와 GRAIL에게 송부하였다.

2023년 7월 12일 발표된 EU 집행위 결정은 Illumina와 GRAIL이 위 중단의무를 고의적으로 위반했다는 결론을 재확인하였다. EU 집행위는 Illumina가 건점핑으로 부담하게 될 과징금의 리스크(risk)를 GRAIL 인수에 실패할 경우 인수계약에 따라 위약금을 부담할 리스크와 전략적으로 비교하고, 궁극적으로 GRAIL을 처분하게 되더라도 건점핑으로 얻을 수 있는 잠재적 이익까지 고려하여 EU 집행위 조사가 진행 중임에도 의도적으로 거래를 종결하기로 결정했다고 판단하였다. EU 집행위는 이러한 행위가 EU 합병규칙을 심각하게 위반한 것이며, 이러한 행위를 억제하기 위해 적절한 과징금 부과가 필수적이라는 입장을 밝혔다. 결국, EU 집행위는 EU 합병규칙의 규정에 따라 법적 상한에 해당하는 Illumina 매출의 10%, 즉, 약 4억 3,200만 유로의 과징금 부과를 결정하였다.

또한, EU 집행위는 GRAIL이 EU 합병규칙상 중단의무를 충분히 인식하고 있었고, 본건 거래에 대해 심층조사가 진행 중임을 알면서도 거래 종결을 위한 법적 조치를 취하는 등 EU 합병규칙 위반에 적극적인 역할을 하였다고 결론지었다. 다만, 인수 대상 회사(target company)에게 부과되는 최초의 건점핑 과징금임을 감안하여 GRAIL에 대해서는 상징적인 액수인 1,000유로만 부과하기로 결정하였다. 이는 건점핑 행위에 대해 EU 집행위가 부과한 사상 최대 규모의 과징금이며, 인수 대상 회사에도 동시에 과징금을 부과한 첫 번째 사례이기도 하다.

5. 원상회복명령(Restorative Measures)

EU 합병규칙 제8조 제4항 a호는 이미 이행이 완료된 기업결합이 EU 역내 시장과 양립하기 어렵다고 판단된 경우, 기업결합 이전의 상태를 회복시키기 위해 EU 집행위가 적절한 조치를 취할 수 있도록 허용하고 있다. EU 집행위는 위 과징금 부과 결정에 더하여, 2023년 10월 12일 Illumina의 GRAIL 인수를 기업결합 이전 상태로 회복하라는 명령을 내렸다.[16)]

EU 집행위의 명령은 ① Illumina가 GRAIL과의 거래를 원상태로 되돌리도록 요구하는 지분매각조치(divestment measures)와 ② 원상회복이 이루어질 때까지 Illumina와 GRAIL이 준수해야 할 과도기적 조치(transitional measures)로 구분된다.[17] 이는 EU 집행위가 이미 완료된 기업결합에 대해 '원상회복'을 명령한 첫번째 사례이다.

6. EU사법재판소 판결

앞서 언급한 것처럼, EU일반법원은 EU 집행위의 관할권을 인정하였으나, 2024년 9월 EU사법재판소가 EU 일반법원의 판결을 파기하고, EU 집행위 본건 인수에 대해 심사 관할권이 없다고 판단하면서 이 사건에 극적인 반전이 생기게 된다.[18]

EU사법재판소는 EU합병규칙 제22조에 대한 EU일반법원의 문언(literal) 해석은 타당하지만, 역사적(historical) 해석, 맥락적(contextual) 해석, 목적론적(teleological) 해석에서 오류를 범하였다고 판단하였다.

1) **문언 해석**: EU일반법원은 EU합병규칙 제22조 제1항에서 ① 1개 이상의 회원국이 EU 집행위에 조사를 요청하여야 하고, ② 조사 요청 대상이 EU합병규칙 제1조의 의미에 따른 유럽공동체 차원의 기업결합에 해당하지 않더라도 EU합병규칙 제3조의 기업결합에 해당하여야 하고, ③ 회원국들 간 거래에 영향을 미치고 ④ 조사를 요청한 회원국 또는 회원국들의 역내 경쟁에 상당한 영향을 미칠 우려가 있을 것을 요구하고 있을 뿐이며, 제22조 제1항이 "any concentration"이라는 표현을 사용하고 있다는 점에서 문언 해석상 회원국 국내법상 기업결합 심사대상에 해당할 것이 요구되지 않는다고 판단하였고, EU사법재판소도 이러한 문언 해석은 타당하다고 보았다.[19]

---

16) Illumina가 EU 집행위의 원상회복명령을 준수하지 않을 경우, EU 집행위는 EU 합병규칙 제14조에 따라 연간 전세계 매출의 최대 10%까지 과징금을 부과할 수 있을 뿐만 아니라, EU 합병규칙 제15조에 따라 위반이 지속되는 한 회사의 평균 일일 총매출의 최대 5%에 해당하는 이행강제금(periodic penalty payments)을 부과할 수 있다.

17) EU 집행위, 2023년 10월 12일자 보도자료, "Commission orders Illumina to unwind its completed acquisition of GRAIL", (https://ec.europa.eu/commission/presscorner/detail/en/ip_23_4872).

18) *Illumina, Inc. v. European Commission*, Joined Cases C−611/22 P & C−625/22 p. ECLI:EU:C:2024:677 (Sept. 3, 2024)

19) 위 EU사법재판소 판결문 문단 121−128 참조.

2) **역사적 해석**: EU사법재판소는 EU 집행위가 제시한 문서들이 EU일반법원의 해석을 지지한다고 볼 근거를 찾기 어렵고, 매출액 등 신고기준의 엄격함으로 인해 야기되는 결함을 시정하기 위해 EU합병규칙 제22조를 활용하고자 한 입법의도를 보여주는 문서도 없으며, EU합병규칙 제22조는 기업결합 심사제도가 없었던 네덜란드가 자국 내에서의 기업결합 심사를 요청함에 따라 도입된 것으로 대부분의 회원국이 이미 기업결합 심사제도를 도입한 현재 시점에서는 그 사용범위가 제한적임을 언급하면서 EU일반법원의 해석이 타당하지 않다고 판단하였다.[20]

3) **맥락적 해석**: EU사법재판소는 EU합병규칙 제1조, 제4조, 제9조, 제22조 등 EU일반법원이 고려한 맥락적 요소들(contextual factors)이 EU일반법원의 합병규칙 제22조에 대한 해석을 지지한다고 보기 어렵고, 오히려 EU일반법원이 간과한 요소들을 고려하면 EU합병규칙 제22조에 대한 Illumina의 해석을 지지한다고 판단하였다.[21]

4) **목적론적 해석**: EU일반법원은 EU합병규칙 제22조 제1항의 목적이 EU의 경쟁구조에 상당한 영향을 초래하는 모든 기업결합에 대한 효과적인 통제를 허용하기 위한 것이며, 이러한 목적 달성에 필요한 유연성을 EU 집행위에 부여하는 시정 메카니즘(corrective mechanism)을 만든 것이라고 보았다. 그러나 EU사법재판소는 이러한 EU일반법원의 판단은 잘못된 것이며, 동 조항의 목적은 ① 기업결합 심사제도가 없는 회원국에서 경쟁을 왜곡할 수 있는 기업결합을 EU 집행위가 심사할 수 있도록 하고, ② 여러 회원국에서 신고될 수 있는 기업결합을 EU 집행위가 심사할 수 있도록 함으로써 회원국 차원에서 복수의 신고가 이루어지는 것을 피하고 기업들의 법적 안정성을 강화하려는 것이라고 하면서, 만일 EU일반법원의 해석에 따를 경우 EU합병규칙이 추구하는 여러 목적들 사이의 균형이 깨지고, 기업결합 당사회사들에게 보장되어야 할 효율성, 예측가능성 및 법적 안정성을 약화시킬 수 있다고 보았다. 아울러 EU사법재판소는 비록 현재의 기준이 경쟁에 상당한 영향을 미칠 수 있는 기업결합을 심사하는데 불충분하더라도 그러한 기준을 검토하고 EU 집행위가 그러한 기업결합을 심사할

20) 위 EU사법재판소 판결문 문단 129－150 참조.
21) 위 EU사법재판소 판결문 문단 151－185 참조.

수 있도록 하는 메커니즘을 제공하는 것은 EU의 입법기관에 의해 이루어져야 한다고 보았다.[22)]

III. 미국 FTC의 결정 및 연방항소법원 판결

1. 미국 FTC의 조사 경과 및 결정

미국 FTC는 기업결합의 경쟁제한성을 조사한 후 필요하다고 판단할 경우 연방법원 또는 FTC 행정법판사(FTC Administrative Law Judge)에게 기업결합의 금지를 구하는 소송을 제기할 수 있다. 이 사건에서 FTC심사관은 2021년 3월 30일 본건 인수가 미국 MCED 테스트 시장에서의 혁신을 감소시킬 것이라고 주장하면서 FTC 행정법판사에게 소송을 제기하였다.[23)]

그런데 FTC 행정법판사는 2022년 9월 1일 FTC가 본건 인수의 경쟁제한적 효과를 입증하지 못하였다고 하면서, 본건 인수를 허용하는 초기 결정(Initial Decision)을 내렸다.[24)]

이러한 FTC 행정법판사의 결정에 대해 FTC 심사관이 이의를 제기하였고, 이후 2023년 4월 3일 FTC 위원들은 행정법판사의 초기 결정을 만장일치로 뒤집고, 본건 인수가 미국 MCED 검사 시장에서 혁신을 저해하고 가격을 상승시킨다는 등의 이유로 Illumina에게 GRAIL 주식의 처분을 명하였다.[25)]

---

22) 위 EU사법재판소 판결문 문단 186－219 참조.

23) FTC, 2021년 3월 30일자 보도자료, “FTC Challenges Illumina’s Proposed Acquisition of Cancer Detection Test Maker Grail”, (https://www.ftc.gov/news－events/news/press－releases/2021/03/ftc－challenges－illuminas－proposed－acquisition－cancer－detection－test－maker－grail).

24) FTC, 2022년 9월 9일자 Initial Decision, Illumina, Inc. and Grail, Inc., FTC Docket No. 9401. 이 초기 결정의 주요 근거는 (1) GRAIL의 경쟁사가 GRAIL과 직접적으로 경쟁할 제품을 가까운 미래에 상업적으로 출시할 준비가 되어 있다는 주장을 입증할 수 있는 증거가 매우 미약하고, (2) 경쟁사가 개발 중인 MCED 테스트 제품이 GRAIL의 MCED 테스트 제품을 합리적으로 대체할 수 있다는 점이 입증되지 않았으며, (3) 현재 및 가까운 미래에 Illumina는 MCED 테스트 개발자들의 요구사항을 충족시킬 수 있는 유일한 NGS 플랫폼 공급업체이며, Illumina는 본건 인수 전부터 MCED 검사에 적합한 NGS 제품의 유일한 공급업체였으므로, 가격을 인상하거나, 공급을 중단하거나, 제품이나 서비스 품질을 감소시킬 수 있는 Illumina의 능력 역시 본건 인수 전부터 존재하였고, (4) Illumina가 경쟁제한 우려에 대한 대응으로 제시한 표준 장기공급계약인 오픈 오퍼(Open Offer)는 NGS 제품을 구매하는, 미국 내에서 암 진단을 진행하는 모든 고객들이 이용할 수 있으므로, Illumina가 GRAIL의 경쟁사들에게 피해를 입히는 것을 제한하고, 이와 반대되는 FTC측 주장은 설득력이 없다는 것이었다.

FTC 최종 의견의 주요 근거는 (1) Illumina는 현재 및 가까운 미래에도 MCED 테스트에 필요한 핵심요소인 NGS 플랫폼의 유일한 공급자이며, 각종 진입장벽으로 인해 경쟁 플랫폼이 Illumina와 경쟁하는 것을 어렵게 만들고 있고, (2) Illumina는 비용을 상승시키거나 공급, 서비스, 또는 신기술 등 MCED 테스트 개발자들이 의존하고 있는 투입요소에 대한 접근을 제한하거나 그 품질을 저하시키는 방법으로 GRAIL의 경쟁사들을 용이하게 배제할 수 있으며, (3) Illumina는 미국 MCED 시장에서 GRAIL이 혁신경쟁에서 승리하도록 할 재무적 유인을 갖고 있으며, Illumina는 경쟁자 봉쇄효과를 가져올 수 있는 방대한 수단을 가지고 있고, (4) Illumina는 과거 GRAIL이 완전자회사였을 당시에도 GRAIL에 특별 가격과 다른 혜택들을 제공한 바 있으며, (5) Illumina가 경쟁제한 우려 해소를 위해 제안한 표준장기공급계약인 Open Offer는 그러한 경쟁제한 우려 해소에 효과적이지 않다는 것이었다.

2. 미국 연방항소법원 판결

Illumina는 FTC의 결정에 불복하여 연방 제5순회항소법원(이하 '항소법원'이라 한다)에 항소하였다. 그러나 항소법원은 2023년 12월 15일 본건 인수가 미국 내 MCED 테스트의 연구개발 및 상업화를 위한 시장에서 경쟁을 실질적으로 제한할 가능성이 있다고 본 FTC의 결정을 뒷받침하는 충분한 증거가 있다고 판단하였다.[26)]

먼저 항소법원은 -이미 존재하는 MCED 테스트 시장이 아니라- 미국 내에서 MCED 테스트의 연구개발 및 상업화를 위한 시장을 관련시장으로 획정한 FTC의 결정에 동의하면서 ① MCED 검사가 현재 진료 기준이 되는 암 검진 테스트와는 구별되는 독특한 특성과 용도를 가지고 있고 ② 암의 증상 혹은 이력을 가진 환자가 아닌 무증상 환자를 대상으로 한다는 점에서 구별되는 고객을 가지고 있으며 ③ 기존의 암 검진 테스트보다 더 일반대중을 대상으로 한다는 점에서 구별되는 가격 전략을 가지게 될 것이며 ④ GRAIL을 포함한 MCED 개발업체들이 그들

---

25) FTC, 2023년 3월 31일자 Opinion, Illumina, Inc. and Grail, Inc., FTC Docket No. 9401.

26) Illumina, Inc. v. FTC, No. 23−60167, 2023 WL 8664628 (5th Cir. Dec. 15, 2023). 항소법원은 본건 인수가 관련시장에서의 경쟁을 제한할 가능성이 있다고 판단하면서도, 표준장기공급계약(Open Offer)을 평가함에 있어 FTC가 잘못된 판단 기준을 적용하였음을 이유로 FTC의 결정을 파기하고, 적절한 기준에 따라 Open Offer의 영향을 다시 평가하도록 환송하였다.

스스로를 구별되는 시장에서 경쟁하고 있는 주요 경쟁자로 여기고 있다는 점에서 관련시장을 위와 같이 획정할 수 있다고 보았다.

나아가 항소법원은, Illumina가 기업결합 이후 시장에서 GRAIL의 경쟁자를 배제하고자 하는 유인이 상당히 증가할 것이라는 결론을 뒷받침할 증거가 충분히 있다고 보았다. 항소법원은 MCED 테스트는 초기의 신생 분야로 오로지 GRAIL만이 제품의 상업화를 시작하였지만, 현재 많은 회사들이 제품 상업화를 위해 연구개발을 계속하고 있는 점, 시장의 모든 참여자들은 이 분야가 향후 매년 수백억 달러의 매출을 발생시키는 시장으로 성장할 것이라는 기대를 가지고 있는 점, 각 개발업체는 제품을 제조 및 판매하기 위해 중요한 투입요소인 NGS 플랫폼에 접근할 필요가 있는데, Illumina가 이러한 투입요소의 유일한 공급자인 점, 향후 NGS 관련 매출에서 발생하는 수익보다 임상시험 서비스를 통해 발생하는 수익이 훨씬 더 클 것으로 예상되는 점 등을 고려할 때, 미국 FTC가 본건 인수 이후 Illumina가 일부 단기간의 이익을 희생해서라도 GRAIL을 통해 임상시험 분야의 마켓 리더(market leader)가 되려는 장기 목적을 추구하기 위하여 GRAIL의 경쟁자를 봉쇄할 가능성이 있다는 결론을 내린 것은 합리적이라고 보았다.

이에 대해 Illumina는 본건 인수가 상당한 효율성 증대를 가져올 것이라고 주장하였으나, 항소법원은 이러한 주장이 인정될 수 없거나 입증되지 않았다고 판단하였다.

IV. 시사점

1. EU사법재판소 판결 이후의 경과

Illumina는 기업결합 심사 과정에서 EU 집행위의 심사 관할권 문제를 제기하고, EU 집행위의 원상회복명령에 불복하면서 소송을 이어갔다. 그러나 2023년 12월 15일 미국 항소법원마저 본건 인수가 경쟁을 제한할 우려가 있다는 미국 FTC 결정을 지지하는 판결을 선고하자, 결국 Illumina는 그로부터 2일 후인 2023년 12월 17일 GRAIL을 본건 인수 이전 상태로 원상회복 하겠다는 결정을 발표하였다. 이로써 본건 인수와 관련하여 미국과 EU에서 진행된 분쟁은 일단락되는 듯 보였다.

그런데 2024년 9월 EU사법재판소가 EU 집행위가 본건 인수의 심사 관할권이 없다고 판단하면서 극적인 반전이 이루어졌다. EU사법재판소 판결로 인하여 EU집행위가 심사 관할권도 없는 사건을 조사하여 해당 기업결합을 금지하고 원상회복을 명하였을 뿐만 아니라 거액의 과징금까지 부과한 셈이 되어 버렸기 때문이다. EU사법재판소 판결 선고 후 2024년 9월 6일 결국 EU 집행위는 본건 인수에 대해 조사 관할권이 있음을 전제로 Illumina/Grail에 부과했던 결정들을 모두 철회하는 조치를 취하였다.[27)]

Illumina는 이미 Grail을 본건 인수 이전 상태로 원상회복하기로 결정하였으므로, EU사법재판소 판결에도 불구하고, EU 집행위로서는 해당 기업결합을 금지하고자 한 소기의 목적은 달성하였다고 볼 수도 있을 것이다. 그러나 Illumina의 입장에서는 EU 집행위의 조치들로 입은 사업상, 경제상 손해를 고려할 때 상당히 억울할 수밖에 없었을 것이다.

2. 킬러 인수에 대한 EU 집행위 규세의 향방

EU사법재판소의 판결로 EU 집행위가 EU합병규칙을 개정하지 않은 채 EU합병규칙 제22조를 확대해석하는 방법으로 소위 '킬러 인수'에 대한 기업결합 심사를 강화하려던 시도는 차단되었다고 볼 수 있고, 향후 EU 회원국 국내법상 기업결합 심사대상이 아닌 경우 해당 EU회원국은 EU 집행위에 조사를 요청할 수 없게 되었다. 킬러 인수를 통해 새롭고 혁신적인 경쟁자를 사전에 제거하여 경쟁을 저해하는 행위를 방지하는 것도 중요하나, 그러한 시도가 기업결합 신고 시스템에 대한 기업들의 예측 가능성과 법적 안정성을 훼손하면서까지 정당화되기는 어렵다는 점에서 EU사법재판소 판결은 타당하다.

그러나 EU사법재판소 판결로 킬러 인수에 대한 EU 집행위의 규제 시도나 정책 방향에 큰 변화가 있을 것으로 보이지는 않는다. EU사법재판소 판결 선고 직후 EU 집행위 수석부위원장인 마가렛 베스타거(Margrethe Vestager)는 킬러인수 규제의 필요성을 다시 강조하면서, EU의 신고 요건을 충족하지 못하지만 EU에

27) C/2024/6049 Summary of Commission Decision of 6 September 2024 withdrawing decisions in cases M.10188 - Illumina / GRAIL (Art. 6(1)(c) decision and prohibition decision under Article 8(3)); M.10483 - Illumina / GRAIL (Art. 14 procedure); M. 10493 - Illumina /GRAIL (interim measures under Art. 8(5)(a)); M.10938 - Illumina / GRAIL (interim measures under Article 8(5)(c)); M.10939 - Illumina / GRAIL (restorative measures under Article 8(4)(a))

영향을 미치는 거래에 대해 EU 집행위가 심사할 수 있는 조치들을 고민해 보겠다는 입장을 밝혔다.[28)]

EU사법재판소 판결을 준수하더라도, 개별 EU회원국이 국내법상 기업결합 심사대상 요건을 완화하는 방향으로 관련 규정을 개정한다면,[29)] 개별 회원국의 경쟁당국이 직접 혹은 회원국의 요청에 의해 EU 집행위가 심사할 수 있는 기업결합의 범위는 확대될 수 있다. 마가렛 베스타거도 위 보도자료에서 일부 회원국들이 최근 몇 년간 해당 회원국 국내법상 신고요건을 충족하지 않더라도 기업결합 당사회사에 신고하도록 요구할 수 있는 권한을 부여하는 내용으로 관련 규정을 개정하였으므로, EU사법재판소 판결을 준수하면서도 EU합병규칙 제22조에 따라 EU 집행위가 적법하게 회원국으로부터 조사요청을 받을 가능성은 더 넓어졌다고 언급한 바 있다.[30)] 또한, EU합병규칙 자체를 개정하거나 기업결합 신고대상에 해당하지 않는 기업결합에 대해 남용행위 규제를 적용하는 방법도 언급되고 있다.[31)]

따라서 EU사법재판소 판결 이후 기업결합을 고려하는 기업들은 신고대상 여부를 사전에 판단하고 예상하는 것이 더 복잡해지는 상황이 될 수 있으므로, EU 기업결합 규제의 변동 가능성 및 구체적인 변경 사항들에 유의할 필요가 있다.

3. 건점핑 규제 관련 시사점

비록 EU사법재판소 판결로 인해 본건 인수 과정에서 발생한 소위 건점핑에 대한 EU 집행위 결정도 철회되었으나, EU 집행위가 최근 들어 기업결합 과정에서 기업들의 건점핑 행위를 찾아내고 제재하는데 있어 적극적이라는 점에 유의할 필요가 있다.

---

28) EU집행위 2024년 9월 3일자 보도자료, "Statement by Executive Vice−President Margrethe Vestager on today's Court of Justice judgment on the Illumina/GRAIL merger jurisdiction decisions" 참조.

29) 예컨대, 기업결합 신고가 필요한 매출액 등의 신고기준을 낮추거나 매출액이 아닌 거래규모를 기준으로 신고의무를 부과하는 내용을 추가하거나 개별 회원국 국내법상 신고기준에 해당하지 않더라도 경쟁당국의 심사가 가능하도록 관련 규정을 개정하는 등의 방법으로 회원국 국내법상 심사대상 요건을 확대할 수 있고, 이를 통해 EU 집행위에 심사요청 할 수 있는 대상 범위 확대도 가능하다.

30) 위 EU집행위 보도자료 참조.

31) *Towercast* 사건(C−449/21)에서 EU사법재판소는 EU 기업결합 심사대상에 해당하지 않는 기업결합에 대해 TFEU 제102조의 남용행위 규제를 적용하여 조사할 수 있다고 판단한 바 있다.

기업들로서는 기업결합 신고 이후 경쟁당국의 심사 결과가 나오기 전까지 기업결합의 종결 혹은 이행으로 의심받거나 평가될 수 있는 조치가 발생하지 않도록 하고, 민감한 정보의 교환 등 경쟁제한 행위를 하지 않도록 보다 주의를 기울일 필요가 있으며, 기업결합의 전체적인 타임라인(timeline)을 설계함에 있어서도 각 단계별로 취할 조치들을 세심하게 고려하고 조율할 필요가 있을 것이다.

4. 본건 인수의 경쟁제한성 판단 관련 시사점

본건 인수는 미국과 EU 모두에서 수직적 기업결합을 전면 불허한 사례이다.[32] 수직적 결합에 대해서는 기업결합 당사회사가 수직적 결합을 통해 경쟁관계에 있는 사업자의 구매선 또는 판매선을 봉쇄하거나 다른 사업자의 진입을 봉쇄할 수 있는지 여부(시장봉쇄효과) 및 기업결합의 결과로 경쟁사업자간 협조 가능성이 증가하는지 여부(협조효과)를 위주로 경쟁제한성을 심사하며, 기존에는 경쟁제한 우려가 있는 경우에도 기업결합을 전면 금지하기 보다 일정한 시정방안을 포함한 조건부 승인 결정을 하는 경우들이 있었다.

본건 인수에서도 Illumina는 기존의 수직적 기업결합 사건에서 경쟁당국이 조건부 승인 결정을 내리면서 부과한 조건들을 참고하여 일정한 시정방안을 경쟁당국에 제출했던 것으로 보인다. 그러나 EU와 미국 경쟁당국은 모두 Illumina가 제시한 행태적 시정방안만으로는 경쟁당국이 가지고 있는 경쟁제한 우려를 해소하기에 부족하다고 판단하였다. 이는 수직적 기업결합에 대한 외국 경쟁당국의 심사가 강화되고 있음을 보여준다.

아울러 본건 인수는 혁신시장에서의 경쟁제한 우려를 이유로 기업결합이 금지된 사례라는 점에서도 특색이 있다. EU 집행위는 본건 인수가 '조기 암 진단검사 개발 및 상업화를 위한 혁신시장'에서 경쟁제한 우려가 있다고 보았고, 미국 FTC는 'MCED 테스트의 연구개발 및 상업화를 위한 시장'에서의 경쟁제한 우려를 이유로 본건 인수를 금지하였다. 즉, 경쟁제한우려가 제기된 관련시장은 업체들이 현재 제품 판매를 하면서 활발히 경쟁하고 있는 시장이 아니라, GRAIL만이 제품 상업화를 시작한 상황에서 여러 업체들이 제품 상업화를 위해 연구개발을 진행하고 있는 초기 상태에 있는 시장인 것이다. EU 집행위 및 미국 FTC의 본건

32) EU사법재판소 판결로 인해 본건 인수를 금지하고 원상회복을 명한 EU 집행위의 결정들은 철회되었으나, 미국 FTC와 미국 항소법원 판결은 그대로 유효하다.

인수 불허 결정은 현재는 매출 등이 작지만, 향후 상당한 규모로 성장할 것이 예상되는 시장에서의 경쟁을 보호하고자 한 것으로 이해될 수 있는바, 이 사건에 적용된 관련시장 획정 및 경쟁제한성 판단은 향후 킬러 인수 내지 많은 연구개발이 진행되고 있는 분야에서의 기업결합 심사에 참고가 될 것으로 보인다.

제 2 장

공정거래법상 가격책정 알고리즘을 이용한 공동행위에 관한 연구*

– 장민선 –

I. 서론

가격책정 알고리즘(pricing algorithm) 활용이 확대되면서, 사업자 간 담합 가능성이 증가하고 있다. 알고리즘을 통해 담합 이탈자에 대한 즉각적인 보복이 가능해지면서 기존 담합이 더욱 강화될 수 있고, 사업자들이 명시적 합의 없이 서로의 가격을 모방함으로써 담합과 같은 결과가 초래될 수도 있다. 나아가 이제는 알고리즘이 인간의 의사와 관계없이 스스로 학습한 결과에 따라 다른 알고리즘과 담합할 수 있다는 우려도 제기된다. 비록 아직 이러한 사례가 확인된 바는 없지만, 오늘날 비약적인 기술 발전 속도를 고려하면, 우려가 현실화 될 가능성을 배제하기 어렵다.

그러나 알고리즘을 이용한 가격조정(coordination), 이른바 '알고리즘 담합'에 관하여 국내에서는 아직 많은 연구가 축적되지 않은 상황이다. 기존의 국내연구

* 본고의 내용은 필자의 2023년 서울대학교 경제법 석사학위 논문을 수정·보완한 것으로서 필자 개인의 견해에 바탕을 둔 것으로, 소속 기관이나 특정 회사의 입장과는 무관함을 밝힙니다.

는 대부분 미국과 유럽의 논의를 단순히 소개하는 정도로 피상적인 검토에 그친 경우가 많았다. 따라서 본 논문은 알고리즘 담합이 우리 공정거래법에 어떻게 포섭될 수 있는지에 대한 문제의식을 기초로, 알고리즘 담합에 관한 기존 논의를 살펴보고 시사점을 도출하고자 한다. 이를 위하여 먼저 알고리즘 담합을 개괄적으로 살펴본 다음(II), 관련 내용을 우리 공정거래법에 적용해보고 미국과 EU의 법리와 비교하여 시사점을 도출한다(III). 이를 통해 우리 공정거래법과 경쟁당국이 알고리즘 담합에 어떻게 대응할 수 있는지를 고찰한 뒤(IV), 글을 마무리한다(V).

II. 알고리즘 담합 개관

1. 용어 정리

가. 알고리즘

알고리즘(algorithm)이란 어떤 임무를 수행하기 위한 일련의 규칙, 또는 주어진 입력값(input)이 일련의 과정을 거쳐 새로운 출력값(output)으로 도출되는 논리를 의미한다.[1] 최근에는 알고리즘이 인간과 유사하거나, 인간 이상의 인지적 특성을 발현해낼 수 있는 인공지능 기술과 결합되면서 한층 더 새로운 차원으로 발전하고 있다.

나. 인공지능

인공지능(Artificial Intelligence, AI)이란 일반적으로 매우 난이도 있는 작업을 수행하는 지능적인 주체를 연구하는 컴퓨터 과학의 한 분야를 의미한다.[2] 초창기의 인공지능은 상황이 변하고 그에 따라 판단기준이 변하면 매번 그에 따라 새로운 입력값을 넣어 작위적으로 기준을 변경시켜야 했다. 그러나 점차 기술이 발전하면서 이제는 인공지능이 더 이상 외부에서 삽입된 규칙을 필요로 하지 않고, 훈련용 데이터 패턴을 학습하여 경험적으로 지식을 구성할 수 있게 되었는데, 이러한 방식의 인공지능을 '머신러닝(machine learning)'이라고 한다.[3]

최근 머신러닝의 세부 분야 중에서도 특히 많은 주목을 받는 것은 바로 딥러

---

1) OECD, "Algorithms and Collusion: Competition Policy in the digital age", 2017, p.8.

2) OECD, 위의 글, p.9,

3) 임용 · 정해빈 · 고학수, 「인공지능과 시장경쟁: 데이터에 대한 규율을 중심으로」, 한국경제학회, 한국경제포럼, 2019, 38－39면.

닝(deep learning)이다. 딥러닝은 "인공 신경망(artificial neural network)을 생성함으로써 인간의 뉴런 활동을 복제하려는 소프트웨어를 사용하여 컴퓨터시스템이 학습할 수 있게 하는 분야"를 말한다.[4] 딥러닝 알고리즘은 의사결정 매개변수(parameter)가 끊임없이 업데이트되어 입력과 출력 사이에 어떤 정보가 처리되는지 알 수 없고, 알고리즘 설계자조차도 해당 알고리즘이 왜 그러한 결론을 도출하였는지 과정에 대한 정보를 받지 못한다.[5] 이로 인해, 딥러닝 알고리즘이 인간의 의사와는 무관하게 다른 알고리즘과 가격을 동조화하기로 합의하는 경우 기존의 법으로는 책임 소재를 가리는 것이 매우 어려워진다.

다. 가격책정 알고리즘

가격책정 알고리즘(pricing algorithm)이란 사업자가 이익 극대화를 위하여 자동으로 가격을 설정하도록 운용하는 일련의 프로그램 코드를 의미한다.[6] 이는 사업자의 재고량, 경쟁자의 수, 경쟁자의 가격 등을 입력값으로 투입하면, 해당 사업자를 위한 최적의 가격전략을 출력값으로 도출될 수 있도록 설계된다.[7]

가격책정 알고리즘은 다시 크게 규칙 기반(rule-based) 알고리즘과 머신러닝 기반 알고리즘으로 구분될 수 있다.[8] 규칙 기반 알고리즘은 사람이 미리 정해놓은 프로토콜에 따라 작동하는 단순한 방식이다. 예컨대 경쟁사의 가격, 과거 판매량 등에 따라 가격이 변동되도록 하는 방식으로, 전자상거래 시장에서 매우 흔하게 사용되는 가격책정 도구이다. 한편, 머신러닝 기반 알고리즘은 스스로 학습하는 능력을 갖춘 것으로서 더욱 진보된 알고리즘을 말한다. 이는 반복적인 가격실험을 통해 장기 이윤을 극대화하는 최적의 가격을 스스로 찾는 방식으로, 강화학습(Reinforcement Learning, RL) 알고리즘이 이것의 대표적인 예이다.[9]

---

4) OECD, 위의 글, p.11.

5) OECD, 위의 글, p.32.

6) OECD, 위의 글, p.16.

7) Lea Bernhardt and Ralf Dewenter. 'Collusion by code or algorithmic collusion? When pricing algorithms take over.' European Competition Journal 16.2−3, 2020, p.315.

8) 가격책정 알고리즘은 ① 수요·공급과 같은 시장 조건에 따라 가격을 달리 책정하는 동적 가격책정(dynamic pricing)과 ② 각 소비자의 지불의사에 따라 가격을 달리 책정하는 개인별 가격책정(personalized pricing) 방식으로 구분될 수 있는데, 본 논문은 전자에 초점을 맞춘다.

9) 강화학습이란 알고리즘이 동적인 환경에서 임무를 수행하며, 시행착오(trial and error)를 통하여 학습하는 방식을 의미한다.

라. 알고리즘 담합

기존 문헌에서 '알고리즘 담합'은 ① 알고리즘이 사업자들 간 담합의 이행 수단으로 활용되는 경우를 의미하기도 하고, ② 사업자들이 상호 접촉 없이 각자 알고리즘을 이용하여 경쟁상대방의 가격변화에 따라 자신의 가격을 책정토록 알고리즘을 설정함으로써 담합과 같은 결과가 초래되는 경우, 나아가 ③ 인간의 개입 없이 알고리즘이 다른 알고리즘과 상호작용을 통해 가격을 동조화한 경우를 의미하기도 한다.[10] ①은 본질적으로 전통적인 담합과 다를 것이 없고, 본 논문의 연구 대상인 '알고리즘 담합'은 바로 ②와 ③를 의미한다. 그런데 '알고리즘 담합'이라는 용어는 자칫 합의와 위법성이 내포된 것으로 이해될 수 있으므로 그보다는 '알고리즘을 이용한 가격조정(coordination)'으로 표현하는 것이 더 적절하다고 본다. 다만 알고리즘 담합이라는 용어가 이미 관용어처럼 쓰이고 있는 현실을 고려하여, 본 논문에서는 '알고리즘 담합'을 합의나 위법성이 전제되지 않은, 알고리즘을 이용한 가격조정이라는 의미로 사용하기로 한다.

2. 알고리즘 담합의 유형

알고리즘 담합은 다양한 양태로 나타날 수 있으나, 아래에서는 위의 구분 방식에 따라, '규칙 기반 알고리즘을 이용한 담합'과 '머신러닝 기반 알고리즘을 이용한 담합'으로 구분하여 검토한다.

가. 규칙 기반 알고리즘을 이용한 담합

규칙 기반 알고리즘과 관련된 주요 쟁점은, 경쟁관계에 있는 사업자들이 알고리즘으로 가격을 상호 모방하여, 결국 시장에서 사업자들의 가격이 동조화될 때 이를 부당한 공동행위로 포섭할 수 있는지 여부이다. 사업자들이 경쟁사도 자신과 같이 가격을 상호 모방하도록 알고리즘을 설정하였음을 인식하고, 또 그러한 관행이 일정 기간 지속된다면, 사업자들은 가격 인하 유인을 상실하고 서로 일정 수준에서 가격을 동조화할 수 있다.[11] '가격신호(price signaling)'[12] 역시 이러한

10) 'collusion by code'와 'algorithmic collusion(collusion of code)'로 구분하여 설명하는 문헌으로는 Bernhardt and Dewenter, 위의 글, p.313 등을 참고

11) Ariel Ezrachi & Maurice Stucke, "Artificial intelligence & collusion: When computers inhibit competition." University of Illinois Law Review, 2017, p.1789.

12) OECD, 위의 글, p.29.

행위에 포함된다고 볼 수 있다. 이는 한 사업자가 특별히 외부적인 가격인상 요인이 없음에도 가격을 인상하면, 경쟁상대방의 알고리즘도 이에 반응하여 해당 사업자와 같은 수준으로 가격을 인상할 수 있음을 의미한다.

한편, ① 사업자들이 가격을 상호 모방·동조화하는 행위와 달리, ② 후발업체가 선발업체의 가격을 일방적으로 모방하거나 가격책정의 주요 기준으로 설정(benchmark)하는 행위도 상정해볼 수 있다. 다만 ①의 경우 가격경쟁이 실질적으로 소멸한다고 볼 수 있는 것과 달리, ②의 경우에는 경쟁이 반드시 제한된다고 단정하기는 어렵다. 예컨대 후발업체가 자신의 가격을 항상 특정 선도업체의 가격보다 일정 비율만큼 낮게 책정하도록 알고리즘을 설정하는 경우라면, 소비자 입장에서는 사업자 간 가격경쟁이 이루어진다고 볼 수 있기 때문이다. 이처럼 일견 알고리즘 담합과 같아 보여도, 사업자들이 구체적으로 알고리즘을 어떻게 설계·운용하는가에 따라서 경쟁에 미치는 효과는 다르게 나타날 수 있다. 이를 고려할 때, 본 논문은 ①과 같이 경쟁제한적 효과가 비교적 분명한 경우, 즉, 시장에서 모든 사업자들이 가격을 상호 모방하도록 알고리즘을 설정하고 서로의 알고리즘이 그와 같은 방식으로 작동한다는 사실을 인식하는 경우에 초점을 맞춘다.

나. 머신러닝 기반 알고리즘을 이용한 담합

머신러닝 기반 알고리즘과 관련하여서는, 알고리즘이 스스로 이익 극대화 방식을 학습하는 과정에서 알고리즘의 설계자나 사용자가 담합에 관한 어떠한 지침을 주지 않았음에도 스스로 다른 알고리즘과 가격을 동조화할 수도 있을 것이라는 우려가 제기된다. 머신러닝 기반 알고리즘은 규칙 기반 알고리즘과 달리, 알고리즘의 설계자 및 사용자가 해당 알고리즘이 어떻게 그러한 의사결정에 이르렀는지 그 배경이나 경로를 정확하게 파악하기 어려운 것으로 알려져 있다. 따라서 이 경우에는 전통적인 경쟁법 개념을 적용하기가 어려우며, 담합이 발생하였을 때 누구에게 책임을 물을 것인지 논쟁이 계속되고 있다.

3. 알고리즘 담합의 발생 가능성

가. 대비론

일부 학자들은 ① 일정한 시장 조건 및 ② 알고리즘 설계(design)의 유사성이 충족되면 인간의 개입 없이 알고리즘 담합이 발생할 수 있다고 본다.[13] 즉, 알고

13) Competition and Markets Authority(CMA), “Pricing algorithms Economic working paper on

리즘 담합 대비론을 주장하는 학자들도 모든 시장에서의 알고리즘 담합 가능성을 예견하는 것은 아니고 위와 같은 조건을 충족할 때 발생할 수 있다고 본다.[14] 먼저 시장 조건부터 살펴보면, 알고리즘 담합이 특히 발생하기 쉬운 시장의 조건은 ① 시장이 투명할 것, ② 담합 이탈이 확인되었을 경우 보복이 신속할 것, ③ 시장이 동질적인 것으로 정리할 수 있다.[15]

이론적 논의 외에도 알고리즘 담합의 발생 가능성을 컴퓨터 모의실험을 통해 분석한 연구도 있는데, 대표적인 사례가 Calvano 등의 연구이다.[16] 해당 연구는 과점시장에서 Q-learning 알고리즘에 따른 가격 경쟁을 시뮬레이션한 것이며, 여기서 알고리즘은 다른 알고리즘과 의사연락 또는 정보교환이 불가능하고 오로지 시행착오에 따라 최적의 가격을 설정하도록 설계되었다.[17] 시뮬레이션 결과에 따르면, 초반에는 알고리즘이 가격 경쟁에 돌입하지만, 시간이 지남에 따라 학습을 통해 가격을 더 이상 인하하지 않고 경쟁사와 함께 경쟁가격보다 높은 수준의 가격(supra-competitive price)을 유지하는 행태가 확인되었다. 이러한 결과는 결국 알고리즘 담합의 가능성을 시사한다.

나. 회의론

반면 위와 같은 주장이 현실적이지 않고 과도한 우려라고 보는 회의론도 있다. 이러한 견해에서도 알고리즘 담합의 발생 가능성을 완전히 부인한 것은 아니다.[18] 다만 알고리즘 담합이 가까운 미래에 발생할 가능성은 거의 없고, 설령 알고리즘 담합이 발생하더라도 위법하지 않다고 본다. 이들의 견해는 크게 세 가지

---

the use of algorithms to facilitate collusion and personalised pricing", 2018, pp.5−6; Bernhardt & Dewenter, 위의 글, p.314.

14) 최난설헌, 「AI 등을 활용한 사업자간 담합과 경쟁법의 대응」, 경쟁법연구 38권, 한국경쟁법학회, 2018. 88−92면; Ezrachi & Stucke, 위의 글, p.9.

15) Bernhardt & Dewenter, 위의 글, pp.321−323.

16) Calvano et al 위의 글; Calvano et al. "Artificial intelligence, algorithmic pricing, and collusion." American Economic Review 110.10, 2020 참고.

17) Q−Learning 알고리즘은 알고리즘 담합 가능성을 분석하는 데 사용되는 주요 실험모델로서, 전술한 강화학습 알고리즘의 가장 대표적인 유형이다.

18) 알고리즘 담합이 발생할 가능성을 배제할 수 없다는 견해(Ulrich Schwalbe, 'Algorithms, Machine Learning, and Collusion', Journal of Competition Law & Economics, Volume 14, Issue 4, 2018, p.24)도 있고, 알고리즘 담합은 "참인지 거짓인지 검증할 수 없는 시나리오이므로, 학문적 차원에서 엄밀하게 논할 수 있는 대상이 아니다"는 견해도 있다(주진열, 「AI 알고리즘 가격설정과 이른바 '알고리즘 묵시적 담합', 문제에 대한 고찰」, 경쟁법연구 41권, 한국경쟁법학회, 2020, 345−346면).

로 정리해볼 수 있다.

첫째, 사업자들 간 아무런 의사연락이 없는, 즉, 인간의 개입이 전혀 전제되지 않은 알고리즘 담합은 현재까지 발생한 바가 없으며, 앞으로도 가능성이 극히 희박하다. 둘째, 알고리즘 담합 대비론에서 언급하는 컴퓨터 모의실험 결과는 현실에 비해 지나치게 단순하게 설계된 알고리즘을 전제한 것으로 설득력이 없다.[19] 셋째, 설령 인공지능 알고리즘에 의해 담합이 발생하더라도, 그것은 위법하다고 볼 수 없다.[20]

다. 검토

사업자 간 의사연락이 존재하지 않는 알고리즘 담합의 발생 가능성은 아직 실제 사례로 입증된 바는 없으며, 이론 및 실험을 통해서만 뒷받침되고 있다. 해당 실험 역시 여러 가지 가정을 전제한 통제된 환경에서 이루어진 것이어서 실제 현실과는 동떨어져 있다는 회의론의 비판은 타당하다. 인간이 전혀 개입하지 않은 경우에 알고리즘이 스스로 다른 알고리즘과 담합할 가능성은 현시점에서 큰 리스크로 보기 어렵다고 판단된다. 그보다는 현재도 얼마든지 발생 가능한 행위, 즉, 사업자들이 경쟁상대방의 가격변화에 동조하여 자사의 가격을 책정하도록 알고리즘을 설정하는 행위를 어떻게 규율할지가 더 시급한 문제라고 할 수 있다. 따라서, 전술한 바와 같이, 시장에서 모든 사업자들이 가격을 상호 모방하도록 알고리즘을 설정하고 서로의 알고리즘이 그와 같은 방식으로 작동한다는 사실을 인식하는 경우에 초점을 맞추어 공정거래법이 어떻게 적용될 수 있는가에 대하여 분석하고자 한다.

III. 공정거래법상 포섭 가능성 및 비교법적 검토

1. 공정거래법상 알고리즘 담합 포섭 가능성

가. 서설

공정거래법 제40조 제1항은 "사업자는 계약·협정·결의 또는 그 밖의 어떠한

19) 동일한 맥락에서 독일·프랑스 경쟁당국이 공동 발간한 보고서에서도 컴퓨터 모의실험 결과로 알고리즘 담합 가능성을 평가하는 것은 타당하지 않다는 점을 지적하였다(Autorite de la concurrence, Bundeskartellamt, "Algorithm and Competition", 2019, p.71).

20) 주진열, 위의 글, 360면.

방법으로도 다른 사업자와 공동으로 부당하게 경쟁을 제한하는 다음 각 호(제1호~제9호)의 어느 하나에 해당하는 행위를 할 것을 합의"하여서는 아니 된다고 규정함으로써, 문언상 '합의'를 전면에 내세우고 있다.[21] 이때 합의는 직접증거를 통해 입증될 수도 있지만, 직접 입증이 어려운 경우에는 정황증거를 통해 합의를 추정할 수 있다. 동조 제5항에 따르면, ① 외형상 일치 및 그 밖의 제반사정(제1호), 또는 ② 외형상 일치 및 외형상 일치에 필요한 정보교환(제2호)이 입증되면 사업자 간 합의가 있는 것으로 추정된다.[22]

요컨대 알고리즘 담합에 공정거래법 제40조를 적용하기 위해서는 문제되는 행위가 '합의'에 해당하여야 한다. 그렇다면 어떠한 행위를 '합의'로 포착해볼 수 있는가? 이에 관해서는 위의 구분 기준대로 '규칙 기반 알고리즘을 이용한 담합'과 '머신러닝 기반 알고리즘을 이용한 담합'으로 나누어 살펴본다.

첫째, '규칙 기반 알고리즘을 이용한 담합'에서 가장 문제되는 행위는 바로 사업자들이 경쟁사의 가격과 동일 또는 유사하게 자신의 가격을 책정하도록 각자의 알고리즘을 설정하는 행위이다. 전술하였듯이 여기서는 후발업체의 일방적인 모방이 아닌, 사업자들이 가격을 상호 관찰하고 모방·동조화하는 행위에 주목한다. 이러한 사업자들의 행위를 전통적인 경쟁법 개념만으로는 함축적으로 표현하기가 어렵기 때문에, 본 논문에서는 이를 '동조적 알고리즘을 설정하는 행위'로 명명하기로 한다. 즉, 아래에서는 사업자들이 각자 '동조적 알고리즘'을 설정한 행위가 공정거래법 제40조상 '합의'에 해당하는지 살펴본다.

둘째, '머신러닝 기반 알고리즘을 이용한 담합'에서 문제되는 행위는 딥러닝 알고리즘이 인간이 알고리즘을 설계 및 사용한 의도와는 전혀 무관하게 스스로 다른 알고리즘과 가격을 동조화하기로 합의한 행위이다. 즉, 이는 알고리즘이 스스로 '동조적 알고리즘'을 설정한 행위라고 표현할 수 있다.

나. 사업자들이 각자 '동조적 알고리즘'을 설정하는 경우

(1) 합의의 추정

사업자들이 상호 가격을 동조화하도록 알고리즘을 설정하는 행위가 문제되는

---

21) 이선희, 「알고리즘을 이용한 담합의 규제」, 경쟁법연구 40권, 한국경쟁법학회, 2019, 238면.

22) 「사업자 간 정보교환이 개입된 부당한 공동행위 심사지침」(시행 2021. 12. 30. 공정위 고시 제2021-33호). 다만 합의가 추정되더라도, 사업자는 그 합의추정 전제사실에 반하는 정황을 입증하는 방법 등으로 추정된 합의를 복멸할 수 있다.

이유는 바로 사업자들이 알고리즘을 이용하여 경쟁의 위험을 회피하고자 한다는 데 있다.[23] 다만 그 행위가 공정거래법상 포섭되기 위해서는 단순히 경쟁의 위험을 회피한다는 것만으로는 부족하고 '합의'에 해당하여야 한다. 그러나 사업자 간 직접적인 접촉이 없는 상황에서 합의가 입증되기는 거의 불가능하고, 결국 합의가 추정될 수 있는지를 살펴보아야 한다.

먼저 최근 공정위의 입증 부담 완화를 위해 신설된 제40조 제5항 제2호가 적용될 수 있는지를 살펴본다. 우선 '정보를 주고 받음'이라는 법문으로도 알 수 있듯이, 이 조항을 적용하기 위해서는 하나의 사업자가 단순히 일방적으로 정보를 수집하는 행위만으로는 부족하고, 사업자들 간 정보를 주고 또 받는 행위가 모두 포함되어야 한다. 그런데 과거와 달리 이제 인공지능 알고리즘은 단순히 경쟁사의 현재 가격정보만 파악하는 것이 아니라, 데이터 분석을 통해 경쟁사 알고리즘의 전략을 읽어내고 장래의 가격까지도 예측하는 것이 가능해지고 있다.[24] 이때 경쟁 관계에 있는 사업자들이 서로 '동조적 알고리즘'을 설정하여 가격을 책정하는 관행을 상호 인식한다면, 이는 단순히 일방적인 관찰 및 모방에 그치지 않고, 결과적으로는 정보교환 행위와 동일한 것으로 볼 수 있다.

아울러 '가격신호(price signaling)'라는 표현과 같이, 한 사업자가 알고리즘으로 먼저 가격을 인상함으로써 가격을 인상하고자 하는 신호(의사)를 전송할 수도 있다. 이 경우 경쟁사업자들은 해당 사업자와 같이 가격을 인상할 수도 있고, 또는 가격 인상에 동참하지 않을 수도 있다. 그러나 경쟁사업자가 어떻게 반응하든 이는 해당 사업자가 경쟁사에 자신이 가격을 인상할 의향이 있다는 정보, 즉, 장래의 가격인상 정보를 전달한 것으로 볼 수 있다.[25] 그러한 점에서 법 제40조 제5항 제2호에 따르면, 사업자들의 '동조적 알고리즘' 설정은 사안에 따라 사업자 간 '합의'를 추정케 하는 단서가 될 가능성이 있다.[26] 다만 각 사안마다 행위의

23) 강지원, 「경쟁사업자 간 가격정보 교환 행위의 규제 법리에 관한 연구」, 서울대학교 박사학위논문, 2018, 255면.

24) 정보교환 지침 사업자 간 정보교환이 개입된 부당한 공동행위 심사지침(공정거래위원회고시 제2021-33호, 시행 2021. 12. 30. 이하 '정보교환 담합 지침')은 불특정 다수에게 공개적으로 정보를 공표 또는 공개하는 행위 등에 대해서는 정보교환 행위로 보지 아니한다고 규정하고 있다.

25) Bruce Wardhaugh, "Closing the Algorithmic Gap: Rethinking Dynamic Pricing under Articles 101 and 102 TFEU." European Competition and Regulatory Law Review vol. 5, no. 2, 2021, p.127.

26) 정보교환 담합 지침은 법 제40조 제5항 제2호 합의 추정의 복멸 사유로 "다른 업체의 가격인

외형상 일치나 정보교환이 어느 정도까지 요구되는 것인지는 달라질 것이고 공정위와 법원에서 치열한 공방이 예상된다.[27]

다음으로 법 제40조 제5항 제1호 적용 가능 여부도 검토해볼 수 있을 것이나, 위에서 검토한 동조 동항 제2호에 비하여, 제1호에 따른 합의 추정은 다소 어려울 것으로 예상된다. 제1호에 따른 추정 법리는 2007년 개정된 법에서 도입된 이후 적용된 사례가 많지 않다. 제1호에 따른 합의 추정을 위해서는 외형상 일치 외에 의사연락(접촉) 증거나 경제적 증거가 뒷받침되어야 한다. 그런데 '동조적 알고리즘'을 이용한 가격책정 행위에서 의사연락 증거는 찾기 어렵고, 경제적 증거만으로 합의를 추정하는 것 또한 매우 어렵기 때문에, 우리 법문과 판례의 태도에 비추어볼 때 '합의' 추정은 쉽지 않을 것으로 보인다.

(2) 위법성 판단 및 시정조치의 부과

설령 법 제40조 제5항 제2호에 따라 사업자들 간 합의가 추정된다고 하더라도, 이후 그 행위를 위법하다고 판단할 것인지, 그렇다면 어떠한 시정조치를 부과할지가 또 다른 문제로 남는다. 먼저 위법성 판단과 관련하여, '동조적 알고리즘' 설정이 위법하다고 보기 위해서는 '부당하게 경쟁을 제한', 즉, 부당성과 경쟁제한성이 인정되어야 한다.[28] 나아가 '동조적 알고리즘' 설정 행위의 위법성이 인정되더라도, 경쟁당국이 경쟁사업자의 가격과 동일 또는 유사하게 책정하는 행위를 금지하는 시정조치를 내릴 경우, 실제로 경쟁당국이 그 이행을 감독하기란 기대하기 어렵다.[29]

상 등을 단순 추종하는 과정(의식적 병행행위)에서 외형상 일치가 나타나는 경우"를 들고 있다(공동행위 심사기준 상 문구와 동일). 그러나 이때 '다른 업체의 가격인상을 단순 추종하는 과정'은 일방적 모방을 의미한다고 볼 수 있는데, '동조적 알고리즘' 설정 행위는 하나의 사업자의 일방적인 모방이 아니라, 시장 내 사업자들의 상호 간 동조화라는 점에서 전통적인 일방적인 모방(의식적 병행행위)과 같다고 보기는 어렵다.

27) "과점시장처럼 관행적으로 또는 시장의 투명성 증대로 인하여 정보교환이 빈번하게 이루어지는 상황"에서는 합의가 너무 쉽게 추정될 수 있고 그 추정을 복멸하기 위한 사업자의 부담이 커질 것으로 우려된다는 지적도 있다. 최난설헌, 「정보교환 담합행위 규율의 변화와 쟁점」, 경쟁법연구 44권, 2021. 19면.

28) 이봉의, 「공정거래법상 '카르텔'의 부당성 판단」, 사법, 1(2), 2007, 137면 참고. 비록 본 논문은 경쟁제한적 효과가 비교적 분명한 경우로 한정하여 분석하였으나, 이후 부당성 단계에서는 달리 판단될 여지도 있다. 사안에 따라 해당 알고리즘이 국민 경제 전반의 효율성을 증대시키는 경우도 상정해볼 수 있다.

29) 이러한 문제인식하에 경쟁당국의 기업결합 규제, 선제적인 시장분석 등과 같은 대안들이 제시되기는 하지만 근본적인 해결책이라고 보기에는 어려움이 있다.

다. 알고리즘이 스스로 '동조적 알고리즘'을 설정하는 경우

우리 법에서 담합, 그 행위요건으로서 합의라는 것이 성립하려면 기본적인 전제로서 표의자의 의사가 필요하다.[30] 공정거래법은 기본적으로 사업자를 수범자로 하여 사업자의 의사를 살펴보고 그 의사를 표시한 사업자에게 법률효과가 귀속된다. 그런데 사업자가 아닌, 사업자의 알고리즘이 어떠한 사안에 대해 의사를 형성할 수 있는 능력, 즉, 의사능력을 지닌다고는 볼 수는 없다. 사업자의 의사를 어떠한 방법으로도 입증할 수 없는 상황에서 딥러닝 알고리즘이 스스로 동조적 알고리즘을 설정한 경우라면 공정거래법상 부당한 공동행위는 성립할 수 없다고 보아야 할 것이다.

2. 비교법적 검토: 미국 및 EU

가. 미국

첫 번째로 셔먼법 제1조를 적용해볼 수 있다. 즉, 알고리즘 담합이 셔먼법 제1조가 금지하는 합의(agreement)에 해당한다고 보는 것이다. 한 사업자가 알고리즘을 이용하여 먼저 가격인상 신호를 발송하는 경우, 다른 경쟁사가 이에 반응하여 추종하는지 여부에 따라 담합이 시작될지가 결정된다.[31] 이 경우 가격인상 신호 발송만으로는 청약(offer)에 그치지만, 경쟁사업자가 이에 반응하여 선도사업자의 가격을 추종하면 의사연락(communication)이 될 수 있다.[32] 사업자들이 알고리즘상에서 서로를 관찰하고 신호(signal)를 보내고 동의(assent)의 의사를 교환한다고 보는 것이다. 이러한 점에서 알고리즘은 공동의 목적을 위한 의식적인 약속(conscious commitment)을 전달한다고 볼 수 있으며 이는 곧 '합의'에 해당한다고 볼 수 있다.[33]

두 번째로, '의식적 병행행위 + 추가적 요소' 법리를 통해 합의를 추정해볼 수도 있다. 즉, 사업자들 간 외형상 일치가 전제된 경우, 이들이 가격책정 알고리즘을 사용한 양태에 따라 해당 알고리즘 사용을 추가적 요소(plus factor)로 보고

---

30) 이선희, 위의 글, 253면.

31) Michal S. Gal, "Algorithms as illegal agreements." Berkeley Technology Law Journal 34.1, 2019, p.99; Ilgin Isgenc, "Competition Law in the AI ERA: Algorithmic Collusion under EU Competition." Trinity College Law Review, 24, 2021, p.46.

32) Isgenc, 위의 글, p.46.

33) Gal, 위의 글, p.110.

합의가 추정된다고 보는 것이다. 알고리즘 사용이 추가적 요소로 고려되려면 크게 두 가지 조건이 필요하다. ① 사업자들이 알고리즘을 이용하여 상호 가격을 동조화하려는 의사연락(communication)이 있어야 하고, ② 그에 대해 경쟁법 측면에서 정당한 근거가 없어야 한다는 것이다.[34)]

세 번째로, FTC법 제5조도 적용해볼 수 있다. 사업자들이 알고리즘 개발 당시 반경쟁적 효과를 초래하려는 의도(intent)가 있었다거나, 사업자들이 자신의 행위가 반경쟁적 효과를 초래할 수 있다는 것을 사전에 인식(awareness)하고 있었음을 경쟁당국이 입증하면 FTC법 제5조 위반을 구성할 수 있다는 견해도 제기된다.[35)]

나. EU

EU 기능조약(Treaty on the Functioning of the European Union, 이하 TFEU) 제101조 제1항은 규제 대상으로 사업자 간 합의, 결의 및 동조적 행위(concerted practice)를 대등하게 열거하고 있다. 동조적 행위는 경쟁에 따르는 위험을 실질적 협력으로 대체하고자 하는 인식을 가지고(knowingly) 행하는 상호 조정(coordination)의 일종이다.[36)] EU 경쟁법에서는 동조적 행위 개념에 기초하여, 합의가 입증되지 않더라도 개별 사업자의 독자적인 가격 결정이 저해되는 행위들을 비교적 폭넓게 규율할 수 있다. 대표적인 예로 경쟁상 민감한 정보를 교환한 후 가격을 개별적으로 결정하는 행위, 경쟁사업자에 자신의 가격정보를 일방적으로 전송하거나 공표하는 행위 등은 개별 사실관계에 따라 동조적 행위에 포섭될 가능성이 높다.

각 사업자의 '동조적 알고리즘' 설정 행위는 전술한 바와 같이, 사업자들이 알고리즘을 통해 상호 가격정보를 파악하고 모방한다는 점에서 정보교환 행위와 결과적으로 동일하게 된다. '동조적 알고리즘' 설정 행위는 시장의 투명성을 인위적으로 증대시키고 경쟁의 위험을 회피하는 것이라는 점에서 정보교환 행위와 같이 동조적 행위로 포섭될 수 있다.[37)]

---

34) Gal, 위의 글, pp.107–110; Aleksandra Lamontanaro, "Bounty Hunters for Algorithmic Cartels: An Old Solution for a New Problem," Fordham Intellectual Property, Media & Entertainment Law Journal 30, no. 4, 2020, p.1278.

35) Ezrachi and Stucke, 위의 글, p.1794.

36) Case 48/69, ICI v. Commission [1972] ECR 619. (Dyestuff case)

37) 유럽최고법원은 정보교환 행위가 시장의 투명성을 인위적으로 증대시킴으로써 경쟁사업자들

또한 사업자들이 '동조적 알고리즘'을 설정하고 한 사업자가 가격 인상 의향을 나타내는 이른바 '가격신호(price signaling)' 행위에 대해서도 동조적 행위 법리가 적용될 수 있다.[38] 사업자는 가격신호 행위를 통해 경쟁에 따르는 위험 부담 없이 경쟁상대방의 가격인상 가능성을 쉽게 시험(test)해 볼 수 있고 경쟁사와의 가격조정 가능성을 증가시킨다는 점에서 시장의 경쟁을 제한할 우려가 있다.[39] 이는 가격공표 행위가 경쟁을 제한하는 것과도 같은 맥락이다. 이러한 행위들은 공동의 의사결정까지는 아니더라도, 최소한 경쟁의 불확실성을 인위적으로 감소시킨다는 점에서 동조적 행위 개념에 부합한다고 볼 수 있다.[40]

3. 시사점

가. 공정거래법상 '합의' 개념의 한계

미국 및 EU의 법리와 비교하면, 우리 공정거래법은 부당한 공동행위를 규제하는 데 가장 엄격한 행위요건을 요구하는 것을 알 수 있다. 의사연락의 직접증거가 없는 경우에 공동행위를 입증하는 법리와 관련하여, 우리 법은 큰 틀에서는 미국과 유사하지만,[41] 법 문언 및 판례의 태도상 미국 반독점법은 우리 법보다 더 다양한 공동행위를 포섭할 수 있다. 셔먼법에 더하여 나아가 FTC법까지 포함시켜 본다면, 미국은 우리 공정거래법보다 규율 범위가 훨씬 더 넓어지게 된다. EU 또한 법 문언에서부터 합의와 동조적 행위를 함께 규율하며, 판례에서도 우리 법에 비해 '상호성(reciprocity)'을 훨씬 더 넓게 본다.[42]

각국의 경쟁법을 통틀어보아도 담합의 형식을 '합의'로만 국한하는 입법례는 우리 법이 유일하다.[43] 더욱이 우리 법은 미국이나 EU와 달리, 합의의 대상을 열거주의 방식으로 한정하고 있어 법이 포섭할 수 있는 범위가 더욱 제한되는 구

의 독자적인 가격결정을 저해할 수 있음을 판시해왔다(Isgenc, 위의 글, pp.47－48.).

38) Wardhaugh, 위의 글, p.127.

39) Autorite de la concurrence, Bundeskartellamt, 위의 글, p.54.

40) 강지원, 위의 글, 215면.

41) 우리 공정거래법과 미국 셔먼법 모두 인식있는 외형상 일치 또는 병행행위에 정황증거 또는 추가적 사정을 입증함으로써 합의를 추정할 수 있다. 한편 EU에서는 경쟁당국이 합의의 직접증거를 확보하지 못한 경우, 간접증거(정황증거)를 통해 합의를 추정하는 방식 대신에 '동조적 행위'를 직접 입증하는 방식을 택하고 있다.

42) Case C－74/14, Eturas UAB and Others v. Lietuvos Respublikos konkurencijos taryba, [2016] ECR I－123. (Eturas case)

43) 이봉의, 공정거래법, 박영사, 2022, 626면.

조이다. 최근 공정거래법이 전면 개정되었다고는 해도, 그동안 '의사연락의 상호성'을 엄격하게 인정해왔던 판례의 태도 또한 단번에 바뀌지는 않을 것으로 예상된다. 다음 장에서도 후술하는 바와 같이, 결국 이는 장기적으로 입법적 해결이 필요한 부분이라고 할 수 있다.

나. 경쟁당국의 인식 제고 필요성

미국과 EU의 경쟁당국은 모두 알고리즘을 이용한 가격조정 문제에 대해 심각성을 인지하고 정책적 및 법적 대응방안에 대하여 깊이 고민하고 있다. 또한 EU의 경우, EU 집행위원회 차원뿐 아니라 영국, 독일, 프랑스 등 각 회원국 차원에서도 알고리즘을 이용한 가격조정에 관한 내용을 심도 있게 다룬 연구보고서를 발간하기도 하였다.[44]

공정위의 경우, 2018년까지만 하더라도 공정거래법 전면개편 특별위원회 보고서에도 기재되어 있듯 알고리즘 담합 문제를 인식하고 '동조적 행위' 개념 도입을 통해 대응하려는 시도가 있었다.[45] 그러나 공정거래법 최종 개정안에 결국 동조적 행위 개념이 도입되지 못하면서, 이후 알고리즘 담합에 대한 논의도 더 이상 진전된 바를 보이지 못하고 있다.

알고리즘 담합은 아직 이론적 논의만 있을 뿐 실제 사건화가 된 것은 아니기 때문에 공정위로서는 당면과제로 보기 어려울 수 있다. 그러나 알고리즘 담합은 현재 세계의 주요 경쟁당국이 귀추를 주목하고 있는 중요한 경쟁정책적 문제이다. 물론 섣부른 규제 입안은 지양하여야 하나,[46] 알고리즘 담합 문제에 관한 깊이 있는 연구와 중장기적인 입법적 대안 모색까지 미루어서는 안 될 것이다.

Ⅳ. 알고리즘 담합에 대한 대응방안

1. 동조적 행위 개념의 도입

합의라는 개념은 이미 그 사전적 정의에서부터 의사의 합치를 요구하기 때문에 엄격하게 해석될 수밖에 없다.[47] 반면 동조적 행위는 '경쟁의 위험을 회피하고

44) CMA, 위의 글; Autorite de la concurrence, Bundeskartellamt, 위의 글 참고.

45) 공정거래위원회, 「공정거래법제 개선 특별위원회 최종보고서」, 2018, 27면.

46) 임용, 「4차 산업혁명과 공정거래법의 과제」, 국회도서관 제55권 제5호 통권 제459호 2018, 31면.

47) 이봉의, 앞의 책, 625면.

자 하는 공동의 인식'을 핵심으로 하기 때문에, 의사연결의 상호성보다 낮은 수준을 요구한다. 동조적 행위를 우리 법문에 규정하는 것은 그동안 경쟁을 제한함에도 의사연결의 상호성에 이르지 못하던 사업자들 간 조정행위에 대하여 우리 공정거래법이 적용되지 못하고 있던 공백을 보완할 수 있을 것으로 기대된다.[48]

한편, 동조적 행위를 도입하는 데 일각에서는 개념의 추상성으로 인한 과잉규제에 대한 우려를 제기한다. 그러나 법은 기본적으로 추상화를 거쳐 개별 사례에 적용되는 것이고, 그 사실관계를 적절히 포섭함과 동시에 규범의 목적을 실현하는 것은 공정위와 법원의 법 해석 및 적용에 달려있다.[49] 또한 이미 EU의 법집행 선례도 상당수 축적되어 이를 벤치마킹할 수 있다는 점까지 고려해보면, 과잉규제 우려는 크지 않다고 본다. 공정거래법이 계속해서 '합의' 요건을 고수한다면, 점점 다양해지는 공동행위에 효과적으로 대응하기 어려울 것이다. 따라서 추후 공정거래법을 개정할 때에는 합의와 함께 동조적 행위도 병렬적으로 법문에 규정할 필요가 있다.

2. 공정거래위원회의 역량 제고

공정위는 알고리즘 담합 사건이 실제로 발생한다면 이를 어떻게 조사할지, 다른 주요 경쟁당국은 어떠한 조치를 취하고 있는지 등 관련 연구를 꾸준하게 진행하여야 한다. 예컨대 독일·프랑스 경쟁당국이 알고리즘 담합에 관한 연구보고서를 공동으로 발간하여, 경쟁당국이 관련 사건을 조사할 때 확보해야 할 자료가 무엇인지 상세하게 실무적인 지침까지 제공한 점을 모범 사례로 참고해볼 만하다.[50]

아울러 알고리즘 담합은 사후적인 조사 및 법 집행이 쉽지 않은 만큼, 경쟁당국이 사전에 철저한 시장분석(market study)을 통해 담합 발생에 취약할 것으로 예상되는 시장을 파악하고 미리 감시를 강화하는 것이 중요하다. 그러나 현재 공정위가 수행하는 시장조사 체계는 급변하는 시장 상황에 충분하게 대처하기 어

48) 같은 취지로는 이봉의, 앞의 책, 708－709면; 박세민, 「공정거래법 제19조의 합의와 동조적 행위－정보교환을 중심으로」, 법조 67권 5호, 2018을 참고.

49) 그 과정에서 공정위의 재량권 행사에는 일정한 한계가 분명하게 설정되어야 할 것이다(이봉의, 「질서정책적 과제로서의 경쟁 -과거와 미래」, 경쟁법연구 23, 2011, 210－211면).

50) 예컨대 사업자로부터 자료제출을 요구해야 할 내용으로, 알고리즘 개발자에게 제공한 요구사항 또는 특이사항, 알고리즘의 조정 빈도, 입력값·출력값이 작성된 로그파일, 실제 데이터 소스, 사용자 가이드 및 기술문서 등이 있음을 설명하였다(Autorite de la concurrence & Bundeskartellamt, 위의 글, p.66).

려울 뿐만 아니라, 시장의 경쟁을 촉진하는 데 한계가 있었다는 비판도 제기된 바 있다.[51] 따라서 중장기적으로 공정위의 시장분석 업무를 개편 및 강화하고, 이와 관련된 조직과 인력 또한 더욱 보강되어야 할 것이다.

V. 결론

알고리즘을 이용한 가격조정, 이른바 알고리즘 담합은 각각의 사업자가 알고리즘을 어떻게 설계 및 운용하는가에 따라 시장의 경쟁을 더욱 촉진할 수도 있고, 반대로 경쟁을 제한할 수도 있다. 여러 유형 가운데 본 논문은 경쟁제한적 효과가 비교적 명확하게 드러나는 '동조적 알고리즘' 설정 행위, 즉, 사업자들이 상호 가격을 관찰 및 모방하여 서로의 가격이 동조화되도록 알고리즘을 설정하고 그와 같은 알고리즘의 가격책정 방식을 상호 인식하고 있는 경우에 초점을 맞추어 분석하였다.

동조적 알고리즘 설정 행위는 비록 경쟁을 제한할 우려가 있음에도 불구하고 아직 공정거래법상 포섭되기에는 어려움이 있다. 공정거래법 제40조는 문언 전면에서 사업자 간 '합의'를 요구하는데, 이 경우에는 사업자들 간 의사연락의 직접증거가 없다보니 합의를 직접 입증하기는 어렵다. 다만 서로 동조적 알고리즘을 설정하는 행위가 결과적으로 정보교환 행위와 동일하다고 봄으로써 정보교환에 의한 합의 추정 조항(동 조항 제2호)을 적용해볼 여지는 열려 있다. 다만 이 또한 치열한 공방이 예상된다. 설령 공정거래법상 합의 요건을 충족한다고 보더라도 위법성 판단 및 시정조치 부과 측면에서도 여전히 법 집행이 이루어지기 위해서는 여러 난제가 남아있다.

비교법적으로도 우리 법은 미국과 EU 법리와 달리 담합의 형식을 '합의'로 국한하여 공동행위를 인정하는 데 엄격하며, 이로 인해 알고리즘 담합과 같은 오늘날 새롭고 다양한 방식으로 이루어지는 공동행위에 유연하게 대처하는 데 근본적인 한계가 있다. 정책적 측면에서도 미국과 EU에 비하면 아직 우리 공정위는 알고리즘 담합 문제에 대해 깊이 있게 분석한 모습을 찾기 어렵고, 디지털 기반 시장에 대한 조사·연구에 있어서도 한계를 드러내고 있다. 이러한 문제의식에 기초하여 본 논문에서는 공정거래법상 동조적 행위 개념의 도입과 공정위의 역

51) 이봉의, 앞의 책, 335면.

량 제고 필요성에 대하여 고찰하였다.

공정하고 자유로운 경쟁을 촉진해야 하는 경쟁당국은 급변하는 시장 환경에 기민하게 대응할 수 있는 역량을 갖추어야 한다. 이를 위해서는 새롭게 대두되는 경쟁법적 쟁점에 대해 사전에 충분한 연구를 수행하고 제도적·정책적 대비를 갖추는 것이 필요하다. 시장 경쟁이 제한되는 문제가 발생한 다음 뒤늦게 규제 일변도로 대응하면 자칫 혁신을 저해할 우려가 있고, 반대로 이를 방치하면 경쟁당국의 책무를 소홀히 하는 결과를 초래할 수 있다. 디지털 경제가 확대되면서 앞으로 가격책정 알고리즘이 더욱 보편화되고 그에 따른 담합 위험도 더욱 증대될 것으로 우려된다. 따라서 공정거래법상 알고리즘 담합에 관한 심도 있는 논의가 지속적으로 이루어질 필요가 있다.

제3장

공정거래법 전면 개정 이후 정보교환 담합 규율의 새로운 과제*

–강지원–

I. 들어가며

경쟁법에서 논의되는 정보교환(information exchanges)은 가격, 비용, 수량, 고객정보 등 경쟁에 있어 핵심이 되는 주요정보를 사업자들 간에 상호 교환하는 행위를 의미한다. 정보교환이 경쟁에 미치는 부정적 효과는, 과점시장이나 그 외 시장투명성이 높은 일부 시장환경에서 이러한 정보교환 행위가 이루어질 경우, 사업자들 간에 가격인상에 관한 명시적인 합의 없이도 실제 담합을 한 것과 동일·유사한 가격 동조화(price coordination) 효과가 초래될 수 있다는 점이다. 소수의 사업자가 잠식하고 있는 과점시장에서는 경쟁사업자의 장래 행동·전략에 대

* 이 글은 필자의 서울대학교 법학박사 학위논문인 '경쟁사업자 간 가격정보 교환 행위의 규제 법리에 관한 연구'(2018), 경제법연구 제20권 제1호에 실린 연구논문인 '정보교환과 금지청구제를 중심으로 본 2020년 개정 공정거래법의 시사점과 향후 쟁점'(2021), 경쟁저널 제221호에 실린 기고문인 'EU 공동행위 가이드라인 개정이 공정거래법상 정보 교환 담합 규제에 주는 시사점'(2024)에 기반하여 그 주요 내용을 정리하여 작성된 글임을 밝힙니다.

한 예측가능성이 높아, 그에 기반한 상호의존적 행동과 전략(interdependency)이 나타나게 된다.[1] 정보교환은 이러한 시장에서 담합의 형성을 용이하게 할 뿐 아니라, 형성된 담합을 안정적으로 유지하기 위한 모니터링 수단으로 활용될 우려가 있다.[2] 그에 따라, 시장에 공개되지 않은 개별 사업자의 장래 가격·수량 등 경쟁상 민감한 정보(competitively sensitive information)를 상호 교환하는 행위는 시장의 투명성(market transparency)을 인위적으로 증대시켜 경쟁제한적 시장환경을 조성한다는 점에서 경쟁법의 개입을 필요로 하게 된다.

반면, '부당한 공동행위'를 금지하고 있는 개정 전 공정거래법(구법) 제19조 제1항은 그 문언과 규정 체계상 공정위가 경쟁제한적 정보교환 행위를 효과적으로 규율하는데 제약으로 작용하였다. 주지하는 바와 같이, 구법 제19조 제1항은 복수의 사업자가 가격, 산출량 제한, 시장분할 등 각호에 열거된 행위를 '합의'하는 행위(행위 요건)의 존재, 그리고 그러한 합의의 '부당한 경쟁제한성(위법성 요건)'을 금지요건으로 한다. 문제는, 각 호(제1호~제9호)에 열거된 행위만이 합의의 대상이 될 수 있기 때문에, 금지되는 공동행위로 포섭할 수 있는 행위의 유형과 범주가 제한된다는 점이다. 이와 같은 법문 해석·적용상의 한계로 공정위는 그간 명시적인 합의 없이 사업자들 간 경쟁상 민감한 정보를 교환하는 행위로 이루어지는 담합("정보교환 담합")을 '부당한 공동행위'로 규율하는데 실무상 어려움을 겪어 왔다.

2021.12.29. 시행된 「독점규제 및 공정거래에 관한 법률」(이하 "공정거래법") 전부개정안은 공정거래위원회(이하 "공정위"), 학계, 실무계의 중지를 모아 (구) 공정거래법 집행에서 대표적인 사각지대로 문제가 제기되어 온 정보교환을 통한 공동행위의 규제 실효성을 강화하자 하는 내용을 반영하였다. 이후 공정위는 2023.1. 정보교환 담합 심사지침을 제정하여 개정법의 효과적인 집행에 필요한 구체적인 해석·적용의 가이드라인을 제시하였는데, 아직 이를 적용한 구체적인 심결례와 판례 법리가 본격적으로 형성되지 않은 시점에서 여러 가능성과 보완

1) 과점시장에서의 상호의존성에 대해 경제학의 관점에서 분석한 대표 문헌(seminal article)으로는 다음을 참고하기 바란다. Geoge Stigler, *A Theory of Oligopoly*, Journal of Political Economy, Vol. 72, No.1, (Feb 1964).

2) Matthew Bennett & Phillip Collins, *The Law and Economics of Information Sharing: The Good, the Bad, and the Ugly*, European Competition Journal, Vol.6, No.2, 2010, pp.321–322.

점을 나타낸다. 본 글에서는 (구)공정거래법상 정보교환 담합 행위 규율의 어려움과 대법원의 판례, 그리고 개정 공정거래법의 취지에 대해 먼저 살펴보고, 다양한 쟁점을 다룬 정보교환 공동행위 판례가 축적되고 최근 관련 가이드라인을 보완한 EU의 시사점을 참고하여 우리나라 심사지침의 개선 방향을 제시하도록 한다.

II. 공정거래법 전면 개정 이전의 판례 형성: 엄격한 '합의의 도그마'[3)]

그동안 공정위는 정보교환 행위가 문제된 다수의 사건을 부당 공동행위로 제재한 바 있으나, 대부분의 사건에서 '합의' 요건을 충분히 입증하지 못했다는 이유로 패소하였다. 대법원 판례는, 정보교환에 관한 증거만으로는 공정거래법 제19조 제1항의 '합의'의 존재를 입증하기 위한 '의사연결의 상호성'[4)]이 인정될 수 없으며, 그러한 정보교환 행위는 단지 '의사연결의 상호성'을 입증하기 위한 유력한 간접증거의 하나가 될 수 있을 뿐 행위 외형의 일치 등 추가적인 정황증거가 필요하다는 입장을 고수하고 있기 때문이다. 가령, 가격정보만을 서로 교환하는 행위는 그로 인해 실질적으로 담합을 한 것과 유사한 가격인상 결과가 나타났더라도 그 자체만으로 법문(공정거래법 제19조 제1항 제1호)에서 요구하는 '공동으로' 가격을 결정·유지·변경한 것으로 인정되기는 어렵다는 것이다. 시장 투명성을 인위적으로 증대시켜 가격경쟁을 사실상 무력화시키는 경쟁제한적 정보교환 행위에 대한 현행법의 해석론적 한계와 입법적 대안의 필요성은 '생명보험 담합'

3) 공정거래법상 공동행위의 행위요건이 '합의'로 한정되고 그 대상조차 열거주의 방식으로 제한됨에 따라, 경쟁제한 우려가 있는 다양하고 가변적인 공동행위를 충분히 포섭하지 못하고 있다는 우려에 대해 그동안 학계에서는 '합의의 도그마'라는 관점에서 비판해 왔다. 이봉의, "부당한 공동행위와 '합의' 도그마의 문제점", 「경제법판례연구」 제2권, 경제법판례연구회, 2005; 이호영, "독점금지법상 '합의의 도그마'에 대한 저항: 과점시장의 묵시적 사업조정의 규제를 중심으로", 「경쟁법연구」 제12권, 한국경쟁법학회, 2005.8; 조혜신, "독점규제법상 '합의의 도그마' 논의의 향방: 합의의 입증과 관련된 최근 대법원 판결에 대한 분석을 중심으로", 「아주법학」 제9권 제2호, 아주대학교 법학연구소, 2015.8.

4) 법문(제19조 제1항 본문)에서 '합의'의 개념을 '계약, 협정, 기타 어떠한 방법'으로도 성립될 수 있다고 광범위하게 규정하고 있음을 반영하여, 판례의 태도 역시 청약·승낙으로 이루어지는 계약이 아니더라도 의사원 연락 또는 일치가 있었다는 상호 인식이나 암묵적 양해가 존재했다는 점만으로 '합의'의 존재를 입증하는데는 충분하다고 보고 있다. 다만, 공정위가 최소한 사업자들 간에 '의사연결의 상호성'을 인정할만한 사정에 대한 입증책임을 부담한다는 것이 판례의 입장이기도 하다. 권오승·서정, 「독점규제법: 이론과 실무」, 법문사, 2016, 253면.

사건(2014년)[5], 'LPG 담합' 사건(2014년)[6], '라면 담합' 사건(2015년)[7] 등을 통해 재확인되었다.

생명보험 담합 사건[8]에서는 16개 생명보험사들이 보험상품 가격(보험료) 결정의 중요요소인 예정이율과 공시이율에 관한 정보[9]를 교환한 후, 교환된 정보를 기초로 하여 각자 자사의 이율을 결정하였고 그 결과 가격의 외형일치가 나타났다. 대법원은 정보교환 후 이율을 '각자' 결정하는 행위와 「공정거래법」 제19조 제1항 제1호에 따른 부당 공동행위(가격담합)의 성립요건인 가격을 '공동으로' 결정하는 행위는 양립할 수 없다고 판단하여, '합의'의 존재를 인정하지 않았다. LPG 담합 사건[10]에서는 고도의 고점시장인 국내 LPG 공급시장에서 수입 2사가 자신들의 판매가격을 국내 정유 4사에게 매월 통보하는 방식으로 정보를 공유하여 가격 담합을 실행한 행위가 문제되었다. 그러나 대법원은 수입 2사의 정유 4사에 대한 '일방적' 정보전달은 가격결정의 '공동성'이 결여된 행위로 판단하여, 이 사건에서 역시 '합의'의 존재가 불인정되었다.

기존 공정거래법의 해석 · 적용에 의한 정보교환 행위 규율의 한계와 입법론적 해결의 필요성은 라면 담합 사건[11]에서 절정에 이른 것으로 평가된다. 국내 시장 점유율 전부를 차지하는 4개 라면제조사들은 주력상품에 관한 장래 가격인상 정보를 약 10년간 지속적으로 교환한 결과, 6차례의 가격인상에서 해당 상품들의 가격이 원단위까지 일치[12]하였다. 이 사건에서는 특히 별도의 가격합의 없이 순수하게 정보교환만으로 가격인상이 이루어진 2~6차 인상이 문제되었는데, 대법원은'합의의 유인', '합의를 한 것과 상반된 정황' 등 추가적인 정황증거가 불충분

5) 대법원 2014.7.24. 선고 2013두16951 판결.

6) 대법원 2014.5.29. 선고 2011두23085 판결(현대오일뱅크 사건).

7) 대법원 2015.12.24. 선고 2013두2524 판결.

8) 2013두 16951 판결.

9) 이 사건에서는 확정금리형 보험상품의 예정이율과 변동금리형 보험상품의 공시이율 교환이 문제가 되었는데, 전자의 경우 최초 가입 시점에 정한 예정이율에 따라 만기 도래시까지 이자를 적립하는 보험상품이고, 후자는 보험회사의 자산운용에 따른 수익률 및 시중 금리 등 수시로 변동되는 공시이율에 따라 이자가 적립되는 방식이다.

10) 2011두23085 판결.

11) 2013두2524 판결.

12) 공정위의 조사 결과, 농심(신라면), 삼양(삼양라면), 오뚜기(진라면), 야쿠르트(왕라면) 등 4개 라면제조사들의 주력상품 권장소비자가는 1차 인상(2001.5~7월)시 480원, 2차 인상(2002.10월~2003.1월)시 520원, 3차 인상(2003.12월~2004.4월)시 550원, 4차 인상(2004.12월~2005.4월)시 600원, 5차 인상(2007.3월~9월)시 650원, 6차 인상(2008.2월~4월)시 750원으로 나타났다.

한 상황에서 정보교환 사실만으로는 '합의'의 존재를 인정하기 어렵다고 판시하였다. 재판부는 이러한 형태의 정보교환 행위가 경쟁제한의 우려가 있다는 점을 명시적으로 인정하면서도, EU 경쟁법상의 '동조적 행위(concerted practice)'[13] 개념과 같이 '합의'보다 느슨한 형태의 공동행위 유형을 신설하는 등의 입법적 해결 없이 현행법의 해석만으로는 정보교환 행위 자체만으로 공정거래법 제19조 제1항상의 '합의' 요건을 충족하기는 어렵다는 점 역시 분명히 하였다.

라면 담합 사건과 같이 장기간에 걸친 정보교환 행위로 담합이 이루어져 대규모의 소비자 피해[14]가 발생한 사안에서조차 법적 제재가 이루어지지 못 한다는 사실은 언론, 법조계, 학계 등의 큰 반향을 일으켰고, 결국 공정거래법 전부개정안에 정보교환 규율의 실효성 강화방안이 포함되는 계기가 된 것으로 여겨진다. 라면 담합 사건의 대법원 판결문에서 방론으로 언급된 EU 경쟁법은 이러한 입법론적 개선 방향 설정에 비교법적으로 의미 있는 참고자료가 된 바 있다. 이하에서는 개정 공정거래법상 정보교환 규제 조항을 본격적으로 검토하기에 앞서, EU 경쟁법의 정보교환 관련 판례를 주요 쟁점 별로 (구)공정거래법과 비교·분석하여 기존 법의 해석적 한계와 입법적 해결 방안의 필요성 간의 연결 고리를 살펴보도록 한다.

III. EU 경쟁법상 '동조적 행위'의 규제와 (구)공정거래법 간 비교

1. 규제대상 행위의 포섭범위

유럽기능조약(Treaty on the Functioning of the European Union, "TFEU") 제101조 제1항상 공동행위의 한 유형인 '동조적 행위'는 경쟁법상 '합의'의 개념에서 요구되는 수준의 의사의 합치(concurrence of wills)[15]에 이르지는 못하더라도

13) '동조적 행위(concerted practice)'는 EU 경쟁법에서 '합의'와 별개의 공동행위 유형으로 규정하고 있는데, 합의로 인정될 수 있는 수준의 의사 합치는 아니더라도 경쟁을 회피하기 위한 인식 하(knowing substitution for the risks of competition)에 행해지는 사업자들 간의 인위적인 협조행위(coordination)를 의미한다. 동조적 행위에 대한 구체적인 설명은 본 글 III장에서 서술하도록 한다. Case 48/89, *ICI v. Commission(Dyestuffs)* [1972] ECR 619.

14) 라면 담합 사건에서 공정위가 4개 라면제조사에 대해 부과한 과징금 총액은 1,362억 원이었다. 공정거래위원회 2012.7.12. 전원회의 의결 제2012−107호.

15) Case T−41/96, *Bayer AG v. Commission* [2000] ECR−II 3383, *aff'd* on appeal Cases C−2 and 3/01 p.[2004] ECR I−23.

경쟁의 불확실성을 감소시킬 수 있는 공동행위에 대해 폭넓게 적용될 수 있는 개념이다. 이에 따라 가격결정 등을 공동으로 하기로 하는 의사의 합치가 있는 경우는 「공정거래법」과 마찬가지로 합의로써 규율할 수 있지만, 경쟁상 민감한 정보를 교환한 후 가격을 개별적으로 결정하는 행위까지 TFEU 제101조 제1항의 적용대상이 된다. 공정거래법과는 달리, 가격결정을 공동으로 하기로 하는 의사연결의 상호성이 입증되지 않는 경우라도 시장의 상황이나 교환된 정보의 내용·성격에 따라 결과적으로 각 사업자의 독자적인 가격 결정을 저해할 수 있는 행위는 동조적 행위로 포섭할 수 있는 것이다.

이에 따라, EU 경쟁법의 동조적 행위는 우리 법원이 인정하고 있는 '묵시적 합의'의 외연보다도 더욱 넓은 개념적 범위를 지니고 있다고 할 수 있다. 우리 판례는 가격의 결정 및 실행 등을 목적으로 하는 '의사연결의 상호성'을 합의 인정의 핵심적인 지표로 보는 입장이다. 따라서 정보교환 행위가 묵시적 합의로 인정되기 위해서는 최소한 정보교환 행위를 통해 가격결정을 공동으로 하기로 하는 암묵적인 합의가 따로 존재했다는 사실이 입증되어야 한다. 반면, EU 경쟁법상 동조적 행위는 '경쟁의 불확실성을 회피하기 위한 의도나 인식'을 갖고 행해지고, 그러한 행위가 '통상적인 시장조건(normal conditions of the market)에 부합하지 않는 환경'을 조성하는데 기여할 수만 있다면 인정[16]될 수 있으며, 공동의 가격결정에 대한 의사의 합치는 요구되지 않는다.

자신의 핵심 경쟁요소(competitive edge)와 관련된 장래의 가격·수량 등에 관한 정보를 경쟁사업자에게 노출하고 동시에 자신도 그러한 정보를 상대로부터 입수하는 행위는 시장에 존재하는 경쟁의 불확실성 수준을 인위적으로 감소시켜 통상적인 시장조건을 변화시키는 행위라는 점에서 동조적 행위의 개념에 부합한다. 이러한 행위들은 분명 가격결정에 관한 공동의 의사결정에 이르렀다고 보기는 어려운 행위지만, 최소한 경쟁의 불확실성을 회피하기 위한 공동의 인식하에 행해지는 행위에는 해당된다고 말할 수 있다. 다시 말해 EU 경쟁법으로는 규율이 가능하지만 공정거래법상으로는 다른 충분한 정황증거 없이는 위법이 인정되지 않는 규제의 공백지대로 분류할 수 있을 것이다.

의사연결의 상호성 입증 외에도, 합의의 유인이 존재하는지를 판단함에 있어 다소 유연성이 적은 우리 법원의 태도는 공정거래법상 '묵시적 합의' 개념의 포

16) Case 48/69, *ICI v. Commission(Dyestuffs)* [1972] ECR 619, para.26.

섭범위를 EU법상의 '동조적 행위'보다 좁히는데 기여한 것으로 평가된다. 특히 라면 담합 사건[17]은 이러한 경향을 재확인한 사례로 볼 수 있다. 동 판결에서 대법원은 농심 등 4개 라면 제조업자 간에 묵시적 합의의 유인이 크지 않았다고 판단하면서, 그 근거로 관련시장에서 압도적인 점유율을 보유한 농심과 나머지 3개 사업자들 간에 오랜 가격선도·추종의 관행이 존재했기 때문에 별도의 합의를 할 동기가 적었다는 점을 강조하였다. 대법원 판단의 일차적인 문제점은, 가격의 선도·추종행위라 하더라도 사업자들의 행위 양태와 기타 정황에 따라서는 과점시장에서 일어나는 적법한 의식적 병행행위와 구분될 수 있다는 점을 경시한 것이다. 대법원은 명시적 합의, 묵시적 합의, 단순한 가격의 선도·추종이 각기 다른 범주라고 인식하는 것이 아니라, 가격의 선도·추종과 합의라는 두 가지 범주만을 상정하고 있는 것으로 보인다. 즉, 명시적 합의에도 의식적 병행행위에도 해당되지 않지만, 가격의 추종·모방이 정보교환 등의 담합조장행위와 결부될 때 묵시적 합의가 될 수 있다는 점을 충분히 고려하지 않은 것이다. 이러한 판례의 태도는 궁극적으로는 공정거래법상 '묵시적 합의' 개념의 인정 범위를 좁히는 결과를 초래하게 될 것으로 보인다.

합의의 유인과 관련해 대법원은 구체적으로, 농심 입장에서는 가격추종의 관행이 존재하는 상황에서 굳이 별도의 합의를 통해 가격인상을 선도할 동기가 충분하지 않았고, 2위 사업자인 삼양 역시 자신의 시장지위를 고착화시킬 수 있는 가격추종에 동조할 유인이 적다고 보았다. 그러나 농심 입장에서는 자신의 시장지위를 앞으로도 더욱 공고히 유지하기 위하여 정보교환 행위를 통해 다른 사업자들의 가격모방이 보다 효과적으로 이루어지기를 암묵적으로 희망했을 수도 있으며, 그 과정에서 1위 사업자인 자신이 가격선도를 수행[18]한 것일 수도 있다.

---

17) 2013두2524 판결.

18) 가격추종의 관행 이외에도, 라면이 대표적인 서민 먹거리의 하나로서 정부의 직간접적 물가규제의 대상이 되어 온 상품이었다는 점 역시 합의의 유인이 충분했는지 판단에 있어 고려될 수 있을 것이다. 원심은 라면가격의 결정이 정부의 사전승인에서 자율결정으로 전환된 상태에서 이루어졌다는 점, 그리고 가격자율화 이후에도 행정지도에 의한 정부의 사실상 가격규제가 어느 정도 이루어져 온 것은 사실이지만 책정된 가격 상한선 내에서 각자 자율적인 가격 결정이 가능했다는 점을 강조하였다. 그러나 대법원은 선도업체인 농심과 정부가 사전 협의한 가격을 다른 3개 사업자가 추종하는 것이 시장 상황상 합리적인 결정이었다는 점에서 합의의 유인이 적다고 판단하였다. 이러한 행정지도의 존재를 감안하더라도, 사업자들이 장래의 가격정보를 교환하는 인위적인 시장투명성 개선행위를 행했다는 점에서 정부의 행정지도라는 단편적 사실만으로는 합의의 유인이 적다는 결론을 내리기 어려울 것으로 보인다. 오히려 대법원은 사

삼양 역시 1위와의 격차가 압도적으로 벌어져 있는 상황에서 오히려 후발업체인 오뚜기 등의 경쟁위협으로부터 현상유지를 선호했을 가능성도 배제할 수 없다는 점에서, 정보교환 행위를 통해 사전에 주력제품의 가격을 일치시켜 더욱 안정적으로 시장상황을 만들어 나가고자 했을 수도 있다. 관련시장은 고도의 과점시장이고 실제로도 별도의 합의 없이 과거 가격추종의 관행이 장기간 존재했지만, 어느 사업자도 이러한 현재의 경쟁상황이 영속될 것이라고 기대할 수 없는 것이 바로 경쟁의 본질인 불확실성인 것이다. 이렇듯 과점시장에서 상대방의 가격전략을 예측하여 추종하는 독립적인 이윤 극대화의 의사결정과 경쟁상 민감한 정보를 장기간 조직적으로 교환하는 행위에 의한 가격선도와 추종은 경쟁의 불확실성 감소라는 측면에서 분명 그 성격이 다르다는 점을 대법원은 다소 간과한 것으로 보인다.

생각건대, 라면 담합 사건의 사실관계에 EU 경쟁법상 동조적 행위의 법리가 적용되었다면 법 위반이 인정되었을 가능성이 높았을 것으로 여겨진다. 동 사건에서 우리 대법원이 합의의 유인으로 들고 있는 사정들은 주로 주어진 시장 환경 속에서 개별 사업자의 경쟁구도를 고려한 주관적인 경영판단을 법원이 추단한 것에 가깝지만, EU 법원은 동조적 행위의 유인을 객관적 증거를 시장특성(market characteristics)을 통해 판단한다는 점에서 차이가 있다. 오히려 EU 경쟁당국과 법원은 라면 담합 사건과 같은 경우 주어진 시장 환경상 합의의 유인이 매우 높은 것으로 판단할 것으로 생각된다.[19] 4개 라면 제조업체들은 품질의 현격한 차별화보다는 가격이 주요 경쟁수단이 되어 담합을 위한 합의점 도출이 상대적으로 용이한 고도의 과점시장에서 장기간 가격추종의 관행이 있었던 가운데, 핵심적 경쟁수단에 대한 정보를 서로 교환하는 행위를 지속해 왔다. 이는 동조적 행위의 핵심적 판단기준인 '경쟁의 불확실성을 의도적으로 회피하기 위한 의도'

업자들이 정부의 행정지도를 기화로 하여 별도의 합의(묵시적 합의를 포함)로 나아가는 경우 합의의 추정을 인정하고 있다(대법원 2005.1.28. 선고 2002두12052 판결). 본 논문과 다른 견해로는 다음 문헌을 참조하기 바란다. 김철, "부당한 공동행위의 성립요건인 '합의'의 증명방법: 소위 '라면가격 담합사건'에 대한 관견", 「경쟁저널」 제185호, 한국공정경쟁연합회, 2016.3, 82면.

19) EU 경쟁당국인 집행위원회(European Commission)의 「수평적 협력행위 가이드라인(Guidelines on Horizontal Cooperation Agreements)」은 시장의 투명성, 집중도, 안정성이 높고 상품차별화의 정도가 크지 않아 복잡성(complexity)이 낮은 시장에서 일어나는 정보교환 행위의 경우 경쟁제한효과가 더욱 높은 것으로 보고 있다. 우리나라 라면시장은 이러한 기준으로 볼 때 정보교환 행위에 따른 경쟁제한의 우려가 매우 높은 것으로 평가될 수 있을 것이다.

외에 다른 효율성 제고의 목적을 상정하기 어려운 경우라고 할 수 있을 것이다.

2. 요구되는 외형일치의 정도

EU 경쟁법상의 공동행위 유형 중 하나인 동조적 행위가 성립되기 위해서는 정보교환 등의 동조행위(concertation) 및 교환된 정보를 의사결정에 반영하는 등 동조행위를 시장에서 실행하는 행위(subsequent market conduct)가 존재해야한다[20]. 즉, 정보교환 행위는 동조행위로, 이후 나타나는 가격의 일치 등은 시장 실행행위로 대응될 수 있다. 그런데 동조적 행위 입증을 위해 요구되는 '시장 실행행위'는 공정거래법상 합의 입증에서 요구되는 엄격한 외형일치보다 그 범위가 넓다. 반드시 가격일치 등의 외형이 나타나야 하는 것은 아니고, 단지 정보교환 등의 동조행위가 개별 사업자의 의사결정의 독립성을 저해하여 가격결정에 반영되는 것으로 충분하다는 것이 EU 판례의 태도이다.

Banana 사건[21]에서 ECJ는 최종 소매가격(consumer prices)이 아니라 그 구성요소 중 하나인 기준가격(list prices)을 서로 교환하는 행위조차도 동조적 행위, 그 중에서도 위법성이 사실상 추정되는 '목적에 의한 경쟁제한행위'에 해당된다고 판단하였다. 다시 말해 가격의 구성요소 중 하나에 대한 정보를 교환하여 경쟁사업자의 의사결정의 불확실성 요소를 경감시켜주는 효과만 있다면 그 이후 각자 결정한 최종 소비자가격의 외형이 불일치되더라도 위법성 판단에 있어서는 크게 고려되지 않는다는 것이다. 동 판결의 중요한 시사점은, EU 경쟁법상 고려되는 행위의 외형일치 여부 및 정도의 비중이 크지 않다는 것이다. 생명보험 담합 사건이나 라면 담합 사건에서 엄격한 행위외형 일치의 기준으로 인해 합의 추정이 인정되지 않은 것과는 대조적으로, EU 경쟁법에서는 '전략적 정보'를 시장에 공개하지 않고 배타적으로 교환하는 행위는 외형일치 여부와 크게 관계없이 '목적에 의한 경쟁제한행위'로서 위법성이 바로 추정될 수 있다. EU 법원의 관점에서 볼 때 정보교환 행위가 목적에 의한 경쟁제한행위로서 위법성이 인정되는 기준은 그러한 특정한 조건을 충족시키는 정보교환 행위 자체의 외형이 존재하는지 여부이지, 정보교환이 이후 시장 실행행위에 어떤 영향을 미치는지 여부가 아닌 것이다.

20) Case C−199/92 p.*Hüls AG v. Commission(Polypropylene)*, [1999] ECR I−4287, para.161.

21) Case C−286/13 p.*Dole Food and Dole Fresh Fruit Europe v. Commission(Banana)*, March 19, 2015. paras.123−125.

EU 경쟁법은 최종 소비자의 후생증대뿐 아니라 경쟁촉진적인 시장구조 및 경쟁질서 자체를 보호하는 것을 목적으로 하는데, 다른 사업자의 시장행동에 대한 불확실성을 인위적으로 감소시키는 행위는 개별 사업자의 독립적인 의사결정을 저해함으로써 경쟁질서 자체를 왜곡한다는 것이 최근 EU 판례 법리의 확고한 입장이다.[22] 전략적 정보의 비공개적 교환 행위가 존재하는 순간 이미 다른 사업자의 시장행동에 대한 불확실성은 필연적으로 일정 부분 제거되기 때문에 이는 EU 경쟁법이 추구하는 목적을 훼손한다고 인정하기 충분한 것이며, 외형일치 여부에 대한 판단은 위법성 인정에 있어 핵심적인 사항이 아니라는 것이다. 결국 행위외형의 일치 여부 기준에 대한 EU 경쟁법과 공정거래법 간의 차이는 단순히 해당 법제의 문언상 금지되는 공동행위가 어떻게 규정되어 있는가의 형식적 문제라기보다는, 각 법제가 금지하고 있는 공동행위의 실질적인 포섭범위, 그리고 더 나아가 EU 판례에서 시사하는 바와 같이 경쟁법의 보호법익을 무엇으로 규정할 것인가와 밀접하게 연관된 문제라고 할 수 있을 것이다.[23]

3. 추정 법리의 광범위한 적용

가. 서설

EU 경쟁법이 전반적으로 정보교환 행위 규제에 있어 엄격한 입장을 나타내게 된 것은, 가격결정을 공동으로 할 정도의 의사의 합치나 엄격한 행위외형의 일치를 요구하지 않는 행위요건의 유연성도 크게 기여하였지만, 동조적 행위와 관련된 다양한 추정의 법리가 인정되고 있는 점도 무관하지 않다. 다른 경쟁법제에서는 경쟁당국이 증명책임을 져야 할 사항에 대해 추정의 법리를 통해 사업자가 무

---

22) Case C−8/08, *T−Mobile Netherlands BV and others v. Raad van bestuur van de Nederlandes Mededingingsautoriteit*, [2009] ECR I−4529. paras.32−34; *Banana*, paras.123−125.

23) 우리 공정거래법은 목적조항(법 제1조)에서 '자유롭고 공정한 경쟁' 및 '소비자보호'를 동법의 입법목적의 하나로 규정하고 있으나, 그 구체적 내용 및 양자 간의 관계에 대해서는 학계의 논의가 분분하다. 규범적인 관점에서 '경쟁의 자유'를 바라보는 학설에 따르면, 계약자유의 원칙에 입각한 사적자치를 시장에서 실질적으로 보장하기 위한 공익적 목적에서 개별 시장참여자의 경제활동의 자유를 일정 부분 제한할 필요성이 내포되어 있는 것으로 보기도 한다. 이봉의, "질서정책적 과제로서의 경쟁: 과거와 미래", 「경쟁법연구」 제23권, 한국경쟁법학회, 2011.5, 194면. EU 경쟁법이 추구하는 중요한 목적 중 하나인 경쟁질서의 보호 및 개별 사업자의 독립적인 의사결정 보장은 이러한 규범적 관점의 '경쟁의 자유 보장'과 연결되는 부분이 있는 것으로 생각된다.

거운 반증의 책임을 부담하게 되기 때문이다. EU 법원은 교환된 정보가 실제로 각 사업자의 의사결정에 반영되었는지 여부, 교환된 정보가 경쟁제한의 우려를 나타내는지 여부, 그리고 다른 사업자의 일방적인 가격방침을 수동적으로 접수한 사업자의 동조적 행위 가담 여부 등에 대해 경쟁당국의 입증부담을 경감시켜 주는 방향으로 추정의 법리를 적용하고 있다. 이하에서는 경쟁제한성, 인과관계, 정보 수용자의 동조적 행위 가담에 관한 EU 판례상 추정 법리를 각각 우리 판례에 나타난 시각과 비교하여 분석해 보기로 한다.

나. 특정 유형의 정보교환 행위에 대한 위법성 추정

EU 경쟁당국 및 법원은 경쟁에 미치는 폐해가 큰 특정 성격의 정보교환 행위를 '목적에 의한 경쟁제한행위(restraint of competition by object)'로 분류하여, 마치 가격담합 등 그 위법성이 행위 자체로부터 사실상 인정되는 경성 카르텔(hardcore cartels)과 유사하게 경쟁제한성을 추정하도록 하고 있는 것이 특징이다. 우리 판례상 정보교환 행위는 '합의'라는 행위요건을 증명하기 위한 간접증거로만 고려되고 있다는 점에서, 이러한 위법성 추정의 법리는 합의 요건이 충족되지 않으면 부당성 판단으로 나아갈 필요성이 없는 우리 공정거래법 체계 내에서는 일견 논의의 실익이 크지 않은 것으로 보이기도 한다. 그러나 공동행위의 행위요건(동조적 행위)에 대해서는 상대적으로 유연한 기준을 적용하면서도, 그 위법성(경쟁제한성) 판단에 있어서는 추정의 법리를 통해 경쟁제한성이 높은 유형의 정보교환 행위에 대한 규제공백을 경감시켜줄 수 있다는 점에서 EU의 법리는 경쟁정책적인 시사점이 있다.

생명보험 담합 사건 이후 우리 판례는 정보교환에 관한 정황증거가 합의의 입증에 있어 유력한 증거가 될 수 있다는 점은 인정[24]하면서도, EU 법원과 같이 정보교환 행위의 객관적 성격(경쟁에 미치는 효과)에 대한 판단만으로 위법이 인정될 수는 없다는 입장을 보이고 있다. 시장에 공개되지 않은 장래의 개별적인 가격 등에 관한 정보를 교환하는 행위처럼 효율성증대나 경쟁촉진에 기여하는 바가 거의 없는 행위라 하더라도, 가격을 결정·유지·변경하기로 하는 합의가

24) 2013두16951 판결. 대법원은 "가격 등 주요 경쟁요소에 관한 정보교환으로서 가격결정 등 의사결정에 관한 불확실성을 제거하여 담합을 용이하게 하거나 촉진할 수 있는 수단이 되는 일정한 조건을 충족할 경우 정보교환에 관한 증거는 사업자 사이의 의사연결의 상호성을 입증할 수 있는 유력한 자료가 될 수 있다"고 판시하였다.

이루어졌다고 볼 수 있는 주관적 사정이 충분히 증명되지 않는 한 우리 공정거래법에서 금지되는 행위는 아니라는 것이 판례의 확고한 태도이다.[25)]

EU 최고법원은 T-Mobile 판결에서 개별 사업자가 장래에 책정할 가격·수량 등 전략적 정보를 비공개적으로 교환하는 행위는 '목적에 의한 경쟁제한행위(restraint of competition by object)'에 해당되어 경쟁제한성이 추정[26)]된다는 법리를 명확히 하였다. EU 법원의 경쟁제한성 추정 법리는 그러한 유형의 정보교환 행위가 가격경쟁의 제한 등 경쟁제한효과 이외에 별도의 효율성증대 또는 소비자후생 증대효과를 나타내는 경우가 거의 없다는 점에 근거한 것으로 보인다.

한편, 우리 공정거래법의 합의 요건이 내포하는 과소규제 우려의 대척점에서, 합의가 아닌 정보교환 행위 자체에 대해 위법성을 추정하는 EU의 법리는 자칫 과잉규제(false positives)의 우려가 큰 것이 아닌가 하는 타당한 의문이 제기될 수 있다. 물론 위법성 추정이 적용되는 유형의 정보교환 행위라 하더라도 보다 정확한 향후 매출 추정치를 수립할 수 있게 해주는 등 일부 효율성을 나타낼 수 있겠지만, 그러한 효과는 굳이 개별 사업자를 식별할 수 있는 정보(individualized information)가 아닌 업계 통계를 취합한 정보(aggregated information)의 교환 등 상대적으로 경쟁제한의 우려가 적은 대안 수단을 통해서도 충분히 달성할 수 있다[27)]. 설사 그러한 정보교환 행위의 친경쟁적효과가 인정되는 경우라 하더라도, 서로의 가격·산출량을 사전에 공유함으로써 담합의 접점을 확보하고 그 안정적인 유지를 장기간 가능하게 해주는 명확한 경쟁제한효과를 상쇄하는 경우가 많을 것인지에 대한 EU 경쟁당국과 법원의 회의적인 시각이 경쟁제한성 추정 법리 적용의 저변에 존재한다고 이해할 수 있을 것이다.[28)]

---

25) 위의 판결을 포함한 주요 정보교환 관련 사건에서 대법원은 "정보교환 사실만으로 부당하게 경쟁을 제한하는 합의가 있다고 단정할 수는 없고, 관련 시장의 구조와 특성, 교환된 정보의 성질·내용, 정보 교환의 주체 및 시기와 방법, 정보교환의 목적과 의도, 정보교환 후의 가격·산출량 등의 사업자 간 외형상 일치 여부 내지 차이의 정도 및 그에 관한 의사결정 과정·내용, 그 밖에 정보교환이 시장에 미치는 영향 등 모든 사정을 종합적으로 고려하여 그러한 합의가 있는지를 판단하여야 한다"고 일관되게 설시하였다.

26) 위법성이 추정되는 '목적에 의한 경쟁제한행위'라 하더라도 TFEU 제101조 제3항에 따라 경쟁제한효과를 상쇄하는 효율성증대효과 등이 존재하는 경우 추정 번복의 기회가 주어진다. 그러나 제3항에 따른 공동행위의 위법성 추정 번복은 사실상 인정되는 경우가 거의 없는 것으로 알려져 있다. Alison Jones & Brenda Sufrin, *EU Competition Law: Text, Cases, and Materials(Fifth ed.)*, Oxford University Press, 2014, p.203.

27) Matthew Bennett & Philip Collins (2010), p.330.

28) '목적에 의한 경쟁제한행위'에 해당되는 정보교환 행위는 TFEU 제101조 제3항상 효율성증대

다. 정보교환 행위와 의사결정 간의 인과관계 추정

가격결정 합의가 아닌 정보교환 행위 자체로부터 경쟁제한의 우려를 도출해 내는데 전제가 되는 것은, 교환된 정보가 어떠한 형태로든 각 사업자의 가격결정 등에 반영되거나 영향을 미치게 된다는 점이다. 정보는 교환했으나 그러한 정보가 의사결정 과정에서 활용되지 않으면, 개별 사업자의 독립적인 의사결정을 저해하거나 경쟁의 불확실성을 인위적으로 감소시킨다고 보기 곤란할 것이기 때문이다. 정보교환 등의 동조행위와 가격 등의 의사결정에 관한 EU 법원의 인과관계 추정 법리는, 바로 가격·수량 등 경쟁상 민감한 정보가 서로 공유되는 경우 그러한 정보를 자신의 장래 의사결정 과정에 활용하는 것이 합리적인 선택이라는 전제를 근간으로 한다.[29] 정보교환 이후 나타나는 시장의 실행행위는 결국 이러한 개별 사업자의 내부적 의사결정 과정(internal decision-making process)의 산물이라고 할 수 있다. 따라서 정보교환 행위라는 '동조행위(concertation)'와 시장에서 확인되는 가격이라는 '실행행위(subsequent market conduct)' 간에는 (비록 가격의 외형일치까지 나타나지는 않더라도) 내부적 의사결정 과정이라는 중간단계를 거친 인과관계가 존재한다고 추정하는데 큰 무리가 없다는 것이다.

인과관계 추정의 법리는 어디까지나 그러한 추정의 성립만을 인정하여 경쟁당국의 입증부담을 덜어주는 것이며, 사업자는 그에 대한 반증이 가능하다. Total Marketing Services 판결[30]에서 ECJ는, 동조행위와 실행행위 간의 인과관계 추정을 복멸하기 위해서는 당해 사업자가 동조적 행위에 동참하는 것을 공개적으로 기피(public distancing)했다는 사실을 입증해야 한다고 판시하였다. '공개적 기피'를 입증하기 위해서는 다른 공동행위 참여 사업자 모두에게 자신은 참여의사가 없다는 사실을 인지(perceive)시키거나, 다른 사업자들이 해당 행위를 하고 있다는 사실을 경쟁당국 등에 신고(report)하는 경우에 가능하다.[31] 이에 반해 우리 판례는 정보교환 행위로부터 합의를 추정하기 위한 고려요소 중 하나로 '정보교환 후 사업자 간 외형일치 여부·정도 및 그에 관한 의사결정·내용'을 강조

효과 등의 정당성 항변 요건을 충족시킬 가능성이 희박(very unlikely)하다는 것이 EU 집행위원회의 공식적인 입장이다. EU Guidelines on Horizontal Cooperation Agreements, para.74.

29) Federico Ghezzi & Mariateresa Maggiolino, *Bridging EU Concerted Practices with U.S. Concerted Actions*, Journal of Competition Law & Economics, 10(3), 2014, p.662.

30) Case C−634/13 p.*Total Marketing Services v. Commission*, ECLI:C:2015:614, (CJEU, 17 September 2015), para.20.

31) 위의 판결, paras.23−24.

하여 양자 간의 인과관계에 대한 1차적인 증명책임이 공정위에 있음을 분명히 하고 있다[32].

IV. 2021년 공정거래법 전면 개정: 개선점과 앞으로의 과제

1. 개정 공정거래법상 정보교환의 규율[33]

가. 서설

상기와 같이 '동조적 행위'의 판례 법리를 축적하여 정보교환에 의한 공동행위를 일정 부분 효과적으로 규율해 온 EU 경쟁법의 선례는 공정거래법 전면 개정 과정에서도 심도있게 논의된 바 있다. 당시 민관 전문가로 구성된 공정거래법제 개선 특별위원회(T/F)에서는 '합의'를 중심으로 하는 기존 공정거래법 체계 내에서 공정위의 입증부담을 경감하는 안과 EU처럼 '동조적 행위' 개념을 공동행위 유형에 신설하는 안이 논의 되었다. 다만 동조적 행위 개념을 도입할 경우 과잉규제 가능성, 명확성의 원칙 위배 소지 등과 관련해 위원회 내부 의견이 일치되지는 않은 것으로 알려지며,[34] 최종적으로 국회 본회의에서 가결된 개정안은 '합의'의 유형을 확대하고 공정위의 합의 추정을 보다 용이하게 하는 내용을 담게 되었다.

---

32) 라면 담합 사건에서 서울고등법원 행정2부는 정보교환 행위와 의사결정, 더 나아가 외형일치까지의 인과관계를 사실상 추정하는 것으로 보이는 파격적인 설시를 한 바 있다. 서울고법은 "가격인상 시점에 경쟁의 핵심적 요소인 가격인상계획 및 인상내역에 관한 정보가 교환되었으므로 특별한 사정이 없는 한 이는 가격결정에 반영하기 위한 것"으로 보아야 한다고 판시하였다. 다만 법원은 교환된 정보가 가격결정에 반영되었다는 추정을 복멸하기 위한 '특별한 사정'이 무엇인지에 대해 구체적으로 언급하지는 않았으며, 이후의 대법원 및 하급심 판결에서는 이러한 인과관계 추정의 법리가 더 이상 언급되거나 적용된 사례가 없는 것으로 보인다.

33) IV장 1.나.－다.의 내용은 이하 졸고의 내용 일부를 바탕으로 하여 정리하였다. 강지원, "정보교환과 금지청구제를 중심으로 본 2020년 개정 공정거래법의 시사점과 향후 쟁점", 「경제법연구」 제20권 제1호, 한국경제법학회, 2021.

34) '동조적 행위' 개념을 도입하는 방안은 당시 전면 개편 특위에서 해당 주제를 논의했던 경쟁법제 분과 위원 다수가 찬성하였으나 찬반 의견은 다소 엇갈렸던 것으로 확인된다. 도입 신중론을 제기한 위원들은 개별 사업자의 이윤극대화를 위한 정보교환 후 외형일치까지 과잉규제할 소지, 법규 명확성 원칙을 고려해 동조적 행위에 대해서는 형벌 부과를 제외할 경우 개별 사안이 '합의'인지 '동조적 행위'인지 해당 여부를 입증하는 과정에서 법 집행상 혼선 우려 등의 의견을 제시하였다. 공정거래위원회, "공정거래법제 개선 특별위원회 최종 보고서", 2018.7., 22－23면.

나. 합의의 대상으로서 '정보교환'의 추가

개정법은 종래의 대법원 판례에서 나타난 부당한 공동행위 규율 조항의 해석적 한계를 개선하여 정보교환 담합 규율의 실효성을 강화하기 위한 방안으로, (i) 정보교환 자체가 합의로 인정될 수 있도록 하였고, (ii) 정보교환을 통한 합의의 증명에 있어 공정위의 입증부담을 완화하는 내용을 포함하였다. 우선, 기존 공정거래법상 '부당한 공동행위'의 대상으로 열거된 행위유형 중 제9호에 정보교환 행위가 합의의 대상으로 추가되었다(개정법 제40조 제1항 제9호). 또한 공정위의 합의 입증부담을 경감시켜 주기 위한 취지로, 기존 공정거래법상 합의의 법률상 추정요건 외에 정보교환의 정황만으로 합의를 추정할 수 있도록 하는 요건이 신설되었다(개정법 제40조 제5항 제2호).

표-1 개정법의 정보교환 행위 규율 실효성 강화

	개정 전	개정 후
합의의 대상에 정보교환 추가	그 밖의 행위로서 다른 사업자의 사업활동 또는 사업내용을 방해·제한하여 일정한 거래분야에서 경쟁을 실질적으로 제한하는 행위	(좌동)... 또는 가격, 생산량 그 밖에 대통령령으로 정하는 정보를 주고 받음으로써 일정한 거래분야에서 경쟁을 실질적으로 제한하는 행위
정보교환에 의한 합의 추정조항 신설	2 이상의 사업자가 제1항 각 호의 어느 하나에 해당하는 행위를 하는 경우로서 해당 거래분야 또는 상품·용역의 특성, 해당 행위의 경제적 이유 및 파급효과, 사업자 간 접촉의 횟수·양태 등 제반사정에 비추어 그 행위를 그 사업자들이 공동으로 한 것으로 볼 수 있는 상당한 개연성이 있는 때	1. (좌동) 2. 2 이상의 사업자가 제1항 각호의 행위(제9호의 행위 중 정보를 주고 받음으로써 일정한 거래분야에서 경쟁을 실질적으로 제한하는 행위를 제외한다)에 필요한 정보를 주고 받은 때

우선, 열거주의 형식으로 규정된 '합의'의 대상에 '정보교환'을 추가하여, 정보교환 행위 자체가 합의의 대상으로 인정될 수 있도록 하였다(개정법 제40조 제1항 제9호). 기존 공정거래법 제19조 제1항은 '가격의 결정·유지·변경'(가격담합) 등 합의의 대상을 9개 유형으로 제한하는 열거주의 방식[35]을 채택하고 있었기에,

판례 역시 정보교환 자체를 합의의 대상으로 인정하기보다는 법문의 문언적 해석에 충실한 법문 해석을 통해 가격담합을 위한 정황증거의 하나로 판단하는 법리를 제시하였다.

기존의 공정거래법 제19조 제1항 제9호는 '다른 사업자의 사업활동을 방해 · 제한' 하는 행위를 합의의 대상으로 규정하고 있어 정보교환 등 제1호~제8호에 해당되지 않는 행위를 포섭하기 위한 작은 일반조항(catch-all provision)의 성격을 지닌 것으로 볼 수 있다는 견해도 있으나, 실무상 동 조항은 공동으로 다른 사업자의 시장진입 · 입찰참가 등을 능동적으로 방해한 행위에 주로 적용[36]되었으며, '방해' 또는 '제한'의 문언 해석상 정보교환을 통한 담합에 적용되기에는 다소 어려운 측면이 존재한다. 개정법은 기존의 제9호에 추가하여 "가격 · 생산량 그 밖에 대통령령으로 정하는 정보를 주고 받음으로써 일정한 거래분야에서 경쟁을 실질적으로 제한하는 행위"를 합의의 대상으로 명시함으로써, 더 이상 정보교환이 합의의 정황증거 중 하나가 아닌 그 자체로서 합의의 유형으로 인정될 수 있도록 하였다.

사견으로는, 개정법에 따라 정보교환 행위가 합의의 대상으로 인정될 수 있게 됨으로써, 경쟁에 폐해를 끼치는 이른바 '독자적 정보교환(stand-alone information exchanges)'행위에 대한 효과적인 규율수단이 일정 부분 보완된 것으로 평가된다. 독자적 정보교환 행위는 별도의 가격합의가 존재하는 상황에서 정보교환이 그 합의를 실행하기 위한 수단으로 활용되는 것이 아니라, 명시적인 합의가 존재하지 않는 상태에서 교환된 정보만으로 실질적으로 담합을 한 것과 유사한 외형일치를 달성할 수 있다는 점에서 경쟁제한의 우려를 야기할 수 있다.[37]

---

35) 미국 경쟁법인 「셔먼법(Sherman Act)」 제1조는 공동행위의 개념을 '계약, 결합, 공모 등(contract, combination in the form of trust, or otherwise, or conspiracy, in the restraint of trade)'으로 포괄적으로 규정하면서 한정적 열거방식을 취하지 않고 있어 정보교환 행위 자체가 공동행위로 인정되는데 법문 해석이 크게 논란이 되지 않는다. 이러한 「셔먼법」의 조문 체계는 변화하는 시장상황과 환경에 맞춘 경쟁법의 유연성(flexibility) 확보를 법적 예측가능성(predictability)보다 우선 하는 영미법(common law)의 영향이라고 할 수 있다. Richard M. Steuer, *Antitrust Overhaul*, 80 Antitrust .L. J. 681, American Bar Association, 2016, pp.690-691.

36) 기존 공정거래법 제19조 제1항 제9호가 적용된 공동행위 사례는 (i) 합의 참여 내부자의 사업내용을 제한하는 유형, (ii) 합의에 미참여한 외부자의 사업활동을 방해하는 유형, (iii) 잠재적 경쟁사업자를 공동으로 배제하는 유형 등으로 분류된다. 손동환, "사업활동방해 담합", 「시장경제와 사회조화」, 남천 권오승 교수 정년기념논문집, 법문사, 2015, 223-225면.

37) '독자적 정보교환 행위'에 대한 경쟁법상 규율 필요성에 대한 상세한 논증은 졸고에서 서술하

앞서 언급한 생명보험 담합사건에서 2차 인상, 라면 담합 사건에서 2~6차 인상이 바로 '독자적 정보교환'이 문제된 사안이라고 할 수 있을 것이다. 생명보험 담합 사건에서는 정보교환 후 각자 이율을 결정한 행위에 대해 합의의 대상인 가격 결정의 '공동성'이 인정되지 않아 공정위가 패소하였지만, 개정법이 적용되었더라면 정보교환 자체가 합의의 대상이 되어 공동성 요건의 충족 여부는 문제되지 않았을 것이고 공정위와 법원은 해당 정보교환 행위의 경쟁제한성 검토라는 본질적 사안에 더욱 집중할 수 있게 될 것이다. 기존 공정거래법에서 경쟁제한 우려가 있는 독자적 정보교환은 단지 합의의 존부 판단을 위한 간접증거의 하나로만 고려되었지만, 개정법은 정보교환의 정황에 온전히 집중하여 그 경쟁제한성을 심사할 수 있게 됨으로써 독자적 정보교환 행위에 대한 향후 공정위의 적극적인 법 집행이 가능해질 것으로 전망된다.

다. 정보교환에 근거한 합의의 법률상 추정 허용

다음으로, 실효성이 없다는 비판을 받아 온 기존 공정거래법상 합의의 법률상 추정규정을 개정하여, 정보교환에 근거한 합의의 추정[38]을 할 수 있도록 공정위의 입증부담을 완화하였다. 개정 전 공정거래법 제19조 제5항은, 직접적인 증거를 남기지 않고 은밀하게 이루어져 법 위반 증거를 확보하기 어려운 담합 규제의 실효성 확보를 위한 합의의 법률상 추정조항이었으나, 그 역할을 다하지 못해 거의 사문화 된 규정으로 남아 있다는 비판을 받아 왔다. 개정 전의 법률상 추정조항은 "해당 거래분야 또는 상품·용역의 특성, 해당 행위의 경제적 이유 및 파급효과, 사업자 간 접촉의 횟수·양태 등 제반사정에 비추어 그 행위를 그 사업자들이 한 것으로 볼 수 있는 상당한 개연성이 있는 경우" 합의의 존재를 추정할 수 있도록 하였다. 이러한 추정요건은 여러 다양한 간접사실을 종합적으로 고려

고 있다. 강지원, 「경쟁사업자 간 가격정보 교환 행위의 규제 법리에 관한 연구」, 서울대학교 법학박사 학위논문, 2018, 31－34면.

38) '추정'은 일정한 간접사실의 존재를 증명함으로써 그로부터 요건사실(직접사실)의 존재를 인정하도록 하는 법률효과를 발생시키는 증명 방식이다. 경험칙과 논리를 통해 법관이 그러한 간접사실들의 존재로부터 요건사실의 존재를 추론할 수 있도록 하는 방식이 '사실상 추정'이라면, 요건사실을 증명하기 위한 간접사실을 법률로 정하는 방식이 '법률상 추정'이다. 공정거래법 제19조 제1항상 '부당한 공동행위'에서'합의'의 사실상 추정은 합의의 기회·유인, 합의를 한 것과 상반되는 정황(개별 사업자 간 외형의 불일치나 담합 이탈), 통상의 경우보다 비정상적으로 높은 이윤이나 시장점유율의 장기간 안정성 등 시장성과와 관련된 증거 등의 다양한 간접증거를 종합적으로 고려하여 이루어지게 된다. 이선희, 「독점규제법상 부당한 공동행위에 대한 손해배상청구」, 서울대학교 법학연구총서 제43호, 경인문화사, 2013.2. 62－63면.

하여 합의의 존재를 입증할 '상당한 개연성'까지 인정되는 경우에 비로소 합의가 추정될 수 있도록 하여 실질적으로 '사실상 추정'과 큰 차이가 없다는 점에서, 합의를 입증할 직접증거 확보의 곤란함을 보완하기 위한 법률상 추정조항의 취지를 충분히 살리지 못하는 측면이 있었다.

개정법 제40조 제5항은 기존의 추정요건(제1호) 외에 제2호를 신설하여, 가격결정, 산출량 제한 등 제1호~제9호(정보교환 합의는 제외)에 해당하는 내용의 합의를 하기 위한 정보교환 행위가 있을 경우 그 정황을 통해 합의를 추정할 수 있도록 한 것이 특징이다. 신설된 추정조항은 "2 이상의 사업자가 제1항 각호의 행위(제9호의 행위 중 정보를 주고 받음으로써 일정한 거래분야에서 경쟁을 실질적으로 제한하는 행위를 제외한다)에 필요한 정보를 주고 받은 때" 합의의 추정을 허용하고 있다. 즉, 개정법 제40조 제5항 제2호는 정보교환과 관련된 정황 외에 별도의 '제반사정 및 합의의 존재에 대한 '상당한 개연성'의 입증을 요구하지 않고 있다. 다만, 개정법 제40조 제1항 제9호에 의해 경쟁제한성이 있는 정보교환 행위 자체가 '부당한 공동행위'로 인정될 수 있다는 점을 고려할 때, 제1호~제8호의 행위를 하는데 요구되는 정보교환 행위를 통한 합의의 추정이 갖는 차별화된 의미가 무엇인지는 다소 명확하지 않은 것으로 보인다. 개정법 제40조 제5항 제2호를 통해 추정되는 것은 어디까지나 행위요건인 '합의'뿐이기 때문에, 위법성 요건인 '부당한 경쟁제한성'에 대한 입증을 요한다는 점에서는 법률상 추정조항을 활용하지 않고 법 제40조 제1항 제9호를 곧바로 적용하는 것과 실질적인 차이가 크지 않아 보이기 때문이다.

2. EU 가이드라인 개정이 정보교환 심사지침에 주는 시사점[39)]

가. 서설

상기 서술한 바와 같이 정보교환 행위를 부당한 공동행위 금지 조항으로 규율하기 위한 법 개정을 통해 일정 부분 법 해석·적용상의 난점이 개선된 측면이 있다. 그러나 다양한 방식과 양상으로 나타나는 사업자 간 정보교환 행위를 규제함에 있어 파생되는 많은 법리적 쟁점들은 여전히 법 집행 실무에 맡겨져 있다.

39) 이하의 내용은 다음 졸고의 내용을 일부 재구성하였다. 강지원, "EU 공동행위 가이드라인 개정이 공정거래법상 정보 교환 담합 규제에 주는 시사점", 「경쟁저널」 제221호, 한국공정경쟁연합회, 2024.4.

공정위는 개정법 제40조의 효과적인 집행을 위해 '사업자 간 정보 교환이 개입된 부당한 공동행위 심사지침'(이하 '정보교환 심사지침')[40]을 개정법 시행 시점에 맞추어 제정하였다. 다만, 개정법 적용에 따른 정보교환 행위의 위법 여부 판단을 위한 법원과 공정위의 법리 및 선례가 축적되지 않은 현 시점에서, 정보교환 심사지침이 개정법상 파생되는 쟁점들에 관해 충분한 설명을 제시하는 것은 쉽지 않은 일이다.

한편 EU 집행위원회는 시장상황의 변화와 그간 축적된 심결례·판례를 반영하여 지난 2011년 제정된 '수평적 협력행위 가이드라인'을 2023년 대폭 개정[41]한 바 있다. 개정 EU 가이드라인은 일방적 정보제공, 중간 매개를 통한 간접적 정보교환(hub-and-spoke information exchanges) 등 기존 가이드라인에서 해석상 모호했던 영역을 상당 부분 구체화하였는데, 향후 개정 공정거래법이 적용되는 정보교환 사건에서 본 가이드라인은 심사지침을 보완하는 참고자료로서 중요한 의미가 있을 것으로 보인다. 이하에서는 2023년 EU 가이드라인의 주요 내용과 공정위 심사지침의 관련 부분을 비교·검토하여, 개정 공정거래법에 따른 정보교환 담합 규제에 참고될 수 있는 시사점을 살펴보도록 한다.

나. 교환이 금지되는 정보의 유형

개정 EU 가이드라인은 특히, '가격'을 교환이 금지되는 경쟁상 민감한 정보(competitively sensitive information)의 대표적 유형으로 별도 서술하는 한편, ECJ의 2015년 'Banana 판결'[42]을 반영하여 최종 소비자에게 판매되는 가격에 직접적인 영향을 미치지 않는 가격 관련 정보도 경쟁상 민감한 정보에 해당될 수 있음을 명확히 하였다.[43] 이는 가격의 일부 구성요소에 관한 정보의 교환도 사안에 따라 금지 대상이 될 수 있다는 의미[44]인데, 가이드라인은 최종 소비자판매가격

---

40) 공정거래위원회 고시 제2021-33호, 2021.12.28. 제정.

41) European Commission, Guidelines on the applicability of Article 101 of the Treaty on the Functioning of the European Union to horizontal co-operation agreements, 2023/C 259/01(이하 "개정 EU 가이드라인").

42) C-286/13 p.*Dole Food and Dole Fresh Fruit Europe v. Commission(Banana)*, EU:C:2015:184.

43) EU Guidelines on Horizontal Cooperation Agreements, para.385.

44) 'Banana 사건'에서는 바나나 수입업자 3개 사가 '숙성 전 바나나(green banana)'의 가격을 의미하는 '기준가격(quotation price)'을 매주 결정하기 전에 기준가격 결정 관련 요소, 각 사의 가격 동향 전망, 기타 시장상황에 관한 정보를 교환한 행위가 위법한 공동행위로 인정되었다. 기준가격이 최종 판매가격은 아니며, 수입업자가 소매업자에게 판매하는 '숙성된 바나나(yellow banana)'의 실제 가격은 기준가격에 숙성비용 등을 추가하여 결정된다. 수입업자들은

에 직접적 영향을 미치지 않는 – 간접적 영향을 미치는 – 정보 중에서 경쟁상 민감한 정보로 인정될 수 있는 정보의 범위나 기준에 대해서는 구체적으로 언급하지 않고 있어 향후 실무상 많은 논의가 예상된다.

가이드라인은 또한, 가격 외에도 비용, 수량, 시장점유율, 고객, 생산 역량(capacity), 시장 진입·철수 계획 등에 관한 정보가 '경쟁상 민감한 정보'에 해당될 수 있다고 언급하고 있다. 종전 가이드라인에서 '전략적 정보'로 소개된 품질, 판촉 계획, 사업 위험, 투자 역량, 기술 보유 현황, 연구·개발(R&D) 관련 정보는 가격·수량 등에 비하여 경쟁에 우려를 미치는 경우가 상대적으로 적다는 점에서, 이번 개정을 통해 '경쟁상 민감한 정보'의 예시에서 삭제되었다. 다만, 최근 EU 집행위원회가 차량 배출가스 담합 사건에서 R&D 정보 교환의 위법성을 인정한 사례[45]로 볼 때, 사안에 따라 가이드라인상 "경쟁이 활성화된 시장에서 상호 간에 공개할 유인이 없는 기타 사업 전략상 중요한 요소에 관한 정보(other important elements of a firm's strategy)"로 인정될 여지는 여전히 존재할 것이다.

한편 개정 공정거래법은 교환이 금지되는 정보의 유형을 가격, 생산량, 원가, 출고·재고·판매량, 거래 조건, 대금·대가 지급 조건으로 명시하고 있는데, 정보교환 심사지침에서는 이를 (가격, 생산량, 원가 등의) '경쟁상 민감한 정보'로 통칭하고 있어, 일견 EU 가이드라인보다 상대적으로 그 유형·범주가 다소 협소해 보일 수도 있다. 그러나 정보 교환 합의 추정 규정(법 제40조 제5항 제2호)은 제1~8호에 해당되는 합의를 위해 '필요한 정보'를 교환하는 행위를 합의 추정의 대상으로 규정하고 있다는 점에서, 공정거래법상 실제로 교환이 금지되는 정보의 범위는 EU 못지 않게 상당히 넓은 편이다. 시장분할 담합에 필요한 거래 지역·

교환된 정보가 숙성 전 바나나의 기준가격 결정요소로 숙성된 바나나의 실제 판매가격 결정에 있어서는 여전히 변수가 많아 '경쟁의 불확실성을 제거'하는 정보로 볼 수 없다고 주장하였다. 이에 대해 ECJ는 경쟁법인 유럽연합 기능조약(TFEU) 제101조는 소비자뿐만 아니라 경쟁이 작동하는 시장의 구조 및 경쟁질서 자체를 보호하기 위한 목적이 있기 때문에, 소비자가격에 직접 영향을 미치지 않더라도 경쟁질서를 저해한다고 볼 수 있는 정보 교환 행위는 위법성이 인정될 수 있다고 판시하였다. Banana, paras.18, 123–125.

45) Commission Decision of 8.7. 2021 relating to a proceeding under Article 101 of the Treaty on the Functioning of the European Union and Article 53 of the EEA Agreement, Case AT.40178 – *Car Emissions*. 본 사건에서는 5개 독일 자동차 제조회사들이 배출가스 저감기술 개발의 제한을 위해 요소수(AdBlue) 저장탱크 규모, 주입 주기, 평균 소비량 등에 관한 정보를 교환한 행위가 문제되었는데, EU 집행위원회는 해당 정보가 각 회사의 디젤 차량의 특성 및 성능지표에 관한 것으로, 디젤차량에서 배출되는 질소산화물 저감장치(SCR)의 향후 개발과 관련된 R&D 정보로 판단하였다.

상대방 관련 정보(법 제1항 제4호)나 입찰 담합을 위해 필요한 입찰 관련 정보(제8호) 등 이른바 '경성 공동행위(hardcore cartels)' 관련 정보는 물론이고, 설비 · 장비 관련 정보(제5호), 제품 · 서비스의 종류 · 규격 관련 정보(제6호) 등을 교환하는 행위도 사안에 따라 부당한 공동행위의 '합의'로 추정될 수 있다.

특히, 신설된 정보 교환 합의 추정 규정의 핵심 문언인 '필요한 정보'[46]와 관련해서는, 동일 범주의 정보 내에서 어느 범위까지 '필요한 정보'에 해당되는지, 그리고 향후 공정위와 법원의 외형 일치의 판단 기준에 어떠한 변화가 있을지 등의 후속 논의가 예상된다. 가령, 가격을 구성하는 여러 세부요소 중 핵심요소 외에 그 비중이 비교적 낮은 요소도 가격 담합에 '필요한 정보'로 볼 수 있을 것인지 여부도 중요한 쟁점이 될 수 있을 것이다. 개정 공정거래법의 취지가 기존에 충분히 규율되지 못하였던 정보 교환 규제의 실효성을 강화하는 입장이라는 점에서, 개정 EU 가이드라인과 Banana 판결에서 제시된 폭넓은 가격 관련 정보의 인정 기준이 어느 정도 우리 법의 해석 · 적용에 영향을 미칠 것인지 검토가 필요할 것으로 보인다. 한편, 정보교환 심사지침은 법 개정 전 판례를 반영하여 합의가 추정되기 위해서는 외형상 일치가 전제되어야 한다는 입장을 취하고 있어, 공정거래법 제40조 제1항 각호의 합의를 위해 필요한 정보 역시 '외형상 일치 창출에 필요한 정보'로 좁게 해석[47]하고 있다(심사지침 V.1.).

다. 정보의 시제(age) 및 개별성

경쟁상 민감한 정보 중에서도 교환되는 정보가 과거 · 현재 · 장래의 정보인지 여부(시제), 해당 정보에서 개별 사업자를 식별할 수 있는지 여러 사업자의 정보

---

46) 법원은 그동안 외형 일치 달성 여부에 요구되는 정보의 양과 내용, 성격, 정보 교환을 위한 사업자 간 접촉 빈도 등을 사건에 따라 달리 판단하여 왔는데, 학계와 실무에서는 공통적으로 개정법하에서 '필요한 정보'의 교환에 대한 향후 기준과 해석 역시 중요한 쟁점이 될 것으로 보는 견해이다. 최난설헌, "정보 교환 담합행위 규율의 변화와 쟁점", 「경쟁법연구」 제44권, 한국경쟁법학회, 2021, 19면; 정성무, "정보 교환을 통한 담합행위 규율 관련 개정안의 검토", 서울대학교 경쟁법센터 2018년 제1차 법 · 정책 세미나(2018 공정거래법 개정안의 주요 쟁점) 자료집, 8면.

47) 개정법하에서 합의 추정의 요건이 되는 각호의 행위에 '필요한 정보'를 폭넓게 해석할 경우 외형 일치가 인정되면 과도하게 합의가 추정될 우려가 존재하는 반면, 그에 대한 복멸사유는 심사지침이나 기존 법리상 충분히 적시되어 있지 않아 과잉규제의 우려가 있으므로, 향후 외형 일치의 기준을 보다 엄격하게 해석하는 방안이 바람직하다는 견해가 제시되는데 심사지침의 해석 · 적용에 있어 참고할 필요가 있을 것으로 보인다. 이봉의, 「공정거래법」, 박영사, 2021, 650면.

를 취합 · 집계한 통계적 정보인지 여부(개별성) 등 그 성격에 따라 경쟁에 실제 미치는 영향은 달라질 수 있다. 기존의 EU 가이드라인은 과거 · 현재의 정보보다는 장래의 정보가, 집계 정보(aggregated information)보다는 개별적 정보가 경쟁제한 우려가 높다는 다소 원론적인 입장을 제시하였던 반면, 개정 가이드라인은 과거 · 현재의 정보 또는 집계 정보라도 경쟁제한 우려를 나타낼 수 있는 사례를 보다 구체적으로 서술하고 있다.

정보의 '시제'와 관련하여, 과거의 정보(historical data)일수록 장래 경쟁사업자들의 전략 · 행동을 예측하거나 담합 이탈자를 적발하기 위한 모니터링 수단으로서 효용이 떨어지기 때문에, 일반적으로 볼 때 경쟁제한 우려는 높지 않다. 기존 EU 가이드라인은 통상 1년이 지난 정보를 과거 정보로 보되,[48] 특정 업권(業圈)의 통상적인 계약 기간이나 가격 책정 주기보다 수 배 정도 오래된 과거 자료는 경쟁을 제한할 소지가 적다는 입장을 취하였다. 반면, 개정 가이드라인은 1년이 경과된 작년도 데이터라도 사안[49]에 따라서는 경쟁에 폐해를 미칠 수 있다는 관점에서 그 사례를 제시하고 있다. 자사 브랜드의 사업 전략을 수립하는 과정에서 작년도 소비자 구매 선호도 관련 정보를 많이 참고하는 업계라면, 비록 해당 정보가 1년이 지난 데이터라도 정보 교환을 통해 경쟁사의 장래 시장전략을 예측할 수 있기 때문에 경쟁제한 우려를 유발할 수 있다는 것이다.[50]

개정 EU 가이드라인에서는 또한, 2011년 가이드라인에서 거의 언급되지 않았던 '현재 정보(current data)'의 경쟁제한 우려에 관한 내용이 추가되었다. 시장구조가 복잡하지 않고 안정적이며 진입장벽이 높은 시장에서 밀접한 경쟁사업자(close competitors)간 최근 판매 정보(recent past sales)를 교환하는 경우, 경쟁사의 장래 행동에 대한 불확실성을 감소시켜주는 인위적인 시장투명성 증대의 우려가 있다는 것이다.[51] 최근 시장점유율 또는 월간 판매량 · 매출액 등은 (과거 또

---

48) 경쟁제한 우려가 적은 과거 정보 여부의 구분 기준을 통상 1년으로 보는 입장은 'UK Tractor' 사건 등 기존 EU 판례를 반영한 것이다. C－7/95, *John Deere Ltd v. Commission(UK Tractor)*, [1998] ECR I－3111.

49) EU 집행위원회는 광디스크드라이브(Optical Disk Drive, ODD) 구매 입찰 담합 사건에서, 과거 낙찰 정보(past auction results)를 담합 모니터링 및 장래 입찰 · 조달계약과 관련하여 경쟁상 상당히 중요한 정보라고 판단하였으며, ECJ 역시 집행위원회의 결정을 인용하였다. C－697/19 p.*Sony Corporation and Sony Electronics v. Commission*, ECLI:EU:C:2022:478.

50) EU Guidelines on Horizontal Cooperation Agreements, para.394.

51) *Ibid.*

는) 현재 정보인 동시에 경쟁상 민감한 수량 정보라는 점에서 종합적으로 볼 때 경쟁제한성이 다소 불명확한 측면이 있는데, 개정 가이드라인은 특정한 시장 여건하에서 이러한 정보의 교환도 문제될 수 있음을 강조한 것으로 보인다. 다만, 가이드라인에서 최근 또는 현재의 판매 정보 교환 행위가 문제될 수 있는 경우를 시장구조가 단순하고 수급 상황과 가격 변동 추이가 안정적이며 진입장벽이 높아 사업자 수가 한정적인 시장으로 제한하고 있다는 점에서, 그와 대비되는 시장 참여자 수가 많고 낮은 진입장벽으로 경쟁이 활성화되어 있으며 상품 차별화 정도가 큰 시장에서는 경쟁상 우려가 상대적으로 적다는 해석이 가능하다.

한편, 정보교환 심사지침에서는 과거 정보의 교환은 그러한 우려가 높지 않다고 서술하고 있으나, EU 가이드라인처럼 시장의 특성에 따른 차이, 과거 정보의 구분 기준 등 예외적으로 과거·현재 정보가 문제될 수 있는 판단 기준이나 사례는 자세히 제시되지 않고 있다[심사지침 IV.3.나.(4)]. 심사지침은 시장의 집중도, 안정성, 상품의 동질성이 높을수록 동일한 정보 교환 행위에 따른 경쟁제한우려가 높아진다는 일반적인 기준을 제시하고 있기는 하지만[심사지침 IV.3.나.(2)], 이러한 기준이 장래 정보, 가격·수량 등 경쟁상 민감한 정보를 대상으로만 적용되는 것인지, 또는 과거의 정보라도 시장상황에 따라 경쟁제한우려를 야기할 수 있다고 볼 수 있을 것인지는 명확하지 않은 측면이 있다.

정보의 '개별성' 여부도 실무상 논의가 많은 주제 중 하나인데, 개별 사업자를 파악하기 어려운 업계 전반의 통계적 취합·집계 정보 또는 차별성이 있는 다양한 제품군의 집계 현황 정보 등은 담합을 위한 각 사업자의 접점(focal point) 파악에 큰 도움이 되지 않는 반면, 업계의 전반적 현황을 파악하는데 유용한 자료이다 보니 빈번한 정보 교환의 대상이 되기 때문이다. 과거 정보와 마찬가지로, 개정 가이드라인에서는 집계 정보도 특정한 시장상황에서는 경쟁상 우려를 나타낼 수 있다는 점이 부각된다. 고도의 안정적인 과점시장(very tight stable oligopoly)에서는 가격 담합에서 이탈한 사업자를 정확히 특정하지 못하더라도 담합가격 이하로 자신의 가격을 인하한 이탈자가 존재한다는 사실만 파악하면 즉각적이고 효과적인 제재를 시행할 수 있는데, 가격 집계 정보의 교환은 이러한 목적을 충분히 달성할 수 있게 해준다는 것이다.[52] 정보교환 심사지침은 개별 사업자가 특정되지 않도록 가공된 집계 정보는 경쟁제한 우려가 크지 않다고 서술

52) EU Guidelines on Horizontal Cooperation Agreements, para.391.

하고 있는데[심사지침 IV.3.나.(2)], 고도의 과점시장 등 경쟁제한적 시장구조 하에서는 경쟁제한 우려가 나타날 수 있다는 EU 가이드라인의 보완 설명이 참고될 수 있을 것으로 보인다.

라. 경쟁사업자에 대한 일방적 정보제공

일방적 정보제공 행위(unilateral disclosure of information)는 경쟁사업자 간 비공개적으로 이루어질 수도 있고, 언론매체, 홈페이지, 회의 등 공개적인 가격 공표(public price announcements)의 방식으로 행해질 수도 있다. 쌍방 간 정보교환 행위와의 차이는, 일방 사업자가 다른 사업자(들)에게 자신의 가격 인상 계획 등 경쟁상 민감한 정보를 제공하는 방식으로 정보 공유가 이루어진다는 점이다. 개정 EU 가이드라인은 경쟁사업자간 비공개 형태로 이루어지는 일방적 정보 제공의 위법성이 인정될 수 있는 요건을 종전보다 구체화하고, 공개적 방식의 가격 공표의 경쟁제한 우려를 한층 강조하였다.

비공개 방식의 일방적 정보제공의 경우는 2016년 'Eturas 판결'[53]의 법리를 반영하여, 일정한 요건이 충족되면 정보 수신자가 경쟁상 민감한 정보를 이용하여 자신의 전략·행동에 반영한 것으로 추정[54]할 수 있도록 하였다. 개정 EU 가이드라인에 따르면, 경쟁상 민감한 정보를 상대방으로부터 취득·인지한 정보 수신자는, 그러한 정보를 수신하지 않겠다는 명확한 의사를 전달하거나 관련 행정기관에 신고하는 등 공개적인 수신 거부 의사(publicly distancing itself)를 밝히지 않는 한, 수신한 정보를 이용하여 자신의 시장행동을 변화(가격 인상 등)시킨 것으로 추정된다.[55] 다만, 경쟁상 민감한 정보를 담은 e-메일 등이 발송되었다는 사실만으로는 수신자의 정보 취득·인지 사실이 인정되지 않으며, 해당 e-메일 등의 확인을 통해 정보를 인지하였다는 객관적이고 일관성 있는 추가적 단서(other objective and consistent indicia)가 뒷받침되어야 추정이 성립된다.

상기 내용은 'Eturas 판결' 이후에 제정된 정보교환 심사지침에도 유사하게 반

---

53) Case C−74 Eturas UAB and others v. Lietuvos Respublikos konkurencijos taryba, ECLI:EU:C: 2016:42 (CJEU 21 January 2016).

54) 정보교환 행위와 이후 나타나는 시장행동(market conducts) 간의 인과관계를 추정하는 법리는, 경쟁사업자 간 가격·수량 등의 정보를 교환할 경우 해당 정보를 자신의 의사결정 과정에 활용하는 것이 개별 사업자 입장에서 합리적인 선택이라는 전제에서 출발한다. Ghezzi & Maggiolino(2014), p.662.

55) EU Guidelines on Horizontal Cooperation Agreements, para.397.

영되었다. 심사지침은 또한 (구) 공정거래법상 일방적 정보 제공 행위에 대한 '합의' 성립이 인정되지 않았던 2011년 'LPG 담합 사건'[56]의 사실관계를 위법성이 인정될 수 있는 예시[57]로 포함하는 등 개정법하에서는 일방적 정보제공 행위에 대한 공정거래법 해석이 달라질 수 있다는 점을 강조하는 것으로 보이는데, 이러한 행위를 개정법으로 포섭할 수 있을 것인지에 대해 향후 적지 않은 해석상의 논의와 견해 차가 예상된다.[58][59] 다만, 심사지침의 관련 예시(심사지침 IV. 다.)는 가격 정보의 수신자가 메일 수신 거부 의사를 강력히 요청하여 실제 해당 메일 발송이 중단된 경우(허용되는 정보 교환), 그리고 메일로 통보받은 가격 정보를 참고하여 자신의 가격 결정에 반영한 경우(금지되는 정보 교환) 등 비교적 판단이 명확해 보이는 두 가지 사례뿐이라는 점에 주목할 필요가 있다. 강력한 거부 의사 표명과 수신 정보의 추종·반영 등 명료한 사례 외에도, 메일 수신 후 명시적인 거부 의사를 표명하지는 않았지만 메일 내용 자체를 확인하지 않는 경우가 있을 수 있는데, 이 경우는 정보 수신자의 후속 행동에 따라 다양한 법 해석이 내려질 수 있을 것이다.

마. 공개적 가격공표(public price announcements)

공개적인 가격공표 행위는 통상적으로 경쟁제한 우려가 적다는 것이 종전 가이드라인의 입장이었던 반면, 개정 EU 가이드라인에서는 2016년 'Container

---

56) 대법원 2014.5.29. 2011두23085 판결(LPG 담합 사건 중 현대오일뱅크 판결).

57) 심사지침의 예시 원문은 "시장점유율 상위 기업들이 매월 말 가격 정보를 경쟁사들에게 통지하면, 이를 통보받은 경쟁사들이 해당 가격을 참고하여 자신들의 가격을 결정하는 시장관행이 5년가량 지속되어 온 경우"로 LPG 담합 사건의 사실관계를 반영하고 있다.

58) 개정 공정거래법의 정보교환 금지 및 추정 규정은 모두 '정보를 주고받는 행위'를 금지하고 있는데, 심사지침은 한 사업자가 다른 사업자에게 경쟁상 민감한 정보를 '알리는' 행위를 정보를 '주고받는' 행위로 해석하여 일방적 정보 제공 역시 정보 교환 행위의 한 태양으로 보는 한편, 그러한 해석에 대한 구체적인 설명을 하고 있지는 않다. 이와 관련하여, 정보 수령자의 묵시적 동의하에 이루어지는 일방향의 정보 제공 및 정보 습득의 과정도 광의의 개념에서 '주고받는' 행위에 해당될 수 있다는 해석론도 제시된다. 최난설헌(2021), 21면.

59) 공정위가 정보교환 심사지침에서 법률 문언상 '정보를 주고받는 행위'를 '정보를 알리는 행위'를 포함하는 것으로 제시한 것은 문언적 해석을 넘어설 뿐 아니라 목적론적 해석으로도 그 의미가 확장되기 어렵다고 보는 견해도 있다. 일방적 정보제공 행위는 쌍방 간의 교환행위 없이도 규율이 가능한 EU 경쟁법상 '동조적 행위' 등에 그 근거를 두고 있는데, 전면 개편 특위에서 선택 가능한 안의 하나로 논의되었던 EU 경쟁법상 '동조적 행위'의 규율을 추가하는 방안이 국회 입법 논의과정에서 제외되었기 때문에, 수범자 입장에서 이를 충분히 인식·예상할 수 없어 대법원 판례 법리상 목적론적 해석이 정당화되기 어렵다는 것이다. 조준현, "공정거래법상 금지되는 정보교환의 해석론적 한계", 「인권과정의」 제525호, 대한변호사협회, 2024.11., 127-128면.

Shipping 동의의결 사건'[60]의 연장선에서, 사안에 따라 가격공표 행위도 경쟁제한 우려를 나타낼 수 있다는 입장이 부각되었다. 2011년 가이드라인에서도, 적정가격을 제시하는 공급자를 효율적으로 탐색할 수 있도록 하여 소비자 · 고객의 거래비용을 절감해주는 확정가격 공표(binding announcements)와는 달리,[61] 가격동조 참여 여부에 대한 자신의 의사를 전달해주는 담합 권유 수단으로 활용될 수 있는 미확정가격 공표(non-binding announcements)는 예외적으로 경쟁제한 우려가 있는 것으로 소개된 바 있다. 개정 가이드라인은 이에 추가하여, 공개적인 가격공표라도 충분히 구체적인 정보를 대상으로 하거나, 진입장벽이 높은 소수 사업자 중심의 시장에서 외관상 소비자 혜택과 관련이 없는(no apparent benefit for consumers) 정보를 지속적으로 공표하는 행위는 경쟁제한우려가 있다는 입장이다.[62]

한편, 정보교환 심사지침에 따르면, 불특정다수를 대상으로 한 공개적인 가격공표는 '정보교환' 행위 자체에 해당되지 않으며, '공개적 공표' 여부를 판단함에 있어 공표 매체의 성격 및 공표의 양태 · 의도 등이 종합적으로 고려(심사지침 III.)되어야 한다. EU 가이드라인에서 제시된 바처럼, 충분히 구체적인 가격 인상안을 담은 미확정가격을 공표하는 행위가 과점시장에서 지속적으로 이루어진 결과로 일정 수준의 외형 일치가 나타난다면, 심사지침상 공표의 양태 · 의도 측면에서 어떻게 평가될 것인지 주목되는 부분이다. 공표 행위가 수반되지 않는 가격선도 · 모방의 경우, 경쟁사가 가격 인하를 단행하면 점유율에 손실을 입게 되는 불확실성이 존재하지만, 가격공표는 경쟁사가 자신의 가격을 추종하지 않으면 자

60) Commission Decision of 7.7.2016 relating to a proceeding under Article 101 of the Treaty on the Functioning of the European Union and Article 53 of the EEA Agreement, Case AT.29850 – *Container Shipping*. 본 사건에서는 정기운항선박을 위한 컨테이너 운송 서비스 사업자(container liner shipping) 14개 사가 실제 가격 적용 3~54주 전 항로별로 자사의 운임 일괄 인상안(General Rate Increases, GRI)을 각자 공표하였는데 그 시기와 인상분이 유사하게 나타났고, 일부는 경쟁사의 운임 발표 후 이미 공표된 운임을 보류 · 조정한 사례가 확인되었다. EU 집행위원회의 동의의결 확정안에는 출항 31일 전후 공표 운임 변경 금지, 공표 기간 내 최고가격으로 고객과 거래에서 구속력 부여 등 미확정가격의 사전 공표로 인한 가격 동조 우려를 해소하기 위한 조치가 포함되었다.

61) 소비자 · 고객이 공표된 가격을 비교한 후 효율적으로 구매처를 선정하여 거래 물량을 적기에 확보할 수 있게 해주는 비용 절감 효과는, 아직 변경의 여지가 남아있는 미확정가격 공표의 경우에는 기대하기 어려운 것으로 알려져 있다. Itai Rabinovici, *Public Exchange of Information After* Container Shipping, Journal of European Competition Law & Practice 8(3), 2017, p.151.

62) EU Guidelines on Horizontal Cooperation Agreements, para.400.

유롭게 공표가격을 철회할 수 있기 때문에 위험 부담 없이 가격 동조 의사를 시장에서 공개적으로 상호 타진할 수 있다는 점에서, 공표 행위의 경쟁제한의도가 추론될 가능성도 있을 것이다.[63]

V. 결론

우리나라 공정거래 법제사 40년에 큰 전환점을 기록한 2021년 공정거래법 전면 개정은, 그동안 공정위의 손길이 닿기 어려워 법 집행의 미진한 부분으로 남겨져 있던 정보교환 행위의 규율을 보다 활성화하기 위해 기존 법의 해석상 제약을 일정 부분 풀어주었다는 점에서 적지 않은 의미를 찾을 수 있다. 대법원이 일련의 정보교환 관련 판례를 통해 제시하고 있는 해석론의 요체는, 아무리 장래의 경쟁상 민감한 정보를 교환하는 경우라 하더라도 독자적인 정보교환 행위 이후 각자 가격을 결정하는 경우라면 공정거래법 제19조 제1항상 '공동으로 가격을 결정·유지·변경'하기로 하는 '합의'에는 해당될 수 없다는 것이다. 이러한 법원의 엄격한 해석은 생명보험 담합 판결에서 재차 명확하게 확인된 바 있다. 결국 독자적인 정보교환 행위를 현행법상 묵시적 합의로 규율할 수 있는 가능성은, 그러한 행위가 법문 해석상 가격을 공동으로 결정하기로 하는 등의 합의에는 해당되지 않는다는 해석론적 장벽에 의해 상당 부분 난점에 직면해 왔는데, 개정법은 독자적인 정보교환 행위가 그 자체로도 부당한 공동행위 해당될 수 있도록 하는 해석의 지평을 열어준 것으로 평가된다.

개정법 제40조는 '합의의 도그마'라는 현행법 해석의 제약을 반영한 2014~2016년 일련의 대법원 판결 이후 사그러든 정보교환 담합에 대한 공정위의 적극적 법 집행의지를 부활시킬 것으로 기대한다. 다만 그 전제가 되는 것은 효율성을 도모할 수 있는 경영활동으로서의 정보교환에 대한 과잉규제 없이 금지되는 정보교환 행위가 무엇인지에 대한 수범자들의 혼선을 정리할 공정위의 심사지침 보완일 것으로 생각된다. 여전히 '합의'를 행위 요건으로 두고 있는 개정 공정거래법이 일방적 정보제공 행위나 가격 공표 등 EU 경쟁법상 '동조적 행위(concerted practice)'[64]로 규율되는 유형을 효과적으로 포섭할 수 있을 것인지 여부에 대해서

63) 강지원(2018), 182면.

64) '동조적 행위'는 경쟁을 회피하기 위한 의도로 행해지는 사업자들 간의 인위적 협력행위 중 합의

는 향후 공정위, 법원, 학계에서 지속적인 논의가 예상된다. 심사지침에서 구체적으로 설명되지 않은 여러 쟁점에 대한 실무적 시사점이 개정 EU 가이드라인을 통해 보완되어 그동안 법 해석이라는 현실과 규제 필요성이라는 당위 사이에서 과소집행이 이루어져 왔던 경쟁제한적 정보교환 행위에 대한 합리적인 법 집행 사례가 나오기를 기대한다.

의 수준까지는 이르지 못한 행위를 규율하기 위한 EU 경쟁법(TFEU) 제101조 제1항의 공동행위 유형의 하나로, 엄격한 의사의 합치나 외형 일치가 요구되지 않는다. 강지원(2018), 156면.

제 4 장

공정거래법상 기술이전합의 규제의 개선방안*
- 법 제117조의 해석론과 안전지대(safety zone)의 도입 방안을 중심으로 -

- 남수경 -

I. 서론

기술이전은 양도, 실시허락 등의 방법으로 기술이 기술보유자로부터 그 외의 자에게 이전되는 것을 의미한다. 기술이전을 목적으로 하는 기술이전합의(technology transfer agreement)는 당사자 간 합의를 요건으로 하는 사적 계약의 본질을 가진다. 그런데 기술의 보유자(owner)는 협상력에서 우위를 얻고자 보유기술에 대해 지식재산권(intellectual property)을 확보하고 있을 가능성이 높다. 여기서 지식재산권은 계약 당사자 외 제3자의 무임승차(free-riding)를 방지하기 위한 법적 보호장치로서 기능한다. 결국 기술이전합의는 기술보유자에 의한 '지식재산권의 행사'의 과정이자 결과이다. 이러한 지식재산권은 사권(私權)의 하나이므로 사회적 구속성

* 본 논문은 저자의 법학석사학위논문인 「공정거래법상 기술이전합의에 관한 연구: EU 기술이전합의 일괄예외규칙과의 비교를 중심으로」(2017) 중 일부를 수정, 보완하여 각색한 내용임을 밝힙니다.

의 한계를 가지며, 경쟁법도 한계가 될 수 있다. 다만 지식재산권은 혁신 유인에 대한 보상으로 국가로부터 수여(授與)된 배타적 권리(exclusive right)이기도 하다. 즉, 자연적 권리라기보다는 분명한 정책적 목적에 따른 권리이다. 따라서 지식재산권에 대한 경쟁법의 개입이 자칫 지식재산권법에서 추구하는 고유한 정책 목적을 흔드는 결과에 대한 우려도 있다. 결국 지식재산권 행사에 대한 경쟁법의 적용은 경쟁법 외 영역의 법과 정책에 대한 고려를 요구받는다는 점에서 더욱 정교하고 세심한 접근이 필요하다.

그렇다면 이와 같은 접근은 어떻게 이루어져야 하는가. 우선 기술이전합의는 시장 참여자(player) 사이의 정보 비대칭에 따른 높은 거래비용으로 인해 거래 성사가 용이하지 않다. 따라서 기술이전합의의 활성화를 위해서 경쟁법의 적용 가능성에 의한 법적 불확실성을 최소화하려는 의식적 접근이 필요하다. 즉, 기술이전합의에 대한 경쟁법적 규제의 위험(risk)은 사전에 최대한 구체화되어야 한다. 이를 위해서는 기술이전의 잠재적 당사자에게 높은 예측가능성을 제공하는 행위규범이 관건이다. 따라서 이하에서는 EU의 기술이전합의에 대한 일괄예외규칙을 참고하여 공정거래법상 기술이전합의의 규제의 예측가능성을 제고할 수 있는 방법으로서 법 제117조(무체재산권의 행사행위)의 해석론과 안전지대의 도입방안을 검토하도록 한다.

II. 기술이전합의의 경제적 특징과 경쟁법상 유형

기술이전합의에서의 기술거래는 상품 및 서비스에 대한 거래와 달리 거래비용이 높아 거래 활성화가 용이하지 않은 특징이 있다.[1] 특히 기술이전합의는 탐색비용이 높다.[2] 기술 수요자나 공급자는 필요 기술 및 수요기술을 검색할 때 개별 기술거래 사이트에 들어가서 검색하여야 하고, 검색을 하더라도 각 기술거래 기관별 상이한 기술 분류 체계와 기술정보 포맷은 수평적 비교를 어렵게 한

1) 여기서 거래비용이란 교환비용으로, 교환은 첫째 교환할 상대방을 찾는 것, 둘째 협상을 통한 합의가 이루어질 것, 셋째, 합의가 이행될 것의 단계로 이루어진다. 그리고 각 단계에서 탐색비용(search cost), 교섭비용(bargaining cost), 집행비용(enforcement cost)이 발생한다. Robert D. Cooter, Thomas Ulen, 한순구 역, 법경제학 제6판, 경문사(2012). 110면 참조.

2) 지식재산권의 존재가 필수적으로 침해 소송과 라이선스 협상 형식의 비용과 지대추구 비용을 수반한다.

다.[3] 또한 기술에 대한 권리는 경계(범위)와 유효성이 불확실하다. 가령 특허권은 전형적으로 상당 수준의 불확실성을 내포하고 있다. 부동산과 같은 재산권의 영역을 획정하는 것은 용이한 반면, 특허의 권리보호범위를 결정하는 특허청구항(claim)은 규범적 해석을 요구하기 때문이다. 따라서 부동산 소유권과 같은 경우에는 특허 침해에 대한 금지명령의 범위를 정확히 재단하는 것이 가능하지만 특허에 있어서는 사전에 특정 이용이 침해인지 여부를 판단하기가 어렵다.[4] 그런데 당해 기술 권리의 범위에 대해서는 그 소유자가 가장 잘 아는 위치에 있으므로 결국 정보의 비대칭(information asymmetry)이 발생하는 것이다.

그런데 기술이전합의는 혁신을 촉진하는 효과를 내재하고 있다는 점[5]에서 경쟁정책상으로도 장려될 필요가 있다. 즉, 라이선싱, 상호라이선싱, 혹은 기타 기술이전은 생산의 보완적 요인과 라이선싱된 기술의 통합을 용이하게 한다. 이러한 통합은 지식재산을 더 효과적으로 이용하게 하며, 비용 감소와 새로운 상품의 도입을 통해 소비자 후생을 증대시킨다. 또한 기술의 이전은 혁신가로 하여금 그 발명으로부터 실시 및 로열티 지급을 통해서 발명 및 개발 투자에 대한 수익을 얻도록 함으로써 혁신적인 노력에 투자하도록 장려한다. 가령 비실시 특허권자는 그 상당수가 소기업, 개인발명가로 자금을 확보하지 못하여 발명을 실시하지 못하는 경제주체일 수 있다. 이에 기술이전합의는 직접 실시할 수 있는 자금력을 확보하지 못하는 지식재산권자에게 혁신에 대한 유인을 제공함으로써 이들의 혁신활동을 촉진할 수 있다. 한편, 선행발명의 특허는 후속발명이 선행발명을 사용하지 않고 실시할 수 없을 때 이를 차단한다. 예를 들면, 기계에 대한 특허는 그 기계에 대한 개량발명을 차단할 수 있다. 이 경우 라이선싱은 차단 관계에 있는 기술의 이용을 가능하게 하여, 후속혁신을 가능하게 한다. 또한 지식재산 라이선스에 대한 사용 영역의 제한은 라이선서(특허권자, licensor)가 그 지식재산을 가능한 효율적이고 효과적으로 이용할 수 있도록 한다. 다양한 형태의 배타성은 라이선시(실시권자, licensee)에게 실시허락된 기술을 구현한 상품의 상업화나 유통에 투자를 장려하고 실시허락된 재산에 대해서 또 다른 응용기술을 개발하는 데에 사용될 수 있다. 즉, 이러한 제한은 다른 라이선시나 라이선서들이 실시권자

3) 한국지식재산연구원, 특허기술거래·이전 촉진을 위한 기술거래 기관 간 네트워크 구축 방안, 특허청 연구용역 보고서(2007.11), 4면.

4) Daniel Krauspenhaar, *supra* note 17, p.49.

5) Antitrust Guidelines for the Licensing of Intellectual Property(2016), 2.3. 이하의 내용 참조.

의 투자에 무임승차하지 못하도록 실시권자를 보호하기 위한 것이다. 또한 틈새 시장에서 라이선서가 자신의 기술을 경쟁으로 보호하게 함으로써 라이선스를 장려할 수 있다.

한편 경쟁법상 기술이전합의는 계약 당사자 간의 관계가 수평적 관계인지, 수직적 관계인지 혹은 두 가지의 특성을 모두 가지고 있는지에 따라 구분될 수 있다.[6] 수평적 관계인지 혹은 수직적 관계인지 여부는 합의의 당사자가 경쟁자 관계인지 여부를 기준으로 판단할 수 있다. 그러나 기술시장에서 경쟁자 관계가 아닌 사업자라도 상품시장에서 경쟁자 관계에 있을 수 있기 때문에 복합적 특성을 가지는 관계도 존재한다. 즉, 기술보유자가 기술시장에서 라이선싱을 하면서 상품시장에서 라이선스 기술을 이용한 상품을 판매함으로써 상품시장에 참여한다면, 하나의 기술이전합의가 수직적 관계가 될 수도 있고, 수평적 관계가 되는 복합적 특성을 지니는 것이다. 한편, 수평적 관계의 기술이전합의의 경우 기술 간 경쟁(intra-technology), 수직적 관계의 기술이전합의의 경우 기술 간 경쟁 또는 기술내 경쟁(inter-technology)에 각각 영향을 미칠 수 있다. 그리고 경쟁자간 기술이전합의는 비경쟁자 간 기술이전합의보다 경쟁에 더 큰 위험 요소가 된다.[7] 또한 같은 기술을 사용하는 사업의 경쟁(라이선시 사이의 기술간 경쟁)은 경쟁 기술을 사용하는 사업의 경쟁(기술 내 경쟁)의 중요한 보완적 요소로 작용한다. 예를 들어 기술 간 경쟁은 해당 기술을 사용하는 제품의 가격이 낮아지는 결과를 낳을 수 있으며, 이는 제품의 소비자들에게 직접적이고 즉각적인 혜택을 줄 뿐만 아니라 경쟁기술을 사용하는 사업 간의 경쟁을 추가로 촉진시킨다.[8][9] 이와 같이 기술이전합의가 수직적 관계인지 수평적 관계인지에 따라 관련되는 시장이 다르며, 경쟁제한의 양상이나 동기가 다를 수 있기 때문에 경쟁법 심사에 있어서는 양자를 구분하는 것이 필요하다.

---

6) Antitrust Guidelines for the Licensing of Intellectual Property(2016), 3.3

7) TTBER guideline para.27.

8) TTBER guideline para.27.

9) 다만 기술이전합의에 대한 맥락에서는 라이선시가 자신의 제품을 판매하는 사업자이다. 따라서 유통업자로서 재판매하는 것이 아니라 제조업자로서 독자적 상품을 판매하는 것이다. 따라서 제품의 재판매에 필요한 수직 계약의 경우보다 라이선시 간의 경쟁은 제품의 다양화와 품질을 기반으로 하여 경쟁의 범위가 넓다고 할 수 있다(TTBER guideline para.27.).

III. EU 경쟁법상 기술이전합의에 대한 일괄면제규칙(TTBER)

1. 공동행위 규제: 금지와 일괄예외(Block Exemption)

사업자 간 공동행위, 즉, 카르텔은 TFEU 제101조에 의하여 규율 받는다. 다만 TFEU 제101조 제1항이 금지하는 '합의'는 수평적 합의뿐만 아니라 제조업자와 유통업자간의 경쟁을 왜곡하는 등의 수직적 합의를 포함하는 개념이다.[10] 한편 TFEU 제101조 제1항에 의하여 회원국 간의 거래에 영향이 있다고 보아 금지되는 합의로 판단되더라도, 제3항의 기준에 따라 유효한 것으로 인정될 수 있다. 즉, 제3항은 적용예외(exemption)의 근거를 규정한 것이다. 제3항의 예외로 인정받기 위해서는 ① 합의가 상품이나 서비스의 생산이나 유통을 향상시키거나 기술적 혹은 경제적 발전에 기여하여야 하고, ② 소비자가 공정하게 이익의 일부를 향유하여야 하며, ③ 제한이 이러한 목적을 달성하기 위하여 불가결한 경우여야 하며, ④ 합의가 문제된 상품의 본질적 부분과 관련하여 경쟁을 제거할 가능성이 없어야 하는 네 가지 요건이 모두 해당되어야 한다. 전자의 두 가지 요건은 적극적 요건(positive)인 반면, 후자의 두 가지 요건은 소극적(negative) 요건이다.[11] 상기의 요건에 대한 입증책임은 카르텔 금지의 적용예외를 인정받으려는 사업자 측이 부담한다. 이러한 제3항의 예외는 제1항에서 공동행위에 대해 형식적으로 금지하고 있는 것에 대한 목적론적 축소를 염두 한 것이다.

한편, 제3항의 입증책임은 사업자가 부담하나 상기의 요건들이 추상적이고 포괄적이어서 이를 입증하기가 만만치 않다. 그런데 일괄예외규칙(Block Exemption Regulations)은 일정한 전제조건을 충족시키면 적용예외의 효과가 발생하므로 사업자는 일괄예외규칙에 해당한다는 것만 입증하면 TFEU 제101조 제3항의 요건은 입증하지 않아도 된다. 즉, 개별 행위에 대해 행위자의 지위, 시장의 특성, 행위의 태양, 행위가 경쟁에 미치는 영향을 상세하게 판단하지 않고 면제가 인정된다. 그 결과 사업자에 대하여 법 적용의 예측가능성과 법적 안정성을 제공할 수 있는 제도라고 평가된다.

---

10) ECJ 1966.7.13. Etablissements Costen SA & Grundig-Verkaufs-GmbH v. Commission, 1966 ECR 322.

11) 심재한, 카르텔의 금지와 금지규정적용의 면제제도, 경영법률(2006). 19면.

이 점을 더 상세히 살펴보기 전에 TFEU 제101조 제1항과 제3항의 관계를 살펴보면 다음과 같다. 제101조 제1항에 해당하는 공동행위라 하더라도 제101조 제3항의 요건을 충족하는 경우 제1항의 규정이 적용되지 아니한다. 결국 동조 제3항에 의해서 고려되는 것은 공동행위의 경쟁촉진 효과이며, 그 외의 정책적 측면의 이점도 고려된다. 집행위원회 결정 및 다수의 판결은 공동행위의 경쟁제한 효과와 경쟁촉진효과의 비교형량은 제101조 제3항의 적용 여부를 검토하는 과정에서 이루어지는 것으로서 제101조 제1항의 적용을 검토하는 단계에서는 경쟁제한이 상당한 수준(appreciable)에 도달하였는지 여부만 판단된다고 한다.[12] 따라서 본래 일괄예외규칙이 의미가 있는 것은 본래 금지되는 행위이나 해당 요건 및 시장점유율 한계치에 있는 행위에 대해서는 제101조 제3항의 요건에 해당하는 것으로 의제하여 제1항의 적용을 면제한다는 것이다. 제101조 제1항에 의한 기준에 따라 금지되지 않고 허용되는 행위는 제3항의 요건에 해당하는지 여부를 판단할 이유가 없기 때문이다. 그러나 이러한 법도그마와는 다르게 실제 운용에 있어서는 수범자는 자신의 행위가 제101조 제1항에 의해서 금지되는 행위인지 여부를 판단하기가 어렵다는 현실적 장벽이 있다. 이에 두 가지 선택지가 있다. 하나는 제101조 제1항에 의하여 금지되는 행위가 아님을 입증하는 방법과 일괄예외규칙의 적용을 받는 행위임을 입증하는 방법이 있다. 그러나 일괄예외규칙은 보다 상세하며 명확하다. 따라서 실제 행위자는 후자의 방식을 통해 동조 제3항의 요건, 특히 일괄예외규칙의 적용 요건을 갖추었는지에 대한 입증을 선호하게 된다. 이하에서는 TTBER(Technology Transfer Block Exemption Rules[13]), 즉, 기술이전합의에 적용되는 일괄예외규칙이 구체적으로 어떻게 작동하는지를 살펴보도록 한다.

2. TTBER 내 합의

기술이전합의 일괄예외규칙이 적용되는 단계는 아래와 같이 설명될 수 있다.

---

12) 信山社, EU競争法, 信山社(2016), 50면:Guidelines on the applicability of Article 101 of the Treaty on the Functioning of the European Union to horizontal co−operation agreements [2011], para.20과 인용판례 참조.

13) 2014년 5월 1일부터 효력이 발생하였으며, 2026년 4월 30일 만료될 예정임에 따라 현재 개정 작업이 진행 중이다. 이하에서는 현행 규칙을 기준으로 작성하였다.

[기술에 관한 권리인가?] → [주된 목적이 상품의 생산인가?] → [시장점유율 한계치를 넘지 않는가?(경쟁자 간 합계 20%, 비경쟁자 간 각각 30%] → [계약이 경성제한 또는 배타적제한에 해당하는 조항들을 포함하고 있는가] → [TTBER의 적용 불가, TT 가이드라인을 참고하여 개별적 평가 필요]

TTBER의 적용 대상이 되는 기술이전합의의 경우 당사자들이 시장점유율의 한계치 내에 해당하고, 경성제한에 해당하는 조항이 없다는 조건이 성취되면 TFEU 제101조의 적용이 일괄적으로 면제된다.[14] 적용이 면제되면 TFEU 제101조 제2항에 따라 사법상 효력도 유효하다. 그런데 일괄예외규칙은 TFEU 제101조에 따라 금지되는 행위임을 전제로 TFEU 제101조 제3항의 요건이 충족된다고 보는 것이다. 그러나 실무적으로는 TTBER 내에 합의가 존재한다면 TFEU 제101조 제1항이 적용되는지 여부를 판단할 필요가 없다. 반면 TTBER에서 제외되는 합의라고 하더라도 TFEU 제101조 제1항에 따라 금지되는 것은 아니다. 특히 시장점유율 한계치를 넘어선다는 점이 TFEU 제101조 제1항에 따른 제재를 받는다는 것의 근거가 되지 않는다.

TTBER은 기술이전에 대한 합의만을 다룬다.[15] TTBER 제1조(1)(b)에 따르면 "기술에 대한 권리"란 특허, 실용신안, 반도체배치설계, 의약품의 보충적 보호인증서(supplementary protection certificates)[16] 또는 보충적 보호인증서를 취득할 수 있는 제품, 식품육종가 증명서, 소프트웨어 저작권의 조합이나 이들 권리의 사용도 포함된다. "이전(transfer)"[17]이란 기술이 한 사업자에서 다른 사업자로 넘어가는 것을 의미한다. 이러한 이전은 대부분 라이선서가 라이선시에게 로열티 지급에 대하여 기술을 사용할 수 있도록 허용하는 라이선스의 형태로 진행된다.

14) TTBER Guidelines 3.1

15) 본 규정은 기술 풀(pool)의 설립에 관한 계약, 즉, 복수의 기술을 모아 이를 기여자 또는 제3자에게 라이선스하는 계약에는 적용되지 않는다. 또한 잠재적 라이선시들이 기술 이전 조건을 공동으로 협상하기 위하여 결성한 집단적 협상(licensing negotiation groups)에도 적용되지 않는다.

16) 특허권의 연장으로서 인정되는 제도이다. 유럽 각국마다 다른 기준이 적용되는 이 제도는 특허만료 후 발효되며 최장 5년간 보호기간을 연장한다.

17) TTBER Guidelines 3.2.2

그리고 양도인에게 기술에 대한 권리의 양도 또한 기술이전합의에 해당한다. 라이선서가 라이선시에게만 본인의 기술에 대한 권리를 사용하지 않는 합의의 경우에도 기술에 대한 권리의 이전으로 볼 수 있다. 결국 순수 특허 라이선스의 본질은 특허의 배타적 권리 내에서 이를 사용할 수 있는 권리에 관한 것이다. TTBER은 기술의 권리자인 라이선서(licensor, 실시허락자)와 사용자인 라이선시(licensee, 실시권자) 간 기술이전합의에 한하여 적용된다.[18][19] TTBER은 양자 간의 합의에 한하여 적용되고, 특허풀과 같은 다자 간 라이선스 계약에는 적용되지 않는다. 양자 간의 합의에는 해당 합의가 한 단계 이상의 거래에 관한 조건을 규정하는 경우에도 포함된다. 예를 들어 TTBER은 생산 단계뿐만 아니라 유통단계에 관하여 라이선시가 라이선스하에 생산된 제품의 재판매자에게 부여하는 의무를 규정하는 라이선스 협약에도 적용된다. 라이선스 계약이 TTBER 제1조(1)(c)에 해당하기 위해서는 라이선스된 기술 권리를 포함하거나 이를 사용하여 생산된 '계약 제품의 생산을 목적으로'라는 조건을 충족시켜야 한다.[20] 한편 합의의 목적이 계약 제품의 생산이 아니라 경쟁기술 발전 저해인 경우에는 TTBER이 적용되지 않는다. 여기서 계약 제품(contract products)이란 라이선스된 기술 권리를 사용하여 생산된 재화와 용역을 아우르는 개념이다. 재판매를 위한 복제품의 생산과 같이 보호받는 작업의 단순 복제나 유통을 위한 소프트웨어 저작권의 라이선스는 TTBER의 기준에 의하면 '생산'으로 분류될 수 없다.[21] TTBER은 라이선서가 기술 권리를 라이선시에게 허가하여 라이선서만을 위한 특정 제품을 생산하는 경우 하도급 계약에도 적용된다. 주된 목적(primary object)이 공동 연구개발을 위한 것이라면 TTBER이 아닌 공동 연구개발에 대한 일괄예외규칙이 적용된다.

또한 TTBER은 기술이전합의의 당사자들이 서로 경쟁관계에 있는지 여부에 따라 시장점유율 한계치의 기준을 달리 적용하고 있다.[22] 즉, 경쟁관계에 있는 당사자에 대해 보다 엄격한 기준이 적용된다. 기술이전합의의 당사자가 경쟁관계에 있는 경우 관련시장에서 당사자들의 점유율 합계가 20%를 초과하지 않아야

18) TTBER Guidelines 3.2.3
19) 라이선시와 계약 제품 구매자 간의 계약은 수직적 거래의 일괄예외규칙 가이드라인이 적용된다.
20) TTBER Guidelines 3.2.4
21) 이는 유통에 관한 계약으로 본다.
22) TTBER Guidelines 3.3

한다. 경쟁관계가 아닌 경우 각 당사자의 관련시장에서 점유율이 각각 30%를 초과하지 않아야 한다. 그리고 일련의 유사한 기술이전합의의 관련 시장 점유율 합계가 50%를 넘지 않아야 한다. 이 시장점유율 조건은 관련 기술시장뿐만 아니라 그 기술을 바탕으로 하는 계약 상품 시장도 포함된다. 이 접근법에 따르면 계약제품과 관련된 라이선서와 라이선시의 판매는 경쟁 제품 판매 전체의 부분으로 계산되며 이러한 경쟁제품들이 라이선스된 기술에 의해 생산되었는지 여부와 별개로 계산한다. 따라서 어떤 기술이 여러 개의 계약상품에 적용될 수 있는 것이라면, 각 상품시장에서의 시장점유율 상황에 따라 어떤 상품시장은 TTBER의 적용대상이 되는 반면, 다른 상품시장은 적용대상이 아닐 수도 있다.[23]

합의에는 경쟁제한적 조항, 즉, 경성제한과 배타적제한 조항이 포함되지 않아야 한다. 경쟁관계에 있는 당사자 간 합의 중에서 상품의 판매가격 결정 및 판매량 제한, 시장 분할 등에 관한 합의는 대표적으로 경성제한에 해당한다.[24] 라이선시 소유의 기술의 활용을 제한하는 것도 경성 제한에 해당할 수 있다.[25] 예컨대 라이선시 소유의 경쟁기술로 생산되는 상품의 가격이나 수량을 제한하거나, 기술의 활용 분야를 제한하거나 심지어 이를 활용하여 생산된 제품에 대하여 로열티를 부과하는 행위가 여기에 해당한다. 이전된 노하우 보호에 필수불가결한 경우를 제외하고, 경쟁관계에 있는 당사자들이 제3자와 자유롭게 공동 연구개발을 추구할 권리를 제한하는 것도 경성제한에 해당할 수 있다. 비경쟁관계에서는 공급자-소매자와 같은 수직적 관계에서 고유한 경쟁법적 쟁점들이 발생할 수 있다. 대표적인 것이 라이선시의 상품 판매가격 결정을 제한하는 행위나 시장분할

23) 한편 최근 개정안 초안에서 새로 추가된 내용이 있다. 즉, 시장 점유율을 어떻게 계산하고 실제로 적용해야 하는지가 불분명한 경우가 많았다는 점을 고려하여, 관련 기술시장에서의 시장점유율은 라이선스 기술권이 실제 판매되는 관련 제품·지리적 시장에서의 계약제품 판매를 기준으로 산정하도록 개정안이 마련되었다. 즉, 개정안에서는 라이선서와 그 라이선시가 생산·판매하는 계약제품의 합산 매출을 기준으로 한다. 따라서 계약제품 매출이 아직 발생하지 않은 기술은 시장점유율 0으로 간주한다. 또한 시장점유율 기준을 충족하다가 이후 이를 초과하는 경우, 면제는 초과가 처음 발생한 연도 이후 3개 회계연도 동안 계속 적용되도록 하여 면제 기간을 연장하는 내용도 추가되었다[European Commission, Commission invites comments on draft revised EU competition rules for technology transfer agreements, Press Release IP/25/2069, 11 September 2025, available at: https://ec.europa.eu/competition (최근접속일: 2025.9.22); Commission Regulation on the application of Article 101(3) TFEU to categories of technology transfer agreements (Draft, 2025)].

24) TTBER Guidelines 3.4

25) TTBER Article4(1)(d)

이 해당한다. TTBER에서는 라이선시들의 수동적 판매(passive sale)[26]을 제한하는 행위 역시 경성제한에 해당한다. 또한 TTBER은 배타적 제한에 해당하는 유형으로 개량기술의 배타적 그랜트백(exclusive grant-back) 의무[27], 부쟁의무(non-challenge)와 계약해지(termination) 조항 등을 제시하고 있다.[28]

3. 비교법적 검토

EU 경쟁법에는 공정거래법 제116조 내지 제117조와 같은 일반적 적용제외 규정이 존재하지 않는다. 대신 TFEU 제101조 제3항에서 예외를 인정하고 있고, 이러한 예외 요건을 충족하였는지 여부에 대해 '기술이전합의'에 대해서는 일괄예외규칙을 제정하여 운용하고 있는 것이다. 이에 애초부터 적용이 배제되는 공정거래법상 "적용제외(除外)"와 본래 TFEU 제101조의 적용 대상이나, 예외 요건을 충족하여 사법상 효력을 인정받는 "일괄예외(例外)"와는 개념상 차이가 있다고 할 것이다. 심사 순서에 있어서 공정거래법 제117조와 TTBER의 적용 여부에 대한 판단은 반대의 순으로 이루어진다. 즉, 공정거래법 제117조의 적용심사는 각 행위 유형별 위법성 심사의 전 단계에서 이루어지는 반면, TTBER의 적용심사는 제101조(1)의 심사 이후의 단계에 이루어지는 것이 각 법 체계상의 순서이다. 그러나 실무상으로는 공정거래법 제117조의 해당 여부는 부당성 심사 단계에서 항변 사유로 다루어진다. 그런데 EU의 TTBER 역시 법체계상으로는 TFEU 제101조 제1항에 대한 심사에서 위법으로 판단된 이후에 제101조 제3항의 예외 요건을 충족하였는지 여부에 대한 판단이 이루어져야 하나, 주로 TFEU 제101조 제1항 위반 여부의 판단 이전에 이루어진다. 이로써 양 쪽 모두에서 실무와 법도 그만큼 괴리가 발생하고 있는 것이다.

EU 경쟁법상 일괄예외제도와 가장 유사한 공정거래법상 제도로는 공동행위 인가제도를 들 수 있다. 즉, 공정거래법 제40조 제1항은 부당한 공동행위를 금지하면서, 부당한 공동행위라 하더라도 산업합리화(제1호), 연구기술개발(제2호),

---

26) 수동적 판매란 일체의 광고나 홍보 없이 딜러나 라이선시가 정해진 영역 밖에서 들어오는 구매 요청에 응하여 수동적으로 판매하는 것을 의미한다.

27) 라이선시가 라이선스 기술에 대한 권리의 유효성에 이의를 제기하는 상황에서 기술 라이선스 협약을 라이선서가 종료시킬 수 있는 가능성을 침해하지 않는 조건에서 라이선서의 지식재산권의 유효성에 이의를 제기하지 않을 직접적이거나 간접적인 의무에 관한 것이다.

28) TTBER Guidelines 3.5

불황의 극복(제3호), 산업구조의 조정(거래조건의 합리화), 중소기업의 경쟁력향상(제6호)에 해당하는 목적을 위하여 행하여지는 경우로서 공정위의 인가를 받는 경우 제40조 제1항 적용의 예외를 인정하고 있다. 그러나 공정거래법상 인가제도는 사전에 '인가'를 얻어야 한다는 점에서 일괄예외제도와의 차이점이 있다. 나아가 EU 일괄예외제도는 기술이전합의에 대해 적용되는 별도의 예외규칙인 TTBER을 정하고 있으나, 공동행위 인가제도는 기술이전합의를 포함하고 있지 않다.

TTBER의 효과는 경쟁법의 적용예외이고, 우리나라 공정거래법의 심사기준에서 도입되어 있는 안전지대는 심사예외라는 점에서, 안전지대의 적용 효과에도 차이가 있다. 사실 경쟁법상 안전지대의 적용 효과로는 경쟁당국의 심사를 면제하는 심사예외와 경쟁법의 적용에 예외를 인정하는 적용예외를 상정할 수 있다. 우선 심사면제는 통상 대외적 구속력은 없으나 행정청인 경쟁당국을 구속하는 심사지침, 가이드라인 등에서 규정되고 있는데, 그로 인해 적용예외에 가까운 효과를 가진다고 할 수 있다. 그런데 우리나라에서 안전지대는 사업자의 시장점유율을 기준으로 일반적으로 반경쟁성이 미미하다고 인정되면 불공정거래행위나 부당공동행위의 외형에 해당하는 행위가 있더라도, 공정거래저해성이나 경쟁제한성이 없는 것으로 판단하여 공정거래위원회가 심사절차를 개시하지 않거나 개시하더라도 종료하는 '심사면제'를 말한다.[29] 반면 적용예외는 경쟁법의 적용의 예외를 인정하는 것으로 대외적 구속력을 가지는 법률에서 규정된다고 할 수 있다. 즉, EU 일괄예외규칙의 법적 효과는 '적용예외' 즉, 경쟁촉진적 합의로서 TFEU 제101조 제1항의 적용이 제외되는 것을 의미한다. 적용예외의 기준은 시장점유율 한계치를 우선 기준으로 하나, 금지되는 제한이 포함된 경우 적용예외에서 배제된다. 양자(兩者)의 차이는 그 규정 형식에 근거하여 법적 구속력의 여부라고 할 수 있다. 따라서 심사면제의 경우, 경쟁당국에 의한 법 적용의 가능성은 여전히 존재하며, 법원을 구속하지 않는다.

29) 최요섭, '수직거래에서 안전지대(safety zone)의 의미에 관한 논의－대법원 2010.11.25. 선고 2009드9543 판결을 중심으로', 법학연구 제15집 제2호(2012), 435면.

IV. 공정거래법상 기술이전합의 규제 개선 방안

1. 법 제117조의 해석론

가. 해석론의 필요성과 적용제외의 의미

공정거래법 제117조는 무체재산권의 행사행위에 대한 적용제외 규정이다. 그 성격에 관해 다수 견해는 단순한 선언 규정으로 특별한 의미를 갖지 않는다고 본다. 즉, 지식재산권의 부당한 행사를 공정거래법상 위법이라는 당연한 내용을 확인하는 규정으로 해석한다.[30] 지식재산권이라는 배타적 권리 역시, 다른 재산권처럼 경쟁질서 형성의 전제가 되므로 경쟁법에서 다룰 수 있다는 것이다. 따라서 궁극적으로는 해당 조문을 불필요한 조문으로 보거나 폐지하여야 한다는 주장도 설득력이 있다.[31] 그러나 공정거래법의 개별 조문마다 그 고유한 의미와 취지가 있을 수 있고, 이에 맞춰 운용되도록 하는 접근 역시 필요하다. 특히, 공정거래법 제117조의 합리적 운용을 통해 지식재산권법과 경쟁법 간의 (외관상) 긴장관계를 완화시키는 순기능도 기대할 수 있다.

한편 공정거래법 제117조는 기술이전합의를 포함하는 지식재산권의 행사에 있어서 적용심사와 부당성심사의 2단계 심사구조(two step analysis)의 발단이 되는 조문이다. 그런데 적용제외 심사는 부당성 심사의 정당화사유 존부나 효율성 증대효과와의 비교형량과 구분되는가. 즉, 적용제외의 의미가 행위요건 및 위법성 요건이 충족된 이후에 특허권 행사의 정당성을 주장함으로써 위법성이 조각되는 등의 효과가 발생하는 것으로 볼 수는 없는지의 의문이 생길 수 있다. 이와 같은 의문은 "적용하지 아니한다"라는 법문의 후단만 놓고 해석하는 경우 더욱 커진다. 즉, 법 제9조 제2항과 같이 일정한 경쟁제한성이 판단된 기업결합의 경우에도 일정한 요건이 충족하는 경우에는 제1항의 규정을 "적용하지 아니한다"고 되어 있는 점, 법 제40조 제2항에서 제1항의 규정은 일정한 목적을 위하여 행하여지는 경우로서 공정거래위원회의 인가를 받은 경우에는 "이를 적용하지 아니한다"고

---

30) 오승한, "지식재산권법과 독점규제법, 독점규제법 30년", 법문사(2011), 67면.

31) 이호영, "공정거래법상 특허권 행사행위의 평가–원칙적 법리의 모색", 2016년도 한국경쟁법학회 하계학술대회 자료집(2016), 131면. ; 다른 폐지하여야 한다는 견해로는 정영진, "표준화와 공정거래법–지식재산권 남용을 중심으로", Law&Technology 제2권 제6호(2006), 28면 참조, 해당 조문이 궁극적으로는 불필요하다고 보는 견해로는 정호열, 경제법 제3판, 박영사(2010), 96면 참조.

되어 있는 점에 비추어 보면, 법 제117조의 경우에도 일정한 경쟁제한성이 인정되는 특허권 등 행사에 이를 상쇄할 만한 효율성 증대효과가 인정되거나, 정당화사유의 존재가 입증되는 경우라서 법 적용의 예외를 인정하는 것으로 해석될 수 있는 여지가 있기 때문이다. 실제 실무에서는 행위요건이 충족되는 경우에 사업자는 부당성 판단 단계에서 적용제외 항변을 하게 마련이다. 그러나 이와 같이 적용제외의 의미를 해석하는 경우, 법 제117조의 독자적 의미를 찾을 수 없다. 법 제117조와 같은 명문의 규정이 없더라도 행위요건 충족 후, 위법성 요건 판단 단계에서 정당성 항변에 대한 검토는 이루어질 수 있다고 보이기 때문이다.

결국 법 제117조는 다른 적용제외 조문과 같이 개별 금지요건의 충족 내지 위법성 유무를 따지는 과정 없이 공정거래법상 허용되어야 하는 것을 의미한다.[32] 이는 공정거래법이 적용되지만 위법성 판단에서 정당화사유가 입증되어 위법성이 조각되어 공정거래법의 적용이 되지 않는 것과 달리, 행위요건과 위법성의 판단 이전에 곧바로 공정거래법의 적용이 전면적으로 배제되는 것을 의미한다. 따라서 공정거래법 제117조의 적용제외 판단 단계는 공정거래법의 심사대상이 되는지 여부를 판단하는 선결 단계로서 위법성 판단 단계에서의 정당화사유의 존부를 판단하는 위법성 단계와 구분된다. 이에 적용제외 단계에서 정당한 특허권 등의 행사라고 인정되면 공정거래법의 적용이 전면적으로 배제되는데, 적용제외 단계에서 정당하지 아니한 특허권 등의 행사라고 인정되더라도 각 행위 유형별 행위 요건과 위법성 요건에 대한 심사가 이루어져야 하고, 그 심사 결과에 따라 비로소 위법한 특허권 행사가 인정되는 것이다. 결국 법 제117조의 법문의 내용, 공정거래법의 체계와 형식에 비추어보면, 적용제외 단계에서 정당하지 않은 특허권 행사, 즉, '정당한 특허권 행사로 인정되는 않는 행위'는 공정거래법이 적용된다는 의미이며, 그것이 곧바로 부당한 공동행위, 시장지배적지위남용행위, 불공정거래행위는 아닌 것으로 이해된다.[33] 가령 법 제117조와 유사

32) 이봉의, "공정거래법상 공동행위의 부당성과 특별한 사정", 인권과 정의(2012,12), 135면.

33) 종래 법 조문은 정당한이라는 문구가 존재하지 않았다. 그러나 우리나라 법제처의 유권해석은 "공정거래법의 적용배제는 무체재산권을 정당하게 행사하고 있는 경우에 한정된다"고 하고 있었다. 그러나 이에 대해서는 정당하다는 의미가 당해 지식재산권법에 비추어 정당하다는 것인지 공정거래법에 비추어 정당하다는 것이 명백치 않으나, 전자의 의미라면 당해 지적재산권법에 의한 행위는 항상 정당하므로, 정당하다는 표현은 불필요한 삽입구에 지나지 않고, 후자의 의미라면 지적재산권의 부당한 행사는 모두 공정거래법에 의한 규제의 대상이 되고, 그렇지 않은 즉, 정당한 행위는 당연히 동 법의 적용을 받지 않기 때문에 동조와 같은 적용제외의

한 구조로서, 효과 역시 같을 것으로 보이는 법 제116조와 관련한 사건에서 대법원은 공동수급체 구성행위와 관련하여 공정거래법 제116조에 따른 적용제외 대상은 아니어서 공정거래법의 심사 대상이라고 우선 판단하였다(=적용심사에서 적용으로 판단). 그리고 공동수급체의 구성행위의 경쟁제한성을 판단한 결과 최종적으로 부당하지 않다는 취지의 판결을 내린 바 있다(=부당성 심사에서 경쟁제한성을 가지는지 판단).[34] 따라서 적용심사 단계에서의 특허법 등에 의한 권리 행사의 정당성 판단과 부당성심사 단계에서의 경쟁제한성 등 부당성 판단과 정당화 사유의 존부에 대한 판단은 각 단계별 판단 목적과 기준에 따라 구분된다.

나. 적용제외의 요건 1 - 특허법 등에 의한 권리[35]

법 제117조의 문언에 비추어, 적용여부를 판단하기 위한 요건은 '특허법 등에 의한 권리의 행사일 것'과 '권리의 행사가 정당할 것'이다. 가령 특허법에 의한 권리에는 특허권 그 자체와 특허권에 기초한 권리로서 전용실시권과 통상실시권을 설정할 수 있는 권리, 특허침해청구권 및 손해배상청구권이 포함된다.[36] 한편, 「지식재산권의 부당한 행사에 대한 심사지침」은[37] 특허권의 행사란 "특허권자의 특허발명 실시, 실시허락, 특허침해금지의 청구, 그 밖에 널리 특허권의 법률효과를 실현하기 위한 모든 행위"라고 정의한다. 그런데 이러한 권리를 모두 적용제외의 대상이 되는 특허법 등에 의한 권리라고 보아야 하는가. 적용제외의 조문은 그 법적 효과에 비추어 가능한 축소하여 해석하여야 한다는 점에서 특허법이 명시하고 있는 권리에 한정하여 적용된다고 해석함이 타당하다. 한편, 특허법상 일련의 권리는 특허권의 '존속기간' 내에, 발명의 공개 범위인 '권리 범위 내(구체적으로는 특허청구항)'에서만 인정되는 것이다. 따라서 글락소 사건[38]에서

규정을 둘 필요가 없기 때문에 문제가 있다는 의견으로는, 신창선, "지적재산권의 남용행위에 대한 공정거래법상 적용에 관한 연구-특허권을 중심으로", 경영법률 4권(1991)을 참조.

34) 대법원 2011.5.26. 선고 2008도6341 판결.

35) 본 논문은 기술이전합의에 관해서 다루고 있고, 기술과 관련된 지식재산권 중 대표적인 특허권을 중심으로 이하에서는 서술한다.

36) 특허권의 효력을 정하고 있는 특허법 제99조는 특허권의 효력을 특허발명을 실시할 권리를 독점한다고 규정한다. 즉, 특허권은 적극적으로 특허대상인 발명을 독점적으로 이용할 수 있는 이용권 내지 독점권이며, 소극적으로는 제3자에 의한 위법실시를 배제할 수 있는 금지권 내지 배타권을 규정한 것으로 볼 수 있다. 이와 같은 소극적 배타권은 특허침해금지청구권과 손해배상청구권으로 구체화된다.

37) 공정거래위원회예규 제389호, 2021.12.30., 일부개정.

38) 대법원 2014.2.27. 선고 2012두24498 판결.

원심법원이 특허권의 부당한 행사라고 적시한 행위 유형[39]은 엄밀히 보면 법 제117조의 특허법에 의한 권리 행사라고 보기 어렵다. 사실 특허권 범위 외의 권리 행사에 의한 사적 계약이 유효한 것은 사적 자치의 원칙에 기한 것이지, 특허법에 의하거나 특허법이 전제하는 권리 행사는 아니다. 따라서 권리 행사의 정당성을 따지기 전에 특허법에 의한 권리 행사가 아니라는 점에서 법 제117조의 적용제외의 대상이 아니라고 보아야 한다. 그 외에 동일한 맥락에서 권리 소진원칙에 의하여 특허권이 소진되었다고 볼 만한 사정이 있는 경우나 공유 특허권의 행사로서 다른 권리 주체의 지분까지 행사한 것으로 볼 수 있는 경우에도 역시 특허권에 기한 권리 행사가 아니거나, 특허권의 권리 범위 내의 행사 행위가 아니므로 법 제117조의 적용제외 요건을 충족하지 못하는 것이다.

다. 적용제외의 요건 2 - 정당한 권리 행사 행위

적용제외의 다른 요건, 즉, 특허법에 의한 권리의 '정당한 행사'는 무엇인가. 대법원은 특허권의 정당한 행사라고 인정되지 않는 행위에 대해서는 공정거래법이 적용된다는 입장이다. 다만, 정당한 행사라고 인정되는 행위에 대한 적극적 해석이 아닌 정당한 행사라고 인정되지 아니하는 행위에 대한 소극적 해석을 제시하고 있다.[40] 즉, 특허권의 정당한 행사라고 인정되지 아니하는 행위란 행위의 외형상 특허권의 행사로 보이더라도 실질이 특허제도의 취지를 벗어나 제도의 본질적 목적에 반하는 경우를 의미한다고 판시한 바 있다. 그런데 이는 대법원이 다른 일반적 적용제외를 규정한 법 제116조에 있어서는 적극적인 법 해석을 한 것과 대비된다. 즉, '법률 또는 그 법률에 의한 명령에 따라 행하는 정당한 행위'

---

39) ① 특허권자의 특허가 무효이거나 경쟁사업자가 특허를 침해한 것이 아님이 명백함에도 특허권자와 경쟁사업자가 관련시장에서 경쟁을 제한하기 위한 목적으로 합의에 이른 경우, ② 특허기간의 만료 후에도 경쟁사업자가 관련 제품을 시장에 출시하지 않도록 한 경우, ③ 방법의 발명의 경우 제조방법과 상관없이 특허를 이용하여 생산한 제품과 동일한 제품에 관한 연구 또는 제조, 판매 등을 금지하는 경우, ④ 특허기간 만료 시까지 경쟁사업자가 특허권을 침해하지 않고도 할 수 있는 연구 또는 시험을 하지 않기로 함으로써 특허기간이 만료된 이후에도 경쟁사업자가 바로 제품을 출시하지 못하여 실질적으로 특허권자의 독점권이 연장되는 효과가 발생하는 경우, ⑤ 당해 특허와 직접적으로 관련이 없는 다른 특허에 관련된 연구개발, 관련 제품의 출시 등을 금지하는 경우에는 다른 특별한 사정이 없는 한 특허권의 부당한 행사로서 공정거래법의 적용을 받는다고 볼 것이다.
(서울고등법원 2012.10.11. 선고 2012누3028 판결[시정명령등취소청구의소])

40) 이러한 동 조문의 문구 해석에 있어서는 적극적 내지 소극적 해석의 차이가 법 적용에 유의미한 결정적 차이를 야기한다고 보기 어려울 수 있으나, 적어도 법문의 표현이 '정당한 행사'라고 되어 있는 한, 이에 대한 적극적 해석 시도가 타당하다고 보인다.

란 당해 사업의 특수성으로 경쟁제한이 합리적이라고 인정되는 사업 또는 인가제 등에 의하여 사업자의 독점적 지위가 보장되는 반면 공공성의 관점에서 고도의 공적 규제가 필요한 사업 등에서 자유경쟁의 예외를 구체적으로 인정하고 있는 법률 또는 그 법률에 의한 명령의 범위 내에서 행하는 필요 · 최소한의 행위를 말한다고 판시한 것이다.[41][42] 그렇다면 적용제외의 요건 중 후자의 요건, 즉, 권리 행사의 정당성을 판단하기 위한 기준은 일원적인가 다원적인가. 일원적이라면, 그 기준은 공정거래법과 특허법 중 어느 기준에 의하여야 하는가. 우선 공정거래법에만 의하는 경우, 공정거래법상 정당한 행위는 개념상 공정거래법 적용을 논할 여지가 없어, 동 조의 적용제외의 조문을 둘 만한 이유가 없다. 그렇다고 특허법만을 기준으로 삼는다면, 공정거래법의 적용 여부가 특허법의 기준으로 결정되는 상황이 초래되어, 역시 수용하기 곤란하다. 결국 다원적 기준이 타당하다.

이에 우선 특허법적 판단요소를 살펴본다. 글락소 사건의 대법원 판시사항에 의하면, 특허권의 정당한 행사라고 인정되지 아니하는 행위를 판단하는 기준은 특허법의 목적과 취지, 당해 특허권의 내용과 아울러 당해 행위가 공정하고 자유로운 경쟁에 미치는 영향 등 제반사정이 된다. 특허법의 목적과 취지를 고려함에 있어서는 앞서 본 특허법상 각종 권리를 인정하는 제도적 취지를 구분하여 판단할 필요가 있다. 가령 침해금지청구권은 시장의 무임승차를 막아 특허권을 실효성 있게 하기 위한 목적으로 부여된 권리이다. 이와 같은 물질적 청구권이 없이는 무임승차의 위험을 배제하기 어려워 특허권이 독점 · 배타권으로서 가치를 가질 수 없기 때문이다. 따라서 해당 권리 행사에 대한 적용제외 여부 판단에 있어서는 당해 특허권 행사가 오직 무임승차 위험을 배제하기 위한 목적이거나 효과를 가지는지가 주된 기준이 될 수 있을 것이다. 한편, 실시권을 설정할 수 있는 권리는 특허권자에게 특허 발명을 실시할 의사가 없거나 또는 특허발명을 실시

41) 대법원 2011.4.14. 선고 2009두7912 판결 등 참조.

42) 글락소 사건의 원심에서는 "산업발전을 촉진하는 수단으로 새로운 발명을 한 자에게 발명을 공개하게 하고 그에 대한 보상으로 특허권이라는 합법적인 독점권을 부여한다는 특허법의 본질에 비추어 그러한 보상을 받기 위한 정상적이고 합리적인 행위는 특허권의 정당한 행사로 보아 공정거래법이 적용되지 않는다고 할 것이고, 이를 넘어 공개된 발명에 대한 정당한 대가 이상의 보상을 받으려 하는 행위에 대하여는 공정거래법이 적용된다고 보아야 한다"라고 하여 적극적 해석을 시도한 바 있다. 여기서 정당한 권리행사인지 여부는 공정거래법 제116조가 '다른 법률 또는 그 법률에 의한 명령에 따라 행하는 정당한 행위'라고 규정하고 있는 점에 비추어 공정거래법의 원리에 따라 판단할 것이 아니라 특허법의 원리에 따라 결정하여야 한다고 보았다(서울고등법원 2012.10.11. 선고 2012누3028 판결).

할 자금이 부족한 경우 제3자에게 특허발명의 실시 기회를 부여하는 것이 실시 장려라는 특허법의 목적에 부합하며, 특허권의 재산적 가치를 존중하는 것이기 때문에 실시권 제도를 마련한 것이다. 따라서 당해 특허권 행사가 실시 장려라는 특허법의 목적에 부합하는지 여부가 핵심 기준이 될 수 있을 것이다.

이어서 공정거래법적 판단요소를 살펴본다. 이와 관련하여 적용심사 단계에서 '경쟁에 미치는 영향'과 개별 위법성 심사에서 '경쟁에 미치는 영향' 그 내용의 측면에서 엄밀히 구분되는지부터 검토할 필요가 있다. 이러한 문제인식에서 특허권 등의 지식재산권의 행사행위의 위법성을 판단하는 과정에서 사실 동일한 질문에 답하기 위한 분석을 반복적으로 실시하여 법해석 및 적용상 불필요한 혼란이 야기된다는 지적이 가능하다.[43] 그러나 대법원의 판시사항을 다음과 같이 해석하는 경우, 법 제117조의 취지와 기능을 적절히 살릴 수 있으리라고 본다. 즉, 대법원 판례에서 제시한 공정하고 자유로운 경쟁에 미치는 영향은 경쟁제한성 내지 공정거래저해성과 달리 규범적 가치 판단의 개입이 결여된 사실적 측면의 영향을 의미하는 것이다. 즉, 가치 판단이 아니라 사실 판단의 영역에 가깝다. 따라서 적용제외 단계에서 공정하고 자유로운 경쟁에의 영향에 대한 판단은 효율성 증대효과와의 비교형량, 정당화 사유의 부존재 판단 등의 결과로 인해 최종적으로 공정거래법상 위법한 행위인지를 판단하는 단계와는 구분된다. 즉, 적용제외 판단 단계에서 경쟁에 미치는 영향의 정도가 직접적이고 상당하다고 판단되더라도 위법성 판단의 결과 최종적으로 적법한 행위가 될 수 있는 것이다. 그리고 이러한 영향에 대한 판단은 특허법의 목적과 취지에 반하는 권리 행사라고 하더라도 절대적으로 공정거래법이 전면 적용되는 것이 아니라, 특허법이 스스로의 기능에 의해 문제를 해결할 수 없는 경우로서 이러한 현상이 경쟁에 미치는 영향이 직접적이고 상당하다고 판단되는 경우에만 적용되게 하기 위해 필요한 것이다. 이러한 해석은 법 제117조에서 특허권 등의 행사행위에 대해서 적용제외를 둔 취지와도 부합한다고 할 것이다.

라. 입증책임 및 정도

법률요건분류설에 의하면 각 당사자가 자기에게 유리한 법률효과를 미치는

43) 이호영, 역지불합의에 대한 공정거래법의 적용에 관한 연구－우리나라와 미국의 판결례 분석을 중심으로, 경영법률 제24집 제4호(2014), 414－426면 참조.

요건에 대하여 입증책임을 진다. 그러므로 사업자가 유리한 요건에 대해 입증책임을 부담하는 것이 원칙이다. 그런데 이와 같은 이론 내지 법리는 각 당사자가 대등한 지위에서 스스로의 사익을 추구하는 민사소송의 구조가 전제된 것이다.[44] 따라서 공정거래법상 입증책임과 그 정도를 논함에 있어서는 공정거래법의 목적, 당해 조문의 취지 등을 고려하여 법조문의 명문 해석에 반하지 않는 범위에서 그 입증책임을 전환하거나, 입증 정도를 조정할 수 있다고 본다. 가장 '명확한' 방법은 권리 행사가 정당하지 아니함을 경쟁당국이 입증하도록 하는 것이다. 본래 사적자치에 개입은 예외적인 것이므로, 개입의 정당성은 경쟁당국이 입증하도록 함이 타당하다. 혹은 다른 방법으로 구성하자면, 우선 특허법에 의한 권리의 적법한 행사는 그 정당성이 추정된다고 볼 수 있다. 왜냐하면 특허법에 의한 권리의 행사는 특별한 사정이 없는 한 특허법의 목적과 취지에 부합한다고 보는 것이 합당하고, 특허권의 행사 그 자체만으로는 경쟁질서와의 직접적이고 상당한 관련성이 있다고 보기 어렵기 때문이다. 따라서 경쟁당국이 그 특별한 사정을 검토하고 공정하고 자유로운 경쟁에 미치는 영향을 입증하여야 한다고 볼 수 있다. 단, 사업자가 권리 행사의 적법성만 입증하면 정당성이 추정되고, 정당성에 반대되는 사정 즉, 부당성을 경쟁당국이 입증하는 경우, 법 제117조의 법률효과가 발생하지 않고 공정거래법의 심사대상이 되도록 구조화할 수도 있다. 그런데 경쟁당국이 부당성을 입증하는 정도는 일반적인 경쟁제한성에 대한 입증 정도보다는 완화된 기준을 적용하여야 할 것이다. 이는 적용제외에 대한 판단에서 권리 행사의 부당성에 대한 판단에 경쟁제한성과 동등한 수준의 입증을 요구한다면 자칫 본말이 전도되는 결과가 초래될 수 있기 때문이다.

2. 해석론의 한계 및 안전지대(Safety Zone)의 설정

상기의 해석론에 의하는 경우, 적용심사 단계와 부당성 심사 단계가 구분되므로 법 규범과 실무 간의 괴리 문제는 일정 부분 해소가 될 것으로 보인다. 그러나 법적 안정성의 관점에서는 상기의 해석론 역시 법 조문에서 직접 도출되는 본질적 한계를 극복하지 못한다. 상세하자면, 법 제117조는 그 적용효과의 중대성에 비하여 그 요건 중 정당성 판단이 오직 경쟁당국과 법관에만 맡겨져 있다. 왜냐하면 정당성에 대한 기준이 제시되지 않고, 그 기준을 제시하도록 하는 시행령

44) 김창조, 항고소송에 있어서 입증책임, 법학논고 48호(2014), 14면.

에 대한 위임의 근거도 없기 때문이다. 그런데 경쟁당국과 법관은 법 적용 자체를 면제하려고 하기보다 행위요건과 부당성에 대한 심사를 진행하면서 구체적 타당성을 추구하는 방식을 선호할 가능성이 크다. 이러한 경향성은 동 조문의 적용상의 한계를 시사한다. 그리고 동 조문이 공정거래법상 존재함에 따라 일반 수범자 특히 잠재적 기술이전합의의 당사자가 가지는 기대치(적용제외 효과에 대한 기대)를 간과할 수 없다. 그런데 '정당성'과 같은 추상적 개념 요소를 요건으로 하고 있어, 수범자가 조문의 효용을 체감하기 어려울 수밖에 없다. 앞서 본 바와 같이 기술이전은 그 자체가 기술을 보호하는 지식재산권의 무효 가능성으로 등으로 인해 불확실성이 높은 거래라고 한다면, 가능한 규범적 측면에서 법 위반의 불확실성을 최소화할 수 있는 의식적 노력이 필요하다. 이러한 관점에서 일정한 경우에는 입법정책적 배려 차원에서 안전지대의 도입이 필요하다.

안전지대의 설계에 있어서 핵심은 그 효과를 적용예외로 할 것인지, 심사면제로 할 것인지 여부이다. 심사면제의 효과를 가지는 안전지대는 이미 우리 법상 심사지침 등에 도입되어 있다. 즉, 심사면제 효과를 가지는 안전지대는 심사지침의 개정으로 가능하나, 적용예외의 효과를 가지는 안전지대는 엄격한 법 개정 절차를 요한다는 점에서 도입 절차상의 커다란 차이가 있다. 우선 심사면제 효과를 가지는 안전지대의 설계에 관하여 검토하고자 한다. 심사면제의 효과를 가지는 안전지대로서 공동행위 심사기준이나 불공정거래행위 심사지침에 도입되어 있는 안전지대를 기술이전합의의 특수성을 반영하여 우선효력을 가지는 안전지대를 도입하는 방안을 고려할 수도 있다. 이 경우 개정 절차가 용이하다는 장점이 있다. 다만 심사면제만으로는 여전히 법 적용 가능성이 존재하므로, 수범자에게 법적 안정성을 충분히 제공하지 못한다는 지적이 가능하다. 나아가 심사면제는 상위 법인 공정거래법의 수권이 없이 심사지침 내에 도입되는 경우 행정입법의 재량권의 범위 내에서 행사되어야 한다는 제약이 존재한다. 그러나 사실 수범자의 관점에서는 일견 심사면제만으로도 사실상 적용예외와 같은 혜택을 누린다고 볼 수도 있는데, 왜냐하면 심사지침은 집행자인 공정거래위원회의 행위규범이기도 하므로 사실상 공정거래위원회의 의사결정을 구속함으로써 사실상 적용예외와 동일한 효과를 낼 수도 있기 때문이다.

또한 적용예외에 가까운 형태이고, EU의 일괄예외제도와 가장 유사한 제도인 법 제40조 제2항에서 도입하고 있는 공동행위의 인가제도를 활용하는 방안을 검토한다. 공동행위 인가제도는 공정거래위원회로부터 인가를 받아야만 공동행위 규제가 면제되는 제도이나 공정거래위원회가 인가한 건수는 단 1건에 불과[45]하여 실질적으로 사문화된 제도로 평가받고 있다.[46] 이에 인가제도를 큰 틀에서 손보는 차원에서 제40조 제2항의 규정을 삭제하고 일괄예외제도의 근거나 기본적 요건을 공정거래법에 도입하는 방안[47]도 고려할 수 있다. 다만, 공동행위에 대한 일괄예외에 한하는 경우에는 불공정거래행위로 규제되는 행위 유형을 포섭하기 어렵다는 한계가 있다. 특히, 기술이전합의는 수직적 거래제한으로 문제되는 행위 유형이 빈번할 것으로 보는 데, 공동행위에 일괄예외로 한정하는 경우는 그 적용영역이 매우 협소하여 도입의 실효성이 없을 것으로 보인다. 또한 '인가' 절차를 요하는 점에서 현재도 사문화된 조문이라는 점에서 저조한 활용이 우려된다. 나아가 법 제117조를 개정하는 방안을 검토할 수 있다. 그러나 안전지대는 원칙적으로 경쟁법의 적용을 전제로 일정한 행위에 대해서는 적용예외나 심사면제를 인정하는 것인데, 법 제117조는 적용제외로서 처음부터 경쟁법의 적용을 전제하지 않는 것을 의미한다. 따라서 적용제외는 안전지대와 개념상 친하다고 보기 어렵다. 이와 같이 적용예외 효과를 가지는 안전지대의 개정은 공정거래법 내 다른 제도와 연계가 필요한 문제 등 사실상 문턱이 높다는 점에서 심사면제의 효과를 가지는 안전지대를 도입하면서 기술이전합의에 대한 별도의 심사지침[48]을 제정하는 형식이 가장 현실성이 높아 보인다.[49] 이 경우 현재 공동행위 심사기준이나 불공정거래행위 심사지침에 도입되어 있는 안전지대에 대하여 기술이전합의에 적용되는 안전지대가 우선효력을 가지는 방식이 될 것이다.

결국 안전지대의 설정 방식에 있어서 취할 수 있는 선택지는 세 가지가 있다. ① 심사지침에 도입되어 있는 것과 같이 시장점유율의 단독 기준에 의하는 방식,

---

45) 해당 건도 기존에 등록된 공동행위의 일부 내용을 축소한 상태에서 공동행위 인가제도에 따라 인가된 경우이다.

46) 김윤정, "공동행위 인가제도의 문제점 및 일괄면제제도 도입방안의 검토", 경쟁법연구 34권(2016), 219-220면 참조.

47) 김윤정, 위의 논문, 241면.

48) 과거 특허 라이선스계약 공정화 가이드라인이 제정되었으나 2014. 5월 기업의 자율성 증진을 위해 폐지된 바 있다.

49) 이를 위해서는 현행 지식재산권의 부당한 행사에 대한 심사지침의 개정도 수반되어야 할 필요가 있는데, 현행 심사지침의 문제점과 개정의 구체적인 방안에 대해서는 남수경, 「공정거래법상 기술이전합의에 관한 연구: EU 기술이전합의 일괄예외규칙과의 비교를 중심으로」, 서울대학교 법학석사 학위논문(2017), 122면 이하를 참조할 것.

② 시장점유율 + 경쟁제한 우려가 있는 특정 제한에 대해서는 심사를 배제하는 것이 부적절한 경우를 나열(네거티브 규정 방식)함으로써 해당 제한이 있는 기술이전합의에 대해서는 심사를 면제하지 않는 방식, ③ 반대로 시장점유율 + 일부 허용되는 특정 제한에 대해서 구체적으로 명시하는 방식(포지티브 규정 방식)도 고려할 수는 있을 것이다. 그러나 안전지대라는 제도의 목적을 고려하면 수범자에게 유리한 전자의 네거티브 방식을 선택하고 시장점유율의 한계치를 정하는 것이 바람직하다고 생각된다. 다만 공정거래위원회가 제정하여 운영 중인 공동행위의 심사기준이나 불공정거래행위에 관한 심사지침 상의 안전지대와의 관계에 있어서는 기술이전합의에 적용되는 안전지대가 이에 우선하는 효력을 가지는 것으로 볼 수 있다. 한편, 경쟁제한성을 중심으로 판단하는 불공정거래행위 유형만 원칙적으로 대상이 된다고 할 수 있다. 왜냐하면 경쟁수단이나 거래내용의 불공정성이 문제되는 행위에는 부당성 판단기준으로서 불공정성의 속성상 안전지대를 상정하기가 곤란하기 때문이다.

앞서 본 바와 같이 안전지대 설정에서 시장점유율 한계치만 두는 방식은 수용하기 어렵다. 시장점유율이 미미하더라도 당해 행위 자체가 경쟁에 미치는 영향을 간과하기 어려운 경우에는 일단은 공정거래법의 심사대상이 되어야 한다. 이에 몇 가지 금지제한 행위를 구체적으로 정하고, 금지제한이 존재하는 기술이전합의의 경우는 시장점유율 한계치 내라고 하더라도 안전지대에서 배제하여야 할 것이다. 금지제한으로는 해당 기술을 이용한 제품의 판매 가격, 판매 수량, 판매 점유율, 판매 지역 또는 판매처에 관한 제한, 연구개발에 대한 제한 또는 개량기술 양도의무, 배타적 라이센스 의무 부과 등이 고려될 수 있다. 한편 EU의 입법례에 의하면 금지제한은 경쟁자 간 관계와 비경쟁자 간 관계별로 각각 다르게 설정될 수 있다.[50] 즉, EU의 경우 금지제한은 경쟁자 간 관계에서 더욱 엄격하게 적용된다. 또한 상호적 합의(reciprocal agreement)와 비상호적 합의(non-reciprocal agreement)를 구분할 수도 있다. 다시 말해, 경쟁자 간 관계에서는 비

50) 다만 기술이전합의 당시에는 비경쟁자 간 관계이었으나, 이후 경쟁자 관계가 된 경우에는 안전지대가 유효하게 적용하는 가의 문제가 있다. 이에 대해서는 EU의 접근방식을 고려할 수 있다. 하나는 EU의 TTBER과 같이, 합의 당사자가 계약기간 중 경쟁관계로 지위가 변경된 경우, 비 경쟁자 간의 협약에 관한 핵심제한 규정은 협약이 유의미한 정도로 변경되지 않는다면 지속적으로 적용된다고 본다. 다만 이 경우에도 시장점유율 한계치는 경쟁자가 된 시점부터 적용된다.

상호적 합의보다 상호적 합의[51]에서 경쟁제한 우려가 더 크다고 할 것이어서 금지제한을 달리 적용할 수도 있다.[52] 즉, 앞서 본 바와 같이 TTBER에서도 상호적 합의의 경우 일괄예외로 인정되는 범위가 제한적이다. 시장점유율 한계치를 정함에 있어서 경쟁자 사이에서 이루어지는 경우가 경쟁자가 아닌 사이에서 이루어지는 경우에 비해 경쟁에 미치는 영향이 더 크다고 할 것이므로 더 낮은 한계치(threshold)를 설정하는 방안을 고려할 수 있다. 다만 시장점유율 한계치를 이와 같이 구분함에 따라 안전지대 적용 여부에 있어 기술시장 내지 상품시장에서 합의 당사자의 관계 분석이 가져오는 어려움이 존재한다. 이 점을 안전지대 설계에 있어서 충분히 검토할 필요가 있다. 즉, 기술시장에서 경쟁자인지 여부는 해당 기술이 일방적(one-way) 또는 상호적(two-way)으로 서로를 막아서는(blocking) 위치에 있는지 여부는 특허 청구항의 해석을 요하기 때문에 어려운 작업이 될 수 있다. 나아가 변화하는 경쟁환경 속에서 합의 당시에는 비경쟁자 관계였으나, 이후 기술시장 내지 상품시장에서 경쟁자 관계가 될 수 있는 가능성도 존재하므로, 이 경우 처리 방안에 대한 문제도 있다.[53]

---

51) 상호 합의는 크로스 라이선스 합의로 라이선스된 기술이 경쟁기술이거나 경쟁 제품의 생산에 사용될 수 있는 것이다.

52) 예를 들어 경쟁자 상호적 합의에서 판매제한을 부담하는 경우 통상 시장분할로 판단되기 때문에 판매제한에 있어서 비상호적 합의보다 엄격하게 보고 있다. 또한 경쟁자 간 상호적 합의에서 비배타적 역실시허락의무가 존재하는 경우에도 제101조(3)의 예외 여부를 상세히 조사한다. 즉, 경쟁자들이 개량 기술을 서로 나누어 가지게 된다면 다른 경쟁자에 대한 경쟁상 우위를 점하기 위해서 하는 노력을 저해할 수 있다고 보고 있는 것이다.

53) 이를 해소할 수 있는 방안에 대해서는 후속 연구를 통해 규명하고자 한다.

제3편

불공정거래행위 · 부당지원 · 절차

제1장

공정거래법상 불공정거래행위의 위법성*
– 부당성 판단 기준과 위법성 판단을 위한 이익형량 –

– 정주미 –

I. 문제제기

1. 불공정거래행위의 부당성 판단기준

「독점규제 및 공정거래에 관한 법률」(이하 "공정거래법") 제1조의 목적조항에서는 공정하고 자유로운 경쟁을 위한 수단으로 불공정거래행위를 금지하고, 법 제45조 제1항에서 불공정거래행위를 금지하고 있다.[1] 불공정거래행위의 위법성 요건은 ① 행위요건(법 제45조 제1항 각호)과 ② 부당성(공정거래저해성[2]) 요건으로 구성된다. 대법원은 '쌍용정유' 판결[3]에서 불공정거래행위의 위법성은 당해 행위가 외형적으로 규정이 정하는 요건을 갖추는 외에 법의 목적에 비추어 부당한 것이어야 한다고 하였다.

본 연구의 첫 번째 문제의식은 불공정거래행위의 부당성 판단기준은 무엇인

* 이 글은 박사학위 논문(서울대학교 법학대학원, 2018.2.)을 출간한 것(경인문화사, 2023.5.)을 수정하여, 한국공정경쟁연합회에서 발간한 경쟁저널 제230호(2025.10월호)에 기고한 것임을 밝힙니다.

1) 이봉의, 공정거래법(제2판), 박영사, 2024, 72면.

2) 부당성과 공정거래저해성은 동일한 의미로 볼 수 있다.

3) 대법원 1998.9.8. 선고 96누9003 판결.

가에 있다. 경쟁제한성인가, 불공정성인가, 아니면 양자 모두인가? 여기서 불공정성의 의미는 무엇인가? 학설은 ① 경쟁제한성 일원주의와 ② 경쟁제한성과 불공정성 등 다원주의, ③ 불공정성 일원주의로 나눌 수 있다.[4] 통설은 공정거래저해성이란 공정경쟁뿐만 아니라 공정거래까지 포함하는 다원주의로 볼 수 있다.

그런데 공정거래위원회(이하 "공정위")가 사인 간의 분쟁에 대하여 공적 자원의 많은 부분을 할애하여 경쟁법의 핵심적인 문제인 공정하고 자유로운 경쟁을 보호하는데 있어서 공적자원을 낭비한다는 비판도 있다. 그 이유는 경쟁법에서 경쟁과 관련성이 없고 사인 간의 분쟁 성격이 강한 불공정거래행위의 사건 접수 건수가 공정위의 인력에 비하여 높은 비중을 차지하고 있고,[5] 그 결과 불공정거래행위 사건처리기간이 1년 이상으로 지연되고 있는 상황이라는 것이다.

그래서 공정위는 2005년 제정된 「불공정거래행위 심사지침」(이하 "2005년 심사지침")[6]에서 불공정거래행위의 부당성 판단기준을 2가지 유형(경쟁제한성과 불공정성)으로 구분하였다. 2015년 개정된 심사지침(이하 "2015년 심사지침")[7]은 끼워팔기행위의 부당성 판단기준을 불공정성에서 경쟁제한성으로 변경하였다. 또한 2015년 심사지침에서는 '거래상 지위'의 인정 범위를 ① 계속적 거래관계와 상당한 의존도가 있거나, ② 대법원의 '금보개발' 판결[8]에 따라, 불특정 다수의 소비자에게 피해를 입힐 우려가 있어서 거래질서를 저해할 우려가 있는 경우로 제한하였다. 다만, 2024년 개정된 심사지침(이하 "2024년 심사지침")[9]에서는 계속적 거래관계인 경우에만 거래상 지위를 인정할 수 없다는 최근 판례에 따라, 계속적 거래관계에 대한 내용은 삭제하였다.

심사지침과 달리, 대법원은 불공정거래행위의 부당성을 계약자유의 상당한 침해라는 불공정성을 기준으로 판단해왔다. 시장지배적 사업자의 남용행위에 관한 전원합의체 판결인 '포스코' 판결[10]에서도 대법원은 법의 체계상 시장지배적

---

4) 정주미, 공정거래법상 불공정거래행위의 위법성－부당성 판단기준과 위법성 판단을 위한 이익형량－, 경인문화사, 2023.5, 61－65면.

5) 공정위 2024년 통계연보(2025), 11면에 따르면, 1981년부터 2024년까지 공정위의 공정거래법 위반 혐의의 사건접수 현황을 보면, 불공정거래행위의 비중이 62.4%(총 2만 9334건 중 1만 8299건)에 달한다.

6) 공정위 예규 제25호, 2005.1.1. 제정.

7) 공정위 예규 제241호, 2015.12.31. 개정.

8) 대법원 2015.9.10. 선고 2012두18325 판결.

9) 공정위 예규 제477호, 2024.12.30. 개정.

지위 남용행위와 불공정거래행위의 부당성 판단기준을 구분하여야 한다고 하면서, 불공정거래행위의 부당성은 특정 사업자가 사업활동에 곤란을 겪게 되었거나 불이익이 있는지를 기준으로 한다고 하였다.

다만, 대법원은 불공정거래행위로서 수직적 거래제한행위인 구속조건부거래행위(배타조건부거래행위와 거래지역 또는 거래상대방의 제한행위)의 부당성 판단기준으로 경쟁제한성을 하나의 고려요소로 보거나[11], 불공정성과 경쟁제한성을 함께 고려하기도 하였다.[12] 그런데 불공정거래행위의 부당성 판단기준으로 경쟁제한성을 고려하면, 시장지배적 지위 남용행위의 부당성 판단기준과 중복되는 문제가 발생한다. 실무상 어떠한 경우에 시장지배적 지위 남용행위 규정과 불공정거래행위 규정을 적용해야 하는지가 명확하지 않다.

2. 불공정거래행위의 위법성 판단을 위한 이익형량

공정거래법 제45조 제1항 각호에서 열거한 행위가 불공정성이 인정되더라도, 부당하다면서 위법성을 인정할 수는 없다. 법질서 안에서 다양한 이익들이 존재하기 때문에, 정당한 사유와의 이익형량의 단계를 거쳐야 한다.

본 연구의 두 번째 문제의식은 불공정거래행위의 위법성 판단기준을 위한 이익형량은 어떻게 이루어져야 하는가에 있다. 본 연구는 ① 불공정거래행위의 이익형량에 있어서 위법요소(부정적 요소)를 불공정성으로 보고, 이와 함께 어떠한 긍정적인 요소가 정당한 사유로서 형량될 수 있는지(형량의 요소)와 ② 이익형량은 어떻게 이루어져야 하는지(형량의 방법) 검토하고자 한다.

첫째로, 실무상 이익형량의 긍정적 요소로 무엇이 고려되는지 살펴보면, 공정위의 심사지침은 불공정거래행위의 부당성 판단에 있어서, 불공정성이나 경쟁제한성 그리고 소비자후생(consumer welfare) 증대효과나 효율성 증대효과를 비교형량하도록 한다(동 지침 III. 1. (3) (나)). 또한 지침은 불공정거래행위 유형에 따라 인정될 수 있는 구체적인 정당화사유로서 사업자의 사업상의 필요성에 해당하는 사유를 예시하고 있다. 그와 달리 대법원은 사업상 필요성이나 예외적으로 공익을 정당한 사유로 고려하였다.

---

10) 대법원 2007.11.22. 선고 2002두8626 전원합의체 판결.

11) 대법원 2011.3.10. 선고 2010두9976 판결; 대법원 2017.6.19. 선고 2013두17435 판결.

12) 대법원 2013.4.25. 선고 2010두25909 판결('S－Oil' 판결).

둘째로, 실무상 불공정거래행위의 위법성 판단을 위한 이익형량이 어떻게 이루어지는지 살펴보면, 이는 분명하지 않다. 대법원은 '정산실업' 판결[13]에서 문제된 행위의 정당한 이유가 인정되면 위법성이 조각된다고 하였다. 그러면서 정당한 이유란 공정한 경쟁질서의 유지라는 관점에서 이해되어야 하고, 단순한 사업경영상 필요성 또는 거래상의 합리성 내지 필요성만으로는 정당한 이유에 해당한다고 할 수 없다고 하였다. '쌍용정유' 판결[14] 이후 대법원은 불공정거래행위의 위법성 판단을 위하여 여러 요소를 종합적으로 고려하여 판단하도록 하였다. 그렇다면 어떠한 경우에 정당한 이유가 인정될 수 있는지는 명확하지 않다.

II. 불공정거래행위의 부당성 판단기준

1. 비교법의 시사점

(1) 독일 부정경쟁방지법의 기준

첫째로, 부정경쟁방지법(이하 "UWG"[15])의 연혁을 살펴보면, 동법은 계약자유를 상당히 침해하는 불공정한 행위를 금지함으로써 ① 경쟁자와, ② 소비자, ③ 시장참여자의 계약자유, 그리고 ④ 왜곡되지 않은 경쟁으로부터의 일반이익을 보호한다. 동법은 계약의 자유라는 이익을 실질적으로 보호함으로써, 과정으로서의 경쟁이 제대로 이루어지도록 하는 것을 목적으로 한다.

독일에서는 질서자유주의 학파의 영향에 따라, 계약의 자유(경쟁의 자유)는 경쟁과 상관관계를 갖는다는 것이 다수설이다. 따라서 사적 집행(경쟁자의 소송 또는 단체소송)으로 이루어지는 UWG는 연방카르텔청이 집행하는 경쟁제한방지법(GWB[16])과 함께, 경쟁법으로 불린다.

1896년 제정된 UWG는 1909년 제2차 개정을 통해, 제1조의 일반조항에서 "영업거래에 있어 경쟁의 목적을 위한 행위가 선량한 풍속(이하 "양속")에 반하는 경우 손해배상의 대상이 된다"고 하였는데, 1930년대 이후 법원은 경쟁자뿐만 아니라, 소비자, 시장참여자, 왜곡되지 않은 경쟁으로부터의 일반이익을 침해하

13) 대법원 1990.4.10. 선고 89다카29075 판결.

14) 대법원 1998.9.8. 선고 96누9003 판결.

15) Gesetz gegen den unlauteren Wettbewerb.

16) Gesetz gegen Wettbewerbsbeschränkungen.

는 행위를 법 제1조의 위반에 해당된다고 하였다.[17)]

2004년 개정법[18)] 제1조는 목적조항으로서, 경쟁자와 소비자, 시장참여자, 왜곡되지 않은 경쟁으로부터의 일반이익을 보호하는 것이 동법의 목적이라고 하면서, 제3조의 일반조항에서 경쟁자와 소비자 및 그 밖의 시장참여자에게 피해를 주어 경쟁을 사소하지 않게 제한하는 '불공정한 경쟁행위'를 금지하였다.

2008년 개정법은 소비자 보호에 관한 유럽연합의 '불공정상행위 지침'[19)]과의 조화를 위해, 제3조 제1항의 일반조항에서 상당한 이익침해가 있는 '불공정거래행위'를 금지하였다. 하지만 유럽 지침과 달리, 상당성(spürbarkeit) 요건을 두어, 경쟁에 미치는 영향이나 이익침해가 상당하지 않으면, 즉, 미미하지 않으면 금지하지 않음으로써, 구법상 경쟁법으로서의 목적 또는 성격을 변경하지 않았다.

위 유럽 지침과의 조화를 위해 2015년 개정법은 제3조 제1항에서 '상당성' 요건을 삭제하였지만, 법원은 종래와 같이 불공정거래행위가 금지되기 위해서는 이익의 침해가 상당해야 하는 것으로 해석되었다.

둘째로, UWG상 불공정한 행위의 유형을 살펴보면, 2004년 개정법부터는 경쟁자와 소비자, 시장참여자의 이익, 왜곡되지 않은 경쟁으로부터의 일반이익을 침해하는 불공정한 행위들을 구체적으로 유형화하였다. 이러한 행위유형은 ① 경쟁자의 이익을 침해하는 행위(경쟁자 평가절하, 비방, 모방 및 경쟁자를 겨냥한 방해행위)와 ② 거래상대방(소비자 및 시장참여자)의 이익을 침해하는 경우(괴롭힘, 강요 또는 부당한 영향력), ③ 오인유발 또는 비교광고, 성가시게 하는 행위(주로 부당한 광고)로 분류된다.

셋째로, UWG상 불공정성의 내용은 성과경쟁저해성과 불법성 개념을 통해 이해할 수 있다. 1930년대부터 법원은 가격과 품질에 기초한 '성과경쟁에 반하는 행위(비-성과경쟁: Nichtleistungswettbewerb)'를 구법 제1조의 양속 위반이라 보았다.[20)] 2004년 개정법부터는 성과경쟁에 반하여 불공정한 경우로서 행위 자체로

---

17) 권오승 역 · 리트너 저, 독일경쟁법, 법문사, 1997, 25－26면.

18) 2004년 이후 개정법에 대한 자세한 소개는 박윤석 · 안효질, "독일 부정경쟁방지법 최근 개정동향", 저스티스 통권 제157호, 2016 및 심재한, "독일의 개정 부정경쟁방지법 고찰", 경영법률 제16권 제1호, 2005 참조.

19) Umsetzung der Richtlinie 2005/29/EG über unlautere Geschäfts praktiken (Directive 2005/29/EC of the European Parliament and of the Council concerning Unfair Business－to－Consumer Commercial Practices in the Internal Market; The Unfair practices Directive).

20) 권오승 역, 위의 책, 27－28면.

불법성이 높은 행위들을 불공정한 행위로 예시하였다.

또한 1970년대 전후로 판례는 모방행위나 무료제공, 할인 과장광고 등 행위 자체로는 불공정하지 않지만, 성과경쟁의 기능을 왜곡할 위험이 있어 '시장관련 불공정성'[21]이 인정되는 경우에도 양속 위반으로 보았다. 2004년 법 개정 이후에 이러한 행위는 불공정한 행위를 금지하는 제3조의 일반조항에 따라 금지되었다. 이러한 행위는 경쟁적 시장구조에 부정적인 영향을 미칠 우려가 있는 '결과불법'에 해당하는 행위로서 '시장지배력 형성과정'의 전(前) 단계에서 금지되는 것으로 이해되었다.

(2) 미국 연방거래위원회법 제5조의 기준

1914년에 제정된 미국 연방거래위원회법(이하 "FTC법")[22] 제5조 (a) (1)에서는 '불공정한 경쟁방법(Unfair methods of competition in or affecting commerce)'을 금지하였다. 1938년 개정법은 동조 후단에서 '불공정하거나 기만적인 행위(unfair or deceptive acts or practices in or affecting commerce)'도 금지하였다. 동법상 '불공정성'이란 경쟁제한성뿐만 아니라, 맹아단계의 경쟁제한성, 강제성, 비윤리 또는 비도덕성, 기만성 등을 포함한 광범위한 개념이라고 한다.

FTC법 제5조 (a) (1) 전단의 '불공정한 경쟁방법'은 1911년에 연방대법원이 셔먼법 제1조의 해석에서 당연위법(perse illegal)으로 보던 것을 합리의 원칙(rule of reason)에 따라 여러 요소를 종합적으로 고려하겠다고 하면서, 셔먼법의 적용이 위축될 것을 우려하여 제정되었고, 셔먼법과 같은 반독점법과는 독자적으로 광범위하게 해석되었다.

그러다가 2015년 연방거래위원회의 성명서에서는 '불공정한 경쟁방법'의 적용범위를 반독점법과 같이 경쟁에 미치는 부정적인 영향을 고려하도록 하여 적용범위를 제한하였다.

하지만, 2021.7. 위원회는 위 성명서를 폐기하였고, 2022.11. 불공정한 경쟁방법의 의미를 구체화하는 새로운 성명서도 냈는데, FTC법 제5조의 불공정한 경쟁방법은 '장점에 의한 경쟁(competition on the merits)'이 아니라, "강압적, 착취적, 공모적, 남용적, 기만적, 약탈적이거나 유사한 성격의 경제적 힘을 사용하고, 경

---

21) Köhler · Bornkamm, UWG(35. Auflage), C.H.Beck, 2017, 제4장 참조.

22) Federal Trade Commission Act.

쟁의 조건(competitive conditions)에 부정적인 영향을 미치는 경향"이 있는 것을 의미한다고 하였다.[23]

한편, FTC법 제5조 (a) (1) 후단의 '불공정하거나 기만적인 행위'는 경쟁에 부정적인 영향을 미치는 경우가 아니더라도 불공정하거나 기만적인 행위를 금지하기 위해 입법이 되었다. ① 불공정한 행위와 ② 기만적인 행위는 기만이나 사기, 오인 등 광범위한 행위를 의미하다가[24], 1980년대 이후 합리적인 소비자에게 피해를 끼칠 우려가 있는 경우를 의미하였다.[25]

2. 불공정성의 의미

(1) 계약자유의 상당한 침해 기준과 법의 근거

불공정성이란 사업자가 가격과 품질을 중심으로 하는 성과경쟁 또는 '장점에 의한 경쟁'에 의하지 않고,[26] 강제나 강요, 불이익 제공, 기만행위 등을 통해 계약의 자유라는 이익을 상당히 침해하여, 정상적인 거래관행에 비추어 공정한 거래질서를 저해할 우려가 있는[27] 것을 의미한다.

이러한 불공정한 행위를 금지하는 이유는 공정하고 자유로운 경쟁의 과정이 실질적으로 기능할 수 있도록 보호하기 위함이다.[28] 그에 대한 법의 근거는 ① 헌법과 ② 법률인 공정거래법에서 찾을 수 있다.

첫째로, 헌법의 근거를 보면, 헌법재판소는 "국가는 시장경제질서와 국민의 경제적 자유를 보장하기 위하여 경쟁질서를 보호해야 한다"고 하면서 "헌법 제15조의 직업의 자유란 누구나 경쟁에 참여할 영업의 자유를 말한다"고 하였다.[29] '포스코' 판결[30]에서 대법원 다수의견은 헌법 제23조 제1항과 제119조 제1

23) 정주미, "미국 연방거래위원장 리나 칸의 주장들로부터 얻은 온라인 플랫폼 규제에서의 시사점", 유통법연구 제9권 제2호, 2022, 225-226면.

24) 이호영, "경쟁법과 불공정경쟁행위의 관계에 관한 비교법적 연구", 법학논총 제33권 제1호, 2016, 156면.

25) 이문지, "미국 연방거래위원회법 제5조에 의한 소비자 개인정보 보호", 경영법률 제27권 제1호, 2016, 452, 455-456면.

26) 대법원 2001.2.9. 선고 2000두6206 판결; 대법원 2006.5.26. 선고 2004두3014 판결.

27) 대법원 2000.6.9. 선고 97누19427 판결.

28) 이봉의, 위의 책, 860면.

29) 헌법재판소 1996.12.26. 96헌가18('주세법 제38조의7 등 위헌제청').

30) 대법원 2007.11.22. 선고 2002두8626 전원합의체 판결. 이러한 판시에도 불구하고 '포스코' 판결에서 대법원이 시장지배적 지위 남용행위에 대하여 법 제3조의2 제1항을 적용하기 위해서

항은 “우리 헌법이 사유재산제도와 경제활동에 관한 사적 자치의 원칙을 기초로 하는 시장경제질서를 기본으로 하고 있음을 선언하고 있다”고 하면서 제119조 제2항은 “‘독점규제와 공정거래유지’라는 경제정책적 목표를 개인의 경제적 자유를 제한할 수 있는 정당한 공익의 하나로 하고 있다”고 하였다. 그러면서 다수의견은 “경제를 자유방임 상태에 둘 경우 경제적 자유에 내재하는 경제력 집중적 또는 시장지배적 경향으로 말미암아 반드시 시장의 자유가 제한받게 되므로 국가의 법질서에 의하여 공정한 경쟁질서를 형성하고 확보하는 것이 필요하고, 공정한 경쟁질서의 유지가 자연적인 사회현상이 아니라 국가의 지속적인 과제”라고 하였다. 따라서 시장경제질서는 헌법이 보장하는 사적 자치의 원칙을 전제로 누구나 경제적 자유라는 자유권을 실질적으로 누리도록 보장하여, 공정하고 자유로운 경쟁을 보호하는 경제질서를 의미한다.[31] 계약의 자유와 경쟁의 보호는 밀접하게 연관되어 있다.[32]

둘째로, 법률의 근거를 보면, 공정거래법 제1조의 목적 조항은 공정하고 자유로운 경쟁을 보호하기 위하여 이를 위한 수단의 하나로서 불공정거래행위를 금지한다고 한다. 동법 제45조 제1항에서는 불공정거래행위란 ‘공정한 거래’를 저해할 우려가 있는 행위라고 한다.

공정거래저해성의 의미에 관하여, 판례는 정상적인 거래관행에서 벗어나 계약의 자유를 상당히 침해하는 경우를 의미한다고 본다. 대법원은 ‘파스퇴르 유업’ 판결[33]에서 “불공정거래행위의 한 유형으로 사업자의 우월적 지위의 남용행위를 규정하고 있는 것은 현실의 거래관계에서 경제력에 차이가 있는 거래주체 간에도 상호 대등한 지위에서 법이 보장하고자 하는 공정한 거래를 할 수 있게 하기 위하여 상대적으로 우월적 지위에 있는 사업자에 대하여 그 지위를 남용하여 상대방에게 거래상 불이익을 주는 행위를 금지시키고자 하는 데 그 취지가 있는 것”이라고 하면서, “정상적인 거래관행을 벗어난 것으로서 공정한 거래를 저해할 우려가 있는지 여부를 판단”하여야 한다고 하였다. 또한 ‘한국토지공사’ 판결[34]

는 객관적으로 경쟁제한효과를 입증하여야 한다고 하면서, 시장에 대한 소극적 개입이 적절하다고 보는 효과중심주의적 태도를 보인 것은 적절하지 않은 것으로 보인다.

31) 이봉의, “공정거래법상 방해남용의 해석과 경제적 접근방법”, 남천 권오승 교수 정년기념논문집, 법문사, 2015, 132－135면.

32) Ingo Schmidt, Wettbewerbspolitk und Kartellrecht, Oldenbourg Wissenschafts-verlag, 2012, S. 35－43.

33) 대법원 2000.6.9. 선고 97누19427 판결.

에서 대법원은 끼워팔기가 정상적인 거래관행에 비추어 부당한지 여부는 "상대방의 자유로운 선택의 자유를 제한하는 등 가격과 품질을 중심으로 한 공정한 거래질서를 저해할 우려가 있는지 여부에 따라 판단하여야 한다"고 하였다.

(2) 불공정거래행위로부터의 보호의 대상

불공정거래행위로 인해 계약의 자유를 상당히 침해받는 이익이란 시장에서 활동하는 경제주체들의 이익을 의미한다. 즉, 경쟁자나 소비자, 시장참여자의 이익뿐만 아니라, 왜곡되지 않은 경쟁으로부터의 일반이익을 포함한다.

첫째로, 불공정거래행위로부터 보호받아야 할 경쟁자나 거래상대방인 사업자의 이익이란 거래상 지위 또는 경제적 힘이나 협상력의 차이로 인하여 경쟁할 자유의 이익을 침해당하지 않는 것을 말한다. 이는 모든 사업자에게 '경쟁상 균등한 지위(level playing field)'를 보장함으로써 공정하고 자유로운 경쟁을 보호하도록 하기 위함이다.[35] 둘째로, 소비자의 이익이란 불공정거래행위로부터 피해를 받는 거래상대방인 개별 소비자의 이익을 말하고, 이는 다수의 소비자의 피해가 발생된 경우로만 한정되지 않는다. 셋째로, '왜곡되지 않은 경쟁으로부터의 일반이익'이란 왜곡되지 않은 경쟁의 기능을 보호함으로써 누릴 수 있는 일반의 이익 또는 공익을 말한다. 이러한 이익을 보호한다는 것은 불공정거래행위로부터 경제주체들의 개별 이익을 보호하는 것을 넘어서, 제도(Institution)로서의 경쟁 과정을 보호하는 것이다.

(3) 계약자유의 침해의 양상과 불법성의 정도

공정거래법상 불공정거래행위는 계약자유의 침해양상에 따라서 ① 강제, ② 지위 남용·불이익, ③ 위계, ④ 거래상대방 선택의 자유 침해라는 4가지의 경우로 나누어볼 수 있다.

강제성이란 거래상 지위 또는 경제적 힘의 차이를 이용하여, 강제나 강요를 하는 행위를 말한다. 위계란 사실과 현저히 다르게 하여 거래상대방을 기만하거나 오인하게 하여 그의 선택의 자유를 침해할 가능성이 높은 행위를 의미한다. 이러한 행위는 행위의 성립만으로 행위의 불법성이 높은 경우를 말하고, 정당한 이유가 인정될 여지가 제한적이다.

---

34) 대법원 2006.5.26. 선고 2004두3014 판결.

35) 이호영, 위의 글, 345-347면.

그와 달리, 지위 남용·불이익이란 그 행위 자체만으로는 불공정하지 않으나, 거래상 지위 또는 경제적 힘의 차이를 이용하여 상대방의 계약의 자유를 상당히 침해하는 경우를 말한다. 거래상대방 선택의 자유 침해란 거래상대방에게 부당한 이익을 제공하여 유인하거나 경쟁자와의 거래를 부당하게 방해하여 거래상대방의 선택의 자유를 상당히 침해하는 경우를 말한다. 위와 같은 행위들은 여러 요소들을 종합적으로 고려하여 정상적인 거래관행에 비추어 공정한 거래를 저해할 우려가 있는지를 판단해야 한다.

(4) 경쟁과의 관련성

불공정한 행위를 금지하는 것은 경쟁의 보호와 밀접한 관련이 있다. 프리츠 리트너(Fritz Rittner) 교수는 경쟁의 3대 원칙을 ① 열린 시장(open market)과 ② 자유로운 경쟁(free competition), 그리고 ③ 공정한 경쟁(fair competition)이라고 하였다. 열린 시장이란 사적 자치의 원칙에 따라 누구나 충분한 '결정의 자유(Entschließungsfreiheit)'로서 계약의 자유를 누리는 시장경제체제를 의미하는데, 이러한 계약자유가 실질적으로 보장되기 위해서 자유경쟁은 공정경쟁과 함께 이루어져야 한다고 하였다. 그러면서 시장에 참여할 의사와 능력을 가진 모든 사업자는 자유로운 경쟁 그리고 가격과 품질에 의한 성과경쟁 즉, 공정한 경쟁을 해야 한다고 하였다.[36)]

따라서 공정경쟁은 경쟁과의 직접적인 관련성을 갖는 좁은 의미로 해석될 수 없다. 경쟁법인 공정거래법에서 불공정거래행위를 금지하는 것은 불공정한 행위로부터 계약자유를 상당히 침해당한 피해자들을 구제하는 것을 넘어서, 계약의 자유가 실질적으로 보장됨을 통해서 '과정으로서의 경쟁' 또는 건전한 거래질서를 보호하기 위함이다.[37)] 그러므로 불공정거래행위의 부당성 여부를 판단함에 있어서 관련 시장에서 경쟁이 제한되는지의 여부 즉, 경쟁과 관련된 직접적인 효과를 입증하도록 할 필요가 없다.[38)]

---

36) 권오승·홍명수(제14판), 71－73면.
37) 이봉의, 위의 책(2016), 859－861면.
38) 이봉의, 위의 책(2016), 866면.

3. 불공정성으로 부당성 판단기준의 일원화 필요성

불공정거래행위의 부당성 판단기준은 불공정성으로 일원화할 필요가 있다. 그 이유는 공정거래법 제5조 제1항의 시장지배적 지위 남용행위와 제45조 제1항의 불공정거래행위의 부당성 판단기준의 중복으로 인한 혼선을 정리할 필요가 있기 때문이다. 대법원은 '포스코' 판결[39]에서 두 규정의 부당성 판단기준을 구분하여야 한다고 하였다. 불공정거래행위는 부당성 판단기준을 불공정성으로 일원화하고, 시장에서의 경쟁을 제한하는 행위는 시장지배적 지위 남용행위로 금지하는 것이 바람직하다. 다만, '포스코' 판결 이후 시장지배적 지위 남용행위의 부당성 판단기준으로 객관적인 경쟁제한효과의 입증을 요구하는 판단기준은 완화할 필요가 있다.

불공정거래행위의 부당성을 불공정성을 기준으로 판단하게 되면, 부당성을 경쟁제한성을 기준으로 할 때보다 금지의 범위가 더 넓어지게 되어 시장지배력에 의하지 않은 경쟁제한행위를 금지하지 못하게 된다는, 규제 공백을 우려할 필요는 없다. 경쟁에 미치는 효과나 영향과 무관하게, 계약의 자유를 상당히 침해하여 불공정한 경우를 금지하기 때문이다.

한편, 수직적 비가격제한행위인 구속조건부거래행위(배타조건부거래행위와 거래지역 또는 거래상대방 제한행위)에 대하여, 대법원은 '경쟁에 미치는 영향'[40]을 부당성을 판단하기 위한 한 요소로 고려하였다. 이러한 행위의 부당성은 ① 강제에 의해 이루어진 경우와 ② 사업자 간 자발적인 합의에 의해 이루어진 경우를 나누어 판단하는 것이 적절하다. 강제에 의해 이루어진 경우는 불공정거래행위로 금지하고, 자발적인 합의에 의해 이루어진 경우라면 계약자유에 대한 침해가 없기에, 경쟁을 제한하는 효과와 긍정적 효과(무임승차 방지 또는 판매활동의 효율성 제고 등)를 비교형량하여 시장지배적 지위 남용행위로 금지하는 것이 적절하다.[41]

---

39) 대법원 2007.11.22. 선고 2002두8626 전원합의체 판결.

40) 대법원 2011.3.10. 선고 2010두9976 판결('한국캘러웨이' 판결); 대법원 2013.4.25. 선고 2010두25909 판결('S－OIL' 판결); 대법원 2017.6.19. 선고 2013두17435 판결('필립스 전자' 판결).

41) 이봉의, 위의 책, 951면.

III. 불공정거래행위의 위법성 판단을 위한 이익형량

1. 비교법의 시사점

UWG는 2004년 개정법부터 제1조의 목적조항에서 명시한 바와 같이 불공정한 행위로부터 경쟁자와 소비자, 시장참여자, 왜곡되지 않은 경쟁으로부터의 일반이익을 보호목적으로 한다. 따라서 불공정한 행위를 한 사업자의 이익으로서 정당한 사유가 고려될 수 있는 여지는 제한적이다.

첫째로, 2004년 법 개정 이후 공익은 왜곡되지 않은 경쟁으로부터의 일반이익 외에는 고려되지 않았다. 둘째로, 2004년 법 개정 이후 법 제4조부터 제7조에서는 행위의 불법성이 높은 행위유형들을 구체화하였기 때문에, 정당한 사유가 인정될 여지가 더욱 제한되었다. 셋째로, 2008년 개정법 이후 유럽연합의 소비자보호 강화를 위한 '불공정상행위 지침'에 따라서 법 제3조 제2항의 경우 소비자이익이 상당히 저해되면 위법하게 되었다.

한편, FTC법 제5조 (a) (1)은 '불공정한 경쟁방법'과 '불공정'하거나 '기만적인' 행위를 금지한다. '불공정한 경쟁방법'에 대해서 2022.11. 발표된 성명서는 강압적이거나 착취적인 등의 경제적 힘을 사용하여 경쟁의 조건(competitive conditions)에 부정적인 영향을 미치는 경향이 있다면, 불공정하다고 하였다. 따라서 정당한 사유가 인정될 여지가 제한적이게 되었다. 또한 '불공정한' 행위나 '기만적인' 행위는 소비자 보호의 목적에 따라서 소비자에게 미치는 피해가 상당한 경우에 위법성이 인정된다. 그러한 경우 정당한 사유가 인정될 여지는 거의 없다.

2. 불공정거래행위의 형량요소

공정거래법상 불공정거래행위의 부당성 판단을 위한 이익형량에 있어서 위법요소 또는 부정적인 요소는 계약자유의 상당한 침해라는 불공정성으로 본다면, 긍정적인 고려요소는 무엇을 고려할 수 있을까? 공정위는 심사지침에서 행위 한 사업자의 이익으로서 사업상 필요성과 소비자후생이나 효율성 증대효과를 고려할 수 있다고 한다(동 지침 III. 1. (3) (나)). 그와 달리 판례는 사업상 필요성과 공익 또는 국민경제적 차원의 바람직한 효과만을 고려하였다.

형량요소별로 살펴보면, 첫째로 사업상 필요성은 행위한 사업자의 자유로서 정당한 사유로 고려될 수 있다. 대법원은 “공정한 거래질서에 대한 침해의 우려가 있는 한 단순한 사업경영상의 필요나 거래상의 합리성 내지 필요성 유무는 불공정거래행위의 성립에 영향을 미칠 수 없다”고 하였다.[42] 하지만 대법원은 여러 판례에서 사업자의 사업상 필요성을 상당히 존중하여, 채권 확보나 손해 확대 방지, 경영위기 극복 대책, 투자 및 관리 비용 회수 등 사업상 불가피한 사유뿐만 아니라 합리적 영업전략이나 경영상 필요성, 거래비용 감소 등 사업상 합리적인 사유 또는 필요한 사유들까지도 정당한 사유로 인정하기도 하였다.[43]

둘째로, 소비자후생 증대효과는 경쟁이 촉진됨에 따른 결과로서 이해할 수 있고, 위법성 판단을 위한 이익형량 요소로는 소비자후생이 아니라 소비자의 이익을 고려하는 것이 적절하다. 효율성 증대효과는 생산적 또는 동태적 효율성 증대효과를 의미하고, 개별사업자의 사업상 필요성 차원에서 고려할 수 있다. 국민경제적 차원에서의 효율성 증대효과는 공익으로 이해할 수 있다.

그런데 불공정거래행위가 불공정하다면, 소비자후생 증대효과나 개별사업자의 효율성 증대효과를 긍정적 형량요소로 고려하는 것은 적절하지 않다. 판례에서도 이러한 효과를 정당한 사유로 고려하지 않았다. 불공정한 행위는 경쟁촉진에 따른 가격이나 산출량 변화로 소비자의 잉여를 증대시키는 것과 무관할 뿐만 아니라, 소비자후생이나 효율성 증대효과가 불공정한 행위의 문제를 상쇄할 수 없기 때문에, 정당한 사유로서 고려하기 어렵다.[44] 불공정거래행위를 금지하는 이유는 불공정한 행위로부터 계약자유를 상당히 침해받는 경우를 보호하는 데에 그 목적이 있기 때문이다.

셋째로, 공익 또는 국민경제적 차원의 바람직한 효과에 관하여, 대법원은 이를 예외적으로나마 정당한 사유로 인정한 바 있다.[45] 공익은 공정거래법 제1조의 범위 안에서, 예외적으로만 고려하는 것이 적절하다.

---

42) 대법원 2001.2.9. 선고 2000두6206 판결.

43) 정주미, 앞의 책, 194−197면.

44) 홍대식, “불공정거래행위의 위법성 판단기준에 대한 재검토”, 법 · 경제분석그룹(LEG) 연구보고서, 공정거래조정원, 2009(상반기), 116−119면 또는 홍명수, “공정거래법상 부당 고객유인 행위 규제에 관한 대법원 판결 검토”, 행정법연구 제31호, 2011, 238면.

45) 대법원 2001.12.11. 선고 2000두833 판결.

3. 불공정거래행위의 이익형량 방법

(1) 이익형량의 구조화의 필요성

불공정거래행위의 위법성 판단을 위한 이익형량에 있어서 대법원은 다수의 판결에서 여러 요소들을 종합하여 고려해야 한다고 하였고, 단순한 사업경영상의 필요나 거래상의 합리성 내지 필요성은 정당한 이유로 고려하기 어렵다고 하였을 뿐, 구체적으로 어떠한 방법으로 형량을 해야 하는지는 명확히 밝히지 않았다.

'인천정유' 판결[46]에서 대법원은 석유류 제품 판매대리점계약에 대해 그 갱신을 거절한 행위가 경영위기를 극복하기 위한 방안의 일환으로 이루어진 점에서, 부당하지 않다고 보았다. 그와 달리, 헌법재판소는 '인천정유' 사건에 대한 헌법소원 결정[47]에서 불공정거래행위의 위법성 판단을 위한 이익형량기준을 보다 구조화하였다. 헌법재판소는 불공정거래행위를 규제하는 목적은 공정하고도 자유로운 거래질서를 확립하는 데 있으므로, 사업 경영상의 필요성이 정당한 사유로 인정될 수 있는 경우를 세분화하였다. 이 사건의 경우 헌법재판소는 거래 거절을 당한 상대방의 사업 활동이 계속 곤란하다는 점에서, 거래거절을 한 사업자가 당해 거래거절을 하지 않으면 곧 도산할 것이 확실하다고 판단되는 등의 사업 경영상의 긴절한 필요성이 인정되지 않기에 부당하다고 하였다.

이와 같이 불공정거래행위의 위법성 판단을 위한 이익형량은 구조화 또는 도그마틱(Dogmatik)화할 필요가 있다. 구체적인 사안의 위법성 판단에 있어서 어떠한 이익이 보다 높은 비중(Gewicht)을 가지고 실현되었는가에 대하여 그 판단과정을 명확히 밝히고, 형량 방식에 대한 도그마틱을 형성하여야 한다.[48] 이를 통해 위법성 판단의 근거를 밝힘으로써, ① 그 판단의 타당성과 ② 합목적성(Zweckmäßigkeit), ③ 수범자의 예측가능성을 확보할 수 있다.[49]

(2) 형량에 있어서 우선순위의 이익

불공정거래행위의 위법성 판단을 위한 이익형량에 있어서 불공정성은 우선순위를 갖는다. 불공정의 문제를 금지하는 것은 계약자유를 실질적으로 보장함으로

---

46) 대법원 2008.2.14. 선고 2004다39238 판결.

47) 헌법재판소 2004.6.24. 2002헌마496 전원재판부.

48) 박정훈, 행정법의 체계와 방법론, 박영사, 2005, 45면.

49) 박정훈, "행정법과 법해석-법률유보 내지 의회유보와 법형성의 한계-", 행정법연구 제43호, 2015, 48-49면.

써 공정하고 자유로운 경쟁의 과정을 기능하게 하기 위함이기 때문이다. 따라서 정당한 사유로서 사업경영상 필요성[50]과 국민경제적 차원의 공익의 사유는 예외적으로만 인정하는 것이 적절하다.

불공정성의 양상에 따라서 이익형량의 방법도 달라지는 것이 적절하다. ① 강제성이나 ② 위계와 같은, 행위의 불법성이 높은 불공정거래행위 유형들은 ③ 지위 남용·불이익행위 유형이나 ④ 거래상대방 선택의 자유침해행위 유형보다, 정당한 사유가 인정될 여지가 더 제한적이어야 한다.

50) 홍명수, “불공정거래행위의 유형에 따른 위법성 판단”, 경희법학 제50권 제3호, 2015, 54면.

제2장

거래상 지위남용행위의 사적집행에 관한 소고*

-허 승-

I. 서론

우리나라는 공정하고 자유로운 경쟁을 촉진함으로써 창의적인 기업활동을 조장하고 소비자를 보호함과 아울러 국민경제의 균형 있는 발전을 도모하기 위해 「독점규제 및 공정거래에 관한 법률」(이하 '공정거래법')을 제정하여 시행하고 있다. 공정거래법은 그 목적의 실현을 위해 형사처벌, 시정조치, 과징금과 같은 공적집행(public enforcement)과 손해배상과 같은 사적집행(private enforcement)을 모두 두고 있다.

종래 우리나라 공정거래법 집행은 공적집행, 특히 공정거래위원회에 의한 행정집행이 중심이 되었다. 공정거래법이 경쟁질서를 보호하는 것을 주된 과제로 삼고 있다는 점[1]을 고려하면, 공정거래법의 집행이 주로 공적집행을 통해 이루어진다고 하여 부당하다고 볼 수 없다.

---

* 이 논문은 이봉의 교수님의 지도로 완성한 허승, 「거래상 지위남용행위에 대한 사적집행」, 서울대학교 석사학위논문, 2020 중 일부를 정리·보완한 것입니다.

1) 이봉의, 공정거래법(제2판), 박영사, 2023. 75면.

하지만 공정집행만으로는 근절하기 어려운 공정거래법 위반행위가 있다. 공정거래법 제45조 제1항 제6호가 금지하고 있는 거래상 지위남용행위가 대표적이다. 거래상 지위남용행위는 일반 소비자가 피해자인 예외적인 경우를 제외하면, 대부분 특정 당사자 사이에서 문제되기 때문에 피해자의 적극적인 신고 없이는 공정거래위원회가 그 위반행위를 인지하기 어렵다. 공적집행은 이미 발생한 피해를 전보할 수 없어 손해배상과 같은 사적집행이 없이는 피해자가 위반행위를 공정거래위원회에 신고할 유인이 적다. 피해자가 손해배상청구를 통해 충분히 손해의 전보를 받는다면, 이는 반대로 사업자가 위반행위를 통해 얻은 이익을 박탈하는 효과가 있어 공적집행을 보완하는 효과를 갖는다.

종래 사적집행이 제 기능을 하지 못한다는 반성적 고려에서 현행 공정거래법은 구 공정거래법(2020.12.29. 법률 제17799호로 전부 개정되기 전의 것, 이하 단순히 '구 공정거래법'이라 한다)에 없던 자료제출명령제도, 불공정거래행위에 대한 금지청구제도 등을 도입하였다. 다만 아직 위 제도를 통해 사적집행이 활성화되고 있는지는 아직 불분명하다.

이하에서는 과거에서부터 거래상 지위남용행위에 대한 사적집행으로 주로 문제된 손해배상청구와 사법상 무효 주장을 중심으로 사적집행 활성화 방안에 대해 논의하고자 한다.

II. 거래상 지위남용행위 개관

1. 거래상 지위남용행위의 규제 취지

자유시장경제질서 아래에서 개인과 기업은 사적자치의 원칙에 따라 거래조건 등을 자유롭게 정할 수 있고, 이에 대해 국가는 개입하지 않는 것이 원칙이다. 그러나 거래상 지위가 우월한 일방이 상대방의 자유의사를 억압하여 부당한 요구를 한다면 이는 자유경쟁의 기반인 거래상대방의 경영활동의 자주성을 침해하고, 나아가 경제적 약자를 착취하는 결과를 초래할 수 있다.[2)]

공정거래법 제45조 제1항 제6호는 사적자치의 원칙에 따른 부작용을 제거하기 위해 "자기의 거래상의 지위를 부당하게 이용하여 상대방과 거래하는 행위"

2) 신현윤, 경제법(제6판), 법문사, 2014, 299면.

를 금지하고 있다. 공정거래법 시행령 제52조 [별표2]는 거래상 지위남용의 세부 유형을 구입강제, 이익제공강요, 판매목표강제, 불이익제공, 경영간섭 등 다섯 가지로 정하고 있다. 이러한 거래상 지위남용행위 규제는 그 자체로 직접적으로 관련시장에서 경쟁을 제한하는 행위를 규제하는 것이라기보다는 거래상 열악한 지위에 놓인 거래상대방의 이익을 보호함으로써 자유경쟁의 기반을 보호하기 위한 것으로[3] 설명되고 있다.

대법원 역시 거래상 지위남용금지의 취지를 현실의 거래관계에서 경제력의 차이가 있는 거래주체 간에도 상호 대등한 지위에서 법이 보장하고자 하는 공정한 거래를 할 수 있도록 하기 위하여 상대적으로 우월적 지위에 있는 사업자에 대하여 그 지위를 남용하여 상대방에게 거래상 불이익을 주는 행위를 금지시키고자 하는 데 있다고 판시하였다(대법원 2000.6.9. 선고 97누19427 판결 등).

2. 거래상 지위남용행위의 성립 요건

가. 개관

공정거래법이 금지하는 거래상 지위남용행위가 성립하기 위해서는 ① 거래상 지위를, ② 부당하게 이용하여, ③ 법령이 정한 행위유형에 해당하는 행위를 하여야 한다.

나. 사업자의 거래상 지위

(1) 의의

'거래상 지위'는 시장지배적 지위와 같은 정도의 강한 지위를 의미하는 것은 아니고 상대적으로 우월적 지위 또는 적어도 상대방의 거래활동에 상당한 영향을 미칠 수 있는 지위에 있으면 충분하다(대법원 2002.1.25. 선고 2000두9359 판결).

(2) 소비자와의 거래관계

거래상대방에 소비자가 포함되는지에 대해서는 논란이 있다. 구 불공정거래행위 심사지침(2015.12.31. 공정거래위원회예규 제241호로 개정되기 전의 것)은 소비자를 거래 상대방에 포함하고 있었고, 대법원 역시 일반소비자에 대한 관계에서 거래상 지위남용 중 불이익 제공 등을 적용하였다.[4]

---

3) 이호영, 독점규제법(제5판), 홍문사, 2015, 329면.

4) 대법원 2010.3.11. 선고 2008두4695 판결, 대법원 2010.1.14. 선고 2008두14739 판결, 대법원 2013.1.10. 선고 2011두7854 판결 등.

하지만 대법원 2015.9.10. 선고 2012두18325 판결은 거래상 지위의 남용행위를 적용하기 위해서는 "거래질서와의 관련성이 필요"하며 거래상대방이 일반 소비자인 경우에는 단순히 거래관계에서 문제될 수 있는 행태 그 자체가 아니라, 불특정 다수의 소비자에게 피해를 입힐 수 있거나 유사한 위반행위 유형이 계속적 · 반복적으로 발생할 수 있는 등 거래질서와의 관련성이 인정되는 경우에 한하여 공정거래저해성이 인정된다고 판시하였다. 위 판결에 대해서는 거래상 지위 남용의 주된 상대방을 사업자로 보아 그 범위를 한정하면서, 새로운 기준을 제시하여 선례와 조화를 도모하고, 소비자도 당분간 보호 대상에 포함하는 절충적인 해결을 모색한 판결로 평가할 수 있으나[5], 거래 상대방에 포함되는 '소비자'의 정확한 범위를 파악하기에는 어려움이 있다.

위 대법원 판결 이후 공정거래위원회는 2015.12.31. 불공정거래행위 심사지침을 개정하여 거래 상대방에 포함되는 소비자의 범위를 제한하여 현재에 이르고 있다. 예를 들어, 구입강제, 이익제공강요, 불이익 제공의 경우에는 원칙적으로 거래상대방에 소비자는 포함되지 않지만, 불특정 다수의 소비자에게 피해를 입힐 우려가 있거나 유사한 위반행위의 유형이 계속적 · 반복적으로 발생하는 등 거래질서와의 관련되는 경우에는 소비자도 포함된다고 정하고 있다.

다. 거래상 지위를 부당하게 이용하였을 것

불공정거래행위는 경쟁제한성을 위주로 심사하는 행위 유형과 불공정성을 위주로 심사하는 유형으로 구분할 수 있다. 일반적으로 거래상 지위남용행위는 후자에 속하는 것으로 보고 있다.[6] 대법원 역시 "거래상 지위를 부당하게 이용하여 상대방에게 불이익을 준 행위인지 여부는 당해 행위의 의도와 목적, 효과와 영향 등과 같은 구체적 태양과 상품의 특성, 거래의 상황, 해당 사업자의 시장에서의 우월적 지위의 정도 및 상대방이 받게 되는 불이익의 내용과 정도 등에 비추어 정상적인 거래관행에서 벗어난 것으로서 공정한 거래를 저해할 우려가 있는지 여부를 판단하여 결정하여야 한다"라고 판시하여 정상적인 거래관행을 부당성의 판단 기준으로 제시하였다(대법원 2013.1.10. 선고 2011두7854 판결).

대법원 2015.9.10. 선고 2012두18325 판결은 "(구) 공정거래법 제23조 제1항

5) 정재훈, 공정거래법 소송실무(제2판), 육법사, 2017, 409면.

6) 정재훈, 같은 책, 412-413면.

은 사법상 권리의무를 조정하기 위한 것이 아니라 공법적 관점에서 불공정한 거래행위를 금지하는 규정이고 규정체계상 (구) 공정거래법 제23조 제1항 제4호의 거래상 지위의 남용행위를 적용하기 위해서는 거래질서와의 관련성이 필요하(다)"고 판시하였는데, 이에 대해 대법원이 거래상 지위남용행위를 적용함에 있어 경쟁제한효과를 고려할 가능성을 열어두었다고 볼 여지가 있으나, 거래상 지위남용행위 규제의 연원이 거래질서를 보호하려는 것에 있었고, 하도급법, 가맹사업법, 대규모유통업법 등 특별법에 기하여 거래질서를 강화하는 입법의 흐름에 비추어, 그 모법인 공정거래법상 거래상 지위남용행위의 부당성 판단에 있어서 경쟁질서를 중심으로 판단하는 것은 어려울 것으로 보인다는 견해가 있다.[7)]

III. 거래상 지위남용행위에 대한 사적집행의 의의와 한계

1. 공정거래법 위반행위에 대한 법집행 개관

가. 공적집행과 사적집행

법위반행위를 억지하기 위하여 ① 행정청이 시정명령, 과태료, 과징금 등 여러 행정처분을 할 수 있고, ② 검사가 기소를 하고 법원이 형사처벌을 할 수 있으며, ③ 피해자는 법원에 금지청구, 손해배상청구 등을 할 수 있다. 공적집행과 사적집행의 개념이 명확한 것은 아니지만 일반적으로 ①, ②는 공적집행으로, ③은 사적집행으로 보고 있다.

나. 공정거래법 위반행위에 대한 공적집행

(1) 의의

공정거래법은 공정거래위원회 중심의 행정규제주의를 특징으로 삼고 있다. 현재 실무상 법위반행위에 대한 제재 역시 공정거래위원회의 시정명령과 과징금이 중심이 되고 있다. 종래 불공정거래행위에 대한 제재 역시 주로 행정적 제재가 논의되었다. 이는 불공정거래행위가 민법 제2조 제2항의 권리남용이나 제104조의 불공정한 법률행위 등에 비견됨에도 사법상 포섭되기 어렵거나 손해배상 등을 통한 구제가 곤란한 행위유형으로 공정거래법과 일부 특별법들이 이를 행정적으로 규제한다는 점에서 중요한 의미를 가진다.[8)]

---

7) 정재훈, 같은 책, 416면.

(2) 시정조치

시정조치는 위반행위의 중지명령, 주식처분명령, 계약조항 삭제명령, 시정명령을 받은 사실의 공표명령 등 법의 시정조치 규정에 근거하여 법에 위반되는 상태를 법에 합치하는 상태로 회복하기 위한 행정처분을 말한다.[9] 공정거래법 제49조 제1항은 불공정거래행위가 있을 때에는 해당 사업자에게 해당 불공정거래행위의 중지 및 재발방지를 위한 조치, 해당 보복조치의 금지, 계약조항의 삭제, 시정명령을 받은 사실의 공표, 그 밖에 필요한 시정조치를 명할 수 있다고 정하고 있다.

(3) 과징금

과징금은 행정법상 의무위반에 대하여 행정청이 그 의무자에게 부과·징수하는 금전적 부담을 의미한다. 과징금을 통한 금전적 불이익 부과가 행정법상 의무위반행위에 대한 비범죄화 요구에 부응하면서 사업자들의 시장행동에 영향을 줄 수 있다는 점에서 효과적인 법집행수단으로 인식되고 있다.[10]

공정거래법상 과징금의 성격에 대해 대법원은 행정상 제재금으로서의 기본적 성격에 부당이득환수적 요소가 부가되어 있는 것으로 보고 있고(대법원 2004. 3. 12. 선고 2001두7220 판결), 헌법재판소 또한 같은 입장이다(헌법재판소 2003. 7. 24. 선고 2001헌가25 결정).

(4) 형사적 제재

거래상 지위남용행위를 한 자와 그에 관한 시정조치에 응하지 아니한 자에 대해서는 2년 이하의 징역 또는 1억5천만원 이하의 벌금에 처한다(공정거래법 제125조). 2020년 전부개정법 이전에는 모든 불공정거래행위에 대하여 형사적 제재가 가능하였지만, 경쟁제한성을 주로 문제 삼는 거래거절, 차별취급, 경쟁사업자 배제, 구속조건부 거래행위에 관한 형벌규정을 삭제하였다.

다만 거래상 지위남용행위는 민법 제103조, 제104조에 반하지 않는 약정을 체결한 경우에도 성립할 수 있고, 사업자가 자신의 행위가 거래상 지위남용행위에 해당하는지 사전에 명확하게 알기 어려운 측면이 있다. 비록 대법원이 불공정거래행위의 형사처벌 범위를 제한해야 한다는 취지의 판시를 하였지만[11], 실무

---

8) 이봉의, "유통분야 불공정거래행위에 대한 제재의 재구성", 「경쟁법연구」 제35권, 한국경쟁법학회, 2017, 37면.

9) 권오승·서정, 독점규제법 이론과 실무(제3판), 법문사, 2018, 724면.

10) 권오승·서정, 같은 책, 729면.

에서는 형사처벌의 가능성에 대한 예측가능성이 적다.[12] 거래상 지위남용행위가 다른 공정거래법 위반행위에 비하여 사적분쟁의 성격이 강하다는 측면을 고려하면, 거래상 지위남용행위를 일률적으로 형사처벌 대상으로 보는 것은 재검토할 필요가 있다.

2. 공정거래법 위반행위에 대한 사적집행의 유형과 필요성 및 한계

가. 유형

공정거래법상 사적집행은 일반적으로 ① 법위반행위로 인하여 그 이익을 침해당하거나 당할 우려가 있는 사인에게 그 행위로 인하여 손해가 발생하거나 발생할 우려가 있을 때 그 위반행위자를 상대로 법원에 위반행위의 중지, 방해배제 등을 청구할 수 있는 금지청구와 ② 법위반행위로 인하여 피해를 입은 사인이 사후에 법원에 소를 제기하여 손해를 전보 받을 수 있도록 하는 손해배상청구로 구분된다.[13]

공정거래법 위반행위가 무효임을 주장하는 '사법상 무효 주장'에 대해 사적집행 수단의 성격이 약하다고 보는 견해[14]가 있으나, 법률행위의 형태로 거래상 지위남용행위가 이루어진 경우에는 그 사법상 효력을 부인하지 않으면 법위반행위가 법원에 의해 강제될 수 있다는 점에서 법위반행위 억지 기능에 장애가 생긴다. 손해배상청구에 관하여 보더라도 법원은 손해배상의 책임 및 그 금액을 정함에 있어 피해자의 과실을 참작하여야 하는데(민법 제396조, 제763조), 계약 무효

11) 불공정거래행위에서의 '공정거래저해성' 역시 형벌의 객관적 구성요건에 해당하므로 행위자가 인식하여야 할 대상으로서 '고의'의 내용을 구성한다. 따라서 불공정거래행위의 유형 중 제반 사정의 형량과 분석을 거쳐 경쟁에 미치는 효과에 관한 판단까지도 요구하는 경우나 사용된 수단의 성격과 실질이 가격할인과 유사한 측면이 있어 경쟁질서 내지 거래질서 전반에 미치는 파급효과까지 종합적으로 고려해야 하는 경우 등 복잡한 규범적 · 경제적 분석과 판단이 필요한 경우에는, 행위자에게 범죄의 구성요건인 '공정거래저해성'에 관한 '고의'를 인정하는 데 신중해야 한다(대법원 2018.7.12. 선고 2017두51365 판결).

12) 위 대법원 2017두51365 판결 사안이 대표적이다. 위 사건의 원심은 부당성 내지 공정거래저해성을 부정하였으나, 대법원은 복잡한 논증을 통해 부당성 내지 공정거래저해성을 인정하였다. 이런 사건에서 행위자의 구성요건적 고의를 인정하는 것에는 신중하여야 하고, 위 대법원 판결 역시 이러한 점을 고려하여 "행위자에게 범죄의 구성요건인 공정거래저해성에 관한 고의를 인정하는 데 신중하여야 한다"고 판시한 것으로 보인다. 그런데 위 대법원 2017두51365 판결의 관련사건에서는 해당 사업자의 대표이사에 대한 유죄판결이 선고 · 확정되었다.

13) 이선희, "한국 경쟁법의 사적 집행제도의 개요와 향후 발전방향", 「경쟁법연구」 제29권, 한국경쟁법학회, 2014, 279면.

14) 이소영, "공정거래법의 사적 집행에 관한 민사법적 고찰", 서울대학교 박사학위논문, 2019, 20면.

에 따른 부당이득반환청구의 경우에는 과실상계가 적용되지 않는다는 점(대법원 2014.3.13. 선고 2013다34143 판결)에서 계약 무효에 및 그에 이은 부당이득반환청구가 손해배상청구에 비하여 집행기능이 약하다고 볼 수 없다. 특히 거래상 지위남용행위가 약관의 형태로 이루어진 경우에는 거래상 지위남용행위가 성립하면, 특별한 사정이 없는 한 그 약관이 무효가 된다는 점에서 실무상 갖는 의미가 적지 않다.

나. 거래상 지위남용행위에 대한 사적집행의 필요성

거래상 지위남용 행위는 주로 거래상 지위에 있는 사업자와 그 상대방 사이에서 발생하고, 사업자는 그 상대방으로부터 이익을 착취한다는 특징이 있다. 거래상대방이 사업자를 상대로 한 금지청구나 사법상 무효 주장은 사업자가 거래상 지위남용행위를 통해 사업자가 법위반행위를 통해 이익을 얻지 못하게 할 수 있고, 손해배상청구는 이미 얻은 이익을 박탈할 수 있다. 즉, 거래상 지위남용행위에 대한 금지청구나 손해배상청구 등은 사업자의 법위반행위로 인한 비용을 증가시켜 법위반기능을 억지하는 기능을 수행할 수 있다.

또한 피해자는 과거에 입은 손해에 대해 배상을 받는 방법 등으로 권리 구제를 받을 수 있다. 이는 피해자에게 적극적으로 공정거래위원회에 위법행위를 신고할 유인을 제공함으로써 법위반행위에 대한 적발 가능성을 높일 수 있다.

다. 거래상 지위남용행위에 대한 사적집행의 한계

사적집행이 활발한 미국에서도 사적집행의 기능과 필요성에도 불구하고 과잉억제, 소송비용 및 지연으로 인한 비효율성, 공적집행과의 상충가능성 등이 지적되고 있다.

미국과 달리 3배 배상제도가 없는 우리나라에서는 과징억제의 문제는 크지 않다.[15] 비록 거래상 지위남용행위에 대한 특별법인 하도급법 등에 징벌적 손해배상제도가 도입되었으나, 아직 법원이 과잉배상을 걱정할 정도로 적극적으로 손해배상을 명하고 있다는 평가는 없다. 또한 우리나라 민사소송에 소요되는 비용

15) 클레이튼법 제4조는 "반독점점 위반행위로 인하여 영업 또는 재산에 손해를 입은 사람은 누구든지 3배 손해배상을 청구할 수 있다."고 정하여 3배 배액배상제도를 두고 있다. 반면 공정거래법, 하도급법 등에 도입된 징벌적 손해배상제도는 3배 내지 5배 배상제도로 영미법상 배액배상제도와는 차이가 있다(허승, 「최근 공정거래 관련 민사판결의 회고와 분석」, 경쟁법연구 제47권, 한국경쟁법학회, 2023, 76, 77면 참조).

이나 기간을 볼 때 비효율성 역시 구조적 장애로 보기 어렵다. 이론적으로야 민사판결이 공정거래위원회의 공적집행의 방향과 상충될 가능성이 있지만, 현실에서는 공정거래위원회의 제재처분을 전제로 한 손해배상청구가 대부분이므로 공적집행과 사적집행의 충돌 위험은 크지 않다.

우리나라에서 사적집행이 갖는 현실적인 한계는 위반사실과 손해액의 증명이다. 거래상 지위남용행위에 대한 사적집행은 민법, 민사소송법, 민사집행법 등 법체계 내에서 진행된다. 금지청구나 손해배상청구 모두에서 피해자가 위반행위를 주장 · 증명해야 한다. 특히 법원은 거래상 지위남용행위를 인정함에 있어 사업자의 의도와 목적을 중요한 판단요소로 보고 있다.[16] 하지만 피해자가 사업자 행위의 진정한 의도와 목적을 독자적으로 파악 · 증명하기는 매우 어렵다. 사업자 행위의 의도와 목적은 공정거래위원회의 조사 과정에서 비로소 드러나는 경우가 많다.[17] 결국 공정거래위원회의 공적집행 없이 피해자가 주도하는 사적집행은 실효성을 갖기 어렵다. 따라서 거래상 지위남용행위에 대한 사적집행을 현실화하려면, 피해자가 관련 증거에 대한 접근성을 높이는 제도적 설계가 필요하다.

---

16) 거래상 지위의 남용행위로서 불이익제공행위에 해당한다고 하기 위해서는 … 구입강제, 이익제공강요, 판매목표강제 등과 동일시할 수 있을 정도로 일방 당사자가 자기의 거래상 지위를 부당하게 이용하여 그 거래조건을 설정 또는 변경하거나 그 이행과정에서 불이익을 준 것으로 인정되어야 하고, 이때 부당성의 유무를 판단할 때에는 당해 행위의 의도와 목적, 효과와 영향 등과 같은 구체적 태양과 상품의 특성, 거래의 상황, 해당 사업자의 시장에서의 우월적 지위의 정도 및 상대방이 받게 되는 불이익의 내용과 정도 등에 비추어, 정상적인 거래관행을 벗어난 것으로서 공정한 거래를 저해할 우려가 있는지를 판단하여 결정하여야 한다(대법원 2013.4.25. 선고 2010두25909 판결).

사업자의 의도와 목적의 정당성을 인정하면서도 그 행위의 결과 내지 효과만을 이유로 사업자의 거래상 지위남용행위의 부당성을 인정한 판결은 찾을 수 없다.

17) 대법원 2022.5.12. 선고 2020다278873 판결이 대표적이다. 이 사건에서 피고(공급업자)는 원고(대리점)에게 종래 정액 지급 방식이던 영업활동비를 실적 연동 방식으로 변경하는 계약을 요구했고, 원고가 이에 응하여 변경계약을 체결하였다. 원고는 피고가 변경계약을 요구한 목적이 피고의 비용 절감에 있다며 그와 같은 변경계약 체결이 거래상 지위남용으로 대리점법 위반이라고 주장했다. 이에 대해 피고는 원고의 적극적인 영업을 독려하기 위한 목적에서 변경계약을 체결했다고 맞섰고, 1심과 항소심에서 모두 원고가 패소하였다.

그런데 항소심 선고 직후 공정거래위원회는 피고가 거래상 지위를 남용해 대리점법을 위반했다는 이유로 피고에 대해 시정명령 등을 하였다. 공정거래위원회는 피고에 대한 조사과정에서 피고가 비용 절감 목적에서 변경계약을 요구했다는 취지의 내부 문서를 확보하였는데, 그 내부문서가 피고의 대리점법위반을 인정할 수 있는 중요한 근거가 되었다.

비록 대법원 2020다278873 판결에 공정거래위원회가 확보한 내부문서나 공정거래위원회의 시정명령 등에 관한 직접적 언급은 없지만, 공정거래위원회의 시정명령 등이 대법원 판단에 일정 부분 영향을 미쳤을 가능성은 배제하기 어렵다.

IV. 거래상 지위남용행위에 대한 손해배상청구

1. 개관

공정거래법 제109조 제1항은 “사업자 또는 사업자단체는 이 법을 위반함으로써 피해를 입은 자가 있는 경우에는 해당 피해자에 대하여 손해배상의 책임을 진다. 다만, 사업자 또는 사업자단체가 고의 또는 과실이 없음을 입증한 경우에는 그러하지 아니하다”고 정하고 있다. 같은 조 제2항은 부당한 공동행위자에 대한 징벌적 손해배상을 규정하고 있으나, 거래상 지위남용행위에 대해서는 적용되지 않는다.

공정거래법상 손해배상청구권은 행정적 규제 및 형사적 규제가 손해를 입은 피해자의 구제라는 측면에서 갖는 한계[18]를 보완하는 역할을 한다.

2. 거래상 지위남용행위에 대한 손해배상청구에 있어 위반행위 증명[19]

가. 문제제기

거래상 지위남용행위에 대한 손해배상청구에서 피해자가 사업자의 위반행위를 증명하는 데 겪는 현실적 어려움은 무엇일까? 위반행위의 인정은 법원의 사실인정 영역이어서 이에 관한 실증적 연구가 쉽지 않다. 다만 대법원 2022. 5. 12. 선고 2020다278873 판결 사안은 피해자가 증명 과정에서 겪는 난점과 그 보완 반향이 무엇인지 시사한다.

나. 사실관계[20]

(1) 원고는 2016년경 피고로부터 피고가 제공하는 방송, 통신 서비스의 가입 등 영업업무 등을 위탁받는 내용의 업무위탁계약(이 사건 위탁계약)을 체결하였다. 이 사건 위탁계약에 의하면 피고는 원고에게 기본수수료를 지급해야 하는데, 기본수수료는 ① 정액으로 지급되는 영업활동비와 ② 실적에 따른 환산점수를 기준으로 이에 비례하여 지급되는 실적비례비로 구성되어 있다.

---

18) 이선희, “독점규제법과 사적집행”, 「독점규제법 30년」, 법문사, 2011, 585면.

19) 이 부분은 허승, 같은 논문, 58-62면을 정리한 것이다.

20) 이해의 편의를 위해 관련 행정사건(대법원 2022.5.12. 선고 2022두31433 판결) 등에서 인정된 사실관계도 쟁점과 관련된 범위에서 함께 정리하였다.

(2) 원고는 2017년경 피고의 요구에 따라 정액으로 받던 영업활동비를 실적에 따라 받기로 하는 내용의 변경계약(이 사건 변경계약)을 체결하였다. 그 결과 원고가 피고로부터 받던 기본수수료는 줄어들었다.

(3) 원고는 피고를 상대로 이 사건 변경계약이 약관법에 반하여 무효이거나 대리점법 제9조 제1항에서 금지하는 '불이익 제공행위'라고 주장하며 감액된 기본수수료 상당액을 청구하는 소를 제기하였다.

(4) 원심은 피고가 우월한 거래상 지위에 있었던 사실은 인정되나, 피고는 사전에 기본수수료 지급기준이 변경될 것임을 고지하였고, 이후 시장환경 변화에 따라 영업을 독려하기 위하여 영업활동비 지급 기준을 완전성과제로 전환한다는 설명을 한 점 등을 종합할 때, 이 사건 변경계약을 통한 기본수수료 지급기준 변경이 위법한 불이익 제공행위에 해당하지 않고, 이 사건 변경계약이 약관법에 반하여 무효라고 볼 수 없다는 이유로 원고의 청구를 기각하였다.

(5) 원심판결이 선고된 직후 공정거래위원회는 피고에게 이 사건 변경계약을 통해 기본수수료 지급기준을 변경한 행위가 대리점법 제9조 제1항에서 금지하는 불이익 제공행위에 해당한다는 이유로 시정명령, 과징금 부과처분을 하였다.

(6) 피고는 공정거래위원회의 위 처분의 취소를 구하는 소를 제기하였으나, 고등법원은 위 처분이 적법하다고 판단하였다.

다. 대법원 판단

대법원은 ① 이 사건 변경계약서는 약관에 해당하고, ② 원고는 피고로부터 위탁받은 업무를 수행하는 영업전문점으로 피고에 대한 거래의존도가 절대적이므로 피고가 원고보다 거래상 우월한 지위에 있으며, ③ 이 사건 변경계약서와 같이 기본수수료 지급기준이 변경되면 원고와 같은 영업전문점들이 지급받는 기본수수료가 동일 실적 대비 줄어들게 될 것으로 보여 영업전문점들에게 불리하게 계약내용이 변경된 것이라는 이유를 들어, 이 사건 변경계약 조항은 원고에게 부당하게 불리한 조항으로 약관법 제6조 제1항에서 정한 '신의성실의 원칙을 위반하여 공정성을 잃은 약관 조항'에 해당하여 무효라고 판단하였다.

라. 시사점

(1) 공정거래위원회에 접수되는 거래상 지위남용 사건 수에 비해 법원에서 거래상지위남용행위가 정면에서 문제되는 사건 수는 많지 않다. 주된 이유는 공정거래위원회의 조사 및 처분 없이 피해자가 독자적으로 사업자의 행위가 거래상 지위남용행위라는 사실을 증명하기 어렵기 때문이다. 공정거래법령이 금지하는 거래상 지위남용행위 중 '불이익제공'에 해당하는지를 판단함에 있어 당해 행위가 행하여진 당시를 기준으로 당해 행위의 의도와 목적이 무엇인지는 중요한 판단요소이다.[21] 그러나 피해자가 거래상 우월한 지위에 있는 사업자의 의도와 목적을 증명하기는 쉽지 않다. 이 사건의 원심에서 원고가 패소한 주된 이유 중 하나는 피고가 이 사건 변경계약을 요구한 의도와 목적이 부당하다는 점을 증명하지 못했기 때문이다. 반면 공정거래위원회는 피고에 대한 조사를 통해 피고가 비용절감의 목적에서 이 사건 변경계약을 요구한 사실을 인정할 수 있는 증거를 확보하였고, 관련 행정사건의 원심 또한 그 증거에 기초하여 이 사건 변경계약으로 수수료 지급기준을 변경한 행위가 불이익 제공행위에 해당한다고 판단하였다[22]

(2) 불공정거래행위인지 여부를 판단함에 있어 대법원은 행위자의 의도와 목적을 중요한 판단요소로 보고 있다. 그런데 피해자가 행위자의 의도와 목적을 증명할 수 있는 증거를 확보하기는 쉽지 않다. 그렇다고 민사소송에

---

21) 공정거래법 제23조 제1항 제4호 및 법 시행령 제36조 제1항 [별표 1] 제6호 (라)목의 '불이익제공'에 해당되기 위해서는, 일방 당사자가 자기의 거래상의 지위를 부당하게 이용하여 그 거래조건을 설정 또는 변경하거나 그 이행과정에서 불이익을 준 것으로 인정되고, 그로써 정상적인 거래관행에 비추어 상대방에게 부당하게 불이익을 주어 공정거래를 저해할 우려가 있어야 하며, 또한 상대방에게 부당하게 불이익을 주는 행위인지 여부는, 당해 행위가 행하여진 당시를 기준으로 당해 행위의 의도와 목적, 당해 행위에 이른 경위, 당해 행위에 의하여 상대방에게 생길 수 있는 불이익의 내용과 정도, 당해 행위가 당사자 사이의 거래과정에 미치는 경쟁제약의 정도, 관련 업계의 거래관행, 일반경쟁질서에 미치는 영향 및 관계 법령의 규정 등 여러 요소를 종합하여 전체적인 관점에서 판단하여야 한다(대법원 2007.3.29. 선고 2005두3561 판결).

22) 관련 행정사건 원심(서울고등법원 2021.12.9. 선고 2020누62299 판결) 판결이유 중 일부 "관련 민사소송에서는 위 대리점들이 제출한 증거만으로 이 사건 위반행위에 대한 증명이 부족하다는 이유로 패소 판결이 선고되었는데, 조사 권한이 없는 대리점(이 사건 원고)들로서는 원고(이 사건 피고)의 내부 문서 등을 쉽게 확보할 수 없어 이를 제출하지 못한 채 충분한 증명을 하지 못하였던 것으로 보인다. 반면에 피고(공정위)는 관련 민사소송의 제1심판결 선고 이후에도 추가 조사를 진행하여 자료를 확보한 뒤 이 사건 처분에 이르게 되었다."

서 사업자의 내부 문서를 피해자에게 제한 없이 제출하도록 하는 것은 사업자의 영업비밀이 침해될 수 있고, 피해자에 의한 남용 가능성이 크다. 결국 거래상 지위남용행위에 대한 손해배상을 활성화하기 위해서는 위반행위에 대한 증명을 용이하게 하면서도 그 남용을 막을 수 있는 제도에 대한 고민이 필요하다.

3. 거래상 지위남용행위 유형별 손해 및 손해액의 증명

가. 공정거래법에서의 손해 개념 및 증명

민법과 공정거래법은 불법행위책임의 구성요건인 손해에 관한 정의 규정을 두고 있지 않지만, 일반적으로 공정거래법 위반행위에 따른 손해는 차액설에 따라 법위반행위가 없었더라면 피해자가 가지고 있었을 이익액과 법위반행위로 인한 현재의 이익상태의 차이로 이해되고 있다.[23]

공정거래법 제115조는 "법원은 이 법을 위반한 행위로 손해가 발생한 것은 인정되나 그 손해액을 입증하기 위하여 필요한 사실을 입증하는 것이 해당 사실의 성질상 매우 곤란한 경우에 변론 전체의 취지와 증거조사의 결과에 기초하여 상당한 손해액을 인정할 수 있다"고 정하고 있다. 위 규정은 피해자들이 차액설에 따른 손해액 주장 · 증명에 겪는 어려움을 완화하여 주기 위해 도입되었다. 하지만 구체적 사례로 들어가서 살펴보면 거래상 지위남용행위로 인한 손해가 무엇이고, 구체적으로 어떻게 산정해야 하는지 판단이 쉽지 않다.

이하에서는 실무상 문제되는 손해의 증명과 관련하여 유형별로 구분해 살펴본다.

나. 구입강제

(1) 의의

구입강제란 거래상대방이 구입할 의사가 없는 상품 또는 용역을 구매하도록 강제하는 행위를 말한다. 신제품을 출시하면서 대리점에 구입을 강요하거나, 계속적 거래관계에 있는 판매업자에게 주문하지도 않은 상품을 임의로 공급하고 반품을 허용하지 않는 사례가 대표적이다. 사업자와 그 상대방 사이에 매매계약

23) 권영준, "공정거래법상 가격담합사건에 있어서 손해배상액 산정", 「경제규제와 법」, 제7권 제2호, 서울대학교 공익산업법센터, 2014, 172－175면.

이 명시적 또는 묵시적으로 체결되는 경우가 많고, 그 매매계약이 무효라고 인정되는 사례가 적으며, 무엇보다 피해자가 매매계약의 무효를 원하지 않는 경우[24]가 적지 않아 손해배상청구는 가장 중요한 구제수단이다.

(2) 강제출고로 인한 손해액 인정에 관한 판결

(가) 서울고등법원 2017.1.26. 선고 2016두2004301 판결[25]에서 강제출고로 인한 손해액 산정이 문제되었다. 법원은 강제출고로 인한 손해액을 산정하기 위해서는 원고가 피고로부터 공급받은 제품에 대한 출고가액에서 피고로부터 공급받은 제품을 원고의 거래처에 판매하거나 증정하는 등으로 얻게 되는 이익액 및 강제출고로 인해 원고가 얻은 프로모션 금액 등의 이득액을 공제하고, 판매되거나 증정되지 않고 폐기되는 제품에 대한 폐기처리비용 및 판매되거나 증정된 제품과 관련하여 추가되는 운송비용을 가산하는 방법으로 산정해야 하고, 이를 위해서는 정상가격으로 거래처에 판매된 제품, 할인된 가격으로 거래처에 판매된 제품, 거래처에 증정된 제품, 거래처에 판매되거나 증정되지 않은 제품을 명확히 구분해야 하는데, 이 사건 강제출고가 이루어진 기간 및 횟수, 제품 품목수, 각 제품의 특성, 원고와 피고 사이의 전체 거래 내역 등에 비추어 보면, 이 사건 강제출고로 공급된 모든 제품에 대하여 위와 같은 구분을 하여 구체적인 액수를 입증하는 것은 그 성질상 극히 곤란하다는 이유 등으로 구 공정거래법 제57조에 따라 출고가격의 60%를 손해로 인정하였다.

(나) 서울고등법원 2017.7.7. 선고 2016나2001302, 2001319(병합) 판결에서도 강제출고로 인한 손해가 문제 되었다. 이 사안은 사업자가 대리점이 주문하지 않은 유통기한이 임박한 제품, 회전율이 낮은 비인기 제품 등을 대리점에 공급한 다음, 전산관리프로그램을 통해 위와 같이 공급한 수량을 최종 주문량으로 확정하여 대리점으로 하여금 대금을 결제하게 한 행위가 문제가 되었다. 법원은 구입강제 행위로 인한 손해는 구입강제 당한 제품의 매입액에서 그 제품을 처분함으로써 발생한 매출액을 공제한

24) 피해자가 사업자로부터 구매한 상품 중 상당 부분을 소비자 등에게 매각한 경우에는 피해자 역시 매매계약 전체의 무효를 원치 않는 경우가 많다.

25) 이 판결은 대법원 2017.5.16.자 2017다212361 판결(심리불속행기각)로 확정되었다.

> 금액이 될 것을 전제로, ① 원고가 자신의 영업 관련 자료를 보유하고 있지 않고, ② 사업자가 과거의 자료 중 일부를 삭제하는 등 대리점의 정확한 주문내역을 할 수 없게 하였으며, ③ 대리점과 사업자의 거래는 그 대상 품목이 매우 다양할 뿐만 아니라 대리점이 주문한 물품량, 구입강제로 인하여 추가된 물품량, 사업자가 지원하는 행사를 위한 물품량, 반품량 등이 매일 복잡하게 발생하였던 점, ④ 대리점의 매입액과 매출액을 증거에 의하여 인정할 수 있다고 하더라도 그 중 구입강제 당한 제품의 매입액과 매출액이 정확하게 얼마인지 특정할 방법이 없는 점 등을 고려하면, 이 사건은 공정거래법을 위반한 행위로 손해가 발생한 것은 인정되나 그 손해액을 입증하기 위하여 필요한 사실을 입증하는 것이 해당 사실의 성질상 극히 곤란한 경우에 해당한다는 이유로 구 공정거래법 제57조에 따라 대리점이 입은 손해액을 총 매출액의 7%로 정하였다.

위 판결의 상고심인 대법원 2017.12.5. 선고 2017다252987, 2017다252994(병합) 판결은 원심이 구 공정거래법 제57조에 따라 대리점이 입은 손해액을 매출액의 7%로 정한 사실인정과 판단에 대해 손해배상책임의 범위에 관한 법리를 오해하거나 논리와 경험의 법칙에 반하여 자유심증주의의 한계를 벗어나 사실을 오인하여 필요한 심리를 다하지 아니하는 등의 잘못이 없다는 이유 등으로 피고의 상고를 기각하였다.

(3) 시사점

앞서 본 판결들에 잘 나타난 바와 같이 원고가 구입강제로 인한 손해액을 정확히 증명하는 것은 쉽지 않다. 우선 구입강제로 인한 '손해액'을 어떤 기준에 따라 산정해야 하는지 문제된다. 사업자가 대리점으로부터 받은 대금 자체를 손해로 본 1심판결도 있으나, 구입강제 사안은 대부분 사업자와 거래상대방 사이에 매매계약 체결이 인정된다는 점에서 거래상대방이 사업자에게 지급한 매매대금 자체를 손해액으로 인정하는 것에는 무리가 있다.

손해액 산정 기준을 정하더라도 구입강제는 대부분 장기간에 걸쳐 이루어지고 거래상대방이 영세업자인 경우가 많아 피해자가 그에 관한 증거를 확보하지 못하는 사례가 많다. 손해와 손해액의 증명책임이 원고인 피해자에게 있는 이상 피해자는 그 입증 곤란으로 인한 불이익을 부담하게 된다.

실무상 구입강제로 인한 손해액은 공정거래법 제115조에 따라 산정하는 경우가 많다. 다만 법원이 위 규정을 적용하여 손해액을 인정할 때에도 손해액 산정의 근거가 되는 간접사실들의 탐색에 최선의 노력을 다해야 하고 탐색해 낸 간접사실들을 합리적으로 평가하여 객관적으로 수긍할 수 있는 손해액을 산정하여야 한다(대법원 2016.11.24. 선고 2014다81511 판결).

그렇다면 공정거래법 제115조를 적용하여 구입강제로 인한 손해액은 어떻게 산정할 수 있을까? 이는 사실인정의 문제로 일률적으로 말하기는 어려우나, 구입강제가 일어난 기간 중의 매출액 중 일정 비율을 손해액으로 인정하는 방식으로 손해액을 산정하는 사례가 많다. 따라서 피해자는 최소한 구입강제가 있었던 기간 중의 매출액과 구입강제로 인해 매입할 수밖에 없었던 상품이 매출액에서 차지하는 대략적인 비율 정도를 알 수 있는 증거를 제출할 필요는 있다.

다. 이익제공강요

(1) 의의

이익제공강요란 거래상대방에게 자기를 위하여 금전·물품·용역 기타의 경제상 이익을 제공하도록 강요하는 행위를 말한다. 병원의 의약품 거래와 관련하여 보험삭감액에 상당하는 경제적 손실을 제약업체에 전가하는 행위가 그 예이다.

(2) 이익제공강요로 인한 손해액 인정에 관한 판결

(가) 대법원 2009.7.23. 선고 2008다40526 판결에서 거래상 우월한 지위를 가진 대규모소매업자가 납품업자에게 협력사원을 파견하게 하여 그 협력사원을 납품한 상품 등의 판매업무에 종사하게 하였는데, 그 행위로 인해 납품업자가 입은 손해액이 문제되었다.

원심인 서울고등법원 2008.5.16. 선고 2006나67017 판결은 대규모소매업자인 피고는 원고가 파견한 협력사원을 1일 2시간 정도 피고의 매장에서 원고가 납품하지 아니한 상품의 판매업무에 종사하게 한 부분에 한하여 불법행위책임이 있다고 보고, 협력사원이 원고가 납품하지 아니한 상품의 판매업무에 종사한 1일 2시간에 상응하는 급여 상당액에 대해서만 손해배상책임만을 인정하였다.

그런데 대법원은 피고가 원고로 하여금 협력사원을 파견하게 한 행위 자체가 불법행위라고 보고, 그로 인하여 원고가 입은 손해의 범위는 다른 특별한 사정이 없는 한위와 같은불공정거래행위가 없었더라면 원고가 지출하지 않았을 비용, 즉, 원고가 지출한 인건비 등 비용의 합계액이 손해라고 판단하였다. 다만 협력사원 파견으로 얻은 매출의 확대 등 이익이 있었던 점을 감안하여 신의칙 내지 공평의 원칙을 고려하여 책임을 제한할 수 있다고 하여 원심판결에 이익제공강요행위에 의한 불법행위의 성립과 그 손해배상의 범위에 관한 법리를 오해하여 판결에 영향을 미친 잘못이 있다고 하여 항소심판결을 파기환송하였고, 이후 원고와 피고 사이에 조정이 성립하였다.

(나) 대법원 2017.12.5. 선고 2017다252987 판결에서는 제조업체가 이마트, 홈플러스와 같은 대형매장의 요구에 따라 각 지역 매장에 제품 관리 등을 담당할 진열판촉사원을 파견하면서 제조업체가 지급해야 할 임금을 대리점주들에게 지급하도록 한 경우, 그 임금 전가로 인한 손해액을 어떻게 산정해야 하는지 문제 되었다.

원심인 서울고등법원 2017. 7. 7. 선고 2016나2001302, 2016나2001319(병합) 판결은 진열판촉사원의 투입으로 대리점주의 매출도 증대되는 부수적인 효과를 얻을 수 있다는 점을 고려하면 대리점주가 진열판촉사원에게 지급해야 할 임금은 실제 지급한 임금의 1/3임을 전제로 대리점주가 입은 손해는 대리점주가 진열판촉사원에게 실제로 지급한 임금액 중 피고의 지원금을 공제하고 남은 부담액에서 대리점주가 부담하여야 할 의무가 있는 금액 1/3을 공제한 금액이라고 판단하였고, 대법원은 원심의 판단이 정당하다고 보았다.

(3) 시사점

협력사원 파견으로 인한 손해액의 경우 구입강제로 인한 손해액과 달리 공정거래법 제115조를 적용하지 않고 바로 손해액을 산정한 판결이 많다. 이는 이익제공행위라는 불공정거래행위가 인정되면, 그로 인한 손해는 피해자가 지출한 비용 전체를 손해로 볼 수 있어 상대적으로 그 증명이 용이하기 때문으로 보인다.

다만 대법원 2008다40526 판결은 피해자가 지출한 비용 전체가 손해임을 전제로 그 비용으로 피해자 역시 일부 이익을 얻었다는 점을 고려해 그 손해배상책임을 제한할 수 있다고 본 반면, 대법원 2017다252987 판결은 대리점주가 지급한 임금 전체를 손해로 보지 않고 판촉사원에게 지급한 임금 중 일부만을 손해로 보았는데, 양자가 손해의 범위를 달리 본 이유가 명확하지는 않다. 직접 사원을 파견하였는지, 아니면 임금만 대신 지급하였는지에 따라 손해의 범위를 달리 본 것으로 이해할 여지가 있지만, 그에 따라 손해의 범위가 달라질 수 있는지에 대해서는 더 깊은 검토가 필요하다.

라. 판매목표강제

(1) 의의

자기가 공급하는 상품 또는 용역과 관련하여 거래상대방의 거래에 관한 목표를 제시하고 이를 달성하도록 강제하는 행위를 말한다. '판매목표강제'에서 '목표를 제시하고 이를 달성하도록 강제하는 행위'에는 상대방이 목표를 달성하지 않을 수 없는 객관적인 상황을 만들어 내는 것을 포함하고, 사업자가 일방적으로 상대방에게 목표를 제시하고 이를 달성하도록 강제하는 경우뿐만 아니라 사업자와 상대방의 의사가 합치된 계약 형식으로 목표가 설정되는 경우도 포함한다(대법원 2011.5.13. 선고 2009두24108 판결).

(2) 판매목표강제로 인한 손해액 관련 판결

서울고등법원 2014.3.20. 선고 2012나95464 판결(상고되었으나 대법원에서 심리불속행기각으로 확정)에서는 초고속인터넷 서비스 사업자가 대리점에 판매목표를 강제하였고, 그로 인해 대리점이 사업자로부터 판매에 따라 받을 수 있는 수수료보다 더 많은 현금과 사은품을 지급하여 신규가입자를 유치한 경우에 그 손해액 산정이 문제되었다.

1심판결[26]은 판매목표 강제행위로 입은 손해의 범위는 특별한 사정이 없는 한 판매목표를 강제하여 신규가입자를 유치하는 과정에서 발생한 비용의 합계액에서 신규가입자 유치로 인해 발생한 수익을 뺀 나머지 금액으로 보는 것이 타당하다면서, 원고들이 비용 및 수익의 구체적인 내용을 체계적으로 관리하지 않았거나 관리가 어려웠다고 보이고, 원고들의 손해가 장기간에 걸쳐 누적되어 손해액의 구체적 산정을 위한 근거 자료들이 일부 멸실된 점 등을 고려하여 손해액을 입증하기 위하여 필요한 사실을 입증하는 것이 해당 사실의 성질상 극히 곤란하다고 보았다. 그에 따라 구 공정거래법 제57조를 적용하여 원고들이 주장하는 영업비용이나 개통비용 등을 폭넓게 인정하되 신규가입자 유치와 직접적 관련이

26) 서울중앙지방법원 2012.9.27. 선고 2010가합132461 판결.

없는 수수료를 포함한 수수료 전부를 비용으로 공제하는 방식으로 손해액을 인정하였다.

그러나 항소심판결은 사업자가 판매목표를 제시하고 판매목표를 달성하지 못할 경우 불이익을 주거나 줄 것처럼 고지하였다 하더라도 이는 원고들로 하여금 신규가입자 유치를 위해 노력하도록 촉구하거나 독려하기 위한 것으로 정상적인 거래 관행을 벗어난 것이라고 볼 수 없으므로, 이를 공정거래법에서 정한 불공정거래행위라고 볼 수 없다고 판단하였다.

다만 항소심판결은 손해 발생에 관해 다음과 같은 부가적 판단을 하였다. 즉, 구 공정거래법 제57조에서 불공정거래행위로 인하여 손해를 입은 피해자들에게 손해액의 입증에 필요한 사실의 입증 책임을 완화하였지만, 그 손해 발생 및 인과관계에 대한 입증책임이 면제되는 것은 아닌데, 원고들이 대리점은 운영하면서 지출하였다는 비용을 인정할 증거가 없고, 원고들 주장과 같은 비용을 지출하였다고 하더라도 그 비용에는 피고의 불공정거래행위가 없었더라도 원고들이 영업을 하기 위하여 지출하였어야 할 비용이 포함되어 있으므로, 피고의 불공정거래행위와 인과관계 있는 비용을 구별하지 않고 곧바로 전체 비용에서 피고로부터 받은 수수료 등을 공제한 금액을 피고의 불공정거래행위로 인한 원고들의 손해라고 인정할 수 없어 피고의 불공정거래행위가 인정된다고 하더라도 그로 인해 원고들에게 손해가 발생하였음을 인정하기 어렵다고 하였다.

(3) 시사점

판매목표강제로 인한 손해액과 관련한 위 서울고등법원 2012나95464 판결은 공정거래법 제115조가 갖는 의미를 잘 보여준다. 공정거래법 제115조는 손해가 발생한 경우 손해액의 증명을 완화한 것이지 손해 발생의 증명을 완화한 것은 아니다.

다만 손해 발생 증명과 손해액 증명은 논리적으로 구분되기는 하지만, 현실적으로 손해 발생과 손해액 산정이 명확히 구분되지는 않는 측면이 있다. 판매목표강제의 사례를 예로 살펴보면, 피해자는 불공정거래행위가 없었다면 원고가 지출하지 않았을 비용이 불공정거래행위로 인해 원고가 얻은 이익보다 크다는 사실, 즉, 손해 발생을 먼저 증명해야 하는데 이는 손해액 증명과 실질적으로 큰 차이가 없다.

4. 검토

종래 공정거래법의 사적집행 강화를 위한 제도 개선은 주로 손해액 증명 완화에 집중되었다. 공정거래법 제115조나 공정거래법 전부개정안에 마련된 자료제출명령제도가 중요한 보완책인 것은 사실이지만, 그에 못지않게 위반행위 자체의 증명을 지원할 제도적 장치가 필요하다. 그렇다고 사업자가 보유한 내부자료를 피해자에게 광범위하게 제공하도록 하면 사업자의 영업비밀을 침해하는 등 그 폐해가 과도할 수 있다. 피해자의 권리구제와 사업자의 영업비밀 보호를 정밀하게 비교형량한 제도 설계가 필요하다.

또한 손해액 증명에 관하여 보면, 자료제출명령제도가 피해자의 손해 또는 손해액 증명에 어느 정도 실질적으로 기여하는지 평가하기는 아직 이르다. 다만 공정거래법 제115조가 실제 사건에 있어 피해자 구제에 상당한 도움을 주는 점은 분명하다. 공정거래법 제115조를 통한 피해자 구제를 실질화하기 위해서는 거래상 지위남용행위의 유형별 손해액 산정 방법을 체계적으로 연구해 피해자들이 활용할 수 있도록 할 필요가 있다.

V. 거래상 지위남용행위의 사법상 효력

1. 개설

공정거래법은 부당한 공동행위의 사법적 효력을 무효로 보는 것 외에는 거래상 지위남용행위를 포함한 불공정거래행위의 사법상 효력에 관해 별다른 규정을 두고 있지 않다. 다만 거래상 지위남용행위의 사법상 효력을 무효로 하는 규정을 두고 있는 개별 법률이 늘어나고 있고[27], 약관의 형식으로 이루어진 경우에는 약관법에 따라 그 사법상 효력이 결정된다.

개별 법률의 사법상 효력 관련 규정이 적용되지 않거나 약관법이 적용되지 않는 경우에 거래상 지위남용행위의 사법상 효력에 대해서는 다소 복잡한 논의가 있다. 거래상 지위남용행위의 태양이 다양하기 때문에 일률적으로 유무효를 단정하기 어렵기 때문이다.

---

27) 건설산업기본법 제22조 제5항, 하도급거래 공정화에 관한 법률 제3조의4 제3항 등.

2. 사법상 효력에 관한 학설 및 판례

가. 들어가며

개별 특별법에서 거래상 지위남용행위의 효력을 무효라고 정하고 있거나 약관규제법이 적용되는 때에는 각 개별 법률 규정에 따르면 된다. 특별법이나 약관규제법이 적용되지 않는 거래상 지위남용행위의 효력에 관해서는 종래 다양한 견해가 주장되었다.

나. 학설

(1) 무효설

거래상 지위의 남용행위는 최소한 신의칙이나 선량한 풍속을 위반하는 등 민법의 일반원칙에 반하는 행위여야 한다는 것을 전제로, 거래상 지위의 남용행위에 해당될 정도라면 모두 민법 제2조 혹은 제103조 위반행위가 되어야 한다고 주장한다. 이 견해에 따르면 거래상 지위 남용행위는 모두 사회질서에 반하여 무효이다.[28]

(2) 원칙적 무효설

이 견해는 공정거래법 위반행위는 원칙적으로 헌법상의 경제질서를 해치고 민법의 기본원리인 계약의 자유를 해친다는 점에서 선량한 풍속 기타 사회질서에 위반하는 것으로 무효로 보아야 한다고 한다.[29] 다만 그와 같은 법률행위를 근거로 하여 이미 법률관계가 형성되어 있어서 그 행위를 무효로 하는 경우 거래관계에 상당한 혼란을 초래할 우려가 있는 경우이거나 위반의 정도가 미약하여 그 법률행위를 무효로 하는 것이 일방당사자에게 지나치게 가혹한 경우 등과 같이 그 위반행위를 무효로 하는 것이 부적절한 경우에는 비록 법위반행위가 있다고 하더라도 이를 유효라고 보는 것이 타당하다고 한다.

(3) 개별적 해결설

불공정거래행위 위반 행위의 태양이 다양하므로 사법적 효력을 일률적으로 결정하는 것은 무리가 있으므로 구체적 사안에 따라 안전의 존중에 필요한 한도에서 사법관계의 안정을 도모하면서 공정거래법의 취지와 거래 안전을 고려하여

---

28) 변동열, "거래상 지위의 남용행위와 경쟁", 「저스티스」 제34권 제4호, 한국법학원, 2001, 187－190면.

29) 권오승 · 이민호, "경쟁질서와 사법상의 법률관계", 「비교사법」 14권, 한국비교사법학회, 2007, 81면.

무효의 범위를 결정하자는 견해이다.[30]

다. 판례

대법원 2017. 9. 7. 선고 2017다229048 판결은 거래상 지위의 남용행위가 공정거래법상 불공정거래행위에 해당하는 것과 별개로 위와 같은 행위를 실현시키고자 하는 사업자와 상대방 사이의 약정이 경제력의 차이로 인하여 우월한 지위에 있는 사업자가 그 지위를 이용하여 자기는 부당한 이득을 얻고 상대방에게는 과도한 반대급부 또는 기타의 부당한 부담을 지우는 것으로 평가할 수 있는 경우에는 선량한 풍속 기타 사회질서에 위반하는 법률행위로서 무효라고 할 것이다라고 판시하였다.

3. 검토

가. 거래상 지위남용금지 규정의 성격

대법원은 거래상 지위남용금지 규정을 강행규정이 아닌 단속규정으로 보고 있지 않다. 앞서 본 학설들 역시 거래상 지위남용금지 규정을 강행규정으로 보지는 않고 있다. 거래상 지위남용금지의 특별법적 성격을 가진 개별 법률에서 개별적으로 특정 법률행위를 무효로 보는 규정을 두고 있는 점을 고려하면, 거래상 지위남용금지 규정을 강행규정으로 보기는 어렵다.[31] 나아가 손해배상청구를 통해 사업자에게 귀속되었던 경제적 이익을 일부 박탈할 수 있다는 점, 거래상 지위남용금지 규정을 강행규정으로 볼 경우 거래안전이 침해될 우려가 있다는 점 등을 더하여 보면, 거래상 지위남용금지 규정은 단속규정으로 보는 것이 타당하다.

나. 거래상 지위남용금지와 민법 제103조의 관계

거래상 지위남용행위 중 그 불법의 정도가 지나치게 큰 경우에는 민법 제103조 위반으로 볼 수 있음은 분명하다. 다만 거래상 지위남용행위가 원칙적으로 민법 제103조 위반이라고 볼 수는 없다.

---

30) 홍대식, “독점규제법상 불공정거래행위의 사법적 효력”, 「사법논집」 제30집, 대법원 법원행정처, 1999, 167면.

31) 공정거래법의 여러 조항을 체계적으로 구성해볼 때 불공정거래행위라도 원칙적으로 무효로 보는 것이 타당하고, 불공정거래행위가 예외적으로 무효인 경우에도 그것은 장래에 향하여 무효일 뿐이며, 소급효가 없는 것으로 보아야 하지만, 피해자가 민법 제103조의 양속위반을 이유로 불공정거래행위인 계약의 무효를 주장하는 경우에는 법원이 당해 계약을 무효로 판결할 수 있으며, 이때의 무효는 소급효를 갖는다는 견해도 있다(이봉의, 같은 책, 967, 968면).

거래상 지위남용행위를 통해 체결된 계약이 민법 제103조에 반한다고 볼 경우, 원칙적으로 사업자와 피해자 모두 이미 이행한 급부의 반환을 구할 수 없다. 문제는 민법 제746조 단서에 해당하지 않는 한 피해자는 사업자를 상대로 손해배상청구도 할 수 없다는 점에 있다.[32]

이에 대해 불법성비교론을 통해 앞서 제기된 문제를 해결하자는 주장이 있을 수 있다. 즉, 사업자의 불법성이 피해자의 불법성보다 현저히 크다고 보는 것이다. 그렇게 보면 피해자는 사업자를 상대로 계약의 무효를 주장할 수 있음은 물론 손해배상도 구할 수 있다. 문제는 거래상 지위의 남용행위로 매매와 같은 쌍무계약이 체결된 경우에 생긴다. 예컨대 사업자 A가 거래상 지위를 남용하여 피해자 B로부터 시가 1억원의 토지를 8,000만원에 매수하였고, 이후 계약이 모두 이행된 사안을 가정하여 보자. 위 매매계약이 민법 제104조 위반으로 무효라고 본다면, B는 A로부터 토지의 반환을 구할 수 있는 반면 A는 B에게 이미 지급된 매매대금의 반환을 구할 수 없다. 만약 B가 토지를 C에게 매도한 때에는 C의 신뢰 역시 보호받을 수 없다.

이처럼 사업자와 피해자 사이의 이익형량 문제, 제3자의 신뢰보호 문제 등을 고려하면 거래상 지위남용행위가 인정되어도 민법 제104조 위반은 극히 예외적인 경우 외에는 인정해서는 안된다. 그리고 민법 제103조 위반으로 볼 경우, 오히려 피해자 구제가 외면된다는 점에서 거래상 지위남용금지 규정의 취지가 몰각될 위험이 있다.

결국 거래상 지위남용행위를 민법 제103조 또는 민법 제104조 위반이라고 보는 것에는 신중할 필요가 있다.

다. 거래상 지위남용행위와 권리남용

거래상 지위의 남용행위 금지 규정이 단속규정에 해당하고, 민법 제103조 또

---

32) 불법의 원인으로 재산을 급여한 사람은 상대방 수령자가 그 '불법의 원인'에 가공하였다고 하더라도 상대방에게만 불법의 원인이 있거나 그의 불법성이 급여자의 불법성보다 현저히 크다고 평가되는 등으로 제반 사정에 비추어 급여자의 손해배상청구를 인정하지 아니하는 것이 오히려 사회상규에 명백히 반한다고 평가될 수 있는 특별한 사정이 없는 한 상대방의 불법행위를 이유로 그 재산의 급여로 말미암아 발생한 자신의 손해를 배상할 것을 주장할 수 없다고 할 것이다. 그와 같은 경우에 급여자의 위와 같은 손해배상청구를 인용한다면, 이는 급여자는 결국 자신이 행한급부 자체 또는 그 경제적 동일물을 환수하는 것과 다름없는 결과가 되어, 민법 제746조에서 실정법적으로 구체화된 법이념에 반하게 되는 것이다(대법원 2013.8.22. 선고 2013다35412 판결).

는 제104조 위반은 극히 예외적인 경우에만 인정되므로, 대부분의 거래상 지위의 남용행위에 기한 계약은 사법상 유효한 계약으로 볼 수밖에 없다. 문제는 대상 판결 사안과 같이 사업자가 피해자를 상대로 거래상 지위남용행위에 기한 계약을 근거로 이행청구를 한 경우에 생긴다. 피해자는 위법한 계약의 이행으로 실질적인 손해가 발생하기 전에 그 계약의 이행자체를 거절할 수 있어야 한다.

사업자의 사법상 권리행사가 공정거래법에 위반된다는 사실이 곧바로 거래상 대방의 항변 사유가 되지는 않는다.[33] 그러나 공정거래법이 경제질서의 기본법인 점이나 채권의 행사에도 민법의 대원칙인 신의성실의 원칙과 권리남용금지의 원칙이 적용된다는 점을 고려하면, 사안에 따라서는 공정거래법에 위반한 권리행사가 권리남용으로 인정될 수 있다. 물론 권리남용 여부는 해당 계약을 체결하게 된 목적과 경위, 상대방이 해당 계약에 기한 이행청구를 하게 된 구체적 · 개별적 사정을 종합하여 판단할 수밖에 없지만, 그 판단을 함에 있어 고려할 수 있는 형량 요소를 미리 살펴볼 필요가 있다.

(1) 거래상 지위남용행위를 한 사업자의 신뢰보호 필요성

사업자는 법원의 판결을 통해 그 계약을 강제로 이행 받더라도, 피해자에게 그로 인해 입은 손해를 배상해야 한다. 사업자가 거래상 지위를 남용하여 체결한 계약에 대해 갖는 신뢰는 사업자의 위법행위가 기인한 것으로, 정당한 신뢰라고 보기 어렵다. 위와 같은 측면을 고려하면, 일반적으로 사업자가 거래상의 지위를 남용하여 체결된 계약에 대한 사업자의 신뢰는 보호할 가치가 크다고 볼 수 없다.

다만 피해자가 사업자에게 그 계약이 이행되리라는 신의를 부여하였고, 사업자가 그 계약이 이행되리라 믿고 그에 상당한 준비를 한 경우 등에는 사업자의 신뢰를 보호할 필요가 있을 것이다.

(2) 피해자 보호의 필요성

해당 계약의 체결과정이나 이행과정 등을 종합하여 볼 때, 피해자를 보호할 필요가 있는지는 피해자의 권리남용 항변을 인정함에 있어 중요한 고려 요소임은 분명하다. 피해자는 거래상 지위의 남용행위로 원치않는 위법한 계약을 체결한 것이고, 피해자가 사업자의 신뢰에 반하여 계약 이행을 거절하겠다는 의사는 위법행위에 응하지 않겠다는 것이므로, 피해자의 위와 같은 거절의사는 보호할 필요가 있다.

---

33) 권영준, “특허권 남용의 법리와 그 관련 문제”, 「산업재산권」 제36호, 2011, 219면.

다만 사업자와 피해자의 관계를 전체적으로 살펴볼 때, 피해자가 사업자와의 거래관계에서 상당한 이익을 본 경우에는 특정 계약이 피해자에게 다소 불리하다고 하여 그 계약의 이행을 청구하는 것이 곧바로 권리남용이라고 보기는 어려울 것이다.

(3) 제3자의 신뢰보호 여부

일반적으로 계약이 이행되기 전 단계에서는 그 계약으로 인해 형성된 외관이 없으므로 제3자의 신뢰를 보호할 필요가 크지 않다. 다만 예외적으로 제3자에게 해당 계약이 이행되리라는 정당한 신뢰가 부여된 경우에는 제3자의 신뢰 역시 고려할 필요가 있다.

(4) 법률관계의 불안정성

피해자의 권리남용항변을 인정할 경우, 사안에 따라서는 사업자와 피해자의 법률관계가 지나치게 불안정한 상태로 지속될 수 있다. 거래상 지위의 남용행위를 이유로 한 권리남용 항변은 그 행사기간에 아무런 제한이 없다. 피해자에게 권리남용 항변이 인정되면, 사업자와 피해자 사이에 거래관계가 종료된 후에도 그 계약이 언제 이행될지 알 수 없는 상황에 놓이게 된다.

반면 피해자는 언제든지 사업자를 상대로 그 계약의 이행을 구할 수 있다. 예컨대, 계약의 목적물이 시기에 따라 가격에 등락이 큰 주식이라면 피해자는 원하는 시기에 그 계약의 이행을 구할 수 있다. 또한 건설업에 종사하는 사업자가 거래상 지위를 남용하여 피해자에게 미분양 아파트를 양도하는 계약을 체결하였는데, 피해자가 계약금과 중도금 중 일부만 지급하고 나머지 중도금과 잔금 지급을 거부한다면, 사업자는 그 아파트를 영원히 매도하지 못하고 피해자를 상대로 매매계약의 이행을 구할 수도 없는 상황에 놓이게 된다.

이러한 피해자의 권리남용항변을 인정할 경우의 법률관계, 특히 그로 인해 불안정한 법률관계가 장기간 지속될 가능성이 있는지 역시 권리남용항변을 인정함에 있어 고려할 필요가 있다.

라. 소결

거래상 지위남용행위의 사법상 효력 문제는 거래상 지위남용행위에 대한 손해배상청구나 금지청구 못지않게 중요한 문제다. 거래상 지위남용행위가 무효임을 이유로 하는 피해자의 부당이득반환청구는 과실상계가 인정될 수 있는 거래상 지위남용행위가 위법함을 이유로 하는 손해배상청구보다 피해자 구제에 더 충실할 수 있고, 공정거래법에 근거한 금지청구권을 인정하지 않더라도 계약의 효력 등에 근거하여 사업자의 위법한 침해행위의 중단을 구할 수 있기 때문이다.

그렇다면 현행법상 거래상 지위의 남용행위의 사법상 효력은 어떠한가? 거래상 지위남용금지 규정은 강행규정으로 볼 수 없으므로 원칙적으로 유효로 보되 개별적 · 구체적 사정을 고려하여 민법 제2조 또는 민법 제103조 인정 여부를 판단할 수밖에 없다. 다만 민법 제103조 위반을 인정할 경우 거래안전이 침해되고, 경우에 따라서는 거래상 지위남용행위를 금지하는 취지가 몰각될 수 있으므로, 거래상 지위남용행위를 민법 제103조 위반이라고 보는 것에는 신중할 필요가 있다. 반면 거래상 지위남용행위를 이유로 한 권리남용 항변은 구체적 사정을 종합하여 인정 여부가 결정되겠지만, 실무상 활용될 가능성이 높다고 보인다. 권리남용 항변을 인정으로 인해 침해되는 사업자의 신뢰는 보호가치가 적은 반면, 그로 인해 제3자의 신뢰가 침해될 여지가 적으며, 과거 법원이 공정거래법위반을 이유로 한 권리남용 항변을 인정한 예도 있기 때문이다.

VI. 결론

공정거래법 집행의 중심인 공정거래위원회의 행정적 집행은 경쟁질서 보호 목적을 달성하는 데에는 적합할 수 있으나 피해자 보호의 목적을 달성하기에는 부족한 면이 있다. 사적집행의 활성화는 공적집행을 보완하여 거래상 지위남용행위에 대한 억제 효과를 높일 수 있음은 물론 피해자 구제 목적을 달성할 수 있는 장점이 있다.

종래 공정거래법의 사적집행 활성화는 주로 공정거래법 제115조와 자료제출명령 등을 통한 손해와 손해액 증명 완화에 초점이 있었다. 그러나 피해자의 실질적 구제를 위해서는 위반행위 자체의 증명에 대한 지원 역시 필요하다. 다만 사업자의 내부자료를 광범위하게 제공하게 하면 사업자의 영업비밀이 침해될 수 있으므로, 피해자의 권리구제와 사업자의 영업비밀보호를 조화시키는 정밀한 제도 설계가 필요하다. 또한 공정거래법 제115조를 통한 피해자의 실질적 구제를 위해서는 거래상 지위남용행위의 유형별 손해 산정 방법에 대한 연구 역시 뒤따라야 한다.

거래상 지위남용행위의 사법상 효력과 관련하여, 거래상 지위남용금지 규정을 강행규정으로 볼 수 없으므로, 그 효력은 사안에 따라 여러 사정을 종합하여 개별적으로 판단해야 한다. 다만 민법 제103조 위반을 인정하는 것은 거래의 안전을 침해할 우려가 있으므로 거래상 지위남용행위 중에서도 반사회성이 큰 경우에만 예외적으로 민법 제103조 위반으로 보아야할 것이다. 권리남용항변을 인정할지 여부는 사안에 따라 개별적 · 구체적으로 판단할 수밖에 없으나, 사업자의 신뢰보호 필요성, 피해자 구제 필요성, 제3자의 신뢰 침해 여부 등을 고려하면, 권리남용항변은 실무상 활용될 가능성이 높다고 생각된다.

제3장

공정거래법상 일감몰아주기에 관한 연구*

- 백승엽 -

I. 서론

공정거래법 제23조 제1항 제7호 가목 소정의 일감몰아주기를 포함한 부당지원행위제도는 우리나라의 경제 현실에서 큰 비중을 차지하고 있는 재벌의 내부거래가 공정한 경쟁질서에 미치는 폐해를 시정하기 위한 제도로서 외국에서는 그 유례를 찾기 힘든 우리나라만의 독특한 제도라고 할 수 있다.

부당지원행위 금지규정은 1996년 제5차 공정거래법 개정 시 제23조 제1항 제7호로 도입된 후, 공정거래위원회의 부당지원행위에 대한 시정조치 및 과징금 부과처분 등에 대한 행정소송 과정에서 대법원판결이 집적되면서 관련 법리가 정립됨에 따라 부당지원행위의 발생빈도가 급감하는 등 효과가 있었다. 그러나 부당지원행위 금지규정이 터널링(tunneling) 등 대기업집단 총수 일가의 사익편취행위를 규제하는 데 한계가 발생함에 따라 대규모기업집단 내 특수관계인의 사익편취행위의 폐해를 시정하기 위해 국회는 공정거래법 제23조의2를 신설하였다.

일감몰아주기가 법률에서 명확하게 정의된 용어가 아니다 보니 위 용어를 사용하고 있는 문헌마다 개념의 포섭범위가 다양한데, 이 논문에서 다루고자 하는

* 이 글은 필자, 공정거래법상 일감몰아주기에 관한 연구, 서울대학교 법학전문대학원 전문박사 학위논문(2017. 2.)의 주된 내용을 간략히 요약한 것입니다.

일감몰아주기는 공정거래법 제23조 제1항 제7호 가목의 규모성 지원행위와 공정거래법 제23조의2 제1항 제4호 소정의 '합리적 고려나 비교 없이 상당한 규모로 거래하는 행위'를 통한 이익제공행위 유형을 일컫는다.[1)]

일감몰아주기는 거래상대방에게 안정적인 판로를 확보해 주고 경영상 불확실성을 감소시켜 줄 수 있는데 특히 거래상대방이 중소기업인 경우 생존능력을 높여주는 순기능을 수행할 수도 있다. 대량거래에 따른 내부적 비용의 절감효과로 인해 생산적 효율성이 창출될 수도 있으며, 지원객체인 신규진입자가 안정적으로 시장에 정착하여 경쟁의 양적 팽창에 기여하기도 한다.[2)]

일감몰아주기가 가지고 있는 이러한 긍정적인 측면에도 불구하고 대규모기업집단 계열회사 간의 일감몰아주기는 총수 일가의 편법적인 상속방법으로 활용될 수 있는데다 지원객체인 계열회사는 모회사가 존속하는 한, 안정적인 매출과 이익을 보장받게 되어 이를 소유한 총수 일가에게 위험 부담 없이 막대한 부를 창출할 수 있게 해 주는 결과를 초래하기도 한다. 현실적으로 일감몰아주기가 대규모기업집단 내 총수 일가에 의한 사익편취, 탈세, 경영권 승계 등의 수단으로 활용되어 온 측면이 크다 보니 회사법, 상속세 및 증여세법, 공정거래법 등에서 다양한 규제 장치들이 만들어지게 되었다. 공정거래법상 일감몰아주기 관련 규정의 해석에 있어서는 그 입법목적, 규제근거, 규정 내용, 일감몰아주기가 가지는 위와 같은 복합적 측면 등을 고려하여 규제범위를 합리적으로 설정하여야 할 것이다.

II. 일감몰아주기에 대한 접근방식

1. 일감몰아주기 관련 규제

일감몰아주기는 다양한 법 분야에서 여러 가지 문제를 야기해 왔다. 공정거래법의 관점에서는 공정한 경쟁질서를 저해함으로써 경쟁사업자들, 특히 중소기업의 성장, 발전을 저해한다는 문제와 과도한 경제력의 집중을 초래한다는 등의 문제를

1) 이하에서는 공정거래법 제23조 제1항 제7호 가목 소정의 일감몰아주기를 '공정거래법 제23조 제1항 제7호의 일감몰아주기'라고 부르고, 공정거래법 제23조의2 제1항 제4호 소정의 특수관계인에 대한 이익제공행위 유형을 '공정거래법 제23조의2 제1항의 일감몰아주기'라고 부르기로 한다.

2) 신영수, 공정거래법상 현저한 규모에 의한 지원행위(물량몰아주기)의 위법성 판단기준, 고려법학 제64호, 2012, 408면.

야기하고, 회사법의 관점에서는 지원주체인 회사의 소수 주주나 채권자들의 이익을 침해한다는 문제 등을 발생시키며, 조세법의 관점에서는 상속세나 증여세를 면탈함으로써 세수를 감소시켜 국가재정에도 영향을 미치는 등의 문제가 있다.

그에 따라 공정거래법에서는 기존의 공정거래법 제23조 제1항 제7호 가목 외에 제23조의2 제1항 제4호를 신설함으로써 이를 규제하고 있고, 상법에서도 2011년 법 개정을 통하여 상법 제398조에서 이사의 자기거래 승인대상을 확대하고, 제397조의2에 회사기회의 유용금지제도를 신설하는 등의 형태로 이를 규제하고 있다. 세법에서도 상속세 및 증여세법 제45조의3에서 법인의 매출액 중에서 그 지배주주와 특수관계에 있는 법인에 대한 매출액이 차지하는 비율이 정상거래비율(30%)을 초과하는 경우에는 "수혜법인의 세후 영업이익 × 정상거래비율을 초과하는 특수관계법인 거래비율 × 한계보유비율(3%)을 초과하는 주식보유비율"의 산식으로 계산한 이익을 지배주주와 그 친족이 증여받은 것으로 의제하여 과세하도록 함으로써 일감몰아주기에 대한 증여세 과세규정을 신설하였다.[3] 일감몰아주기에 대해서는 특히 회사법과 공정거래법 분야에서 활발한 연구가 이루어지고 있는데, 회사법에서의 접근방식과 공정거래법적 접근방식을 대비시켜 양자를 비교, 검토해 보는 것은 일감몰아주기에 대한 규제와 해석론을 전개하는 데 큰 도움이 될 것으로 생각된다.

2. 회사법적 접근방식

회사법적 접근방식은 대체로 우리나라의 대규모기업집단 내에서 일감몰아주기를 비롯한 사익추구행위를 발생할 수 있게 하는 배경으로 경제적 권리와 지배력의 괴리현상을 들고 있다. 한국 기업집단의 한 특성으로 소수지분으로 강력한 지배력을 행사하는 지배주주의 존재를 들 수 있다. 지배회사가 하나 또는 다수의 종속회사를 지배하는 현상은 미국, 일본은 물론 세계 여러 나라에서 찾아볼 수 있으나, 우리나라의 기업집단 중 총수가 있는 기업집단에서는 순환출자구조 및 피라미드구조를 통해 실제 경제적 지분보다 훨씬 큰 의결권을 누리고 있다는 점

3) 일감몰아주기와 관련해서 형법상으로는 지원주체인 회사의 지배주주나 이사의 배임죄 성부가 문제될 수 있는데, 이는 형법 내지 특정경제범죄 가중처벌 등에 관한 법률상 배임죄의 구성요건을 충족하는지의 문제이고, 일감몰아주기를 포함한 부당지원행위나 특수관계인에 대한 부당한 이익제공행위와 관련한 별도의 처벌규정이 제정된 바는 없으므로, 이를 별도로 다루지는 아니한다.

이 특징으로 지적된다. 이러한 '경제적 권리(cash flow right)와 지배력(control)의 괴리현상'은 지배주주의 대리인 문제를 심화시킨다. 예컨대, 경제적 권리를 10퍼센트만 보유한 주주가 단순한 10퍼센트 주주로서가 아니라 별다른 견제 없이 그 회사를 전적으로 지배할 수 있게 됨으로써, 나머지 90퍼센트 주주의 희생하에 사익을 추구할 유인과 여건이 조성되는 것이다. 더구나 이러한 소유와 지배의 괴리가 우리나라 특유의 극도로 다각화된 경영 양태와 만남으로써 사익추구의 위험은 더욱 커지게 된다는 것이다.[4)]

일감몰아주기의 원인에 대하여는, ① 시장을 통한 제3자로부터의 조달보다 계열회사 간 거래를 선호하는 이유가 무엇인가의 문제와 ② 그 과정에서 지배주주 일가, 특히 자녀 세대의 지분율이 높은 별도회사를 활용하는 이유는 무엇인가의 문제로 구분하여 설명한다. 첫째 문제에 관하여는 수직계열화의 장점에 관한 일반론이 적용될 수 있다면서 장기의 관계적 계약(relational contracts)으로부터 발생하는 계약 준수의 불확실성, 기회주의적 행태를 비롯해 거래비용을 줄이고, 물량부족 등 유사시에 다른 거래상대방보다 우선적인 취급을 받기 위해서는 전혀 무관한 제3자와 계약을 체결하는 것보다는 계열회사와 계약을 체결하는 것이 더 유익할 수 있기 때문에 계열회사 간 거래를 선호한다고 설명한다. 둘째 문제에 관해서는 터널링(tunneling)이라고 표현되는 지배주주의 기회주의적 행태, 그중에서도 상속세 · 증여세의 적용을 회피하면서 부와 경영권을 세습하려는 의도로 설명할 수밖에 없다고 하고 있다.[5)]

3. 공정거래법적 접근방식

공정거래법 제23조 제1항 제7호의 일감몰아주기를 규제하는 이유는 단순히 지원주체와 지원객체 간 지원행위가 이루어지는 시장이나 지원객체가 속하는 시장에서의 공정한 경쟁질서에 부정적 영향을 미친다는 것뿐만 아니라 그러한 지원행위를 통해 계열회사의 유지 및 문어발식 확장이 이루어지는데, 계열회사의 부도나 경제위기상황 등에서는 국가 경제 전체에도 심각한 위해를 초래할 수 있어 부당한 수단에 의해 초래될 우려가 있는 경제력집중을 억제하는 데 있다. 공정거래법 제23조 제1항 제7호의 도입 당시 개정이유에서 기업 간의 부당한 자금 · 자

4) 천경훈, 기업집단의 법적 문제 개관, BFL(제59호), 2013.5., 7−8면.
5) 천경훈, 전게논문, 25−26면.

산 등의 지원금지등을 통하여 경제력집중을 억제하고, 모든 사업자는 다른 사업자에 대하여 부당하게 자금 · 부동산 · 인력 등을 지원함으로써 공정한 거래질서를 저해하여서는 아니 되도록 하려는 것임을 명시하고 있는 점에 비추어 보아도 위와 같은 규제근거는 명확하다.

한편, 공정거래법 제23조의2 제1항의 일감몰아주기는, 위 규정을 도입하게 된 법 개정이유에서 보듯이 공정한 거래를 저해하는지 여부가 아닌 특수관계인에게 부당한 이익을 제공하였는지 여부를 기준으로 위법성을 판단하는 특수관계인에 대한 부당이익제공 금지규정을 신설하려는 것이다. 따라서 공정거래법 제23조의 2 제1항의 일감몰아주기는 기본적으로 '합리적 고려나 비교 없이 상당한 규모로 제공하는 행위'를 통하여 특수관계인에게 부당한 이익이 귀속되었는지를 기준으로 그 규정에 해당되는지 여부를 판단하여야 할 것이지만, 위와 같은 규정에 의하여 달성하려는 목적은 대기업집단 총수 일가에 의한 사익편취행위를 막기 위한 것뿐만 아니라 위와 같은 부당한 수단에 의해 경제력집중이 초래될 우려를 미연에 방지하는 데에도 있다.

4. 양 접근방식의 대비 및 활용방법

회사법적 접근방식은 일감몰아주기를 포함하여 지배주주들에 의한 다양한 형태의 사익편취행위가 빚어지고 있는 우리나라의 기업집단의 특징적 현실에 대한 적확한 분석을 통하여 회사 내부 이해관계자의 차원 내지 기업집단의 차원에서는 논리적으로 정치(精緻)하고 타당한 시각을 제시하고 있다. 즉, 회사법적 접근방식은 철저하게 기업집단 내부의 시각이나 회사와 관련된 이해관계자의 관점에서 문제를 분석하고, 내부거래의 합법성 내지 타당성을 검토한다. 그러나 공정거래법에서 일감몰아주기를 포함한 부당지원행위에 대한 접근방식은 지원행위로 인하여 공정한 경쟁질서에 어떠한 위해를 미치는지 또는 부당한 수단에 의해 경제력집중을 초래할 우려가 있는지 여부에 초점을 맞추어 규제의 적법 여부를 판단하는 구조로 되어 있다. 이처럼 회사법적 접근방식과 공정거래법적 접근방식은 상호 간에 차이가 있다고 보니 양자는 문제의 원인에 대한 인식과 문제에 대한 해결방법 및 규범 해석의 틀 등에 있어서는 차이를 야기하기도 한다.[6] 그러나

6) 양 접근방식의 구체적인 차이점에 대해서는 필자, 공정거래법상 일감몰아주기에 관한 연구, 서울대학교 법학전문대학원 전문박사 학위논문, 2017. 2., 38－51면 참조.

일감몰아주기가 미치는 회사 내부적 폐해나 사회적 폐해를 막기 위해 이를 규제할 필요가 있다는 인식은 공통적이라고 볼 수 있다.

일감몰아주기에 대하여 어떠한 규제안이 바람직한지를 논의하는 장에서는 회사법적 접근방식과 공정거래법적 접근방식 등 다양한 법 분야에서의 접근이 이루어져야 하고, 이를 토대로 한 합리적인 규제방안이 마련되어야 할 필요가 있다. 일감몰아주기라는 문제가 야기하는 쟁점들이 어느 한 가지 법 분야에만 국한된 것이 아니고, 일감몰아주기에 대하여 어떠한 규제수단을 입법화하는지에 따라서 대기업집단의 기업지배구조나 계열회사의 운영뿐만 아니라 시장에서의 경쟁, 나아가 국가경제에까지도 막대한 영향을 미치기 때문에 입법을 하는 단계에서는 다양한 시각들이 집대성되어야 할 것이다.

그러나 일단 입법자가 일감몰아주기에 대한 규제수단을 회사법, 세법, 공정거래법 등 각기 다른 법률에 규제수단을 마련해 둔 이상, 각 법률에서 두고 있는 규정들의 해석에 있어서는 법 규정의 문언뿐 아니라 입법자의 입법 의도와 각 법률이 추구하는 법의 목적, 전체적인 법체계 등을 충분히 고려되어야 할 것이다. 따라서 공정거래법에 일감몰아주기에 대한 규제가 마련되어 있는 이상, 공정거래법에서 규정하고 있는 두 가지 유형의 일감몰아주기에 대한 인식과 접근방식은 철저하게 공정거래법의 틀에서 이루어지는 것이 옳을 것이다.[7] 일감몰아주기에 대해서 회사법적 차원의 문제 인식이나 해결방식이 현실적으로 필요하다면 상법 개정 등을 통해서 해결하는 것이 타당하고, 회사법적 논리를 공정거래법에 들여와서 공정거래법 제23조 제1항 제7호나 제23조의2 제1항의 일감몰아주기 규정을 해석하는 것은 해석상 혼란만 가중할 우려가 있다.

---

7) 오늘날의 보편적인 법해석방법으로는, 법 규정의 문구, 문법적 구조, 용어의 어의 등을 분석하는 문리적 해석, 개념의 의미와 그것들의 맥락 및 관련을 논리적으로 탐구하는 논리적 해석, 법제도 및 법규범의 성립 및 발전의 역사를 고려하여 법 해석에 접근하는 역사적 해석, 논리적 해석의 연장선상에서 법체계에 일관된 원리를 통하여 법규와 법질서의 모순을 방지하는 체계적 해석, 법 제도가 추구하고 있는 객관적 목적을 탐구함으로써 타당한 법해석에 접근하는 목적론적 해석 등이 두드러지는데, 이러한 법해석의 보편적인 전범의 내용을 좀 더 세분하여, Hans J. Wolff는 법해석의 방법을 7가지로 제시하고 있는데, 위 다섯 가지의 해석방법 이외에 입법자의 의사와 입법 취지 등을 탐구하는 발생론적 해석과 법 개념, 법제도 등의 일치하거나 상이한 발전양상을 비교법적으로 탐구함으로써 역사적 해석을 보완하는 비교론적 해석을 추가시킨다(김유환, 행정법과 규제정책, 법문사, 2012, 50−51면). 공정거래법의 전체적인 법체계나 공정거래법이 추구하는 객관적 목적, 일감몰아주기를 포함한 부당지원행위 규정의 역사적 발전과정 및 입법자의 의사와 입법 취지 등을 종합적으로 고려하더라도 위와 같은 접근방식이 합리적이라고 생각된다.

III. 일감몰아주기에 대한 해석론

1. 규제근거

가. 공정거래법 제23조 제1항 제7호의 일감몰아주기

1) 공정거래질서의 확립

공정거래법 제23조 제1항 제7호의 일감몰아주기를 포함한 부당지원행위의 금지를 통하여 달성하고자 하는 규제목적은 우선, 내부거래를 통해 지원객체의 자금력을 제고시키고 경영여건을 개선시켜 경쟁조건을 경쟁사업자에 비하여 유리하게 하거나 또는 유력한 사업자로서의 지위를 유지·강화함으로써 경쟁을 저해하는 것을 막기 위한 것이다. 즉, 내부거래를 통해 지원을 받는 계열회사는 비계열 독립기업에 비하여 기술력이나 경영능력 등과는 무관한 경쟁상 우위를 차지하게 되고, 경쟁사업자나 시장에 진입하려는 잠재적 경쟁사업자로서는 상대 경쟁기업 외에 경쟁기업의 계열회사의 경영능력까지도 고려해야 하는 상황이 조성됨으로써 시장경합성(market contestability)이나 시장에서의 공정한 경쟁의 기반이 저해되게 되는데, 이를 방지하려는 것이 부당지원행위의 첫 번째 규제목적이다.

2) 경제력집중의 방지

공정거래법 제23조 제1항 제7호의 일감몰아주기를 포함한 부당지원행위에 대한 규제는 1996년 공정거래법의 개정에 의해서 도입되었고, 당시 개정이유에서 드러난 것처럼 기업 간의 부당한 자금·자산 등의 지원금지 등을 통하여 경제력 집중을 억제하는 것이 부당지원행위 규정의 주된 도입 취지였다. 부당지원행위 규정이 경제력집중의 방지가 주된 목적임에도 공정거래법 제3장이 아닌 공정거래법 제5장에 규정됨으로써 규제근거에 대해서 다양한 해석론이 나오게 되었는데, 그럼에도 불구하고 당초 입법목적에 비추어 보면 부당지원행위의 또 하나의 규제근거는 경제력집중의 방지에 있다고 봄이 타당할 것이다.

나. 공정거래법 제23조의2 제1항의 일감몰아주기

1) 대기업집단 총수 일가의 사익편취행위 금지

국회는 2013년 8월 13일 공정거래저해성을 요건으로 하는 기존의 부당지원행위 금지규정인 공정거래법 제23조 제1항 제7호만으로는 대규모기업집단 내 친족 간 부당내부거래를 통한 사익편취 및 편법적인 경영권 승계를 막는 데 한계가 있다고 보고, 위 규정과는 별도로 공정거래저해성을 요건으로 하지 아니하는 공정거래법 제23조의2를 도입하여 대규모기업집단 총수 일가의 사익편취행위를 공정거래법의 규제대상에 포함하는 내용으로 공정거래법을 개정하였다. 공정거래법 제23조의2는 제1항 각 호 소정의 금지행위 유형에 해당하는 행위, 즉, 상당히 유리한 조건의 거래, 사업기회의 제공, 합리적 고려나 비교 없는 상당한 규모의 거래를 통하여 특수관계인에게 부당한 이익을 귀속시키는 것을 금하고 있는데, 그 중 제4호 소정의 합리적 고려나 비교 없는 상당한 규모의 거래가 일감몰아주기의 형태로서 공정거래법 제23조 제1항 제7호 소정의 규모성 지원행위에 비견된다고 볼 수 있다. 따라서 공정거래법 제23조의2는 삼성SDS 사건 등과 같이 대기업집단 총수 일가가 대기업집단 내부에서의 비정상적 거래방법에 의해 부당하게 사익을 편취해 온 과거의 역사적 경험을 토대로 이러한 대기업집단 총수 일가의 사익편취를 규제하는 것을 직접적인 규제목적으로 한다고 볼 수 있다.

2) 경제력집중의 억제

당초 대기업집단의 부당지원행위에 대한 규제의 개선을 위해 2012년 하반기부터 2013년 상반기 사이에 제시된 다양한 공정거래법 개정안들 중 공정거래위원회가 제시한 법안과 민주당 민병두 의원(안), 민주당 김기식 의원(안), 새누리당 이종훈 의원(안) 등은 대기업집단 총수 일가의 사익편취행위를 규제하기 위한 새로운 부당지원행위 금지규정이 '경제력집중 억제'를 목적으로 하고 있으므로 공정거래법 제3장에 배치되어야 한다고 주장한 바 있으나, 2013년 8월 13일 개정된 공정거래법은 이러한 개정안들과는 달리 제3장이 아닌 제5장에 제23조의2를 신설하였다.[8)]

공정거래법 제3장의 경제력집중의 억제와 관련된 규제조항들은 대규모기업집단 내 계열회사 간 채무보증이나 상호출자 등의 비정상적 방법을 통해 초래된 사회적 폐해라는 과거의 역사적 경험을 토대로 하여 만들어진 경제력집중에 대한 사전규제조항들이라고 볼 수 있다. 이와 마찬가지로 공정거래법 제23조의2도 특수관계인들을 중심으로 비정상적 방법에 의해 경제력이 집중될 기반이나 여건이 조성될 여지를 차단하기 위한 사후규제수단으로서, 대기업집단의 경제력 남용을 막기 위한 것으로 볼 수 있다. 즉, 삼성SDS 사건 등 과거 대기업집단 내 계열회사와의 비정상적 거래를 통한 특수관계인의 사익편취행위가 단순히 특수관계인

8) 김윤정, 대기업집단의 부당지원행위의 규제제도 개선방안 연구, 한국법제연구원, 2013, 50면.

의 사익편취로만 그치는 것이 아니라 그로 말미암아 대규모기업집단의 선단식 계열의 유지 및 확대를 통하여 경제력집중을 초래하기도 하였으므로, 공정거래법 제23조의2는 특수관계인의 사익편취행위의 규제를 통해 경제력집중을 초래할 여건이나 기반이 조성되는 것을 사전에 차단하려는 입법적 결단이라고 볼 수 있다.

2. 일감몰아주기에 있어서 상당한 규모

공정거래법 제23조 제1항 제7호의 일감몰아주기의 성립요건에 관한 논의의 핵심은 규모의 상당성에 관한 판단기준의 정립인데, 상당한 규모의 해석은 공정거래법 제23조의2 제1항의 일감몰아주기에서도 문제된다.

여기서 상당한 규모를 어떻게 파악할 것인지는 어려운 문제인데, 이에 대해서는 규모 측면에서의 경제적 이익을 파악하기 위해서는 정상거래량과의 비교는 불가피한 것으로 보아야 한다는 견해가 있다.[9] 그러나 가격의 경우에는 정상가격을 산정하기 위한 방식과 기준이 어느 정도 개발되어 있고 그에 따라 현실적인 거래에서 정상가격이 될 만한 거래를 찾을 수 있지만, 수량의 경우에는 정상거래량을 산정하기 위한 방식과 기준이 거의 개발되어 있지 않아 현실적인 거래에서 다른 거래 사례를 찾더라도 이를 비교기준으로 삼기가 쉽지 않기 때문에[10] 회사간 거래에 있어서 거래물량이 어느 정도가 될 때 적정한지를 판별하는 기준을 시장으로부터 도출하는 것은 사실상 불가능하다.

이러한 점을 고려할 때 일감몰아주기에서의 상당한 규모는 결국, 부당한 지원행위의 심사지침에서 제시하고 있는 거래규모의 상당성을 판단하기 위한 고려요소들과 더불어 이를 판단하는 데 도움이 되는 추가적인 고려요소들을 종합적으로 감안하여 규범적으로 판단할 수밖에 없을 것이다. 즉, 위 심사지침에서 거래규모의 상당성 판단에 있어서 고려요소인 지원객체가 속한 시장의 구조와 특성, 지원행위 당시의 지원객체의 경제적 상황, 여타 경쟁사업자의 경쟁능력과 함께 ① 거래대상이 되는 상품 또는 용역의 관련 시장에서 지원주체의 거래물량 중 지원객체와의 거래가 차지하는 비중, ② 지원객체의 거래물량 중 지원주체와의 거래가 차지하는 비중, ③ 지원주체와 관련 시장 내 다른 업체와의 거래관계, ④ 지

9) 홍명수, 현저한 규모의 지원행위의 규제 법리 고찰, 법과 사회(제42호), 2012.6., 233면.

10) 홍대식, 공정거래법상 특수관계인에 대한 부당이익제공행위의 의미 및 판단기준, 비교사법(제21권 제1호), 2014, 207면.

원객체와 관련 시장 내 다른 업체와의 거래관계, ⑤ 지원주체와 지원객체 사이의 이전(以前) 거래관계, ⑥ 지원행위가 문제된 거래기간 등을 종합적으로 참작하여 판단함이 상당할 것이다.

3. 공정거래법 제23조 제1항 제7호의 일감몰아주기에 있어서 부당성

가. 경쟁저해성 기준과 경제력집중 기준에 관한 검토의 필요성

공정거래법 제23조 제1항 제7호의 일감몰아주기의 위법성 판단기준인 부당성과 관련해서는 판례 및 일부 학설에서 부당지원행위의 위법성 판단기준으로 제시하고 있는 경쟁저해성과 경제력집중에 대해서 이를 모두 위법성 판단기준에 포함할 것인지, 만일 포함한다면 수범자에게 예측 가능한 기준을 어떻게 정립할 수 있을 것인지가 쟁점이다.

나. 경쟁저해성 기준의 구체화

경쟁저해성과 관련하여서는 공정거래법 제23조 제1항 제7호의 최초 입법과정에서의 규정형식과 도입 취지의 괴리[11]로 해석상 논란이 많았고, 부당지원행위의 규제대상을 당초의 도입 취지에 맞추어 대규모기업집단으로 제한하여 조문배치를 재편해야 한다는 견해도 있다. 그러나 부당지원행위 제도에 대한 입법심의과정에서 대규모기업집단 소속회사만을 규제하는 데 대한 경제계의 반대가 클 뿐 아니라 일반 사업자들 사이의 부당지원행위도 규제하는 것이 합리적이라는 이유로 대규모기업집단 소속 회사가 아닌 일반 사업자들도 부당지원행위의 규제대상에 포함되게 된 점, 공정거래법 제23조 제1항 제7호의 문언상으로도 지원주체가 사업자로 규정되어 있어 굳이 대규모기업집단 내 계열회사만을 지원주체로 한정하고 있지 아니한 점, 대규모기업집단에 포함되지 아니한 기업집단 내 계열회사 간 부당지원행위로 인하여 관련 시장의 경쟁에 영향을 미치는 경우도 충분히 상정할 수 있는 점 등을 감안해 볼 때, 규범해석론으로서는 불공정거래행위의 틀 속에 대규모기업집단과 사업자 일반을 포함할 수 있는 위법성 판단기준을 모

11) 부당지원행위의 규제는 당초 우리나라에 특유한 재벌 계열사 간 내부거래를 규제하기 위한 취지에서 도입된 것이지만, 형식상 불공정거래행위의 장에 위치하고 있고 규제대상을 대기업집단에 한정하고 있지 아니하다. 이처럼 공정거래법 제23조 제1항 제7호의 일감몰아주기를 포함한 부당지원행위는 도입취지와 입법형식의 차이로 인하여 실제 수범자는 일반기업도 포함되어 있음에도 실제 사례는 대규모기업집단 내 계열회사 간 지원행위를 중심으로 형성되어 왔다.

색해 보는 것이 타당할 것이다.

그런데 대규모기업집단의 경우 일반 사업자에 비하여 계열회사 간 부당지원행위로 인해 지원행위가 나타난 당해 시장에서의 경쟁 및 지원을 받은 지원객체가 참가하는 다른 시장의 경쟁에 미치는 영향이 클 뿐 아니라 경쟁사업자로서는 경쟁기업 외 경쟁기업의 계열회사의 경영능력까지 고려해야 함으로써 시장경합성을 저해하고, 그로 인하여 대규모기업집단의 경제력집중도 심화시킬 우려가 크다는 점에서 일반 사업자에 비하여 공정거래질서의 확립 및 경제력집중의 방지를 위해 보다 넓은 범위의 규제필요성이 상존한다. 그러나 일반 사업자의 경우 대규모기업집단에 비하여 시장에 미치는 영향이 크지 않고 특히 기업 규모가 작은 경우에는 관계회사에 대한 지원행위가 있더라도 시장에 미치는 영향이 극히 미미할 가능성이 크기 때문에 대규모기업집단과 동일한 잣대의 위법성 판단기준으로 규제를 할 경우에는 이로 인하여 오히려 개별기업의 영업의 자유나 사유재산권 행사를 침해할 우려가 있어 경쟁저해성의 판단에 있어서 대규모기업집단에 비해서는 보다 엄격한 기준의 적용이 필요하다.

따라서 대규모기업집단과 중소기업을 포함한 사업자 일반을 아우를 수 있는 위법성 판단기준을 정립하기 위해서는, 일반 사업자 간 부당지원행위와 대규모기업집단 내 계열회사 간 부당지원행위에 있어서의 경쟁저해성 기준을 달리 접근할 필요가 있고, 지원대상별로 경쟁에 미치는 영향이 차이가 있어 이를 구분하여 살펴볼 필요가 있다.

일반 사업자 사이에 공정거래법 제23조 제1항 제7호의 일감몰아주기 중 상품·용역의 거래를 통한 규모성 지원행위가 이루어진 경우에는 지원주체와 지원객체 사이에 상당한 규모의 상품·용역의 거래행위가 있고, 그로 인하여 관련 시장에서의 봉쇄효과가 커서 경쟁을 제한하는 정도에 이르는 때 공정한 경쟁질서가 저해된 것으로 평가하는 것이 타당할 것이다. 그리고 일반 사업자 사이에 공정거래법 제23조 제1항 제7호의 일감몰아주기 중 자금, 자산 등의 규모성 지원행위의 경우에는 지원객체가 참가하고 있는 시장에서 당해 지원행위로 인하여 잠재적 경쟁의 기반이 심히 저해된 것으로 평가되는 경우에 공정한 경쟁질서가 저해된 것으로 봄이 타당할 것이다.

한편, 대규모기업집단 내 계열회사 간 공정거래법 제23조 제1항 제7호의 일감몰아주기 중 상품, 용역의 거래를 통한 규모성 지원행위가 이루어진 경우에는 관련 시장에서 경쟁사업자에게 경쟁상의 불이익을 초래할 수 있는 정도, 즉, 경쟁제한효과에는 이르지 아니하더라도 경쟁사업자의 사업 활동을 어렵게 하거나 어렵게 할 우려가 있는 경우에 경쟁저해성을 인정할 수 있을 것이다. 그리고 대규모기업집단 내 계열회사 간 공정거래법 제23조 제1항 제7호의 일감몰아주기 중 자금, 자산 등의 규모성 지원행위의 경우에는 지원객체가 참여하고 있는 시장에서의 시장경합성이 저해되었거나 잠재적 경쟁의 기반이 저해된 경우에 경쟁저해성을 인정할 수 있을 것이다. 다만, 공정거래법 제23조 제1항 제7호의 일감몰아주기의 경쟁저해성의 판단에 있어서는 지원행위가 이루어지는 당해 시장에서의 봉쇄효과나 지원객체가 속한 시장에서의 경쟁에 대한 영향을 중심으로 고려하되, 그와 더불어 판례에서 제시된 부당성 판단의 고려요소들을 종합적으로 고려하여야 할 것이다.

다. 경제력집중 기준에 대한 검토

한편, 일감몰아주기를 포함한 부당지원행위에서 논의되는 경제력집중과 관련해서는 위 규정의 도입 경위, 공정거래법 제3장과의 관계 등에 비추어 이를 일반집중의 의미로 해석함이 타당하다. 그런데 부당지원행위의 규제목적 중 하나가 일반집중의 방지에 있다고 하더라도 경제력집중을 경쟁저해성과 별개의 독자적인 위법성 판단기준으로 볼 것인지의 논의는 반드시 일맥상통한 것은 아니다. 일반집중이 경제적 후생에 미치는 영향에 대한 평가가 명확하게 제시될 수 있는 것은 아니고, 관련 시장에서의 경쟁제한 효과와 경제력집중이 직접적으로 연관된다고 보기도 어려우며, 일반집중의 정도를 계량화하기도 어렵다는 점에서 이를 경쟁저해성과 별개의 독자적인 위법성 판단기준으로 삼는 것은 타당하지 않다.

4. 공정거래법 제23조의2 제1항의 일감몰아주기에서의 부당한 이익

가. 공정거래저해성과 귀속되는 이익의 부당성의 관계

공정거래법 제23조의2의 일감몰아주기는 합리적인 고려나 다른 사업자와의 비교 없이 상당한 규모로 거래하는 행위를 통하여 특수관계인에게 부당한 이익을 귀속시키는 행위를 하는 것을 금지하고 있는데, 여기서 '부당한 이익'이 무엇을 의미하는지가 공정거래법 제23조의2 제1항의 일감몰아주기의 성립요건 중 핵심이라고 볼 수 있다.

이에 대하여는 불공정거래행위의 위법성 판단기준인 공정거래저해성은 공정거래법의 목적에 비추어 허용될 수 있는 보호 대상으로서의 경쟁의 기준 중 가장 포괄적인 기준이므로, 비록 특수관계인에 대한 부당한 이익제공 금지규정이 불공정거래행위 규정과는 조문 배열을 달리하지만, 같은 장에 편제된 규정으로서 그 부당성의 내용의 최소한도는 '공정거래저해성'이 되어야 한다는 견해가 있다.[12)]

그러나 공정거래법 제23조의2가 신설되면서 제5장의 표제가 종전의 '불공정거래행위'에서 '불공정거래행위 및 특수관계인에 대한 부당한 이익제공의 금지'로 변경된 것에서 알 수 있듯이 공정거래법 제23조의2는 불공정거래행위의 일종이 아니라 이와는 별도의 규정으로 편입된 것이다. 아울러 공정거래법 제23조 제1항 제7호의 경우 '지원행위'의 부당성이 문제되는 것이어서 부당성을 위법성 판단기준으로 볼 수 있음에 반하여, 제23조의2 제1항에서는 동항 각 호 소정의 거래행위 또는 사업기회 제공행위 등의 부당성이 문제되는 것이 아니라 '이익'의 부당성이 문제되는 것이어서 이를 공정거래법 제23조 제1항 제7호의 위법성 판단기준과 동일한 평면에서 논의할 수는 없다. 따라서 공정거래법 제23조의2 제1항의 일감몰아주기에서는 공정거래저해성과 같은 별도의 위법성 판단기준이 요구되는 것은 아니라고 해석함이 옳을 것이고, 공정거래법 제23조의2 소정의 부당한 이익의 해석에 있어서도 부당하다는 의미를 공정거래저해성과 결부시켜 해석할 수는 없다.

나. 부당성의 의미

공정거래법 제23조의2 제1항에서 이익의 부당성은 다음의 두 가지 관점, 즉, 합리적 이유의 부존재 및 귀속되는 이익의 정도라는 관점에서 접근하는 것이 타당하다.

먼저, '부당'이라는 개념이 규범적 가치판단을 가능하게 하는 기능을 수행한다는 점을 고려하여 특수관계인에게 귀속되는 이익의 부당성 판단에 있어서는 특수관계인에 대한 이익의 귀속에 합리적인 이유가 있는지 여부가 판단의 대상이 되어야 할 것이다.[13)]

---

12) 홍대식, 공정거래법상 특수관계인에 대한 부당이익제공행위의 의미 및 판단기준, 비교사법(제21권 제1호), 2014, 218－232면.

13) 이에 관한 자세한 논의는 필자, 필자, 공정거래법상 일감몰아주기에 관한 연구, 서울대학교 법학전문대학원 전문박사 학위논문, 2017.2., 238－240면 참조.

다음으로, 공정거래법 제23조의2 제1항의 입법목적을 고려하더라도 귀속되는 이익이 없거나 지나치게 과소하다고 평가할 수 있는 경우에까지 규제하는 것은 헌법상 과잉금지원칙에 위반될 소지가 있으므로, 이익의 부당성 판단에 있어서 귀속되는 이익의 정도도 고려되어야 할 것이다. 이와 관련하여 이익의 규모가 어느 정도일 때 부당성을 인정할 수 있을 것인지에 대해서는 일응 상당한 정도라는 기준이 제시될 수는 있을 것인데, 이를 판단함에 있어서는 대규모기업집단 총수 일가의 사익편취를 규제한다는 입법목적과 과도한 규제로서 과잉금지 원칙에 위배되어서는 아니 된다는 점이 충분히 참작되어야 할 것이다.

5. 두 가지 유형의 일감몰아주기의 상호관계

공정거래법 제23조 제1항 제7호 가목과 제23조의2 제1항 4호가 모두 일감몰아주기를 규제대상으로 삼고 있지만, 양자는 입법목적에 있어서도 차이가 있을 뿐 아니라 행위주체 및 객체, 성립요건, 위법성 판단기준의 요부 등에 있어서 상당한 차이가 있다.

이처럼 공정거래법 제23조 제1항 제7호 가목과 제23조의2 제1항 제4호가 모두 일감몰아주기를 규제대상에 포함하고 있다고 하더라도 양자는 각기 다른 규제목적을 가지고 있는 별개의 금지규정으로 규제대상을 달리하고 있으므로, 신설된 공정거래법 제23조의2가 기존의 제23조 제1항 제7호에 대하여 특별법적 관계를 갖는 규정이 아니라 규제의 차원이 다른 병렬적 관계의 규정이라고 봄이 옳을 것이다. 따라서 대규모기업집단 내 계열회사 사이의 일감몰아주기가 공정거래법 제23조 제1항 제7호 가목과 제23조의2 제1항 제4호의 각 요건을 모두 충족하는 경우에는 양자가 모두 적용될 수 있을 것이다.[14]

Ⅳ. 일감몰아주기와 관련한 입법론

일감몰아주기와 관련한 공정거래법상 규제나 상속세 및 증여세법상 규제와 관련해서는 대규모기업집단에서 규제대상 회사와 규제대상이 아닌 회사를 합병하거나 특수관계인이 지분요건 미만으로 주식을 매각하는 등의 방법으로 규제를

14) 김윤정, 특수관계인에 대한 부당이익제공행위 규제의 법적 쟁점과 개선과제, 경쟁법연구(제29권), 2014, 57－59면도 동일한 취지로 기술하고 있다.

회피하는 사례들이 있었다. 법이 허용하는 범위 내에서 공정거래법 또는 상속세 및 증여세법상 일감몰아주기의 규제에서 벗어남으로써 과징금 등 행정처분이나 과세부담을 피하는 행위는 도덕적으로 비난할 수 있을지 몰라도 법적으로 위법한 것은 아니다. 다만, 대규모기업집단 지정 시 허위자료를 제출하는 등의 방법으로 위장 계열회사를 만들어 일감몰아주기를 하거나 공정거래법 시행령 제3조의2 제1항 제2호 소정의 독립경영 인정기준의 요건 완화로 인하여 사실상 독립경영을 수행할 능력이 없는 회사를 친족 분리 기업으로 만들어 규제를 잠탈한 경우에 대해서까지 이를 허용하는 것은 바람직하지 아니하다.

공정거래법 제14조 제1항은 공정거래위원회로 하여금 대통령령이 정하는 바에 의하여 상호출자제한 기업집단 등을 지정하도록 하되, 공정거래위원회가 기업집단 내부의 구체적 사정을 파악하기 어렵기 때문에 제14조 제4항에서 회사 또는 당해 회사의 특수관계인에 대하여 제1항의 기업집단 지정을 위하여 필요한 자료의 제출을 요청할 수 있도록 하고 있다. 그런데 공정거래법 제68조 제4호는 '제14조 제4항의 자료요청에 대하여 정당한 이유 없이 자료제출을 거부하거나 허위의 자료를 제출한 자'에 대하여 1억 원 이하의 벌금에 처하도록 규정하고 있을 뿐 허위의 자료를 제출하여 상호출자제한 기업집단 등의 지정에서 제외되도록 한 채, 대규모기업집단 내 계열회사로부터 일감몰아주기를 통해 회사를 운영한 위장 계열회사에 대해서는 별도의 통제장치를 두고 있지 아니하다.

그러나 대규모기업집단의 지정에 적극 협력한 대규모기업집단 내 계열회사 간 부당지원행위가 문제된 경우와 허위자료의 제출을 통해서 대규모기업집단의 지정에서 제외된 위장계열사에 대한 부당지원행위가 문제된 경우는 그 위반행위의 내용 및 정도에 있어서 현저히 차이가 있는데, 이에 대하여 아무런 차등을 두지 않고 제재기준을 동일하게 두고 있는 것은 형평에 맞지 아니하다. 위와 같이 허위자료의 제출 등을 통해서 대규모기업집단의 지정에서 제외된 위장계열사에 대하여 대규모기업집단 내 다른 계열회사의 부당지원행위가 있었던 사실이 사후에 적발된 경우에는 대규모기업집단의 계열회사 간 부당지원행위가 있었던 경우와 비교하여 과징금 부과기준을 3배 이상 대폭 상향하고 형사처벌 기준도 차등화하는 방안을 마련하는 것이 바람직할 것이다.

第4장

공정거래법상 사업기회제공 행위의 성립요건에 대한 소고*
– SK실트론 건(대법원 2025.6.26. 선고 2024두34382 판결)을 중심으로 –

– 정준우 –

I. 서론

특수관계인에 대한 부당한 이익제공 등 금지 조항은 2013.8.13. 「독점규제 및 공정거래에 관한 법률」(이하 '공정거래법')이 개정되면서 새롭게 도입되어 2014.2.14. 부터 시행되고 있다.[1] 이 조항은 종래 기업집단 내 내부거래를 규제하던 부당지원행위 규제의 한계를 넘어 대기업집단 총수 일가에게 경제적 이익이 이전되는 이른바 '사익편취행위'를 규제하기 위한 목적에서 입법된 것으로 이해된다. 이 과정에서 새로운 금지행위 유형으로 도입된 것 중 하나가 제2호의 '사업기회제공' 행위 조항이다.

사업기회제공 행위 규정은 일견 상법 제397조의2에서 규정하고 있는 '회사기

---

* 이 글은 2023년 경쟁저널 제214호에 기고한 글을 특별논문집의 취지에 맞게 수정·보완한 것임을 밝힙니다.

1) 도입 당시에는 구 공정거래법 제23조의2로 규정되었으나, 공정거래법 전면 개정(법률 제17799호, 2021. 12. 30. 시행) 이후 조문 주소가 제47조로 변경되었다.

회유용' 금지 조항과 유사한 것으로 이해되기 쉽다. 그러나 실제로 양자는 규제 목적과 취지, 의무 주체, 대상행위, 규율 수단 등이 다른 별개의 제도이기 때문에[2] 공정거래법상 사업기회제공 행위 조항의 합법적 운용을 위해서는 공정거래법에 적합한 독자적인 성립요건과 위법성 판단기준이 정립될 필요가 있다.[3]

그러나 공정거래법에 사업기회제공 행위 금지조항이 도입된 이후로 비교적 최근까지 단 한 건의 법원 판결도 존재하지 않았고, 공정거래위원회(이하 '공정위')의 심결례조차도 사실상 거의 없다시피 하였다.[4] 그러던 중 공정위는 2022년 기업의 주식취득 과정에서 특수관계인 개인의 지분참여를 공정거래법상 사업기회제공 행위에 해당한다고 판단하여 제재를 하였다. 바로 '에스케이(주)의 특수관계인에 대한 부당한 이익제공행위에 대한 건(공정위 2022.3.16.자 의결 제2022-071호)'이다. 공정위의 해당 처분은 흥미롭게도 서울고등법원에서 취소되었고(서울고등법원 2024.1.24. 선고 2022누40538 판결), 최근 대법원은 서울고등법원의 판단을 지지하는 취지의 판결(대법원 2025.6.26. 선고 2024두34382 판결, 이하 사건을 지칭하는 경우 'SK실트론 건' 또는 '대상판결 사안', 대법원 판결을 지칭하는 경우 '대상판결')을 선고하였다.

SK실트론 건은 공정위가 공정거래법 제47조 제1항 제2호 소정의 사업기회제공 행위 조항을 전면적으로 적용하여 특수관계인에 대한 부당한 이익제공행위로 제재한 실질적인 첫 사례인 동시에 기업의 지분취득 과정에서 이루어진 총수일가의 지분참여 행위를 사업기회제공 행위로 문제삼은 최초의 사례이다. 이 처분에서 공정위는 공정거래법상 사업기회제공 행위가 성립하기 위한 구체적인 요건과 판단기준을 밝혔고, 이후의 몇몇 사건들에도 동일한 취지의 기준을 적용하였다.[5] 그러나 서울고등법원이 공정위의 처분을 취소하였고, 대법원도 이를 지지

---

2) 양자의 차이를 보다 구체적으로 검토한 글로는, 박세환, "공정거래법상 사업기회 제공행위의 요건", 경쟁법연구 제51권, 2025, 315면.

3) 김윤정, "공정거래법상 사업기회제공의 성립요건과 위법성 판단기준: '현대 글로비스 사건'을 중심으로", 경쟁법연구 제32권, 2015, 291면.

4) 공정위 심결로는 본 글에서 소개할 SK실트론 건이 나오기 전까지 기업집단 대림 소속 계열회사들의 특수관계인에 대한 부당한 이익제공행위에 대한 건(공정위 2019.9.9.자 의결 제2019-271호)이 유일한 사업기회제공 적용 사례였다. 이 건에서 공정위는 기업집단 대림 소속 대림산업(주)가 자신이 개발한 호텔브랜드 'GLAD'를 특수관계인이 100% 지분을 보유한 에이플러스디(주)로 하여금 소유·사용·수익할 수 있도록 한 행위가 사업기회제공 행위에 해당한다고 판단하였다.

5) 세아 그룹, 호반 그룹 등 SK실트론 건 이후 사업기회제공 행위가 문제된 건들에서 공정위는

하면서 사업기회제공 행위의 성립요건 중 몇 가지 쟁점들에 대한 법리와 판단기준을 제시하였다. 대상판결이 제시한 요건과 판단기준은 향후 사업기회제공 행위가 문제되는 여러 사건들에서 중요한 선례로 작용할 것으로 보인다. 실제로도 이미 여러 기업들은 SK실트론 건의 영향으로 다른 기업의 지분취득 과정에 각별히 주의를 기울이는 등 실무적으로 많은 영향을 받고 있는 상황이다.

대법원에서 사업기회제공 행위를 둘러싼 몇 가지 쟁점들에 대하여 법원의 입장을 밝혔음에도 불구하고, 공정거래법상 사업기회제공 행위는 여전히 선례가 부족하고 법 조항 및 관련 하위법령에 다수의 불확정개념을 포함하고 있기 때문에 구체적인 요건과 위법성 판단기준에 관해 보다 합리적인 해석론이 검토될 필요가 있다. 특히, 대법원이 제시한 '제공' 요건의 법리나 '소극적 방법에 의한 사업기회 제공'의 법리 및 판단기준에 여전히 불명확한 점이 있고, '사업기회', '부당성' 등 다른 중요한 성립요건들에 대해서 침묵하고 있다는 점에서 더욱 그러하다.

이하에서는 먼저 분석의 대상이 되는 대상판결을 공정거래법상 사업기회제공 행위 쟁점을 중심으로 정리한다(II). 다음으로 대상판결이 제시한 사업기회제공 행위의 성립요건 및 위법성 판단기준을 살펴본 후 대상판결의 판시에 대해 비판적으로 검토한다(III). 이후 대상판결이 다루지 않은 사업기회제공 행위의 주요 성립요건 및 위법성 판단기준에 관해서도 살펴보고 합리적인 해석론을 제시한다(IV). 결론에서는 논의를 요약하고 몇 가지 제언을 통해 글을 마무리하고자 한다(V).

II. 대상판결의 분석

1. 대상판결 사안의 개관

가. 사실관계

에스케이 주식회사(이하 'SK')는 2017.1.23. (주)LG와 사이에 (주)LG가 보유하고 있던 반도체 재료 제조판매 사업자인 LG실트론(현 SK실트론, 이하 '실트론')의 주식 51%를 인수하는 계약을 체결하였다. 이후 SK는 2017.4.6. 실트론에 대해 추가로 주식을 인수하기 위하여 KTB(19.6%)와 사이에 KTB가 보유한 실트론 잔여주식 19.6%를 취득하기로 하는 내용의 양해각서를 체결하였다.

SK실트론 건의 기준을 동일하게 적용한 것으로 이해된다.

한편, 우리은행은 2017.4.11. 자신이 보유한 실트론 잔여주식 29.39%(이하 '이 사건 잔여주식')를 단독으로 매각하는 내용의 입찰을 공고하였다. 기업집단 SK의 동일인 최○○(이하 '최○○')은 SK 이사들이 참석한 월간회의에서 해당 매각 입찰정보를 들은 후 2017.4.17. - 18.경 SK의 대표이사 장○○에게 SK의 입찰참여 의사를 확인하는 등 SK의 이 사건 잔여주식 매수 의사를 확인하였고, 미인수 답변을 받았다.

이후 최○○은 2017.4.21. 우리은행의 이 사건 잔여주식 29.39% 매각입찰에 참여하여 단독 적격투자자로 선정되었고, 2017.8.24. 해당 주식을 TRS 방식(Total Return Swap, 총수익교환)으로 취득하였다. 이 과정에서 최○○은 경영권 프리미엄을 제외하여 SK가 51% 지분을 취득할 당시 적용된 1주당 가격 대비 30% 낮은 가격으로 이 사건 잔여주식을 취득하였다.

나. 공정위의 판단[6)]

공정위는 아래와 같이 공정거래법상 사업기회제공 행위의 성립요건 및 위법성 판단기준을 제시하면서, SK 및 최○○의 행위가 공정거래법에서 금지하는 사업기회제공 행위에 해당한다고 판단하고, 시정명령 및 과징금을 부과하였다. 이하에서는 공정위의 구체적인 판단 중 본 글에서 다루는 쟁점들 위주로 살펴본다.

(1) 사업기회인지 여부

공정위는 이 사건에서 문제된 사업기회는 '입찰에 참여하여 실트론의 잔여지분 29.39%를 취득할 수 있는 기회'(이하 '이 사건 사업기회')라고 판단하였다. 그리고 대법원이 이사의 회사기회유용 행위가 문제된 사안에서 유상증자 참여를 통한 신주 인수기회를 A회사의 현재 또는 장래 이익이 될 수 있는 사업기회에 해당한다고 판단하였다는 점을 근거로, 이 사건 사업기회도 법상 사업기회에 해당한다고 판단하였다.

(2) 이 사건 사업기회가 SK의 사업기회인지 여부

공정위는 다음의 사정들, 즉, ① SK는 주식 소유를 통해 다른 회사의 사업활동을 지배·관리하는 지주회사로서 실트론 지분 70.6%를 직간접적으로 취득함으로써 '실트론을 지배하여 경영하기로 하는 사업'을 수행하고 있는 점, ② SK는 2017.1. 실트론 지분 51%를 취득한 후 잔여지분 49%에 대해 해당 지분을 전부

---

6) 공정위 2022.3.16. 자 의결 제2022-071호.

취득할지, 그 중 일부를 우선 취득할지를 검토한 바 있는 점 등을 고려하면, 이 사건 사업기회는 SK가 수행하고 있거나 수행할 사업과 밀접한 관계가 있는 사업기회에 해당한다고 판단하였다.

또한, 공정위는 다음의 사정들, 즉, ① SK는 실트론의 안정적인 성장을 합리적인 근거에 의해 예측하여 경영권 인수를 검토하였고, 향후 실트론의 경쟁력 강화를 위해 다양한 분야에서의 Value-Up을 계획하였으므로, SK가 이 사건 잔여지분을 인수할 경우 해당 지분만큼의 기업가치 상승이익을 향유할 수 있었던 점, ② SK는 공개경쟁입찰에 참여할 수 있는 다른 잠재적 경쟁자와 달리 위와 같은 실트론의 미래 성장 가능성 및 방안을 구체적으로 인식하고 있는 사실상 유일한 사업자였던 점, ③ SK가 실트론 지분 100%를 보유하게 될 경우 제3의 경영간섭이나 반도체 관련 핵심기술의 유출 우려 없이 안정적으로 사업을 영위할 수 있는 이익을 얻을 수 있었던 점 등의 사정을 고려하여, 이 사건 사업기회는 SK가 직접 수행할 경우 현재 또는 가까운 장래에 상당한 이익이 될 사업기회에 해당한다고 판단하였다.

(3) SK가 이 사건 사업기회를 제공하였는지 여부

공정위는 "특수관계인 최○○이 실트론의 잔여지분 29.39%를 공개입찰 방식으로 매수하였으므로, SK가 이 사건 사업기회를 양도 또는 위탁 등의 방식으로 직접 제공한 것이라고 보기는 어렵다"고 하면서도, ① SK는 실트론의 성장을 예상하면서 경영권을 인수한 것이므로 만일 SK가 실트론의 잔여지분 29.39%를 인수할 수 있는 가장 유력한 인수후보였음에도 불구하고 경쟁입찰 참여를 포기하는 결정을 하고, ② 특수관계인 최○○이 이 사건 사업기회를 이용하려는 것을 알았음에도 이를 묵인하였을 뿐만 아니라, ③ 실트론 최대주주로서의 역할과 권한을 최대한 활용하여 잔여지분을 인수할 수 있는 잠재적 인수의향자들의 입찰 참여를 어렵게 함으로써 최○○이 이 사건 사업기회를 용이하게 이용할 수 있는 직간접적인 여건을 마련하였다는 등의 사정을 근거로, 특수관계인에게 이 사건 사업기회를 제공한 것으로 볼 수 있다고 판단하였다.

다. 서울고등법원의 판단

서울고등법원은 공정위의 시정명령 및 과징금 부과처분이 위법하다고 판단하고, 이를 모두 취소하였다. 다만 사업기회제공 행위의 성립요건과 주요 쟁점들에 대해 명확한 법리나 기준을 제시하지는 않았다. 관련 규정 및 일반 법리[7]를 간단히 기재한 후, 증거와 변론 전체의 취지 및 여러 사정들을 종합할 때 사업기회제공 행위의 요건을 갖추지 못하였다고 판시하였다.[8]

라. 대법원의 판단

대법원은 대상판결을 통해 아래와 같이 공정거래법상 사업기회제공 행위의 성립요건 중 '제공' 요건에 대해 법리와 판단기준을 제시하고, 나아가 계열회사가 다른 회사를 인수하며 다수지분을 취득하는 과정에서 소수지분 취득 기회를 포기하는 방법, 즉, 소극적 방법에 의한 사업기회제공 행위가 인정되기 위한 요건에 대하여 기준을 제시하였다. 결론적으로는 서울고등법원 판결을 지지하고, 공정위의 상고를 기각하였다.

구체적으로 대상판결은 사업기회의 '제공'이 인정되려면, '계열회사가 해당 사업기회를 규범적으로 '보유'하고 있다고 평가할 수 있어야' 한다고 판시하면서, '계열회사가 사업기회를 '보유'하고 있는지는 그 사업기회의 내용, 계열회사의 사업범위, 계열회사가 기존에 보유하고 있던 권리·이익·기대 및 지위 등을 포함한 여러 사정을 종합하여 판단해야 하는데, 반드시 계열회사가 그와 같은 사업기회를 우선적·배타적으로 지배·보유하고 있어야 한다고 볼 것은 아니다"라고 판시하였다.

또한 대상판결은 '계열회사가 사업기회를 직접적으로 제공하는 방법 외에 유망한 사업기회를 스스로 포기하여 특수관계인 등이 이를 이용할 수 있도록 하거나 특수관계인 등의 사업기회 취득을 묵인하는 등의 소극적 방법으로 사업기회를 제공하는 것이 가능하다'고 하면서, '그 과정에서 불확실성이 존재하지 않아야 한다고까지 볼 수는 없으나 적어도 그러한 제공이 적극적·직접적 제공과 동등한 것으로 평가될 수 있어야 한다'고 판시하였다. 나아가 '계열회사가 다른 회사를 인수하며 다수지분을 취득하는 과정에서 소수지분 취득 기회를 포기하고 그 소

7) "'사업기회를 제공하는 행위'를 파악함에 있어 그 입법 취지와 목적 등을 고려한 해석이 배제되는 것은 아니지만 그 해석은 문언의 통상적인 의미를 벗어나서는 아니 된다. 더구나 이 사건 처분과 같은 침익적 행정처분의 근거가 되는 행정법규는 엄격하게 해석·적용하여야 하고 행정처분의 상대방에게 불리한 방향으로 지나치게 확장해석하거나 유추해석하여서는 아니 된다(대법원 2017.5.30. 선고 2015두48884 판결의 취지 참조)."

8) 이러한 서울고등법원 판결의 분석 및 논증 구조에 대한 지적으로는 박세환, 위의 글, 309면 이하.

수지분을 특수관계인 등이 취득하였다는 사실만으로 계열회사의 특수관계인에 대한 사업기회 제공행위가 곧바로 추단된다고 볼 것은 아니다'라고 하면서, 사업기회 제공행위가 인정되려면 해당 계열회사가 소수지분 취득 기회를 규범적으로 보유하고 있었으며, 그 기회의 포기가 적극적 · 직접적 제공과 동등한 것으로 평가될 수 있는지를 개별적 · 구체적으로 심사해 보아야 한다고 판시하였다.

2. 논점의 정리

대상판결을 토대로 생각해 볼 수 있는 주요 쟁점들은 다음과 같다.

첫째, 사업기회제공 행위의 성립요건 중 하나로서 '제공' 요건은 어떠한 경우에 인정될 수 있는지 여부이다. 관련하여 대법원이 제시한 법리와 기준이 타당한지 여부를 살펴볼 필요가 있다.

둘째, 소극적 방법에 의한 사업기회제공 행위 성립 여부를 검토함에 있어서는 어떠한 법리와 기준을 따라야 하는지 여부이다. 역시 관련하여 대법원이 판시한 내용의 타당성을 짚어 보아야 한다.

셋째, 대법원이 언급하지 않은 '사업기회', '부당성' 등 사업기회제공 행위의 다른 성립요건들에 대해서는 어떻게 해석하고 판단해야 하는지도 살펴보아야 한다.

대상판결은 사업기회제공 행위가 문제된 사안에 대해 대법원이 처음으로 성립요건에 관한 몇 가지 법리와 기준을 제시하였다는 점에서 상당한 의미가 있지만, 그동안 논의되어 온 사업기회제공 행위의 구체적인 성립요건 및 위법성 판단기준에 대해서 체계적이고 종합적인 법리와 판단기준을 제시하지는 않고, 몇 가지 한정된 쟁점에 관해서만 입장을 밝혔다는 점에서 상당한 한계가 있다. 뿐만 아니라, 직접 판시한 제공 요건, 소극적 방법에 의한 사업기회제공의 성립 가능성 및 그 경우의 판단기준 등에 있어서도 불명확하거나 지적할 만한 점들이 존재한다.

이하에서는 대상판결이 밝힌 사업기회제공 행위의 성립요건 및 판단기준을 비판적으로 살펴보고, 보다 합리적인 해석론을 모색해 보고자 한다.

III. 대상판결에 대한 비판적 검토

1. 사업기회제공 행위 중 '제공' 요건에 관한 검토

가. 판시사항의 분석

대법원은 사업기회제공 행위의 성립요건 중 '제공' 행위 요건에 관한 기준을 제시하면서,[9] 구체적으로 "계열회사가 해당 사업기회를 규범적으로 '보유'하고 있다고 평가할 수 있어야 하고, 계열회사가 사업기회를 '보유'하고 있는지는 그 사업기회의 내용, 계열회사의 사업범위, 계열회사가 기존에 보유하고 있던 권리·이익·기대 및 지위 등을 포함한 여러 사정을 종합하여 판단해야 하는데, 반드시 계열회사가 그와 같은 사업기회를 우선적·배타적으로 지배·보유하고 있어야 한다고 볼 것은 아니다"라고 판시하였다.

나. 사업기회제공 행위의 성립요건 중 '제공' 요건에 대한 재검토

사업기회의 '제공'이 인정되기 위하여, 제공주체인 회사가 사업기회를 우선적·배타적으로 지배·보유하고 있어야 하는지 여부에 관하여는 종래 학계에서 여러 견해들이 있어 왔다. 구체적으로, 사업기회제공은 전적으로 제공주체의 의사에 따라 해당 사업기회가 특수관계인 등에게 이전될 수 있어야 하고, 그 과정에서 불확실성이 존재하지 않아야 한다는 견해,[10] 제공주체가 해당 사업기회를 소유하고 있거나 아니라면 제공주체가 원할 경우 확실히 제3자가 그 사업기회를 이용하게 할 수 있을 정도로 배타적으로 지배하고 있어야 한다고 하면서, 제공행위를 특수관계인이 사업기회를 이용할 수 있도록 하는데 필요·충분한 행위로 엄격하게 해석하여야 한다는 견해,[11] 제공주체의 사업기회가 되기 위해서는 제공주체가 사업기회를 '보유'하여야 하는데, '보유'는 소유하거나 혹은 그에 미치지 못하더라도 실질적으로 지배하거나, 우선권이나 기대권을 가지는 경우여야 한다는 견해,[12] 특수관계인 등이 계열회사로부터 부여받은 자신의 기회를 인식하고 이를

---

9) 대법원은 "'제공'을 위한 전제로서"라는 표현을 사용하였는데, 이 때문에 대법원이 '제공' 행위 요건 자체에 대한 판시를 한 것이 아니라, '제공'이 있기 위한 전제로서 '사업기회' 요건에 대한 법리나 기준을 제시한 것이라는 해석도 가능하다.

10) 이봉의, "공정거래법상 특수관계인 등에 대한 부당한 사업기회제공의 도그마틱", 상사법연구 제39권, 2021, 324-329면.

11) 이호영, 위의 글, 54, 65면.

12) 정재훈, "사업기회 제공을 이용한 특수관계인에 대한 이익제공행위의 판단 기준", 인권과 정

용이하게 활용할 수 있게 된 상황에 놓였다면 공정거래법상 사업기회의 '제공'은 이루어진 것이고, 그와 달리 계열회사가 기회를 완전히, 배타적으로 지배하고 계열회사의 전적인 의사에 따라 특수관계인 등에게 기회가 이전 내지 귀속되어야 한다거나, 불확실성이 완전히 제거된 기회가 특수관계인 등에게 온전히 귀속될 것을 요하지는 아니한다는 견해[13] 등이 그것이다.

대상판결은 '계열회사가 해당 사업기회를 규범적으로 '보유'하고 있다고 평가할 수 있어야' 한다고 하면서도 '반드시 계열회사가 그와 같은 사업기회를 우선적 · 배타적으로 지배 · 보유하고 있어야 한다고 볼 것은 아니'라고 판시하여, 위와 같은 여러 견해들 중 절충적인 입장을 취한 것으로 보인다. 대법원으로서는 향후 발생할 수 있는 여러 사업기회제공 행위들에 대한 규제 필요성을 고려하여 '기회의 제공'이라는 개념을 지나치게 좁히지 않으면서, 어느 정도 문언의 의미에 부합하도록 해석론을 제시한 것으로 생각된다.

그러나 대법원의 판시는 '제공'의 문언적 의미를 다소 벗어나는 해석이라는 점에서 그대로 수긍하기 어렵다. 사업기회의 '제공'은 제공주체가 배타적으로 또는 적어도 실질적으로 사업기회를 지배하고 있거나, 사업기회를 자신의 의지에 따라 특수관계인 등에게 이전시킬 수 있는 권한을 보유하고 있는 경우로 한정하는 것이 보다 타당하다고 생각된다.

첫째, 대상판결의 원심에서도 지적한 바와 같이 법 문언의 의미를 파악함에 있어 입법 취지와 목적 등을 고려한 해석이 배제되는 것은 아니지만 그 문언의 통상적인 의미를 벗어나서는 안 되는데,[14] 문언 해석에 비추어 볼 때 '제공'은 '무엇을 내주거나 갖다 바치는 행위'이다.[15] 따라서 '제공' 행위가 있다고 하려면, 제공주체가 자신의 의사에 따라서 해당 사업기회를 자유롭게 이전시킬 수 있을 정도의 배타적 · 실질적 보유나 권한이 인정되어야 한다.

둘째, 상법상 회사기회유용과의 차이를 고려할 필요가 있다. 상법 제397조의2 회사기회유용 조항의 경우 이사가 회사의 기회를 '유용'하는 상황을 전제로 하는

의 제527호, 2025, 218, 226면. 이 견해는 제공주체의 행위와 제공객체의 취득 사이에 직접성이 존재해야 하며, 그 과정에서 불확실성이 존재하지 않아야 한다고 본다.

13) 박세환, 위의 글, 325면.

14) 대법원 2017.5.30. 선고 2015두48884 판결의 취지 참조. 공정거래법상 사업기회제공 행위 조항은 형사처벌 규정의 구성요건이 되기도 한다는 점에서 더욱 그러하다.

15) 표준국어대사전에 따르면 '제공'의 문언적 의미는 "무엇을 내주거나 갖다 바침"이다.

것인 만큼 제공주체가 반드시 이를 배타적 · 실질적으로 지배 · 보유하고 의도적으로 제공한 것이 아니더라도 이사가 사업기회를 이용할 수 있게 되는 상황이면 족할 수 있다. 반면, 공정거래법상 사업기회제공 조항의 경우 '기회유용'이 아니라 '기회제공'이라는 표현을 사용하고 있다. 즉, 제공주체가 특수관계인에게 사업기회를 '제공'하는 상황, 즉, 보다 적극적으로 사업기회를 내주거나 갖다 바치는 경우를 상정하고 있는 조항이다. 이러한 양자 간의 차이를 고려하면, 공정거래법상 사업기회의 제공은 단순히 특수관계인 등이 사업기회를 이용할 수 있는 상황에 놓이도록 하는 정도로는 부족하다. 오히려 제공주체가 사업기회를 배타적 · 실질적으로 지배하고 있거나, 해당 사업기회를 자신의 의지에 따라 특수관계인 등에게 이전시킬 수 있는 권한을 보유하고 있는 경우로 한정함으로써 제공주체의 사업기회 '제공'으로 보기 어려운 경우를 규제 범위 밖으로 걸러내는 것이 보다 법문언에 충실한 해석이라고 생각된다.

관련하여 한 가지 더 살펴보아야 할 것이 있다. 대법원의 해석론을 일단 그대로 수용한다고 하더라도, '사업기회를 우선적 · 배타적으로 지배 · 보유하고 있어야 한다고까지 볼 것은 아니지만, 규범적으로 보유하고 있다고 평가할 수 있는 경우'가 과연 어떠한 경우인가 하는 문제이다. 대법원의 판시는 여전히 불명확하고 모호하다는 문제가 있다. 이 때문에 대상판결 이후에도 사업기회제공 행위가 문제되는 여러 사안들에서 '해당 사업기회를 규범적으로 보유하고 있는 것인지 여부'가 크게 다투어질 가능성이 높다.

종래의 학설들이나 대상판결에서 구체적으로 논의되지 않았으나, 위와 같은 문제를 해결하기 위해서는, ① 제공주체에게 '제공의 의사'가 인정될 수 있는지, ② '제공' 행위로 평가될 수 있는 제공주체의 어떠한 행위와 해당 사업기회가 특수관계인에게 이전된 것 사이에 인과관계가 인정될 수 있는지를 따져볼 필요가 있다고 생각된다. 만약 제공주체에게 제공의 의사가 인정되지 않는 상황, 가령 제공할 의도는 없고 자신의 경영상 판단에 따라 어떠한 행위를 하였으나 제공주체의 그러한 행위의 결과로 특수관계인이 사업기회를 이용할 수 있게 되는 경우 등의 상황에서, 그러한 행위를 사업기회 '제공'으로 포섭하는 것은 타당하지 않다. '제공'은 그 문언적 의미에 비추어 볼 때 기본적으로 행위주체의 의사를 전제로 이루어지는 행위이기 때문이다.

또한, 어떠한 '제공행위'와 '사업기회의 이전'이라는 결과 발생사이에 인과관계가 인정될 수 있어야 한다. 가령 제공주체의 행위와 다른 여러 원인행위들이 결합하여 결과적으로 특수관계인의 사업기회 이용이 가능해지는 경우가 있을 수 있는데, 이런 경우까지 '제공' 행위로 포섭하는 것은 수긍하기 어렵다. 이러한 행위는 결과적으로 특수관계인 등이 사업기회를 '유용'하게 되는 상황일지는 몰라도, 제공주체의 '제공' 행위의 결과라고 평가할 수는 없기 때문이다. 이러한 측면에서 양자 간에 인과관계가 인정될 수 있어야 한다.

예컨대, 계열회사가 어떠한 회사의 지분 인수기회를 검토하다가 어떠한 사정으로 포기하게 되었고, 이후 다른 여러 행위들의 작용하여 결과적으로 특수관계인 등이 해당 회사의 지분을 인수하게 되었다고 가정해보자. 이 경우, 해당 계열회사에게 제공의 의사가 없었고, 계열회사의 행위와 사업기회 이전 간에 직접적인 인과관계가 없음에도 결과적으로 특수관계인 등이 해당 회사의 지분을 취득하였다는 이유로 '제공' 행위가 있었다고 평가할 수는 없을 것이다. 이러한 측면에서 '제공' 행위가 인정되려면, 제공주체의 제공의 의사와 제공주체의 행위 및 특수관계인 등으로의 사업기회 이전 간에 인과관계가 인정될 수 있어야 한다.

다만, 실무적으로 생각해보면, 제공주체가 자신이 배타적 · 실질적으로 지배 또는 보유하고 있던 사업기회를 직접적으로 특수관계인 등에게 이전시킨 경우라면, 특별한 사정이 없는 한 제공의 의사 및 인과관계는 쉽게 인정될 수 있을 것이다. 즉, 제공의 의사 및 인과관계는 대상판결 사안과 같이 소극적 방법에 의한 사업기회제공이 문제되는 경우에 보다 중요한 판단기준 내지 고려요소로 활용될 수 있다. 이에 대해서는 아래에서 항을 달리하여 좀더 살펴본다.

2. 소극적 방법에 의한 사업기회제공에 관한 검토

가. 판시사항의 분석

대상판결은 "'사업기회 제공행위'는, 계열회사가 특수관계인 등에게 사업기회를 직접적으로 제공하는 방법 외에 유망한 사업기회를 스스로 포기하여 특수관계인 등이 이를 이용할 수 있도록 하거나 특수관계인 등의 사업기회 취득을 묵인하는 등의 소극적 방법으로도 가능하다"고 판시하여 소극적 방법에 의한 사업기회제공 행위가 성립될 수 있음을 분명히 하였다. 또한 "소극적 방법에 의한 사업기회 제공의 경우, 그 과정에서 불확실성이 존재하지 않아야 한다고까지 볼 수는 없으나 적어도 그러한 제공이 적극적 · 직접적 제공과 동등한 것으로 평가될 수 있어야 한다"고 판시하여, 소극적 방법에 의한 사업기회제공 행위가 인정되려면 '적극적·직접적 제공과 동등한 것으로 평가될 수 있어야 한다'라는 판단기준을 제시하였다.

위와 같은 기준을 토대로, 대상판결은 '계열회사가 다른 회사를 인수하며 다수지분을 취득하는 과정에서 소수지분 취득 기회를 포기하고 그 소수지분을 특수관계인 등이 취득하였다는 사실만으로 계열회사의 특수관계인에 대한 사업기회 제공행위가 곧바로 추단된다고 볼 것은 아니'라고 하면서, '해당 계열회사가 소수지분 취득 기회를 규범적으로 보유하고 있었으며 그 기회의 포기가 적극적·직접적 제공과 동등한 것으로 평가될 수 있는지를 개별적·구체적으로 심사해 보아야 한다'고 판시한 후, 본 사안에서 사업기회제공 행위가 인정되지 않는다고 판단하였다.

나. 소극적 방법에 의한 사업기회제공의 성립 가능성 및 판단기준 재검토

대상판결이 소극적 방법에 의한 사업기회제공의 성립 가능성을 인정한 것은 타당하다. 법 문언상 소극적 방법에 의한 사업기회제공을 제외할 근거가 없을 뿐 아니라, 적극적 방법에 의한 사업기회제공 행위만을 규제 범위 내로 한정할 경우, 간접적이고 소극적인 방식, 일종의 부작위적 외관을 취하는 방식의 다양한 사업기회제공 행위를 제재하지 못하는 규제 공백이 발생할 수 있기 때문이다.

그러나 소극적 방법에 의한 사업기회제공을 인정하려면 대상판결이 판시한 바와 같이 "적어도 그러한 제공이 적극적·직접적 제공과 동등한 것으로 평가될 수 있어야" 한다. 그런데 실제 구체적인 사례를 전제로 생각해보면 어떠한 경우가 여기에 해당하는지 결코 판단이 쉽지 않다. 대상판결은 다수의 규제 사안들에 보편적으로 활용되는 '개별적·구체적 심사'의 법리에 의존하였는데, 이러한 원칙 하에서 '제공'의 문언적 의미로부터 보다 구체적으로 활용 가능한 판단기준을 모색해 볼 수 있다.

앞서 사업기회의 '제공'이 인정되려면, ① 제공의 의사가 인정될 수 있어야 하고, ② 제공주체의 행위와 특수관계인에게 해당 사업기회가 이전된 것 간에 인과관계가 인정될 수 있어야 한다고 했는데, 이 두 가지는 소극적 방법에 의한 사업기회제공 행위 성립 여부를 판단함에 있어 유용한 기준으로 활용될 수 있다. 즉, 여러 정황적 사실들에 비추어 제공주체의 소극적 행위 내지 부작위(가령, 인수기회의 포기 등)가 특수관계인에 대한 제공의 의사에 따라 이루어진 행위라고 평가될 수 있고, 그러한 소극적 행위 내지 부작위의 결과 특수관계인의 사업기회 이용이 가능해졌다는 양자 간 인과관계가 인정될 수 있다면, 그러한 행위는 적극적·직접적 제공과 동등한 것으로 평가될 수 있을 것이다. 따라서 '제공의 의사' 및 '인과관계'라는 두 가지 요소는 향후 여러 소극적 방법에 의한 사업기회제공 행위를 평가함에 있어서 유용한 판단기준 내지 고려요소로 활용 가능하다고 생각된다.

관련해서 한 가지 추가로 생각해야 할 것은 '제공의 의사'라는 것은 의도의 문제로서 주관적 요건인데 이를 '제공' 행위 요건을 검토할 때 별도로 따져보는 것이 타당한가 여부이다. '제공'은 그 문언적 의미에 비추어 볼 때 "무엇을 내주거나 갖다 바치는 행위"이므로, 본질적으로 행위주체의 의사가 전제된 행위이다. 따라서 '제공' 요건 검토 단계에서 '제공의 의사'를 따져보는 것은 별도의 주관적 요건을 추가하는 것이라기보다 '제공' 행위가 인정될 수 있는지 여부를 판단하는 과정에서 필수적으로 수반될 수밖에 없는 고려요소라고 생각된다. 다만, 제공 행위 요건을 판단함에 있어서는 인과관계 측면에서만 검토를 하고, '제공의 의사'가 있는지 여부는 사업기회제공 행위의 부당성 판단 시 검토하는 방식도 고려할 수 있을 것이다.16)

대상판결 사안으로 돌아와 생각해보면, 애초부터 특수관계인이 공개입찰 방식으로 주식을 취득한 것에 대하여 '제공' 행위를 하였다고 평가하는 것은 다소 무리한 해석이라고 생각된다. 공개입찰이라는 거래 방식의 특성상 입찰 비리를 저지른 것이 아닌 이상 제공주체의 '제공의 의사' 및 양자 간 '인과관계' 모두 성립되기 어렵기 때문이다. 원심과 대상판결도 결론적으로는 '제공' 행위가 성립할 수 없다고 판단하였고, 그 결론에 동의한다. 그러나 대법원이 제공주체인 SK의 '제공의 의사' 및 SK의 일련의 행위와 특수관계인 최○○에 대한 이 사건 사업기회의 귀속 사이에 '인과관계'가 존재하는지 여부를 구체적으로 따져보지 않고 결론을 내린 점은 아쉬운 대목이다. 대상판결이 제시한 기준에 따를 경우, 향후에도 일련의 사실관계들로부터 도출되는 정황 사실들에 근거하여 명확한 판단기준 없이 '추단'의 방식으로 '제공' 행위의 성립을 인정하게 될 가능성이 생기기 때문이다. 향후 보다 명확한 성립요건 및 판단기준이 정립되어야 할 것이다.

---

16) '제공의 의사'는 부당성 측면에서 따져보아야 한다는 취지의 견해로는, 이봉의, 위의 글, 353면.

IV. 기타 사업기회제공 행위의 성립요건에 대한 검토

대상판결은 앞서 살펴본 바와 같이 사업기회제공 행위의 성립요건들 중 '제공'에 한정하여 법리와 판단기준을 제시한 반면, '사업기회', '부당성' 등 사업기회제공 행위의 다른 성립요건들에 대해서는 별다른 언급을 하지 않았다.

그러나 종래 사업기회제공 행위의 성립요건 관련하여 가장 활발히 논의가 되어 온 쟁점 중 하나는 '사업기회(보다 구체적으로는 상당한 이익이 될 사업기회인지, 회사 사업과 밀접한 관계가 있는 사업기회인지 등)' 요건의 해석 문제였다.[17] 법 조항 자체가 '사업기회'의 '제공'을 금지하는 것이니, '사업기회'라는 요건이 가장 중요한 성립요건의 하나로 논의되는 것은 당연하다. 그런데 대상판결은 사업기회제공 행위의 성립요건에 관한 대법원의 법리와 판단기준을 제시하는 첫 번째 판결임에도 불구하고 '사업기회' 요건에 대해서는 언급을 하지 않았다. 이 때문에 향후 사업기회제공 행위가 문제되는 여러 사건들에서 '사업기회' 요건을 둘러싼 다툼이 계속 정리되지 않은 채 이어질 가능성이 높다. 대상판결의 원심에서 사업기회제공 행위의 성립요건에 관한 법리와 사실인정을 명확히 구분하지 않고 판결을 선고하였기 때문에 대상판결도 그를 전제로 쟁점을 한정하여 판단한 것이라고 이해되기도 하지만, 대법원이 최고법원으로서 사업기회제공 행위의 각 성립요건에 대한 규범적 기준을 제시하여 줄 것이라고 기대를 받고 있었다는 점을 고려하면,[18] 대상판결이 이에 대해 침묵한 것은 크게 아쉬운 대목이다. 이러한 문제의식하에서, 이하에서는 사업기회제공 행위의 중요한 성립요건 중 하나인 '사업기회' 및 '부당성' 요건을 어떻게 해석하고 평가할 것인지 추가로 살펴본다.

1. '사업기회' 요건에 대한 검토

공정거래법은 '사업기회'에 대해서 "회사가 직접 또는 자신이 지배하고 있는 회사를 통하여 수행할 경우 회사에 상당한 이익이 될 사업기회"로서 "회사가 수행하고 있거나 수행할 사업과 밀접한 관계가 있는 사업기회"라고 규정하고 있다 (공정거래법 제47조 제1항 제2호 및 동법 시행령 [별표 3] 제2호). 따라서 사업기회

17) 이러한 점을 고려한 때문인지 공정위도 의결서에서 사업기회가 존재하는지, 해당 사업기회가 SK의 사업기회인지 여부 등 '사업기회' 요건의 충족 여부에 관하여 긴 지면을 할애하여 논증하였다.

18) 박세환, 위의 글, 311면.

요건을 검토함에 있어서는 (1) 회사에 상당한 이익이 될 사업기회인지, (2) 회사의 사업과 밀접한 관계가 있는 사업기회인지 여부를 중심으로 살펴보아야 한다.

가. 상당한 이익이 될 사업기회인지에 관한 검토

'상당한 이익이 될 사업기회'란 제공 당시를 기준으로 제공주체인 회사(또는 제공주체가 지배하는 회사)에 현재 또는 가까운 장래에 상당한 이익이 될 수 있는 사업기회를 의미한다. 그런데 제공주체가 직접 수행할 경우 어떠한 사업기회가 상당한 이익이 될 것인지 여부는 미래의 여러 변수에 따라 영향을 받는 것이기 때문에 적어도 제공행위 시점에는 그것을 판단하는 것이 대단히 어렵다. 따라서 이 부분의 해석은 특히 신중하지 않으면 안 된다.

종래 학계에서도 '상당한 이익이 될 사업기회'를 엄격하게 해석해야 한다는 다수의 견해들이 있어 왔다.[19][20] 관련하여 우선 지적해야 할 점은 제공주체가 '주관적으로' 어떠한 사업기회가 상당한 이익이 될 것이라고 생각했거나 예상하고 있었다고 하여, 상당한 이익이 될 사업기회에 해당한다고 쉽게 인정해서는 안 된다는 점이다.[21] 그렇게 되면 제공주체가 사업기회에 대한 예측을 소극적으로 하는지 적극적으로 하는지 등 제공주체의 주관적 성향에 따라 법 위반 여부가 달라지는 결과가 초래되기 때문이다. 따라서 어떠한 사업기회가 상당한 이익이 될 것인지 여부는 제공행위 시점을 기준으로 여러 사정들을 개별적·구체적으로 살펴 객관적으로 평가되어야 한다.[22] 나아가 상법이 단지 "회사의 이익이 될 수 있는"이라고 규정하는데 반해, 공정거래법은 "회사에 상당한 이익이 될"이라고 규정하고 있는 점, 상법과 달리 공정거래법은 행정제재와 형사처벌까지 규정하고 있는 점 등을 고려하면, 공정거래법상 '상당한 이익이 될 사업기회'는 더욱 엄격한 기준하에 제공 당시를 기준으로 '회사에 이익이 될 상당한 수준의 개연성'이 객관적으로 존재하는 경우로 한정되어야 한다는 견해[23]에도 귀 기울일 필요가 있다.

---

19) 이봉의, 위의 글, 327면 이하; 이호영, 위의 글, 51면; 박세환, 위의 글, 318면.

20) 그와 달리, 상법상 회사기회유용 금지 조항에 관한 논의가 공정거래법에도 동일하게 적용될 수 있고, 양자가 규정하고 있는 사업기회 요건은 사실상 동일하다는 견해로는 김현민, "지주회사에 있어서의 사업기회 제공(유용) 금지의 법리", 선진상사법률연구 제108호, 2024, 48-49면; 박세환, 위의 글, 318면에서 재인용.

21) 같은 견해로, 이봉의, 위의 글, 332면.

22) 이봉의, 위의 글, 332-333면.

23) 박세환, 위의 글, 318면.

또 한 가지 언급하고 싶은 것은 '상당한 이익이 될 사업기회'를 평가함에 있어 사후적 평가의 위험성을 경계해야 한다는 점이다. 공정위는 대상판결 사안에서 사업기회를 인정하면서 여러 사실관계에 근거한 이유들을 제시하였지만,[24] 결과적으로 특수관계인 최○○의 이 사건 잔여지분 인수 이후 해당 지분의 가치가 크게 상승하여 상당한 수준의 이익이 실제로 발생하였다는 점을 고려하였을 가능성을 배제하기 어렵다. 즉, 사후적으로 해당 사업기회로 특수관계인이 이익을 얻었기 때문에 공정위가 해당 지분취득은 상당한 이익이 될 사업기회였다는 평가를 좀더 쉽게 했을 가능성이 있다. 규제기관 입장에서 애초에 특수관계인에게 이익이 발생하지 않은 사안을 규제 대상으로 삼을 가능성이 적다는 점을 고려하면 더욱 그렇다. 그런데 어떠한 회사의 지분을 인수할 때 미래에 해당 지분의 가치가 상승하여 상당한 이익이 될지 여부는 아무리 객관적·합리적으로 검토하고 예측하더라도 제공행위 당시를 기준으로는 정확히 알기 어렵다. 이러한 측면에서 보면, 다른 회사의 지분인수와 같이 애초부터 불확실성이 크고 미래의 여러 변수에 영향받을 가능성이 큰 사업기회의 경우, 원칙적으로 상당한 이익이 될 사업기회에 해당하지 않는 것으로 해석하는 것이 타당하다는 견해[25]에 귀 기울일 필요가 있다.

가령, 제공주체인 A회사가 어떠한 기업의 지분을 인수하려고 검토할 당시에 해당 기업이 객관적인 여러 지표에 의해 사실상 가치가 없는 매우 미약한 수준 또는 자본잠식 상태 등 오히려 음(-)의 상태인 것이 확인되어 인수를 포기하였는데, 그후 제공객체인 B회사가 그 기업을 인수한 이후 해당 기업이 크게 성장하여 상당한 이익을 남긴 경우를 가정해보자. 이러한 경우에까지 A의 B에 대한 사업기회제공 행위가 성립한다고 평가할 수는 없을 것이다.

그럼에도 불구하고, 공정위 심사지침은 "사업기회 제공 당시에는 이익을 내지 못하는 영업권이라 하더라도 사후적으로 많은 영업이익을 낼 것이라는 합리적 예측이 가능한 경우에는 상당한 이익이 될 사업기회에 해당할 수 있다"고 규정

---

24) 공정위는 대상판결 사안에서 ① SK가 실트론의 안정적인 성장을 합리적인 근거에 의해 예측하여 경영권 인수를 검토하였고, 향후 실트론의 경쟁력 강화를 위해 다양한 분야에서의 Value－Up을 계획하였던 점, ② SK가 실트론 지분 100%를 보유하게 될 경우 제3의 경영간섭이나 반도체 관련 핵심기술의 유출 우려 없이 안정적으로 사업을 영위할 수 있는 이익을 얻을 수 있었던 점 등의 사정을 근거로, 해당 사업기회가 SK가 직접 수행할 경우 현재 또는 가까운 장래에 상당한 이익이 될 사업기회에 해당한다고 판단하였다.

25) 이봉의, 위의 글, 333면.

하고 있기 때문에, 공정위의 기준에 따르면 위 사례의 경우에도 사업기회제공이 성립할 가능성이 있다.

그러나 공정위 심사지침이 제시하고 있는 "사후적으로 많은 영업이익을 낼 것이라는 합리적 예측이 가능한 경우"라는 것이 실제의 경제 현실에서는 포착하기 어려운 경우가 많다. 심지어 사업기회제공 행위 당시에 이익을 내지 못하거나 오히려 부채만 보유하고 있는 열악한 기업에 대하여, 일단 제공행위(인수)를 하고 나면 사후적으로 많은 영업이익이 날 것이라고 합리적으로 예측할 수 있는 경우가 현실적으로 얼마나 존재할 수 있겠는가. 설령 그러한 예측이 가능하다고 하더라도, 실제 인수 이후의 상황들은 예기치 못한 여러 변수들에 의하여 영향을 받은 결과일 가능성이 크다.

이러한 점들을 고려하면, 공정위 심사지침과 같은 해석은 사후적 시각에서 실체진실과 괴리된 과도한 규제를 초래할 우려가 있다. 앞선 사례에서처럼 사업기회제공이라고 문제되는 행위가 발생한 시점에 피인수기업이 사실상 가치가 없거나 이익을 내지 못하는 열악한 상황에 있던 경우라면, 그럼에도 불구하고 일단 인수를 하기만 하면 상당한 이익을 낼 것으로 기대되는 특별한 사정(가령 인수 이후에 별도의 부당지원행위 등을 통하여 해당 피인수회사의 성장을 미리 보장하고 있다는 등의 사정)이 발견되지 않는 이상, 이러한 경우까지 '상당한 이익이 될 사업기회'로 포섭하는 것은 타당하지 않다.

나. 회사 사업과 밀접한 관계가 있는 사업기회인지에 관한 검토

공정거래법은 사업기회 요건과 관련하여 "회사가 수행하고 있거나 수행할 사업과 밀접한 관계가 있는 사업기회"라고 규정하고 있다(공정거래법 제47조 제1항 및 동법 시행령 [별표 3] 제2호). 그런데 여기서 "회사가 수행하고 있거나 수행할 사업과 밀접한 관계가 있는 사업기회"라는 표현은 상법 제397조의2 제1항 제2호(회사기회유용 금지) 조항과 사실상 문언이 동일하다. 따라서, 이 부분 요건을 해석함에 있어서는 상법상 회사기회유용 금지조항의 취지와 해석기준을 참고하는 것이 도움이 될 수 있다.[26] 특히, 미국 판례법이기는 하나 상법상 회사기회유용의 대표적인 판례로 거론되는 미국 델라웨어 주의 Guth v. Loft, Inc. 판결[27]에

26) 김윤정, 위의 글, 307면.

27) Guth v. Loft, Inc., 5 A. 2d 503 (Del. 1939).

서 제시된 '사업범위기준'을 참고할 수 있을 것이다.[28] 이 판결은 '어떠한 사업기회가 회사의 사업범위(the line of business) 내에 있는지 여부를 판단할 때에는 이사가 실제 회사기회를 알았는지 여부와 같은 주관적 요소는 배제한 채 회사의 기본지식, 현실적 경험 및 사업수행능력, 회사의 재정상태를 고려할 때 논리적으로 또는 자연스럽게 이용할 수 있고 회사의 사업확장 필요에 부합하는 사업기회라면 그러한 사업기회는 회사의 사업범위 내에 있는 것'이라고 판시하고 있다.[29] 이러한 Guth 판결의 기준을 참고하면, '회사가 수행하고 있거나 수행할 사업과 밀접한 관계가 있는 사업기회'란 '회사가 종래부터 수행해 온 사업수행 경험이나 지식 또는 실질적인 사업수행 능력 등의 범위 내에 있는 사업'을 의미한다고 볼 수 있을 것이다.

대상판결 사안의 경우, SK가 지분소유를 통한 다른 기업의 사업활동을 지배·관리하는 지주회사라는 점에서, 피인수기업이 구체적으로 어떠한 사업활동을 영위하는 회사이든지 간에 지분취득 행위는 SK가 수행하고 있거나 수행할 사업과 밀접한 관계가 있다고 해석하는 것이 가능하다고 생각된다.[30]

그러나 만약 지주회사가 아닌 일반 회사가 자신이 수행하고 있거나 수행할 사업과 다소 거리가 먼 사업활동을 영위하는 피인수기업의 지분을 취득하는 경우(가령, 혼합결합과 같이 기존에 자신이 수행하던 사업과 무관한 사업 분야에 새롭게 진출하는 경우)를 생각해보자. 물론 이 경우에도 현재 회사가 수행하고 있지는 않지만 '수행할 사업'과 밀접한 관계가 있다고 하여 '회사 사업과의 밀접관계성'이 인정될 수도 있을 것이다. 그러나 한편으로는 새로운 분야에 진출하는 것인 만큼 회사 사업과 밀접한 관계에 있지 않다고 평가해야 할 수도 있다. 특히 제공주체가 나름의 합리적 경영상 판단을 통해서 혼합결합에 해당하는 인수를 추진하더라도, 그것이 제공객체 입장에서 사업기회가 되지는 않을 수 있다는 점을 고려하면 더욱 그러하다. 이처럼 '회사 사업과 밀접한 관계가 있는 사업기회인지' 여부도 쉽게 판단되기 어려운 국면들이 존재할 수밖에 없다. 따라서 이 부분에 대해

28) 김윤정, 위의 글, 307면.

29) 최문희, "기업집단에서의 회사기회유용", BFL 제19호, 2006, 30면.

30) 이와 달리, 지주회사의 경우에도 '지주회사라는 이유로 다른 회사 지분취득 혹은 매각 관련된 행위를 그 자체로 사업기회라고 인정할 경우 다수의 자회사들을 보유한 지주회사의 사업기회의 범위가 지나치게 확장될 수 있어, 여러 사정들을 종합적으로 고려하여 지주회사의 사업기회 여부를 구체적으로 판단함이 나아 보인다'는 견해로는 박세환, 위의 글, 320면.

서도 신중한 검토가 필요하고, 추가적으로 법리와 사례들이 정립될 필요가 있다.

2. '부당성' 요건에 대한 검토

'특수관계인에 대한 부당한 이익의 귀속' 여부를 판단하는 것은 특수관계인에 대한 부당한 이익제공행위의 '부당성'을 어떻게 평가해야 할 것인지의 논의와 연결된다. 그런데 이에 대하여는 대법원의 한진그룹 판결[31]을 시작으로 이미 다양한 논의들이 진행되어왔기 때문에 이 글에서 모두 다루기는 적절하지 않다. 특히, 이는 사업기회제공 행위가 아닌 '상당히 유리한 조건의 거래', '상당한 규모의 거래' 등 다른 행위유형에도 공통되는 요건이기 때문에 사업기회제공 행위만을 위한 별도의 부당성 요건을 논의할 실익이 적은 측면도 있다. 결국 '부당성' 요건의 핵심은 대법원이 밝힌 바와 같이 '공정거래법 관련 규정의 내용, 입법 경위 및 입법 취지 등을 고려할 때, 공정거래법에서 금지하는 특수관계인에 대한 부당한 이익제공행위에 해당하려면, 개별 이익제공행위에 해당하는지 여부와는 별도로 그 행위를 통하여 특수관계인에게 귀속된 이익이 '부당'한지에 대한 규범적 평가가 아울러 이루어져야 한다.'는 것이다.[32]

관련하여, 특히 사업기회제공 행위의 '부당성' 요건을 판단함에 있어서는 제공주체의 이익제공행위에 대한 주관적 의도가 있는지가 충분히 고려되어야 한다는 견해가 있다.[33] 만약 의도를 고려하지 않을 경우 사업기회제공이라는 행위 자체의 특성상 제공주체의 의도와 달리 결과적으로 제공객체가 본인의 노력 및 다양한 변수에 의하여 사업기회를 성공시켰다는 이유만으로 공정거래법에 위반되는 불합리한 결과를 초래할 가능성이 높다는 점에서 위 견해에 동의한다. 한편으로는 앞서 '제공' 요건 부분에서 검토한 바와 같이, 사업기회제공 행위의 경우 부당성 측면에서 의도를 검토하는 것 외에 '제공' 행위가 있는지 여부를 평가하는 과

31) 대법원 2022. 5. 12. 선고 2017두63993 판결.

32) 대법원 2022. 5. 12. 선고 2017두63993 판결. "'부당성'이란, 이익제공행위를 통하여 그 행위객체가 속한 시장에서 경쟁이 제한되거나 경제력이 집중되는 등으로 공정한 거래를 저해할 우려가 있을 것까지 요구하는 것은 아니고, 행위주체와 행위객체 및 특수관계인의 관계, 행위의 목적과 의도, 행위의 경위와 그 당시 행위객체가 처한 경제적 상황, 거래의 규모, 특수관계인에게 귀속되는 이익의 규모, 이익제공행위의 기간 등을 종합적으로 고려하여, 변칙적인 부의 이전 등을 통하여 대기업집단의 특수관계인을 중심으로 경제력 집중이 유지·심화될 우려가 있는지에 따라 판단하여야 한다. 이와 같이 특수관계인에게 귀속된 이익이 '부당'하다는 점은 시정명령 등 처분의 적법성을 주장하는 공정거래위원회가 증명하여야 한다."

33) 이봉의, 위의 글, 353면.

정에서 제공의 의사를 평가하는 방식도 고려할 수 있을 것이다. 이 경우에 '제공' 행위 요건 충족 여부를 판단하기 위한 '제공의 의사'와 사업기회제공 행위 전체의 '부당성'을 평가하기 위한 '제공주체의 의도'를 서로 어떻게 구분하여 각각의 층위에서 판단기준이나 고려요소로 활용할 것인지에 대해서는 추가적인 검토가 필요하다. 이러한 면에서, 대상판결이 사업기회제공 행위의 '부당성'에 관해서도 아무런 법리나 판단기준을 제시하지 않은 점은 상당히 아쉬운 대목이다. 앞으로 심결례 및 판결의 축적을 통해서 보다 구체적인 법리가 축적되기를 기대한다.

V. 결론

지금까지 공정거래법상 사업기회제공 행위 조항을 중심으로 대상판결을 살펴보았다. 구체적으로 대상판결이 제시한 사업기회제공 행위의 성립요건 중 '제공' 요건에 대한 판시내용, 소극적 방법에 의한 사업기회제공의 성립 가능성 및 그 경우의 판단기준에 대해서 비판적으로 검토하였다. 대상판결의 판시내용은 결론적으로 수긍이 가나, 어떠한 경우에 '제공'이 인정될 수 있는지에 관하여 구체적인 논증 없이 종래의 여러 학설들 중 절충적 입장을 취한 것은 아쉽다. 내용을 놓고 보더라도 '제공'의 문언적 의미를 다소 넘어서는 해석을 한 것으로 보인다. 공정거래법상 사업기회의 제공은 단순히 특수관계인 등이 사업기회를 이용할 수 있는 상황에 놓이도록 하는 정도로는 부족하고, 오히려 제공주체가 사업기회를 배타적·실질적으로 지배하고 있거나, 해당 사업기회를 자신의 의지에 따라 특수관계인 등에게 이전시킬 수 있는 권한을 보유하고 있는 경우로 한정하는 것이 타당하다. 또한 '제공' 행위가 있었는지를 평가하기 위하여 제공의 의사와 인과관계를 고려할 필요가 있다.

다음으로, 사업기회제공 행위의 중요한 성립요건이 되는 '사업기회' 요건 및 '부당성' 요건에 대해서도 살펴보고, 각 요건에 대한 합리적인 판단기준을 추가로 모색해 보았다. 대상판결에서 사업기회제공 행위의 성립요건 중 '사업기회' 요건 및 '부당성' 요건에 대해서 별다른 언급을 하지 않은 점은 크게 아쉬운 대목이다. 이 때문에 대상판결 이후에도 향후 사업기회제공 행위가 문제되는 여러 사건들에서 위 요건들을 둘러싼 다툼이 계속 정리되지 않은 채 이어질 가능성이 높다는 점에서 더욱 그러하다.

다만, 대상판결은 사업기회제공 행위 금지조항이 도입·시행된 이후 선고된 첫 번째 대법원 판결이라는 점을 고려할 필요가 있다. 그만큼 아직까지는 사업기회제공 행위에 대해서 선례의 축적이 부족한 상황이다. 이번에 대상판결에서 제시한 '제공' 요건의 법리도 지분취득 포기와 같은 소극적 방법에 의한 사업기회제공 사안을 염두에 두고 이루어진 것이기 때문에, 향후 여러 심결례와 법원 판결들을 통해서 사업기회제공 행위의 각 성립요건에 관한 법리와 판단기준이 보다 정치하게 정립되어 갈 것으로 생각된다.

끝으로, 한 가지 언급하고 싶은 것은 '사업기회'의 '제공'이라는 개념 자체가 상당히 불확정적이고 모호한 법 개념이라는 사실이다. 따라서 어떠한 행위가 공정거래법이 금지하는 사업기회제공 행위에 해당하는지 여부를 판단함에 있어, 제공행위 시점 이후의 정황들을 토대로 사후적으로 해당 행위를 평가하거나, 제공주체의 의사나 인과관계가 인정되지 않음에도 몇 가지 정황 사실들을 토대로 추측하는 식의 판단을 하는 것은 지양해야 한다. 사업기회제공 행위 규제를 통해 부당한 사익편취행위가 충실히 규제되는 것이 중요하겠지만, 반면에 기업들의 자율적이고 합리적인 의사결정이나 거래행위를 지나치게 제약하는 족쇄로 기능해서도 안 될 것이기 때문이다.

제5장

공정거래절차 개선의 이론적 기초*
– 준사법 명제에 관한 비판적 고찰을 중심으로 –

– 박준영 –

I. 서론

2025년 새 정부 들어 공정거래위원회(이하 '공정위')의 역할이 강조되고 있고, 그에 따라 공정위의 소위 '경제사법기관' 내지 '준사법기관'으로서의 역할 또한 강력히 요구될 전망이다. 그렇지만 '준사법기관으로서의 공정위', 나아가 '준사법절차로서의 공정거래절차'라는 주장은 전혀 새로운 것이 아니다. 이는 공정거래 학계나 실무 차원에서 오래전부터 자연스럽게 받아들여지고 있는 명제이고, 지금까지의 절차·조직의 개선방향과 구체적인 제도설계는 이른바 '준사법 명제'[1)]에 기반하고 있었다고 보아도 무리가 없다.

하지만 공정거래절차의 준사법 명제에 관해 진지한 성찰을 담은 논의를 찾기는 쉽지 않다. 개념적으로 준사법이 무엇을 의미하는지, 준사법 개념의 규범적 의미가 무엇인지 등이 검토되지 않고 관용적으로 언급되는 측면이 있는 것이다. 아울러 준사법 명제가 공정거래절차를 둘러싼 여러 논쟁들을 만족스럽게 정리해

---

* 이 글은 필자의 서울대학교 박사 논문을 바탕으로 2023년 경쟁저널 제214호에 기고한 글임을 밝힙니다.

1) 본고에서는 공정거래절차를 준사법절차로 규정하거나 공정위의 법적 성격을 준사법기관으로 지칭하는 주장을 공정거래절차의 '준사법 명제'로 부르기로 한다.

주지 못하는 것 또한 엄연한 사실이다. 공정위의 조사, 심의 · 의결절차를 사법기관의 절차와 유사 또는 동일하게 개선하라는 준사법 명제의 요구사항이 「독점규제 및 공정거래에 관한 법률」(이하 '공정거래법')이 공정위에게 부여한 법 실현 의무를 달성하는 데에 도움이 되는지는 불분명하다.

본고의 문제의식은 공정거래절차의 본질적인 개선을 위해서는 준사법 명제가 공정위의 법 목적 실현에 방해가 되거나 공정거래절차상 현실적 문제를 해결하려는 데에 장애물이 되고 있지는 않은지 냉정히 진단해야 한다는 점에 있다. 이하에서는 준사법 일반론과 공정거래절차의 준사법 명제를 비판적으로 검토하고(II), 본 논의의 시사점을 간략히 제시하면서 결론을 내린다(III).

II. 준사법 명제에 관한 고찰

1. 준사법 일반론

가. 개설

우리나라 준사법의 규범적인 의미는 대한민국 헌법에서 도출될 수 있다. 헌법 제107조 제3항은 "재판의 전심절차로서 행정심판을 할 수 있다"고 하면서, 이어서 "행정심판의 절차는 법률로 정하되, 사법절차가 준용되어야 한다"고 규정하고 있는데, 동 규정의 '사법절차의 준용'이라는 문언이 헌법상 준사법절차를 의미하는 것으로 해석된다. 당해 헌법 조항은 1981년 헌법 개정으로 도입된 것으로서, 행정청의 처분에 대해 행정부 스스로가 다시 판단을 내리는 심리 · 판정절차인 행정심판의 존재근거를 '사법절차의 준용'으로 나타낸 규정이다.[2)]

준사법 내지 준사법절차와 관련된 논의는 헌법학계와 행정법학계에서 행정심판과 관련하여 발전해왔다. 예컨대 헌법재판소는 행정심판과 관련된 결정에서 "어떤 행정심판을 필요적 전심절차로 규정하면서도 그 절차에 사법절차가 준용되지 않는다면 이는 헌법 제107조 제3항 및 재판청구권을 보장하고 있는 헌법 제27조에도 위반"된다고 하면서, "헌법 제107조 제3항은 사법절차가 '준용'될 것만을 요구하고 있으나 판단기관의 독립성과 공정성, 대심적 심리구조, 당사자의 절차적 권리보장 등의 면에서 사법절차의 본질적 요소를 현저히 결여하고 있다

2) 헌법 제107조 제3항의 도입과정에 관해 유진식, "헌법 제107조 제3항이 규정하고 있는 '준사법절차'의 의미", 공법학연구 제13권 제4호, 2012, 393면 참조.

면 '준용'의 요청에마저 위반된다"고 판시한 바 있다.[3] 이를 보건대 헌법재판소가 이해하는 준사법 개념의 요소는, 판단기관의 독립성과 공정성, 대심적 심리구조와 같은 사법의 본질적 요소와 대동소이하다.[4][5]

정리하면 현재 통용되고 있는 준사법의 의미는 '사법(司法)을 준용한다'는 것이고, 그 의미의 무게중심은 사법(司法) 내지 사법절차에 있다. 준사법절차는 일견 사법절차를 준용하는 절차 내지 사법절차와 유사한 절차로 받아들여지고 있는 것이다.

나. 미국에서의 준사법(quasi–judicial) 개념

준사법 개념이 처음 등장한 곳은 미국이고, 따라서 준사법은 미국 특유의 법 개념으로 볼 수 있다.[6] 미국에서 사용되는 '준사법(quasi-judicial)'이라는 개념은 '법을 적용하여 법적 효과를 발생하는 국가의 결정'이라는 의미를 갖는다. 다만, 당해 개념의 본질에 대해서는 미국의 법 적용 권한 및 법적 효과를 발생시키는 권한을 가진 국가기관이 어떻게 변천해왔는지를 살필 필요가 있다.[7][8]

현재 미국 행정기관의 결정 내지 처분은 'adjudication'이라고 불리며, 이것이 바로 법원으로부터 행정기관에게 이전된 법적 결정 권한을 나타내는 의미를 갖

---

3) 헌법재판소 2001.6.28. 선고 2000헌바30 결정. 당해 헌재결정에 따르면 사법절차의 본질적 요소는 ① 판단기관의 독립성과 공정성, ② 대심적 심리구조, ③ 당사자의 절차적 권리보장으로 정리된다.

4) 유진식, 같은 글, 416면.

5) 공정거래절차의 준사법성을 판시한 헌법재판소 2003.7.24. 선고 2001헌가25 전원합의부 결정의 반대의견에 대해서도 비판적인 검토가 필요하다. 다만, 본 기고문에서는 지면상의 문제로 생략하고 아래 내용으로 대신하도록 한다. 박준영, 공정거래절차의 법리, 경인문화사, 2020, 100–101면; 112–115면.

6) 이상규, "준사법기관에 대한 고찰", 법학논집(고려대) 제21권, 1983, 149–150면 참조.

7) 이하 이상규, 영미행정법, 2001, 59–62면; 박정훈, "공정거래법의 공적 집행", 공정거래와 법치(권오승 편), 2004, 1005–1006면; 조성국, "독점규제법 집행론", 2011, 60면; 서울대 경쟁법센터, 서울대 경쟁법센터 2018년 전문가 좌담회 - 제2차 제1세션, 경쟁과 법 제10호, 2018, 52–53면(임용 교수 발언부분) 참조.

8) 미국에서는 건국 초기부터 19세기 말까지 법을 적용하는 작용을 오직 법원만이 담당할 수 있었고, 행정은 그에 따른 단순한 사실행위를 행하는 역할을 맡고 있었다. 그러나 20세기 들어 미국 경제가 발전하고 사회가 복잡해짐에 따라 국가의 법적용이 필요한 사안이 급증하였는데, 이는 법원에게 지나친 업무부담을 갖게 하였다. 이에 따라 법원의 부담을 줄여줄 필요가 있다는 주장이 사회적으로 대두되었고, 이러한 요구들이 반영되어 법원의 재판기능을 제외한 법적용 권한을 행정기관들에게 이전하게 된다. 보다 구체적으로는 법적용 권한의 이전을 각종 개별법률이 제정되었고, 이 과정에서 창설된 행정기관이 바로 미국의 독립행정위원회이다. 즉, 미국은 과거 법원이 법적용 권한을 독점하고 있었지만, 사회 변화를 통해 독립규제위원회를 위시한 행정부가 이를 함께 담당하게 되었던 특유의 법 역사를 갖고 있다.

는다. 그리고 미국에서는 이러한 법적 결정 내지 처분을 부과할 수 있는 행정기관에 대해 준사법적 권한을 가진다고 표현하며, 법원의 재판절차와 유사한 청문절차 등이 매우 중요시되고 있다.[9] 이상을 종합하면, 미국 법발전의 맥락에 의해 파악되는 '준사법권'은 행정기관이 담당하는 사법(司法)기능 내지 재판기능을 의미하는 것이 아니라, 행정이 법적용을 통하여 법적 효과가 발생하는 법적 행위를 한다는 것을 표현하는 것이다.[10]

요컨대, '준사법기관'의 본질적 의미는 과거 법원의 판결로 내려지던 건축허가, 영업허가 등의 법적용권한을 이전받은 행정기관이고, '준사법적 기능'은 행정기관이 법을 적용하여 필요한 처분을 내리는 기능을 뜻한다.

다. 검토

상술한 바와 같이 준사법은 미국 특유의 역사 및 법적 권한의 분배와 관련된 개념이다. 따라서 당해 개념을 우리나라에서 그대로 사용하는 것이 타당한지 내지 그것이 어떠한 의미로 수용되어야 하는지에 대한 검토가 필요하다.

우선, 미국과 우리나라의 법 발전 역사를 비교한다면, 미국의 준사법 개념이 아무런 고민 없이 우리나라에 통용되는 것은 재고(再考)되어야 한다. 우리나라의 경우, 권력분립원칙을 헌법상 핵심원리로 채택하고 있고 현재 입법부 · 사법부 · 행정부는 각각 고유한 권한과 기능을 존중받고 있다. 그러나 우리나라는 과거 국왕이 모든 형식적인 국가권력을 독점했던 역사를 갖고 있다. 따라서 법 적용 권한에 대한 우리나라 역사는 과거 국왕이 독점하고 있던 국가권력을 입법부 · 사법부 · 행정부로 분할했다는 것으로 정리될 수 있는데, 이는 미국과는 상이하고 대륙법계 국가들과 유사한 것이다. 그러므로 미국 특유의 역사적 산물인 준사법 개념을 그대로 우리나라의 법적 개념으로 수용하는 것에 대해서는 신중해야 할 필요가 분명히 있다.

나아가 준사법을 법적용이라는 기능 측면에서 바라보면, 행정기관이 현실문제의 해결을 위해 사실을 인지하고 법을 적용하여 집행하는 기능과 동일하게 이해된다. 그렇게 되면 준사법기관은 대륙법 체계의 일반 행정기관, 그리고 준사법

9) 행정절차가 중시되는 미국 행정법의 특성은 미국 헌법상의 적법절차 원리(due process)의 발전과도 무관하지 않다. 이상규, 같은 책, 61－62면 참조.

10) 준사법의 관념을 '행정기관이 일정한 사실을 확정하고 그 확정된 사실에 대하여 관계 법령을 해석 · 적용함으로써 하는 결정'으로 이해하는 견해 또한 결국은 행정에 의한 법적용을 뜻하는 것이다. 이상규, 같은 글, 149면 참조.

적 결정은 대륙법계의 행정행위와 사실상 동일한 개념이다. 미국 특유의 법 발전으로 인해 정립된 준사법 개념은 본질적으로는 법률의 적용 자체를 의미하는 것이다. 따라서 준사법 개념 안에 법원의 조직이나 절차, 나아가 법원의 핵심원리가 필연적으로 내재되어 있다고 보아야 하는지는 심사숙고 되어야 한다.

2. 공정거래절차의 준사법 명제

앞에서 언급하였듯이 일반적인 준사법 개념론과는 별개로 공정거래절차가 준사법절차라는 명제는 그동안 경제법 학계와 실무에서 매우 폭넓게 인정되어 왔다.[11] 종래의 논의들은 공정거래절차의 준사법적 특징이 무엇으로부터 근거하는지에 따라서 세 가지로 구분될 수 있는데, 이를 분설하여 정리하는 것은 공정거래절차의 준사법 명제에 대한 체계적인 논의를 위해 필수적이다.[12]

가. 제1설: 공정위의 준사법기관적 성격

(1) 학설의 입장

준사법 명제의 제1설은 공정위가 준사법기관으로서의 성격을 가지므로, 공정위의 사건처리절차도 마찬가지로 준사법적 성격을 갖는다는 견해이다. 즉, 제1설의 핵심은 준사법기관 내의 운영절차는 준사법절차라는 논리에 있다. 공정위가 준사법기관이라는 주장은, 다시 공정위의 조직형식을 통해 준사법기관으로 보는 견해와 공정위의 기능 내지 권한을 통해 준사법기관으로 규정하는 견해로 구분될 수 있다.

공정위의 조직법적 성격을 통해 준사법절차를 도출하는 견해는 다음과 같다. 공정위는 독립규제위원회의 성격을 가지는데, 독립규제기관의 가장 큰 형식적 특징이 준사법성이기 때문에 공정위 또한 준사법기관에 해당한다는 것이다.[13] 당해 견해는 다분히 미국의 독립규제위원회, 특히 연방거래위원회(이하 'FTC')를 염

---

11) 공정거래절차의 준사법 명제를 엿볼 수 있는 단행본만 정리한다면 다음과 같다. 권오승 · 서정, 독점규제법 - 이론과 실무, 2018, 683－686면; 신동권, 독점규제법, 2016, 941면; 신현윤, 경제법, 2017, 359면; 이호영, 독점규제법, 2015, 467면, 474면; 임영철 · 조성국, 공정거래법 - 이론과 실무, 2018, 340－342면; 정호열, 경제법, 2019, 487면; 조성국, 독점규제법 집행론, 2010, 40－41면, 48－51면, 60－61면 참조.

12) 유의할 점은 아래의 학설은 이론적인 이해를 돕기 위해 기능적인 의미에서 구분된 것이며 완전히 양립불가능하다거나 내용적으로 철저히 분리되는 것은 아니다.

13) 대표적으로 김하열 · 이황, "공정거래위원회의 법적 성격과 사건처리 및 불복의 절차", 고려법학 제57권, 2014, 168－169면.

두에 둔 것이다.[14] 이에 따르면 미국의 독립규제기관이며 경쟁당국인 FTC가 준사법기관이기 때문에, 우리나라의 독립규제기관이자 경쟁당국인 공정위도 준사법적 성격을 갖고(가져야) 하고, 따라서 공정위의 사건처리절차 또한 준사법적 성격을 갖는(가져야) 하는 것이다.

다른 견해는 공정위에게 부여된 준사법적 기능에 초점을 맞춘다. 여기서 준사법적 기능이라는 것은 일견 복잡한 사실관계를 파악하고 법을 적용하여 법적 판단을 내리는 기능, 즉, 사법기능을 의미하는 것으로 파악된다. 실제로 공정위는 공정거래법 위반사건의 사실관계를 조사하고 이에 대해 법을 적용하기 위한 심의과정을 거쳐 위법성 여부를 판단하고 필요한 시정명령을 내리는 의결기능을 갖는다.[15] 당해 견해는 개별 사건에 대해 사실관계를 확정하고, 전문성에 입각한 가치판단을 내리는 기능은 일종의 사법기능이므로, 공정위의 당해 기능을 준사법적 기능이라 부르는 것이다.[16] 다른 한편으로는 공정위가 최종적으로 내리는 시정명령 내지 과징금 부과권한이 준사법적 권한에 속하므로, 공정위가 준사법기관이라는 주장도 존재한다.[17]

(2) 검토

앞서 지적했듯이 경쟁기관이 준사법기관이어야 한다는 명제는 다분히 미국의 반독점법(Antitrust Law)으로부터 수용된 것이다. 즉, 미국 반독점법의 행정적 집행을 담당하는 FTC가 미국의 대표적인 준사법기관이기 때문에 경쟁당국은 준사법기관으로 설계되어야 한다는 주장이 대두되었고, 이로부터 공정위의 준사법기관성이 요구되어 오고 있다. 미국 FTC는 1914년에 FTC법을 집행하기 위해 설립된 독립규제위원회(independent regulatory agency)이다.[18] 미국에서의 독립규제위원회는 20세기 들어 미국 산업경제의 현대화에 따라 사회현상이 복잡다양해지고,[19] 이를 대처하기에는 법원 중심의 전통적인 법 집행방식이 적합하지 않다는

14) 이를 엿볼 수 있는 문헌으로 김하열 · 이황, 같은 글, 169－173면; 신현윤, “공정거래위원회 심결구조 및 절차의 문제점과 개선방안”, 상사판례연구 제14권, 2003, 214면; 조성국, “독립규제기관의 사건처리절차의 개선방안 - 미국 FTC의 사건처리절차를 중심으로”, 행정법연구 제16권, 2006, 115면 참조.

15) 신현윤, 위의 글, 193면; 홍대식 · 최수희, “공정거래법 위반행위에 대한 공정거래위원회의 사건처리절차에 관한 검토”, 경쟁법연구 제13권, 2006, 605면 참조.

16) 임영철 · 조성국, 같은 책, 351면 참조.

17) 정호열, 같은 책, 483면 참조.

18) ABA, Antitrust law developments, 6. ed., 2007, p.643.

19) 미국은 1783년 건국 이후, 농업경제를 기반으로 하는 농업국가였지만, 1861년의 남북전쟁을

문제의식하에 탄생하였다. 미국의 독립규제위원회는 행정부와 사법부, 입법부에 모두 속하지 않는 '제4부'로서, 새로운 사회현상에 대응하기 위하여 행정의 효율성과 사법의 공정성이라는 특성을 조화시키고자 하는 목적으로 설립되었다.[20][21] 그리고 미국에서는 이러한 행정위원회들을 일컬어 준사법적 권한을 가진 기관, 준사법기관이라고 명명한 것이다.[22][23]

이상의 논의는 경쟁당국이 준사법기관이어야 하고, 그 내부절차도 마찬가지로 준사법절차로 설계되어야 한다는 논의는 미국 특유의 법 발전역사에 따른 것임을 보여준다. 비록 미국 FTC는 미국의 대표적인 독립규제위원회이고 준사법적 기능을 가진 준사법기관으로 평가되고 있지만, 이는 미국 행정기관의 법적용 권한과 관련된 특수한 개념으로 보아야 한다. 그러나 준사법 개념을 법 적용이라는 기능 차원에서 이해하면 준사법기관은 대륙법계의 행정기관과 같은 것이고, 따라서 FTC는 미국 반독점법을 집행하는 행정기관으로 이해할 수 있다.

우리나라의 경우, 이러한 미국 법 발전의 특수성을 충분히 숙고하지 못하고 경쟁당국은 일반적으로 독립규제위원회 내지 합의제 기구의 형식을 갖춰야 하고 무엇보다 준사법적 성격 내지 권한을 가져야 한다는 명제가 수용된 측면이 있다. 즉, 우리나라의 경쟁당국인 공정위가 준사법기관이어야 한다는 논리는 다분히 당위적으로 성립되었다고도 볼 수 있다. 그러나 미국의 경쟁당국이 준사법기관이라고 해서, 우리나라 공정위도 준사법기관이어야 한다는 주장은 지나치게 단순화된 것으로서 논리적인 타당성이 충분하지 않다. 나아가 준사법 개념에 대한 비판론에서 살펴보았듯이 우리나라에는 준사법 개념을 사용할 이론적·역사적 근거 또한 충분하지는 않다.

계기로 공업이 발전하고 자본주의 경제가 본격적으로 발전하였다고 평가된다. 이상규, "준사법기관에 대한 고찰", 법학논집(고려대학교) 제21권, 1983, 12면 참조.

20) 조성국, "독립규제기관의 사건처리절차의 개선방안", 행정법연구 제16호, 2006, 105면 참조.

21) FTC의 설립과정에 관하여 Henderson, The Federal Trade Commission, Second reprinting (Originally published: 1924), 2004., pp.1－48 참조.

22) 이상규, 영미행정법, 2001, 61－62면 참조.

23) 준사법절차와 관련해서는 독립규제위원회의 다양한 특성 가운데, 구체적인 개별 사건에 대하여 직권에 의한 조사 및 법적 판단을 할 수 있다는 특성을 주목할 필요가 있다. 미국에서는 행정기관의 법 적용 및 집행 권한이 독립규제위원회의 '준사법적 권한'이라는 용어로 소개가 되었고, 이것이 준사법, 준사법기관, 준사법절차의 일반적인 개념으로 발전되어 왔기 때문이다. 이상규, 같은 글, 2면 참조.

나. 제2설: 공정위 심의절차의 대심적 구조

(1) 학설의 입장

제2설은 공정위 사건처리절차 중 심의절차의 대심구조에 초점을 맞추어 준사법 명제를 도출한 견해이다. 당해 견해에 따르면, 사건처리절차 중 심의절차에 마련된 대심적 절차를 통해 공정거래절차를 법원절차와 유사한 준사법적 절차로 파악할 수 있다고 한다.[24] 공정위 심판정에서의 심의는 일반 행정절차와는 달리 당사자와 심사관이 대등한 지위에서 다툴 수 있는 방법으로 진행되는데, 바로 이러한 대심적 절차를 두고 공정거래절차를 준사법 절차로 파악하는 입장이 제2설이다.

정리하면, 당해 견해는 앞에서 살펴본 사법절차를 준용한다는 의미의 준사법 개념을 중심으로 공정거래절차의 성격을 파악한 것이며 대심적 구조와 이를 통한 당사자의 방어권이 보장되는 형태의 절차를 준사법절차로 이해하려는 입장이다.

(2) 검토

제2설은 다음 두 가지 비판을 피할 수 없다. 우선, 사건처리질차의 심의절치가 법 위반 여부를 확정하는 공정거래절차의 핵심절차이지만, 이는 '사건개시 → 조사 · 심사 → 심의 → 의결'로 이루어진 전체 공정거래절차 체계의 일부분에 해당하는 것이다. 따라서 심의절차의 대심적 요소만을 고려하여 공정거래절차 전체를 준사법절차로 파악하는 것은 지나치게 협소한 주장일 수 있다.

나아가 앞에서 다뤘던 헌법상 준사법절차를 규정하고 있는 조항에 비추어 보면 공정거래절차를 준사법절차로 명명하는 것은 타당하지 않다. 주지하다시피 헌법 제107조 제3항은 행정처분에 대한 행정심판절차가 사법절차를 준용해야 함을 규정하고 있고, 헌법상 준사법절차와 관련된 논의도 마찬가지로 오직 행정심판과 관련해서만 다뤄지고 있다. 정리하면 헌법에서 정하고 있는 준사법절차에 관한 요청은 행정심판에만 국한되는 것이다. 공정거래절차는 공정위의 일차적 결정절차 즉, 처분절차이므로 처분 후의 사후적 구제절차인 행정심판절차와는 근본적으로 다르다. 따라서 공정거래절차를 준사법절차라는 개념으로 포섭하는 것은 무엇보다도 헌법적 관점의 문제가 있다.

---

24) 대표적으로 신동권, 같은 책, 941면; 신현윤, 같은 책, 359면; 임영철 · 조성국, 같은 책, 2018, 341면, 363면; 정호열, 같은 책, 491면; 조성국, 같은 책, 39면, 42면, 44면 참조.

다. 제3설:2심제의 공정거래 불복소송

(1) 학설의 입장

마지막으로는 공정거래 불복소송이 2심제로 운영된다는 점에서 공정거래절차의 준사법성을 찾는 견해가 있다.[25] 당해 견해는 공정위의 처분에 대한 불복소송은 공정거래법 제54조에 의해 '(공정위) → 서울고등법원 → 대법원'으로 이어지는 2심제로 운영되므로 공정위가 1심 법원의 역할을 해야 한다고 본다.

제3설은 행정처분에 대한 불복소송에 대해 다음을 전제하고 있다. 즉, 행정소송의 심급은 원칙적으로 3심제로 운영되어야 한다는 것이 전제되어 있는 것이다. 이에 따르면 공정거래 불복소송은 2심으로 설계되어 있는바, 나머지 1심 기능을 공정위가 맡아야 한다. 이 경우 공정위는 1심 법원 역할을 준하여 법적 판단을 내리는 기관이기 때문에 그 조직 및 절차가 준사법성을 갖는다는 평가가 가능하다.

(2) 검토

공정거래절차의 준사법 명제에 관한 세 번째 학설은 불복소송의 심급제와 관련되어 있는데, 이에 대해서도 헌법 차원의 검토가 필요하다. 당해 견해는 불복소송제도의 원칙은 3심제이므로, 2심제로 운영되고 있는 공정거래 불복소송제도가 당사자의 재판청구권 보장에 있어 상대적으로 미흡하다는 점을 전제하고 있다. 그러나 우리나라 헌법에서는 불복소송제도에 대해 3심제를 원칙으로 정하고 있지 아니하며, 오히려 헌법은 입법자가 개별 법영역의 성질에 따른 적절한 심급을 상이하게 규율할 수 있는 가능성을 열어놓고 있다고 이해되고 있다.[26]

같은 맥락으로 입법자가 공정거래법 위반사건에 대한 처분에 대해서 2심제의 불복제도를 설계한 것은, 공정거래법 영역의 특수성을 고려한 입법자의 결정에 따른 것으로 파악될 수 있다. 그리고 전술한 바와 같이, 우리나라 헌법에서는 어디에서도 소송제도에 대해 3심제를 원칙으로 정하고 있지 아니하기 때문에, 공정거래 불복제도가 2심으로 운영된다는 것은 일차적 결정을 위한 공정위 절차의 성격과는 아무런 논리적인 연관성을 갖지 않는다.[27]

---

25) 권오승·서정, 같은 책, 2018, 652면; 박주영, "공정거래 사건 처리 절차 개선 방안에 대한 의견", 경쟁저널 제197호, 2018, 13면; 신동권, 같은 책, 941면; 신현윤, 같은 글, 198면 참조.

26) 권리구제절차의 단계 내지 심급을 어떻게 정할 것인가는 입법자의 광범위한 형성권에 달려 있는 것이고, 3심제도와 같은 특정한 심급을 보장해야 한다고 규정하고 있지 아니하다. 한수웅, 헌법학, 2018, 921면 참조.

27) 유럽연합의 경우도, 유럽집행위원회의 처분에 대한 불복소송은 2심제로 제도화되어 있지만, 그것이 문제된다는 견해뿐만 아니라 2심제로 인하여 공정거래 절차에 있어서 절차적 권리를

공정거래 불복제도가 2심제로 설계되어 있다고 하여, 헌법상 보장되어 있는 국민의 재판청구권이 제한되어 있다는 주장은 타당하지 않다. 또한, 이를 근거로 공정거래절차를 1심 기능의 준사법절차로 파악하는 주장은 논리적 타당성이 충분하지 않다.[28)][29)] 공정위가 독립된 위원회 조직이 아닌 경제기획원 소속의 자문기구에 불과했던 공정거래법 운영 초기에도 불복소송은 2심제로 규정되었다는 사실은 유념할 필요가 있다.[30)][31)]

3. 준사법 명제의 기능과 위기

앞선 비판적 검토와는 별개로 준사법 명제가 공정거래절차의 발전에 미친 기존 견해의 영향력은 존중되어야 하며 과소평가 되어서는 안 된다. 여기서 중요한 것은 종래의 견해가 준사법 명제를 사용함으로써 공정거래절차의 어떤 부분을 강조하려고 했는지를 고민하는 것이다.

생각건대 준사법 명제의 첫 번째 기능은 공정위의 독립성 내지 공정거래절차의 특수성과 같은 공정거래 집행의 고유성을 나타내는 데에 있다. 당해 기능은 공정위가 일반 행정기관과는 차별되는 권한과 기능을 부여받았다는 것을 '준사법'이라는 명제로 표현하는 입장과 일맥상통한다.[32)] 이러한 관점에서의 준사법 명제는 공정거래절차가 일반 행정절차와 구분된다는 의미를 강조하는 역할을 한다. 두 번째 기능은 당사자에 대한 주관적 권리구제 내지 절차적 권리보장에 대한 요구를 대변하는 것이다. 준사법절차의 특징인 대심적 구조의 주된 목적은 피

강화해야 한다는 주장은 찾아보기 힘들다.

28) 이와 관련해서는 3심제가 유익하다는 시각은 민사소송에 국한된 것이며, 행정소송의 장기화, 행정청의 남항소, 종래 판례가 변경되지 않는 보수적인 태도 등을 지적하며 행정소송의 경우 2심제가 더 바람직하다는 유력한 견해가 존재한다. 박정훈, "행정법원의 성과와 발전방향 - 질풍노도와 성장통을 넘어 성숙한 청년으로", 행정절차와 행정소송(김철용 편), 2017, 675 - 676면 참조.

29) 따라서 오히려 공정거래 불복소송이 2심제로 운영되고 있고, 심지어 다른 행정소송이 3심제로 변화했던 과정에서도 유지되었다는 점은, 재판관할이라는 측면에서 공정거래법의 가장 큰 특징으로 파악될 수 있다.

30) 독점규제 및 공정거래에 관한 법률(1980.12.31. 제정, 1981.4.1. 시행)
제44조 (불복의 소의 전속관할) 제43조의 규정에 의한 불복의 소는 경제기획원의 소재지를 관할하는 서울고등법원을 전속관할로 한다.

31) 심지어 1964년에 처음으로 작성된 공정거래법시안에서도 불복의 소는 2심제로 고안되고 있었다고 알려져 있다. 이에 관해 권오승, 경제법, 2019, 90－91면 참조.

32) 조성국, 같은 책, 61면 참조.

심인의 절차적 방어권을 보장하기 위함이다.[33] 위원회가 심사관의 심사내용에 영향을 받지 않은 상태로 피심인의 법 위반 혐의에 대한 공정한 판단을 내리기 위해 공정위의 독립성을 강조하는 견해 또한, 준사법절차의 기능을 주관적 권리구제에서 찾는 입장으로 파악할 수 있다.[34]

그렇지만 공정거래절차의 특수성을 준사법 명제, 특히 법원절차에 준하는 의미의 준사법절차로부터 도출하면 자칫 공정거래절차가 사법부의 절차에 흡수되어 공정거래절차의 고유성을 강조하고자 하는 기능이 상실될 위험이 상당하다. 소위 '공정거래절차의 사법화(司法化)'에 대한 우려는 공정위의 독립성과 관련된 논의를 통해서 살필 수 있다. 종래의 학설과 판례는 공정위 조직의 일정한 독립성을 요구하고 있다. 그러나 준사법 명제는 공정위의 독립성의 의미를 헌법에서 요구되는 법관 내지 사법부의 독립성으로 간주해버린다는 문제가 있다. 공정위 내의 조사와 심판의 분리 문제가 끊임없이 제기되고, 합의제 기구로서의 위원회가 그 어떠한 정책적 영향도 받지 않고 오직 사실과 규범에 따른 사법적 판단을 내려야 한다는 요구 또한, 공정거래절차를 법원과 동일하게 설계해야 한다는 관점에 의한 것이다. 그러나 역사적인 관점 내지 규범적인 관점에서 공정위의 발전과정과 공정위의 기능을 보면, 공정위의 독립성에 대한 요구가 꼭 법원의 독립성과 동일하게 파악되어야 할 근거가 존재하지 않는다. 비록 위원들의 제척제도나 대심적 심의제도와 같은 당사자주의적 요소들이 도입되었지만, 이는 공정거래절차가 수행해야 하는 고유한 기능 내지 필요성으로 얼마든지 설명 가능하며, 법원조직 및 재판절차를 그대로 도입하라는 것으로 해석될 필연적인 근거가 되지 못한다.[35]

---

33) 권오승·서정, 같은 책, 2018, 700면; 임영철·조성국, 같은 책, 2018, 341−342면 참조.

34) 준사법절차를 적법절차(due process)와 같은 의미로 사용하거나, 적법절차적 요소를 강화하는 방법으로 이해하는 견해 또한 그 주안점은 피심인의 방어권 보장에 있다.

35) 공정위의 독립성 요구가 준사법기관성에 비롯되는 것이 아니라는 견해로 이봉의, "공정거래위원회의 독립성에 관한 단상", 법학연구 제31권 제1호, 연세대학교 법학연구원, 2021, 217면.

III. 결론: 바람직한 절차개선을 위한 방향성

1. 준사법 명제의 극복

본고는 공정거래절차의 특수성을 준사법 명제를 통해 실현시키는 과정에서 발생한 부작용들을 인식하고 이를 극복할 것을 요구하고 있다. 특히 준사법 명제가 가져올 수 있는 공정거래절차의 사법화는 공정거래절차의 고유성 자체를 몰각하게 하는 문제를 야기할 수 있는데, 그렇다면 준사법 명제는 그 기능적 의의 및 이론적 정당성을 상실하였다고 평가할 수 있다. 또한, 준사법 명제는 조직과 절차를 사법부의 그것과 동일시하면서 공정거래법의 고유성과 특수성에 관한 풍부한 논의를 가로막는 경향이 있다. 요컨대, 공정거래절차법의 준사법 명제는 이제 소위 하나의 프레임(Frame) 내지 도그마(Dogma)로 존속하고 있는 것이고, 공정거래절차의 본질적인 개선을 위해서는 준사법 도그마에서 벗어나 공정거래법의 고유한 목적과 기능을 직접적으로 고려할 수 있는 방법론적 전환을 모색해야 한다.[36]

그렇다면 공정거래절차의 고유성은 무엇에 근거하는가? 행정절차에 관한 일반법인 행정절차법은[37] 공정거래절차에 대해서 동법을 적용제외하는 규정을 두고 있다.[38] 행정절차법의 적용제외조항은 특수한 법영역의 절차에 대해 일반법적 규율이 불가능하거나, 타당하지 않은 경우에 있어 일정한 예외를 인정하기 위해 마련된 것이다.[39] 연혁을 살펴보면 공정거래절차는 행정절차법의 제정 초기부터 적용제외되어 있었는데, 이를 통해 공정거래절차가 행정절차의 일반론적인

36) 다만 공정거래절차의 준사법 명제를 재해석하는 본고의 논의는, 결코 공정거래규범의 위상을 떨어뜨리거나 공정위의 고유한 기능을 부정하는 의미를 갖지 않는다. 공정거래절차가 준사법 명제로부터 탈피한다고 하여 행정절차법상 적용제외조항, 공정위의 규칙제정권 등 법률에서 부여한 공정거래규범의 특수성이 변하는 것은 아니다. 오히려 공정거래절차의 준사법 명제를 걷어내고 공정거래절차를 법원절차에 수렴시키려는 흐름으로부터 벗어남으로써, 경쟁당국으로서의 고유한 기능과 권한을 정립하는 것이 경쟁당국의 올바른 위상을 세우고 정확한 기능과 과제를 수행할 수 있게 할 것이다.

37) 김동희, 행정법 I, 2018, 383면 참조.

38) 행정절차법 제3조 제2항 제9호, 동법 시행령 제2조 제6호. 이에 따라 '공정거래위원회의 의결 · 결정을 거쳐 행하는 사항'에 대해서는 행정절차법이 적용되지 않는데, 동 규정의 연혁을 살펴보면, 행정절차법이 제정 · 시행된 1996년부터 공정위의 의결 · 결정에 관한 사항은 행정절차법 적용이 제외되어 있던 것을 확인할 수 있다.

39) 오준근, 행정절차법, 1998, 113면 참조.

규율에 맞지 않는 특성을 갖는다는 시사점을 도출할 수 있다.

한편, 공정거래법에 의한 공정거래절차의 규율수준이 행정절차법보다 약하게 되면, 이는 당해 적용제외 규정의 취지에 어긋난다. 다만 이를 두고 공정거래절차법의 구체적인 내용이 행정절차법의 내용과 반드시 일치하거나 동일해야 한다고 해석하는 것은 타당하지 않다. 사견으로는 행정절차법은 공정거래절차법이 규율해야 하는 절차적 보호의 최저 수준을 보여주는 것이고, 이를 만족하는 선에서는 공정거래절차의 고유성을 살릴 수 있는 구체적인 내용이 마련될 수 있을 것이다.

2. 몇 가지 제언

요컨대 공정거래절차의 개선 방향은 준사법 명제의 실현이 아니라 공정거래법의 고유한 목적과 기능에 달려있다.[40] 따라서 중요한 것은 공정거래법의 목적이 무엇인지 꾸준히 성찰하고 이를 달성하기 위한 공정거래절차의 개선이 어떻게 이루어져야 하는지 꾸준히 고민하고 토론하는 것이다.[41] 관련한 보다 심도 있는 논의는 다음 기회로 미루고 이하에서는 그에 알맞은 절차개선의 방향을 몇 가지 제시해보도록 한다.

첫째, 다양한 절차제도의 적극적인 모색 및 도입이 필요하다. 공정거래법의 고유한 목적을 달성하기 위해서는 시장에서의 사실관계를 정확하게 파악하고 당사자 및 이해관계자들의 입장을 폭넓게 이해할 수 있는 다양한 절차가 필요하며 아울러 두터운 당사자의 권리보장을 통해 경쟁당국 판단의 정당성을 확보할 필요가 있다. 그렇다면 어느 지점부터 절차제도 도입이 시작되어야 하는가? 그 기준을 제공해주는 것은 바로 공정거래법상 절차규정들이다. 2020년 법개정은 종전 공정위 규칙 차원의 절차규정들을 대폭 법률 차원으로 격상시켰다. 이를 통해 공정위는 법률상 절차규정의 기본적인 내용을 엄밀히 지켜야 하고 그 입법 취지를 실제 법집행절차에서 실현해야 하는 의무를 가지게 되었다.[42] 사견으로는 향후 조사 및 심의에 있어서의 변호인 조력권(제81조), 조사권 남용금지(제82조), 심의절차에서의 증거조사(제94조)의 내용이 구체화되어야 하고 관련한 절차제도가 발전하여야 한다고 본다.

---

40) 이봉의, 같은 글, 217면.

41) 공정거래법의 목적과 이를 통해 살핀 공정거래절차의 지도원리 등에 관해서는 박준영, 공정거래절차의 법리, 경인문화사, 2020, 131－163면.

42) 박준영, "2020년 공정거래법 전부개정의 절차법적 검토", 경쟁법연구 제44권, 2021, 72면.

둘째, 경쟁당국의 면책성 제도 운영이 방지되어야 한다. 판례에 의해 경쟁법 집행절차가 발전한 EU나 미국과는 달리 우리나라는 공정위가 공정거래절차의 발전을 주도하고 있다. 여기서 간과되어서는 안 되는 것이 다양한 절차제도가 실질적으로 운영되지 않고 오히려 경쟁당국의 절차적 의무를 면피하게 해주는 방향으로 작동할 것을 우려하는 현장의 목소리이다. 제도의 도입 취지에 반하여 면피성 운영을 방지할 수 있는 내부적 · 외부적 방안이 무엇인지 숙고해야 할 때이다.

셋째, 공정거래절차에 관한 사법적 통제방안이 이론적으로 연구되어야 한다. 사후적인 통제 없는 절차운영은 실무적으로도 법리적으로도 미완성일 수밖에 없으므로 법목적 달성을 위한 절차제도의 도입, 그 입법취지에 맞는 운영을 궁극적으로 보장하는 장치는 공정거래절차에 대한 사법심사가 될 것이다. 물론 공정거래 조사 및 심의절차에 관한 사법심사의 가능성을 여는 것은 결코 쉽지 않을 것이지만 한편으로는 행정소송법상의 일반론을, 다른 한편으로는 EU법상의 불복절차를 검토하는 등의 연구에 매진하여 사법적 통제의 정당성과 함께 구체적인 방법론을 고민하는 것이 필요하다.

제4편

거래공정화법

제1장

하도급법 위반행위에 대한 제재의 실효성 강화에 관한 연구*

-손민정-

I. 서론

「하도급 거래 공정화에 관한 법률」(이하 '하도급법')은 본래 공정거래법의 거래상 지위 남용행위로 규율되던 내용 중 일부가 별도의 독립된 법률로 제정 되어 1985년 4월 1일부터 시행되었다. 하도급거래란 원사업자가 수급사업자에게 제조등의 위탁을 하거나 원사업자가 다른 사업자로부터 제조등의 위탁을 받은 것을 수급사업자에게 다시 위탁한 경우, 수급사업자가 위탁받은 것을 수행하여 원사업자에게 제공하고 그 대가를 받는 행위를 의미한다(하도급법 제2조 제1항). 하도급법은 법률, 시행령, 관련 행정 규칙을 합치면 적지 않은 내용인데 그 중에서도 구심점이 되는 가장 핵심적인 내용이 있으나, 규제 측면에서는 하도급법의 핵심과 그렇지 않은 부분을 구분하지 않고 편면적으로 규제를 하고 있다.

따라서 본 연구에서는 법의 중심 이념이 무엇인지 살피고 이에 맞는 행정적, 형사적 제재의 실효성 강화 방안을 연구하고자 한다. 먼저 하도급법의 핵심 규정

* 본고의 내용은 필자의 2019년 서울대학교 경제법 석사학위 논문을 수정·보완한 것임을 밝힙니다.

들은 무엇인지 검토하여 해당 규정을 중심으로 법을 입체적으로 파악해보고(II), 법에서 규정하는 각종 제재 규정이 실체적 내용의 중요도와 강약에 따른 차별화 없이 일률적으로 규정되어 있는 점 때문에 제재의 실효성 측면에서 어떠한 문제점이 있는지 정리하여, 실효성 강화 측면에서 개선할 수 있는 사항을 살핀다(III). 결론에서는 논의를 요약하고 법의 실효적인 운용방안에 대해 제언하며 글을 마무리한다(IV).

II. 하도급법의 전반적 체계

1. 하도급법의 실체적 규정

(1) 하도급법의 목적과 원사업자의 범위

하도급법 제2조에서 정하는 하도급의 개념은 민법 제664조의 도급의 개념과는 달리하는 바, 자신이 본업(제조, 수리, 용역 등)으로 행하는 업무 중에서 스스로 수행하지 않고 일부분을 수급사업자에게 위탁하는 경우와 다른 사업자로부터 위탁받은 업무를 다시 위탁하는 경우 모두를 포섭하는 개념이다. 하도급법에서는 원사업자의 개념을 폭넓게 규정하여 대기업과 중견기업을 포함하는 것은 물론이고 수급사업자인 중소기업보다 매출액이 더 많은 중소기업도 포함된다. 따라서 일반적인 사회 인식과는 달리 제법 많은 숫자의 중소기업들이 원사업자의 지위에서 규제를 받는 입장인데 이러한 특징은 뒤에서 살펴볼 하도급법의 집행 현황에 결정적인 영향을 미친 것으로 보인다.[1)]

(2) 수급사업자 보호 내용

일반적으로 하도급법의 내용은 원사업자에 대한 9가지 의무사항과 13가지 금지사항을 나열할 수 있고, 행정제재와 형사제재도 일률적으로 규정하고 있다. 실체적 규정의 중요도와 제재 강도는 비례관계에 있어야 한다는 전제로, 9가지 의무사항과 13가지 금지사항들 중에서 중요한 내용을 선별하기 위해 아래와 같이 실체적 규정들을 재배치하여 보았다.

첫 번째로, 하도급 대금과 관련하여서는 대금의 결정과 관련한 규정, 대금 지

---

1) 많은 숫자의 중소기업이 원사업자의 개념에 포함됨으로 인해 공정거래위원회는 과징금과 벌금 등 각종 제재가 현저히 낮은 수준으로 부과한 사례가 많았던 것으로 보인다.

급을 직접적으로 보호하는 규정, 대금 지급을 간접적으로 보호하는 규정으로 분류할 수 있는데, 이 중에서 대금청구권을 '직접적으로' 보호하는 규정이 가장 중요하므로 이에 대한 제재를 가장 엄격해야 함을 추측할 수 있다.

표: 하도급대금 지급 관련 규정[2]

①	대금 결정 관련 규정	– 부당한 특약 금지(하도급법 제3조의4) – 부당한 하도급대금결정 금지(하도급법 제4조) – 설계변경 등에 따른 하도급대금의 조정의무(하도급법 제16조) – 원재료 가격변동 등에 따른 하도급대금의 조정의무(하도급법 제16조의2)
②	대금 지급 관련 직접적 규정	– 하도급대금 부당감액 금지(하도급법 제11조) – 하도급대금 지급의무(하도급법 제13조) – 건설하도급대금지급 및 보증의무(하도급법 제13조의2) – 발주자의 하도급대금 직접지급의무(하도급법 제14조) – 부당한 대물변제 금지(하도급법 제17조)
③	대금 지급 관련 간접적 규정	– 서면 발급 의무(하도급법 제3조) – 물품 등의 구매 강제 금지(하도급법 제5조) – 선급금의 지급의무(하도급법 제6조) – 내국신용장 개설의무(하도급법 제7조) – 부당한 위탁취소 및 수령거부 금지(하도급법 제8조) – 검사 및 검사결과 통보의무(하도급법 제9조) – 부당반품 금지(하도급법 제10조) – 물품구매대금등의 부당결제 청구금지(하도급법 제12조) – 경제적 이익의 부당요구 금지(하도급법 제12조의2) – 관세 등 환급액의 지급의무(하도급법 제15조)

두 번째로, 하도급 대금 이외에 수급사업자의 핵심 권익이며 근본적으로 장기적인 보호 방법이라 할 수 있는 독자적 생존력 보호 관련 규정으로, 아래 세 가지 규정은 중요도가 높으므로 위반행위에 대한 제제도 다른 조항보다 엄격할 필요가 있다.

표: 수급사업자의 독자적 생존력 보호 규정[3]

2) 이 표에서 하도급법 조문들은 2019년 1월 기준이다.
3) 이 표에서 하도급법 조문들은 2019년 1월 기준이다.

독자적 생존력 보호 관련 직접적 규정	– 기술자료 요구·유용 금지(하도급법 제12조의3) – 경영간섭 금지(하도급법 제18조) – 원사업자의 보복조치 금지(하도급법 제19조)

세 번째로, 아래 표와 같이 계약 체결 단계, 거래 진행 단계, 거래 완료 단계로 나눌 수 있는데, 거래 완료 단계서 나타나는 위반 행위일수록 수급사업자의 피해가 클 수 있으므로 이에 대한 제재도 다른 행위에 대한 제재보다는 상대적으로 엄격해야 할 것이다.

표: 하도급 거래 단계별 규정[4)]

계약 체결 단계	– 서면의 발급 및 서류의 보존의무(하도급법 제3조) – 부당한 특약 금지(하도급법 제3조의4) – 부당한 하도급 대금 결정 금지(하도급법 제4조)
거래 진행 단계	– 물품 등의 구매강제 금지(하도급법 제5조) – 선급금 지급의무(하도급법 제6조) – 내국신용장 개설의무(하도급법 7) – 부당한 위탁취소 및 수령거부 금지(하도급법 제8조) – 검사 및 검사결과 통지의무(하도급법 제9조) – 부당반품 금지의무(하도급법 제10조) – 물품구매 대금 등의 부당결제 청구의 금지(하도급법 제12조) – 경제적 이익의 부당요구 금지(하도급법 제12조의2) – 기술자료 제공 강요 금지(하도급법 제12조의3) – 관세 등 환급액 지급의무(하도급법 제15조) – 설계변경 등에 따른 하도급 대금 조정의무(하도급법 제16조) – 원재료의 가격변동에 따른 하도급대금 조정의무(하도급법 제16조의2)
거래 완료 단계	– 하도급대금 부당감액 금지(하도급법 제11조) – 하도급대금 지급의무(하도급법 제13조) – 건설하도급 대금 지급 및 보증의무(하도급법 제13조의2) – 부당한 대물변제행위 금지(하도급법 제17조)

위와 같이 하도급법 규정들을 중요한 내용과 그렇지 않은 내용을 선별할 수 있는데 현행법상 행정 제재와 형사 제재는 이러한 중요도와 관련 없이 일률적으로 규정되어 있다. 제재 규정이 일률적이면 어떤 측면에서는 과소 규제로 보이고

4) 이 표에서 하도급법 조문들은 2019년 1월 기준이다.

다른 측면에서는 과다 규제의 논란이 생길 수 있는데, 이와 관련하여 현행 제재의 특징을 살펴보며 문제점을 파악하고자 한다.

2. 제재 규정과 문제의 제기

가. 위반행위에 대한 제재 규정

하도급법의 제재 규정은 다음과 같이 행정 제재와 형사 제재로 나눌 수 있다.

표: 하도급법상 제재 규정[5)]

행정 제재	– 시정명령, 공표명령, 시정권고 – 과징금 부과: 하도급대금의 2배 이하 – 상습 법위반자 조치(입찰참가제한, 영업정지 요청, 명단공표) – 과태료 부과
형사 제재	– 하도급대금의 2배 이하의 벌금 (원사업자의 의무사항 및 금지사항 위반행위) – 3억 원 이하의 벌금(보복조치금지 위반행위) – 1억 5천만 원 이하의 벌금 (공정위의 시정명령에 따르지 아니한 행위, 경영간섭 금지, 탈법행위 금지 위반행위) – 양벌규정

공정거래위원회가 접수하는 전체 사건 중 하도급법 관련 사건은 비교적 높은 비중을 차지하나,[6)] 사건의 조치 결과를 보면 자진시정, 시정명령, 경고로 종결된 사건이 약 98%이고 과징금 부과 사건은 전체 처리 건수의 1% 미만(하나의 사건에 평균 약 1억 9천만 원[7)] 가량의 과징금), 고발 건은 약 1.2%에 불과하다. 과징금이 부과된 건은 전체 사건 중 1% 미만이다. 형사 제재도 위반행위의 특징과 성격, 비난가능성, 수급사업자에 대한 영향을 고려하지 않고 일률적으로 규정하고 있다. 위반행위의 심각성에 따라 과징금은 예외적으로 부과해야 하는 사건이 있을 것인데도 이를 구분하지 않고 있으며, 비난가능성에 따라 형사처벌 사항에서는 제외하여야 할 유형이 있는데도 법률에서는 이에 대한 구분이 없다.

5) 이 표에서 하도급법 조문들은 2019년 1월 기준이다.

6) 1982년 이후 2016년까지 접수된 전체 사건 중에서 하도급법 관련 사건이 약 43%를 차지한다.

7) 공정거래위원회 2016년도 통계연보 35페이지에서 2016년도 하도급법 관련 과징금 총액인 4,364백만 원을 23으로 나눈 금액임.

나. 문제의 제기

요컨대 하도급법 위반 행위에 대한 조치 건수는 매우 많으나 대체로 경고와 자진시정으로 종결되고 과징금과 벌금으로 진행되는 건은 매우 드물다. 하도급법 규정상으로는 엄중한 제재를 규정하지만 현실적으로 결과를 보면 매우 미약한 처벌을 하는 것으로 보이는데 이 원인은 두 가지로 요약할 수 있다. 첫째, 하도급법이 정하는 행정 제재와 형사 제재 규정이 애초에 편면적이고 일률적이어서 구체적 타당성을 반영하지 못하는 점, 둘째, 원사업자의 범위에 상당수의 중소기업도 포섭되는 점 때문이다. 제재 규정의 실효적 운용 방안을 논의하는 대전제는 실체적 내용에서 핵심 내용과 비핵심 내용이 있다는 점이며 이러한 차이를 감안하지 않고 일률적으로 제재의 종류와 강도만 높이는 방향으로 법을 개정한다면 과다 규제 논란만 일으키게 된다. 반대로 제재의 종류와 강도가 비교적 높음에도 불구하고 실제로 공정위가 처리하는 사건에서의 제재 수준이 법이 규정한 바에 훨씬 미치지 못한다면 규제기관이 과소 규제를 한다는 비판을 면하기 어렵다. 아래에서는 하도급법의 실체적 규정들의 중요도에 근거하여 제재 규정을 입체직으로 운용하는 방안을 살피고자 한다.

III. 제재의 실효성 강화 방안

1. 과징금의 실효성 강화 방안

가. 과징금의 성격과 현행법상 산정방식

하도급법 제정시에는 과징금 규정은 없었고 형사처벌인 벌금 규정만 존재하였다. 법 제정시부터 '하도급 대금의 2배 이하의 벌금'을 규정한 것으로 미루어 애초에는 형사 처벌로서 벌금만 부과하려는 의도였을 수 있으나, 1996.12.30.자 개정에서 일부 위반 행위에 대해 과징금도 도입하였고 그 이후 과징금 부과 대상이 되는 법 위반행위 유형을 점점 넓혀와서 현재는 대부분의 위반행위에 대해 과징금과 벌금이 모두 규정되어 있다.

현행 하도급법 시행령 및 관련 고시에서 정한 과징금의 산정방식은 공정거래법과 비교하였을 때 기본 산정 금액이 애초에 소액이 나오도록 설계되어 있고 1차, 2차 조정을 거치면서 가중보다는 감경이 쉽다고 간략히 정리할 수 있다. 이는 하도급법상 원사업자의 개념에 중소기업이 광범위하게 포함되기 때문에[8] 중소기업에게 과도한 부담을 주지 않는 과징금 액수를 산출하기 위한 방식을 구성한 것이라 추측해 볼 수 있다. 그렇다면 중소기업은 보호할 수 있는 반면 반대로 대기업에게는 과소한 금액이 산출되는 것일 수 있어서 과연 억제력이 충분한 과징금이 부과될 수 있는지 의문이 드는 부분이다. 그리고 경미한 위반행위에 대한 구체적 타당성을 기하기 위해 기본 액수는 줄여두었다는 추측도 해 볼 수 있다. 그렇다면 개별 사건마다 적정성을 가지면서 법의 실효성을 강화하기 위한 적절한 제재방식은 무엇인지 살펴본다.

나. 실효성 강화 방안

(1) 원사업자의 규모에 따른 차등화

법 시행령과 고시에서 정한 과징금 산정방식은 기본 산정금액부터 하도급대금의 2배에 위반사업자의 위반금액의 '비율'을 곱하여 산출하는데 이는 대기업에게는 위하의 효과가 부족할 수 있는 바, 대기업의 경우 하도급대금의 전체 금액이 커지기 때문에 모수가 커지고 따라서 '비율'은 더욱 낮아질 수 있기 때문이다.

EU, 미국, 독일에서는 경쟁법 위반행위에 대한 과징금 산정 시 어떠한 형태로든 기업의 규모를 반영하고 있다. 경쟁법 위반행위에 대한 과징금에 관한 내용인 EU 가이드라인에 의하면 EU Commission은 매출 규모가 큰 대기업에 대해서 과징금을 가중할 수 있도록 하여, 실제로 2006년부터 2010년까지 6개 기업을 대상으로 10% 내지 70% 가중한 바 있다. 미국의 경우 경쟁법 위반행위에 대한 벌금 부과시 벌금의 가중요소에서 회사 직원 숫자가 많을수록 가중한다. 독일의 경우 연방카르텔청은 2013년 개정한 과징금 가이드라인에서 과징금 최대 한도가 기업집단의 연매출에 연동하도록 규정하여 대기업에게는 과징금을 가중하는 방향으로 개정했다고 밝혔다. 만일 우리나라에서 규모에 따른 차등화를 둔다면 중소기업기본법 시행령처럼 매출액과 자산총액을 모두 감안하여 4개 내지 5개 구간으로 기업의 규모를 구분함이 합리적인 방법이 될 것이다. 기업 규모가 가장 작은 구간에 대해서는 가중을 하지 않고 그 외의 기업들에 대해서는 기본 산정금액에 20%, 40%, 60%, 80%를 가중하는 방법을 고려할 수 있다.

(2) 정액 과징금 부과 대상 선별

---

8) 2017년 하도급거래 서면실태조사 결과에서는 원사업자(상위 5천개 기업) 중에서 중소기업의 비율이 57.8%이다.

하도급법의 실체적 규정들 중 서면발급의무, 부당한 특약금지, 물품 등의 구매강제 금지, 물품 대금등의 부당결제 청구 금지, 경제적 이익의 부당요구 금지와 같은 비핵심 규정 위반행위의 경우, 위반행위에 대한 비난의 정도가 상대적으로 약하고 규제 사건 숫자도 핵심 규정 위반행위 사건보다도 훨씬 적다. 효율적인 공적 자원 분배의 측면에서는 위와 같은 비핵심 규정 위반 행위에 대해서는 원칙적으로 시정명령에서 종결하되, 예외적으로 과징금까지 부과할 수 있도록 하며 과징금 액수도 소액의 정액 과징금을 별도로 규정하여 신속하고 간단한 제재 방식을 취해야 한다. 후술하듯이 시정명령을 다양하고 유연하게 한다면 시정명령 단계에서 실효적으로 운용할 수 있을 것이다. 과징금 액수의 경우 소액으로 정해야 할텐데 현행 과징금 고시에 있는 정액과징금 기준에서 '중대성이 약한 위반행위'에 대해서는 4천만 원 이상 2억 원 미만으로 규정하였다는 점에서 이 액수보다 조금 낮은 수준에서 규정할 수 있을 것이다.

(3) 반복적 위반행위자에 대한 가중

「하도급법 위반사업자에 대한 과징금 부과기준에 관한 고시」[9] IV.2.에서는 가중사유로 과거 3년간 3회 이상 법 위반행위로 조치를 받고 벌점 누산 점수가 2점 이상인 경우 과징금을 10% 가중하도록 하고 있으며 과거 3년간 4회 이상 조치를 받고 벌점 누산 점수가 2점 이상인 경우에는 20% 이내에서 가중한다고 정한다. 이러한 가중 비율은 공정거래법의 과징금 부과 고시[10]와 비교하면 가벼운 수준이다. 예를 들어 과거 3년간 3회 이상 조치를 받은 경우 평균 1년에 한 번 이상 공정위로부터 조치를 받았다는 의미인데, 공정위의 조사기간을 고려할 때 거의 상시적으로 조사를 받고 있었다고 할 수 있음에도 계속하여 위반행위를 한 것으로, 고의성과 악의성이 크므로 이러한 행위에 대해서는 가중 비율을 50% 전후까지 높여야 한다고 본다.

(4) 기업에 대한 금전적 제재의 일원화 필요성

미국, EU, 독일, 영국에서는 기업에 대한 제재는 행정 제재 또는 형사 제재만 하고 있으며 일본과 한국이 양자 모두를 규정하지만 일본의 경우 기업에 대한 고발을 거의 하지 않기 때문에[11] 실무적으로는 중복적인 집행이 이루어지지 않는

9) 2019년 1월 당시의 법령을 의미한다.

10) 공정거래법 위반행위에 대한 과징금 산정 기준인 「과징금 부과 세부기준 등에 관한 고시」 IV.2.나.

11) 조성국,"공정거래법상 전속고발제도에 관한 연구 - 법집행 적정성의 관점에서 -", 경쟁법연구

다. 따라서 우리나라만 행정 제재와 형사 제재 모두를 규정하고 실무적으로도 양쪽 모두 집행한다고 할 수 있다.

표: 주요 선진국의 기업에 대한 제재 비교표[12)]

국가	과징금 유무	벌금 유무	벌금 부과절차	조사
미국	×	○	법무부 단독	형사 조사
EU	○	×	×	행정 조사
독일	○	×	×	행정 조사
영국	○	×	×	행정 조사
일본	○	○	公取委 고발	행정·형사 조사
한국	○	○	공정위 고발	행정·형사 조사

우리나라는 하도급법 제30조의 벌금형 규정이 법 제정시부터 있던 규정이고 과징금 규정이 그 이후에 도입되었으므로 체계적 정합성을 고려하여 수정할 필요가 있다. 기업에 대한 벌금형은 과징금의 억제력 이외에 추가적인 억제력이 미미해 보이며 비난가능성에 따른 차등화도 부족하므로 기업에 대한 금전적 제재는 과징금으로 일원화하여 중복적인 행정력 소비를 줄여야 할 것이다. 다만 개인에 대한 형사처벌은 일부 유의미한 기능이 있으므로 목차를 바꾸어 논의한다.

2. 형사 처벌의 실효성 강화 방안

가. 개인에 대한 형사 처벌 필요성

하도급법 제31조는 개인에 대한 벌금형의 근거가 되지만 징역형 규정은 없다. 개인에 대한 형사처벌은 팽팽한 논란이 있는 만큼 전세계적으로 일관된 경향은 없는 바, 공정거래법과 관련하여 기존에 없던 형사 처벌을 새로 도입한 나라[13)]도 있고 기존에 있던 형사처벌 규정을 폐지하거나 축소한 나라[14)]도 있다. 결국 형사처벌은 각 나라의 상황에 맞게 운용할 수 있는데, 한국의 경우 비난가능성이 높은 일부 하도급법 위반행위에 대해서는 개인에 대한 벌금형과 징역형을 모두 규

제35권, 2017, 288면

12) 이 표의 내용들은 2019년 1월 기준이다.

13) 프랑스, 독일

14) 네덜란드, 룩셈부르크

정할 수 있다고 본다. 법 위반 행위로 책임을 지게 되는 개인은 기업의 임원이거나 실무자도 포함되고 이들에게는 징역형 규정의 존재만으로도 하도급법 위반행위를 지시하지 않도록 하는 계기가 될 수 있다.

나. 형사 처벌이 필요한 범위

만일 하도급법에서 일부 위반행위에 대해 징역형을 도입한다면 어느 범위에서 규정할 것인지에 대한 문제가 남는다. 앞서 살펴본 실체적 규정들 중 핵심 규정이 대금지급청구권을 직접적으로 보호하는 규정들과 독자적 생존력 보호 규정들임을 살펴보았으므로 형사처벌은 해당 규정들 위반행위에 실질적 책임이 있는 개인에 대해서 규정해야 할 것이다. 여기서 대금지급청구권을 직접적으로 보호하는 규정 위반행위의 경우, 공정위의 시정명령이 1차적으로 이루어지고 해당 명령을 악의적으로 위반하였을 때 위반에 책임이 있는 개인을 형사 처벌하는 것이 과잉금지 원칙에 부합하는 적절한 제재일 것이다. 독자적 생존력 보호 규정과 관련한 위반행위의 경우 그 자체로 고의성이 강하고 수급사업자에게 회복하지 못할 손해를 끼칠 위험이 있어서 위와 같은 1차적인 시정명령 단계는 필요 없을 것으로 보이며 개인에 대한 징역형을 규정으로 도입하여 하도급법의 억제력을 높일 필요가 있다.

다. 전속고발제도

하도급법에서 전속고발제도의 취지는 형사 처벌에 신중을 기하고 형사처벌의 부작용을 최소화하겠다는 의도로 추측해볼 수 있는데, 본 고에서는 기업에 대한 처벌은 벌금형은 없애고 과징금으로 일원화해야 한다고 보는 입장이므로 기업에 대한 전속고발제 논의는 생략한다. 그리고 개인에 대한 전속고발제도 불필요하다는 입장인 바, 하도급법 규정 중 일부 핵심 규정 위반행위에 실질적 책임이 있는 개인에 대해 벌금형과 징역형을 규정하고 나머지 위반행위에 대해서는 개인에 대한 형사 처벌 규정을 폐지해야 한다는 입장이기 때문이다. 이렇게 하면 이미 법률에서 형사처벌 대상에 대하여 신중하게 정해둔 것이므로 전속고발제의 목적을 달성한 것과 같은 결과가 된다.

라. 실효성 강화 방안

기업에 대한 금전적 제재는 과징금으로 일원화하고, 개인에 대한 제재는 일부 핵심 규정 위반 행위에 대해 형사처벌을 규정하는 것이 하도급법의 실효성을 높이는 방법이라 본다. 이와 같은 전제하에 전속고발제는 불필요하다. 현행법하에서는 공정위는 고발을 소극적으로 하고 형평성이 부족하다는 비판을 계속 받아왔지만, 하도급법의 핵심 규정 위반행위에 대해서만 실질적 책임이 있는 개인을 형사 처벌하도록 법률에서 직접 규정한다면 공정위의 고발권 행사와 관련한 논란도 없어지는 동시에 법의 억제력도 높아질 것이다.

3. 시정명령의 실효성 강화 방안

가. 시정명령의 종류

과징금과 벌금은 모두 국고로 귀속되는 금원이라 피해자인 수급사업자들이 직접 얻는 보상은 없으므로, 수급사업자의 피해를 직접적으로 구제할 수 있는 시정명령 제도는 하도급거래에 있어서 폭넓게 활용되어야 하는 수단이다. 이하에서는 시정명령 중 하도급대금을 지급하라는 명령인 '지급명령'과 '그 밖에 시정에 필요한 조치'를 중심으로 살피며 시정조치의 실효성을 높이기 위한 방법들을 논의한다.

나. 지급명령의 실효성 강화

(1) 지급명령의 중요성과 유연화

지급명령은 수급사업자의 피해를 신속히 구제할 수 있는 방법이며 수급사업자의 대금지급청구권을 보호하는 규정과 관련도가 높은 조치이므로 적극적으로 활용될 필요가 있다.

지급명령 액수와 관련해서는 하도급법 제4조(부당한 하도급대금 결정)와 관련해서, 정당하게 결정되어야 하는 하도급대금을 공정위가 정확하게 결정할 수 있는지가 문제되며 이와 관련한 사건으로 STX 조선해양 사건[15]이 있다. 이 사건에서 원사업자가 일률적인 비율로 단가를 인하한 행위[16]에 대해 공정위가 '정당한 사유 없이 일률적인 비율로 단가를 인하하여 결정하여 발생된 종전 단가 기준과의 차액을 지급하라'는 지급명령을 하였고 대법원은 이러한 공정위의 지급명령이 위법하다고 보았다. 대법원은 이 사건에서 원사업자의 행위는 하도급법 제4조 위반행위이지만 '단가 인하 이전의 종전 단가'를 정당한 하도급대금이라고 단정할 수도 없다고 본 것이다. 하도급대금은 여러 요소를 고려하여 결정해야 하므로 대

15) 대법원 2016.2.18. 선고 2012두1555 판결.

16) 하도급법 제4조 제2항 제1호에 의하여 부당한 하도급대금 결정 행위로 간주하는 행위이다.

법원의 판시는 옳다고 보지만, 그렇다고 하여 공정위가 직접 경제 분석을 하여 정당한 하도급대금을 산정하여 지급명령을 해야 한다면 지급명령의 장점인 '신속한 수급사업자 구제' 이념을 훼손할 수 있다. 따라서 위 대법원의 판례를 반영하면서도 시정명령의 개방성과 그 형식의 유연함을 이용하여 더욱 다양하고 적극적인 지급명령이 필요하다.

(2) 지급명령의 유연화

지급명령의 장점인 신속성을 유지하면서도 대법원 판례의 지적을 반영할 수 있는 방법으로, '과거의 대금 결정행위가 부당했으므로 그 부당한 대금을 적극적으로 제거하고 정당한 대금을 재차 결정하여 대금을 지급하라'는 명령이 필요하다. 아래 예시는 공정거래법 제19조(부당한 공동행위) 위반행위를 시정하기 위한 '독자적 가격 재결정명령'[17]과 일맥상통한다. 위와 같이 시정명령을 한다면 STX 조선해양 사건에서의 대법원 판시를 따르면서도 적극적인 지급명령을 할 수 있을 것이다.

예시 1[18]

1. 현재의 하도급대금은 일률적인 비율로 단가를 인하하여 결정된 것이므로 위법하므로 피심인은 다시 정당하게 하도급대금을 결정하라.
2. 정당하게 결정된 하도급대금에 따른 적절한 대금과 그에 대한 이자를 0000년 0월 00일까지 수급사업자에게 지급하라.
3. 피심인은 향후 부당한 결정을 하여서는 아니된다.

한편, 하도급법 제13조(대금 미지급) 위반행위와 관련하여 공정위의 지급명령이 있은 후 민사판결에서 상계 등의 항변이 인정되어 지급해야 할 대금이 축소된 경우 앞선 지급명령이 위법해질 수 있는데[19] 이러한 경우를 대비하여서도 아래

17) 이는 「공정거래위원회 시정조치 운영지침」 VII.2.에 있으며 예시는 "피심인들은 기존에 합의로 결정한 가격을 철회하고 각자 독자적으로 가격을 재결정하여 판매하여야 하며, 이 시정명령을 받은 날로부터 30일 이내에 재결정하여 판매하는 가격을 공정위에 서면으로 보고하여야 한다."

18) 황태희, "하도급 거래에 있어서 수급사업자 보호의 실효성 제고방안에 관한 법적 연구 - 시정조치 등 제재를 중심으로", 경쟁법연구 제25권, 2012, 299면.

19) 2015년 선경이엔씨 사건으로, 2015.12.10.선고 2013두35013 판결이 그러하다. 2심에서도 양 당사자 사이에 상계금액이 계속 다투어졌으므로 공정위는 하도급대금이 장차 감소될 것을 고

와 같은 유연한 형식의 지급명령을 할 필요가 있다. 즉, 상계 항변 때문에 전체 대금 지급이 지연되는 일을 방지해야 하므로 다툼이 없는 부분에 대해서는 신속히 지급되도록 하는 지급명령이다.

예시 2

1. 피심인은 본래 대금지급기일인 0000.00.00까지 당사자간의 분쟁이 없는 부분인 하도급대금 000000원을 지급하지 않은 것은 위법하므로, 0000.00.00까지 위 대금 및 지연손해금 00000원을 지급하라.
2. 양 당사자 사이에 다툼이 있는 금액인 *****원의 경우, 관련 민사 소송에서 확정되는 즉시 지급하라 (이 경우 다툼이 있는 금액 전액이 관련 민사소송에서 상계항변으로 인정된다면 지급할 필요가 없다.)
3. 피심인은 본 처분 이후 향후 동일 또는 유사한 하도급 계약에서 법정 기일 내에 양 당사자 사이에 다툼이 없는 하도급 대금 금액 부분을 지급하지 않는 행위를 반복하여서는 아니 된다.

지급명령은 신속하고 직접적인 수급사업자 구제를 위한 부분으로 대법원 판시와 일맥상통하면서도 지급명령의 장점을 발휘할 수 있는 방안을 살펴보았다. 아래에서는 지급명령과 동시에 혹은 독자적으로 사용할 수 있는 기타 유형의 시정조치를 살펴본다.

다. 그 밖에 시정에 필요한 조치의 활용

하도급법 제25조 제1항에서는 시정명령의 마지막 유형을 '그 밖에 시정에 필요한 조치'로 규정하여 형식과 내용을 열어두었으므로 수급사업자 보호에 실효적인 다양한 방법을 고안해볼 수 있다. 「공정거래위원회의 시정조치 운영지침」[20]을 참조하여 통지명령, 교부명령, 보고명령, 교육실시 명령, 점검활동 보장명령을 하도급법상 시정명령에도 도입할 수 있을 것으로 보이는데, 이 중에서 보고명령의 경우 시정조치의 이행을 효과적으로 담보하기 위한 측면인데 특히 부당한 하도

려하기 어려웠을 것이다. 그러나 결과론적으로 공정위는 원사업자의 상계 항변을 충분히 검토하지 못하고 지급명령을 하였는데 이러한 경우도 공정위의 시정명령이 위법하게 된다는 것을 대법원은 명확히 하였다.

20) 2015.8.21.시행, 공정위 예규 제226호.

급대금 결정행위와 관련해서는 다음과 같이 운용할 수 있을 것이다.

예시 3

피심인은 향후 0년간 수급사업자 A, B, C와의 거래품목 가격을 인하할 때마다, 가격 인하 합의 후 30일 이내에 가격 인하율, 인하 사유, 변경된 가격 적용 개시일 등을 공정거래위원회에 서면으로 보고하여야 한다.

그리고 교육실시명령은 관련 실무자 및 임원에 대하여 1회성 또는 정기적인 교육을 하도록 명령하는 것으로 원사업자에게 스스로 준법활동을 격려한다는 차원에서 자주 활용되어야 할 시정조치이다. 점검활동 보장명령은 전문적인 제3자가 원사업자의 영업장소에서 일정 기간 상주하면서 시정조치 관련 자료를 점검하는 것인데 일부 상습적으로 법 위반행위를 하는 원사업자에게 적용할 수 있을 것이다. 마지막으로 기술자료 유용행위와 관련한 시정명령 시에는 부정경쟁방지법 제10조 제2항의 금지청구 유형을 참조하여, 침해행위의 금지 또는 예방도 청구할 수 있도록 해야 할 것이다.

4. 기타 수단의 운용

가. 보충적 수단으로서의 사적 구제 수단

사적 구제 수단 활성화를 위해 하도급법은 2011.3.29. 개정 시 제35조 제2항에 우리나라 법제 가운데 최초로 징벌적 손해배상제도를 도입하였다. 기술자료 유용행위로 인해 손해를 입힌 경우 발생한 손해의 3배를 넘지 않는 범위에서 배상책임을 지도록 하는 내용으로, 처음 도입할 당시에는 기업활동이 위축될 가능성이 있다고 우려했으나 실제로 징벌적 손해배상을 청구하는 소송이 제기된 사례는 씨제이 대한통운(주) 사건[21] 한가지 밖에 없을 정도로 드물다. 현실에서는 수급사업자는 원사업자와의 거래 단절을 각오하고 민사소송을 제기해야 하는 점, 손해의 3배를 받는 것이 아니라 3배 이하에서 법원이 액수를 정한다는 점, 민사소송 비용이 크다는 점에서 현실적인 한계가 있어서 활성화 되기는 어려울 것으로 보이므로 아래와 같은 분쟁조정절차 활용이 더욱 중요하다.

---

21) 창원지방법원 2016.10.20. 선고 2015가합33748 판결.

공정거래조정원에 설치된 하도급분쟁조정협의회의 분쟁조정절차의 조정 건수는 해마다 줄어드는 추세였는데 2018.1.16.부터 시행된 개정 하도급법에서는 공정위가 직권으로 조정을 의뢰할 수 있도록 하고,[22] 분쟁조정 신청에 시효중단 효력을 인정하며[23] 조정조서에 재판상 화해의 효력[24]을 인정하였다. 이는 기존 제도의 문제점을 반영하여 개선한 것이라는 점에서 의미가 크며 이러한 입법론적인 보완을 통해 조정 건수도 늘리고 조정 성립률도 높아질 것으로 기대해 볼 수 있다.

나. 위반행위 적발률을 높이기 위한 방안

적발률을 높이기 위한 제도로는 하도급법상 신고 및 포상금제도가 존재하지만 공익신고자보호법상의 일부 내용도 준용할 필요가 있다. 하도급법 위반행위는 보통 거래 당사자들이 내부 신고를 하여야 적발률이 높아지고 증거자료가 정확하므로 내부 신고자 보호가 주요한데, 신고자에 대한 공무원의 비밀유지의무[25]는 규정되어 있으나, 신고자의 신변보호 또는 신고자에 대한 회사 내부적인 불이익조치를 방지하는 내용이 하도급법에 없으므로[26] 공익신고자보호법을 준용하여 신고자를 보호해야 할 것이다.

5. 소결

현행법상 과징금 산정방식은 대기업인 원사업자에게는 억제력이 충분하지 못한 금액이 산출될 가능성이 있으므로 원사업자의 규모에 따른 가중 근거가 필요하다. 반면에 하도급법의 비핵심 규정을 위반한 경우에는 시정명령으로 사건을 마무리함을 원칙으로 하되 예외적으로 소액의 정액 과징금을 규정하여 신속한 처리를 도모해야 할 것이다. 반복적으로 법을 위반하는 원사업자에게는 과징금 가중 비율을 현행보다 더 높일 필요가 있으며 기업에 대한 금전적 제재는 과징금 제도가 있으므로 벌금형은 불필요하다. 형사처벌의 경우 하도급법의 핵심 규정을 위반한 행위에 대해서만 형사 처벌을 규정한다면 공정위의 전속고발제는 불필요하다. 수급사업자의 피해는 시정 명령으로 신속하게 구제해야 하므로 지금보다

22) 하도급법 제24조의4 제4항.
23) 하도급법 제24조의4.
24) 하도급법 제24조의6.
25) 하도급법 제27조 제3항.
26) 2019년 1월을 기준으로 함.

더욱 다양한 방식으로 적극적으로 활용하여야 한다.

Ⅳ. 결론

전반적으로 하도급법은 실체적인 내용 측면에서는 거의 빈틈 없이 갖추어져 있지만 제재 규정을 평면적으로 규정한 결과 실효적인 규제를 어렵게 하는 측면이 있다. 하도급법은 수급사업자의 대금지급청구권 보호와 독자적 생존력 보호가 가장 핵심인데 핵심 규정과 그렇지 않은 규정의 구분 없이 대부분의 위반 유형에 대해 일률적인 과징금과 벌금을 규정하고 있다는 데서 문제 의식을 가졌다. 이를 해결하기 위해 핵심 규정 위반행위에 대해서는 행정 제재와 형사 제재를 엄격히 집행하고 그렇지 않은 위반행위에 대해서는 시정명령과 소액의 과징금을 규정하는 등 제재 규정의 입체적인 운용 방안을 검토하였다.

과징금의 경우 원사업자의 규모를 반영하는 과징금 가중 요소가 필요하고 핵심 규정 위반행위가 아니면 시정명령과 소액의 정액 과징금만 규정하여야 할 것이다. 기업에 대한 금전적 제재는 과징금으로 일원화하여야 한다는 입장이므로 기업에 대한 벌금형은 논의하지 않았으며 개인에 대해서는 일부 핵심 규정 위반행위에 대해 벌금형과 징역형을 도입하는 것이 법의 실효성을 높일 것으로 보았다. 그리고 애초에 일부 위반행위에 대해서만 형사 처벌을 규정한다면 전속고발제는 불필요하다. 수급사업자에게 발생한 피해를 신속하고 정확히 구제하는 것은 매우 중요하므로 다양한 방식의 시정 명령을 개발하여 활용해야 할 것이다. 사적 구제수단으로 민사 손해배상소송은 보충적으로 활용될 수 밖에 없을 것이나 하도급분쟁조정협의회의 분쟁조정절차의 경우 입법론적 보완을 통해 활용도를 높일 수 있을 것으로 기대한다. 끝으로 내부 신고자에 대한 현행 포상금 제도에 더하여 신변 보호와 불이익조치 금지도 도입해야 하며 이러한 모든 방안들이 하도급거래 관행을 없앨 수 있는 토대를 마련해 줄 것으로 본다.

제2장

대규모유통업법상 '거래상 우월적 지위'에 관한 연구*

- 윤경원 -

I. 서론

본 연구의 목적은 대규모유통업법에서 규정하고 있는 '거래상 우월적 지위' 개념을 분석하고, 공정거래법상 '거래상 지위'와의 차이를 비교하여 그 판단기준과 증명책임을 체계적으로 정리하는 데 있다. 이를 바탕으로 '거래상 우월적 지위'와 관련된 현행법 규정의 해석론만으로도 앞서 제시한 문제들을 해결할 수 있는지 알아보고, 충분하지 않을 경우 제시 가능한 입법론적 해결 방안에 대해서도 검토할 것이다. 현재의 규정 체계는 수범자들의 법적 예측가능성을 저해하여 특별법 제정 취지에 반할 수 있으므로 변화된 유통업 환경을 반영하여 수범자 요건을 재정비할 필요성이 있다.

본 논문은 이러한 문제의식을 기초로 하여, 대규모유통업법상 '거래상 우월적 지위'를 공정거래법상 '거래상 지위'와 비교·분석하여 그 개념과 판단기준 및 증명책임을 정리하고, 대규모유통업자의 거래상 지위 남용 규제를 위한 법률 개정안을 제시하고자 한다. 본 논문에서 중점적으로 다루는 쟁점은 대규모유통업법상 '거래상 우월적 지위'의 개념이다. 따라서 거래상 지위 남용행위에서 '거래상 지위'를 제외한 그 밖의 요건 및 판단기준과 양 법에서 구체적으로 금지되는 행위

* 본고의 내용은 필자의 2025년 서울대학교 경제법 석사학위 논문을 수정·보완한 것임을 밝힙니다.

유형은 별도로 다루지 아니한다.

II. 대규모유통업법상 '거래상 우월적 지위'

1. '거래상 우월적 지위'의 개념 및 판단기준

가. 개관

'거래상 우월적 지위'라는 개념이 대규모유통업법에서 처음 등장한 것은 아니다. 공정거래법은 1996. 12. 30. 개정 이전에는 불공정거래행위의 유형 및 기준을 현재와 달리 공정거래위원회가 정하여 고시하도록 규정하고 있었다. 당시 법에서는 '거래상 지위'라고 표현하였음에도 고시에서 '우월적 지위'라는 표현을 사용하고 있었고, 이에 '거래상 우월적 지위'라는 표현이 통용되었다. 그러나 '지위의 우월성'이 추가적 요건인지에 관해 갑론을박이 있자, 공정거래위원회는 1993년에 '거래상 지위'로 고시를 개정하였고 이후 1996년 공정거래법 전면개정시 고시제도가 폐지되면서 법문상 '거래상 지위'로 표현이 통일되었다.

공정거래위원회나 대법원도 같은 맥락에서 거래상 지위를 종래의 거래상 우월적 지위와 동일한 개념으로 파악하고 있다. 그러나 최근 들어 관련 사건에 대한 서울고등법원의 판결이 나온 후 대규모유통업법상 '거래상 우월적 지위'를 공정거래법상 '거래상 지위'와 동일한 것으로 보아야 하는지에 대한 논의가 다시금 주목받게 되었다. 먼저 최근 주식회사 쿠팡에 대하여 서울고등법원이 내린 판결을 먼저 살펴보도록 한다. 이후 거래상 우월적 지위의 개념에 대한 학설의 대립을 소개하고 이어 거래상 우월적 지위가 있는 대규모유통업자가 다수의 거래상대방과 거래하는 경우의 판단기준에 대하여 알아보도록 하겠다.

나. 판례의 태도 - 최근 쿠팡사건을 중심으로 (서울고등법원 2024.2.1. 선고 2022누36102 판결 등)

최근 서울고등법원은 주식회사 쿠팡에 대한 행정청의 시정명령 및 과징금 부과처분에 대하여 처분이 위법한 것으로 보아 이를 취소하는 판결(이하 '쿠팡사건'이라 함)을 내린바 있다. 공정거래위원회는 쿠팡의 ① 납품업자들에 대한 경영간섭행위(구 공정거래법 제23조 제1항 제4호 위반), ② 납품업자 의사에 반한 광고게재 요구행위(대규모유통업법 제17조 제6호 위반), ③ 판촉비용 전가행위(대규모유통업법 제11조 제4항 위반), ④ 약정 없는 판매장려금 수취행위(대규모유통업법 제15조 제2항 위반)에 대하여 시정명령과 함께 과징금 총 32억 9천 7백만원을 부과하였다. 그러나 서울고등법원은 공정거래위원회의 판단과 달리 쿠팡의 거래상 지위 인정 여부를 부정하여 쿠팡이 승소하였고, 이에 대하여 공정거래위원회가 상고하여 현재 대법원에 계류 중이다. 당해 사건에서는 거래상 지위의 판단기준과 다수 거래상대방에 대한 거래상 지위 증명방법에 관하여 주로 다투어졌다. 또한 거래상 지위 판단에 있어서 필수상품 여부, 양자 간의 사업능력 비교, 가격협상력과의 각 관련성이 문제되었다. 고등법원의 이러한 판시내용은 그동안의 공정거래위원회 실무 및 판례의 법리와 배치되는 것으로, 이에 대하여 대법원이 어떻게 판단할 것인지 귀추가 주목된다.

(1) **공정거래법상 '거래상 지위'와 대규모유통업법상 '거래상 우월적 지위'의 동일성**

고등법원은 먼저 공정거래법상 '거래상 지위'와 대규모유통업법상 '거래상 우월적 지위'가 같은 것인지 다른 것인지에 대하여 설시하였다. 이는 쿠팡의 4개의 위반행위 중 하나의 행위는 공정거래법상 위반 여부가 문제되고 나머지 3개의 행위는 대규모유통업법 위반 여부가 문제됨에 따라, 후속 판단에서 거래상 지위 및 거래상 우월적 지위 존부를 명확하게 판단하기 위함이었으리라고 보여진다.

서울고등법원은 ① 공정거래법의 입법연혁[1] 및 판례의 태도[2]를 볼 때, 거래상 우월적 지위와 거래상 지위를 달리 보고 있지 않은 점, ② 판례의 거래상 지위에 관한 설시 중 후자, 즉, '적어도 상대방의 거래활동에 상당한 영향을 미칠 수 있는 지위'는 전자, 즉, '상대적으로 우월한 지위'를 풀어서 설명하거나 달리 표현한 것으로 볼 수 있는 점, ③ 대규모유통업법이 공정거래법과 달리 '거래상 우월적 지위'라는 표현을 사용한 것의 입법취지가 그 지위 요건을 강화하기 위함이라고 단정하기 어려운 점, ④ 대규모유통업법의 적용범위를 제한할 필요가 있다 하더라도, 이를 위하여 반드시 거래상 우월적 지위를 거래상 지위보다 가중된

1) 후술하는 바와 같이, 공정거래법은 1996.12.30. 개정 이전에는 불공정거래행위의 유형 및 기준을 현재와 달리 공정거래위원회가 정하여 고시하도록 규정하고 있었는바, 법에서는 '거래상 지위'라고 표현하였음에도 고시에서 '우월적 지위'라는 표현을 사용하고 있었고, 이에 '거래상 우월적 지위'라는 표현이 통용되었다.

2) 쿠팡사건 고등법원은, 과거 '우월적 지위'라는 표현이 사용되던 시기의 대법원 2000.6.9. 선고 97누19427 판결 등의 법리 설시와 이후 '거래상 지위'라는 표현이 사용된 시기의 대법원 2002.1.25. 선고 2000두9359 판결, 대법원 2011.5.13. 선고 2009두24108 판결 등의 법리 설시 사이에 유의미한 차별점을 찾을 수 없다고 하였다.

요건으로 새길 필요는 없다 할 것인바, 쿠팡사건 고등법원은 양자를 같은 의미로 보아야 한다고 판시하였다.

(2) 쿠팡의 거래상 우월적 지위 존부

쿠팡사건 고등법원은 '거래상 지위'란 우월한 협상력, 즉, 거래상대방을 그 의사에 반하여 착취할 수 있는 힘을 의미하며 이는 절대적 지위인 시장지배적 지위와 달리 상대적 지위라고 보았다. 이는 대규모유통업법상 거래상 우월적 지위도 마찬가지이므로 신중하게 판단하여야 하는데 반해, 대규모유통업법은 공정거래법에 비하여 그 규제수준을 대폭 강화하고 있으면서도, 일정한 규모 내지 매출액이 인정될 경우 즉시 대규모유통업자에 해당하는 것으로 보고, 거래상 지위가 인정되지 않는 경우 적용을 제외하도록 규정하고 있는바, 자칫 법상 대규모유통업자에 해당하기만 하면 그 자체로 모든 납품업자들에 대하여 거래상 지위를 가진다는 결론에 이르게 될 가능성이 있다.

따라서 대규모유통업자의 거래상 지위를 인정함에 있어서는 더욱 신중할 필요가 있다 할 것인바, '유통시장의 구조, 소비자의 소비실태, 대규모유통업자와 납품업자 사이의 사업능력의 격차, 납품업자의 대규모유통업자에 대한 거래의존도, 거래의 대상이 되는 상품의 특성 및 공정거래법상 기업집단이나 하나의 대규모유통업자가 운영하는 유통업태의 범위' 등을 종합적으로 고려하고(대규모유통업법 제3조 제2항), 과연 '해당 대규모유통업자가 특정 납품업자에 대하여 우월한 협상력을 보유함으로써 그 납품업자를 부당하게 착취할 우려가 있는지'의 관점에 유념하여 거래상 지위의 존부를 판단하여야 한다고 판시하였다.

다. 학계의 논의

공정거래법상 '거래상 지위'와 대규모유통업법상 '거래상 우월적 지위'를 동일한 개념으로 볼 수 있는지에 대하여 학계의 다수설은 판례의 입장과 마찬가지로 이를 긍정한다. 공정거래법 입법연혁이 다수설 입장을 뒷받침하는바, 공정거래법 입법 초기에는 불공정거래행위의 유형과 기준을 시행령에서 정하지 않고 공정거래위원회 고시에서 구체적 내용을 정하고 있었는데, 이때 고시에서 거래상 지위가 아닌 '거래상 우월적 지위'라는 문언을 사용하였고, 그 후 불공정거래행위 심사지침에서도 '거래상 우월적 지위'라는 표현을 사용하였다는 것이다. 판례는 거래상 지위와 남용행위를 통합적으로 설시하는 입장을 취하면서, "상대적으로 우

월한 지위 또는 적어도 상대방의 거래 활동에 상당한 영향을 미칠 수 있는 지위"로 판단하고 있다.[3)]

'거래상 지위'라는 문언 그 자체에 우월적 지위라는 의미가 있고 그 개념 요소를 달리 보기 어렵다는 점,[4)] 공정거래법상 양자를 구분하여 평가할 근거를 찾기 어렵고 고시와 시행령의 변경 과정에 비추어 우월적 지위를 구분하지 않았다고 보이는 점[5)] 등에 비추어, 공정거래법상 거래상 지위와 대규모유통업법상 거래상 우월적 지위를 동일한 개념으로 이해하는 다수설의 입장은 타당하다.

라. 소결

쿠팡사건에서 서울고등법원이 대규모유통업법상 '거래상 우월적 지위'를 공정거래법상 '거래상 지위'와 동일한 것으로 판단한 것은 타당하다. 대규모유통업법의 적용범위가 공정거래법보다 제한되어야 함은 분명하나, '거래상 우월적 지위'를 공정거래법상의 '거래상 지위'와 같은 의미로 보더라도 이 외 다른 요건으로 적용범위를 충분히 제한할 수 있기 때문이다. 또한 대규모유통업법은 2023. 8. 8. 개정을 통하여 경영간섭을 금지하는 규정(동법 제14조의2)이 신설되었는바, 위 신설규정에서는 '거래상 우월적 지위'라는 표현을 사용하지 않고 단순히 '거래상 지위'라고만 하고 있는 것으로 보아 입법자들도 양자를 동일한 의미로 해석하고 있음을 유추할 수 있다.

대규모유통업법은 공정거래법의 특별법적 성격을 가지고 있으므로 특별법 원칙에 따라 '거래상 우월적 지위'를 '거래상 지위'보다 강화된 개념으로 보아야 한다는 주장은 타당하지 않다. 대규모유통업법에서는 이미 대부분의 규정이 사전규제 형식으로 규정되어 있고, 공정거래법보다 가중된 행정적·형사적 제재를 예정하고 있으므로 '거래상 우월적 지위'까지 가중된 개념으로 보는 것은 불필요하다.

2. '거래상 우월적 지위'의 판단기준

가. 법정 고려요소

대규모유통업법은 거래상 우월적 지위를 판단할 때 고려해야 할 요소들을 법

---

3) 대법원 2002.1.25. 선고 2000두9359 판결, 대법원 2011.5.13. 선고 2009두24108 판결.

4) 서정, 대규모유통업법의 적용 범위, 경쟁과 법, 2015, 56쪽.

5) 신영수, 대규모유통업법 적용의 전제로서 거래상 우월적 지위의 의미와 요건, 경쟁법연구, 2023, 3-33면

률로써 정하고 있다. 동법 제3조 제2항은 거래상 우월적 지위에 있는지의 여부는 다음 각 호의 사항을 종합적으로 고려하여 판단한다고 하면서, ① 유통시장의 구조, ② 소비자의 소비실태, ③ 대규모유통업자와 납품업자등 사이의 사업능력의 격차, ④ 납품업자등의 대규모유통업자에 대한 거래의존도, ⑤ 거래의 대상이 되는 상품의 특성, ⑥ 독점규제 및 공정거래에 관한 법률 제2조 제11호의 기업집단이나 하나의 대규모유통업자가 운영하는 유통업태의 범위를 고려요소로 들고 있다. 이러한 고려요소들은 대규모유통업법 제정 이전의 판례에서 제시된 기준들을 발전시킨 것으로, 공정거래법상 거래상 지위 판단에도 적용될 수 있다.[6]

그러나 각 고려요소들은 개별적·구체적 거래에서 서로 간 긴장 관계 내지 상충 관계에 있는 경우가 많아서, 거래당사자들의 지위가 본질적으로 어떠한 관계인지를 따져 보아야 하는 경우가 생길 수밖에 없다.[7] 또한, 온라인 쇼핑과 같은 새로운 유통 환경에서는 기존 판례 및 고려 요소들만으로 거래상 지위를 판단하기에 충분하지 않을 수 있으며, 추가적인 고려 요소들을 모색해야 할 필요성이 있다.

나. 거래상대방이 다수인 경우

대규모유통업법상 거래상 지위 판단기준에 관한 기존의 공정거래위원회의 실무 및 판례는 대규모유통업자가 상대적으로 우월한 지위 또는 적어도 상대방인 납품업자의 거래활동에 상당한 영향을 미칠 수 있는 지위에 있으면 충분하다고 보았다.[8] 또한 납품업자가 다수인 경우, 다수 납품업자 사이의 공통되는 사정들만으로도 대규모유통업자의 거래상 우월적 지위를 인정할 수 있다면 반드시 개별 납품업자별로 대규모유통업자와 사이의 개별적 사정을 따져 거래상 우월적 지위를 판단해야 하는 것은 아니[9]라고 판시하였다.

실무상 공정거래위원회는 일정한 규모 내지 매출액이 인정될 경우, 거래상 지위에 대한 개별적인 검토 없이 즉시 대규모유통업자의 해당성을 인정하는 경향을 보여왔다. 특히 매출액이나 점유율 등 정량적 지표를 산정할 경우, 산출된 총

---

6) 대법원은 "거래상 우월적 지위에 해당하는지 여부는 당사자가 처하고 있는 시장의 상황, 당사자 간의 전체적 사업능력의 격차, 거래의 대상인 상품의 특성 등을 모두 고려하여 판단하여야 한다"고 판시한 바 있다(대법원 2000.6.9. 선고 97누19427 판결).

7) 손동환, 위의 글, 58면.

8) 서울고등법원 2018.4.19. 선고 2017누60071 판결 참조.

9) 서울고등법원 2019.2.13. 선고 2017누86226 판결 참조.

지표를 그대로 개별 납품업자들과의 관계에 일괄적으로 적용하여 거래상 지위를 인정해왔다. 판례 또한 이와 같은 공정거래위원회의 입장을 그대로 수용하는 경우가 일반적이었다.

(1) 쿠팡사건 고등법원의 태도

공정거래위원회는 기존 판례입장에 따라 납품업자가 다수인 경우, 반드시 개별 납품업자별로 대규모유통업자와 사이의 개별적 사정을 따져 대규모유통업자의 거래상 우월적 지위를 판단해야 하는 것은 아니[10]라고 주장하였다.

그러나 서울고등법원은 공정거래위원회의 주장을 전면적으로 배척하였다. 법원은 거래상 지위는 본질적으로 개별적·상대적인 것이므로, 대규모유통업자가 납품업자들에게 거래상 지위를 가지는지 여부는 납품업자별로 각각 개별적·구체적으로 판단하여야 한다고 판시하였다. 그리고 거래상 지위의 존부는 '해당 대규모유통업자가 특정 납품업자에 대하여 우월한 협상력을 보유함으로써 그 납품업자를 부당하게 착취할 우려가 있는지'의 관점에서 판단하여야 하고 우월한 협상력의 소재를 판단함에 있어 해당 거래의 가격 결정력이 가장 중요한 표지가 된다고 보았다.

구체적으로는 필수상품을 보유한 납품업자에 대하여 오프라인과 달리 온라인 종합소매유통에서는 대규모유통업자라 하더라도 거래상 열위에 있을 가능성이 있다고 보았다. 온라인 종합소매유통업에 진입하는 것이 오프라인에 비해 비교적 용이하고, 각 사업자별로 별다른 지역적 분할이 없으며, 납품업자들 입장에서 대체거래선을 찾기 어렵지 않기 때문이다. 또한 쿠팡과 필수상품을 납품하는 8개 독과점 제조업체들[11] 간의 사업능력을 비교해볼 때, 쿠팡의 사업능력이 8개 독과점 납품업체들의 사업능력보다 더 우월하다고 단정하기 어렵고, 종속성 측면에서도 적어도 필수상품에 관한 한 쿠팡의 8개 독과점 제조업체들에 대한 거래의존도가 더 크다고 보았다.[12] 끝으로 쿠팡은 8개 독과점 제조업체들을 포함한 87

---

10) 서울고등법원 2019.2.13. 선고 2017누86226 판결 참조.

11) 엘지생활건강: 페리오, 퐁퐁, 테크, 홈스타, 코카콜라 등. 유한킴벌리: 하기스, 크리넥스, 좋은느낌, 뽀삐 등. 한국피앤지판매: 질레트, 다우니, 페브리즈, 오랄B 등. 매일유업: 앱솔루트 등. 남양유업: 임페리얼 등. 쿠첸: 쿠첸 압력밥솥 등. SK매직: SK매직 가스레인지 등. 레고코리아: 레고 블록완구 등.

12) 이 사건 당시 8개 독과점 제조업체들의 쿠팡에 대한 거래의존도는 엘지생활건강 1.1%, 유한킴벌리 11.3%, 한국피앤지판매 5.5%, 매일유업 6.8%, 남양유업 0.1%, 쿠첸 3.2%, SK 매직 1.1%, 레고코리아 7.5%이고, 쿠팡의 8개 독과점 제조업체들에 대한 거래의존도 (2017년, 원고의 해당

개 업체와의 거래에서 다른 유통채널에 비해 납품가격이 높아 상당한 손실이 발생하였다. 고등법원은 쿠팡이 높은 납품가격으로 인해 거래를 할수록 손실이 발생하였다는 점은 위 8개 독과점 제조업체들에 대하여 거래상 지위를 가지고 있지 않았음을 방증하는 것이라고 보았다.

(2) 쿠팡사건 고등법원의 판단에 대한 평가

거래상 지위란 본래 절대적 지위(absolute power)인 시장지배적 지위와 달리 거래상대방과의 관계를 전제로 한 상대적 지위(relative power)이므로 쿠팡사건 고등법원의 태도가 타당하다. 시장지배적 지위는 경쟁사업자들에 따라 달라질 수 없다는 의미에서 일반적인데 반해, 거래상 지위는 거래상대방에 따라 달라질 수 있다는 점에서 개별적이다. 즉, 시장지배적 지위를 가진 사업자는 어느 경쟁사업자와의 관계에서도 그 지위가 항상 인정되는 반면에, 거래상대방 A에 대해서 거래상 지위를 가지는 사업자가 거래상대방 B에 대해서는 거래상 지위를 가지지 않을 수 있는 것이다.

특히 유통거래는 하도급거래나 대리점거래와 달리, 반드시 어느 한쪽이 거래상 지위가 있다고 형식적으로 판단하기 어렵다. 유통업자는 수요 측면의 납품업체와 공급 측면의 소비자를 사이에 두고 상품이 생산되고 유통업체를 통해 판매되기까지 양면적 구조의 플랫폼 역할을 하므로 수요시장과 판매시장의 영향을 모두 받기 때문이다. 따라서 대규모유통업법은 유통업자와 납품업자와 사이의 관계를 규율하는 법이지만 대규모유통업자의 거래상 지위 남용행위가 소비자이익에 미칠 영향도 고려하지 않을 수 없다. 대규모유통업자와 납품업자간 거래의 역학관계에는 유통 경로상 수요시장의 납품업자가 판매시장에서 갖는 위치, 수요시장 내 유통업자의 점유율, 판매시장 소비자의 소비행태적 특성, 필수상품인지 여부 등이 복합적으로 작용하게 된다.

수요 측면의 시장점유율이 높아 수요독점적(monopsony) 또는 수요과점적(oligopsony) 상태에 이른 대규모유통업자를 가정해보면, 그 사업자는 수요지배력을 우월적 구매력의 원천으로 삼아 자신보다 사업 규모가 큰 납품업자와의 관계에서도 길항력(countervailing power)[13]을 발휘할 수 있으므로 단순히 경제적

카테고리 기준)는 엘지생활건강(살균제) 61%, 유한킴벌리(일회용 기저귀) 56%, 한국피앤지판매(탈취제/세정제) 92%, 매일유업(일반분유) 44%, 남양유업 (일반분유) 1%, 쿠첸(가정용 전기밥솥) 83%, SK매직(가스레인지/전자레인지) 45%, 레고코리아(블록완구) 75%로 집계되었다.

13) '길항력'이란 원래 정치학에서 권력이 한 곳에 집중되지 않도록 상호 견제하는 권력을 의미하

규모를 비교하는 것만으로는 대규모유통업자의 거래상 지위 존부를 판별할 수가 없다. 이 같은 논리는 납품업자에게도 적용된다. 만일 납품업자의 상품이 상품 공급시장을 과점하고 있고 상품에 대한 소비자들의 브랜드 충성도(brand loyalty)가 형성된 상태라면, 대규모유통업자의 규모나 구매력, 수요시장 내 점유율이 납품업자를 위협할 만한 협상력으로 기능하기 어려울 것이다.[14]

이러한 사정들을 종합해보면, 대규모유통업자의 거래상 지위 존부를 판단함에 있어 비슷한 사안이라 할지라도 납품업자별로 개별적·구체적으로 판단해야 한다고 판시한 쿠팡사건 고등법원의 판단은 타당하다.

3. '거래상 우월적 지위'의 증명책임

공정거래위원회 심결에서는 원칙적으로 공정거래위원회가 위반행위 성립여부에 대한 증명책임을 부담한다. 또한 공정거래위원회가 내린 처분의 취소를 구하는 항고소송에서는 다른 행정소송과 마찬가지로 당해 처분의 적법을 주장하는 공정거래위원회에게 그 적법사유에 대한 입증책임이 있다.[15] 그러나 쿠팡사건에서는 대규모유통업법상 대규모유통업자의 거래상 우월적 지위가 있을 것을 요하는 조항이 '적용제외' 형식으로 규정되었기에, 이를 일반적인 적용제외 규정과 같이 보아 입증책임이 사업자에게 전환된다고 보아야 하는지에 대한 다툼이 있었다.

이와 같은 적용제외 조항의 해석 문제는 근본적으로 대규모유통업법의 적용제외 조항이 일반적인 적용제외 조항과 다른 형태로 규정되어 있기 때문에 발생한다. 공정거래법 및 기타 다른 법률상 규정된 적용제외와 대규모유통업법상 적용제외 규정은 규정방식 및 성격이 상이하므로[16] 이를 고려하여 사업자의 거래상 우월적 지위에 대한 입증책임을 누가 부담하여야 하는지 규명하는 것이 바람직하다.

였는데, 제도경제학자인 J, K. Galbraith는 이를 산업사회에 적용시켜 거대기업의 막강한 권력과 그의 가격횡포를 반대편의 거대한 구매자의 힘으로 견제할 수 있다고 하였다. John Kenneth Galbraith, American Capitalism: The Concept of CountervailingTransaction Publishers, 1952.

14) 강우경, 위의 글.

15) 대법원 1984.7.24. 선고 84누124 판결.

16) 이와 관련해서는 다음 장인 '4. 공정거래법상 거래상 지위와의 비교'에서 상세히 서술하도록 한다.

가. 쿠팡사건 고등법원의 판단

고등법원은 대규모유통업법상 거래상 우월적 지위의 존부에 관한 증명책임의 소재에 대하여 공정거래법과 마찬가지로 공정거래위원회가 부담하는 것이 타당하다고 판시하였다. ① 대규모유통업법은 공정거래법상 거래상 지위 남용의 특칙이고, 대규모유통업법상 거래상 우월적 지위는 결국 공정거래법상 거래상 지위를 의미하는바, 적용제외 규정은 거래상 우월적 지위가 인정되지 않는 대규모유통업자에게 대규모유통업법을 적용할 수 없음을 확인하는 의미를 가진다고 보아야 할 것인 점, ② 대규모유통업자에게 거래상 우월적 지위의 '부존재'의 증명을 요구하는 것은 특별한 사정이 없는 한 적절하지 않고, ③ 증명책임을 대규모유통업자에게 돌릴 경우 공정거래법에 비하여 매우 강력한 제재사유와 제재수준을 규정하고 있는 대규모유통업법의 적용범위가 지나치게 확장되고, 이로써 대규모유통업에서의 공정한 거래질서 확립을 넘어 납품업자 과도하게 보호할 수 있으며, 오히려 대규모유통업 경쟁과 혁신을 저해하는 결과를 초래할 우려도 있는 점을 종합하여 볼 때 공정거래위원회가 그 증명책임을 부담한다고 보는 것이 타당하다고 판시하였다.

나. 학계의 논의

대규모유통업법상 '거래상 우월적 지위'가 규정된 적용제외 조항의 입증책임 부담에 관하여, 대규모유통업자의 입증책임을 긍정하는 견해에 따르면 대규모유통업법상 '대규모유통업자'의 요건을 충족한다면 일응 거래상 우월적 지위가 인정되는 것으로 판단할 개연성이 높다.[17] 또한 대규모유통업법의 규제체계 자체가 공정거래법과 본질적으로 달라, 대규모유통업자에 대한 대부분의 행위금지 규정의 입증책임을 대규모유통업자에게 포괄적으로 전환한 것이라고 본다.[18] 전면적 의무부과 또는 행위금지 규정형식을 취하고 있는 제6조, 제8조, 제11조, 제16조, 제18조와 원칙적 행위금지-예외적 허용의 규정형식을 취하고 있는 제7조, 제9조, 제10조, 제12조, 제15조, 제17조 등을 그 예로 들고 있다.[19]

"정당한 이유 없이"라는 문언이 삽입되어 있는 행위들은 원칙적으로 위법성

---

17) 고인혜, 위의 글, 110면.

18) 조혜신, 위의 글.

19) 법무법인(유한) 태평양 공정거래팀 오금석 · 윤성운 · 이현규 외, 대규모유통업법－이론과 실무, 박영사, 2012.

이 인정되는 행위들이므로 외형상 그러한 행위가 있으면 일단 이를 위법한 행위로 보되, 정당한 이유가 있는 경우에 한하여 그 위법성이 조각되어 적법한 행위로 인정된다.[20] 따라서 위 규정들에 대한 입증책임은 전환된다고 볼 수 있다. 그러나 적용제외 조항에 규정된 '거래상 우월적 지위'가 사실상 추정되어 이에 관한 입증책임까지 대규모유통업자에게 전환된다고 보는 것은 논리적 정합성이 떨어진다.

다. 소결

대상판결 법원이 적용제외 조항에 규정된 '거래상 우월적 지위'에 대한 입증책임을 공정거래위원회가 부담한다고 본 것은 타당하다. 다만, 적용제외 조항이 공정거래법과의 관계를 규명한 것이므로 증명책임 또한 단순하게 공정거래법과 동일하게 판단하여야 한다는 논증은 논리적 정합성이 떨어진다. 대규모유통업법상 적용제외 조항의 본질은 대규모유통업자의 정성적 요건을 규정한 것이므로 수범자의 요건사실 중 하나에 해당한다. 항고소송에서 행정처분의 적법성은 행정청이 입증하는 것이 원칙이므로, 대규모유통업법의 수범자인 거래상 우월적 지위를 가진 대규모유통업자라는 점은 행정청에게 입증책임을 지우는 것이 타당하다. 대규모유통업법상 형사벌 규정을 생각해보더라도 신분범(身分犯)의 신분을 국가가 입증하는 것이 타당하다.[21]

대규모유통업자에게 입증책임을 전환시키는 일부 금지행위 규정들을 고려해보더라도, 공정거래법에 비해 입증책임, 제재수준 등 이미 여러 부분을 수범자에게 불리하게 규정하고 있는데 거래상 우월적 지위까지 사실상 추정되는 것으로 해석한다면, 공정거래위원회는 행위가 있었다는 사실만 입증하면 되어서 입증책임 분배의 기계적 공정성이 이루어지지 않아 수범자에게 지나치게 불리하다.

'거래상 우월적 지위가 있을 것'이 대규모유통업법상 수범자의 필수적 요건임에도 불구하고 적용제외 조항으로 규정되어 있어 증명책임의 소재에 대한 학설상 다툼이 발생하고, 수범자의 예측가능성 및 법률의 명확성을 확보하기 어려운 측면이 있다. 따라서 대규모유통업법 제3조 제1항을 개정하여 거래상 우월적 지위를 수범자의 정성적 요건으로 명시적으로 규정할 필요가 있다. 필요하다면, 규

---

20) 권오승 · 서정, 독점규제법: 이론과 실무(제6판), 법문사, 2023, 430면.

21) 손동환, 위의 글, 67면.

정의 명확성을 높이기 위하여 현행 적용제외 조항을 개정하는 방안도 생각해볼 수 있을 것이다.

III. 결론

1. 대규모유통업법의 입법론적 해결방안

가. 입법론적 해결의 필요성

대규모유통업법의 개선을 위해서는 법 해석론적 접근과 더불어 입법론적 해결방안의 모색이 필요하다. 특히, 적용제외 조항의 규정 방식, 증명책임의 분배, 대규모유통업자의 정량적 요건 상향 문제는 입법론적 해결이 불가피한 영역이다.

현행 대규모유통업법은 대규모유통업자 해당성을 판단할 때, 요건 중 하나인 '거래상 우월적 지위'를 적용제외 조항(제3조 제1항)을 통해 소극적으로 규정하고 있다. 즉, 요건 충족시 대규모유통업자 해당성이 인정됨을 적극적으로 규정한 것이 아니라, 예외적으로 거래상 우월적 지위가 없다는 것을 증명한 경우 법 적용이 배제되는 것이다. 법원은 일반적으로 이러한 방식의 법 규정에 대해 수범자에게 입증책임을 전환하는 것으로 해석하는 경향이 있다.[22] 그러나 쿠팡 사건에서 서울고등법원은 대규모유통업법상 '거래상 우월적 지위'의 입증책임은 공정거래위원회가 부담한다고 판단하였다.[23] 대규모유통업법상 적용제외 규정에 대한 서울고등법원의 해석론은 법률 규정체계에 따른 일반적인 해석론에 부합하지 않아 혼란이 발생할 여지가 있다. 이는 법률 체계상 모순을 야기하고 수범자의 예측가능성을 저해할 뿐만 아니라, 입증책임의 소재에 대한 불필요한 논쟁을 유발하므로 법 해석론적 해결책만으로는 한계가 있다. 따라서 대규모유통업법의 명확성을 확보하고 수범자의 예측가능성을 제고하기 위해서는 대규모유통업자의 요건을 '정량적 요건'과 '정성적 요건'으로 구분하여 적극적으로 규정하는 방식으로 개정하는 등의 입법론적 해결방안을 강구하는 것이 바람직하다.

뿐만 아니라 사전규제를 다수 포함하는 대규모유통업법의 적용 범위를 판단하면서, 반드시 대규모유통업자의 거래상 우월적 지위가 있을 것을 요하는 것은

---

22) 대법원 1984.7.24. 선고 84누124 판결; 대법원 1995.7.14. 선고 94누3407 판결; 헌법재판소 2007.10.25. 선고 2005헌바96 전원재판부.

23) 서울고등법원 2024.2.1. 선고 2022누36102 판결.

실제로 법률을 집행하는 데 있어 수범자가 사전에 강제 혹은 자율적으로 준수하도록 사전규제로 규정한 입법자의 의도와 배치된다. 이에 대하여 대규모유통업법이 그 사전규제적 성격을 반영하여, 소매업종 매출액, 매장면적의 합계 등 정량적 요건을 충족한 사업자를 '대규모유통업자'로 우선 정의하고 이에 해당하면 납품업체에 대한 거래상 우월적 지위를 일응 추정하여 관련 법률을 준수하도록 하되, 예외적으로 거래상 우월적 지위가 없다는 것을 증명한 경우에는 그 적용을 제외할 수 있도록 하는 규정체계를 택한 것이라고 보는 견해도 있다.[24] 그러나 대규모유통업법상 금지행위규정은 '정당한 사유'가 있는 경우에 한하여 그 위법성이 조각되어 적법한 행위로 인정되는 경우가 많아 이미 많은 경우에 입증책임을 사업자가 부담한다.[25] 대규모유통업법은 과징금도 공정거래법보다 가중적으로 부과하고 있다. 이처럼 이미 강력한 규제를 받고 있는 수범자에게 거래상 우월적 지위의 입증책임까지 부담하도록 하는 것은 너무 과도한 부담을 지우는 것으로 보인다. 따라서 법 해석론적 해결보다 입법론적 해결방안이 법률의 규정 체계에 부합하는 해결책이 될 수 있을 것이다.

또한 공정거래법에 비하여 강력하고 용이한 대규모유통업법상 규제를 정당화하기 위해서는 대규모유통업자의 정량적 요건을 상향 조정하는 등의 입법론적 해결책이 필요하다. 법 제정 당시와 비교하여 현재 유통산업의 현실은 크게 달라졌기 때문이다. 2020년 이후 코로나19 팬데믹, 공급망 불안정, 우크라이나 전쟁 등의 영향으로 물가상승률이 급등했다.[26] 그동안의 물가 상승률에 비해 현행 대규모유통업자의 정량적 요건은 비교적 낮게 설정된 측면이 있다. 뿐만 아니라 현재 유통산업은 코로나 19를 겪으며 빠르게 오프라인에서 온라인 유통으로 전환되었고, 온라인 대표 유통 플랫폼인 쿠팡은 지난해(2023년) 매출액이 30조 원을 돌파하면서 유통 3사를 앞질렀다.[27] 온라인 쇼핑 시장의 지속적인 확대와 물가

24) 고인혜, "온라인 유통사업자의 거래상 우월적 지위와 대규모유통업법의 적용제외 문제－서울고등법원 2024.2.1. 선고 2022누36102 판결을 중심으로－", 유통법연구, 11권1호, 99－127면.

25) 권오승·서정, 독점규제법: 이론과 실무(제6판), 법문사, 2023, 430면; 대법원 2001.12.11. 선고 2000두833 판결.

26) 통계청 '소비자물가지수'에 따르면 2012년부터 2024년까지 연간 물가상승률은 각 2012년 2.2%, 2013년 1.3%, 2014년 1.3%, 2015년 0.7%, 2016년 1.0%, 2017년 1.9%, 2018년 1.5%, 2019년 0.4%, 2020년 0.5%, 2021년 2.5%, 2022년 5.1%, 2023년 3.6%, 2024년 2.3%이다.

27) 롯데쇼핑, 신세계(이마트 포함), 현대백화점이 유통 3사에 해당한다; 매일경제, "오프라인 공룡, 매출 줄고 사상 첫 적자… 쿠팡에 '유통제왕' 내줘", 2024.2.25.자 기사에서 발췌.

상승 추세를 고려할 때, 현행 대규모유통업법상 대규모유통업자의 정량적 요건(매출액 또는 매장 면적 기준)은 재검토가 필요하다. 현행 기준을 유지할 경우, 규제 대상이 되는 사업자의 범위가 과도하게 확대되어 유통산업의 발전을 저해할 우려가 있다. 이는 '대규모'유통업법이라는 법률 명칭과 그 입법 취지에도 부합하지 않는다. 대규모유통업자의 정량적 요건을 상향 조정하여 규제대상을 합리적으로 조정하는 입법론적 해결책은 수범자가 변화하는 유통 환경에 효과적으로 대응할 수 있도록 할 것이다.

나. 개정방안 제안

개정방안의 핵심은 대규모유통업법 제3조의 적용제외 규정에 있다. 정량적 요건은 현행 대규모유통업법 제2조 제1호에서 규정하는 것과 동일하게 매출액 또는 매장 면적을 기준으로 하고, 정성적 요건으로 '거래상 우월적 지위'를 현행법과 달리 명시적으로 규정하는 방식을 채택할 수 있다. 물론 거래상 우월적 지위 판단 시 고려요소는 현행법과 동일하게 법률에 규정하여 예측가능성을 확보해야 한다. 또한, 대규모유통업자의 정량적 요건과 정성적 요건을 구분하여 규정함과 동시에, 각 의무부과 또는 금지행위 규정의 성격에 따라 요건을 달리 규정하는 방안을 고려할 수 있다. 즉, 사전규제적 성격의 규정은 정량적 요건만 충족하면 적용되는 것으로 하고, 사후규제적 성격의 규정은 정량적 요건과 정성적 요건을 모두 충족해야 적용되는 것으로 구분하여 규정하는 것이다.

'거래상 우월적 지위' 존부에 대한 입증책임 문제와 관련해서는, 적용제외 규정방식으로 인해 발생하는 문제점을 해결하기 위해 다음과 같은 방안을 고려할 수 있다. 첫째, 대규모유통업법상 적용제외 규정은 공정거래법상 적용제외 규정과 그 성격이 다르다는 점을 명확히 하고, 증명책임 분배 문제는 법 규정의 형식과 관계없이 별도로 판단해야 한다. 둘째, 현행법상 적용제외 조항을 삭제하고, 대규모유통업자의 정성적 요건으로서 '거래상 우월적 지위'를 명시적으로 규정하는 내용의 조문을 신설하여 법률의 명확성을 높이는 방안을 고려할 수 있다.

구체적으로, 법 제2조의3을 신설하여 적용제외 조항에 규정된 핵심 내용인 수범자의 정성적 요건, 즉, 거래상 우월적 지위의 인정 여부를 별도로 규정해야 한다. 소극적으로 규정된 현행법 조문과 달리 수범자의 요건임을 문언상 적극적으로 명시하여 규정하도록 한다. 대규모유통업법상 규제대상 행위들은 사전규제와 사후규제로 구분할 수 있으므로 법 제2조 제1항의 대규모유통업자의 정량적 요건은 현행법과 동일하게 사전규제 규정을 포함한 이 법 전체에 적용되는 것으로 본다. 사전규제를 적용하기 위해서는 수범자의 범위, 법 적용범위 및 규제되는 대상의 범위가 어디까지인지에 대하여 수범자가 가급적 명확하게 예측할 수 있어야 입법자의 의도에 부합하고 규제의 실효성 및 수범자의 법 집행에 대한 예측가능성도 확보할 수 있다.[28] 그러나 거래상 지위는 개념 자체의 추상성과 상대성 때문에 공정거래위원회가 사후에 행위의 위법성 판단시 개별적·구체적 상황을 종합적으로 고려하여 각 납품업자별로 대규모유통업자의 거래상 지위 인정 여부를 따져보아야 하므로 사전규제 규정에서 수범자의 거래상 지위가 있을 것을 요하는 것은 논리적으로 모순된다.

반면, 사후규제 형식 규정의 경우 대규모유통업자의 정량적 요건 뿐만 아니라, 정성적 요건인 거래상 우월적 지위 인정 여부까지 충족되어야 하는 것으로 규정한다. 예컨대 신설 조문의 경우, "대규모유통업자는 제7조, 제9조, 제10조, 제12조, 제13조, 제14조, 제14조의2, 제15조, 제15조의2, 제17조까지 규정의 적용에 있어서는 제2조 제1항의 정량적 요건 외에도 거래상 우월적 지위가 있을 것을 요한다. 여기서 거래상 우월적 지위란 「독점규제 및 공정거래에 관한 법률」 제45조 제1항 제6호의 거래상 지위를 의미한다."라고 규정할 수 있다. 당해 규정들은 대규모유통업법 중 사후규제가 사실상 공정거래법상 거래상 지위 남용 규제의 특칙에 해당함을 확인하는 규정이라고 할 수 있다. 이러한 규정방식은 법률의 명확성을 제고할 수 있을 것으로 기대된다.

법 제2조 제1호의 법 적용대상 범위에 대해서는 유통 산업의 흐름 및 물가 상승 추세를 반영하여 매출액 또는 매장 면적 기준을 대폭 상향해야 한다. '대규모'유통업법이라고 명명한 입법 취지를 고려하여 수범자의 범위를 축소하고 공정거래법과의 차별성을 꾀해야 한다. 대규모유통업법의 적용과 집행에 있어 공정거래법보다 강력하고 용이한 규제를 정당화할 수 있으려면 가중적 구성요건을 요하는 것이 논리적으로 타당하다. 그러나 이미 대규모유통업법상 많은 금지행위규정들에서 사업자에게 입증책임을 전환시키고 있고, 상당한 과징금 부과도 예정하고 있으므로, 추가적인 가중 구성요건 대신 수범자가 특별법으로서 더 강력한 제재를 받는 것이 타당하다고 납득할 수 있을 정도로 '대규모'유통업자인 것이 입

28) 고인혜, 위의 글.

법 취지 및 입법 목적에 부합하여 바람직하다. 수범자의 범위를 축소하여 법 집행에 대한 예측 가능성을 제고하면 수범자에게 과도한 부담을 지우지 않아 입증책임 분배의 기계적 공정성을 이룰 수 있을 것이다.

이에 대하여 규제대상을 좁게 설정하면 주요 플랫폼이 제외되는 등 규제의 공백이 발생하여 규제의 실효성이 떨어질 수 있다는 주장은 타당하지 않다. 특별법의 입법취지 및 입법목적을 고려할 때, 현재 유통업계의 매출규모에 따라 대규모유통업자의 정량적 요건을 현행 법보다 높여서 법 적용대상을 줄이고, 대규모유통업자에 해당하지 않는 오프라인 유통업자 및 온라인 중개거래 플랫폼 사업자는 기본법인 공정거래법으로 규율하는 편이 바람직하다.

2. 결론

대규모유통업법은 대규모유통업체의 급격한 성장과 그 과정에서 발생하는 불공정 거래 관행을 규제하기 위해 2011년에 제정되었다. 이 법은 '대규모유통업에서의 공정한 거래 질서 확립'과 '대규모유통업자와 납품업자 또는 매상임차인의 대등한 지위에서의 상호 보완적 발전'을 목표로 한다. 대규모유통업법은 납품업자등에 비해 상대적으로 우월적 지위에 있는 대규모유통업자에 대하여 그 지위를 남용하여 상대방에게 거래상 불이익을 주는 행위를 금지하고 대규모유통업에서의 공정한 거래질서를 확립하기 위하여 많은 역할을 하여 왔다. 그러나 대규모유통업법상 '거래상 우월적 지위'에 관한 적용제외 규정은 그 개념과 판단기준, 증명책임이 불명확하여 법률의 명확성과 수범자의 예측가능성을 저해한다는 비판이 제기된다. 특히, 대규모유통업법상 '거래상 우월적 지위'는 수범자의 필수적인 요건임에도 불구하고 적용제외 조항으로 규정되어 있어 논란이 발생한다.

본 논문에서는 이러한 문제점을 해결하기 위해 대규모유통업법 개정을 위한 몇 가지 제안을 하였다. 첫째, '거래상 우월적 지위'를 수범자의 정성적 요건으로 명시적으로 규정해야 한다. 둘째, 대규모유통업법상 사전규제와 사후규제를 구분하여 각 규제의 특성에 맞게 수범자 요건을 적용해야 한다. 사전규제는 대규모유통업자가 매출액 또는 매장면적을 기준으로 하는 정량적 요건만 갖추면 적용되도록 하고, 사후규제는 정량적 요건과 정성적 요건을 모두 충족할 때 적용되도록 해야 한다. 대규모유통업자의 거래상 지위 여부 판단시 납품업자별로 개별적·구체적으로 판단해야 하는데, 사전규제의 경우 그러한 판단방식이 입법 취지와 부합하지 않기 때문이다. 셋째, 대규모유통업자의 정량적 기준을 상향 조정해야 한다. 정성적 요건인 '거래상 지위'란 추상적이고 상대적인 개념이므로 절대적 판단 기준을 높이는 것은 어렵다. 또한 이미 대규모유통업법상 많은 금지 행위 규정에서 사업자에게 입증 책임을 전환시키고 있고, 상당한 과징금 부과도 예정하고 있으므로, 가중 구성요건 대신 수범자의 범위를 축소하여 법 집행에 대한 예측 가능성을 제고하는 것이 수범자에게 과도한 부담을 지우지 않아 입증책임 분배의 기계적 공정성을 이룰 수 있다. 또한 수범자가 특별법으로서 더 강력한 제재를 받는 것이 타당하다고 납득할 수 있을 정도로 '대규모'유통업자인 것이 입법 취지 및 입법 목적에 부합하여 바람직하다.

유통산업에서 수요지배력(buyer power)은 관계에서 발생하는 거래상 지위가 힘의 원천이므로 상대적 지위(relative power)라고 보는 것이 타당하다. 정량적 기준이 모두 충족되었다고 하여 곧바로 대규모유통업자의 거래상 우월적 지위를 추정하는 것은 논리적 정합성이 떨어지므로, 사안별로 개별적·구체적으로 거래상 지위의 존부를 파악하는 것이 중요하고, 적용제외 규정도 그 중요도에 맞게 규정방식을 명료하게 개정할 필요가 있다.

공정거래법 및 대규모유통업법의 궁극적 목적은 공정한 경쟁을 보호함에 있다. 그러나 공정한 경쟁 보호에 지나치게 치우치면 자유 경쟁을 해칠 수밖에 없다. 시장경제는 사적 자치 및 계약의 자유가 원칙이고, 공정한 경쟁을 위해 거래 당사자들의 자치와 자유를 제한하는 것은 어디까지나 예외에 해당하므로 양자간 균형을 유지하는 것이 매우 중요하다. 또한 유통산업의 특성상 수요 측면의 남용 행위를 과도하게 금지할 경우에는 오히려 판매시장에서의 경쟁을 제한하고, 궁극적으로 소비자의 이익을 저해하는 결과를 야기할 수 있으므로 신중한 접근이 필요할 것이다.[29)]

결론적으로, 대규모유통업법은 유통 시장에서의 힘의 불균형을 시정하고자 하는 목적에서 제정되었으나, 그 규정 방식과 내용에 있어 명확성과 예측가능성이 부족하다는 문제점을 안고 있다. 이러한 문제점을 해결하기 위해 본 논문에서는 '거래상 우월적 지위'의 개념을 명확히 하고, 사전규제와 사후규제를 구분하여 적용하며, 대규모유통업자의 범위를 재정비하는 등의 개정 방안을 제시하였다. 이러한 개정을 통해 대규모유통업법상 법률의 명확성과 예측가능성을 제고하고,

---

29) 이봉의, 앞의 책, 321면.

수범자와 납품업자 등 이해관계자들의 권익을 보호하며, 유통시장의 공정한 거래 질서를 확립하는 데 기여할 수 있을 것으로 기대된다.

제3장

표시광고법 위반행위에 대한 책임주체 판단기준*

-최인선-

1. 논의의 목적 및 대상

표시·광고는 기업활동에 필수적으로 수반되는 행위이다. 이에 따라 공정거래위원회(이하 "공정위")의 표시·광고의 공정화에 관한 법률(이하 "표시광고법") 집행은 상시적으로 이루어져 왔고, 특히 최근까지 소비자 보호 정책은 지속적으로 강화되어 오면서 기업이 체감하는 표시광고 규제 준수의 중요성도 더 높아졌다고 할 수 있다. 사업방식·구조의 다각화로 광고에 관여하는 이해관계자도 다양해지는 만큼 책임주체 판단기준도 실무상 의미 있는 쟁점이 될 수 있을 것으로 보여, 이 글에서는 특히 2개 이상의 사업자가 광고에 관여한 경우 위반행위 책임주체 판단 기준에 관하여 선례들을 중심으로 논의해 보고자 한다.

이하에서는 먼저 현행 법령상 표시광고법 위반 행위 책임 주체의 판단기준을 검토하고, 위반행위 책임 주체와 관련된 판례·심결을 크게 4가지{(i) 분양회사·시행사·시공사의 책임, (ii) 광고주 및 블로그 운영자의 책임, (iii) 외국 본사와 국내 법인의 책임, (iv) 온라인 상거래 플랫폼에서의 책임}로 유형화하여 그와 관련하여 제기될 수 있는 실무상 쟁점을 간략히 살펴본 뒤, 표시광고법의 취지 및 제재의 적합성·실효성을 고려 한 책임 주체 판단기준은 무엇인지 논의한다.

---

* 이 글은 필자가 2017. 4. 30. 서울대학교 경쟁법센터 발간 경쟁과 법의 특집논단에 게재한 글을 일부 수정·보완한 것이며, 개인적인 견해를 밝힌 것으로 김·장 법률사무소의 공식적인 의견과 무관합니다.

2. 표시광고법 위반행위 책임의 주체

표시광고법 제3조 제1항은, "사업자등은 소비자를 속이거나 소비자로 하여금 잘못 알게 할 우려가 있는 표시광고 행위로서 공정한 거래질서를 해칠 우려가 있는 다음 각 호의 행위를 하거나 다른 사업자등으로 하여금 하게 하여서는 아니 된다"고 규정하고 있다. 표시광고법 위반행위 책임을 누가 부담하는지의 측면에서, 이 조항이 규정하는 "위반행위를 한 자"와 "다른 사업자 등으로 하여금 위반행위를 하게 한 자"를 구분하는 기준이 하나의 쟁점이 될 수 있다.

먼저, "위반행위를 한 자"를 판단하는 기준으로는, (i) 거짓·과장·비방 등의 광고내용 작성에 직접 관여한 자뿐만 아니라, (ii) 광고내용 작성에 초기부터 실질적으로 관여하지는 않았지만 그 내용을 확인하고 최종적으로 신문·방송 등 광고매체에 이를 집행한 자, (iii) 상품판매 수익 등 광고로 인한 경제적 효과를 귀속 받는 자, (iv) 광고 내용에 따라 소비자가 광고주라고 인식하게 되는 자 등을 포함할 수 있는지 문제될 수 있다. 이와 관련하여 판례는, 광고에 관하여 수행한 역할과 관여 정도, 광고의 구체적 내용 및 광고행위 주체에 대한 소비자의 오인 가능성 등을 종합적으로 고려하여 구체적·개별적으로 책임 주체를 판단한다는 입장에 있다(대법원 2005. 12. 22. 선고 2003 두8296 판결 참조).[1]

다른 사업자등으로 하여금 "위반행위를 하게 한 자"를 판단하는 기준도 쟁점이 될 수 있다. 독점규제 및 공정거래에 관한 법률상 부당공동행위에 관한 것이기는 하나 "하게 한 자"의 의미를 다룬 판례의 취지에 따르면, "위반행위를 하게 한 자"는 표시광고법 위반행위를 단순히 방조하는 행위만으로는 부족하고, 위반행위를 교사하거나 그에 준하는 행위를 하여야 한다고 해석할 수 있을 것이다(대법원 2009. 5. 14. 선고 2009두1556 판결). "교사하거나 그에 준하는 행위"에는 이른바 형법상 공동정범, 간접정범[2] 또는 교사범[3]과 유사한 행위가 포함될 수 있

---

1) 다음커뮤니케이션 사건: 인터넷 포털의 전자상거래 등에서의 소비자보호에 관한 법률(이하 "전자상거래법") 위반 책임을 부정한 사례. 참고로, 전자상거래법 제21조 제1항 제1호는, "전자상거 래를 하는 사업자 또는 통신판매업자는 거짓 또는 과장된 사실을 알리거나 기만적 방법을 사용하여 소비자를 유인하는 행위를 하여서는 아니된다"고 규정함으로써, "위반행위를 하게 한 자"의 요건을 별도로 규정하고 있지는 않다.

2) 어느 행위로 인하여 처벌되지 않는 자 또는 과실범으로 처벌되는 자를 도구로 이용하여 범죄를 실행하는 자. 이재상, 형법총론(제8판), 436면

3) 타인으로 하여금 범죄를 결의하여 실행하게 한 자. 교사범은 타인을 교사하여 죄를 범하는 것이므로 스스로 행위지배에 관여하 지 않는다는 점에서 실행행위를 분담하고 분업적 역할분담

을 것이나, 형법상 개념을 행정 제재의 대상인 표시광고법 위반 행위에 그대로 적용하여 행위 유형을 정형화하기는 어렵고 사안에 따른 구체적·개별적 판단이 필요할 것이다.

3. 분양회사 · 시행사 · 시공사의 책임

가. 논의대상 사례

(1)분양회사의 표시광고법 위반 책임을 인정한 사례(성창 F&D 사건 I)[4]

쟁점: 분양회사인 원고는, 광고문안의 작성 및 광고 매체와의 광고게재계약, 광고료 지급은 모두 분양대행회사에서 자신들의 계산과 책임으로 시행한 것이므로 분양광고의 주체는 이들 대행사들이라고 주장함

판결요지: "분양광고는 분양대행회사의 책임하에 실제와 일치하게 하여야 하고 그 광고내용에 대하여도 분양대행회사가 전적으로 책임을 지기로 한다"라고 약정되어 있고, 분양대행사가 신문사 등에 광고 게재를 의뢰하고 분양대행사 이름으로 세금계산서를 발급받기는 하였으나, 한편 분양광고 문안은 각 분양대행사들이 작성하고 원고의 홍보팀에서 이를 검토하여 그 표현을 수정하는 등의 협의 및 조정절차를 거쳤고, 위 분양광고들에는 원고의 상호를 전면에 사용하였을 뿐 분양대행사들의 상호가 별도로 기재되지 않아 소비자들의 입장에서는 원고가 직접 위 분양광고들을 하는 것으로 인식할 수밖에 없으며…(중략)…**대외적으로는 원고가 직접 위 분양광고들의 주체이거나**, 적어도 원고가 **다른 사업자인 위 분양대행사들로 하여금 위와 같은 내용의 분양광고들을 하게 한 것**임

(2) 시행사의 표시광고법 위반 책임을 인정한 사례(팀이십일컨설팅 사건)[5]

쟁점: 재건축사업시행(대행)사인 원고는 광고물에 원고의 명칭이 전혀 표시되어 있지 않고 시공사가 정한 광고내용을 형식적으로 승인했을 뿐이어서 이 사건 광고행위의 실질적인 책임은 시공사에 있다고 주장함

에 의하여 기능적으로 행위지배를 행하는 공동정범과 구분된다. 같은 책, 481면.

4) 서울고등법원 2003.6.5. 선고 2001누19010, 대법원 2005.2.18. 선고 2003두8203 판결. 같은 취지의 판결로 서울고등법원 2009.11.2. 선고 2009누1138 판결(성창 F&D 사건 II).

5) 서울고등법원 2008.4.10. 선고 2007누22209 판결, 대법원 2008.11.13. 선고 2008두6646 판결.

판결요지: 실제 광고제작회사가 카탈로그 시안을 만들어 오면 시공사와 원고의 확인절차를 8~10회 정도 반복한 다음 이 사건 카탈로그가 작성된 사실, 원고와 시공사 사이에 작성된 업무협약서에는 원고가 "분양광고 및 홍보"를 담당하는 것으로 기재되어 있는 사실, 원고가 광고제작회사에 광고제작대금을 지급하고 세금계산서를 발행한 사실 등에 비추어 보면 원고가 형식적으로 광고 문구를 확인하고 광고대금을 지급하였다고 볼 수 없으며, 적어도 **시공사와 공동으로 광고행위**를 하였다고 볼 수 있음

(3) 시공사와 시행사의 공동불법행위 손해배상책임을 인정한 사례(삼환기업 사건)[6]

쟁점: 이 사건 분양대행사는 시행사로부터 일체의 자료를 받아 분양안내책자를 만들었고, 시공사인 피고는 책자의 내용을 검토하고 승인함. 원고들은, 분양대행사인 피고가 아파트 분양광고와 분양안내책자에 허위 · 과장된 내용이 포함되어 있음을 알았거나 알 수 있었음에도 이를 묵인 내지 용인하여 원고들로 하여금 이를 믿고 이 사건 아파트 최상층을 분양 받아 손해를 입게 하였으므로 손해배상 의무가 있다고 주장함

판결요지: 민법 제760조의 공동불법행위에 있어서, "방조"라 함은 불법행위를 용이하게 하는 직접 · 간접의 모든 행위를 가리키는 것으로서 형법과 달리 손해의 전보를 목적으로 하여 과실을 원칙적으로 고의와 동일시하는 민법의 해석으로서는 과실에 의한 방조도 가능하다고 할 것이며, 이 경우의 과실의 내용은 불법행위에 도움을 주지 않아야 할 주의의무가 있음을 전제로 하여 이 의무에 위반하는 것을 말함. 아파트 최상층 분양에 있어서 중요한 사항인 다락의 형상에 관한 이 사건 분양광고는 신의성실의 의무에 비추어 비난 받을 정도의 허위 · 과장된 내용이 존재하여 불법행위를 구성한다고 볼 수 있고, 피고 회사는 위 불법행위에 관하여 시행사와 공모하거나 적어도 방조함으로써 공동불법행위자로서의 책임을 부담한다고 볼 여지가 있음

나. 논의 쟁점

(1) 분양광고에 대한 위반행위 책임주체

분양회사의 실질적인 관여하에 분양업무(대행)의 일환으로 광고가 이루어진 경우라면, 원칙적으로 광고에 따른 분양효과 및 이익이 궁극적으로 귀속되는 분양회사가 위반행위의 책임을 부담해야 한다는 판결의 결론은 일응 타당해 보인

6) 대법원 2009.4.23. 선고 2009다1313 판결.

다. 유사한 취지에서, 분양대행사 직원이 전단지를 제시·교부하면서 광고행위를 하였음에도 불구하고, 분양의 법률 효과가 분양회사에 귀속되는 점, 분양 회사의 직·간접적 관여와 묵인 사실이 인정되는 점을 주된 논거로 분양회사의 책임을 인정한 사례도 있다(대법원 2007.2.22. 선고 2006두16861 판결 참조).

한편, 공정위 심결례의 주된 경향은 분양대행사의 공동책임 인정에는 소극적이었던 것으로 보이는데, 이와 관련하여 분양회사 외에 분양대행사의 공동책임을 인정할 수 있는지, 그 경우 판단기준은 무엇인지 생각해 볼 수 있다. “위반행위를 한 자”를 위반행위의 구성요건적 행위를 직·간접적으로 실행하거나 실행에 실질적인 영향력을 행사하였는지 여부를 기준으로 판단할 경우, 사안에 따라서는 분양대행사도 “위반행위를 한 자”에 포함될 수 있을 것이다. 특히, 분양대행사가 자신의 책임하에 실제와 일치하게 광고를 하고 그 광고 내용에 대하여도 분양대행사가 전적으로 책임을 지기로 약정한 경우에는, 그 약정 내용을 그대로 이행하였다면 광고내용 및 집행에 대한 분양대행사의 실질적인 영향력이 인정된다고 봄이 합리적이고, 그에 더하여 그 수익이 분양대행사에게도 귀속된다는 점도 고려하면 공동의 책임을 인정할 여지가 있다.[7)]

특히, 분양대행계약은 특정 목적물의 분양에 관한 업무를 수행하여야 할 자가 해당 업무를 제3자에게 위탁하는 것을 내용으로 하는 계약으로, 민법상 위임계약의 실질을 가진다. 원칙적으로 위임사무를 수행한 수임인도 불법행위 책임 주체가 될 수 있고,[8)] 위임사무를 처리하는 자와의 내부 약정을 통해 책임주체를 정하는 것은 표시광고법 위반 주체를 판단하는 문제와는 무관하므로, 당사자간 약

7) 한편, 앞의 (1) 판결(성창 F&D 사건 I) 중 “원고가 직접 위 분양광고들의 주체이거나, 적어도 원고가 다른 사업자인 위 분양대행사들로 하여금 위와 같은 내용의 분양광고들을 하게 한 것”이라는 판시는, 원고를 단독 광고행위 주체로는 볼 수 없더라도 적어도 대행사를 이용하여(대행사의 조력하에) 그 행위를 하였다는 의미로 이해될 여지가 충분하다. 또한, 유사한 성창 F&D 사건 II에서 공정위 의결서가 “피심인은 광고를 분양대행사로 하여금 행하게 한 자로서 이 사건 광고행위의 실질적인 주체에 해당되는 사업자이다…(중략)…피심인은 분양대행사와 함께 이 사건 광고행위의 실질적인 주체에 해당된다”라는 표현을 사용하고 있는 것도 같은 취지로 이해된다(2008.9.2. 의결 제2008－254호, 서울고등법원 2009.11.2. 선고 2009누1138 판결). 즉, 위 설시에 의하면 분양회사는 “위반행위를 하게 한 자”로, 분양대행사는 “위반행위를 한 자”로 모두 제재 대상이 될 수 있다는 해석이 가능하다.

8) 부동산의 진정한 소유자가 아닌 자가 위조한 등기관계 서류를 제공받고 사채업자가 사채알선을 한 후 법무사에게 등기 신청을 위임하여 그 부동산에 근저당권이 설정된 경우, 사채알선업자와 법무사 및 그 사무원의 과실은 각기 독립하여 불법행위의 요건을 갖추고 있으면서 객관적으로 관련되고 공동하여 위법하게 사채제공자에게 손해를 가한 것으로서 공동불법행위가 성립한다(대법원 1996.5.14. 선고 95다45767 판결).

정만을 기준으로 법률 위반행위 책임 여부를 판단할 수는 없을 것이다.[9] 다만 그러한 약정의 내용 및 그에 따른 이행 여부는 실제 누가 광고내용에 실질적인 영향력을 행사하였는지 여부를 판단하는 근거로 활용될 수 있을 것이다.

위와 같은 문제는, 앞의 (2) 판결에서처럼 시행사 및 시공사 등 2개 이상의 사업자가 광고에 관여한 경우에도 마찬가지로 적용될 수 있다. (2) 판결은 시행사가 "적어도 시공사와 공동으로 광고행위를 하였다고 볼 수 있"다고 함으로써 시행사 및 시 공사 모두 실질적인 위반행위에 관여한 것으로 인정하는 듯한 판시를 하였으나, 공개된 공정위 의결서상으로 이 사건에서 시행사 외에 시공사까지 표시광고법 위반행위 책임을 부담하였는지 여부는 확인되지 않는다.

앞서 본 바와 같이, 분양사업에 있어서 다수의 사업자가 광고내용에 실질적인 영향력을 행사하는 경우가 많고 분양에 따른 수익도 광고에 관여 한 사업자들에게 일부 귀속된다는 점, 앞의 (3) 판결에서 보는 바와 같이 2개 이상의 사업자가 민법상 공동불법행위자로 인정될 가능성이 있는 점 및 그 경우 상호간 구상권 행사와 과실비율의 문제를 고려할 필요도 있는 점, 나아가 형사책임 문제 등을 고려하면, 행정 · 민사 · 형사상 규제의 정합성을 고려하여 책임주체 판단기준을 명확하게 규명해 나갈 실익이 충분하다고 생각된다. 참고로, 미국 연방거래위원회(이하 "FTC")는 2개 이상 사업자가 관여한 위법한 광고행위의 책임주체 판단기준과 관련하여, 기만적 광고에 대한 "수단과 방법"을 제공한 자가 책임주체가 된다는 "Means and Instrumentalities" 이론을 확립하고 있다.[10]

(2) 일반 광고주 및 광고대행사의 위반행위 책임

위 문제는 보다 넓게는 일반 광고대행사의 위반 행위 책임을 인정할 수 있는지의 문제와도 관련된다. 종래 표시광고 규제 실무상 광고주의 책임 외에 광고대

---

9) 서울고등법원 2009.11.2. 선고 2009누1138 판결 참조.

10) Castrol North America, Inc., C−3910 (Dec 13, 1999) 동의의결 사례: Castrol은 자동차연료첨가제(additive)인 Castrol Syntec Power System을 판매하는 업체이다. Shell 은 Castrol의 첨가제에 사용되는 첨가물질을 제조하여 Castrol에 공급함과 동시에 당해 물질의 성분에 관한 기만적 광고 문구가 포함된 홍보자료를 Castrol에게 제공하였고, Castrol은 Shell이 제공한 자료를 그대로 사용하여 자사 첨가제 광고를 하였다. FTC는 Castrol과 Shell 모두 기만적 광고행위를 하였다고 주장하면서, Castrol의 책임에 관하여는 FTC 위원 전원이, Shell의 책임에 관하여는 위원 다수가 이를 인정하는 의견을 제기하였다. Shell의 책임을 인정하는 이유는, Shell이 Castrol 광고에 포함된 기만적 광고와 홍보물을 제공하여 Shell의 기업고객들이 소비자들을 기만할 수 있는 "수단과 방법(means and instrumentalities)"을 제공하였다는 것이다. (https://www.ftc.gov/news−events/press−releases/1999/09/shell−and−castrol−settle−ftc−charges)

행사의 책임까지 인정한 경우는 거의 없는 것으로 보이나, 광고대행사의 실질적인 역할을 고려한다면, 광고대행사의 책임 판단기준, 제재의 필요성, 기타 정책적 고려사항 등에 관하여도 논의해 볼 실익이 있다.

광고주 외에 광고대행사의 공동책임까지 인정하여야 한다는 근거로는, 통상적으로 광고대행사가 광고 업무를 주도하고 광고주보다 광고에 관한 전문지식이나 광고 관련 규제 환경에도 익숙하며, 광고제작 업무를 업으로 함으로써 그에 상응하는 경제적 대가를 지급받는다는 점을 들 수 있을 것이다. 또한, 제재적 측면은 물론 법 위반행위 예방의 측면을 고려할 필요가 있다는 점을 고려하더라도 그러하다. 표시광고법 문언 해석으로 광고대행사의 위법행위를 포섭하는 데에도 문제는 없어 보인다. 반면, 반대 의견의 근거로는, 광고주가 광고 내용에 실질적인 영향력을 행사하므로 광고대행사에게는 광고 내용에 대한 최종 의사결정 권한이 없는 경우가 많고, 광고제작 업무의 대가로 수취하는 이익의 규모도 크지 않을 것이므로 광고주에 비하여는 규제 실익이 낮다는 점 등을 들 수 있을 것이다.

광고대행사와 유사한 개념으로 신문사가 기사형 광고를 게재한 것이 불법행위 책임으로 문제된 사례는 찾아볼 수 있다. 신문사가 광고를 게재하면서 "기사본문" 등의 문구를 사용하였는데, 법원은 신문 등의 진흥에 관한 법률 제6조 제3항에서 독자가 기사와 광고를 혼동하지 않도록 기사와 광고를 명확하게 구분하여 편집할 의무를 규정하고 있는 점 등을 고려하면 신문사가 허위 과장광고를 "보도기사"로 게재한 것에는 공동의 불법행위책임이 있다고 판단하였다(대법원 2018.1.25. 선고 2015다210231 판결).

참고로 미국 Lanham Act의 경우, 위법한 광고에 대한 책임 주체는 단지 사업자(경쟁사업자 포함)에 국한되지 않고 사업자와 공동으로 광고를 생성한 자라면 누구든지 책임 주체가 될 수 있다는 입장이다. 또한 종래 법원은 광고대행사가 광고 생성에 직접 관여하고 광고가 거짓이라는 점을 알았거나 객관적으로 알 수 있었을 경우에만 책임을 인정해 왔는데, 2016.11. 법원은 위법한 광고가 되려면 객관적으로 허위 광고에 해당하는 것으로 충분하고, 그에 대한 광고대행사의 인식(knowing)이나 고의(scienter)를 요하지 않는다고 함으로써 사실상 그 책임 범위를 넓게 보고 있다.[11]

---

11) Nestle Purina Petcare Company v. The Blue Buffalo Company, Ltd., 1988년 Lanham Act의 개정으로 인식(knowing) 요건이 삭제되었다는 것이 주된 이유이다.

4. 광고주 및 블로그 운영자의 책임

가. 논의대상 사례: 바이럴 마케팅[12] 관련 광고주의 표시광고법 위반 책임을 인정한 사례(아우디폭스바겐코리아 사건)[13]

쟁점: 원고는 광고대행업무 일체를 광고대행사에 포괄적으로 위임하였고, 광고대행사나 블로그 운영자 들로 하여금 경제적 이해관계를 미공개 할 것을 지시 · 요청하지 않았으며, 이 사건 광고행위의 경제적 이해관계를 표시하지 않은 주체는 광고대행사 또는 블로그를 직접 게시한 블로그 운영자들이므로 원고에 게는 책임이 없다고 주장함

판결요지: (i) 원고는 이 사건 각 광고행위를 전체적으로 기획하고 그 비용을 부담하였고, (ii) 이 사건 각 광고행위는 원고의 자동차 제품들 및 원고가 후원하 는 공연을 홍보하기 위한 것으로 그 경제적 효과가 원고에게 귀속되고, (iii) 원고는 바이럴 마케팅의 특성을 인식하고 소비자들의 진실한 경험을 표방한 자연스러운 광고 효과를 의도하였고, (iv) 원고는 광고대행사로부터 이 사건 각 광고행위에 관한 블로그 운영자 리스트, 배포수량 등을 보고받고 그 광고 주제 및 진행 일정 등에 관하여 지시하였으며 개별 블로그 포스팅 내용의 수정을 요구하는 등 이 사건 광고 행위 전반에 관한 업무 지시를 하였고, (v) 원고가 광고대행사로부터 이메일로 보고받은 내용에는…(중략)…등의 내용이 포함되어 있고 이를 원고가 확인하고 진행을 요청하였으므로, 원고가 광고대행사에 위임하여 광고행위를 함에 있어 경제적 이해관계를 표시하지 않는 방식으로 상업적 목적인 것을 나타내지 아니하여 광고효과를 높일 것을 의도하였다고 봄이 상당함

나. 논의 쟁점

먼저, 광고주가 블로그 운영자에게 광고를 의뢰하여 이를 광고 수단으로 활용하면서 광고 내용에도 실질적으로 관여하였음이 명백한 경우라면, 표시광고법상 위법한 광고에 대한 광고주의 책임을 인정하는 것이 일응 타당할 수 있다. 반면,

---

12) 바이럴 마케팅(Viral Marketing): 사업자들이 인터넷 카페, 블로그, 기타 소셜네트워크서비스(SNS) 등을 운영하는 유명인(인플루언서)에게 자신들의 상품 등을 무상으로 체험할 수 있는 기회를 제공하거나 원고료 등의 대가를 주면서 해당 상품 등의 정보 전달, 광고 및 공동구매 알선을 의뢰하는 마케팅 방식을 의미한다. 인터넷 이용자들 사이에서 SNS 운영과 이용이 활발해지면서 SNS를 방문하는 이용자들에게 특별히 영향력이 큰 인플루언서들이 형성되었고, 이들이 SNS에 게재하는 정보의 파급력이 커지자 사업자들은 이러한 수단을 활용하여 상품을 홍보하여 왔다.

13) 서울고등법원 2016.4.6. 선고 2015누35033 판결, 상고 미제기로 확정.

광고주가 경제적 대가만 지급하고 광고 내용에는 일체 관여하지 않는 경우에도 광고주의 책임을 인정할 수 있는지에는 논란이 있을 수 있다.

이와 관련하여는, 광고주가 전적으로 블로그 운영자에게 포스팅을 맡겼더라도, 광고주에게는 블로그 운영자로 하여금 거짓·과장 광고 등을 하지 않도록 할 법률상 보증인 의무가 있으므로 부진정 부작위범으로서 책임 주체가 될 수 있다는 견해가 있다.[14] 그러나, 이 경우도 광고 사안별 구체적·개별적 판단이 필요한데, 광고주가 블로그 운영자에게 경제상 이익을 제공한 행위와 위법한 광고행위 사이에 인과관계가 있다고 보기 어렵다면(즉, 광고주가 실제 위법한 광고 내용에 실질적으로 관여한 바가 없다면) 그 경제적 효과가 광고주에게 귀속된다는 이유 또는 소비자가 광고주의 광고로 오인할 수 있다는 이유만으로 책임범위를 확대하는 것은 타당하지 않은 측면이 있다. 전자상거래 및 인터넷을 통한 의사소통 시대에서는 소비자(블로그 운영자)의 역할 다변화 및 광고주의 현실적인 통제 가능성 유무를 종합적으로 고려할 필요가 있기 때문이다.

5. 외국 본사와 국내 법인의 책임

가. 논의대상 사례: 외국 본사와 국내 판매법인의 표시광고법 위반 책임을 인정한 사례(리복인터내셔널엘티디 및 아디다스코리아 사건)[15]

피심인 리복(외국 본사)의 책임: 피심인 리복은 이 사건 관련 제품의 국내광고를 직접 수행한 자는 아니지만 피심인 아디다스와 공동의 책임이 있음. 피심인 리복은 사실상 피심인 아디다스를 비롯하여 리복 브랜드 제품을 판매하는 전 세계 각 지역별 판매사업자들의 광고를 비롯한 마케팅 활동에 직접적으로 관여하고 있고, 이 사건에서 광고 대상 제품을 실질적으로 연구 · 개발하고 제조한 당사자로서 해당 제품들의 기능성 효과, 효능의 검증 등의 연구에 직접 관여하였으며, 연구결과 등을 토대로 해당 제품들에 대한 광고 컨셉을 설정하고 광고캠페인(안)을 기획하여 미국시장 내에서는 직접 광고를 실시하였으며, 한국을 포함한 세계 각국에서 해당 제품의 브랜드 가치가 유지될 수 있는 일관성이 있고 통일된 이미지의 광고가 실시될 수 있도록 각 지역판매사업자들에게 자신이 제작한 광고캠페인(안)과 광고대상 제품의 기능 등에 대한 교육/설명을 실시하고 광고자

14) 권국현, 블로그 등 바이럴 마케팅에 대한 표시광고법의 적용, 44－45면, 경쟁저널 제188호.
15) 공정위 2014.12.1. 의결 제2014－267호.

료 일체를 제공함

피심인 아디다스(국내 판매법인)의 책임: 피심인 아디다스는 '리복' 브랜드 제품의 국내 판매법인으로서 국내에서 '리복' 브랜드 제품을 판매하면서 동 제품에 대한 광고를 직접 실행하고 그 비용을 부담한 주체이므로 이 사건 광고에 대한 책임이 있음

나. 논의 쟁점

표시광고법은 부당한 표시광고행위의 주체인 사업자등을 내국사업자로 한정하고 있지 않으므로(제3조), 외국 본사가 직접 광고를 마련하여 국내 시장에서 광고를 직접 집행한 경우, 광고의 대상에 국내시장이 포함되어 있어 그로 인한 효과가 국내시장에 미친다면 그 광고행위가 국내시장에 영향을 미친 한도 내에서 표시광고법이 적용된다고 해석할 수 있을 것이다(대법원 2006.3.24. 선고 2004두11275 판결 참조). 아우디·폭스바겐의 배출가스 관련 부당 표시광고 사건에서도, 공정위는 AVK(한국법인) 및 전직 한국인 임원은 물론, 아우디 및 폭스바겐 독일 본사와 전·현직 임원인 외국인 4인을 검찰 고발 대상에 포함한 바 있다.[16)]

외국 본사와 국내 법인은 독립된 사업활동 주체로서 통상 독립적으로 광고계획·집행을 할 수 있고, 그로 인한 경제적 효과도 각 회사에 귀속된다고 볼 수 있다. 그런데, 어떤 경우에 외국 법인과 국내 법인의 공동책임을 인정할 수 있는지 또는 한 회사의 책임만 인정하는 것이 타당한지 논란이 있을 수 있다. 특히 외국 본사와 (한국 지사·지점이 아닌) 한국 유통법인의 관계에서는 광고 집행자 기준 또는 소비자 인식 기준에 따라 책임주체 판단이 달라질 수도 있다. 광고 집행자는 브랜드와 무관한 상호를 사용하는 독립된 국내 유통법인이지만, 소비자는 당해 다국적 기업의 브랜드 그 자체를 기준으로 광고 주체를 인식할 수 있기 때문이다.

먼저, 국내에서의 광고 제작·기안·집행 등이 전적으로 국내 법인의 재량에 따라 이루어지는 경우가 있을 수 있다. 이 경우, 국내 법인이 외국 본사의 효과·효능 검증자료 등 연구자료에 의존하여 광고를 하는 경우라 하더라도, 당해 자료를 활용하는 방법이나 광고문구 등에 관하여 국내 법인이 재량을 보유하는 경우라면, 외국 본사의 책임까지 인정할 실익은 크지 않다고 생각된다.[17)]

16) 공정위 2017.1.19. 의결 제2017-024호.

반대로, 국내 법인이 외국 본사의 지시를 그대로 따라 외국 본사에서 마련한 광고 내용을 국내에서 집행한 경우라면, 외국 본사의 책임과 별도로 국내 법인의 공동책임을 인정할 수 있는지 논란이 있을 수 있다. 특히, 광고내용에 대한 실증의무는 당해 광고를 제작한 외국 본사에게 있고, 실무상 국내 법인은 외국 본사의 일관된 광고집행 요구를 형식적으로 집행하는 주체에 불과할 수 있으며, 국내 법인이 사전에 당해 광고가 표시광고법에 위반되는지 여부를 판단하여 광고를 그대로 집행할지 또는 그 내용을 수정할지 여부를 결정하기를 기대하기 어려운 경우도 많기 때문에, 국내 법인의 공동책임 인정에는 신중할 필요가 있다.[18] 이에 반하여, 국내에서 광고를 집행하는 국내 법인은 사전에 부당한 표시광고 여부를 확인하고 조치할 의무가 있으므로 국내 법인의 책임도 인정된다는 것이 공정위 입장으로 이해된다.[19]

이 분야에서도 위와 같은 논란에 대한 명확한 판단기준은 존재하지 않는 것으로 보인다. 일례로, 위 핏플랍·넥솔브 사건에서 공정위는, (i) 외국 본사 핏플랍의 책임을 인정하면서는 "국내 판매사업자 넥솔브는 광고의 핵심적인 내용에 관하여 전적으로 외국 본사 핏플랍에게 의존할 수 밖에 없고, 일반 소비자들은 이 사건 광고를 핏플랍의 광고로 인식할 가능성이 높다"는 점을 근거로 제시한 반면, (ii) 국내 독점수입·판매업자 넥솔브의 책임을 인정하면서는 "어떤 내용으로 광고문안을 제작하고 광고를 실행할 것인지에 대한 결정권한은 넥솔브에게

17) 공정위는 유사한 시기에 문제된 스케쳐스유에스에이인크 및 LS네트웍스 사건(공정위 2014. 12.26. 의결 제2014－297호) 에서, LS네트웍스는 스케쳐스 브랜드 제품을 국내에 독점 수입·판매하는 사업자로 관련 계약에 따라 스케쳐스유에스에이인크(이하 '스케쳐스')로부터 공급받은 제품에 대한 광고캠페인(안) 및 연구 자료 등과 함께 자체 연구자료 등을 근거로 국내 광고를 직접 실행하 고 그 비용을 부담한 주체로서 이 사건 광고에 대한 책임이 있다고 한 반면, 스케쳐스는 LS네트웍스에게 자기 제품 광고관련 자료를 제공한 사실은 있지만 구체적으로 LS네트웍스의 행위에 어떻게 관여하였는지에 대한 사실관계 확인이 곤란하다는 이유로 스케쳐스에 대하여 심의절차종료를 의결하였다. 즉, LS네트웍스가 스케쳐스의 자료를 활용한 사실이 있음에도 불구하고, 공정위가 외국 본사의 위반행위 책임 인정을 위해 직접적 행위 관여의 입증을 요한 것도 유사한 취지라고 생각된다.

18) 표시광고법 위반 사안은 아니나, 외국 본사와 국내 법인이 시장지배적지위 남용행위를 이유로 부과받은 시정명령 등의 취소를 구하며 제기한 소송에서, 법원은 문제된 행위는 모두 외국 본사가 체결한 계약에 의한 것이고, 제품을 생산·판매하는 회사도 외국 본사이며, 국내 법인은 그러한 행위를 할 지위에 있지 못하여 위법 상태를 해소하는 것도 외국 본사만 행할 수 있다는 이유로, 국내 법인에 대한 시정명령 부분을 취소한 사례가 있다(서울고등법원 2013.6.19. 선고 2010누3932 판결, 대법원 2019.1.31. 선고 2013두14726 판결로 이 부분 판시는 그대로 확정).

19) 공정위 2015.2.3. 의결 제2015－026호, 핏플랍·넥솔브 사건.

있다. 핏플랍으로부터 제공받은 자료에 의해 실증이 가능한지 여부를 검증하는 등의 절차를 거친 후 광고를 실행하였어야 한다"고 하였다. 서로 논리적으로 다소 배치되는 듯한 판단 기준으로 보이기도 한다. 최근 다국적 기업의 광고가 전 세계적으로 유사하게 수렴하는 경향도 있음을 고려한다면, 사안에 따른 구체적 개별적 판단이 중요함은 물론, 책임주체 판단기준에 관한 보다 일관된 기준이 지속적으로 축적되어 가야 할 필요가 있다.

6. 온라인 상거래 플랫폼에서의 책임

가. 논의대상 사례

(1). 포털서비스 사업자의 부당광고 책임을 부정한 사례(다음커뮤니케이션의 표시광고법 위반 사건)[20]

쟁점: 인터넷 포털사이트를 통해 인터넷서비스 및 통신판매업을 하는 사업자의 유명 아동 후드 패딩 광고에 대하여, 공정위가 제조원, 제조 시기 등에 관한 정보를 허위로 표현한 행위라고 판단함

판결요지: 사이버몰 운영자가 입점업체의 광고행위에 대하여 입점업체와 공동으로 또는 입점업체와 독립하여 광고행위의 주체로서 행정적 책임을 지는지 여부는 사이버몰 운영자와 입점업체 사이의 거래약정의 내용, 사이버몰 운영자의 사이버몰 이용약관의 내용, 문제된 광고에 관하여 사이버몰 운영자와 입점업체가 수행한 역할과 관여 정도, 광고의 구체적 내용은 물론 광고행위의 주체에 대한 소비자의 오인가능성 등을 종합하여 구체적 · 개별적으로 판단해야 함. 이 사건 광고의 내용에 따라 실제 소비자들이 제품을 구매하는 과정에서 4회에 걸쳐 입점업체의 상점명이 표시되어 원고 이외에 별도의 상품 판매자가 있음을 알리고 있는 사실, 원고의 사이버몰 이용약관에도 연결몰은 피연결몰이 독자적으로 제공하는 재화 · 용역에 의하여 이용자와 행하는 거래에 대하여 보증책임을 지지 않는다는 뜻을 연결몰의 사이트에 명시한 경우에는 그 거래에 대한 보증책임을 지지 않는다는 규정을 두고 있는 사실(제19조), 원고의 사이버몰 화면 하단에 "위 내용에 대한 저작권 및 법적 책임은 자료제공사 또는 글쓴이에 있으며 [원고]의 입장과 다를 수 있습니다." 라고 표시하여 원고 외에 별도의 입점업체가 광고하는 것임을 밝히고 있는 사실 등을 고려함

20) 서울고등법원 2003.7.8. 선고 2002누16872 판결, 대법원 2005.12.22. 선고 2003두8296 판결.

(2) 오픈마켓 사업자의 부당광고 책임을 인정한 사례(옥션의 전자상거래법 위반 사건)[21]

쟁점: 온라인 오픈마켓 사업자 A는 국내 포털사이트 초기화면에 배너광고를 설치하여 여름용 슬리퍼를 광고하였는데, 소비자가 주문 및 지불해야 하는 실제 상품내역과 배너광고 사이에 불일치가 있었고, 공정위는 배너광고가 A사와 광고대행사 등의 계약에 의하여 이루어진 광고로서 A사가 광고의 주체이고 광고대행사 등은 계약에 따라 단순히 광고를 시행한 자에 불과하다고 판단함

판결요지: 배너광고는 처음부터 허위의 사실을 알려 소비자를 유인하는 행위로서 전자상거래 등에서의 소비자보호에 관한 법률 제21조 제1항 제1호에 해당한다고 보아야 함. A사가 배너광고를 직접 제작하지 않았다고 하여 광고내용이 허위임을 알지 못하였다거나 허위광고를 한 것이 정당화된다고 보기 어려우며, 사업자가 전자상거래법에서 정한 허위·과장광고를 하면서 반드시 그 행위에 대한 주관적인 인식을 가지고 있어야 하는 것은 아니라고 본 원심판단은 정당함

나. 논의 쟁점

위의 (1) 다음 사건은 온라인 플랫폼에서의 광고 책임 주체 판단기준을 설시한 초기의 판례로서, 앞서 본 다른 사례들에서와 같이 실질적인 관여 정도를 기준으로 책임 여부를 판단해야 한다는 점을 설시한 초기 판결이라는 점에서 의미가 있다.

이후 (2) 옥션 사건에서도 판례는 유사한 입장을 취한 것으로 이해할 수 있다. 이 사건에서 공정위는 배너광고의 주목적이 단순히 배너광고된 상품의 판매에 있는 것이 아니라 소비자를 피심인의 홈페이지로 방문하게 하는데 있어 광고의 효과가 피심인에게 직접 귀속되고, 배너광고의 전체적인 이미지를 고려할 때 소비자 입장에서도 배너광고는 피심인의 광고로 인식할 수 밖에 없다는 점을 근거로 들었다. 더불어 광고대행사의 경우 계약에 따라 단순히 광고를 시행한 자에 불과하므로 책임이 없다고 보면서, 설사 허위·과장의 광고가 광고대행사 또는 입점업체의 착오로 발생한 것이라 하더라도 이는 피심인과 이들 업체간의 내부적인 문제에 불과할 뿐이라고 본 점도 특기할 만하다.[22] 법원의 경우 판결에서

21) 서울고등법원 2010.10.7. 선고 2009누27642 판결, 대법원 2012.6.28. 선고 2010두24371 판결.

위와 같은 공정위 판단의 근거들을 명시적으로 배척하지는 않았지만, 원고가 배너광고의 제작을 의뢰하고 직접 광고를 집행한 당사자라는 점, 그 과정에서 광고대행사에게 광고제작에 참작하여야 할 주요 사항에 대해 알려주지 않았고 이에 광고대행사에서 상품정보를 축약하여 배너광고를 제작하는 과정에서 실제 상품내역과 배너광고 사이에 불일치가 발생한 점 등을 보다 주요하게 고려하여 책임을 인정하였다.

7. 시사점

다양한 사례들에 비추어 보면 2개 이상 사업자가 광고행위에 관여한 경우 책임주체 판단 기준에 관하여는 일응 공통적으로 고려되는 기준은 있어 보인다. 그 중에서도 행위 관여 여부를 구체적·개별적으로 가려 책임 여부를 판단하는 것이 기본 원칙이 되어야 할 것으로 생각된다. 특히, 주요 사건의 판례들에서 적절히 설시하고 있는 바와 같이 위반 행위의 구성요건적 행위, 특히 거짓·과장·비방 등의 광고내용 작성 및 집행에 직접 관여하거나 실질적인 영향력을 행사하였는지 여부가 가장 중요한 판단기준이 되어야 할 것이다. 반면 광고의 효과에 따른 경제적 효과 귀속 여부나 소비자가 갖는 인상이나 인식 등은, 사안에 따라 부수적으로 고려할 수는 있더라도 김·장인 판단 기준으로 고려할 정도의 요소는 아닐 수 있다.

표시광고법 위반행위는 행정 제재로 인한 후속 민사소송·형사제재 문제가 발생할 가능성이 높은 영역이라는 점에서도 위반행위 책임주체 판단기준에 관한 논의는 중요하다. 따라서 법 위반행위에 대한 제재적 측면, 위반행위 억제·예방의 측면 및 규제의 정합성 측면을 종합적으로 고려하여, 실무상 위반 행위 책임주체 판단을 위한 구체적이고 명확한 기준을 지속적으로 정립해 나가는 작업은 의미가 있을 것으로 생각되며, 향후 다양한 집행 사례들을 통하여 관련 논의가 보다 구체화되어 나갈 기회가 있기를 기대한다.

22) 공정위 2009.4.13. 의결 제2009-095호.

[집필진 약력]

특별논문집 집필위원

손동환 성균관대학교 법학전문대학원 교수
오준형 한국공정거래조정원 공정거래연구센터 연구위원
박현규 김·장 법률사무소 변호사
조영은 비바리퍼블리카 변호사
이혜승 서울대학교 인공지능신뢰성연구센터 연구원
유영국 한신대학교 평화교양대학 조교수
배상원 김·장 법률사무소 변호사
박세환 서울시립대학교 법학전문대학원 교수
김현민 변호사
황진우 법무법인(유) 화우 변호사
장민선 공정거래위원회 사무관
강지원 김·장 법률사무소 미국변호사
남수경 과학기술정보통신부 사무관
정주미 서울대학교 법학전문대학원 강사
허 승 부산지방법원 동부지원 부장판사
백승엽 서울고등법원 고법판사
정준우 김·장 법률사무소 변호사
박준영 경상국립대학교 법과대학 조교수
손민정 삼성전자 변호사
윤경원 서울대학교 경쟁법센터 선임연구원
최인선 김·장 법률사무소 변호사

특별논문집 준비위원회

위원장 : 백승엽 박사
위원 : 강지원 박사, 배상원 박사, 정주미 박사, 조영은 박사, 박준영 박사
간사 : 오준형 박사

서울대 경쟁법센터 경제법총서 06
경제법학의 흐름과 과제

초판발행 2026년 1월 15일

지은이 특별논문집 준비위원회
펴낸이 안종만 · 안상준

편 집 전혜민
기획/마케팅 최동인
표지디자인 이영경
제 작 고철민 · 김원표

펴낸곳 (주) 박영사
서울특별시 금천구 가산디지털2로 53, 210호(가산동, 한라시그마밸리)
등록 1959. 3. 11. 제300-1959-1호(倫)
전 화 02)733-6771
f a x 02)736-4818
e-mail pys@pybook.co.kr
homepage www.pybook.co.kr
ISBN 979-11-303-9925-6 94360
979-11-303-4453-9 (세트)

정 가 32,000원